Ingo von Münch

Die deutsche Staatsangehörigkeit
Vergangenheit – Gegenwart – Zukunft

Ingo von Münch

Die deutsche Staatsangehörigkeit

Vergangenheit – Gegenwart – Zukunft

De Gruyter Recht · Berlin

Professor Dr. Dr. h.c. *Ingo von Münch*, Hamburg

∞ Gedruckt auf säurefreiem Papier, das die US-ANSI-Norm über Haltbarkeit erfüllt.

ISBN 978-3-89949-433-4

Bibliografische Information der Deutschen Nationalbibliothek

Die Deutsche Nationalbibliothek verzeichnet diese Publikation in der Deutschen Nationalbibliografie; detaillierte bibliografische Daten sind im Internet über <http://dnb.d-nb.de> abrufbar.

Printed in Germany

Datenkonvertierung/Satz: Werksatz Schmidt & Schulz, Gräfenhainichen
Druck und Bindung: Hubert & Co., Göttingen
Einbandgestaltung: Christopher Schneider, Berlin

Die Erde unter meinen Füßen ist mein Land.

Katherine Mansfield

Vorwort

1. Fast jedermann – also fast jeder Mann, fast jede Frau und fast jedes Kind – besitzt eine Staatsangehörigkeit. Demgegenüber bildet die Staatenlosigkeit eine absolute Ausnahme. Zwar leben in der Bundesrepublik Deutschland lt. Statistischem Bundesamt 13.573 Staatenlose (Stand: Ende 2006), aber gemessen an der Gesamtbevölkerung der Bundesrepublik von rd. 82 Millionen beträgt dieser Anteil nur 0,016 Prozent. Staatenlosigkeit ist meist eine Folge von Krieg, Vertreibung oder Emigration – jedenfalls ein von den Betroffenen nicht gewünschter Zustand. Wer, wie ein deutscher Staatsangehöriger Anfang der achtziger Jahre aus seiner Staatsangehörigkeit entlassen werden wollte, „weil der Mensch als Christ dem Volke Gottes angehört und ein Leben in der Nachfolge Jesu Christi jede rechtliche Zugehörigkeit zu einem Staat überflüssig macht", mochte von einem ehrenwerten Motiv geleitet sein, war aber wohl ein Sonderling. Die ganz überwiegende Mehrheit der Menschen möchte hinsichtlich einer Staatsangehörigkeit nicht besitzlos sein.

2. Jeder Staat vermittelt (s)eine Staatsangehörigkeit – kurz gesagt: Kein Staat ohne Staatsangehörigkeit. Selbst der Staat der Vatikanstadt vergibt eine Staatsangehörigkeit, allerdings mit einer Besonderheit bezüglich des Erwerbs: Da verständlicherweise die Staatsangehörigkeit des Staates der Vatikanstadt nicht an die Geburt seiner Menschen anknüpfen kann, erhält diese Staatsangehörigkeit, wer – wie z.B. die Mitglieder der Schweizer Garde – im Dienst des Staates steht. Alle anderen Staaten regeln den Erwerb ihrer Staatsangehörigkeit entweder nach dem Abstammungsprinzip oder dem Geburtsortsprinzip oder nach einer Kombination dieser beiden Prinzipien. Regelungsinstrument sind neben den innerstaatlichen nationalen Gesetzen auch völkerrechtliche Verträge, entweder in Form bilateraler Verträge zwischen zwei Staaten oder in Form multilateraler Verträge (Übereinkommen, Konventionen), die zwischen mehreren Staaten, meist im Rahmen internationaler Organisationen, geschlossen werden. Kollisionen zwischen den verschiedenen nationalen Rechtsordnungen, die sich ergeben, wenn unterschiedliche Staatsangehörigkeiten eine Rolle spielen, sucht das Internationale Privatrecht zu regeln.

3. Das vorliegende Buch behandelt das deutsche Staatsangehörigkeitsrecht. In seinen Grundstrukturen ist das deutsche Staatsangehörigkeitsrecht – verglichen mit den Rechtsordnungen anderer Staaten – nichts Besonderes; dennoch weist unser Recht nicht wenige Besonderheiten auf, die nicht zuletzt aus der deutschen Geschichte resultieren. So war und ist der deutsche Staat ein Bundesstaat und wird dies nach menschlichem Ermessen auch bleiben. Das Deutsche Reich war ein Zeit lang eine Kolonialmacht – Stoff genug für die in diesem Buch ausführlich wiedergegebenen Debatten im Reichstag anlässlich der Beschlussfassung über das Reichs- und Staatsangehörigkeitsgesetz von 1913, wobei die Debatten interessanterweise auch um die Frage des Zuzugs von Ausländern nach Deutschland kreisten. Die Zeit der Weimarer Republik war, was das Staatsangehörigkeitsrecht betrifft, ein uninteressanter, weil ereignisarmer Zeitraum, wenn, ja wenn nicht in diese Zeit die Einbürgerung Hitlers gefallen wäre. Ob ohne diesen Vorgang das epochale Verhängnis der Machtergreifung Hitlers seinen Lauf genommen hätte, lässt sich nicht mit letzter Sicherheit beurteilen. Tatsache ist jedoch, dass die durch eine proforma-Anstellung Hitlers im braunschweigischen Staatsdienst erschlichene Verleihung der deutschen Staatsangehörigkeit samt ihrer grotesken – in Thüringen spielenden – Vorgeschichte einer gründlichen Nachzeichnung, wie in diesem Buch geschehen, wert ist.

4. Auf die Komödie der Anstellung als Regierungsrat folgte die Tragödie von Hitlers Wirken als Diktator. Die Zeit des NS-Regimes hatte tiefgreifende Auswirkungen auf das Staatsangehörigkeitsrecht insoweit, als gegenläufige Tendenzen durchgesetzt wurden, nämlich einerseits Eindeutschungen durch Sammeleinbürgerungen, andererseits Ausbürgerungen als Mittel politischer Verfolgung. Als Reaktion auf die Ausbürgerungen in der NS-Zeit hat das Grundgesetz, wie im Kapitel „Entziehung und Verlust der deutschen Staatsangehörigkeit" in diesem Buch erläutert, die sogenannte Fremdausbürgerung kategorisch untersagt, d.h. einen Verlust der deutschen Staatsangehörigkeit, den der Betroffene – anders als z.B. in den Fällen des von ihm selbst gestellten Antrags auf Entlassung oder im Fall des eigenen Verzichts – nicht beeinflussen kann. Nicht ausdrücklich geregelt hat das Grundgesetz die Frage, ob eine durch Täuschung erwirkte Einbürgerung zurückgenommen werden kann. Das Bundesverfassungsgericht hat mit Urteil vom 24. Mai 2006 die Frage im Sinne der Zulässigkeit der Rücknahme entschieden; Sachverhalt und Entscheidungsgründe dieses wichtigen Urteils werden im vorliegenden Buch referiert.

5. Nicht in der NS-Zeit sondern im „realen Sozialismus" der DDR wurde Wolf Biermann ausgebürgert. Er verlor allerdings durch diesen Akt der Repression nicht die deutsche Staatsangehörigkeit (weil diese nach westlicher Auffassung trotz der Teilung Deutschlands fortbestand), sondern die „Staatsbürgerschaft" der DDR. Diese war Gegenstand des im Zuge der Abgrenzungspolitik ergangenen Gesetzes über die Staatsbürgerschaft der Deutschen Demokratischen Republik vom 20. Februar 1967. Im Kapitel „BRD und DDR – die deutsche Staatsangehörigkeit am Scheideweg" ist nachzulesen, warum nach der Lesart der DDR-Führung es für „vorsozialistische Verhältnisse" zutreffender sei, „von Staatsangehörigkeit zu sprechen, während demgegenüber im Ausdruck „Staatsbürgerschaft" ein „Beleg für die bewusst gewordenen großen Veränderungen zu sehen (sei), die auf dem Gebiet der DDR seit 1945 vollzogen wurden." Das gemeinsame Tischtuch der deutschen Staatsangehörigkeit sollte zerschnitten werden: „Die sozialistische Staatsbürgerschaft der DDR ist die geschichtliche Aufhebung der bürgerlichen Staatsangehörigkeit." Im Unterschied zum bürgerlichen Staatsangehörigkeitsrecht konnte die Staatsbürgerschaft der DDR „wegen grober Verletzung der staatsbürgerlichen Pflichten aberkannt werden" (§ 13 Staatsbürgerschaftsgesetz), wie im Fall Wolf Biermann geschehen. Auf diesem Hintergrund ist es nur schwer nachzuvollziehen, dass Oskar Lafontaine den Gedanken einer Aberkennung der deutschen Staatsangehörigkeit für so genannte „Steuerflüchtlinge" geäußert hat.

6. Das Gegenteil von Ausbürgerung ist Einbürgerung. Die Diskussionen über die Notwendigkeit einer restriktiven oder einer großzügigen Einbürgerungspraxis sind so alt wie das deutsche Staatsangehörigkeitsrecht. Leidenschaftlich geführte Auseinandersetzungen darüber prägten die Debatten im Reichstag über das Reichs- und Staatsangehörigkeitsgesetz von 1913 ebenso wie die Debatten im Bundestag anlässlich der Beratungen des Reformgesetzes von 1999. Entgegen anderslautenden Vorstellungen hat die Bundesrepublik Deutschland sich in Sachen Einbürgerung nicht verschlossen gezeigt. Allein zwischen 1990 und 1999 sind in jedem Jahr mehr als 100.000 Einbürgerungen erfolgt, allein in diesen Jahren insgesamt mehr als 2,3 Millionen. Einen großen Anteil der Eingebürgerten stellen Aussiedler und Spätaussiedler. Zahlenmäßig relativ gering, aber in der Öffentlichkeit stark beachtet werden Einbürgerungen von prominenten Künstlern (wie der Sängerin *Anna Netrebko* in Österreich, die daneben ihre russische Staatsangehörigkeit behielt) und von Spitzensportlern. Ein Beispiel für eingebürgerte Sportler ist die Europameisterin im Springreiten 2007, *Meredith Michaels-Beerbaum*, die als US-Amerikanerin geboren und nach ihrer Heirat mit dem deutschen Reiter *Markus Beerbaum* in Deutschland eingebürgert wurde. Eingebürgerte werden, ebenso wie Menschen mit mehrfacher Staatsangehörigkeit („Doppelpass"-Inhaber), oft nach ihren Gefühlen gefragt, d.h. welchem Land sie sich stärker verbunden fühlen. *Rut Brandt* hat auf eine diesbezügliche Frage nach ihrer Einbürgerung in Deutschland geantwortet: „Ich blieb Norwegerin, obgleich ich Deutsche wurde." Dieses Beispiel und etliche andere in diesem Buch erwähnte zeigen, dass die Staatsangehörigkeit nicht nur eine Rechtsfigur ist, sondern auch das Gefühlsleben der Menschen betreffen kann.

7. Die Staatsangehörigkeit ist ein Knäuel von historischen, rechtlichen, politischen, soziologischen und ökonomischen Fäden. Das vorliegende Buch ist, obgleich von einem Juristen verfasst, kein juristischer Kommentar und kein juristisches Lehrbuch. Wer sich detaillierter über die vielen Einzelfragen des Staatsangehörigkeitsrechts informieren will, sei auf die einschlägigen Veröffentlichungen verwiesen. Aus der Wissenschaft des Staatsrechts sind insbesondere (also hier nicht mit Anspruch auf Vollständigkeit) die Namen *Kay Hailbronner*, *Hellmuth Hecker*, *Peter-Michael Huber*, *Jörn Axel Kämmerer*, *Juliane Kokott*, *Hans von Mangoldt*, *Johannes Masing*, *Michael Silagi*, *Friedrich E. Schnapp*, *Fritz* und *Gudrun Sturm, Christoph Vedder* und *Burkhardt Ziemske* zu nennen, nicht zu vergessen die nicht wenigen Praktiker, die nicht nur Fragen der staatsangehörigkeitsrechtlichen Praxis sondern auch dogmatische Grundfragen erörtert haben.

8. Das vorliegende Buch versucht, Entwicklungslinien nachzuspüren, historisch und politisch markante Ereignisse zu schildern und rechtliche Strukturen wie auch wichtige Gerichtsentscheidungen darzustellen: kurz den Wald der deutschen Staatsangehörigkeit trotz seiner vielen Bäume sichtbar zu machen. Auch soll dem deutschen Staatsangehörigkeitsrecht gegenüber ungerechtfertigter Kritik Gerechtigkeit widerfahren; das wichtigste Beispiel hierfür ist der Erwerb der deutschen Staatsangehörigkeit kraft Abstammung von den Eltern, ein Prinzip, das mitnichten ein deutsche Sonderweg ist und das bis 1933 und nach 1945 nichts mit „völkischem Blutrecht" zu tun hatte.

9. Um das Buch nicht lehrbuchhaft werden zu lassen, hat der Verfasser sich bemüht, den Text durch möglichst viele Beispiele z. B. in dem Kapitel „Einbürgerung nach der Reform von 1999“ anschaulich zu gestalten. Die dem eigentlichen Text vorangestellte Einführung soll zugleich als eine Art Zusammenfassung dienen.

10. „Habent sua fata libelli“ – Bücher haben ihre Schicksale. Nach Abschluss des Manuskriptes dieses Buch hat der Gesetzgeber erneut (zum wievielten Male?) das deutsche Staatsangehörigkeitsrecht geändert. Der Text der staatsangehörigkeitsrechtlichen Neuregelungen im Gesetz zur Umsetzung aufenthalts- und asylrechtlicher Richtlinien der Europäischen Union ist als Auszug aus diesem Gesetz am Schluss des vorliegenden Buches abgedruckt (S. 406 ff.). Auf die wichtigsten Bestimmungen der damit erfolgten Änderungen des Staatsangehörigkeitsgesetzes wird anhand der Erörterung des gleichlautenden Gesetzesentwurfs der Bundesregierung in der Einführung hingewiesen (S. XXXVI ff.).

Anregungen, Hinweise und Kritik werden an die Anschrift des Verfassers (Hochrad 9, 22605 Hamburg) erbeten.

Hamburg, August 2007 I.v.M.

Inhaltsverzeichnis

Abkürzungsverzeichnis

A.a.O.	Am angegebenen Ort
ABl.	Amtsblatt
Abg.	Abgeordneter
Abs.	Absatz
AdG	Archiv der Gegenwart
a.F.	alte Fassung
Anh.	Anhang
Anm.	Anmerkung
AöR	Archiv des öffentlichen Rechts
AuslG	Ausländergesetz
AVR	Archiv des Völkerrechts
BAnz	Bundesanzeiger
BayVBl.	Bayerische Verwaltungsblätter
BBG	Bundesbeamtengesetz
Beih.	Beiheft
Beil.	Beilage
ber.	berichtigt
Beschl.	Beschluss
BGB	Bürgerliches Gesetzbuch
BGBl.	Bundesgesetzblatt
BGH	Bundesgerichtshof
BK	Kommentar zum Bonner Grundgesetz. Bonner Kommentar
BRRG	Beamtenrechtsrahmengesetz
BT-Drs.	Bundestags-Drucksache
Bulletin	Bulletin des Presse- und Informationsamtes der Bundesregierung
BVerfG	Bundesverfassungsgericht
BVerfGE	Entscheidungen des Bundesverfassungsgerichts
BVerfGG	Gesetz über das Bundesverfassungsgericht
BVerwG	Bundesverwaltungsgericht
BVerwGE	Entscheidungen des Bundesverwaltungsgerichts
BVFG	Bundesvertriebenengesetz
BZ	Berliner Zeitung
ders.	derselbe
dies.	dieselbe
DÖV	Die Öffentliche Verwaltung
DRiZ	Deutsche Richterzeitung
Drucks.	Drucksache
DtGVR	Deutsche Gesellschaft für Völkerrecht
DVBl.	Deutsches Verwaltungsblatt
DVO	Durchführungsverordnung
EA	Europa-Archiv

EuGRZ	Europäische Grundrechte-Zeitschrift
EuR	Europarecht
FAZ	Frankfurter Allgemeine Zeitung
FAZS	Frankfurter Allgemeine Sonntagszeitung
Festschr.	Festschrift
FR	Frankfurter Rundschau
GBl. DDR	Gesetzblatt der Deutschen Demokratischen Republik
GG	Grundgesetz
G/H	Grabitz, Eberhard/Hilf, Meinhard, EUV/EGV-Kommentar, München 1998
GMBl.	Gemeinsames Ministerialblatt
GO BT	Geschäftsordnung des Bundestages
Gs	Gedächtnisschrift
GS	Gesetzsammlung
GVG	Gerichtsverfassungsgesetz
GYIL	German Yearbook of International Law
H.	Heft
HA	Hamburger Abendblatt
Hdb.	Handbuch
Hinw.	Hinweis(e)
H/R	Hailbronner, Kay/Renner, Günter, Staatsangehörigkeitsrecht, 4. Aufl. München 2005
Hrsg.	Herausgeber
ICJ	International Court of Justice
i.d.F.	in der Fassung
IGH	Internationaler Gerichtshof
InfAuslR	Informationsbrief Ausländerrecht
IPR	Internationales Privatrecht
IPrax	Praxis des internationalen Privat- und Verfahrensrechts
i.V.m.	in Verbindung mit
JA	Juristische Arbeitsblätter
Jb.	Jahrbuch
JF	Junge Freiheit
JIR	Jahrbuch für internationales Recht
JöR	Jahrbuch des öffentlichen Rechts der Gegenwart
JuS	Juristische Schulung
KfbG	Kriegsfolgenbereinigungsgesetz
LG	Landgericht
LS.	Leitsatz
M/D	Maunz, Theodor/Dürig, Günter u. A. (Hrsg.), Grundgesetz. Kommentar. München 1958 ff
MinBl.	Ministerialblatt
MinErl.	Ministerialerlass
Mitt.	Mitteilungen
ND	Neues Deutschland
n.F.	neue Fassung; neue Folge

NJ	Neue Justiz
NJW	Neue Juristische Wochenschrift
NordÖR	Zeitschrift für öffentliches Recht in Norddeutschland
NVwZ	Neue Zeitschrift für Verwaltungsrecht
OLG	Oberlandesgericht
OVG	Oberverwaltungsgericht
RdErl.	Runderlass
Rn.	Randnummer
Rspr.	Rechtsprechung
S.	Seite
Sp.	Spalte
SpuRt	Sport und Recht
Staat	Der Staat
StAG	Staatsangehörigkeitsgesetz
StAR-VwV	Allgemeine Verwaltungsvorschrift zum Staatsangehörigkeitsrecht
StGB	Strafgesetzbuch
RuStAG	Reichs- und Staatsangehörigkeitsgesetz
StAngRegG	Gesetz zur Regelung von Fragen der Staatsangehörigkeit
StAZ	Das Standesamt
SZ	Süddeutsche Zeitung
TAZ	Die Tageszeitung
UNTS	United Nations Treaty Series
Urt.	Urteil
UVR	Umsatz- und Verkehrsteuerrecht
Verh.	Verhandlungen
VfZ	Vierteljahreshefte für Zeitgeschichte
VG	Verwaltungsgericht
VRÜ	Verfassung und Recht in Übersee
VVDStRl	Veröffentlichungen der Vereinigung der Deutschen Staatsrechtslehrer
VwGO	Verwaltungsgerichtsordnung
VwVfG	Verwaltungsverfahrensgesetz
WGO	Monatshefte für osteuropäisches Recht
WRV	Weimarer Reichsverfassung
ZaöRV	Zeitschrift für ausländisches öffentliches Recht und Völkerrecht
ZAR	Zeitschrift für Ausländerrecht und Ausländerpolitik
ZEuP	Zeitschrift für Europäisches Privatrecht
ZfgesStaatswiss	Zeitschrift für die gesamte Staatswissenschaft
ZfP	Zeitschrift für Politik
zit.	zitiert
ZRP	Zeitschrift für Rechtspolitik

Einführung

1. Als „Deutsch-Türke“ wurde der ehemalige Guantánamo-Häftling Murát Kurnaz (auch „Bremer Taliban“ genannt) in allen Medien, die ausführlich über seinen Fall berichteten, bezeichnet. Tatsache ist, dass Murát Kurnaz zu dieser Zeit die türkische Staatsangehörigkeit, und zwar nur diese, besaß. Sein Anwalt teilte im Februar 2007 mit, dass Kurnaz erwäge, den Erwerb der deutschen Staatsangehörigkeit zu beantragen. Der in Bremen geborene Kurnaz habe Deutschland immer als seine Heimat empfunden.

Anders als Murát Kurnaz ist der in Äthiopien geborene, seit zwanzig Jahren in Deutschland lebende Ermyas Mulugeta ein deutscher Staatsangehöriger. „Ermyas M.“ wurde als Opfer einer in Potsdam – von bisher Unbekannten – begangenen schweren Körperverletzung bekannt. Der Fall erregte bundesweit Aufsehen, weil sofort eine ausländerfeindliche, rassistisch motivierte Straftat vermutet wurde, deretwegen sogar der damalige Generalbundesanwalt Kay Nehm wegen „einer potentiellen Gefährdung der inneren Sicherheit des Bundesrepublik Deutschland“ das Verfahren an sich zog. Inzwischen sind die – von der öffentlichen Meinung längst vorverurteilt gewesenen – Angeklagten freigesprochen worden. Ermyas M. wurde und wird als „Deutsch-Äthiopier“ bezeichnet.

Die Doppelworte „Deutsch-Türke“ und „Deutsch-Äthiopier“ sind rechtlich gesehen Muster ohne Wert; beide vermitteln den Eindruck, es handle sich bei den so bezeichneten Personen um Doppelstaater, und sie verdecken die wahre Sachlage: Murát Kurnaz ist ein in Deutschland geborener Türke, Ermyas Mulugeta ist ein in Äthiopien geborener Deutscher. Offensichtlich tut sich die Mediensprache mit einer solchen an sich einfachen Situationsbeschreibung schwer und erfindet immer neue Wortschöpfungen. „Deutschländer“ wird zuweilen ein Türke genannt, der in Deutschland lebt. Zu lesen ist aber auch, jemand sei ein „türkischstämmiger Deutscher“ (gibt es auch einen deutschstämmigen Deutschen?) oder ein „Deutscher mit Migrationshintergrund“. „Bildungsinländer“ sind Ausländer, die in Deutschland eine Hochschulberechtigung (also in der Regel durch Abitur) erworben haben. So genannte „Fußball-Deutsche“ sind Fußballspieler, die „die letzten fünf Jahre, davon mindestens drei Jahre als Juniorenspieler, ununterbrochen für deutsche Vereine spielberechtigt waren." Murát Kurnaz ist, wie oben erwähnt, kein Deutscher, aber er fühlt sich als Deutscher, er ist demnach wohl ein „Gefühlsdeutscher". Umgekehrt urteilt die Schriftstellerin Barbara Honigmann über sich selbst: „Es klingt paradox, aber ich bin eine deutsche Schriftstellerin, obwohl ich mich nicht als Deutsche fühle. Ich denke aber, der Schriftsteller ist das, was er schreibt, und er ist vor allem die Sprache, in der er schreibt."

2. Staatsangehörigkeit bedeutet für den Laien vor allem eines: der Pass (schon Bertolt Brecht hat sinngemäß festgestellt, das Wichtigste an einem Menschen sei sein Pass). Juristen komplizieren den Begriff und Inhalt der Staatsangehörigkeit dadurch, dass es unter ihnen unterschiedliche Auffassungen darüber gibt, ob die Staatsangehörigkeit als ein Rechtsverhältnis oder ein Rechtsstatus oder als eine Verbindung beider zu verstehen ist. Aus der Staatsform der Bundesrepublik Deutschland als eines demokratischen und sozialen Rechtsstaates folgt, dass die deutsche Staatsangehörigkeit jedenfalls kein Untertanenverhältnis ist, sondern ein Rechtsverhältnis, aus dem die einzelnen wechselseitigen Rechte und Pflichten folgen. Da die genannten unterschiedlichen Meinungen im rechtswissenschaftlichen Schrifttum in der Praxis zu keinen unterschiedlichen Problemlösungen führen, bedarf jener Streitstand hier keiner Vertiefung. Es genügt der Hinweis, dass auch das Bundesverfassungsgericht in seiner neueren Rechtsprechung die Staatsangehörigkeit als Rechtsverhältnis begreift.

3. Gegenstand des vorliegenden Buches ist die deutsche Staatsangehörigkeit. Was die Terminologie betrifft, so wird in Umgangs- und Mediensprache seit einigen Jahren statt von „Staatsangehörigkeit" von „Staatsbürgerschaft" gesprochen. Verständlich könnte diese Sprachregelung deshalb sein, weil der Ausdruck „Bürgerrecht" die demokratische Teilhabe am politischen Willensbildungsprozess signalisiert, insbesondere durch Gewährung des Wahlrechts zu den gesetzgebenden Körperschaften. Das Wort „Staatsbürgerschaft" scheint mehr „Saft" zu enthalten als das eher blutleer wirkende Wort „Staatsangehörigkeit" – kurz: „Staatsbürgerschaft" hört sich sympathischer an als „Staatsangehörigkeit".

Die Sympathie verfliegt allerdings, wenn man daran denkt, dass es dem NS-Regime vorbehalten war, in das deutsche Staatsangehörigkeitsrecht den Begriff des „Reichsbürgers" einzuführen, den das

Reichsbürgergesetz vom 15. September 1935 als den Staatsangehörigen „deutschen oder artverwandten Blutes“ definierte (§ 2 Abs. 1). Auch kann dran erinnert werden, dass „Staatsbürgerschaft“ der von der DDR verwendete Ausdruck war, als die SED mit dem Ziel, die einheitliche deutsche Staatsangehörigkeit aufzugeben und so die Spaltung Deutschlands zu vertiefen, das „Gesetz über die Staatsbürgerschaft der Deutschen Demokratischen Republik (Staatsbürgerschaftsgesetz)“ vom 20. Februar 1967 schuf, in dessen Präambel es hieß: „Die Staatsbürgerschaft der Deutschen Demokratischen Republik ist die Zugehörigkeit ihrer Bürger zum ersten friedliebenden, demokratischen und sozialistischen deutschen Staat, in dem die Arbeiterklasse die politische Macht im Bündnis mit der Klasse der Genossenschaftsbauern, der sozialistischen Intelligenz und den anderen werktätigen Schichten ausübt.“ Angesichts dieser historischen Belastungen, die in Deutschland mit dem Begriff der „Staatsbürgerschaft“ verbunden sind, ist es erstaunlich, wie hartnäckig dennoch heute anstelle von „Staatsangehörigkeit“ von „Staatsbürgerschaft“ gesprochen wird. Wer gar in „Staatsangehörigkeit“ den Wortteil „Hörigkeit“ kritisch zu erkennen glaubt, müsste dann auch den Ausdruck „Familienangehörige“ aus seinem Wortschatz streichen. Ein Blick ins Ausland bringt kein eindeutiges Ergebnis, da es insoweit an einer einheitlichen Gesetzessprache fehlt (häufig findet sich die Bezeichnung „nationality“, „nationalité“, „nacionalidad“). Entscheidend ist, dass sämtliche diesbezüglich geltenden deutschen Gesetze, vor allem auch das Reformgesetz von 1999, nicht den Ausdruck „Staatsbürgerschaft“ verwenden, sondern den der „Staatsangehörigkeit“.

4. Die bereits Jahrzehnte lang andauernde Zuwanderung in die Bundesrepublik Deutschland hatte eine fast ebenso lange Diskussion über die Verbesserung des Rechtsstatus der Ausländer zur Folge. Im Verlauf dieser Erörterungen wurde – vor allem unter Hinweis auf die gesellschaftliche Situation (politisches Stichwort: „Inländer ohne deutsche Staatsangehörigkeit“) – der Ruf nach dem Gesetzgeber immer lauter. Der Gesetzgeber wurde tätig, beschränkte sich allerdings zunächst auf die Reform des Ausländergesetzes: Das Ausländergesetz von 1965 wurde von dem am 14. Juli 1990 verkündeten und am 1. Januar 1991 in Kraft getretenen neuen Ausländergesetz abgelöst, das – neben vielen anderen Neuregelungen – den Erwerb der Staatsangehörigkeit für junge Ausländer und für Ausländer mit langem

Aufenthalt in der Bundesrepublik erleichterte (§§ 85, 86); auch wurde die Hinnahme von Mehrstaatigkeit bei der Einbürgerung großzügiger als nach bisherigem Recht geregelt (§ 87).

Auf der Reformagenda stand aber auch das Reichs- und Staatsangehörigkeitsgesetz. Dieses s. Zt. nach intensiven Debatten im Reichstag beschlossene, noch von Kaiser Wilhelm II. auf der Yacht „Hohenzollern" auf der Ostsee im Juli 1913 unterzeichnete und am 1. Januar 1914 in Kraft getretene Gesetz war inzwischen eines der ältesten auf der Welt geltenden Staatsangehörigkeitsgesetze – ein echter Veteran. Das RuStAG, wie die Bezeichnung der Gesetzes abgekürzt wurde, hatte, wenn auch mit zwischenzeitlichen Änderungen und Ergänzungen und ähnlich wie das noch ältere Bürgerliche Gesetzbuch von 1900 und das wiederum noch ältere Strafgesetzbuch von 1871, das Ende des Kaiserreichs, das Ende der Weimarer Republik und das Ende des NS-Regimes überlebt.

Nach 1945 kam es in den Ländern zu keinen eigenen Staatsangehörigkeitsgesetzen. Das RuStAG, das mangels NS-Gedankenguts von den Alliierten nicht – wie viele andere Gesetze – aufgehoben worden war, galt deshalb weiter. Mit der Gründung der Bundesrepublik Deutschland im Jahre 1949 wäre es zwar denkbar gewesen, ein neues Staatsangehörigkeitsgesetz zu schaffen; aber keine Bundesregierung wollte durch ein eigenes (west-) deutsches Staatsangehörigkeitsgesetz die einheitliche Staatsangehörigkeit der Deutschen in West und Ost aufgeben und damit die Teilung Deutschlands vertiefen. Die von der DDR mit dem Staatsbürgerschaftsgesetz von 1967 eingeführte Staatsbürgerschaft der DDR konnte die Bundesrepublik nicht verhindern; jedoch blieben Bundesregierung, Bundestag, Bundesrat und Bundesverfassungsgericht auch in der Folgezeit bei ihrer Rechtsauffassung, dass die Bürger der DDR weiterhin Deutsche im Sinn des Grundgesetzes und des RuStAG seien.

Mit der Wiedervereinigung gehörte jener Dissens der Vergangenheit an. Ein neues, einheitliches deutsches Staatsangehörigkeitsgesetz war nun gefragt, das über eine bloße Flickschusterei am RuStAG hinausgehen sollte. Die seitherigen vielfältigen Bemühungen um eine Reform des deutschen Staatsangehhörigkeitsrechts können hier nicht in allen Einzelheiten wiedergegeben werden. Erwähnt seien deshalb nur die Koalitionsvereinbarung von CDU/CSU und FDP vom 16. Januar 1991, derzufolge in der 12. Legislaturperiode des Bundestages eine

„umfassende Reform des Staatsangehörigkeitsrechts in Angriff genommen" werden sollte; ein am 10. März 1993 von der SPD- Fraktion im Bundestag eingebrachter „Entwurf eines Gesetzes zur Erleichterung und Hinnahme der Doppelstaatsangehörigkeit"; eine Initiative des Bundesrates aus demselben Jahr zur Änderung des RuStAG und des Ausländergesetzes sowie die in der Koalitionsvereinbarung von CDU/CSU und FDP vom 11. November 1994 vorgeschlagene Einführung einer so genannten „Kinderstaatszugehörigkeit" – ein Projekt, das bald auf Widerstand stieß und schließlich nicht weiterverfolgt wurde.

5. Mit dem Regierungswechsel kam eine neue Dynamik in die Reformdebatte. Die Koalition von SPD und DIE GRÜNEN hatte sich von Anfang an das Ziel gesetzt, eine umfassende Reform des Staatsangehörigkeitsrechts in Angriff zu nehmen und durchzusetzen. Hauptanliegen dieser ausländerfreundlichen Bestrebungen war die Verleihung der deutschen Staatsangehörigkeit an die in Deutschland geborenen Ausländer der sogenannten „dritten Generation"; das bisher für den Erwerb der deutschen Staatsangehörigkeit geltende Abstammungsprinzip (ius sanguinis) sollte insoweit durch Aufnahme des Geburtsortsprinzips (ius soli) in das Staatsangehörigkeitsgesetz ergänzt werden. Einbürgerungen sollten erleichtert werden. Mehrstaatigkeit sollte nicht mehr grundsätzlich vermieden, sondern sehr viel großzügiger als bisher hingenommen werden. Nachdem diese Absichten bekannt geworden waren, setzte eine leidenschaftliche Diskussion darüber ein, die nicht selten von Polemik und Gegenpolemik geprägt war. Eine in Hessen durchgeführte Unterschriftenaktion gegen „den Doppelpass" wie auch eine Unterschriftenaktion dafür fanden sowohl breite Zustimmung auf der einen Seite als auch heftige Kritik auf der anderen Seite.

Auch im Bundestag prallten bei der Beratung der Gesetzentwürfe die gegensätzlichen Meinungen unversöhnlich aufeinander[1]. Am Ende kam mit dem vom Bundestag am 7. Mai 1999 mit 365 Ja-Stimmen ge-

[1] Dokumentiert in: „Reform des Staatsangehörigkeitsrechts. Die parlamentarische Beratung." Hrsg.: Deutscher Bundestag, Referat Öffentlichkeitsarbeit, Bonn 1999; s. dazu auch *Sebastian Edathy*, „Wo immer auch unsere Wiege gestanden hat." Parlamentarische Debatten über die deutsche Staatsbürgerschaft 1870–1999, Frankfurt a.M. 2000.

gen 182 Nein-Stimmen bei 39 Enthaltungen angenommenen Gesetzentwurf, dem der Bundesrat am 21. Mai zustimmte und der als Gesetz am 15. Juli 1999 von Bundespräsident Rau unterzeichnet wurde, ein Gebilde heraus, das der damalige Bundesinnenminister Otto Schily bei der Beratung im Bundestag als „Kompromiss" bezeichnete. Das Gesetz zur Reform des Staatsangehörigkeitsrechts zeigte allerdings stärker die Handschrift der Regierungskoalition SPD/DIE GRÜNEN (sowie auch die der FDP) als die von CDU/CSU. Eine von Fraktionsvorsitzenden der CDU in den neuen Bundesländern angedachte Klage beim Bundesverfassungsgericht wurde nicht weiterverfolgt; vermutlich hätte eine solche Klage auch keine Aussicht auf Erfolg gehabt.

Im Verlaufe der Auseinandersetzungen um die Reform des Staatsangehörigkeitsrechts spielte immer wieder der Streit über die Anknüpfung der Staatsangehörigkeit an die Abstammung oder an den Geburtsort eine große Rolle. Das Abstammungsprinzip, demzufolge das Kind mit seiner Geburt die Staatsangehörigkeit der Eltern erwirbt, wurde von den Verfechtern des Geburtsortsprinzips als „Recht des Blutes" kritisiert, wobei an den in der Rechtssprache gebräuchlichen Ausdruck „ius sanguinis" angeknüpft und daraus sogar eine Verbindung zu „völkischem Gedankengut" der NS-Zeit gezogen wurde. Auch in der ausländischen Presse wurde in Kommentaren zur Reform des Staatsangehörigkeitsrechts der Bundesrepublik über die angebliche Konzeption eines „German blood" berichtet.

Demgegenüber hat Burkhard Hirsch, selbst durchaus ein Befürworter einer Reform des Staatsangehörigkeitsrechts („Man kann aber die Augen nicht vor der Tatsache verschließen, dass jemand, der in 3. Generation hier geboren wurde nicht ein Ausländer, sondern ein Deutscher mit ausländischem Pass ist"), in einer der Bundestagsdebatten zu Recht vor einer solchen Denunziation des Abstammungsprinzips gewarnt: „Ich halte es für falsch, den Erwerb der Staatsangehörigkeit durch Abstammung als Blutrecht zu verteufeln. Das ‚ius soli', das Bodenrecht, kann im Zugriff auf Fremde sehr viel härter sein, wenn es nicht – wie das deutsche Recht und auch unser Gesetzentwurf – vollkommen am Grundsatz der Freiwilligkeit festhält." Tatsache ist, dass – historisch gesehen – das Abstammungsprinzip das neuere, also das modernere Recht ist: Fast sämtliche europäische Staaten haben im Verlauf des 19. Jahrhunderts das Geburtsortprinzip zu Gunsten des Abstammungsprinzips aufgegeben. Wegen der weiten Verbreitung des Abstammungsprinzips in vielen Staaten ist deshalb die Feststellung zutreffend, „das ius sanguinis, vielleicht besser mit Abstammungsprinzip übersetzt, ist natürlich keine deutsche Eigenheit“[2]. So teilte das statistische Amt Israels für das Jahr 2005 mit, dass von den 6,9 Millionen Israelis nur 3,7 Millionen in Israel geboren waren, mithin fast jeder zweite Israeli nicht im Land selbst geboren ist. Hinsichtlich der früheren deutschen Staatsangehörigen, denen zwischen dem 30. Januar 1933 und dem 8. Mai 1945 die Staatsangehörigkeit aus politischen, rassischen oder religiösen Gründen entzogen worden ist, schreibt das Grundgesetz in Art. 116 Abs. 2 Satz 1 vor, dass „ihre Abkömmlinge“ auf Antrag wieder einzubürgern sind; insoweit geht also das Grundgesetz ausdrücklich vom Abstammungsprinzip aus.

Häufig sehen Staatsangehörigkeitsgesetze auch einen Erwerb der Staatsangehörigkeit sowohl aufgrund des Abstammungsprinzips als auch aufgrund des Geburtsortsprinzips vor, wobei das Regel – Ausnahmeverhältnis je nach Staat unterschiedlich geregelt sein kann. So geht z. B. der Nationality Act der USA als Regel vom Geburtsortsprinzip aus (§ 1401 [hier in deutscher Übersetzung] „Untertan und Bürger der USA von Geburt an ist, a) wer in den USA geboren ist und deren Gerichtsbarkeit untersteht“), sieht aber auch – als Ausnahme – den Staatsangehörigkeitserwerb kraft Abstammung („by descent“) vor: b) wer außerhalb der US und deren auswärtigen Besitzungen geboren ist als Kind von Eltern, welche beide Angehörige der USA sind und von denen einer in den USA oder einer ihrer auswärtigen Besitzungen vor Geburt des Kindes seinen Wohnsitz gehabt hat.“

Wägt man das Abstammungsprinzip und das Geburtsortsprinzip leidenschaftslos gegeneinander ab, so zeigt sich, dass beide Anknüpfungen für den Erwerb einer Staatsangehörigkeit Vorteile und Nachteile aufweisen. Das Geburtsortsprinzip vermeidet sowohl die Entstehung von Staatenlosigkeit als auch von Mehrstaatigkeit und führt zu einer meist eindeutig feststellbaren Staatsangehörigkeit – dies auch für Kinder aus gemischt-nationalen Ehen. Demgegenüber verhindert das Abstammungsprinzip einen zufälligen Erwerb einer bestimmten

2 *Heike Hagedorn*, Wer darf Mitglied werden? Einbürgerungen in Deutschland und Frankreich, in: Dietrich Thränhardt [Hrsg.], Einwanderung und Einbürgerung in Deutschland, Jahrbuch Migration 1997/98, S. 15.

Staatsangehörigkeit ohne echte Bindung an den Geburtsort und vermeidet eine zwischen Eltern und Kindern gespaltene Staatsangehörigkeit, die bei Geltung des Geburtsortsprinzips eintritt, wenn das Kind in einem anderen Staat geboren wird als dem, dessen Staatsangehörigkeit die Eltern besitzen. Die Probleme beider Prinzipien resultieren in der Praxis vor allem daraus, dass keines dieser beiden Prinzipien sich in der Staatenwelt als allein geltender Anknüpfungspunkt für den Erwerb der Staatsangehörigkeit durchgesetzt hat; stattdessen existiert ein nicht harmonisiertes, durch internationale Übereinkommen nur punktuell überbrücktes Nebeneinander der verschiedenen Prinzipien.

Da die natürlichste und engste Beziehung zwischen Menschen die zwischen Eltern und Kind ist, während der Geburtsort sich nicht selten aus Zufälligkeiten ergibt und in einer mobilen Gesellschaft mit massenhaftem Tourismus und massenhafter Arbeitsmigration der Geburtsort als solcher eben nicht immer zu einer dauerhaften und ausschließlichen Bindung des in einem Land geborenen Kindes an dieses Geburtsland führt, ist das Abstammungsprinzip grundsätzlich dem Geburtsortsprinzip vorzuziehen. Für Kinder aus gemischt-nationalen Ehen sollte eine Doppelstaatsangehörigkeit toleriert werden. Es ist deshalb zu begrüßen, dass dahinzielende Bestrebungen im Rahmen des Europarates im Europäischen Übereinkommen über Staatsangehörigkeit vom 6. November 1997 (Art. 14 Abs. 1) realisiert worden sind; denn schon im Jahre 1985 waren 11,7 % aller in der Bundesrepublik Deutschland geschlossenen Ehen binationale Ehen.[3] Die Integration von Kindern der so genannten „dritten Generation“ könnte durch eine großzügige erleichterte Möglichkeit der Einbürgerung gefördert werden.

6. Was die Mehrstaatigkeit (den „Doppelpass“) betrifft, so lebten in der Bundesrepublik schon im Jahre 1994 – also etliche Jahre vor dem Inkrafttreten des Reformgesetzes – rd. 1,4 Millionen Menschen mit mehreren Staatsangehörigkeiten, dies, obwohl das Bundesverfassungsgericht noch im Jahre 1990 die Mehrstaatigkeit als ein „Übel“ bezeichnet, „das sowohl im Interesse der Staaten wie im Interesse der Bürger nach Möglichkeit vermieden oder beseitigt werden sollte“[4].

[3] S. dazu *Christoph Schumacher/Klaus Barwig*, Mehrstaatigkeit – Neuere Entwicklungen im Bereich des Europarechts, ZAR 1985, 14 ff. [15].

[4] Beschluss vom 16. 9. 1990, NJW 1991, 634.

Gründe für die Unerwünschtheit mehrfacher Staatsangehörigkeit werden allgemein darin gesehen, dass für Wehrpflichtige die Gefahr mehrfacher Heranziehung zum Wehrdienst besteht; dass der diplomatische Schutz verkürzt wird, weil nach geltendem Völkerrecht im Verhältnis der mehreren Heimstaaten zueinander kein diplomatischer Schutz ausgeübt werden kann und ungewiss ist, welchen der mehrfachen Heimatstaaten einer Person ein dritter Staat als Schutzberechtigten ansehen wird; dass aus Mehrstaatigkeit ein Loyalitätsprinzip des Mehrstaaters erwächst („Man kann nicht zwei Vaterländer haben – genauso wenig wie man zwei Mütter haben kann"); schließlich, dass für einen Mehrstaater mehrere nationale Rechtsordnungen gelten, woraus sich eine Kollision dieser unterschiedlichen Rechtsordnungen – jedenfalls aber eine Rechtsunsicherheit – ergeben kann.

Die Argumente gegen die Hinnahme einer Mehrstaatigkeit sind von unterschiedlichem Gewicht. Einige dieser Argumente dürften in der Praxis nur von geringer Bedeutung sein, so die Frage hinsichtlich der Loyalität. Ernst zu nehmen sind die Probleme der Rechtsunsicherheit, die sich wegen der aus einer Mehrstaatigkeit resultierenden Kollision verschiedener Rechtsordnungen ergeben können; dies ist jedenfalls dann der Fall, wenn die mehreren Rechtsordnungen, denen der Mehrstaater aufgrund der Personalhoheit seiner Heimatstaaten unterliegt, nicht an die so genannte effektive Staatsangehörigkeit (meist die des Wohnsitzes) anknüpft, sondern vom Vorrang der eigenen Rechtsordnung ausgeht, wie dies z. B. sowohl das deutsche Internationale Privatrecht als auch das türkische Internationale Privatrecht vorschreiben. Noch gravierender spricht gegen die Hinnahme von Mehrstaatigkeit die Tatsache, dass eine Mehrstaatigkeit von Wahlmündigen auch eine mehrfache Wahlberechtigung mit sich bringt, jedenfalls dann, wenn 1. der Staat, in dem der Mehrstaater nicht seinen Wohnsitz hat, das Wahlrecht nicht an die tatsächliche Innehabung des Wohnsitzes anknüpft, 2. die Möglichkeit der Stimmabgabe per Briefwahl eröffnet ist, und 3. solange eine Regelung wie die im Gesetz über die Wahl zum Europäischen Parlament („Das Wahlrecht darf nur einmal und nur persönlich ausgeübt werden" – § 6 Abs. 3 Satz 1) fehlt. Die Hinnahme von Mehrstaatigkeit durch den (Staatsangehörigkeits-) Gesetzgeber ist aber nicht nur ein Problem der Gleichheit der Wahl, sondern auch ein solches der Gleichheit vor dem Gesetz allgemein, also des Grundsatzes, den das Grundgesetz in Art. 3 Abs. 1 mit den

Worten postuliert: „Alle Menschen sind vor dem Gesetz gleich." Der Besitz mehrerer Staatsangehörigkeiten bedeutet unzweifelhaft eine Privilegierung gegenüber denjenigen Menschen, die nur eine Staatsangehörigkeit haben, eine Privilegierung, die praktische Bedeutung dadurch erlangt, dass der Mehrstaater in allen seinen Heimatstaaten nicht als Ausländer behandelt werden darf, und dass er z.B. von der Visumspflicht befreit ist, die ihn treffen würde, wenn er nur Staatsangehöriger des einen Staates wäre, nicht aber auch des anderen Staates. Ein Mehrstaater hat es also in der Hand, welchen seiner mehreren Pässe er in einer bestimmten Situation zu seinem Vorteil als „Joker" aus der Tasche ziehen will und welchen nicht.

Zu bedenken ist schließlich auch, dass – jedenfalls unter der Geltung des Abstammungsprinzips – die Mehrstaatigkeit sich ihrerseits in einundderselben Person vervielfältigen kann. Wenn Herr A, der zwei Staatsangehörigkeiten besitzt, und Frau B, die ebenfalls zwei (aber andere) Staatsangehörigkeiten hat, ein gemeinsames Kind bekommen, so erwirbt nach dem Abstammungsprinzip dieses Kind vier Staatsangehörigkeiten – ebenso viele wie Otto von Habsburg. Die Vorhersage des renommierten Völkerrechtlers Christian Tomuschat, „bald wird vielleicht der Vierfach- oder Achtfachstaater die ganz geläufige Erscheinung sein"[5], mag zunächst übertrieben klingen, kann aber auch nicht von vornherein als abwegig abgetan werden, es sei denn, dass die nationalen Gesetzgeber oder die Staatengemeinschaft durch diesbezügliche internationale Abkommen dieser Entwicklung entgegensteuern.

(Rechts-)Tatsache ist, dass es Staaten gibt, die die Mehrstaatigkeit relativ großzügig hinnehmen, während andere Staaten insoweit eher restriktiv verfahren. Das internationale Übereinkommen der Europastaaten über die Verringerung der Mehrstaatigkeit und über die Wehrpflicht von Mehrstaatern vom 6. Mai 1963 ist von der rotgrünen Bundesregierung am 20. Dezember 2001 mit Wirkung zum 21. Dezember 2002 gekündigt worden, aus der Sicht der damaligen Bundesregierung, die das Tor zur Mehrstaatigkeit weiter als bisher öffnen wollte, verständlich, objektiv gesehen allerdings nicht unproblematisch. Umstritten war (und ist wohl auch nach wie vor), ob die großzügige Gewährung einer Mehrfachstaatsangehörigkeit an in

5 In: Berichte DtGVR Bd. 29 [1988], S. 120.

Deutschland lebende Ausländer für deren Integration förderlich ist oder – als Schaffung von „halb-und-halb-Bürgern" – keine positiven, sondern vielleicht sogar gegenteilige Effekte bewirkt.

7. Rut Brandt schildert in ihrem Buch „Freundesland. Erinnerungen"[6] die Einbürgerung ihres Ehemannes und späteren Bundeskanzlers Willy Brandt und ihre eigene: „Wir wurden von dem Feldpfarrer der norwegischen Staatskirche getraut; wir waren ja beide norwegische Staatsbürger. Willy wurde kurze Zeit später in Kiel wieder eingebürgert, und seinen Decknamen Willy Brandt bekam er dann vom Polizeipräsidenten in Berlin zugeeignet. Aber mich machte die Ehe nicht automatisch zur deutschen Staatsbürgerin. Der deutsche Staat existierte 1948 noch nicht, so dass es niemanden gab, der mir eine deutsche Staatsbürgerschaft hätte zuerkennen können. Für einige Jahre blieb ich Norwegerin. Dagegen hatte ich auch nichts einzuwenden. Ich reiste oft nach Norwegen. Mutter lebte ja noch, und sie war nicht besonders mobil. Damals war der Abstand zwischen den beiden Ländern größer als die geographische Distanz, und es war einfacher, mit einem norwegischen Pass zu reisen. Am Anfang der fünfziger Jahre beantragte ich die deutsche Staatsbürgerschaft und verlor dabei meine norwegische"[7]. Wie fühlte Rut Brandt sich danach in Deutschland? Ihre Antwort: „Ich blieb Norwegerin, obgleich ich Deutsche wurde"[8].

Frühere familiäre und kulturelle Bindungen („the roots" – die Wurzeln) eines Menschen werden in der Tat durch eine Einbürgerung in den meisten Fällen nicht beseitigt. Eine Einbürgerung hebt Gefühle nicht auf, sondern verändert eben „nur" die Staatsangehörigkeit. Der Staatsangehörigkeitserwerb kraft Einbürgerung ist keine relativ neue Rechtsgestaltung, sondern war schon Bestandteil des Staatsangehörigkeitsrechts zur Zeit der französischen Revolution, wofür die – nicht Vielen bekannte – (Ehren-)Verleihung der französischen Staatsangehörigkeit an Friedrich Schiller als Beispiel genannt werden kann. Verändert haben sich seitdem allerdings die Voraussetzungen, die Gründe und die Modalitäten der Einbürgerung, ganz abgesehen

[6] *Rut Brandt*, Freundesland. Erinnerungen, Hamburg 1992.
[7] A.a.O., S. 108/109.
[8] A.a.O., S. 8.

davon, dass die gesetzlichen Regelungen in den verschiedenen Staaten im Detail unterschiedlich sind.

Auch die Regelungen des deutschen Staatsangehörigkeitsrechts zur Einbürgerung sind im Laufe der Zeit mehr als einmal geändert worden. Ersatzlos gestrichen wurde z. B. die im Reichs- und Staatsangehörigkeitsgesetz von 1913 enthaltene Bestimmung, derzufolge die „Anstellung im unmittelbaren oder mittelbaren Staatsdienst, im Dienst einer Gemeinde oder eines Gemeindeverbandes, im öffentlichen Schuldienst oder im Dienst einer anerkannten Religionsgesellschaft" für einen Ausländer als Einbürgerung galt (§ 14 Abs. 1 RuStAG) – eine insoweit folgenschwere Regelung, als sie bekanntlich aufgrund einer pro-forma-Anstellung im braunschweigischen Staatsdienst Adolf Hitler 1932 zum Erwerb der deutschen Staatsangehörigkeit verhalf. Die NS-Zeit war insoweit von gegenläufigen Tendenzen geprägt, nämlich einerseits durch Ausgrenzungen (z. B. durch Ausbürgerungen), andererseits durch in großem Umfang vorgenommene Sammeleinbürgerungen.

Ende der neunziger Jahre wurde, insbesondere auf Seiten der Regierungskoalition von SPD und DIE GRÜNEN, der Ruf nach Erleichterungen bei der Einbürgerung von Ausländern immer lauter. Dabei entstand in der Öffentlichkeit der Eindruck, dass in der Bundesrepublik Deutschland von der gesetzlich vorgesehenen Möglichkeit der Einbürgerung nur sehr zurückhaltend Gebrauch gemacht werde. Das Gegenteil war der Fall. So fanden allein in der Zeit zwischen 1990 und 1993 in jedem Jahr mehr als 100.000 Einbürgerungen statt, zwischen 1994 und 1999 jährlich sogar mehr als 200.000. Die Mehrzahl dieser Einbürgerungen betraf allerdings so genannte Aussiedler und Spätaussiedler. Immerhin war auch die Zahl der „echten" in Deutschland eingebürgerten Ausländer nicht unbeträchtlich, so 1998 rd. 107.000, 1999 rd. 143.000 und im Jahre 2000 – also in dem Jahr des Inkrafttretens des Reformgesetzes – rd. 187.000. In den darauf folgenden Jahren ist die Zahl der Einbürgerungen nicht, wie von der rot-grünen Regierungskoalition erhofft, gestiegen, sondern – trotz amtlicher Werbung – auffallend und kontinuierlich zurückgegangen, nämlich auf rd. 178.000 in 2001, auf rd. 155.000 in 2002, auf rd. 141.000 in 2003, auf rd. 127.000 in 2004 und auf rd. 117.000 in 2005. Mit rd. 125.000 Einbürgerungen im Jahre 2006 sind erstmals seit dem Jahr 2000 wieder mehr Ausländer eingebürgert worden als im Vorjahr. Den größten Anteil der in Deutschland Eingebürgerten stellten auch 2006 wieder die Türken (26,8 %). Den stärksten prozentualen Anstieg gab es bei der Einbürgerung von Israelis (plus 50,2 %).[9]

Über Schwierigkeiten, die einem Einbürgerungswilligen nicht von der Einbürgerungsbehörde, bereitet werden, sondern von der eigenen Familie, berichtet die seit 1983 in Deutschland lebende Schriftstellerin Fahimeh Farsaie in ihrem bizarren Buch „Eines Dienstags beschloss meine Mutter Deutsche zu werden"[10]. In diesem Buch schildert die Autorin auch, wie ihre aus dem Iran stammende Mutter sich auf das Gespräch bei der Einwanderungsbehörde vorbereitet – eine Situation, die durch die intensive Diskussion über „Gesprächsleitfaden" und „Wissenstest", vor allem aber auch über das Erfordernis einer zwar nicht perfekten, aber doch gewissen Beherrschung der deutschen Sprache als Voraussetzung der Einbürgerung breite Aufmerksamkeit in der Öffentlichkeit gefunden hat. Im Verlauf dieser Diskussion über das Thema Einbürgerungsverfahren wurde auch über einen äußeren Rahmen nachgedacht, der festlicher ausgestaltet sein sollte als bisher. Sogar die Einführung eines Einbürgerungseides – wie in den USA seit langer Zeit üblich (Text: s. Anhang II) – wurde erwogen.

Alle Menschen sind vor dem Gesetz gleich; aber manche Menschen sind gleicher als Andere, und wieder Andere sind weniger gleich. Ausländische Hochleistungssportler, an denen die Bundesrepublik ein besonderes Interesse hat, werden in Deutschland aufgrund einer Verwaltungsrichtlinie bevorzugt eingebürgert. Eine solche Bevorzugung in Einbürgerungsangelegenheiten ist kein deutscher Sonderweg: Die russische Sängerin Anna Netrebko wurde in Österreich „außerhalb der Reihe" eingebürgert. Die Braut von Kronprinz Frederik von Dänemark, die Australierin Mary Donaldson, erhielt als exklusives Verlobungsgeschenk die dänische Staatsangehörigkeit – dies in einem Land, in welchem seit 2001 nur noch eingebürgert wird, wer in Prüfungen beweist, dass er Dänisch spricht sowie Geschichte und Werte seiner neuen dänischen Gemeinschaft kennt.

[9] Zu Rechtsfragen im Zusammenhang mit jüdischen Emigranten allgemein s. *Esther Weizsäcker*, Jüdische Emigranten im geltenden deutschen Staatsangehörigkeits- und Ausländerrecht, ZAR 2004, 93 ff.

[10] *Fahimeh Farsaie*, Eines Dienstags beschloss meine Mutter Deutsche zu werden, Königstein/Taunus 2006. – S. auch: *Canan Topçu*, EinBÜRGERung. Lesebuch über das Deutsch-Werden. Portraits, Interviews, Fakten, Frankfurt a. M. 2007.

Eine bevorrechtigte Behandlung bei der Einbürgerung hat auch eine Konferenz von Muslimen in Cordoba im Juni 2007 dahingehend gefordert, dass die Nachkommen der im Jahr 1610(!) von der Iberischen Halbinsel vertriebenen getauften Mauren („Moriscos“) bei einem Antrag auf Erwerb der spanischen Staatsangehörigkeit bevorzugt behandelt werden sollen. Die Muslime begründeten dies unter anderem damit, dass eine solche bevorzugte Behandlung schon seit einigen Jahren hinsichtlich der Sefarden (Juden spanischer Abstammung) praktiziert werde. Umgekehrt wird aus der Schweiz berichtet, dass die Bürgerversammlung der Gemeinde Rheineck zum wiederholten Male die Einbürgerung von Personen aus dem ehemaligen Jugoslawien abgelehnt hat, weil Muslime in der Gemeinde als grundsätzlich unerwünscht bezeichnet werden. In der Schweiz entscheiden teils Bürgerversammlungen in direkter Demokratie, teils Gemeinderäte über Einbürgerungsgesuche. Die traditionelle schweizerische „Einbürgerungsdemokratie“ einzelner Kantone hat das schweizerische Bundesgericht im Jahre 2003 dahin reguliert, dass Einbürgerungen nicht als politische Entscheidungen sondern als Akte der Rechtsanwendung definiert werden, eine Begründung für Ablehnungen und ein Beschwerderecht gegen diese verlangt werden und Urnenabstimmungen mangels solcher Begründung als unzulässig beurteilt werden. Der Fall Rheineck wurde demgemäß als ein Beispiel dafür genannt, „wie das Einbürgerungsverfahren aus dem Ruder laufen kann“[11]. Nicht aus dem Ruder lief dagegen die Einbürgerung des Schlagersängers Udo Jürgens, der im Juni 2007 im Kanton Zürich seine Einbürgerungsurkunde entgegennahm; der Neu-Schweizer will dennoch seine deutsche und seine österreichische Staatsangehörigkeit behalten.

8. Das Gegenteil der Einbürgerung ist die Ausbürgerung: Die Einbürgerung gibt, die Ausbürgerung nimmt. Gemeinhin wird das Stichwort Ausbürgerung mit der NS-Zeit in Verbindung gebracht. In der Tat erging schon am 14. Juli 1933 – also kurz nach der Machtergreifung – als Verfolgungsmaßnahme aus politischen, rassischen oder religiösen Gründen das „Gesetz über den Widerruf von Einbürgerungen und die Aberkennung der deutschen Staatsangehörigkeit.“ Von der damit gegebenen Ermächtigung machte der dafür zuständige Reichsminister des Innern Wilhelm Frick ausgiebig Gebrauch. Bereits am

[11] NZZ Nr. 67 vom 21.3.2007, S. 17.

23. August 1933 wurden – neben Anderen – Lion Feuchtwanger, Helmut von Gerlach, Alfred Kerr, Heinrich Mann und Kurt Tucholsky der deutschen Staatsangehörigkeit für verlustig erklärt. Thomas Mann wurde die deutsche Staatsangehörigkeit am 3. Dezember 1936 aberkannt, wobei sich die Frage stellt, ob er zu diesem Zeitpunkt überhaupt noch die deutsche Staatsangehörigkeit besaß, da ihm schon vorher, nämlich am 19. November 1936, die tschechoslowakische Staatsbürgerschaft verliehen worden war und er diese auch angenommen hatte. Eine Kollektivausbürgerung erfolgte schließlich mit der Elften Verordnung zum Reichsbürgergesetz vom 25. November 1941, die in § 1 bestimmte: „Ein Jude, der seinen gewöhnlichen Aufenthalt im Ausland hat, kann nicht deutscher Staatsangehöriger sein." Damit sollten vor allem Emigranten getroffen werden.

Ausbürgerungen als solche waren allerdings keine Erfindung der NS-Machthaber; denn: „Zwangsausbürgerungen und Denaturalisationen als systematisches Mittel politischen Ausschlusses wurden in Europa nicht vom nationalsozialistischen Regime, sondern von Frankreich und England während des Ersten Weltkriegs eingeführt"[12]. Nach dem Ende des Zweiten Weltkrieges praktizierten vor allem kommunistische Regierungen im Ostblock Ausbürgerungen; davon betroffen waren z. B. Wolf Biermann, dem die Staatsbürgerschaft der DDR entzogen wurde, Milan Kundera, der die Staatsangehörigkeit der CSSR verlor, sowie Mstislaw Rostropowitsch und seine Ehefrau Galina, die von der Regierung der UdSSR ausgebürgert wurden. Aber auch in den USA ist die Aberkennung der Staatsangehörigkeit nicht verboten. So wurde zwischen 1979 und 1997 auf Grund von Nachforschungen der Sonderabteilung des US-Justizministeriums zur Verfolgung von NS-Verbrechen 57 ehemaligen Nationalsozialisten die amerikanische Staatsangehörigkeit aberkannt.

Das Grundgesetz der Bundesrepublik Deutschland hat – nicht zuletzt aufgrund der Ausbürgerungen in der NS-Zeit und in kommunistischen Staaten – die Entziehung der deutschen Staatsangehörigkeit untersagt (Art. 16 Abs.1 Satz 1 GG). Da der Verfassungsgeber aber nicht jeden Verlust der deutschen Staatsangehörigkeit verbieten wollte – z. B. dann

[12] *Dieter Gosewinkel*, Einbürgern und Ausschließen. Die Nationalisierung der Staatsangehörigkeit vom Deutschen Bund bis zur Bundesrepublik Deutschland, 2. Aufl., Göttingen 2003, S. 427.

nicht wenn ein deutscher Staatsangehöriger wegen von ihm gewollten Erwerbs einer ausländischen Staatsangehörigkeit die Entlassung aus der deutschen Staatsangehörigkeit beantragt, oder wenn er auf die deutsche Staatsangehörigkeit wegen Besitzes mehrerer Staatsangehörigkeiten verzichtet, oder wenn ein deutsches Kind von einem Ausländer adoptiert wird – erklärt Art. 16 Abs. 1 Satz 2 GG den Verlust der deutschen Staatsangehörigkeit für zulässig, allerdings nur aufgrund Gesetzes und gegen den Willen des Betroffenen nur dann, wenn der Betroffene nicht staatenlos wird. Entscheidend ist also der Unterschied zwischen (unzulässiger) Entziehung und (zulässigem) Verlust. Entziehung und Verlust unterscheiden sich darin, dass die Entziehung für den Betroffenen unvermeidbar, der Verlust dagegen vermeidbar ist, oder anders ausgedrückt, der Verlust – anders als die Entziehung – auf Tatbestandsmerkmalen beruht, deren Erfüllung im Willensbereich des Betroffenen liegt. Der Verlust ist also eine Art Selbstausbürgerung, während die Entziehung eine Fremdausbürgerung darstellt.

Steht das Verbot der Entziehung der deutschen Staatsangehörigkeit der Rücknahme einer durch vorsätzliche Täuschung erschlichenen Einbürgerung im Wege? Das Bundesverfassungsgericht hat diese Frage in seinem ausführlich begründeten Urteil vom 24. Mai 2006 verneint – zu Recht; denn jede andere Auslegung des Art. 16 Abs.1 GG würde dazu führen, dass ein Betrüger, der die Einbürgerungsbehörde mit falschen Angaben getäuscht hat, gegenüber dem ehrlichen Antragsteller, der aufgrund seiner richtigen Angaben die Einbürgerung erst gar nicht erhält, privilegiert wäre.

Vom Fall der erschlichenen Einbürgerung abgesehen ist der Erwerb der deutschen Staatsangehörigkeit kraft Einbürgerung endgültig; denn das deutsche Staatsangehörigkeitsrecht kennt weder eine bedingte Einbürgerung (wie von der SVP in der Schweiz angedacht) noch einen Widerruf der Einbürgerung wegen nach dieser begangenen schweren Verbrechen (wie das spanische Recht).

9. Das Gesetz zur Reform des Staatsangehörigkeitsrechts bezeichnete der damalige Bundesminister des Innern Otto Schily als „den wichtigsten Erfolg“ seiner bisherigen Amtszeit. Der Fraktionssprecher von Bündnis 90/DIE GRÜNEN Rezzo Schlauch hatte schon vorher den Gesetzentwurf der rot-grünen Regierungskoalition als einen „Quan-

tensprung von historischer Dimension" bejubelt. Nur wenige Jahre später erscheint der „Quantensprung" selbst für die Fraktion von Bündnis 90/DIE GRÜNEN offenbar als zu kurz gesprungen; denn just diese Fraktion hat am 20. September 2006 einen Gesetzentwurf zur Änderung des Staatsangehörigkeitsrechts eingebracht (BT-Drs. 16/2650). Als Problem wird dem Entwurfstext vorangestellt: „Nach wie vor ist ein zu großer Teil der dauerhaft und seit vielen Jahren in Deutschland lebenden Bevölkerung von den staatsbürgerlichen Rechten – insbesondere dem Wahlrecht – ausgeschlossen. Ein neuer gesellschaftlicher Integrationsvertrag erfordert es daher, die Regelungen über den Erwerb der deutschen Staatsangehörigkeit weiter zu verbessern." Als Lösung des Problems wird vorgeschlagen: „Verbesserungen und Vereinfachung beim Erwerb der Staatsangehörigkeit durch Geburt im Inland (Wegfall eines achtjährigen Aufenthalts eines Elternteils und des sogenannten Optionsmodells) und bei der Einbürgerung (Verkürzung der erforderlichen Aufenthaltszeit, Beschränkung des Grundsatzes der Vermeidung von Mehrstaatigkeit)."

Auch der Bundesrat hat, auf Initiative der Länder Bayern, Hamburg, Hessen, Niedersachsen und Saarland, am 9. März 2007 beschlossen, einen Gesetzentwurf zur Änderung des Staatsangehörigkeitsrechts in den Bundestag einzubringen (BR-Drs. 137/07). In der Begründung des Entwurfs wird darauf hingewiesen, dass das geltende Recht nicht in ausreichendem Maße sicherstelle, dass nur derjenige eingebürgert werden kann, der integriert ist und das Grundgesetz und die Werteordnung der Bundesrepublik anerkennt. Vorgeschlagen wird, die Strafgrenze, bis zu der eine Einbürgerung möglich ist, von bisher 180 Tagen Geldstrafe bzw. sechs Monaten Freiheitsstrafe auf 90 Tagessätze bzw. drei Monate Freiheitsstrafe zu reduzieren, die Einbürgerung von Straftätern also nur in engeren Grenzen zuzulassen. Hinsichtlich der ausreichenden Kenntnisse der deutschen Sprache soll nach dem Entwurf des Bundesrates deren Fehlen nicht Ausschlussgrund einer Einbürgerung sein, sondern umgekehrt sollen ausreichende Kenntnisse der deutschen Sprache (auch schriftliche Fähigkeiten) Voraussetzung für einen Einbürgerungsanspruch bilden. Zusätzlich zu den sprachlichen Kenntnissen fordert der Gesetzentwurf im Regelfall den Nachweis der erfolgreichen Teilnahme an einem Einbürgerungskurs. Schließlich nimmt der Bundesrat in seinem Gesetzentwurf auch die Erwägungen auf, die in der Öffentlichkeit bereits früher über einen feierlichen Rahmen der Aushändigung der Einbürgerungsurkunde und über einen Verfassungseid angestellt worden sind.

Der Bundesrat ist in dieser seiner Gesetzesinitiative inzwischen von der Bundesregierung überholt worden: Am 23. April 2007 hat die Bundesregierung nämlich den „Entwurf eines Gesetzes zur Umsetzung aufenthalts- und asylrechtlicher Richtlinien der Europäischen Union" in den Bundestag eingebracht (BT-Drs. 16/5065). Wie die Bezeichnung zeigt, beabsichtigte die Bundesregierung damit, elf Richtlinien der EG in das innerstaatliche deutsche Rechts umzusetzen (das umstrittenste, von islamischen Verbänden besonders angegriffene Gesetzesvorhaben ist, dass bei der Umsetzung der Richtlinie über den Familiennachzug von der Möglichkeit Gebrauch gemacht werden soll, durch die Festlegung eines Mindestalters zum Ehegattennachzug junge Ausländer – in der Praxis: junge Ausländerinnen – vor Zwangsverheiratung zu schützen. Die islamischen Verbände sehen darin eine Diskriminierung von Muslimen).

Die erste Beratung des Gesetzentwurfs im Bundestag hat am 26. April 2007 stattgefunden, die zweite und dritte Beratung am 14. Juni 2007. Der Bundestag hat in namentlicher Abstimmung mit 398:170: 5 Stimmen das Gesetz angenommen. Der Bundesrat hat zugestimmt. Nach Ausfertigung durch den Bundespräsidenten und Verkündung im Bundesgesetzblatt (BGBl. 2007 I, S. 1970 ff.) ist das „Gesetz zur Umsetzung aufenthalts- und asylrechtlicher Richtlinien der Europäischen Union" in seinen meisten Bestimmungen am 28. August 2007 in Kraft getreten; in einigen das Staatsangehörigkeitsrecht betreffenden Bestimmungen tritt das Gesetz am 1. September 2008 in Kraft.

Keine der elf Richtlinien hat eine Regelung von Staatsangehörigkeitsfragen zum Inhalt. Deshalb überraschte, dass der von der Bundesregierung im Bundestag eingebrachte Gesetzentwurf „Zur Umsetzung aufenthalts- und asylrechtlicher Richtlinien der Europäischen Union" mit dem darin enthaltenen Art. 5 nicht nur marginale oder redaktionelle Änderungen des Staatsangehörigkeitsgesetzes enthält. Insoweit zu Recht hatte der Bundesrat in seiner Stellungnahme zu dem Gesetzentwurf der Bundesregierung kritisiert, Art. 5 diene „nicht der Umsetzung von Richtlinien der Europäischen Union und stellt damit einen Fremdkörper im Gesetzentwurf dar, der bei politischer Einigung im Vorfeld des Gesetzgebungsverfahrens keine Rolle gespielt hat" (BR-Drs. 224/07, S. 29). Im Übrigen fanden sich aber in dem Gesetzentwurf der Bundesregierung auch einige der bereits vom Bundesrat vorgeschlagenen Änderungen des Staatsangehörigkeitsgesetzes wieder.

Von den insgesamt 24 Änderungspunkten des Gesetzesentwurfs der Bundesregierung ist zunächst die darin vorgeschlagene Ausweitung der Gründe für den Erwerb der deutschen Staatsangehörigkeit zu erwähnen. Zusätzlich zu dem Erwerb aus den in § 3 StAG genannten Gründen soll die deutsche Staatsangehörigkeit auch erwerben, „wer seit zwölf Jahren von deutschen Stellen als deutscher Staatsangehöriger behandelt worden ist und dies nicht zu vertreten hat. Als deutscher Staatsangehöriger wird insbesondere behandelt, wem ein Staatsangehörigkeitsausweis, Reisepass oder Personalausweis ausgestellt wurde“ (Anfügung eines Abs. 2 in § 3).

Es handelt sich dabei also um eine Art Ersitzung der deutschen Staatsangehörigkeit durch Papierdeutsche mit Rückwirkung auf den Zeitpunkt, „zu dem bei Behandlung als Staatsangehöriger der Erwerb der Staatsangehörigkeit angenommen wurde“, und mit Erstreckung auf die Abkömmlinge, die seither ihre Staatsangehörigkeit von dem so Begünstigten ableiten. Der Bundesrat hielt in seiner Stellungnahme dazu die behördliche Ermittlung der Ersitzungsvoraussetzungen für „unpraktikabel“ und regte „anstatt eines nur schwer handhabbaren Individualverfahrens die Möglichkeit einer generell abstrakten Lösung“ an, „die eine zuverlässige Beschreibung des Bestandes an deutschen Staatsangehörigen erlaubt. In Betracht kommt beispielsweise in Ergänzung der vorhandenen Erwerbstatbestände eine einmalige stichtagsbezogene gesetzliche Vermutung für das Innehaben der deutschen Staatsangehörigkeit, die an einfach feststellbaren Kriterien – wie eine bestimmte Dauer des Besitzes eines Personalausweises oder Reisepasses – festgemacht wird“ (BR-Drs. 224/07, S. 26). Das im Entwurf der Bundesregierung vorgesehene verbindliche Verfahren auf Feststellung des Bestehens oder Nichtbestehens der deutschen Staatsangehörigkeit (§ 30 neu) hielt der Bundesrat für prüfungsbedürftig; ob ein Bedarf für das von der Bundesregierung vorgeschlagene zentrale „Register der Entscheidungen in Staatsangehörigkeitsangelegenheiten“ (§ 33 neu) besteht, könne nach Ansicht des Bundesrates noch nicht abschließend beurteilt werden.

Aus dem vom Bundestag inzwischen angenommenen Gesetzentwurf der Bundesregierung sind u. a. noch die folgenden Neuregelungen erwähnenswert: Der Einbürgerungsbewerber muss zusätzlich zu den schon bisher im StAG genannten Voraussetzungen über „ausreichende Kenntnisse der deutschen Sprache“ verfügen und über „Kenntnisse der Rechts- und Gesellschaftsordnung und der Lebensverhältnisse in Deutschland“ (§ 10 Abs. 1 Nr. 6 und 7 neu), wobei letztere „ in der Regel durch einen erfolgreichen Einbürgerungstest“ nachgewiesen sind (§ 10 Abs. 4 neu); die Grenzen für die Außerachtlassung bestimmter Straftaten für die Einbürgerung werden strenger als nach dem bisher geltenden Recht gefasst (Verurteilung zu Geldstrafe bis zu 90 Tagen statt bis zu 180 Tagen, Verurteilung zu Freiheitsstrafe bis zu drei Monaten statt bis zu sechs Monaten, § 12a Abs. 1 neu); Verpflichtung vor Aushändigung der Einbürgerungsurkunde ein feierliches Bekenntnis abzulegen mit dem Text: „Ich erkläre feierlich, dass ich das Grundgesetz und die Gesetze der Bundesrepublik Deutschland achten und alles unterlassen werde, was ihr schaden könnte“ (§ 16 neu); Einschränkung des Verlustes der deutschen Staatsangehörigkeit bei Erwerb einer ausländischen Staatsangehörigkeit auf Antrag hin dadurch, dass künftig der Verlust u.a. dann nicht eintritt, wenn ein Deutscher die Staatsangehörigkeit eines anderen Mitgliedstaates der Europäischen Union oder der Schweiz erwirbt (§ 25 Abs. 1); schließlich datenschutzrechtliche Regelungen im Zusammenhang mit den vorgesehenen Neuregelungen. Kurz zusammengefasst wurde der Gegenstand der wichtigsten beabsichtigten Änderungen des geltenden Rechts wie folgt umrissen: „Die Änderungen zum Staatsangehörigkeitsrecht umfassen die Aufhebung gegenstandslos gewordener Regelungen sowie den weiteren punktuellen Änderungsbedarf (neuer Erwerbsgrund durch langjährige Behandlung als deutscher Staatsangehöriger, Ausgestaltung der Feststellung der deutschen Staatsangehörigkeit als Verwaltungsakt mit rechtsgestaltender Wirkung und Schaffung bereichsspezifischer datenschutzrechtlicher Regelungen).“ (BT-Drs. 16/5065, S. 4). Die Bundesregierung sieht in den von ihr vorgeschlagenen Änderungen „einen in sich schlüssigen weiteren Modernisierungsschritt, der das derzeit Machbare umsetzt. Darin werden nicht weiter aufschiebbare dringende Anpassungen vorgenommen, ohne dass der Weg zu künftigen weitergehenden Modernisierungen verstellt wird“ (Gegenäußerung der Bundesregierung zur Stellungnahme des Bundesrates, BT-Drs. 16/5527, S. 51). Der Bundesrat hatte in seiner Stellungnahme zum Gesetzentwurf der Bundesregierung deren Absicht begrüßt, „das Staatsangehörigkeitsrecht, namentlich das Einbürgerungsrecht, fortlaufend zu aktualisieren"; er bat die Bundesregierung, „das deutsche Staatsangehörigkeitsrecht im Anschluss an die im Jahre 1999 vorgenommene Teilnovellierung sowie die punktuellen Anpassungen in der Folgezeit umfassend zu evaluieren und die erforderliche Gesamtnovellierung unverzüglich in Angriff zu nehmen" (BR-Drs. 224/07, S. 25). Demgegenüber ist die Bundesregierung der Auffassung, dass es vor einer umfassenden Novellierung des Staatsangehörigkeitsrechts „zunächst einer politischen Verständigung in wesentlichen Grundsatzfragen bedarf, die zwischen Bund und Ländern in den dafür vorgesehenen politischen Gremien verbindlich geklärt werden müssen. Auch die neue Integrationspolitik, wie sie mit dem Nationalen Integrationsplan formuliert werden soll, wird sich nachhaltig auch auf die künftige Einbürgerungspolitik auswirken." Aus diesen Gründen „hält es die Bundesregierung derzeit nicht für angebracht, mit einer abschließenden Gesamtnovelle zum StAG – gewissermaßen vorab – bereits den „Schlussstein der gelungenen Integration" formulieren zu wollen, ohne dass solide Erfahrungen mit den neuen Integrationsmaßnahmen und daraus ggf. erkennbarer gesetzgeberischer Nachsteuerungsbedarf die gebotene Berücksichtigung finden können" (BT-Drs. 16/5527, S. 51).

Aus allen diesen Stellungnahmen und Äußerungen muss man jedenfalls den Schluss ziehen, dass das Staatsangehörigkeitsrecht der Bundesrepublik Deutschland in Zukunft eine Dauerbaustelle sein wird. Das von vielen gefeierte Reformgesetz von 1999 hat offensichtlich mitnichten eine umfassende und dauerhafte Lösung gebracht. Weder Rechtssicherheit noch einheitliche Verwaltungspraxis wurden erreicht. Im Nachhinein stellt sich der „Quantensprung" des Reformgesetzes als bloße Teilnovellierung dar, der nun eine „Gesamtnovellierung" folgen soll.

Selbstverständlich muss der Gesetzgeber auf veränderte Verhältnisse reagieren. Aber wenn die Verfallszeiten von Gesetzen immer kürzer werden, stellt sich die Frage, ob dies eine gute Entwicklung ist. Die Antwort mag, je nach gesetzlich geregelter Rechtsmaterie, unterschiedlich ausfallen. Jedenfalls das Staatsangehörigkeitsrecht sollte in Zukunft nicht zu einem Experimentierfeld kurzatmiger gesetzgeberischer Beschlüsse werden. Auch sollte eine Änderung des Staatsangehörigkeitsrechts kein „Geschmäckle" in der Weise haben, dass z.B. eine großzügigere Regelung der Einbürgerung von einer politischen Partei auch deshalb durchgesetzt wird, weil zu erwarten ist, dass die so Eingebürgerten überwiegend eben diese Partei wählen werden.

10. Die Zukunft der deutschen Staatsangehörigkeit wird – jenseits von nationalem gesetzgeberischen Aktionismus von Bundesregierung, Bundestag und Bundesrat – zunächst nicht unwesentlich bestimmt werden von der künftigen Bedeutung der Europäischen Unionsbürgerschaft, die wiederum von der Entwicklung der Europäischen Union selbst abhängt.

Die Rechtsnatur der Europäischen Unionsbürgerschaft ist zwar noch nicht eindeutig geklärt; aber aus Art. 17 EGV ergibt sich zwingend, dass jeder Staatsangehörige eines Mitgliedstaates der EU, aber auch nur dieser, zugleich Unionsbürger ist. Es gibt also, anders als nach dem deutschen Reichs- und Staatsangehörigkeitsgesetz von 1913 hinsichtlich der unmittelbaren Reichsangehörigkeit, keine unmittelbare, d.h. nicht durch die Staatsangehörigkeit eines Mitgliedstaates der EU vermittelte Unionsbürgerschaft. Weil die Unionsbürgerschaft durch die mitgliedstaatliche Staatsangehörigkeit vermittelt wird, hat jeder Mitgliedstaat der EU es in seiner Hand, durch seine innerstaatlichen Regeln über den Erwerb und Verlust seiner Staatsangehörigkeit zugleich die Zahl der Unionsbürger zu verändern, dies ohne irgendeine Mitwirkungs- oder Vetomöglichkeit der anderen Mitgliedstaaten der Union. Die Bestimmung des Art. 17 EGV stellt darüber hinaus klar, dass die Unionsbürgerschaft die Staatsangehörigkeit der Mitgliedstaaten inhaltlich, d.h. in Bezug auf Rechte und Pflichten, nur ergänzt, also diese nicht verdrängt.

Solange die EU kein Bundesstaat ist, sondern nur ein Staatenverbund (allerdings neuer Qualität), wird die deutsche Staatsangehörigkeit – wie die Staatsangehörigkeit der anderen Mitgliedstaaten – ihre im wahrsten Sinne des Wortes staatstragende Bedeutung auch in Zukunft behalten. Jedoch verliert mit immer weiter ausgreifenden Vorgaben der EU, z.B. durch die von ihr erlassenen Richtlinien, zumindest die Abgrenzungsfunktion der Staatsangehörigkeit eines Mitgliedstaates jedenfalls im Verhältnis zu den anderen Unionsbürgern an Bedeutung. Deshalb bleibt auch jede räumliche Erweiterung der EU durch Aufnahme neuer Mitglieder nicht ohne Folgen für die Relevanz der deutschen Staatsangehörigkeit.

Die zukünftige Entwicklung des deutschen Staatsangehörigkeitsrechts ist aber nicht nur in einem europäischen Zusammenhang gestellt, sondern sie steht auch unter weltweiten Einflüssen. Kein Staat ist heute, was sein Staatsangehörigkeitsrecht betrifft, ein „island in the sun". Globalisierung, Migration und Flüchtlingsströme gehen nicht spurlos an den nationalen Staatsangehörigkeitsgesetzen vorüber. Die Anzahl der unabhängigen Staaten wächst und wächst („Balkanisierung"), und damit auch die Ansammlung der Staatsangehörigkeitsgesetze der Welt, und daraus folgend auch die der staatsangehörigkeitsrechtlichen Kollisionsfälle. Überhaupt noch nicht einzuschätzen ist, wie sich ein wachsender Einfluss des Islam auf die zukünftige Bedeutung der Staatsangehörigkeit auswirken wird. Das Staatsangehörigkeitsrecht der Moderne, auch das deutsche, geht davon aus, dass Staatsangehörigkeit und Religion beziehungslos nebeneinander stehen, daher füreinander irrelevant sind. Wie aber könnte die Situation aussehen, wenn sich zwischen Religionsausübung und Verfassungsordnung des Staates ein unauflöslicher Widerspruch auftun würde? Und was bedeutet es für die Rechtsfigur der Staatsangehörigkeit wenn erneut – wie in früheren Zeiten – die Religion wichtiger wäre als die Staatsangehörigkeit?

I. Der Staat als Bezugspunkt

Fast jeder Mensch – gleichgültig welchen Alters, welchen Geschlechts, welcher Hautfarbe oder welcher Religion – besitzt eine oder mehrere Staatsangehörigkeiten. Staatenlosigkeit ist die Ausnahme. Juristischer und politischer Bezugspunkt des Menschen ist also insoweit nach wie vor der Staat. Auch insofern trifft die Feststellung zu: „Der Staat ist derzeit nach wie vor die Grundkonstante, sowohl des innerstaatlichen Rechts als auch des internationalen Systems.“ [1]

Der Staat bietet sich als Bezugspunkt aber nicht nur deshalb an, weil er trotz eines in Zeiten wachsender Internationalisierung und Globalisierung gravierenden Anpassungs- und Änderungsprozesses[2] und trotz der tiefgreifenden Wandlung des Souveränitätsbegriffes[3] nach wie vor den Rahmen für das gesellschaftliche Zusammenleben des Menschen bildet, sondern auch deshalb, weil das Vorhandensein eines Staates im Sinne seiner rechtlichen Existenz im Regelfall unstreitig ist.

Von dieser Regel gibt es scheinbare Ausnahmen, scheinbar deshalb, weil es sich bei einigen sich selber als Staaten bezeichnenden Gebilden in Wahrheit nicht um echte Staaten handelt. Beispiele solcher Gebilde sind nicht die so genannten Kleinstaaten, die trotz gewisser Funktionsdefizite Staaten im Sinne des Völkerrechts sind,[4] wohl aber Marionettenstaaten, die von einem herrschenden Staat kreiert werden oder sich selbst für unabhängig erklären, ohne von der Gemeinschaft der anderen Staaten völkerrechtlich anerkannt zu sein. Eine solche

1 *Gernot Biehler*, Auswärtige Gewalt. Auswirkungen auswärtiger Interessen im innerstaatlichen Recht, Tübingen 2005, S. 3.

2 Auf dieses Problem weist zutreffend *Gernot Biehler* (Anm. 1), S. 3, hin. Vgl. dazu auch *Rudolf Streinz*, Sinn und Zweck des Nationalstaates in der Zeit der Europäisierung und Globalisierung, Festschr. f. Ress, Köln 2005, S. 1277 ff.

3 Ausführliche Darstellung der historischen Entwicklung des Souveränitätsbegriffes von *Bodin* bis zum Urt. des BVerfG betr. den Vertrag von Maastricht (BVerfGE 89, 155 ff.) bei *Utz Schliesky*, Souveränität und Legitimität von Herrschaftsgewalt. Die Weiterentwicklung von Begriffen der Staatslehre und des Staatsrechts im europäischen Mehrebenensystem, Tübingen 2004.

4 Vgl. dazu – am Beispiel Liechtenstein – *Markus A. Meckler*, Der Kleinstaat im Völkerrecht. Das Fürstentum Liechtenstein im Spannungsfeld zwischen Souveränität und kleinstaatenspezifischen Funktionsdefiziten, Frankfurt a. M./Berlin/ Bern, 2006.

völkerrechtliche Anerkennung fehlte im Fall Mandschukuo unter der Herrschaft Japans 1932–1937, sowie den in der Zeit des Apartheidregimes von der Republik Südafrika geschaffenen so genannten „homelands" Transkei, Bophuthabwana, Venda und Ciskei.[5] Beispiele für völkerrechtlich nicht anerkannte Abspaltungen sind der im Bürgerkrieg in Nigeria von 1967–1970 abgefallene Staatsteil Biafra, das im Balkan-Krieg entstandene Kosovo, die „Transnistrische Moldauische Republik" (Transnistrien), die sich zunächst von der UdSSR, später unter dem sowjetischen General Igor Smirnow im Jahre 1991 als von der Republik Moldau unabhängig erklärte, sowie die ebenfalls nicht völkerrechtlich anerkannten so genannten De-facto-Staaten Abchasien und Südossetien in Georgien und – nur von Armenien anerkannt – Berg-Karabagh (Nagorny-Karabach) in Aserbaidschan.[6] Die separatistischen Konflikte auf dem Gebiet der früheren UdSSR werden als „frozen conflicts" bezeichnet. Die „Türkische Republik Nord-Zypern" ist bisher nur von der Türkei international anerkannt worden, so dass in diesem Fall von einer kollektiven Nichtanerkennung gesprochen werden kann.[7]

Mit solchen international nicht anerkannten Gebilden darf eine andere Erscheinung nicht verwechselt werden, nämlich die so genannten „Failed States" („gescheiterte Staaten")[8]. Die „Failed Sta-

[5] Vgl. dazu *Wolf Börries van Lengerich,* Das Staatsbürgerschaftsrecht Südafrikas unter besonderer Berücksichtigung der ehemaligen Homelands, in: VRÜ 34. Jg. (2001), S. 361 ff. Die Bewohner der „Homelands" besaßen eine eigene Staatsangehörigkeit, zugleich aber südafrikanische „Nationalität". Zum geltenden South African Citizenship Act 88 von 1995 vgl. *ders.*, Das südafrikanische Ausländerrecht, Baden-Baden 2006.

[6] Dazu *Otto Luchterhandt*, Das Recht Berg-Karabaghs auf staatliche Unabhängigkeit aus völkerrechtlicher Sicht, AVR 31. Bd. (1993), S. 30 ff.

[7] Dazu: *Stefan Talmon*, Kollektive Nichtanerkennung illegaler Staaten. Grundlagen und Rechtsfolgen einer international koordinierten Sanktion dargestellt am Beispiel der Türkischen Republik Nord-Zypern, Tübingen 2006.

[8] Vgl. dazu *Marianne Beisheim/Gunnar Folke Schuppert* (Hrsg.), Staatszerfall und Governance, Baden-Baden 2007; *Robin Geiß,* „Failed States". Die normative Erfassung gescheiterter Staaten, Berlin 2005; *Matthias Herdegen*, Der Wegfall effektiver Staatsgewalt im Völkerrecht, Berichte DtGVR H. 34 (1996), S. 49 ff.; *Hinrich Schröder*, Die völkerrechtliche Verantwortlichkeit im Zusammenhang mit failed und failing States, Baden-Baden 2007; *Daniel Thürer*, Der Wegfall effektiver Staatsgewalt im Völkerrecht: „The Failed State", Berichte DtGVR 34. Bd. (1996), S. 9 ff. – Zu Interventionen: *Noam Chomsky*, Failed States. The Abuse of Power and the Assault on Democracy, New York 2007. – Zu „States at Risk": *Ulrich*

tes" sind erst seit neuerer Zeit Gegenstand der völkerrechtswissenschaftlichen Diskussion. Man versteht darunter Staaten, die als solche völkerrechtlich anerkannt sind, in denen es jedoch infolge innerstaatlicher Wirren an einer effektiven Staatsgewalt fehlt. Die Herrschaftsgewalt liegt in den „Failed States" in den Händen rivalisierender Stämme, Clans, „War Lords" oder Ähnlichem, mit der Folge, dass der von diesen Wirren betroffene Staat nach außen völkerrechtlich handlungsunfähig ist; anders als bei einem durch Kriegsfolgen militärisch besetzten Staat, in welchem die Besatzungsmacht die oberste Regierungsgewalt („supreme authority") für den von ihr okkupierten Staat ausübt, ist in einem „Failed State" eine effektive Ordnungsmacht nicht (mehr) vorhanden. Die Staatsangehörigkeit wird durch jenes Machtvakuum jedoch nicht beseitigt. Deshalb haben die Staatsangehörigen des Staates Somalia, der seit einigen Jahren ein Beispiel eines solchen „Failed State" ist, ihre somalische Staatsangehörigkeit nicht verloren.

Eine neue politische Kategorie bilden die so genannten Paria-Staaten („Schurkenstaaten").[9] Die moralisch disqualifizierende Bewertung dieser Staaten hat historische Vorläufer in den „nichtzivilisierten Gemeinwesen" und „Barbareskenstaaten". Die Stigmatisierung von Staaten als „Schurkenstaaten" durch einzelne oder mehrere andere Staaten verändert den völkerrechtlichen Status der so bezeichneten Staaten nicht und damit auch nicht die Existenz der Staatsangehörigkeit solcher Staaten, dies auch unabhängig davon, ob die Staatengemeinschaft oder Internationale Organisationen (vor allem die UNO) Sanktionen gegen jene Staaten verhängen.

Mehr der Kuriosität halber können noch „Staaten" erwähnt werden, die in Wahrheit nur Phantomstaaten sind, d.h. nur in der Vorstellung und nach dem Willen einiger Personen bestehen, wie das im Jahre 1975 auf der als künstliche Insel errichteten Plattform einer früheren britischen Flakstellung in der Nordsee von einem Briten ausgerufene „Fürstentum Sealand" („Principality of Sealand"). Zutreffend hat das Verwaltungsgericht Köln im Jahre 1978 entschieden, das ein

Schneckener (Hrsg.), Fragile Staatlichkeit. „States at Risk" zwischen Stabilität und Scheitern, Baden-Baden 2006.

9 Dazu: *Petra Minnerop*, Pariastaaten im Völkerrecht? Berlin/Heidelberg/New York 2004.

Deutscher, der für das „Fürstentum Sealand“ als „Außenminister“ und „Staatsratsvorsitzender“ auftrat, keine ausländische Staatsangehörigkeit erworben hatte, da es sich bei dem so genannten „Fürstentum Sealand“ nicht um einen Staat im Sinne des Völkerrechts handele.[10]

Dass eine Staatsangehörigkeit grundsätzlich nur von einem souveränen Staat im Sinne des Völkerrechts vermittelt werden kann, hat auch das Bundesverwaltungsgericht im Jahre 1993 im Fall des früheren britischen Mandatsgebietes Palästina entschieden[11] (zum heutigen Status der Palästinenser wurde damit keine Stellung genommen).

Setzt der Bezugspunkt für die Staatsangehörigkeit also notwendig die Existenz eines Staates voraus, so ist bei der Ausgestaltung des Staatsangehörigkeitsrechts aber der Wandel des Staatsbegriffes, nämlich weg vom „closed shop“ und hin zum „offenen Verfassungsstaat zwischen Souveränität und Interdependenz“[12], nicht zu ignorieren. Die Offenheit der Entwicklung zeigt sich neuerdings unter anderem auch an der Rechtsfigur des Bürgers der Europäischen Union, die zwar nicht mit der Staatsangehörigkeit in den einzelnen Mitgliedstaaten konkurriert oder gar mit ihr identisch ist, wohl aber doch diese in bestimmtem Umfang ergänzt.

Wenn hier vom Staat als Bezugspunkt der Staatsangehörigkeit gesprochen wird, so ist damit der Nationalstaat gemeint. Die Staatsangehörigkeit ist also historisch betrachtet eine „Institution des Nationalstaates“[13]. Gewiss hat es schon viel früher Zugehörigkeiten

[10] VG Köln, Urt. v. 3.5.1978, DVBl. 1978, 510 (dort auch Einzelheiten zur Größe der „Principality of Sealand“ [1300 qm] und zur Zahl der „Staatsangehörigen“ [130]. Neueren Meldungen zufolge ist die „Insel“ zum Verkauf angeboten.

[11] BVerwG, Urt. v. 28.9.1993, BVerwGE 93, 185 ff. [188]. – Zu Palästina auch: *Stephan Sina*, Der völkerrechtliche Status des Westjordanlandes und des Gaza-Streifens nach den Osloer Verträgen, Berlin/Heidelberg/New York 2004.

[12] So die Formulierung im Titel der Habilitationsschrift von *Stefan Hobe* (Der offene Verfassungsstaat zwischen Souveränität und Interdependenz. Eine Studie zur Wandlung des Staatsbegriffs der deutschsprachigen Staatslehre im Kontext internationaler institutionalisierter Kooperation, Berlin 1998). Vgl. dazu auch *Udo di Fabio*, Das Recht offener Staaten, Tübingen 1998.

[13] Dazu: *Dieter Gosewinkel*, Die Staatsangehörigkeit als Institution des Nationalstaates. Zur Entstehung des Reichs- und Staatsangehörigkeitsgesetzes von 1913, Festschr. f. Böckenförde, Berlin 1995, S. 359 ff.; *ders.*, Einbürgern und Ausschließen, 2. Aufl. Göttingen 2003.

zu politischen Gemeinschaften gegeben, wie z.B. in der klassischen Antike zur polis oder civitas; aber von einer Staatsangehörigkeit und von einem Staatsangehörigkeitsrecht im modernen Sinne kann erst seit dem Übergang vom 18. zum 19. Jahrhundert gesprochen werden.[14] Aus dieser Zeit stammen dementsprechend die ersten gesetzlichen Regelungen, die den heutigen vergleichbar sind, wie z.B. die einschlägigen Vorschriften in der französischen Verfassung vom 3. September 1791.[15] Mit der seitdem einsetzenden nationalen Gesetzgebung zur Staatsangehörigkeit wurden Unklarheiten beseitigt. War der in Salzburg 1756 geborene Wolfgang Amadeus Mozart – so wird gelegentlich heute noch gefragt – ein Österreicher oder ein Deutscher? Die Antwort (nämlich: weder noch, sondern Salzburger) hat der Heidelberger Staatsrechtslehrer Reinhard Mußgnug in seinem Aufsatz „Mozarts „Die Hochzeit des Figaro“ im Lichte der europäischen Rechtsgeschichte“ gegeben: „Salzburg ist erst 14 Jahre nach Mozarts Tod durch den Preßburger Frieden vom 26.12.1804 zu Österreich geschlagen worden. Bis dahin war Salzburg souveränes geistliches Territorium und nach seiner Säkularisation durch den Reichsdeputationshauptschluss vom 24.3.1803 noch zwei Jahre lang ein dem von Napoleon aus Florenz vertriebenen Herzog Ferdinand III. von Toscana übertragenes Erzherzogtum. Dass Mozart die letzten zehn Jahre seines Lebens in Wien verbracht hat, hat ihm zwar zu einem österreichischen Wohnsitz, aber nicht zum Status des Österreichers verholfen. Wer es genau nimmt, muss Mozart wegen der Zugehörigkeit Salzburgs zum Alten Deutschen Reich als Deutschen bezeichnen. Wer es ganz genau nimmt, darf freilich auch das nicht. Denn das Alte Deutsche Reich kannte keine Reichsstaatsangehörigkeit. Mozart ist somit sein ganzes Leben lang Salzburger geblieben.“[16]

[14] *Alexander Makarov/Hans von Mangoldt*, Deutsches Staatsangehörigkeitsrecht, 3. Aufl., Frankfurt a.M. 1987, S. 10; *Friedrich E. Schnapp/Michael Neupert*, Grundfragen des Staatsangehörigkeitsrechts, Jura 2004, 167 ff. (167).

[15] Titel II Art. 2–6, später im Code Napoléon.

[16] NJW 2005, 546 ff. (546 Anm. 2).

II. Der Mensch als Gegenstand der Staatsangehörigkeit

„Der Mensch ist das Maß aller Dinge." Ob diese Aussage richtig oder unrichtig ist, mag Gegenstand theologischer, philosophischer oder anthropologischer Erörterungen sein. Jedenfalls aber ist der Mensch das Maß der Staatsangehörigkeit, oder – präziser gesagt – deren Gegenstand. Diese scheinbar selbstverständliche Feststellung zu treffen ist notwendig, weil nicht selten auch in Bezug auf juristische Personen und Sachen von einer „Staatsangehörigkeit" gesprochen wird, so z.B. von der „Staatsangehörigkeit des Kulturguts"[17] oder der „Staatsangehörigkeit von Schiffen". Gewiss existiert – wie die auch im Grundgesetz (Art. 19 Abs. 3) angelegte Unterscheidung zwischen inländischen und ausländischen Personen zeigt – eine rechtliche Verbundenheit nicht nur zwischen Menschen und ihrem Staat. Wegen der elementaren Unterschiede zwischen natürlichen Personen einerseits und juristischen Personen und Sachen andererseits empfiehlt sich jedoch auch eine verschiedenartige Bezeichnung der rechtlichen Verbundenheit zum Staat: Menschen besitzen demgemäß eine Staatsangehörigkeit, juristische Personen, Schiffe, Sachen o.ä. haben eine Staatszugehörigkeit. Ungewöhnlich ist jedenfalls, wenn in einer Stellenausschreibung für natürliche Personen (in diesem Fall für Dozenten) die „Staatszugehörigkeit eines EU-Mitgliedstaates" neben anderen Qualifikationsmerkmalen gefordert wird.[18] Richtig muss es stattdessen heißen: „Staatsangehörigkeit eines EU-Mitgliedstaates".

Wenn hier vom Menschen als Gegenstand des Staatsangehörigkeitsrechts die Rede ist, so handelt es sich dabei um die Gattung Mensch, also um das Rechtssubjekt Mensch ohne Rücksicht auf Alter, Geschlecht, zivilrechtliche Geschäftsfähigkeit oder andere Kategorien. Zwar ist nicht von vornherein ausgeschlossen, dass z.B. das Alter und die Geschäftsfähigkeit beim Erwerb der Staatsangehörigkeit durch Einbürgerung eine Rolle spielen können; auch haben in der Geschichte des Staatsangehörigkeitsrechts lange Zeit unterschiedliche Regelungen für Ehemänner und Ehefrauen gegolten, soweit es um den Erwerb oder Verlust der Staatsangehörigkeit im Fall der Eheschließung

[17] Vgl. z.B. *Reinhard Mußgnug*, Die Staatsangehörigkeit des Kulturguts, in: Festschr. f. Ress, Köln 2005, S. 1531 ff.

[18] Stellenanzeige des Deutschen Akademischen Austauschdienstes (DAAD), NJW 2005, H. 8, S. L.

ging. Dies ändert jedoch nichts an dem Grundtatbestand, dass jeder Mensch in jedem Stadium seines Lebens[19] im Besitz einer Staatsangehörigkeit sein kann und dies auch – von der Ausnahme der Staatenlosigkeit abgesehen – regelmäßig ist. Der Ausländer hat daher genauso wie der Inländer eine Staatsangehörigkeit, nur eben eine andere als der Inländer.

19 Der nasciturus ist werdendes menschliches Leben und als solches vom Grundgesetz (Art. 1 Abs. 1, Art. 2 Abs. 1 Satz 1 GG) und von der Strafrechtsordnung geschützt (§ 218 StGB; Ausnahmen von der Strafbarkeit in § 218a StGB; dazu BVerfGE 39, 1 ff.). Der nasciturus besitzt aber (noch) keine Staatsangehörigkeit.

III. Begriff und Inhalt der Staatsangehörigkeit

Begriff und Inhalt der Staatsangehörigkeit sind im rechtswissenschaftlichen Schrifttum umstritten. Im Wesentlichen werden dazu drei Meinungen vertreten,[20] nämlich die Auffassung von der Staatsangehörigkeit als einem Rechtsverhältnis, die Auffassung von der Staatsangehörigkeit als einem Rechtsstatus und eine vermittelnde Auffassung, welche die Elemente von Rechtsverhältnis und Rechtsstatus miteinander verbindet.

Für die erstgenannte Meinung ist die Staatsangehörigkeit das Rechtsverhältnis der Zugehörigkeit einer natürlichen Person zu einem bestimmten („ihrem") Staat, aus dem die an diese Staatsangehörigkeit anknüpfenden gegenseitigen Rechte und Pflichten folgen. Nach der zweitgenannten Meinung ist die Staatsangehörigkeit als ein rechtlicher Status zu erklären, nämlich als die Mitgliedschaft in dem Verband (juristisch präziser: der Gebietskörperschaft) Staat. Die zwischen diesen beiden Auffassungen vermittelnde Meinung sieht in der Staatsangehörigkeit ein Rechtsverhältnis zwischen dem Staat und seinen Angehörigen, bei dessen Regelung die Eigenschaft der Person als Subjekt dieses Rechtsverhältnisses einen Status bildet.

Der Auffassung von der Staatsangehörigkeit als einem Rechtsverhältnis wird vorgehalten, dass diese Auffassung der geschichtlich gewachsenen Vorstellung des Verhältnisses zwischen König und Untertan entstamme.[21] Ein solcher historischer Ursprung[22] ist jedoch für die heutige Sicht irrelevant; denn im demokratischen Rechtsstaat sind allein dessen Maßstäbe entscheidend. Aus der Staatsform des demokratischen Rechtsstaates nach dem Grundgesetz folgt, dass die Staatsangehörigkeit jedenfalls in der Bundesrepublik Deutschland ein wechselseitiges Rechtsverhältnis ist, also kein Untertanenverhältnis.

20 Näheres über die verschiedenen Auffassungen bei *Rolf Grawert*, Staatsvolk und Staatsangehörigkeit, in: Josef Isensee/Paul Kirchhof, Hdb. des Staatsrechts, Bd. 1, Heidelberg 1987, § 14 Rn. 33; *Gerard-René de Groot*, Staatsangehörigkeitsrecht im Wandel, Köln/Berlin/Bonn/München 1989, S. 10 ff.; *Markus Lang*, Grundkonzeption und Entwicklung des deutschen Staatsangehörigkeitsrechts, Frankfurt a. M. 1990, S. 18 ff.; *Günter Renner*, H/R, Grundlagen C, Rn. 2.

21 *Günter Renner*, H/R, Grundlagen C, Rn. 2.

22 Zur Entstehungsgeschichte der Staatsangehörigkeit siehe *Rolf Grawert*, Staat und Staatsangehörigkeit, Berlin 1973.

Für die Erklärung der Staatsangehörigkeit als Rechtsverhältnis ist unschädlich, dass die Staatsangehörigkeit selbst (als solche) kein Recht und keine Pflicht ist, sondern dass die einzelnen Rechte und Pflichten eine Rechtsfolge der Staatsangehörigkeit sind. Der Gedanke der Mitgliedschaft (Status) passt demgegenüber auf das mit anderen Rechtsinstitutionen unvergleichbare Rechtsverhältnis der Staatsangehörigkeit nicht, ganz abgesehen davon, dass auch eine Mitgliedschaft sich in Rechten und Pflichten konkretisiert. Aus diesen Gründen ist der auch vom Bundesverfassungsgericht in seiner neueren Rechtsprechung[23] vertretenen Auffassung der Vorzug zu geben, die die Staatsangehörigkeit als Rechtsverhältnis erklärt. Der Streitstand bedarf jedoch hier keiner tiefergehenden Erörterung, da der Unterschied zwischen den verschiedenen Auffassungen zum Begriff der Staatsangehörigkeit in der Praxis ohne rechtliche Konsequenz ist.[24]

Gleichgültig, ob die Staatsangehörigkeit als Rechtsverhältnis oder als Status oder als eine rechtliche Mischform beider verstanden wird, so steht jedenfalls eines fest: Die Staatsangehörigkeit ist als Kategorie des formalen Rechts unabhängig von menschlichen Eigenschaften wie z.B. Charakter, Lebensweise und Neigungen. Mindestens missverständlich ist es deshalb, wenn Udo di Fabio schreibt: „Hitler war kein Deutscher, nicht etwa weil er österreichischer Herkunft war, sondern weil er kein Jota vom Anstand des preußischen Staatsdieners, weder Heimatgefühl noch Lebensfreude des bayrischen Katholizismus besaß, keinerlei Neigung für Fleiß und harte Arbeit, keinen Sinn für deutsche Lebensart, bürgerliche Vorlieben und christliche Traditionen. Er war nur ein verkleideter Deutscher ...“[25]

Was die einzelnen, aus dem Rechtsverhältnis der Staatsangehörigkeit fließenden Rechte und Pflichten betrifft, so ist deren komplette Aufzählung kaum möglich. Schon im Jahre 1907 hat Ernst Isay dazu bemerkt: „Ihrem Inhalt erschöpfend bestimmen heißt, eine ‚Rundreise durch das ganze Staatsrecht‘ unternehmen“.[26] Beispiele solcher

23 BVerfGE 54, 53 ff. [70]. Anders noch – nämlich für Status – BVerfGE 37, 217 ff. [239].

24 So zutreffend *Rolf Grawert* (Anm. 22), S. 230.

25 *Udo di Fabio*, Die Kultur der Freiheit, München 2005, S. 207. – Zu Hitlers Erwerb der deutschen Staatsangehörigkeit im Jahre 1932 vgl. unten Abschn. VIII.

26 *Ernst Isay*, Das Staatsangehörigkeitsrecht der juristischen Personen, Tübingen 1907, S. 5.

Rechte sind die so genannten Deutschenrechte des Grundgesetzes, d.h. diejenigen Grundrechte, die als Grundrechte (nicht aber als einfache Gesetzesrechte) den Deutschen vorbehalten sind,[27] sowie das Wahlrecht zum Bundestag und zu den Volksvertretungen der Länder. Als eine nur den deutschen Staatsangehörigen obliegende Pflicht wird die Wehrpflicht genannt. Dies ist im Grundsatz richtig; jedoch sind Ausnahmen davon möglich. Das Grundgesetz beschränkt in Art. 12a Abs. 1 GG („Männer können vom vollendeten achtzehnten Lebensjahr an zum Dienst in den Streitkräften ... verpflichtet werden“) die Wehrpflicht nicht auf Deutsche. Demgemäß lässt das Wehrpflichtgesetz[28] eine Wehrpflicht von Ausländern und Staatenlosen zu, allerdings nur für solche Ausländer, deren Heimatstaat Deutsche gesetzlich zum Wehrdienst verpflichtet (§ 2 Abs. 1 – Prinzip der Gegenseitigkeit) und für Staatenlose nur, wenn diese ihren ständigen Aufenthalt im Geltungsbereich des Wehrpflichtgesetzes haben (§ 2 Abs. 2 Satz 1). Die dafür erforderliche Rechtsverordnung ist jedoch bisher nicht erlassen worden, so dass Ausländer und Staatenlose derzeit keiner Wehrpflicht in der Bundesrepublik Deutschland unterliegen.

An die Staatsangehörigkeit knüpft auch das Recht auf diplomatischen Schutz an.[29] Unter diplomatischem Schutz verstehen Rechtspraxis und Rechtslehre den nachträglichen (ausnahmsweise auch: präventiven) Schutz von natürlichen und juristischen Personen gegenüber völkerrechtswidrigen Handlungen einer fremden Staatsgewalt.[30] Beispiele solcher rechtswidriger Handlungen können Verhaftungen oder entschädigungslose Enteignungen (Konfiskationen) sein. Das Recht der Staaten auf Gewährung diplomatischen Schutzes für ihre Staatsangehörigen gegenüber fremden Staaten ist im Völkerrecht

[27] So z.B. das Grundrecht der Versammlungsfreiheit (Art. 8 GG), das Grundrecht der Vereinigungsfreiheit (Art. 9 Abs. 1 GG), das Grundrecht der Freizügigkeit (Art. 11 GG) und das Grundrecht der Berufsfreiheit (Art. 12 Abs. 1 GG).

[28] Wehrpflichtgesetz i.d.F. der Bekanntmachung v. 30.5.2005 (BGBl. 2005 I, S. 1465).

[29] Vgl. dazu allgemein: *Karl Doehring*, Die Pflicht des Staates zur Gewährung diplomatischen Schutzes, Köln 1959; *Kay Hailbronner*, Der Staat und der Einzelne als Völkerrechtssubjekte, in *Wolfgang Graf Vitzthum* (Hrsg.), Völkerrecht, 4. Aufl., Berlin 2007, S. 157 ff. (Rn. 110 ff.); *Eckhart Klein*, Diplomatischer Schutz und grundrechtliche Schutzpflicht, DÖV 1977, 704 ff.

[30] Aus der internationalen Rspr. vgl. das Urt. des IGH v. 5.2.1970 im Barcelona Traction-Fall (ICJ Reports 1970, 3 ff.).

unbestritten. Gemäß Art. 3 Abs. 1b des Wiener Übereinkommens über diplomatische Beziehungen[31] ist es nämlich – unter anderem – Aufgabe einer diplomatischen Mission, „die Interessen des Entsendestaates und seiner Angehörigen im Empfangsstaat innerhalb der völkerrechtlich zulässigen Grenzen zu schützen". Ebenfalls unbestritten ist, dass diplomatischer Schutz auch durch konsularische Vertretungen ausgeübt werden kann. Innerhalb der Europäischen Union ist der diplomatische und konsularische Schutz insofern erweitert, als jeder Unionsbürger, dessen Heimatstaat in einem Drittstaat nicht vertreten ist, in dem Drittstaat den diplomatischen oder konsularischen Schutz jedes anderen dort vertretenen Mitgliedstaates der EU beanspruchen kann (Art. 20 EGV – „Europäisierung des diplomatischen Schutzes").

Was das innerstaatliche deutsche Recht betrifft, so hat das Bundesverfassungsgericht klargestellt: „Den Organen der Bundesrepublik obliegt von Verfassung wegen die Pflicht zum Schutz deutscher Staatsangehöriger und ihrer Interessen gegenüber fremden Staaten."[32] Nicht eindeutig beantwortet wird demgegenüber die Frage, woraus diese Verpflichtung des Staates folgt – genannt werden hierfür Art. 1 Abs. 1 GG und Art. 2 Abs. 1 GG – und ob es überhaupt einen Schutzanspruch gibt oder nur einen Anspruch auf fehlerfreie Ermessensentscheidung dahin, ob und mit welchen Mitteln das diplomatische Schutzrecht des Staates ausgeübt wird oder nicht. Die richtige Antwort auf jene Frage ist: Die Verpflichtung der zuständigen Organe der Bundesrepublik – in der Regel: der Bundesregierung – zur Gewährung diplomatischen Schutzes folgt schon aus dem Rechtsinstitut der Staatsangehörigkeit. Auf die Ausübung des diplomatischen Schutzes besteht ein Rechtsanspruch;[33] bei der Frage, auf welche Weise die Bundesregierung den Rechtsanspruch gewährt, steht ihr allerdings ein weites Ermessen zu.[34] Dabei können außenpolitische Zweckmäßigkeitserwägungen eine Rolle spielen. Ausnahmsweise kann der Rechtsanspruch auf Gewährung diplomatischen Schutzes sich bis auf Anhörung und Bearbeitung reduzieren, wenn seine Gel-

[31] Vom 18.4.1961 (BGBl. 1964 II, S. 959).

[32] BVerfGE 40, 141 ff. [177] – Ostverträge.

[33] Vgl. dazu *Kay Hailbronner*, H/R, Grundlagen E, Rn. 79.

[34] Instruktiv dazu BVerfGE 55, 349 ff. [365]; BVerwGE 62, 11 ff. [15] – beide zum (Sonder-)Fall Rudolf Heß.

tendmachung gegenüber dem Ausland gleichwertige, wichtige Interessen der Bundesrepublik beeinträchtigen würde. Der diplomatische Schutz ist eine vom Völkerrecht anerkannte Befugnis, zugunsten der eigenen Staatsangehörigen[35] gegenüber fremden Staaten tätig zu werden. Die Ausübung des diplomatischen Schutzes setzt also nach seinem klassischen Verständnis voraus, dass ein Staatsangehöriger des im Regelfall eigenen Staates durch ein Handeln oder Unterlassen der Staatsorgane eines fremden Staates in seinem Recht verletzt worden ist. Handlungen oder Unterlassungen von Privatpersonen können danach nur dann Gegenstand diplomatischen Schutzbemühens sein, wenn sie dem fremden Staat zurechenbar sind.

Eine neue Entwicklung hat sich seit einiger Zeit dadurch ergeben, dass in zunehmender Zahl Ausländer auf fremdem Staatsgebiet entführt werden. In diesen Fällen werden ausländische Staatsangehörige, die sich als Touristen oder als Geschäftsleute oder zu anderen Zwecken in einem fremden Staat aufhalten,[36] als Geiseln genommen, um Lösegeld zu erpressen oder um politische Forderungen durchzusetzen. Die Entführer sind entweder „gewöhnliche" Kriminelle oder politische Widerstandskämpfer, wobei die Grenzen zwischen diesen Kategorien in Entführungsfällen nicht selten fließend sind. Ungewöhnlich war das Motiv für die Entführung von vier deutschen Touristen mit März 2001 durch einen Ägypter in Luxor: Er wollte damit die Rückkehr seiner bei seiner geschiedenen Frau in Deutschland lebenden Söhne erzwingen.[37]

Die Staatsorgane des Aufenthaltsstaates sind an Entführungen ausländischer Staatsangehöriger im „Normalfall" nicht beteiligt, außer in der sehr entfernten Weise, dass sie die Entführung nicht verhindern können. Da in den Ländern, in denen – wie in einigen Teilen Südamerikas und Asiens – Entführungen fast alltäglich vorkommen,

[35] Ausnahmsweise kann diplomatischer Schutz nach einem Abbruch diplomatischer Beziehungen durch die so genannte Schutzmacht auch für fremde Staatsangehörige ausgeübt werden.

[36] Zur Entführung ausländischer Diplomaten. vgl. *Ingo von Münch,* The protection of diplomatic agents, in: Essays in honour of Marion Mushkat, Den Haag/Paris, 1973, S. 69 ff.; *ders.*, Diplomaten leben gefährlich, DIE ZEIT Nr. 26. v. 26.6.1970, S. 7.

[37] Der Fall ist erwähnt in der Übersicht Entführungen Deutscher im Ausland, FAZ Nr. 304 v. 30.12.2005, S. 3.

nicht nur fremde Staatsangehörige Opfer von Entführern sind, sondern im „Normalfall" eigene Staatsangehörige, scheiden ausländerfeindliche Motive meist aus. Die fremde Staatsangehörigkeit spielt hier nur insoweit eine – allerdings nicht unwichtige – Rolle, als jedenfalls von den Regierungen der westlichen Industriestaaten ein erhöhter Einsatz zugunsten ihrer entführten Staatsangehörigen erwartet wird, konkret: höhere Lösegeldzahlungen oder politische Zusagen, letztere meist hinsichtlich der geforderten Freilassung von Gefangenen. Mit der Frage, ob die Bundesregierung im Fall einer Entführung die Forderungen der Entführer erfüllen muss, um das Leben des Entführten zu retten, hat das Bundesverfassungsgericht sich im Fall Schleyer befasst. Wie erinnerlich hatten im September 1977 Terroristen den Fahrer und vier Begleitpersonen des damaligen Präsidenten der Bundesvereinigung der deutschen Arbeitgeberverbände Hanns-Martin Schleyer ermordet und ihn selbst entführt. Einige Zeit später forderten die Terroristen für die Freilassung Schleyers unter anderem die Entlassung von elf in Untersuchungshaft oder Strafhaft einsitzenden Gefährten und die Zahlung von 100.000 DM an jeden dieser Gefangenen. Für den Fall der Nichterfüllung ihrer Forderungen drohten die Entführer „die Hinrichtung", also die Ermordung, von Hanns-Martin Schleyer an. Als die Bundesregierung unter Bundeskanzler Helmut Schmidt jene Forderungen ablehnte, beantragte der Sohn Schleyers beim Bundesverfassungsgericht den Erlass einer einstweiligen Anordnung, mit der die Bundesregierung und die betroffenen Landesregierungen verpflichtet werden sollten, zur Rettung des Lebens des Entführten den Forderungen der Entführer stattzugeben.

Das so mit dem Schleyer-Fall befasste Bundesverfassungsgericht ließ in seinem Urteil vom 16. Oktober 1977 zunächst keinen Zweifel daran, dass das im Grundgesetz (Art. 2 Abs. 1) verbürgte Grundrecht auf Leben nicht nur ein Abwehrrecht des Einzelnen gegenüber dem Staat darstellt, sondern auch eine Pflicht des Staates zum Schutz des Lebens gegen rechtswidrige Angriffe Dritter enthält.[38] Hinsichtlich der Frage, auf welche Weise der Staat dieser Schutzpflicht Genüge tun muss, räumt das Bundesverfassungsgericht den Staatsorganen eine weitgehende Entscheidungsfreiheit ein, wenn es ausführt: „Wie

[38] BVerfGE 46, 160 ff. [164].

die staatlichen Organe ihre Verpflichtung zu einem effektiven Schutz des Lebens erfüllen, ist von ihnen grundsätzlich in eigener Verantwortung zu entscheiden. Sie befinden darüber, welche Schutzmaßnahmen zweckdienlich und geboten sind, um einen wirksamen Lebensschutz zu gewährleisten. Ihre Freiheit der Wahl der Mittel zum Schutz des Lebens kann sich in besonders gelagerten Fällen auch auf die Wahl eines bestimmten Mittels verengen, wenn ein effektiver Lebensschutz auf andere Weise nicht zu erreichen ist."[39] Eine solche Situation sah das Gericht im Fall Schleyer nicht. Das Gericht betont vielmehr, dass die staatlichen Organe bei terroristischen Erpressungen in ihrer Reaktion nicht auf ein bestimmtes Mittel festgelegt sind: „Die Eigenart des Schutzes gegen lebensbedrohende terroristische Erpressung ist dadurch gekennzeichnet, dass die gebotenen Maßnahmen der Vielfalt singulärer Lagen angepasst sein müssen. Sie können weder generell im Voraus normiert noch aus einem Individualgrundrecht als Norm hergeleitet werden. Das GG begründet eine Schutzpflicht nicht nur gegenüber dem Einzelnen, sondern auch gegenüber der Gesamtheit aller Bürger. Eine wirksame Wahrnehmung dieser Pflicht setzt voraus, dass die zuständigen staatlichen Organe in der Lage sind, auf die jeweiligen Umstände des Einzelfalles angemessen zu reagieren; schon dies schließt eine Festlegung auf ein bestimmtes Mittel aus. Darüber hinaus kann eine solche Festlegung insbesondere deshalb nicht von Verfassungs wegen erfolgen, weil dann die Reaktion des Staates für Terroristen von vornherein kalkulierbar würde. Damit würde dem Staat der effektive Schutz seiner Bürger unmöglich gemacht. dies stünde mit der Aufgabe, die ihm durch Art. 2 Abs. 2 Satz 2 GG gestellt ist, in unaufhebbarem Widerspruch. Aus den gleichen Gründen kann auch unter dem Gesichtspunkt des allgemeinen Gleichheitssatzes (Art. 3 Abs. 1 GG) nicht in allen Entführungsfällen eine schematisch gleiche Entscheidung geboten sein."[40] Auf Grund dieser Erwägungen hat das Bundesverfassungsgericht den Antrag auf Erlass einer einstweiligen Anordnung abgelehnt – eine juristisch zutreffend begründete Entscheidung, wenn auch mit einer tragischen, weil (vorhersehbar) tödlichen Folge.

Ist die Argumentation des Bundesverfassungsgerichts in Bezug auf die Entführung von Hanns-Martin Schleyer übertragbar auf Ent-

39 A.a.O. (Anm. 38) S. 164/165.
40 A.a.O. (Anm. 38) S. 165.

führungen deutscher Staatsangehöriger im Ausland? Verschiedenartig sind die beiden Situationen jedenfalls hinsichtlich des Entführungsortes (Deutschland/Ausland). Entscheidend ist jedoch, dass die Entführungsopfer in beiden Fällen Deutsche sind. Deshalb muss grundsätzlich auch im Fall der Entführung eines Deutschen im Ausland die grundrechtliche Schutzpflicht der deutschen Staatsorgane zugunsten des Entführten eingreifen.

Populäre oder populistische Sprüche wie „Wer sich in Gefahr begibt kommt darin um“ oder „Bleibe im Lande und nähre Dich redlich“ enthalten keinen juristisch relevanten Gehalt. Selbst Warnungen des Auswärtigen Amtes, bestimmte Länder wegen der dortigen (Un-) Sicherheitslage nicht zu besuchen, sind zwar unter Umständen für Fragen des Versicherungsrechts von Belang, heben aber die Schutzpflicht der Bundesrepublik Deutschland für ihre Staatsangehörigen auch in diesen Ländern nicht prinzipiell auf.

Andererseits ist daran zu erinnern, dass das Bundesverfassungsgericht im Schleyer-Urteil selbst für den Fall einer Entführung im Inland den deutschen Staatsorganen die Befugnis zugestanden hat, „grundsätzlich in eigener Verantwortung zu entscheiden“,[41] wie sie ihre Verpflichtung zum effizienten Schutz des Lebens von Entführungsopfern erfüllen wollen, und selbst darüber zu befinden, „welche Schutzmaßnahmen zweckdienlich und geboten sind“.[42]

Diese Einschätzungs- und Entscheidungsbefugnis der deutschen Staatsorgane kann bei Entführungsfällen im Ausland nicht enger sondern nur weiter sein. Dies folgt schon daraus, dass die Beurteilung der Lage durch die deutschen Staatsorgane (konkret: durch den im Fall einer Entführung im Ausland eingesetzten Krisenstab im Auswärtigen Amt) schwieriger vorzunehmen ist als durch die einheimischen Behörden vor Ort, selbst wenn die Botschaft der Bundesrepublik Deutschland in jenem Land Informationen z.B. über die Einschätzung der Gewaltbereitschaft der Entführer liefern kann. Zu beachten ist auch, dass etwaige direkte Aktivitäten deutscher Staatsorgane im Ausland zwecks Befreiung der Geiseln nur in Abstimmung mit den dortigen Behörden vorgenommen werden dürfen, weil es sich anderenfalls um völkerrechtswidrige extraterritoriale Hoheitsakte der

41 A.a.O. (Anm. 38) S. 164.
42 A.a.O. (Anm. 38) S. 165.

deutschen Staatsorgane handeln würde, unter Umständen sogar – etwa bei einer Lösegeldzahlung an Aufständische – um eine völkerrechtswidrige Einmischung in die inneren Angelegenheiten des fremden Staates, dies ganz besonders dann, wenn jener Staat Lösegeldzahlungen an Entführer ausdrücklich verbietet.[43]

Ist ein in einem ausländischen Staat entführter deutscher Staatsangehöriger auf Grund von Bemühungen deutscher Staatsorgane von seinen Entführern freigelassen worden und beabsichtigt dieselbe Person, in jenen ausländischen Staat wieder einzureisen, so stellt sich die nach der Freilassung der im Irak im Dezember 2005 entführten Susanne Osthoff angedachte Frage, ob die Bundesrepublik Deutschland eine solche Wiedereinreise verhindern kann. Ein Einreiseverbot in einen fremden Staat kann allerdings nur der fremde Staat selbst verhängen, nicht aber die Bundesrepublik Deutschland. Die zuständigen Staatsorgane in der Bundesrepublik Deutschland haben lediglich die Befugnis die Ausreise aus der Bundesrepublik zu regeln. Dabei ist zu beachten, dass die Ausreisefreiheit durch das Grundrecht der freien Entfaltung der Persönlichkeit (Art. 2 Abs. 1 GG) grundrechtlich geschützt ist,[44] allerdings nur im Rahmen der „verfassungsmäßigen Ordnung", zu der nach der Rechtsprechung des Bundesverfassungsgerichts jedes verfassungsmäßige einfache Gesetz gehört, insbesondere also auch das Passgesetz.[45]

Ob die im Passgesetz enthaltenen Gründe für die Versagung eines Passes[46] vorliegen, kann nur im Einzelfall geklärt werden. Jedoch dürften diese Möglichkeiten nach dem Passgesetz keine adäquaten Reaktionen sein für den Fall der beabsichtigten Wiedereinreise eines Entführungsopfers in das Land, in welchem die Entführung passierte. Sinnvoller wäre vielmehr ein Hinweis der zuständigen Behörde, dass bei erneuter Entführung die betreffende Person sich nicht auf ein erneutes Tätigwerden der deutschen Staatsorgane zwecks Befreiung verlassen kann; denn: Der Staat Bundesrepublik Deutschland muss sich nicht zum Narren halten lassen, und er ist auch kein Lösegeldzahlungsautomat.

[43] Einige Staaten haben in der Vergangenheit versucht, Entführungen in ihrem Land durch ein gesetzliches Verbot der Zahlung von Lösegeldern zu verhindern.

[44] BVerfGE 6, 32 ff. [36] – Elfes-Urteil.

[45] BVerfGE (Anm. 44), S. 42.

[46] Vgl. dazu § 7 Abs. 1 Passgesetz.

IV. „Staatsangehörigkeit" oder „Staatsbürgerschaft"?

Seit den Diskussionen um die Reform des deutschen Staatsangehörigkeitsrechts Ende der neunziger Jahre wird häufig statt von „Staatsangehörigkeit" von „Staatsbürgerschaft" gesprochen.[47] In einem bestimmten politischen Spektrum sollte mit diesem veränderten Sprachgebrauch wohl auch das Ziel einer grundsätzlichen Reform des bis dahin geltenden Staatsangehörigkeitsrechts betont werden. Über diese linke rechtspolitische Position hinaus hat der Ausdruck „Staatsbürgerschaft" sich inzwischen auch in der Alltagssprache anstelle von „Staatsangehörigkeit" eingebürgert.

In der Tat klingt das Wort „Staatsbürgerschaft" gefälliger als der Ausdruck „Staatsangehörigkeit". Vom Sprachgefühl her wirkt „Staatsbürgerschaft" konkreter, aktiver und demokratischer als der eher blasse Begriff „Staatsangehörigkeit". Mit dem „Staatsbürger" verbindet sich – verfassungshistorisch gesehen – das politische Prinzip der Gleichheit in Ablösung der Ständegesellschaft. Auch kann verwiesen werden auf die Gesetzessprache in der Schweiz („Bundesgesetz über Erwerb und Verlust des Schweizer Bürgerrechts [Bürgerrechtsgesetz, BüG]" vom 29. September 1952, revidiert 1990) und in Österreich („Staatsbürgerschaftsgesetz" von 1985), sowie auf die „Citizenship Acts" in Ländern, deren Rechtsordnung vom angelsächsischen Rechtsdenken geprägt ist. Insoweit darf allerdings nicht ignoriert werden, dass es dort neben der „Citizenship" auch noch eine damit nicht identische „Nationality" gibt, wie dies z.B. in Irland schon im Titel des Irish Nationality and Citizenship Act von 1956 zum Ausdruck kommt.

Spricht also manches durchaus für den Ausdruck „Staatsbürgerschaft" anstelle von „Staatsangehörigkeit", so überwiegen doch letztlich die Argumente, am Wort „Staatsangehörigkeit" festzuhalten.[48] Historisch betrachtet ist der Ausdruck „Staatsbürgerschaft" doppelt kompromittiert: Im Jahre 1935 führten die NS-Machthaber in einem der so genannten „Nürnberger Gesetze", nämlich im „Reichsbürger-

[47] Vgl. zu dieser Unterscheidung allgemein: *Dieter Gosewinkel*, Staatsbürgerschaft und Staatsangehörigkeit, in: Geschichte und Gegenwart 21 (1995) S. 533 ff.
[48] Vgl. dazu schon *Ingo von Münch*, Was bedeutet eigentlich Staatsangehörigkeit? Merkwürdigkeiten einer aktuellen Debatte, FAZ Nr. 56 v. 8.3.1999, S. 10.

gesetz“ vom 15. September 1935,[49] den Begriff „Reichsbürger“ in das deutsche Recht ein: „Reichsbürger ist nur der Staatsangehörige deutschen oder artverwandten Blutes, der durch sein Verhalten beweist, dass er gewillt und geeignet ist, in Treue dem Deutschen Volk und Reich zu dienen.“ (§ 2 Abs. 1). Später war es das Regime der DDR, das durch Gesetz vom 20. Februar 1967 die „Staatsbürgerschaft der Deutschen Demokratischen Republik“ einführte, um die einheitliche deutsche Staatsangehörigkeit zu spalten und abzuschaffen. In der SED-Sprache der Präambel dieses Gesetzes heißt es, die Staatsbürgerschaft der DDR „trägt zur weiteren allseitigen Stärkung des sozialistischen Staates bei“. Auch die staatsrechtliche Doktrin in der DDR bemühte sich, den grundlegenden Unterschied zwischen der Staatsangehörigkeit in den so genannten bürgerlichen Staaten und der Staatsbürgerschaft der DDR hervorzuheben. Die „sozialistische Staatsbürgerschaft“ der DDR wurde dort mit der „sozialistischen Persönlichkeit“ verbunden: „Die Staatsbürgerschaft ist in der sozialistischen Staats- und Rechtskonzeption weit mehr als die rechtliche Zuordnung einer bestimmten Person zum Staate, obwohl dieses Moment wichtig ist, um den personellen Jurisdiktionsbereich eines Staates zu kennzeichnen.“[50]

Abgesehen von diesen historischen Belastungen gibt es aber auch einen inhaltlichen Grund, den Gebrauch des Ausdrucks „Staatsangehörigkeit“ anstelle von „Staatsbürgerschaft“ beizubehalten; denn unter „Staatsbürgern“ werden herkömmlich alle Personen verstanden, die Träger politischer Rechte sind, insbesondere des Wahlrechtes. Das Wahlrecht (präziser formuliert: die Wahlberechtigung und Wählbarkeit) ist aber nicht immer mit der Staatsangehörigkeit verbunden. Beispiele für deutsche Staatsangehörige ohne Wahlrecht zum Bundestag oder zu einem Landesparlament sind diejenigen, die das gesetzliche Wahlalter noch nicht erreicht haben, ferner diejenigen Deutschen mit Wohnsitz im Ausland, die wegen Fristablaufes seit ihrem Fortzug in das Ausland die Wahlberechtigung verloren haben, und schließlich diejenigen deutschen Staatsangehörigen, denen – was

[49] RGBl. 1935 I, S. 1146. Vgl. auch die Erste Verordnung zum Reichsbürgergesetz v. 14.11.1935, RGBl. 1935 I, S. 1333.

[50] *Gerhard Riege*, Sozialistische Staatsbürgerschaft und Persönlichkeit, in: Autorenkollektiv unter Leitung von Prof. Dr. Eberhard Poppe, Grundrechte des Bürgers in der sozialistischen Gesellschaft, Berlin 1980, S. 51.

allerdings nur selten vorkommt – das Wahlrecht durch Richterspruch etwa wegen Wahlfälschung aberkannt worden ist.[51] Umgekehrt können Ausländer, welche die Staatsangehörigkeit eines Mitgliedstaates der Europäischen Gemeinschaft besitzen, bei Wahlen in Kreisen und Gemeinden wahlberechtigt und wählbar sein.[52]

Letztendlich entscheidend sollte für den Sprachgebrauch sein, dass Umgangssprache und Gesetzessprache hinsichtlich eines bestimmten Rechtsbegriffes nicht differieren sollten. Sowohl das Grundgesetz als auch das Staatsangehörigkeitsgesetz in ihren geltenden Fassungen gebrauchen den Begriff „Staatsangehörigkeit"[53], nicht den Begriff „Staatsbürgerschaft". Folgerichtig spricht auch das Bundesverfassungsgericht stets von Staatsangehörigkeit[54].

Umso erstaunlicher ist es, dass der vom Hessischen Innenministerium unter der Bezeichnung „Leitfaden Wissen & Werte in Deutschland und Europa" herausgegebene Fragebogen zur Einbürgerung die Frage stellt: „7. Welche Voraussetzungen muß man erfüllen, um deutscher Staatsbürger zu werden?" Und „8. Nennen Sie drei Gründe, warum Sie deutscher Staatsbürger werden wollen!". Ein kritischer Kommentar zum hessischen Leitfaden hat dazu zutreffend angemerkt: „Der Begriff der Staatsbürgerschaft, der sich immer wieder in dem Leitfaden findet, ist dem gesamten geschriebenen deutschen Staatsangehörigkeitsrecht unbekannt und taucht im Grundgesetz allein in Art. 33 adjektivisch auf, wo es bezeichnenderweise um die Diener und nicht um die Bürger des Staates geht. Staatsangehörigkeit, nicht Staatsbürgerschaft ist der zutreffende Begriff nach dem Recht der Bundesrepublik Deutschland."[55]

51 Vgl. dazu §§ 107–108c StGB.

52 Vgl. Art. 28 Abs. 1 Satz 2 GG. – Zur früheren, abweichenden Rechtsprechung des Bundesverfassungsgerichts: BVerfGE 83, 37 ff. (Kommunalwahlrecht für Ausländer in Schleswig-Holstein); BVerfGE 83, 60 ff. (Wahlrecht für Ausländer zu den Bezirksversammlungen in Hamburg).

53 Vgl. Art. 16 Abs. 1 Satz 1 und 2, Art. 73 Nr. 2 GG, § 1 StAG.

54 So z.B. in seinem Beschluss v. 18.7.2005, BVerfGE 113, 273 ff. (275). – Gesetz über den Europäischen Haftbefehl.

55 *Markus Artz/Florian Geyer*, Vom „höchsten deutschen Gericht" und anderer Fährnis auf dem Weg zum (guten) Deutschen hessischen Vorbilds, NJW 2006, 1107 ff. (1109).

V. Vorgeschichte des deutschen Staatsangehörigkeitsrechts

Das geltende deutsche Staatsangehörigkeitsrecht hat eine rechtliche Vorgeschichte, die – wie bereits erwähnt – auf die Zeit des Übergangs vom 18. zum 19. Jahrhundert datiert werden kann, also rund zweihundert Jahre alt ist.[56] Die ersten diesbezüglichen gesetzlichen Regelungen erfolgten, dem Vorbild der französischen Verfassung von 1791 folgend, in Verfassungsurkunden deutscher Staaten. In diesen frühen Texten war allerdings der Ausdruck „Staatsangehörigkeit" noch nicht gebräuchlich. Stattdessen sprachen die einschlägigen, insoweit sehr knappen Bestimmungen von „Inländern"; die Rechte der „Inländer" wurden durch das so genannte „Indigenat", d.h. durch Geburt oder Naturalisierung, erworben. Als erstes Beispiel ist die bayrische Verfassungsurkunde vom 26. Mai 1818 zu nennen, deren § 1 des Titels IV lautete: „Zum vollen Genusse aller bürgerlichen, öffentlichen und Privatrechte in Baiern wird das Indigenat erfordert, welches entweder durch die Geburt oder durch die Naturalisierung nach den näheren Bestimmungen des Edictes über das Indigenat erworben wird (Beylage I)."[57] Ähnlich bestimmte die Verfassung des Großherzogtums Hessen vom 17. Dezember 1820, dass der Genuss aller bürgerlichen Rechte, sowohl des Privatrechts als auch der öffentlichen, „nur Inländern" zustehe; andere Bestimmungen dieser Verfassung regelten, wie das „Recht eines Inländers (Indigenat)" erworben wird und wie es verloren geht.[58] Anders als die süddeutschen Länder regelte Preußen die diesbezüglichen Rechtsfragen nicht in der Verfassung sondern in einem speziellen Gesetz, nämlich im „Gesetz über die Erwerbung und den Verlust der Eigenschaft als preußischer Unterthan sowie über den Eintritt in fremden Staatsdienst" vom 31. Dezember 1842.[59] Abgesehen von dem uns heute fremden Ausdruck „Untertan" war dieses Gesetz ein für die damalige Zeit gelungenes Regelwerk. In systema-

[56] Zur geschichtlichen Entwicklung der Staatsangehörigkeit in Deutschland: *Günter Renner*, H/R, Grundlagen A; *Fritz Sturm/Gudrun Sturm*, Das deutsche Staatsangehörigkeitsrecht, Frankfurt a.M. 2001, Rn. 10 ff.

[57] Zitiert nach *Alexander Makarov/Hans von Mangoldt* (Anm. 14), Einleitung IV Rn. 3.

[58] Art. 13, Art. 17; zitiert nach *Alexander Makarov/Hans von Mangoldt* (Anm. 14), Einleitung IV Rn. 4.

[59] PrGS 1843, S. 15.

tisch einwandfreier Weise begründete es die gesetzestechnische Gliederung der zu regelnden Materie: Zunächst zählt das Gesetz die Gründe für den Erwerb der preußischen Untertanenherrschaft auf (§ 1); die anschließenden Bestimmungen enthalten eine ausführliche Regelung aller dieser Erwerbsgründe. Die Verlustgründe werden ebenfalls einzeln benannt (§ 15); auch in Bezug auf diese folgt eine detaillierte Regelung.

Es überrascht nicht, dass das preußische Gesetz von 1842 in der Folgezeit als Vorbild für entsprechende Regelungen in norddeutschen und mitteldeutschen Staaten diente, so z.B. in Sachsen (1852), Mecklenburg-Schwerin (1853), Oldenburg (1855) und in den Hansestädten Hamburg (1864) und Lübeck (1866). Trotz dieser inhaltlichen Rechtsvereinheitlichung blieb es aber wegen der Existenz der vielen deutschen Staaten naturgemäß auch bei einer Vielzahl von verschiedenen deutschen Staatsangehörigkeiten.

Eine wirklich einheitliche gesetzliche Regelung des Staatsangehörigkeitsrechts in Deutschland wurde erst durch das – in seiner Geltung zunächst auf das Gebiet der Staaten des Norddeutschen Bundes beschränkte – „Gesetz über die Erwerbung und den Verlust der Bundes- und Staatsangehörigkeit“ vom 1. Juni 1870 (in Kraft getreten am 1. Januar 1871) erreicht. Aufgrund von Verträgen zwischen dem Norddeutschen Bund und den süddeutschen Staaten erfolgte schließlich die Erstreckung der Geltung des Gesetzes auch auf die süddeutschen Staaten.[60] Das Gesetz von 1870, das sowohl den Erwerb und Verlust der Staatsangehörigkeit der einzelnen Staaten in dem als Bundesstaat[61] organisierten, im Jahre 1871 gegründeten Deutschen Reich regelte als auch den Erwerb und Verlust der gesamtstaatlichen Staatsangehörigkeit (d.h. der so genannten „Reichsangehörigkeit“), blieb über vierzig Jahre in Geltung, nämlich bis zu dem am 1. Januar 1914 erfolgten Inkrafttreten des „Reichs- und Staatsangehörigkeitsgesetzes“ vom 22. Juli 1913. Obwohl das Gesetz von 1870 die ihm gestellte doppelte Aufgabe gelöst hatte, nämlich „das völkerrechtliche Band,

[60] Vgl. dazu mit weiteren Einzelheiten *Alexander Makarov/Hans von Mangoldt* (Anm. 14), Einleitung IV Rn. 12, sowie zu den Sonderfällen Elsaß-Lothringen und Helgoland Rn. 13.

[61] Der Ausdruck „Bundesstaat“ wird hier im Sinne der heutigen Begriffsbildung gebraucht. Nach der damaligen Terminologie wurden unter den „Bundesstaaten“ dessen Gliedstaaten verstanden, die heute als „Länder“ bezeichnet werden.

das damals allein die Angehörigen der im Norddeutschen Bunde zusammengeschlossenen Staaten vereinte, entsprechend den abgeschlossenen Bundesverträgen in ein staatsrechtliches Band zu verwandeln" und „allen Angehörigen des Norddeutschen Bundes ein gemeinsames Indigenat dem Auslande gegenüber zu verschaffen"[62], blieben Bestrebungen zu einer Reform des Gesetzes nicht aus. Demgemäß wurde im Jahre 1895 im Reichstag ein Antrag eingebracht, der Reichstag wolle beschließen, „Die verbündeten Regierungen zu ersuchen, baldigst dem Reichstag einen Gesetzentwurf zur Abänderung des Gesetzes vom 1. Juni 1870 über den Erwerb und den Verlust der deutschen Reichs- und Staatsangehörigkeit vorzulegen und in demselben die Grundsätze einer Erschwerung des Verlustes der deutschen Reichsangehörigkeit, der durch den Aufenthalt im Ausland herbeigeführt wird, sowie der Erschwerung der Naturalisation der Fremden im Deutschen Reiche zur Geltung zu bringen."[63] Der Antrag wurde jedoch nicht angenommen. Zwei weitere diesbezügliche Anträge vom Dezember 1898[64] und vom November 1900[65] sowie mehrere Anträge von Abgeordneten verschiedener Parteien in den folgenden Jahren[66] blieben ohne Erfolg.

[62] So der Staatsminister und Staatssekretär des Innern Delbrück, in: Verh. des Reichstags, XIII. Legislaturperiode. I. Session. Bd. 283. Stenographische Berichte S. 248 C/S. 249 A.

[63] Reichstag, IX. Legislaturperiode III. Session 1894/95 Drucks. Nr. 36.

[64] Reichstag, X. Legislaturperiode I. Session 1898/99 Drucks. Nr. 66.

[65] Reichstag, X. Legislaturperiode II. Session 1900/01 Drucks. Nr. 32.

[66] Fundstellen bei *Fritz von Keller/Paul Trautmann*, Kommentar zum Reichs- und Staatsangehörigkeitsgesetz vom 22. Juli 1913, München 1914, S. 8.

VI. Die Debatten im Reichstag bis 1913

Seit dem ersten Änderungsantrag vergingen jedoch noch fast zwanzig weitere Jahre, bis es – auf der Grundlage eines Kommissionsberichtes – zu intensiven Erörterungen im Reichstag über den von der damaligen Reichsregierung am 6. Februar 1912 eingebrachten Entwurf eines neuen gesetzlichen Regelungswerkes kam. Die streckenweise leidenschaftlichen Redebeiträge in den diesbezüglichen Reichstagsdebatten bieten ein anschauliches Bild der politisch teils einheitlichen, teils zerklüfteten Vorstellungen von den Änderungsbestrebungen.

Hauptangriffspunkt der Kritik an dem Gesetz vom 1870 war die darin enthaltene Bestimmung (§ 21), wonach alle diejenigen ihre deutsche Staatsangehörigkeit verloren, die sich zehn Jahre ununterbrochen im Ausland aufgehalten hatten und es versäumt hatten, sich dort in die so genannte Konsularmatrikel einzutragen. Der bei Nichteintragung, also wegen „einer bloßen Formalität“[67], eintretende automatische Verlust wurde von allen Parteien im Reichstag kritisiert. Der SPD-Abgeordnete Landsberg sprach von einer „unglückseligen Bestimmung“[68], die „verhängnisvoll“ sei. Karl Liebknecht sah in jener Regelung „Mißstände“.[69] Besonders heftig artikulierte sich die Kritik der nationalistischen Vereine wie z.B. der „Deutschen Kolonialgesellschaft“, des „Alldeutschen Verbandes“ und des „Allgemeinen Deutschen Schulvereins zur Erhaltung des Deutschtums im Auslande“. Entsprechende Töne lesen sich in den Berichten der Redebeiträge im Reichstag so: „Ohne ihr Wissen, ohne ihr Zutun verloren Auslandsdeutsche die Zugehörigkeit zu ihrem Bundesstaat und zum Reich; Teilnehmer an den großen nationalen Kriegen, die ihr Leben eingesetzt hatten für die Gründung des Deutschen Reichs, verloren ohne ihr Wissen und ohne ihr Zutun diese Zugehörigkeit; zahlreiche ausgezeichnete Volkselemente gingen uns auf diesem Weg verloren“.[70] „Zahllose Deutsche haben durch Verabsäumung dieser Formalität ihr Deutschtum eingebüßt, Deutsche, die häufig höchst wertvolle Bestandteile unseres Volkes gewesen sein würden.“[71] Nicht

[67] Abg. Giese, in: Verh. des Reichstags, Bd. 283, S. 259 D.

[68] Verh. des Reichstags, Bd. 290, S. 5306 D.

[69] Verh. des Reichstags, Bd. 283, S. 252 A.

[70] Abg. von Liebert, in: Verh. des Reichstags, Bd. 283, S. 271 D, S. 272 A.

[71] Abg. Schmidt, in: Verh. des Reichstags, Bd. 289, S. 259 D.

nur „das deutsche Volkstum" sondern auch „die fernsten Meere" und „die fernsten Erdteile" wurden in diesem Zusammenhang bemüht: „Der Deutsche ist heute sesshaft geworden in allen Teilen der Erde. Unsere Beziehungen führen uns hinüber über die fernsten Meere. Da ist es ganz erklärlich, daß der Deutsche nun auch an sein Vaterland den Anspruch erheben darf, überall auf der Welt auch seines Schutzes sich zu erfreuen ...[72] Ich begrüße deshalb auch das ganze Gesetz als einen wesentlichen Fortschritt zur Erstarkung unseres deutschen Bewußtseins, zur Kräftigung unseres deutschen Volkstums im Auslande bis in die fernsten Erdteile, und ich begrüße dieses Gesetz ferner als ein Mittel und einen Weg, der unsere deutschen Brüder und Söhne außerhalb des eigenen Landes unserem Volkstume zu erhalten imstande sein wird."[73]

Von „Brüdern und Söhnen" war in diesem Redebeitrag die Rede, nicht aber von Schwestern und Töchtern. Jedoch würde man die Parlamentsdebatten zu dem neuen Reichs- und Staatsangehörigkeitsgesetz nur stark verkürzt sehen, wenn sie allein auf das Bestreben reduziert würden, „deutsche Gesinnung zu erhalten und das Deutschtum namentlich im Ausland zu stärken".[74] Vielmehr wurden die Erörterungen im Reichstag von Anfang an auch von der Frage der Stellung der Frau im Staatsangehörigkeitsrecht bestimmt sowie der Kontroverse über eine großzügige oder restriktive Regelung der Einbürgerung. Bei diesen Themen prallten die Meinungen der politischen Linken und der Bürgerlichen unversöhnlich aufeinander. Hinsichtlich der Frauenfrage kritisierte die Linke, dass auch nach dem neuen Reichs- und Staatsangehörigkeitsgesetz die deutsche Frau wie bisher durch die Eheschließung mit einem Ausländer die deutsche Staatsangehörigkeit verlieren sollte. „Weshalb räumt man mit diesem gesetzlichen Zustand, der noch ein Rest der alten Geschlechtsvormundschaft ist, nicht endlich auf?"[75] „Wir haben zunächst die deutsche Frau von dem Druck befreien wollen, den das bisherige Gesetz für sie bedeutet. Es ist Ihnen allen bekannt, daß die deutsche Frau, die einen Ausländer heiratet, in dem Augenblick der Eheschließung ihre Staats-

[72] Abg. Beck, in: Verh. des Reichstags, Bd. 290, S. 5278 C.

[73] Abg. Beck, in: Verh. des Reichstags, Bd. 290, S. 5281 D, Das Protokoll vermerkt an dieser Stelle: „Lebhaftes Bravo bei den Nationalliberalen".

[74] Abg. Beck, a.a.O., Bd. 290, S. 5282 A.

[75] Abg. Landsberg, in: Verh. des Reichstags, Bd. 283, S. 280 A.

und Reichsangehörigkeit verliert. Die Frau wird also behandelt als ein Appendix des Mannes, mit dem sie den Bund fürs Leben eingeht. Das wollten meine politischen Freunde beseitigen; wir wollten der Frau dasselbe Selbstbestimmungsrecht gewähren, das der Mann nach dem bestehenden Gesetze und nach dem Entwurf haben soll. Die Mehrheit der Kommission hat unseren Antrag abgelehnt. Ich muß gestehen, daß ich diese Haltung der Kommissionsmehrheit, die von sämtlichen bürgerlichen Parteien gebildet worden ist, nicht begreifen kann. Die Herren stehen auf dem Standpunkt, daß für sie das Nationalgefühl das allerhöchste ist; sie haben infolgedessen den Verlust des Deutschtums als Strafe für den Fall bestimmt, daß jemand es ablehnt, sein Vaterland mit den Waffen zu verteidigen, und diese gleiche Rechtsfolge, den Verlust der Reichsangehörigkeit, der dort als Strafe vorgesehen ist, knüpfen die Herren an die Tatsache der Verehelichung mit einem Ausländer. Und das geschieht in einem Gesetze, das nach der Erklärung seiner Väter dem Deutschtum Kräfte erhalten soll!“[76] Der Abgeordnete Bernstein führte dazu aus: „Es handelt sich um das Recht der Frau auf ihre Persönlichkeit, das auf allen Gebieten des gesellschaftlichen Lebens ein immer stärkeres Bedürfnis wird. Eine Erweiterung dieses Rechtes nicht nur auf dem politischen und dem Rechtsgebiete, sondern in allen Beziehungen ist eine notwendige Folge der wirtschaftlichen Veränderungen, die sich im Schoße unserer Gesellschaft vollzogen haben und weiter vollziehen ...“[77]; „... darum wollen wir, daß die mündige Frau selbst entscheiden soll, welches ihr Staatsbürgerrecht sein soll. Alle Einwände, die hier schon gestern dagegen erhoben worden sind, erscheinen uns nicht stichhaltig.“[78]

Welches waren diese Einwände? Als Argument für die Einheitlichkeit der Staatsangehörigkeit verwiesen die Abgeordneten der bürgerlichen Parteien auf die Einheit der Ehe und Familie. Ein Abgeordneter der Zentrumspartei stellte demgemäß fest: „Unser Standpunkt dazu ist sehr einfach und klar. Wir betrachten die Ehe als ein unlösbares geheiligtes Band, und wir erblicken in der Einheit und in dem Zusammenhang der Familie eine der Hauptgrundlagen unseres christlichen

[76] Abg. Landsberg, in: Verh. des Reichstags, Bd. 290, S. 5271 B. Der stenographische Bericht vermerkt dazu mehrmalige Zurufe wie „Hört! hört bei den Sozialdemokraten“ und „Sehr richtig! bei den Sozialdemokraten“.

[77] In: Verh. des Reichstags, Bd. 290, S. 5294 D.

[78] In: Verh. des Reichstags, Bd. 290, S. 5295 A.

Staatswesens. Deshalb machen wir es so, wie die meisten Kulturvölker es in ihrer Gesetzgebung getan haben: Wir verlangen, daß die Frau der Staatsangehörigkeit ihres Mannes folgt. Daran werden wir festhalten und lehnen deshalb alle Anträge, die an diesem Prinzip rütteln wollen, ab."[79] Der Redner einer anderen bürgerlichen Partei unterstütze diesen Debattenbeitrag nachdrücklich mit den Worten: „Wir stehen in dieser Beziehung vollständig auf dem Standpunkt des Herrn Redners vom Zentrum. Uns ist die Ehe zu heilig, und wir legen zu großes Gewicht auf die Einheit der Familie, als daß wir zugeben könnten, daß der Eheschluß nicht das gleiche Staatsangehörigkeitsverhältnis der Ehegatten im Gefolge haben muß. Wir werden die Anträge, die sich nach dieser Richtung bewegen, ablehnen."[80] Der von der Linken geäußerte Vorwurf, es handele sich bei der vorhandenen und beabsichtigten Regelung der Staatsangehörigkeit der Frau im Fall der Heirat um eine Entrechtung der Frau, wurde mit der Begründung zurückgewiesen: „Ich möchte mich dann ganz kurz zu den Anträgen der Sozialdemokraten wenden, soweit sie die Rechtsstellung der Frauen betreffen. Sie lassen sich ja kurz dahin zusammenfassen, daß die Sozialdemokraten der Eheschließung keinerlei Einwirkung auf die Staatsangehörigkeit der betreffenden Frau einräumen wollen. Meine Freunde und ich werden diesen Anträgen nicht zustimmen können. Wir müssen es aber zurückweisen, wenn Herr Kollege Landsberg das als eine ‚Entrechtung der Frau' bezeichnet hat. Mit demselben Recht kann man es dann als eine Entrechtung der Frau bezeichnen, daß sie durch die Verheiratung ihren Familiennamen verliert und den Familiennamen des Mannes annimmt. Daß die Frau durch die Verheiratung die Staatsangehörigkeit des Mannes annimmt, ist nicht nur durch das enge Band der Ehe begründet, sondern vor allen Dingen auch dadurch notwendig, daß im anderen Fall ja ganz heillose Zustände entstehen würden."[81] Auf das Argument der „Einheit der Ehe" und das der „heillosen Zustände" im Fall einer gemischtnationalen Ehe antwortete die Linke mit dem Hinweis auf interkonfessionelle Ehen: „In der Tat hat die Interkonfessionalität der Ehe auch eine Reihe von Schwierigkeiten zur Folge. Aber diese Ehe

[79] Abg. Belzer, in: Verh. des Reichstags, Bd. 290, S. 5276 A. Der stenographische Bericht vermerkt den mehrmaligen Zuruf „Sehr richtig!" im Zentrum.

[80] Abg. Giese, in: Verh. des Reichstags, Bd. 290, S. 5282 C. Der stenographische Bericht vermerkt den Zuruf „Sehr richtig! rechts".

[81] Abg. Blunck, in: Verh. des Reichstags Bd. 290, S. 5285 A.

können sie nicht beseitigen! Das steht im Widerspruch mit der Gesetzgebung des Deutschen Reiches, die in dieser Beziehung eben weitblickender ist, die in dieser Beziehung doch einen moderneren Standpunkt vertritt."[82] Und: „Wenn ein Gesetz bestimmen würde, daß eine Frau, die einen Andersgläubigen zum Manne nimmt, ihre Religion ipso iure verlieren und die Religion des Mannes erwerben soll, so würde man mit vollem Recht ein derartiges Gesetz geradezu barbarisch nennen."[83]

Tiefgreifende Meinungsverschiedenheiten zwischen den politischen Lagern bestanden jedoch nicht nur in Bezug auf den Erwerb oder Verlust der deutschen Staatsangehörigkeit von Frauen bei Eheschließung, sondern auch hinsichtlich der Frage, ob die Einbürgerung von Ausländern und Staatenlosen großzügig oder restriktiv geregelt werden sollte.[84]

Die politische Linke forderte eine großzügige Regelung; bei der Begründung ihres Standpunktes verzichteten aber selbst deren Redner nicht auf eine gewisse Deutschtümelei: „Meine Herren, meine politischen Freunde sind bestrebt gewesen, das Gesetz, das wir zu verabschieden im Begriffe sind, gut auszugestalten. Nach unserem Willen sollte dieses Gesetz großzügig werden ... Wir wollten weiter durch die Begründung einer Reihe von Rechten auf Einbürgerung, die selbstverständlich nur Menschen von Wert eingeräumt werden sollten, der deutschen Volksgemeinschaft wertvolle Kräfte zuführen ...". „Ebensowenig entspricht es den kulturellen Anschauungen der Zeit, wenn Kinder von Ausländern abgewiesen werden dürfen, die in Deutschland geboren und erzogen und die vollkommen unbescholten sind und alle Pflichten des Deutschen erfüllen wollen. Denn solche Personen sind Deutsche. Ich gestatte mir, Sie daran zu erinnern, daß aus den Kreisen solcher Personen Kräfte, die für das Deutschtum ungemein wertvoll waren, hervorgegangen sind."[85] „Schließlich haben wir in der Kommission den Versuch gemacht, die Einbürgerung von Ausländern zu erleichtern, indem wir Ausländern – selbstverständlich nur durchaus einwandfreien Personen – ein Recht auf Einbürgerung

82 Abg. Bernstein, in: Verh. des Reichstags Bd. 290, S. 5295 B.

83 Abg. Landsberg, in: Verh. des Reichstags Bd. 283, S. 280 B.

84 Zur damaligen (und späteren) Praxis s. *Oliver Trevisol*, Die Einbürgerungspraxis im Deutschen Reich 1871–1945, Göttingen 2006.

85 Abg. Landsberg, in: Verh. des Reichstages Bd. 290, S. 5760 D, S. 5761 B.

gewähren wollten, wenn sie eine gewisse Zeit hindurch in Deutschland gewohnt haben. Zum mindesten aber haben wir beantragt, solchen Ausländern einen Anspruch auf Einbürgerung zu gewähren, die aus der Ehe zwischen einem Staatlosen und einer bis zur Eheschließung deutschen Frau hervorgegangen sind, und solchen Ausländern, die in Deutschland geboren sind und sich bis zur Volljährigkeit ohne längere Unterbrechung in Deutschland aufgehalten haben. Personen, die unter diese letztere Kategorie fallen, sind unzweifelhaft der Sache nach, wenn auch nicht der Staatsangehörigkeit nach, Deutsche. Sie haben nirgendwo eine Heimat als in Deutschland, sie haben an deutschen Schulen deutsche Bildung in sich aufgenommen; wenn ihr Verweilen in Deutschland von der Behörde zugelassen wird, so beweist das am besten, daß gegen sie nichts einzuwenden ist. Infolgedessen ist es unseres Erachtens dringend geboten, wenigstens solchen Personen einen Anspruch auf Einbürgerung zu gewähren."[86]

Das Bestreben der Linken, die Einbürgerung von Ausländern zu erleichtern, stieß auf den entschiedenen Widerstand der die Reichsregierung unterstützenden anderen Parteien. Auf den Punkt gebracht wurde die diesbezügliche Meinungsverschiedenheit von dem Abgeordneten Mumm mit dem Satz: „Im übrigen habe ich nur zu bemerken, daß das Gesetz von der Reichsregierung eingebracht worden ist als ein Gesetzentwurf, um dem ins Ausland gehenden Deutschen es zu erleichtern, Deutscher zu bleiben, daß dagegen von der Linken unausgesetzt versucht wird, in dieses Gesetz ein ganz anderes Gesetz hineinzuarbeiten, das den nach dem Deutschen Reiche kommenden Ausländern erleichtern will, deutsche Staatsangehörige zu werden."[87] Der Bogen der von den bürgerlichen Parteien gegen die Erleichterung der Einbürgerung, insbesondere gegen die Gewährung eines Rechtsanspruchs auf Einbürgerung, im Reichstag vorgebrachten Argumente war weit gespannt: Die Argumente reichten vom Wunsch nach einem „Gewinn für Deutschland" über eine drohende „massenhafte" Zuwanderung „von Montenegro oder sonst woher" bis hin zu „chinesischen Kulis" als „professionellen Streikbrechern" und „Lohndrückern". Aus dem Munde eines Zentrumsabgeordneten klang dies so: „Wir wünschen auch, daß einwandfreie, moralisch und wirtschaftlich tüchtige Leute, Leute, die durch Intelligenz oder Vermögen

[86] Abg. Landsberg, in: Verh. des Reichstags Bd. 290, S. 5273 A.
[87] In: Verh. des Reichstags Bd. 290, S. 5315 A.

hervorragen, in Deutschland eingebürgert werden, weil das einen Gewinn für unser Vaterland bedeuten würde. Wir wollen gewiß, daß die Schroffheiten, die vielfach vorgekommen sind, allmählich aufhören. Aber worin wir uns von den Herren auf der äußersten Linken trennen, das ist das, daß wir eine rechtliche Forderung eines Ausländers, in Deutschland naturalisiert zu werden, nicht zugestehen können, selbst wenn dieser Rechtsanspruch mit allen möglichen Kautelen umgeben würde. Wir stehen auf dem Standpunkt, den, glaube ich, ein Vertreter der preußischen Regierung in der Kommission eingenommen hat: im allgemeinen kann ein Naturalisationsantrag nur dann akzeptiert werden, wenn der Zuwachs, der dadurch geschaffen wird, ein Gewinn für Deutschland ist."[88] Ein anderer Abgeordneter argumentierte mit dem Interesse „der deutschen Arbeiter und des deutschen Bürgertums": „Es kann auch nicht im Interesse der deutschen Arbeiter, geschweige des deutschen Bürgertums liegen, daß diesen ausländischen Leuten, die von Montenegro oder sonst woher massenhaft[89] – aber doch in verhältnismäßig großer Zahl – nach Deutschland kommen, hier nach zweijährigem Aufenthalt das Recht auf Einbürgerung und somit alle politischen Rechte gewährt wird."[90] Ein Recht auf Einbürgerung füge „den deutschen Arbeitern schlimmsten Schaden"[91] zu: „Wenn der sozialdemokratische Antrag angenommen würde, dann meine Herren, könnten die Arbeitgeber, wogegen man ja bei einem Arbeitsmangel kaum etwas einwenden könnte, aus dem fernsten Osten die chinesischen Kulis zu untergeordneten Arbeitern, zu Erdarbeiten beispielsweise, geradezu haufenweise nach

88 Abg. Belzer, in: Verh. des Reichstags Bd. 290, S. 5276 B.

89 Der stenographische Bericht vermerkt an dieser Stelle: „Zuruf bei den Sozialdemokraten"; dieser Zuruf erklärt vermutlich die darauf folgende Abschwächung in dem Redebeitrag. Auf die Zahl der Montenegriner kam in einem späteren Redebeitrag ein Abgeordneter der Sozialdemokraten noch einmal zurück: „ Es war auch ein recht unglückliches Beispiel, daß der Herr Abgeordnete Becker anführte, wenn er sagte, daß unter Umständen die Montenegriner Deutschland überschwemmen könnten. Es gibt im ganzen etwa 250.000 auf dieser Welt, Frauen und Kinder eingerechnet. Ich glaube nicht, daß man davor eine Furcht haben kann, daß diese Montenegriner Deutschland überschwemmen. Ich meine: dieses verunglückte Beispiel bewies eigentlich, wie verunglückt die ganze Beweisführung des Herrn Abgeordneten Becker war." (Abg. Molkenbuhr, in: Verh. des Reichstags Bd. 290, S. 5310 D.)

90 Abg. Becker, in: Verh. des Reichstags Bd. 290, S. 5305 B.

91 Abg. Becker, in: Verh. des Reichstags Bd. 290, S. 5304 B.

Deutschland schleppen. Die Leute wären zwei Jahre in Deutschland und müßten dann eingebürgert werden. In den Zeiten einer niedergehenden Konjunktur könnten diese Elemente, und wenn sie Streikbrecher der schlimmsten Art würden, aus Deutschland gar nicht mehr ausgewiesen werden".[92]

Auf die in dieser Argumentation gezogene Verbindung zwischen dem befürchteten Zustrom von Arbeitskräften aus dem Ausland und dem Erwerb der Staatsangehörigkeit wurde von Seiten der politischen Linken erwidert: „Der Zustrom fremdländischer Arbeitskräfte richtet sich nach ganz bestimmten Gesetzen, die mit der Möglichkeit des Erwerbs der Staatsangehörigkeit absolut nichts zu tun haben ... Die Sehnsucht nach der Einwanderung haben andere Leute, haben unsere deutschen Agrarier und unsere deutschen Schlotjunker; diese ziehen die fremdländischen Arbeitskräfte herein, und die Regierung hat noch nichts dazu getan, um diesen Zustrom zu steuern."[93]

Pikanterweise entwickelte sich in diesem Zusammenhang ein Disput zwischen den beiden politischen Lagern im Reichstag darüber, wer von ihnen die Stimmung in der Arbeiterschaft besser kenne. So hielten Abgeordnete der bürgerlichen Parteien an die Adresse sozialdemokratischer Abgeordneter gewandt diesen vor: „Ich glaube, Herr Kollege Molkenbuhr, wenn wir in einer Arbeiterversammlung, die aus Ihren Leuten und aus unseren Leuten zusammengesetzt ist, über Ihren Antrag diskutieren – wozu ich bereit bin –, dann wird sich die Versammlung nicht gegen mich aussprechen, weil in der deutschen Arbeiterbevölkerung noch so viel gesunder Egoismus vorhanden ist, daß sie sich gern diese ausländischen Elemente, die Sie ihr auf den Hals schicken wollen, vom Halse halten möchte."[94] „Und wenn der Herr Abgeordnete Dr. Liebknecht ferner meint, daß unsere Arbeiterschaft es besonders fordere und begrüße, daß die ausländischen Arbeiter hier zuwandern und sich möglichst leicht hier niederlassen können, und daß es ihnen möglichst leicht gemacht werde, die Staatsangehörigkeit zu erwerben, so ist er, glaube ich, doch nicht genau über die Stimmung in diesen Kreisen unterrichtet. Nein, meine Herren, unsere Arbeiterschaft in den Provinzen, wo sich bereits eine

92 Abg. Becker, in: Verh. des Reichstags Bd. 290, S. 5304 C.

93 Abg. Landsberg, in: Verh. des Reichstags Bd. 290, S. 5305 C, D.

94 Abg. Becker, in: Verh. des Reichstags Bd. 290, S. 5305 C. Der stenographische Bericht vermerkt an dieser Stelle: „Bravo! im Zentrum und rechts".

Anzahl fremdländischer Arbeiter niedergelassen hat, und wo sich leider fremdvölkische Enklaven neu bilden, und besonders die gewerkschaftlich organisierte dortige Arbeiterschaft betrachtet diese Fremden keineswegs als willkommene Gäste, sondern sie stellt sich in gewisser Hinsicht ihnen sogar feindlich gegenüber. Sie weiß, daß diese Leute, die vielfach unter ganz anderen Kulturverhältnissen groß geworden sind, die Löhne drücken und unter Umständen die Arbeitsbedingungen verschlechtern, kurz, dazu dienen, die deutsche Arbeiterschaft in diesen Gegenden in ihrer Lebenshaltung und in ihren Lebensgewohnheiten zu gefährden."[95]

Die Einbürgerungsregelung des alten und neuen Staatsangehörigkeitsgesetzes wurde im Reichstag jedoch nicht nur unter dem Aspekt des Zustroms billiger Arbeitskräfte diskutiert, sondern auch unter dem Gesichtspunkt der Kritik an konfessionellen Tendenzen bei der Entscheidung der Behörden über Einbürgerungen, insbesondere der Praxis in Preußen. Hierbei kreisten die Erörterungen um die Behandlung von Angehörigen mosaischen Bekenntnisses. Dieter Gosewinkel hat in seiner materialreichen Schrift „Einbürgern und Ausschließen. Die Nationalisierung der Staatsangehörigkeit vom Deutschen Bund bis zur Bundesrepublik Deutschland"[96] unter der Überschrift „Die Konturierung des Nationalstaates durch Fernhaltung: Polen und Juden"[97] auf die in den achtziger Jahren des 19. Jahrhunderts eingetretene „Zäsur in der Einbürgerungspolitik gegenüber Polen als auch gegenüber Juden"[98] hingewiesen. Nachdem in den beiden Jahrzehnten vor und nach der Gründung des Deutschen Reiches in einer „Phase relativer Liberalisierung" nicht nur Ausländer polnischer Nationalität sondern auch Juden verstärkt eingebürgert worden seien[99] (unter diesen vor allem so genannte „Ostjuden", d.h. Juden „aus den polnischen Provinzen Rußlands und Österreichs"[100]), habe in

[95] Abg. Herzog, in Verh. des Reichstags Bd. 283, S. 275 B, C. Der stenographische Bericht vermerkt an der Stelle „die Löhne drücken" und „die Arbeitsbedingungen verschlechtern": „sehr richtig! bei der Wirtschaftlichen Vereinigung".

[96] 2. Aufl., Göttingen 2003.

[97] A.a.O. (Anm. 96), S. 263 ff.

[98] A.a.O. (Anm. 96), S. 265.

[99] A.a.O. (Anm. 96), S. 270; dazu (S. 271) auch der Hinweis, Deutschland sei in diesem Zeitraum „erstmals in der Moderne zum Einwanderungsland für Juden" geworden.

[100] A.a.O. (Anm. 96), S. 271.

der späteren „Phase wirtschaftlicher Krise und verschärfter deutsch-polnischer Auseinandersetzungen in den preußischen Ostprovinzen" die erwähnte Zäsur stattgefunden.[101] Die Einbürgerungspolitik habe jetzt „nicht nur antipolnische, sondern auch antijüdische Züge" gezeigt.[102] Erwähnt wird dazu auch, daß Preußen ab 1883 den besonderen ministeriellen Zustimmungsvorbehalt für die Einbürgerung von Juden erneuerte.[103] Bismarck habe vor allem den „Zuzug des jüdischen Proletariats aus Rußland" unterbinden wollen.[104] Bemerkenswert ist in diesem Zusammenhang, dass gegen diesen Zuzug aus dem Osten sogar deren Glaubensbrüder im Westen Vorbehalte hatten. Als Beispiel für eine solche kritische Einstellung kann eine diesbezügliche Äußerung von Gustav Mahler erwähnt werden, in der dessen Biograph Jens Malte Fischer die „Vorurteile des assimilierten Westjuden gegen die Ostjuden, die nach den russischen Pogromen am Ende des 19. Jahrhunderts verstärkt nach Westen strömen", sieht.[105] Von Walther Rathenau, der – anders als seine Schwester – nicht zum Christentum übergetreten war, sondern an seiner jüdischen Religion festhielt, ist bekannt, dass er die aus dem Osten nach Deutschland einwandernden Juden als „asiatische Horde" verachtete.[106] Schließlich ist in diesem Zusammenhang auch erwähnenswert, dass auch in Großbritannien die Einwanderung von rd. 145.000 osteuropäischen Juden dort eine intensive Debatte über nationale Zugehörigkeit und Staatsangehörigkeit auslöste, eine Debatte, die sich in Antisemitismus widerspiegelte, der schon während des Burenkrieges (der als im Interesse „jüdischer Finanz" geführt interpretiert wurde) sich interessanterweise mit Deutschfeindlichkeit verband.[107]

[101] A.a.O. (Anm. 96), S. 265. – Vgl. auch S. 263 zur so genannten „polnischen Frage", die „den weitaus bedeutendsten Nationalitätenkonflikt im Deutschen Reich darstellte".

[102] A.a.O. (Anm. 96), S. 270.

[103] A.a.O. (Anm. 96), S. 272; der Zustimmungsvorbehalt sei nach kürzerer Lockerung in der Ära Caprivi bis zum Ende des Kaiserreichs bestehengeblieben.

[104] A.a.O. (Anm. 96), S. 273. Zur Haltung der preußischen Regierung in der Nach-Bismarckzeit vgl. S. 275: „Als in den Jahren nach der gescheiterten russischen Revolution von 1905 verstärkt jüdische Zuwanderer nach Preußen gelangten, begegnete ihnen die preußische Regierung mit massiver Ablehnung."

[105] *Jens Malte Fischer*, Gustav Mahler. Der fremde Vertraute, Wien 2003, S. 324.

[106] Vgl. dazu *Christian Schölzel*, Walther Rathenau. Eine Biographie, Paderborn 2006, S. 87 (Zitat Rathenau: „Auf märkischem Sand eine asiatische Horde").

[107] Dazu ausführlich *Susanne Terwey*, Moderner Antisemitismus in Großbritan-

In den Debatten im Reichstag zum Entwurf des neuen Staatsangehörigkeitsgesetzes verwahrten sich allerdings die Redner aller Parteien gegen konfessionelle und damit auch gegen antisemitische Tendenzen bei der Aufnahme eines Ausländers oder eines Staatenlosen in den Staatsverband. So führte z.B. der Abgeordnete Freiherr von Richthofen von den Nationalliberalen unter dem Beifall von links(!) dazu aus: „... und insbesondere möchte ich darauf hinweisen, daß wir unbedingt dabei ausschließen müssen alle konfessionellen Tendenzen. In der Beziehung müssen wir doch nicht etwa irgendwelchen anderen Ländern nacheifern, sondern ganz ausschließlich die Toleranz üben, die uns die Verfassung vorschreibt, nach der bei uns eine Konfession so behandelt werden soll wie die andere.“ [108] Die insoweit zu Zweifeln Anlass gebende restriktive Einbürgerungspraxis Preußens wurde in den Debatten mehrmals zur Sprache gebracht: „Meine Herren Vorredner sind schon auf die Frage gekommen, ob denn nicht gerade Angehörigen des mosaischen Bekenntnisses gegenüber in einer Weise verfahren worden ist, die nicht dem Willen, der Absicht und dem Zwecke unseres Gesetzes entspricht. Denn unter den Bewerbern mosaischen Bekenntnisses um die Staatszugehörigkeit in den einzelnen Bundesstaaten sind sicherlich eine ganze Reihe von Elementen gewesen, die für unser Volkstum, für unsere staatliche und wirtschaftliche Entwicklung von der größten Bedeutung und von größtem Werte gewesen sind. Es sind uns Fälle mitgeteilt worden, die die Handhabung dieser gesetzlichen Bestimmungen namentlich in Preußen betreffen, die allerdings den Schein haben aufkommen lassen, als ob man sich bei der Handhabung dieses Grundsatzes und Gesetzes von gewissen antisemitischen Neigungen und Tendenzen nicht ganz unbeeinflußt gezeigt hätte. Dem haben wir uns sowohl in der Kommission entgegenstellt, wie ich auch hier in diesem Hause einer solchen Handhabung auf das energischste widerspreche.“ [109]

Nachdrücklich wurde insoweit eine Änderung der Praxis angemahnt: „Wir legen den größten Wert darauf, daß gerade nach dieser Richtung hin eine andere Praxis namentlich in Preußen eintritt, daß

nien 1899–1919. Über die Funktion von Vorurteilen sowie Einwanderung und Nationalität, Würzburg 2006.

108 Verh. des Reichstags Bd. 283, S. 284 C. Das Protokoll der Stenographischen Berichte vermerkt an dieser Stelle „Bravo! links.“

109 Abg. Beck, in: Verh. des Reichstags Bd. 290, S. 5279 C.

namentlich gegenüber Elementen, die die Aufnahme in den preußischen Staatsverband nachsuchen, nicht aus Gründen heraus eine Ablehnung erfolgt, die darauf schließen lassen, daß in der Tat doch das Religionsbekenntnis maßgebend und bestimmend für die Entscheidung gewesen sei."[110]

Der häufig geäußerte Verdacht, dass bei Entscheidungen über die Einbürgerung in Preußen die Religion eine Rolle spiele und damit jüdische Ausländer benachteiligt würden, wurde von Seiten der Regierung zurückgewiesen. Der Direktor im Reichsamt der Innern, Lewald, führte dazu aus, es sei „mit aller Bestimmtheit auszusprechen, daß das Religionsbekenntnis kein maßgebliches Moment bei der Beurteilung von Naturalisationsgesuchen ist."[111] Als Beleg machte der Redner Zahlenangaben und kommentierte diese wie folgt: „Meine Herren, ich will Ihnen zum Beweise hierfür noch einige Zahlen außer den in dem Bericht enthaltenen anführen. Es sind in den Jahren 1904 bis 1910 Naturalisationsgesuche jüdischer Ausländer in der Höhe von 623 in Preußen gestellt worden. Davon sind 352, also weit über die Hälfte genehmigt worden. Man kann daher nicht behaupten, daß jüdische Ausländer in Preußen regelmäßig nicht naturalisiert werden. Meine Herren, wenn Preußen eine feste Praxis in der Einbürgerung befolgt, so geschieht das nicht aus religions-konfessionellen Rücksichten, sondern es geschieht im Interesse einer nationalen Politik, um den Strom von Ausländern, der vom Osten in unser Land hereinkommen will, zurückzuhalten."[112]

Die Distanzierung vom Antisemitismus und zugleich das Bestreben, die Einbürgerung von aus dem Osten Zuziehenden (in der Sache häufig: jüdischer Antragsteller) in großer Zahl zu verhindern, kommt auch sehr deutlich in dem Redebeitrag des Zentrumsabgeordneten Belzer zum Ausdruck: „In der Presse ist viel darüber geschrieben worden, daß das Religionsbekenntnis bis jetzt einen großen Einfluß bei den Naturalisationen in Deutschland, vor allem in Preußen, gehabt hat, und auch der Herr Vorredner hat darüber geklagt, daß gerade Preußen immer sehr wenig rücksichtsvoll gegenüber den Gesuchen jüdischer Ausländer gewesen wäre. Nun sind durch unsere

[110] Abg. Beck, in: Verh. des Reichstags Bd. 290, S. 5279 D.
[111] Verh. des Reichstags Bd. 290, S. 5304 A.
[112] Verh. des Reichstags Bd. 290, S. 5304 A, B.

Beratungen die Hauptbedenken aber doch ausgeschieden worden. Lesen Sie einmal nach Seite 30 des Berichts! Da ist von den verbündeten Regierungen in einer beinahe feierlichen Form erklärt worden – und alle Parteien haben zugestimmt –, daß das Religionsbekenntnis kein irgendwie maßgebendes Moment bei der Entscheidung über die Naturalisation bilden darf. Meine Fraktion steht vollkommen auf diesem Standpunkt. Wir halten uns fern von allem Antisemitismus. Ich will nur auf die vielfachen Ausführungen, in denen mein Fraktionsfreund Gröber für die religiösen Forderungen der Israeliten eingetreten ist, hinweisen. An unserer Haltung ist in dieser Beziehung nicht zu deuteln und nicht zu rütteln. Aber, meine Herren, das werden Sie doch begreifen, daß wir nicht haben wollen, daß nun eine massenhafte Naturalisation von galizischen Hausierern vorgenommen wird."[113]

Was in den Beratungen des Reichstages hier mit „mosaischem Bekenntnis" oder „Israeliten" umschrieben wurde, wäre in der NS-Zeit als „Rasse" bezeichnet und der „Rassegesetzgebung" unterworfen worden. In den Debatten des Reichstages im Jahre 1913 wurde dagegen der Ausdruck „Rasse" nur im Zusammenhang mit der Frage nach dem Rechtsstatus der „Eingeborenen" in den damaligen Kolonien („Schutzgebieten") des Deutschen Reiches verwendet. Da die Schutzgebiete reichsunmittelbare Gebiete waren, kam für diese Personen nicht die Staatsangehörigkeit eines der Bundesstaaten des Deutschen Reiches in Betracht, sondern nur die unmittelbare Reichsangehörigkeit.

Die Gesetzesvorlage des Reichs- und Staatsangehörigkeitsgesetzes sah vor, dass der Reichskanzler befugt war, Eingeborenen in den Schutzgebieten die Reichsangehörigkeit zu verleihen (§ 30), wobei diese Regelung der bereits vorher bestehenden Regelung im Schutzgebietsgesetz (§ 9) entsprach.[114] Zum Begriff der „Eingeborenen"

[113] Verh. des Reichstags Bd. 290, S. 5276 B, C. – Vgl. auch den Redebeitrag des Abg. Herzog (Wirtschaftliche Vereinigung), demzufolge „Deutschland gewissermaßen die Brücke bildet für alle die Volkselemente, die aus dem Osten nach dem Westen streben ... Es haben mir selbst verständige israelitische Mitbürger offen erklärt, daß sie die Zuwanderung und Niederlassung dieser Elemente in erheblichem Maße gar nicht für wünschenswert halten ..." (Verh. des Reichstags, Bd. 283, S. 275 B).

[114] Schutzgebietsgesetz v. 10.9.1900 (RGBl. 1900, S. 813). Vgl. dazu auch *Dieter*

erklärte der Vertreter der Reichsregierung auf eine diesbezügliche Anfrage eines Abgeordneten im Reichstag: „Die Kolonialverwaltung versteht unter Eingeborenen die Angehörigen der in den Schutzgebieten heimischen, eingesessenen Stämme, die ihnen rechtlich gleichgestellten Angehörigen fremder farbiger Stämme und die Mischlinge, indessen nur, insoweit nicht die Stammesangehörigen oder Mischlinge die Reichsangehörigkeit oder eine ausländische Staatsangehörigkeit besitzen."[115] Auch wies der Regierungsvertreter darauf hin, daß die Verleihung der Reichsangehörigkeit in diesen Fällen nur eine seltene Ausnahme bilde: „Die Verleihung der Reichsangehörigkeit an Eingeborene ist bisher nur unter der Voraussetzung erfolgt, daß der Bildungs- und Wirtschaftsstand sowie die sittliche Lebensführung des Eingeborenen die bürgerlich-rechtliche Gleichstellung mit den Nichteingeborenen rechtfertigten. Die Kolonialverwaltung hat mangels dieser Voraussetzungen bislang überhaupt davon abgesehen, reinrassige Eingeborene einzubürgern, und wird auch für die Zukunft, sofern die angegebenen Voraussetzungen fehlen, davon Abstand nehmen. Dagegen hat sie in einzelnen Ausnahmefällen Mischlingen, bei den die Voraussetzungen zutrafen, die Reichsangehörigkeit verliehen, um Härten zu beseitigen, die sich aus einer Gleichstellung mit den Eingeborenen ergaben."[116]

Der gesetzlich vorgesehenen Möglichkeit einer Verleihung der Reichsangehörigkeit an „Eingeborene" und „Mischlinge" war jedoch ohnehin keine lange Dauer beschieden. Das von Kaiser Wilhelm II. am 22. Juli 1913 auf der Yacht „Hohenzollern" unterzeichnete Reichs- und Staatsangehörigkeitsgesetz trat am 1. Januar 1914 in Kraft (§ 41). Noch im selben Jahr brach der Erste Weltkrieg aus, der für das Deutsche Reich mit dem Verlust seiner Kolonien (und anderer Gebiete, insbesondere des „Reichslandes" Elsaß-Lothringen) endete. Der in der Erörterung des Entwurfes des Reichs- und Staatsangehörigkeitsgesetzes im Reichstag vom damaligen Staatssekretär des Innern, Delbrück, geäußerte Wunsch, dass auch unter der Herrschaft des neuen

Gosewinkel (Anm. 96), S. 303 ff. („Männlicher Staat" oder „Rassestaat" in den Kolonien?); *Günter Renner*, H/R, § 2 StAG, Rn. 4 ff.

[115] Lewald, Direktor im Reichsamt des Innern, in: Verh. des Reichstags Bd. 290, S. 5334 A, B.

[116] Verh. des Reichstags Bd. 290, S. 5334 B. – Zur Frage der Einbürgerung von Farbigen („Schutzbefohlenen") s. auch *Oliver Trivisiol* (Anm. 84), S. 144 ff.

Gesetzes „dem Deutschtum im Inlande und Auslande dieselbe glückliche wirtschaftliche und politische Entwicklung beschieden sein möge, die uns heute nötigt, das alte Recht zu ändern“[117], erfüllte sich nicht.

117 In: Verh. des Reichstags Bd. 283, S. 251 D. Der Stenographische Bericht vermerkt dazu „Bravo! rechts“.

VII. Die zeitgenössische Würdigung des Reichs- und Staatsangehörigkeitsgesetzes

Das Reichs- und Staatsangehörigkeitsgesetz war noch vor seinem Inkrafttreten als „großes Gesetzgebungswerk" gefeiert worden, „groß zwar nicht dem äußeren Umfange nach, aber seiner Bedeutung nach"[118]. Dieses Lob war insofern erstaunlich, weil von Seiten der Regierung selbst, die die Gesetzesvorlage ja eingebracht hatte, eingeräumt wurde, dass „... die zahlreichen Veränderungen, die das neue Gesetz gegen das alte aufweist, zu ihrem kleinsten Teile von grundsätzlicher Bedeutung sind. Sie sind zum Teil juristisch-technischer Natur, sie haben zum Teil den Zweck, Unebenheiten zu beseitigen, die sich im geltenden Recht gezeigt haben, und bringen grundlegende Veränderungen eigentlich nur bezüglich der Bestimmungen über den Verlust der Staatsangehörigkeit"[119].

Verständlich wird dieses Lob aus der Sicht der damaligen Zeit allerdings dann, wenn man sich daran erinnert, dass gerade die bis dato geltende Regelung im alten Bundes- und Staatsangehörigkeitsgesetz von 1870 über den Verlust der Staatsangehörigkeit heftig kritisiert worden war und zu den Wünschen nach Umgestaltung jenes Gesetzes geführt hatte. „Die Wünsche kamen in erster Linie aus kolonialpolitischen und aus denjenigen Kreisen, die sich für die Erhaltung des Deutschtums im Auslande einsetzten, und sie erstrebten vor allem eine Beseitigung der Vorschrift, wonach durch zehnjährigen Aufenthalt im Auslande automatisch die Staats- und Reichsangehörigkeit verloren wird, wenn nicht – was begreiflicherweise meist versäumt wird – Eintrag in die Konsularmatrikel erfolgt. Hand in Hand mit diesen Wünschen gingen Bestrebungen, den ehemaligen Deutschen den Wiedererwerb der Reichs- und Staatsangehörigkeit zu erleichtern."[120]

Die Erfüllung dieser Wünsche in dem neuen Reichs- und Staatsangehörigkeitsgesetz wurde demgemäß im zeitgenössischen staatsrecht-

[118] So der Direktor im Reichsamt des Innern, Lewald, in: Verh. des Reichstags Bd. 290, S. 5303 D.

[119] So der Staatsminister und Staatssekretär des Innern, Delbrück, in: Verh. des Reichstags Bd. 283, S. 249 C.

[120] *Blüher*, Das neue Reichs- und Staatsangehörigkeitsgesetz, DJZ 1913, 890 ff. (890).

lichen Schrifttum zustimmend und ganz im Geiste nationalstaatlicher Überseepolitik kommentiert, z.B. mit der Feststellung, „daß das neue Gesetz die Erwartungen der Freunde des Deutschtums im Ausland erfüllen und auch sonst zahlreiche Fortschritte bringen wird. Ein starker Zug zielbewußter Nationalität zeichnet es aus, verbunden mit einsichtsvoller Rücksichtnahme auf die Überseepolitik"[121]. Als eine „im ganzen sehr sorgfältige und bedeutende gesetzgeberische Leistung" wurde das Gesetz in einem Kommentar entsprechend gewürdigt, der zugleich ganz im Sinne einer Abschließung fortfuhr: „Es dient der Erhaltung und Stärkung des Deutschtums und der Abwehr und Abstoßung unerwünschter und wertloser Elemente."[122]

Kritik an dem Gesetz wurde demgegenüber – abgesehen von dem bereits in den Debatten des Reichstages vorgebrachten Einwänden – nur verhalten geäußert, so z.B. an der Nichterfüllung des Wunsches nach Beseitigung der innerstaatlichen mehrfachen Staatsangehörigkeit[123] (also der von mehreren Bundesstaaten), „mit deren Hilfe weit umhergetriebene Universitätslehrer bis an die 15 Staatsangehörigkeiten aufwiesen"[124].

Als nicht erfüllte Wünsche lassen sich auch die zwei Resolutionen betrachten, die der Reichstag aus Anlass der Annahme des Gesetzesentwurfs gefasst hat. Die erste Resolution forderte die bereits in den parlamentarischen Debatten mehrmals angesprochene Errichtung eines Reichsverwaltungsgerichts, dem auch die Entscheidung in Streitigkeiten über Versagung der Aufnahme, Einbürgerung, Wiedereinbürgerung und Entlassung (sofern auf diese Maßnahmen ein Anspruch gegeben war) in letzter Instanz zugewiesen werden sollte.[125] Die Errichtung des Reichsverwaltungsgerichts wurde schließlich 29 Jahre später, nämlich im Jahre 1942 angeordnet,[126] ohne dass dies allerdings, wie 1913 erhofft, „einen weiteren Schritt zum Rechts-

[121] *Blüher*, a.a.O. (Anm. 120), S. 892.

[122] *Albert Magnus*, Reichs- und Staatsangehörigkeitsgesetz vom 22. Juli 1913, Berlin 1917, S. 22.

[123] *Blüher*, a.a.O. (Anm. 120), S. 894.

[124] *Blüher*, a.a.O. (Anm. 120), S. 890.

[125] Siehe *Blüher*, a.a.O. (Anm. 120), S. 894.

[126] Erlaß des Führers und Reichskanzlers über die Errichtung des Reichsverwaltungsgerichts vom 3.4.1941 (RGBl. 1941 I, S. 201 ff.), mit Erster VO zur Durchführung und Ergänzung des Erlasses vom 29.4.1941 (RGBl. 1941 I, S. 224 ff.) und Zweiter VO vom 13.12.1941 (RGBl. 1941 I, S. 767).

staat“ [127] bedeutete. Die zweite Resolution ersuchte den Reichskanzler, „die Errichtung einer Stelle bei dem Auswärtigen Amt herbeizuführen, welche insbesondere allen im Ausland lebenden ehemaligen Deutschen zur Wiedererlangung ihrer deutschen Staatsangehörigkeit Auskunft und Rat gewährt, sowie die deutschen Vertretungen im Ausland zur tätigen Beihilfe anzuweisen“ [128].

Über dieses Anliegen ist der Ausgang des Ersten Weltkrieges ebenso hinweggegangen wie über den im Reichs- und Staatsangehörigkeitsgesetz geregelten Verlust der deutschen Staatsangehörigkeit wegen Nichterfüllung der Wehrpflicht,[129] die in einem Redebeitrag im Reichstag im Jahre 1912 noch als „die vornehmste staatsbürgerliche Pflicht des Deutschen“ [130] bezeichnet wurde.

127 *Blüher*, a.a.O. (Anm. 120), S. 894.
128 Text in: Verh. des Reichstags Bd. 290, S. 5777 A.
129 Der Friedensvertrag von Versailles bestimmte in Art. 173 Abs. 1: „Jede allgemeine militärische Dienstpflicht wird in Deutschland abgeschafft.“
130 Abg. Herzog, in: Verh. des Reichstags Bd. 283, S. 274 D.

VIII. Die Zeit der Weimarer Republik. Und: Hitler wird Deutscher

Die Weimarer Republik hatte unter den Folgen des Versailler Vertrages schwer zu leiden. Große Teile des deutschen Staatsgebietes mussten abgetreten werden.[131] Das Gebiet um Eupen, Malmedy und Moresnet fiel an Belgien; Elsaß-Lothringen wurde wieder Frankreich einverleibt; das Hultschiner Ländchen und das Olsagebiet wurde der Tschechoslowakei zugeschlagen; die Provinz Posen, Westpreußen und Oberschlesien fielen an Polen; das Memelgebiet wurde ausgegliedert und von Litauen besetzt; das Saargebiet wurde vom Deutschen Reich abgetrennt und einer vom Völkerbund benannten Regierungskommission zur Verwaltung unterstellt; Danzig kam als nun „Freie Stadt Danzig" unter polnische Verwaltung.

Rund sechs Millionen deutsche Reichs- und Staatsangehörige waren von diesen Gebietsabtretungen betroffen. Die mit diesen Gebietswechseln zusammenhängenden Fragen des Verlustes oder Verbleibens der Reichs- und Staatsangehörigkeit wurden in den meisten Fällen durch Staatsangehörigkeits- und Optionsverträge zwischen dem Deutschen Reich und den Gebietserwerberstaaten geregelt.[132]

Aus den durch den Versailler Vertrag verlorenen deutschen Gebieten zogen rd. 150.000 Deutsche in die unter immensen wirtschaftlichen Schwierigkeiten leidende Weimarer Republik.[133] Noch viel größer aber war die Zahl der aus Osteuropa, insbesondere aus Russland, nach Deutschland geflohenen oder ausgewanderten Ausländer, die hier eine ständige Bleibe suchten oder die Deutschland zumindest als Transitland nutzten. Allein in Berlin lebten im Jahr 1923 rd. 360.000 Exilrussen. Die amtliche Volkszählung von 1925 ergab 921.000 Ausländer auf deutschem Gebiet, von denen nur 61.000 eine Beschäftigung hatten.

[131] Zum Folgenden: *Günter Renner*, H/R, Grundlagen B, Rn. 4.

[132] *Günter Renner,* a.a.O, (Anm. 131)

[133] Hierzu und zum Folgenden: *Jochen Oltmer*, Migration und Politik in der Weimarer Republik, Göttingen 2006. Dazu *Manfred Funke*, Da geht ein Mensch ... In der Weimarer Republik gab es Hunderttausende Heimat-, Staaten- und Rechtlose, in: FAZ Nr. 230 v. 4.10.2006, S. L 42.

Unbeschadet der politischen und ökonomischen Umwälzungen und der Migrationsströme blieb das Reichs- und Staatsangehörigkeitsgesetz – soweit einzelne seiner Regelungen nicht, wie hinsichtlich der Schutzgebiete und der Wehrpflicht, gegenstandslos geworden waren – in Kraft. In der gesamten Zeit der Weimarer Republik erfolgte nur eine einzige ausdrückliche Änderung des Gesetzestextes; diese betraf zudem nur eine Bestimmung von untergeordneter Bedeutung, nämlich die Höhe der Gebühren für die Erteilung von Aufnahme- und Einbürgerungsurkunden (§ 38).

Auch die damals neu geschaffene Verfassung des Deutschen Reiches vom 11. August 1919 (die so genannte Weimarer Reichsverfassung [WRV]) bot keinen Anlass zur Novellierung. Art. 110 Abs. 1 WRV stellt in Satz 1 und 2 lediglich fest, dass die Staatsangehörigkeit „im Reiche und in den Ländern nach den Bestimmungen eines Reichsgesetzes erworben und verloren (wird)"; und: „Jeder Angehörige eines Landes ist zugleich Reichsangehöriger." Diese Bestimmung gab nur den bereits vorher geltenden Rechtszustand wieder; der nun verwendete Ausdruck „Land", der den früheren Ausdruck „Bundesstaat" ersetzte, war nur eine terminologische Änderung. Die Vermittlungsfunktion der Landesangehörigkeit in Art. 110 Abs. 1 WRV entsprach inhaltlich den Regelungen der Bundesverfassung der Schweizerischen Eidgenossenschaft vom 29. Mai 1874 (Art. 43 Abs. 1: „Jeder Kantonsbürger ist Schweizerbürger") und der Verfassung der Bundesrepublik Österreich vom 1. Oktober 1920 (Art. 6 Abs. 2: „Mit der Landesbürgerschaft wird die Bundesbürgerschaft erworben").

Mit dem Kaiserreich war die Staatsform der Monarchie in Deutschland untergegangen. Die Bundesstaatlichkeit blieb dagegen auch unter der Geltung der Weimarer Reichsverfassung erhalten; ebenso blieb es bei dem Nebeneinander von Staatsangehörigkeit der Gliedstaaten (Länder) einerseits und der Reichsangehörigkeit andererseits. Die Weiterverwendung des Ausdrucks „Reichsangehörigkeit" resultierte daraus, dass die Bezeichnung „Deutsches Reich" für den deutschen Staat bewahrt wurde. In dem bekanntesten Kommentar zur Weimarer Reichsverfassung heißt es zu deren Überschrift „Die Verfassung des Deutschen Reiches": „Die Verfassung hält an dem Worte ‚Reich' als an der altherkömmlichen, ehrwürdigen Bezeichnung für den nationalen Gesamtstaat fest, und es ist lediglich zu begrüßen, daß die Nationalversammlung sich hier nicht beirren ließ durch die

Ansicht, daß der Name ‚Deutsches Reich' eine ‚bankerotte Firma' bezeichnete, die man in das ‚neue Geschäft' nicht übernehmen dürfe (Abg. Cohn, Prot. S. 25), – noch auch durch Scheingründe wie den, daß dieser Name für eine Republik nicht passe, oder daß seine Beibehaltung in Frankreich und England, wo man ‚Reich' mit Empire übersetze, Anstoß erregen werde, wodurch ‚internationale Schwierigkeiten' entstehen könnten (so der Abg. Dr. Naumann, Prot. S. 24)." Und weiter: „Wenn man sich im Auslande unter ‚Reich' nur ein Kaiserreich vorzustellen vermag, so kann uns das gleichgültig sein. In dem Worte Reich steckt nichts, was auf die monarchische Staatsform hindeutet. ‚Reich' ist, nach heutigem deutschen Sprachgebrauch, eine quantitative Potenzierung des Begriffes Staat: ein ‚Reich' ist ein weite Länder umfassender großer Staat, ohne Unterschied der Regierungsform." [134] Zur Bekräftigung seiner Auffassung, man müsse der (Weimarer) Nationalversammlung und deren Verfassungsausschuss Dank sagen, „dass sie die durchaus unbegründeten Angriffe auf die Beibehaltung des Namens „Reich" abgewehrt haben",[135] zitiert der Kommentator „die eindrucksvollen Worte" von Hugo Preuß (SPD), der als der Schöpfer der Weimarer Reichsverfassung gilt: „... Es hängen Traditionen von Jahrhunderten, es hängt die ganze Sehnsucht des zersplitterten deutschen Volkes nach nationaler Einigung an dem Namen ‚Reich', und wir würden in weitesten Kreisen tiefwurzelnde Gefühle ohne Grund und Zweck verletzen, wenn wir von diesem Worte, das eine schwer errungene, nach langen Enttäuschungen verwirklichte Einheit darstellt, abgehen wollten." [136]

Da das Reichs- und Staatsangehörigkeitsgesetz von 1913 – von den erwähnten wenigen Ausnahmen abgesehen – in der Zeit der Weimarer Republik unverändert weitergalt, blieb auch eine Bestimmung dieses Gesetzes in Kraft, deren Anwendung weitreichende politische Auswirkungen haben sollte: Gemäß § 14 Abs. 1 galt „die von der Regierung oder Zentral- oder höheren Verwaltungsbehörde eines Bundes-

[134] *Gerhard Anschütz*, Die Verfassung des Deutschen Reiches vom 11. August 1919, 14. Aufl., Berlin 1933, S. 33; dort auch (in Anm. 1) Hinw. zum diesbezüglichen Sprachgebrauch im Ausland.

[135] A.a.O. (Anm. 134), S. 36. *Gerhard Anschütz* leitet diese Danksagung mit dem uns heute pathetisch klingenden Satz ein: „In steter Treue hält das deutsche Volk fest an dem Worte „Reich" als der tausendjährigen Bezeichnung für sein nationales Staatswesen."

[136] A.a.O. (Anm. 134), S. 36 Fn. 2.

staates vollzogene oder bestätigte Anstellung im unmittelbaren oder mittelbaren Staatsdienst, im Dienste einer Gemeinde oder eines Gemeindeverbandes, im öffentlichen Schuldienst oder im Dienste einer Gemeinde oder eines Gemeindeverbandes, im öffentlichen Schuldienst oder im Dienste einer von dem Bundesstaat anerkannten Religionsgesellschaft ... für einen Ausländer als Einbürgerung, sofern nicht in der Anstellungs- oder Bestätigungsurkunde ein Vorbehalt gemacht wird."[137] Die Einstellung in den deutschen öffentlichen Dienst wurde also von Gesetzes wegen als Einbürgerung betrachtet. Genaue Zahlenangaben darüber, wie viele Ausländer oder Staatenlose auf diese Weise in der Zeit der Weimarer Republik als eingebürgert galten, sind nicht bekannt.

Mehr als bekannt ist jedoch der Fall Adolf Hitler. Als Kind österreicherischer Staatsangehöriger besaß er die österreicherische Staatsangehörigkeit. Im Jahre 1924 verzichtete der in München lebende Hitler auf seine österreichische Staatsangehörigkeit und war mithin seitdem ein Staatenloser.

Eigentlich hätte es für Hitler wegen seiner politischen Ambitionen (er war immerhin schon Führer der NSDAP) naheliegen müssen, sich in Deutschland in einem der Bundesstaaten einbürgern zu lassen und damit vom Staatenlosen zum Deutschen zu werden. Die Sache hatte jedoch einen gewichtigen Haken: Nach der damals geltenden Fassung des Reichs- und Staatsangehörigkeitsgesetzes durfte die Einbürgerung „erst erfolgen, nachdem durch den Reichskanzler festgestellt worden ist, daß keiner der übrigen Bundesstaaten Bedenken dagegen erhoben hat" (§ 9 Abs. 1, 1. Halbsatz). Erhob ein Bundesstaat Bedenken[138], so hatte der Bundesrat über die Einbürgerung zu entscheiden (§ 9 Abs. 1, 2. Halbsatz). Die Bedenken konnten „nur auf Tatsachen gestützt werden, welche die Besorgnis rechtfertigen, daß die Einbürgerung des Antragstellers das Wohl des Reiches oder eines Bundesstaates gefährden würde" (§ 9 Abs. 1 Satz 2)[139]. Da Hitler nach dem

[137] Abs. 2 bezog sich auf die Anstellung als Offizier oder Beamter des Beurlaubtenstandes.

[138] Die Möglichkeit der übrigen Bundesstaaten, ihre Interessen bei einer Einbürgerung geltend zu machen, wurde im staatsangehörigkeitsrechtlichen Schrifttum als „eine wesentliche Neuerung des Gesetzes" bezeichnet (*Fritz von Keller/Paul Trautmann*, a.a.O. (Anm. 66), S. 14.

[139] Die Vorschrift des § 9 Abs. 1 fand auch Anwendung auf die Einbürgerung

Putsch vom 9. November 1923 gegen die legale Reichsregierung (Text der „Proklamation an das deutsche Volk“: „Die Regierung der Novemberverbrecher in Berlin ist heute für abgesetzt erklärt worden. Eine provisorische deutsche National-Regierung ist gebildet worden“[140]) wegen Hochverrats von einem Gericht in München zu fünf Jahren Festungshaft verurteilt worden war (von der er allerdings nur acht Monate verbüßte, um dann „auf Bewährung“ entlassen zu werden)[141], wäre im Fall der Einbürgerung Hitlers durch einen Bundesstaat mit Sicherheit der Einspruch eines anderen oder mehrerer anderer Bundesstaaten erfolgt.

Eine solche Einspruchsmöglichkeit bestand dagegen nicht, wenn der Weg über eine Anstellung im Staatsdienst gemäß § 14 des Reichs- und Staatsangehörigkeitsgesetzes beschritten wurde. Bestrebungen, Hitler auf diesem Wege die deutsche Staatsangehörigkeit zu verschaffen, hatten schließlich im Februar 1932 auf Betreiben des braunschweigischen Staatsministers für Inneres und Volksbildung, Dietrich Klagges, Erfolg: „Das Braunschweigische Staatsministerium hat beschlossen, den Schriftsteller Adolf Hitler, in München, ... im Braunschweigischen Staatsdienste unter Ernennung zum Regierungsrat anzustellen, ihm die freie Planstelle eines Regierungsrates bei dem Landeskultur- und Vermessungsamt zu verleihen ...“[142] – so lautete der Text der Urkunde über Hitlers Anstellung im braunschweigischen Staatsdienst. Die „Braunschweigische Landeszeitung“ meldete den Vorgang in ihrer Ausgabe vom 26. Februar 1932 als Aufmacher auf der Titelseite unter der Überschrift „Hitlers Einbürgerung vollzogen. Die braunschweigische Staatsregierung erfüllt eine Ehrenpflicht“. Die ihm verliehene Stelle hat Hitler jedoch nie angetreten; die von Klagges verfügte Beauftragung Hitlers „mit der Wahrnehmung der Geschäfte

eines Ausländers, „der mindestens ein Jahr wie ein Deutscher im Heere oder in der Marine aktiv gedient hatte“ (§ 12 RuStAG).

[140] Text und Abbildung der Proklamation in: Fragen an die deutsche Geschichte. Ideen, Kräfte, Entscheidungen von 1800 bis zur Gegenwart. Historische Ausstellung im Reichstagsgebäude in Berlin. Katalog (Hrsg. Deutscher Bundestag, Referat Öffentlichkeitsarbeit), 12. Aufl., Bonn 1986, VI/213.

[141] Einzelheiten dazu bei *Otto Gritschneder*, Bewährungsfrist für den Terroristen Adolf H. Der Hitler-Putsch und die bayerische Justiz, München 1990.

[142] Zitiert bei *F.A. Krummacher/A. Wucher* (Hrsg.), Die Weimarer Republik. Zur Geschichte in Texten, Bildern und Dokumenten, Wiesbaden 1965, S. 335.

eines Sachbearbeiters bei der Braunschweigischen Gesandtschaft in Berlin“ stand nur auf dem Papier.[143]

Dem Klagges-Coup in Braunschweig waren mehrmalige andere, in diese Richtung zielende Bemühungen von Parteigenossen Hitlers vorangegangen.[144] Ein erster Versuch, im Sommer 1925 in Thüringen die deutsche Staatsangehörigkeit für Hitler zu erlangen, blieb erfolglos. Im Jahre 1929 sondierten Wilhelm Frick und ein Landtagsabgeordneter der NSDAP in dieser Frage beim damaligen bayerischen Innenminister Stützel, der jedoch nach Rücksprache mit Ministerpräsident Held und anderen Mitgliedern der Bayerischen Staatsregierung den Bescheid gab, „daß die Sache aussichtslos sei“[145].

Eine neue, für den von Hitler angestrebten Erwerb der deutschen Staatsangehörigkeit günstigere Situation trat ein, nachdem Frick am 23. Januar 1930 – als erster nationalsozialistischer Minister in einer deutschen Regierung – Thüringischer Innenminister und gleichzeitig Minister für Volksbildung wurde. Der Eintritt in eine bürgerliche Regierung des von den Nationalsozialisten nicht nur abgelehnten sondern bekämpften so genannten „Weimarer Systems“ wurde im NS-Propagandaschrifttum später so erklärt: „Durch diese erstmalige Beteiligung an einer bürgerlichen Koalitionsregierung konnte den Behauptungen des herrschenden Bankerotteursystems, der Nationalsozialismus sei nur imstande, in unfruchtbarer Opposition negative Kritik zu üben, die Spitze abgebrochen und der Bevölkerung klar vor Augen geführt werden, daß die verantwortlichen Männer entschlossen waren, den ‚bisherigen Methoden neudeutscher Regierungskünste ganz entgegensetzte Wege zur Rettung des deutschen Volkes zu beschreiten…‘ Der weitere Verlauf der Ereignisse bestätigte dann auch die Richtigkeit der von der Obersten Führung eingeschlagenen Marschroute. Der revolutionäre Schwung ging der Bewegung weder

[143] *Rudolf Morsey*, Hitler als braunschweigischer Regierungsrat, VfZ 8/1960 S. 419 ff. – Die Vorgänge rund um die Ernennung Hitlers zum Beamten im braunschweigischen Staatsdienst sind neuestens ausführlich dargestellt und mit Dokumenten illustriert in: Braunschweiger Zeitung Spezial Nr. 1 (2007). Wie Hitler Deutscher wurde. Vor 75 Jahren verhalf der Freistaat Braunschweig dem „Führer“ zur Staatsbürgerschaft.

[144] Vgl. zum Folgenden: *Manfred Overesch*, Hermann Brill in Thüringen: 1895–1946. Ein Kämpfer gegen Hitler und Ulbricht, Bonn 1992, S. 206 ff.

[145] *Manfred Overesch* (Anm. 144), S. 208.

durch das Thüringer noch durch das spätere Braunschweiger ‚Koalitionsexperiment' verloren."[146]

Frick nutzte seine mit der Koalitionsbildung gewonnene Amtsstellung, indem er zunächst versuchte, eine Anstellung Hitlers bei der Abteilung für Kunst der (Thüringischen) Staatlichen Hochschule für Handwerk und Baukunst, dem Nachfolgeinstitut des berühmten Bauhauses, zu verschaffen und auf diesem Wege die Ernennung Hitlers zum thüringischen Landesbeamten zu bewirken. Der Versuch scheiterte im Frühjahr 1930, weil der thüringische Regierungsrat Baum (Landbund), sich – obwohl er ein Mitglied der rechtsgerichteten Organisation „Stahlhelm" war – dem Verfahren verweigerte.[147] Vorausgegangen war dem eine durch Kabinettsbeschluss vom 27. Februar 1930 wegen notwendiger Sparmaßnahmen in Thüringen angeordnete allgemeine Anstellungs- und Beförderungssperre, von der Ausnahmen zwar zulässig waren, aber der vorherigen Zustimmung des Finanzministers bedurften.[148] Nachdem Frick auf einer Veranstaltung der NSDAP im Berliner Sportpalast am 2. April 1930 gleichwohl seinen Willen erklärt hatte, Hitler zum deutschen Staatsangehörigen zu machen, stellte die thüringische Staatsregierung sich diesem Vorhaben in den Weg, indem sie mit Kabinettsbeschluss vom 15. April 1930 bekräftigte, dass sie nicht beabsichtige, „Adolf Hitler den Erwerb der thüringischen Staatsangehörigkeit dadurch zu ermöglichen, dass sie ihn pro forma als thüringischen Staatsbeamten anstellte".[149] Diese Feststellung in dem Kabinettsbeschluss war zugleich die Antwort auf eine Anfrage des Landtagsabgeordneten Kahlenbach von der Deutschen Demokratischen Partei, der sich danach erkundigt hatte, „ob es zutrifft, daß sie den an einem hochverräterischen Unternehmen gegen das Reich führend beteiligt gewesen staatenlosen Adolf Hitler die Erlangung der thüringischen Staatsangehörigkeit ermöglichen will dadurch, daß sie ihn pro forma als thüringischen Staatsbeamten anstellt? Glaubt die Regierung es mit ihrer Amtspflicht vereinbaren zu können, das thüringische Staatsbeamtengesetz mit der scheinbaren Anstellung Hitlers als Beamten

[146] Zitiert nach: *Walter M. Espe*, Das Buch der N.S.D.A.P. Werden, Kampf und Ziel der N.S.D.A.P., Berlin 1934, S. 247.

[147] *Manfred Overesch* (Anm. 144), S. 208.

[148] *Manfred Overesch* (Anm. 144), S. 208.

[149] *Manfred Overesch* (Anm. 144), S. 208.

lediglich zu dem Zweck benutzen zu können, die sonst der Einbürgerung Hitlers entgegenstehende Hemmnisse zu umgehen und Hitler dadurch einen persönlichen Gefallen zu erweisen?"[150] Ungeachtet jenes eindeutigen Kabinettsbeschlusses zog Frick die Sache im Sommer 1930 durch. Als der Regierungschef Baum in Urlaub war und Frick gemäß der Geschäftsordnung der Thüringischen Staatsregierung dessen Finanzressort mit verwaltete, wies Frick zwei Beamte des von ihm geleiteten Innenministeriums an, eine mit sofortiger Wirkung in Kraft tretende Urkunde auszufertigen, mit der Adolf Hitler zum Gendarmeriekommissar in Hildburghausen ernannt wurde – ohne Gehaltsbezug und ohne Dienstantrittsverpflichtung; den beiden damit befassten Ministerialbeamten legte ihr Vorgesetzter Frick ein „Schweigegebot gegen jedermann" auf.[151]

Für die Aushändigung der Ernennungsurkunde an Hitler sah Frick ein passendes Forum im Gautag der NSDAP in Gera am 12. Juli 1930. Fricks Absicht, die Übergabe dort zugleich öffentlich zu verkünden,[152] scheiterte aber an Hitler selbst: „Doch Hitler, vorher nicht eingeweiht, reagierte reserviert, machte Bedenken geltend, hielt die Sache nicht für dringlich, nahm aber schließlich unter dem Vorbehalt eines nachträglichen Widerrufs an und unterschrieb eine Empfangsbestätigung."[153] Auf Wunsch Hitlers blieb der Vorgang geheim – mehr noch: Hitler hat später, nämlich vor einem Untersuchungsausschuss des Thüringischen Landtages, ausgesagt,[154] dass er gegenüber Frick sofort erklärt habe, dass er „die Sache nicht annehmen will". Die Anstellungsurkunde habe er am nächsten oder übernächsten Tage oder ein paar Tage später (den Zeitpunkt wisse er nicht mehr genau) vernichtet: „Die Urkunde kam mir wieder in die Hände, ich habe sie dann zerrissen und verbrannt. Für mich war es keine Ur-

[150] Zitiert bei *Manfred Overesch* (Anm. 144), S. 208 Anm. 178.

[151] *Manfred Overesch* (Anm. 144), S. 209.

[152] Vgl. dazu die Aussage von Frick vor dem Untersuchungsausschuss des Thüringischen Landtages am 15.3.1932: „Wenn es nach mir gegangen wäre, dann hätte ich sofort auf dem Gautag am 12. Juli 1930 in Gera öffentlich verkündet, daß Hitler nunmehr infolge der Ernennung zum Thüringischen Staatsbeamten deutscher Staatsangehöriger sei"; zitiert nach Manfred Overesch (Anm. 144), S. 209 Anm. 185.

[153] *Manfred Overesch* (Anm. 144), S. 209.

[154] Das Protokoll der Zeugenvernehmung ist abgedruckt bei *Manfred Overesch* (Anm. 144), S. 217–222.

kunde, weil ich von vornherein erklärt habe: ich nehme es nicht an."[155] Auf die weitere Frage des Vorsitzenden des Untersuchungsausschusses, ob er (Hitler) nach dem gescheiterten Einbürgerungsversuch in Bayern mit Frick in der Richtung verhandelt habe, dieser möge in Thüringen Schritte zu seiner Einbürgerung unternehmen, antwortete Hitler erregt: „Nein, Nein! Dazu bestand für mich gar keine Veranlassung. Ich muß betonen, daß ich die Anhänglichkeit und die Besorgtheit meiner Parteigenossen selbstverständlich verstehe. Es ist oft darüber gesprochen worden. Und die Parteigenossen haben selbstverständlich darunter gelitten, daß ich als einziger Deutscher in einer Zeit, in der 200.000 bis 300.000 ostgalizische Juden und Schieber eingebürgert worden sind, ausgerechnet nicht eingebürgert wurde. Es ist klar, daß darüber viel gesprochen worden ist. Ich persönlich habe gar keine Veranlassung, das bestehende System und die Parteien vielleicht zu bitten, mich einzubürgern. Ich bin der Überzeugung, daß ich meine Einbürgerung auf dem Schlachtfelde erworben und daß ich die Parteien, die seinerzeit den Krieg sabotiert und uns um die Erfolge unserer Opfer gebracht haben, überhaupt nicht zu bitten habe, daß sie überhaupt nicht berechtigt sind, jemand einzubürgern."[156] Nicht neu war in diesem Wutausbruch Hitlers sein manischer Antisemitismus („galizische Hausierer" wurden allerdings schon in der Debatte im Reichstag im Jahre 1913 im Zusammenhang mit der Diskussion über Einbürgerungen erwähnt[157]). Neu war jedoch die Vorstellung, er habe seine Einbürgerung „auf dem Schlachtfeld erworben"; denn die Ableistung von Wehrdienst führte weder nach damaligen noch nach heutigem Recht automatisch zur Einbürgerung. Abwegig war auch die Behauptung Hitlers, „das bestehende System und die Parteien" nähmen Einbürgerungen vor oder verweigerten diese; die Entscheidung darüber oblag allein dem dafür zuständigen Staatsorgan. Was schließlich Hitlers Erklärung gegenüber Frick betrifft, er wolle „die Sache nicht annehmen", so blieb die Tatsache bestehen, dass er die ihm ausgehändigte Ernennungsurkunde in Empfang genommen hatte. Nach dem damals geltenden Recht war Hitler damit zum Beamten im thüringischen Staatsdienst

155 Protokoll (Anm. 154), S. 218.

156 Protokoll (Anm. 154), S. 219.

157 Redebeitrag des Abg. Dr. Belzer am 28.5.1913 (Verh. des Reichstags Bd. 290, S. 5276 C). Das Protokoll vermerkt an dieser Stelle den Zuruf „Sehr richtig! rechts".

ernannt worden und hatte folglich die thüringische Staatsangehörigkeit und zugleich die deutsche Reichsangehörigkeit erworben. Eine im Zeitpunkt des Empfangs der Urkunde oder später vorhandene Mentalreservation war juristisch ebenso unbeachtlich wie die spätere Vernichtung der Urkunde. Standen der Ernennung Hitlers zum thüringischen Staatsbeamten gesetzliche Hindernisse entgegen (etwa wegen einer nur pro-forma-Anstellung), so hätte die Ernennung von Thüringischen Staat rückgängig gemacht werden müssen, was aber nicht geschah. Hätte Hitler selbst „die Sache" (wie er formulierte) aus der Welt schaffen wollen, so hätte er um seine Entlassung aus dem Staatsdienst und aus der deutschen Staatsangehörigkeit nachkommen müssen.

Wie war es aber zu der Einsetzung des Untersuchungsausschusses des thüringischen Landtages in der Sache Hitlers Ernennung zum Beamten gekommen? Wie bereits erwähnt, hatte Frick die mit dem Vorgang dienstlich befassten Ministerialbeamten zu strikter Geheimhaltung verpflicht. Fricks Plan, die Ernennung Hitlers auf dem Gautag der NSDAP in Gera am 12. Juli 1930 öffentlich zu verkünden, war von Hitler abgelehnt worden und damit gescheitert. Über die wahren Gründe dieser Ablehnung, also nicht die von Hitler in der Anhörung vor dem Untersuchungsausschuss angegeben, kann man nur Vermutungen anstellen. Denkbar ist, dass Hitler („der Führer") sich gegenüber Frick nicht in die Rolle eines zu Dank Verpflichteten hineinbegeben wollte. Vielleicht warnte aber auch Hitlers politischer Instinkt ihn davor, die deutsche Staatsangehörigkeit ausgerechnet mit Hilfe einer Ernennung zum Gendarmeriekommissar in dem kleinen Ort Hildburghausen zu erlangen – ein Verfahren, das die Gefahr in sich trug, Hitler in der deutschen Öffentlichkeit lächerlich zu machen (eine Gefahr, die sich später tatsächlich realisieren sollte). Möglich ist schließlich auch, dass ihm „die Sache" damals nicht wichtig erschien; in seiner späteren Vernehmung vor dem Untersuchungsausschuss bemerkte er dazu entsprechend: „Ich habe keine Veranlassung gesehen, mich einbürgern zu lassen. Im übrigen war ich überzeugt, daß die Einbürgerung, wenn ich es für richtig und zweckmäßig hielte, so oder so vorgenommen werden würde"[158]. In der Tat hatte die NSDAP, eine durch und durch nationalistische Partei, wie auch die

[158] Protokoll (Anm. 154), S. 220.

Masse ihrer Wähler, über längere Zeit hinweg offenbar kein entscheidendes Hindernis darin gesehen, dass der Führer kein Deutscher war. Ein diesbezügliches, nun allerdings gravierendes Problem stellte sich erst im Zusammenhang mit der im Jahre 1932 turnusmäßig anstehenden Wahl des Reichspräsidenten. Für die Wahl zum Reichspräsidenten bestimmte die Weimarer Reichsverfassung in Art. 41 Abs. 2: „Wählbar ist jeder Deutsche, der das fünfunddreißigste Lebensjahr vollendet hat." Ende Januar/Anfang 1932 wuchsen in politischen Kreisen und in einer breiten Öffentlichkeit Bemühungen, den amtierenden Reichspräsidenten Paul von Hindenburg für eine erneute Kandidatur zu gewinnen. Der 84jährige Hindenburg zögerte zunächst, sich zur Wiederwahl zu stellen, erklärte dann aber am 16. Februar 1932 öffentlich seine Kandidatur.

Noch nicht entschieden war dagegen die bereits immer wieder in der NSDAP diskutierte Frage, ob auch Hitler sich um das Amt des Reichspräsidenten zur Wahl stellen solle, was jedoch den Besitz der deutschen Staatsangehörigkeit voraussetzte.[159] Da die Ernennung Hitlers zum Gendarmeriekommissar in Hildburghausen von allen Beteiligten strikt geheimgehalten wurde, bestand insoweit Klärungsbedarf. Am 1. Februar 1932 überraschte das Berliner „Montags-Blatt" (ein NS-Presseorgan) seine Leser mit der Nachricht, Hitler sei „in einem deutschen Lande bereits von einer nationalsozialistischen Regierung – wohl auf dem Wege der Anstellung zum Beamten – eingebürgert".[160] Am selben Tag veröffentlichte die damals einflussreiche „Vossische Zeitung" ein Rechtsgutachten aus der Verfassungsabteilung des Reichsministeriums des Innern, in dem als Ausgangspunkt festgestellt wurde, dass ein Ausländer oder Staatenloser auf dem Wege der Verbeamtung nur dann die deutsche Staatsangehörigkeit erlangen könnte, „wenn es sich um eine wirkliche Ernennung handelt. Scheingeschäfte sind nach bürgerlichem Recht nichtig".[161] Konkret in

[159] Auch für das Amt des Bundespräsidenten muss der Wahlbewerber Deutscher sein; vgl. Art. 54 Abs. 1 Satz 2 GG: „Wählbar ist jeder Deutsche, der das Wahlrecht zum Bundestage besitzt und das vierzigste Lebensjahr vollendet hat.".

[160] *Manfred Overesch* (Anm. 144), S. 210. Nicht bekannt ist, ob diese Nachricht mit Wissen und Willen Hitlers im Montags-Blatt veröffentlicht wurde.

[161] Zitiert nach *Manfred Overesch* (Anm. 144), S. 212. – Der Hinweis in dem Rechtsgutachten auf die Rechtslage „nach bürgerlichem Recht" ist allerdings merkwürdig; denn das Staatsangehörigkeitsrecht gehört nicht zum bürgerlichen Recht, sondern ist ein Teilgebiet des Öffentlichen Rechts.

Bezug auf die Sache Hitler urteilte der – aus späterer Sicht mutige – Verfasser des Rechtsgutachtens: „In der Ernennung eines Ausländers, wie es Hitler ist, oder Staatenlosen zum Beamten lediglich zu dem Zweck, um ihm die Fähigkeit für die Anwartschaft auf das Amt des Reichspräsidenten zu verleihen, würde keine ernstlich gemeinte Beamtenernennung zu erblicken sein. Eine solche Ernennung wäre nichtig und unwirksam".[162]

Die beiden Zeitungsartikel und die daran anknüpfenden Recherchen hatten die Wirkung einer losgetretenen Lawine. Schon am folgenden Tag, also am 3. Februar 1932, bot der Posten des Gendarmeriekommissars in Hildburghausen als Sprungbrett für das Amt des Reichspräsidenten Anlass für einen Teil der nationalen und internationalen Presse Anlass genug, Hitler lächerlich zu machen. Beispiele für dieses Presseecho sind[163]: „Seit gestern lacht Europa über Adolf Hitler" (Tempo). „Die Witzblätter der ganzen Welt sind für geraume Zeit mit Stoff versorgt" (Berliner Tageblatt). „Eine staatsrechtliche Komödie, die später einmal den Weg zur Bühne finden wird" (Germania). „Der Hildbürger in der Gendarmerieuniform ist das wahre Ideal aller Untertanen, die eine starke Hand küssen und einen Gummiknüppel anbeten müssen" (Wiener Arbeiterzeitung). „Die ganze Welt lacht über den Gendarmen Adolf Hitler" (Das Volk). Nur wenige Jahre später – so muss man hier aus nachträglicher Sicht einfügen – verging der Welt das Lachen über Adolf Hitler.

Auf besonders großes Interesse stieß die „Köpenickiade" Fricks, der allerdings schon aus einem anderen Grund am 1. April 1931 vom Thüringischen Landtag zum Rücktritt gezwungen worden war,[164] verständlicherweise in Thüringen. Der (neue) thüringische Innenminister Kästner wurde aus seinem Urlaub zurückgerufen und befragte die an der Ernennung Hitlers beteiligten Beamten.[165] Auf Grund einer Großen Anfrage der KPD vom 4. Februar 1932 „über die auf gehei-

[162] Zitiert nach *Manfred Overesch* (Anm. 144), S. 212.

[163] Die folgenden Beispiele sind entnommen aus *Manfred Overesch* (Anm. 144), S. 213.

[164] Anlass war ein Misstrauensvotum des Thüringischen Landtages wegen des von Frick ausgesprochenen Verbotes des Romans „Im Westen nichts Neues" von Erich Maria Remarque.

[165] Das Ergebnis dieser Befragung ist abgedruckt bei *Manfred Overesch* (Anm. 144), S. 210–211.

men Schleichwegen erfolgte Ernennung Hitlers zum Staatsbeamten (Gendarmeriekommissar Hildburghausen)" wurde der Vorgang zwei Tage, nämlich vom 16.–18. Februar, im Thüringischen Landtag debattiert – in demonstrativer Abwesenheit der NSDAP-Fraktion.[166] Noch am 18. Februar beschloss der Thüringische Landtag auf Antrag der SPD, einen Parlamentarischen Untersuchungsausschuss einzusetzen; die erste Sitzung des Ausschusses, zu dessen Verhandlungen Hitler als Zeuge geladen war, fand am 15. März 1932 statt.[167] Am Schluss seiner Vernehmung gab der Zeuge seine Personalien wie folgt an: „Adolf Hitler; 43 Jahre alt, Regierungsrat und Schriftsteller, München".[168] Regierungsrat – nicht Gendarmeriekommissar: Das Rad der (Beamtenernennungs-)Geschichte war seit dem dubiosen Vorgang Hildburghausen weitergelaufen. Zwei Tage vor dem Beginn der Sitzung des Untersuchungsausschusses, also am 13. März, hatte der erste Wahlgang zur Wahl des Reichspräsidenten stattgefunden. Um Hitler die Teilnahme als einem der Kandidaten für diesen Wahlgang zu ermöglichen und unter dem Eindruck der für Hitler peinlichen vorangegangenen Debatte im Thüringischen Landtag am 16. Februar versuchte der Innenminister des Landes Braunschweig, Klagges (NSDAP), Hitler auf eine vakante Professur für Pädagogik an der Technischen Hochschule Braunschweig als außerordentlichen Professor für „Organische Gesellschaftslehre und Politik" zu berufen und damit zum Beamten zu ernennen; die Berufung scheiterte am Widerstand des braunschweigischen Ministerpräsidenten und der Hochschule.[169] Eine Woche später, also noch rechtzeitig vor dem ersten Wahlgang zur Wahl des Reichspräsidenten, gelang Klagges der Coup mit der Ernennung Hitlers als Regierungsrat im braunschweigischen Landeskultur- und Vermessungsamt, mit dem Auftrag, die Geschäfte eines Sachbearbeiters bei der Braunschweigischen Gesandtschaft in Berlin wahrzunehmen. „Regierungsrat" erschien besser als „Gendarmeriekommissar", und jedenfalls war mit dieser Ernennung in Braunschweig – wenn sie rechtmäßig war – Hitler zum deutschen Staatsangehörigen geworden.

[166] *Manfred Overesch* (Anm. 144), S. 210.

[167] Zu diesem Datum s. *Manfred Overesch* (Anm. 144), S. 216 Anm. 207.

[168] Protokoll (Anm. 144), S. 217.

[169] Dazu *Manfred Overesch* (Anm. 144), S. 215–216; *ders.*, Professor Hitler, in: Mitt. der Technischen Universität Carolo-Wilhelmina in Braunschweig 16/1981, S. 57 f.

Über die Reaktion der so genannten „besseren Gesellschaft", soweit sie Hitler gegenüber kritisch eingestellt war, schrieb die Journalistin Bella Fromm in ihr Tagebuch: „27. Februar Lunch beim französischen Botschaftsrat Pierre Arnal und seiner Gattin. Alles ist aufgebracht über die sonderbaren Vorgänge in der Braunschweigischen Gesandtschaft. Um die deutsche Staatsbürgerschaft zu erwerben, hat Hitler bewerkstelligt, daß er zum ‚Regierungsrat' bei der Braunschweigischen Gesandtschaft in Berlin ernannt wurde.... Die Engländer verstehen in der Sache keinen Spaß, da Hannover und Braunschweig bei allen geschichtsliebenden Briten empfindliche Stellen sind, und daß der österreicherische Anstreicher gerade von der Braunschweigischen Regierung naturalisiert worden ist, muß jedem Engländer der alten Schule als persönliche Beleidigung erscheinen. Breen, einer der englischen Diplomaten, sagte: ‚Warum man diesen Aufwiegler naturalisiert, anstatt ihn mit seiner ganzen Bande ein für allemal aus dem Lande zu werfen, ist mir unverständlich.' Man braucht kein Engländer zu sein, um so zu denken."[170]

Breite Teile der deutschen Bevölkerung dachten offensichtlich jedoch ganz anders. Beim ersten Wahlgang zur Wahl des Reichspräsidenten am 13. März 1932 stimmten 11,3 Millionen Wähler (30,1%) für Hitler (für Hindenburg 49,6%, für Thälmann [KPD] 13,2%, für Duesterberg [Stahlhelm] 6,8%). Beim zweiten Wahlgang am 10. April 1932, der notwendig geworden war, weil im ersten Wahlgang keiner der Kandidaten die absolute Mehrheit erreicht hatte, erhielt Hitler sogar 36,7% der Stimmen[171] (gewählt war Hindenburg mit 53%). Weniger als ein Jahr später war Hitler an der Macht.

Hätte seine Machtergreifung und damit die Katastrophe verhindert werden können, wenn Hitler nicht die deutsche Staatsangehörigkeit erworben hätte? In Anbetracht des tatsächlichen Ablaufs der Geschichte mag man diese Frage für müßig erachten. Dennoch lohnt es sich vielleicht, eine Antwort darauf zu suchen, ohne sich in Spekulationen zu verirren.

170 *Bella Fromm*, Als Hitler mir die Hand küßte, Berlin 1993, S. 54. *Bella Fromm* schrieb seit 1928 Kolumnen für die Vossische Zeitung, die B.Z. und für andere Blätter. Im Jahre 1938 emigrierte sie in die USA.

171 In absoluter Zahl: 13,4 Millionen Stimmen.

Tatsache ist, dass Adolf Hitler ohne den Besitz der deutschen Staatsangehörigkeit nicht für die Wahl zum Reichspräsidenten hätte kandidieren können. Tatsache ist aber auch, dass Hitler am Amt des Reichspräsidenten jedenfalls zunächst kein gesteigertes Interesse gezeigt hatte,[172] dies obwohl mit diesem Amt eine erheblich stärkere rechtliche und politische Machtstellung verbunden war[173] als mit dem Amt des Bundespräsidenten unter dem Grundgesetz. Immerhin bot der Wahlkampf um die Stimmen bei der Reichspräsidentenwahl für Hitler eine erneute und besonders öffentlichkeitswirksame Gelegenheit, sich dem Volk in zahlreichen Veranstaltungen und Medienauftritten zu präsentieren.[174]

Das Faktum, dass der politische Aufstieg Hitlers trotz seiner Niederlage beim Kampf um das Amt des Reichspräsidenten nicht gebremst oder gar verhindert wurde, zeigt allerdings, dass diese Position keine notwendige Sprosse in Hitlers Karriereleiter war. Für das Amt des Reichskanzlers, das für Hitler wichtiger war als das des Reichspräsidenten, war nach dem Wortlaut der Weimarer Reichsverfassung die deutsche Staatsangehörigkeit keine notwendige Voraussetzung der Ernennung,[175] auch wenn ein Reichskanzler des Deutschen Reiches ohne deutsche Staatsangehörigkeit ungewöhnlich, vermutlich sogar undenkbar gewesen wäre. Dass weder die Köpenickiade um den Gendarmeriekommissar im thüringischen Hildburghausen noch die dubiose Ernennung zum Regierungsrat im braunschweigischen Staatsdienst mehr als 13 Millionen Deutsche davon abhielt, bei der Reichspräsidentenwahl im Frühjahr 1932 für Hitler abzugeben, zeigt, dass die Frage nach dessen Staatsangehörigkeit für einen großen Teil der deutschen Bevölkerung jedenfalls insoweit irrelevant war.

Dies wiederum erklärte sich gewiss nicht daraus, dass für die Anhänger Hitlers das Vorhandensein oder Nichtvorhandensein der deut-

[172] Zu Hitlers Schwanken in der Frage seiner Kandidatur vgl. *Joachim C. Fest*, Hitler. Eine Biographie, Frankfurt a.M./Berlin/Wien 1973, S. 439, auch mit Hinweis auf die diesbezüglichen Eintragungen im Tagebuch von Josef Goebbels, beginnend mit „9. Januar 1932. Alles in Wirrwarr".

[173] So insbesondere mit dem Notverordnungsrecht gem. Art. 48 WRV.

[174] Vgl. dazu die Schilderung von Hitlers Aktivitäten in diesem Wahlkampf bei *Joachim C. Fest* (Anm. 172), S. 442 ff.

[175] Art. 53 WRV lautete lakonisch: „Der Reichskanzler und auf seinen Vorschlag die Reichsminister werden vom Reichspräsidenten ernannt und entlassen." Eine Aussage zur Staatsangehörigkeit als Voraussetzung der Ernennung fehlte also.

schen Staatsangehörigkeit generell bedeutungslos gewesen wäre. Eine solche Annahme stünde schon im Widerspruch zu dem unzweifelhaft nationalistischen Programm und Auftreten der NSDAP. Die Erklärung für jene Gleichgültigkeit ist vielmehr die, dass in den Augen der Wähler der NSDAP ein als Österreicher Geborener kein Ausländer sondern ein Deutscher war. Zum Verständnis dessen kann immerhin darauf verwiesen werden, dass sogar die Weimarer Reichsverfassung von 1919 von einem bevorstehenden „Anschluß" von „Deutschösterreich" an das Deutsche Reich ausging. Artikel 61 Abs. 2 enthielt nämlich eine diesbezügliche Regelung der Stimmenzahl im Reichsrat (der dem heutigen Bundesrat ungefähr vergleichbaren Institution). „Deutschösterreich erhält nach seinem Anschluß an das Deutsche Reich das Recht der Teilnahme am Reichsrat mit der seiner Bevölkerung entsprechenden Stimmenzahl. Bis dahin haben die Vertreter Deutschösterreichs beratende Stimme." Auch wenn diese Vorschrift aufgrund eines Einspruchs der alliierten Siegermächte nicht vollziehbar war,[176] so zeigte die Weimarer Reichsverfassung damit doch die Stimmung im deutschen Volk und dessen Verhältnis zu Österreich. Mochte die „high society" und mochten etliche damalige Offiziere über „den böhmischen Gefreiten" noch so sehr die Nase rümpfen – die Mitglieder , Anhänger und Wähler der NSDAP heroisierten Hitler als den deutschen Frontsoldaten des Weltkrieges.

Schlussendlich ist aber selbst ohne gewagte Spekulation davon auszugehen, dass Hitler auch ohne die Ernennung zum Beamten seinen Marsch auf Berlin fortgesetzt hätte. Schon in seiner Zeugenvernehmung vor dem Untersuchungsausschuss des Thüringischen Landtages hatte er selbstbewusst (und die Zukunft richtig vorhersehend) geäußert: „Im übrigen war ich überzeugt, daß die Einbürgerung, wenn ich es für richtig und zweckmäßig hielte, so oder so vorgenommen werden würde."[177] Mit dem Erstarken der NS-„Bewegung" hätte sich gewiss mehr als eine Staatsregierung gefunden, die Hitler – wenn dies sein Wille gewesen wäre – zum Beamten ernannt und ihm damit die deutsche Staatsangehörigkeit verliehen hätte. Unbestreitbar ist ferner: Adolf Hitler war ein Machtmensch, der, wie er später viele Male auf schreckliche Weise bewiesen hat, nicht gewillt war, sich an

[176] Einzelheiten dazu bei *Gerhard Anschütz* (Anm. 134), Anm. 4 zu Art. 61, S. 340.
[177] Protokoll (Anm. 144), S. 220.

rechtliche Regeln zu halten.[178] Hätte eine staatsangehörigkeitsrechtliche Gesetzesbestimmung seinem politischen Machtwillen entgegengestanden, so hätte er diese – wie andere Gesetze auch – bedenkenlos gebrochen. Deshalb hätte selbst eine Regelung wie die in den USA bestehende, derzufolge Präsident der USA nur ein im Lande Geborener „citizen" werden kann, Hitlers Griff nach der Macht mit an Sicherheit grenzender Wahrscheinlichkeit nicht gestoppt.[179]

Wie wenig die Kommentatoren des Reichs- und Staatsangehörigkeitsgesetzes von 1913 die 1933 beginnende Zerstörung des Rechtsstaates und die spätere Entfesselung des 2. Weltkrieges durch einen Diktator in Deutschland vorhersahen (und gewiss auch nicht vorhersehen konnten) zeigt die folgende staatsangehörigkeitsrechtlich-historische Fußnote: Die in den §§ 9 und 12 des Reichs- und Staatsangehörigkeitsgesetzes im Zusammenhang mit den Bedenken anderer Bundesstaaten gegen die Einbürgerung in einem Bundesstaat genannte Besorgnis, „daß die Einbürgerung des Antragstellers das Wohl des Reichs oder eines Bundesstaates gefährden würde", hielt einer der damals besten Kenner des deutschen Staatsangehörigkeitsrechtes, Prof. Wilhelm Cahn, „für lächerlich"; Cahn meinte: „Solche kleinlichen Beschränkungen, in denen die Befürchtung zum Ausdruck kommt, daß eine einzelne Person die Sicherheit eines über sechzig Millionen zählenden Reiches gefährden könnte, sind wie gesagt, des großen, einigen Deutschlandes unwürdig."[180]

[178] Ein schlimmes Beispiel hierfür waren schon im Jahre 1934 die Erschießungen im Zusammenhang mit dem so genannten angeblichen Röhm-Putsch und das diese „Maßnahmen" für „rechtens" erklärende Gesetz über Maßnahmen der Staatsnotwehr v. 3.7.1934 (RGBl. 1934, I S. 529). Nicht nur aus heutiger, sondern auch schon aus damaliger Sicht war die „Rechtfertigung" dieser Morde durch *Carl Schmitt* in seiner Abhandlung „Der Führer schützt das Recht. Zur Reichstagsrede Adolf Hitlers vom 13. Juli 1934", DJZ 1934, 945 ff., skandalös (z.B.: „In Wahrheit war die Tat des Führers echte Gerichtsbarkeit" [Sp. 947]).

[179] *Joachim C. Fest* (Anm. 172), S. 1987 Anm. 98, zitiert in diesem Zusammenhang Arnold Brecht, Vorspiel zum Schweigen. Das Ende der deutschen Republik, Wien 1948, S. 180, der „auf den tragischen Umstand hin(weist), daß die Väter der Verfassung bewußt auf eine Übernahme der amerikanischen Verfassungsbestimmung verzichtet hatten, wonach nur im Lande geborene Staatsbürger als Bewerber für das höchste Staatsamt zugelassen werden können – um die österreichischen Brüder nicht auszuschließen".

[180] *Wilhelm Cahn*, Reichs- und Staatsangehörigkeitsgesetz vom 22. Juli 1913, 4. Aufl., Berlin 1914 S. 79.

62 Jahre nach dem Tod Hitlers kam es zu einem späten, nicht unkuriosen Nachtrag zu der Geschichte aus Braunschweig: Der Gesetzgebungs- und Beratungsdienst des niedersächsischen Landtages wurde im Jahr 2007 aus dem Kreise der SPD- Landtagsfraktion mit einer Prüfung beauftragt, ob die Ernennung Hitlers zum Regierungsrat im braunschweigischen Staatsdienst und der dadurch erfolgte Erwerb der deutschen Staatsangehörigkeit postum rückgängig gemacht werden könne.[180a] Selbst wenn eine als Scheingeschäft vorgenommene Beamtenernennung ebenso wie eine rechtswidrige Einbürgerung zurückgenommen werden kann, so ist dies in Bezug auf einen Toten juristisch kaum möglich.

[180a] Vgl. Meldung Hitler soll nicht mehr Deutscher sein, FAZ Nr. 61 v. 13.03.2007, S. 6; *Martin Otto*, Abschiebung. Soll Regierungsrat Hitler postum ausgebürgert werden?, FAZ Nr. 64 v. 16.03.2007, S. 33 („juristischer Wahnsinn"). Zur Vorgeschichte dieses Vorstoßes und zu Reaktionen darauf s. *Henning Noske*, „Unappetitlicher politischer Gag". Dem Diktator die Staatsbürgerschaft wieder abzuerkennen – Ein Vorschlag aus Braunschweig und das Echo, Braunschweiger Zeitung Spezial (Anm. 143), S. 57 f. – Zur Aberkennung der Ehrenbürgerschaft Hitlers durch die Stadt Doberan und zur Nichtaberkennung durch die Tschechische Stadt Landskron (Begründung: „Teil der Historie") s. Meldung „Mit und ohne Hitler", FAZ Nr. 80 v. 4.4.2007, S. 6.

IX. Die Staatsangehörigkeit unter dem NS-Regime

Die Machtergreifung durch Adolf Hitler im Jahre 1933[181] bedeutete nicht nur einen Regierungswechsel sondern auch einen Systemwechsel. Auch wenn der deutsche Staat als solcher damit nicht untergegangen war, so wurde unter der NS-Herrschaft – neben vielem anderen – der Rechtsstaat in Deutschland beseitigt, selbst wenn die Masse der Anfang 1933 noch existierenden Gesetze aus der Zeit des Kaiserreiches und der Zeit der Weimarer Republik nicht formell aufgehoben wurde. Soweit Gesetze fortgalten, wurden allerdings einzelne oder zahlreiche Bestimmungen dieser Gesetze geändert; soweit Gesetze formal unverändert blieben, wurden sie jedenfalls im NS-Geist ausgelegt.[182]

Formal in Kraft geblieben war auch die Weimarer Reichsverfassung. Eine Aufhebung der Weimarer Reichsverfassung hätte entweder dazu führen müssen, eine neue (nationalsozialistische) Verfassung zu schaffen oder einen verfassungslosen Zustand eintreten zu lassen. An der Schaffung einer neuen Reichsverfassung im formellen Sinne konnten die NS-Machthaber, insbesondere Hitler selbst, kein Interesse haben; denn in einer solchen neuen Verfassung hätte auch eine neue Kompetenzordnung hinsichtlich der staatlichen Organe festgelegt werden müssen, was nach dem „Gesetz zur Sicherung der Einheit von Partei und Staat“ vom 1. Dezember 1933[183] kompliziert gewesen wäre.[184]

[181] Ein offizielles Datum der Machtergreifung existiert nicht. Aus der Chronologie der Ereignisse, die zum „Führer-Staat“ führten, sind besonders zu nennen: die Ernennung Hitlers zum Reichskanzler am 30.1.1933, die Reichstagswahl vom 5.5.1933 (bei der die NSDAP mit 43,9% der abgegebenen Stimmen und 288 von 647 Mandaten die stärkste Fraktion im Reichstag wurde) und das „Gesetz zur Behebung der Not von Volk und Reich“ vom 24.3.1933 (das so genannte „Ermächtigungsgesetz“).

[182] Dazu ausführlich *Bernd Rüthers*, Die unbegrenzte Auslegung. Zum Wandel der Privatrechtsordnung im Nationalsozialismus. 6. Aufl., Tübingen 2005; *ders.*, Entartetes Recht. Rechtslehren und Kronjuristen im Dritten Reich, 2. Auflage München 1989.

[183] RGBl. 1933 I, S. 1016, i.d.F. v. 3.7.1934, RGBl. 1934 I, S. 529. Dazu z.B. *Diemut Majer*, Grundlagen des nationalsozialistischen Rechtssystems. Führerprinzip – Sonderrecht – Einheitspartei, Stuttgart 1987, S. 201 ff.

[184] Die Nichtexistenz einer neuen, eigenen Verfassung im traditionellen formellen Sinne war allerdings kein Hindernis für das staatsrechtliche Schrifttum in der NS-Zeit, von „Verfassungsrecht“ zu sprechen; so z.B. *Ernst Rudolf Huber*, Verfassungsrecht des Großdeutschen Reiches, 2. Aufl., Hamburg 1939.

Schließlich hätte die neue Verfassung des NS-Staates inhaltliche Vergleiche mit der Weimarer Reichsverfassung geradezu herausgefordert, insbesondere hinsichtlich der in der Weimarer Reichsverfassung enthaltenen Grundrechte – was für das NS-Regime nur peinlich gewesen wäre. Aber auch eine ersatzlose, komplette Aufhebung der Weimarer Reichsverfassung, also ein erklärtermaßen verfassungsloser Zustand, hätte die NS-Propaganda vor Erklärungsprobleme gestellt; denn ein Staat ohne geschriebene Staatsverfassung, wäre – von Großbritannien abgesehen – in Europa ungewöhnlich gewesen, dazu auch ein Bruch mit der Tradition des deutschen Konstitutionalismus.

Was die Regelung der deutschen Staatsangehörigkeit in der Weimarer Reichsverfassung betrifft, so ging diese vom Nebeneinander der Staatsangehörigkeit im Reich und in den Ländern aus, weil im Normalfall – also mit Ausnahme relativ weniger Fälle der so genannten unmittelbaren Reichsangehörigkeit – die Staatsangehörigkeit im Reich durch die Staatsangehörigkeit in den Ländern vermittelt wurde.[185] Diese Regelung hatte jedoch in der NS-Zeit keinen Bestand; denn im Zuge der Zentralisierung der Macht wurde die bundesstaatliche Staatsform des Deutschen Reiches schon ein Jahr nach der Machtergreifung, nämlich durch das „Gesetz über den Neuaufbau des Reichs" vom 30. Januar 1934,[186] beseitigt. Der deutsche Staat war damit zum Einheitsstaat geworden. Insofern folgerichtig ordnete die auf Grund jenes Gesetzes[187] ergangene „Verordnung über die deutsche Staatsangehörigkeit" vom 5. Februar 1934[188] an: „Die Staatsangehörigkeit in den Ländern fällt fort." (§ 1 Abs.1); und: „Es gibt nur noch eine deutsche Staatsangehörigkeit [Reichsangehörigkeit]" (§ 1 Abs. 2). Da aber schon nach der Rechtslage unter der Weimarer Reichsverfassung jeder Deutsche „in jedem Land des Reiches die gleichen Rechte und Pflichten wie die Angehörigen des Landes selbst" hatte (Art. 110 Abs. 2 WRV), änderte sich durch den Wegfall der Staatsangehörigkeit in den Ländern für den einzelnen deutschen Staatsangehörigen materiellrechtlich nichts, wie überhaupt für die

[185] Art. 110 Abs. 1 Satz 2 WRV.
[186] RGBl. 1934 I, S. 75. – Zu dieser Verordnung und ihrer Aufhebung durch Art. 4 Nr. 1 des Reformgesetzes von 1995: *Berthold Gaaz*, Die Einflussnahme des Bundes auf den Vollzug des Staatsangehörigkeitsrechts, StAZ 2001, 97 ff. (97).
[187] Art. 5 lautete: „Der Reichsminister des Innern erläßt die zur Durchführung des Gesetzes erforderlichen Rechtsverordnungen und Verwaltungsvorschriften."
[188] RGBl. 1934 I, S. 85.

meisten Deutschen, die zu Beginn der NS-Zeit die deutsche Staatsangehörigkeit besaßen, hinsichtlich dieser keine wesentlichen Änderungen eintraten. Organisatorisch wich allerdings die Neuregelung der Verordnung von der alten Regelung insofern ab, als die Zuständigkeit der Landesregierungen auf dem Gebiet des Staatsangehörigkeitsrechts zwar erhalten blieb, deren Entscheidungen aber nunmehr „im Namen und im Auftrag des Reichs" ergingen (§ 2). Gemäß § 3 Satz 1 der Verordnung durfte die deutsche Staatsangehörigkeit fortan erst dann verliehen werden, wenn der Reichsminister des Inneren zugestimmt hatte.

Gravierende, tief einschneidende Änderungen im deutschen Staatsangehörigkeitsrecht und damit in den Schicksalen unendlich vieler Menschen[189] erfolgten dagegen durch die NS-Rassegesetzgebung und mit neuen Regelungen betreffend Ausbürgerung und Einbürgerung. Das „Reichsbürgergesetz",[190] das am 15. September 1935 auf dem so genannten „Reichsparteitag der Freiheit" in Nürnberg zusammen mit dem „Gesetz zum Schutze des deutschen Blutes und der deutschen Ehre"[191] und dem „Reichsflaggengesetz"[192] angenommen wurde,[193] führte eine bis dahin dem deutschen Staatsangehörigkeitsrecht unbekannte Teilung zwischen Staatsangehörigem und „Reichsbürger" ein. Staatsangehöriger war nach § 1 Abs. 1 des Reichsbürgergesetzes, „wer dem Schutzverband des Deutschen Reiches angehört und ihm dafür verpflichtet ist". Hinsichtlich des Erwerbs der Staatsangehörigkeit verwies das Reichsbürgergesetz in § 1 Abs. 2 auf die Vorschriften des Reichs- und Staatsangehörigkeitsgesetzes von 1913. Insoweit, aber eben auch nur insoweit, hielt das Reichsbürgergesetz von 1935 sich in den Bahnen des schon vorher geltenden Rechts.

[189] Vgl. z.B. *Ernst Liesner/Petra Geißler/Alice M. Steinebach*, Menschenschicksale. Nach Originalakten. Staatsangehörigkeitsgesetze 1933–1945. Machtinstrumente des Dritten Reiches, Borken 1986.

[190] RGBl. 1935 I, S. 1146. – Zur Entstehungsgeschichte dieses Gesetzes vgl. *Dieter Gosewinkel* (Anm. 96), S. 383 f.

[191] RGBl. 1935 I, S. 1146.

[192] RGBl. 1935 I, S. 1145.

[193] Über die Abstimmung im Reichstag berichtet der „Kommentar zum Reichsbürgergesetz, Blutschutzgesetz, Ehegesundheitsgesetz" von *Wilhelm Stuckart/Hans Globke*, München 1936, S. 49: „Von den 669 Reichstagsabgeordneten fehlten 18 entschuldigt, die übrigen 651 Abgeordneten haben die Gesetze einstimmig angenommen".

Neu war dagegen die Einführung der Kategorie des „Reichsbürgers“: „Reichsbürger ist nur der Staatsangehörige deutschen oder artverwandten Blutes, der durch sein Verhalten beweist, daß er gewillt und geeignet ist, in Treue dem Deutschen Volk und Reich zu dienen“ (§ 2 Abs. 1). Der Erwerb des Reichsbürgerrechts sollte „durch Verleihung des Reichsbürgerbriefes“ erfolgen (§ 2 Abs. 2). „Der Reichsbürger“ – nicht zu verwechseln mit dem Reichsangehörigen nach dem Reichs- und Staatsangehörigkeitsgesetz – sollte von nun an „der alleinige Träger der vollen politischen Rechte“ sein (§ 2 Abs. 2).

Das „Gesetz zum Schutze des deutschen Blutes und der deutschen Ehre“ verbot Eheschließungen „zwischen Juden und Staatsangehörigen deutschen oder artverwandten Blutes“ (§ 1 Abs. 1). Das Gesetz erklärte entgegen diesem Verbot geschlossene Ehen für nichtig, und zwar selbst dann wenn sie „zur Umgehung dieses Gesetzes im Ausland geschlossen sind“ (§ 1 Abs. 1 Satz 2). Verboten wurde auch „außerehelicher Verkehr zwischen Juden und Staatsangehörigen deutschen oder artverwandten Blutes“ (§ 2), sowie die Beschäftigung von „weiblichen Staatsangehörigen deutschen oder artverwandten Blutes unter 45 Jahren im Haushalt von Juden“ (§ 3). Schließlich wurde Juden „das Hissen der Reichs- und Nationalflagge und das Zeigen der Reichsfarben“ untersagt (§ 4). Für Zuwiderhandlungen gegen diese Verbote sah das Gesetz schwere Strafen vor: Im Fall der Eheschließung Zuchthaus, im Fall des außerehelichen Verkehrs Gefängnis oder Zuchthaus. Nur bei der Beschäftigung von Hausgehilfinnen und hinsichtlich des Zeigens der Reichssymbole war der Strafrahmen niedriger, nämlich Gefängnis bis zu einem Jahr und Geldstrafe oder eine dieser beiden Strafen. Unabhängig von gerichtlich verhängten Strafen bestand die Gefahr der Verhängung von „Schutzhaft“ und der Verbringung in ein Konzentrationslager.

Sowohl das Reichsbürgergesetz als auch das Blutschutzgesetz wurden inhaltlich durch Verordnungen ergänzt und ausgefüllt. So bestimmte die „Erste Verordnung zum Reichsbürgergesetz“ vom 14. November 1935[194] unter anderem: „Jude ist, wer von mindestens drei der Rasse nach volljüdischen Großeltern abstammt“ (§ 5 Abs. 1 Satz 1). „Jüdi-

[194] RGBl. 1935 I, S. 1334. – Weitere Einzelheiten zu dieser Verordnung bei *Dieter Gosewinkel* (Anm. 96), S. 390. Eine Zweite Verordnung zum Reichsbürgergesetz datiert vom 21.12.1935 (RGBl. 1935 I, S. 1524).

scher Mischling ist, wer von einem oder zwei der Rasse nach volljüdischen Großeltern abstammt" (§ 2 Abs. 2 Satz 1). „Als volljüdisch gilt ein Großelternteil ohne weiteres, wenn er der jüdischen Religionsgemeinschaft angehört hat" (§ 2 Abs. 2 Satz 2) oder – wie in dem 1936 erschienenen „Kommentar zum Reichsbürgergesetz, Blutschutzgesetz, Ehegesundheitsgesetz" von Wilhelm Stuckart und Hans Globke ausgeführt wird – wenn die Großeltern „nach ihrer Blutzusammensetzung Juden sind".[195] Die Vorschriften der Nürnberger Gesetze und die dazu ergangenen zahlreichen Verordnungen und Erlasse waren nicht die ersten und nicht die einzigen Diskriminierungsmaßnahmen, denen das NS-Regime die davon Verfolgten unterwarf.[196] Vorangegangen waren den Nürnberger Gesetzen z.B. das „Gesetz zur Wiederherstellung des Berufsbeamtentums" vom 7. April 1933,[197] das Juden aus dem Kreis der aktiven Beamten ausschloss, sowie weitere Maßnahmen in Bezug auf Juristen, Ärzte und andere Berufe.

Gemeinsames Merkmal dieser schon vor den Nürnberger Gesetzen verhängten gesetzgeberischen und administrativen Maßnahmen war, dass diese überwiegend einzelne Berufe betrafen und damit nur bestimmte Gruppen von Personen erfassten. Demgegenüber zielten die Nürnberger Gesetze auf alle Juden: Das Reichsbürgergesetz nahm ihnen die politischen Rechte und machte sie damit zu Bürgern 2. Klasse, das Blutschutzgesetz verbot eine geschlechtliche und damit auch familiäre Verbindung zwischen deutschen Staatsangehörigen und Juden und schloss letztere dadurch aus der Gemeinschaft der Staatsangehörigen aus.

Auch wenn beide Gesetze, also sowohl das Reichsbürgergesetz als auch das Blutschutzgesetz, demselben Zweck, nämlich der Judenverfolgung, dienten, so waren die Auswirkungen dieser Gesetze auf die Rechtspraxis der Folgezeit höchst unterschiedlich.

[195] A.a.O. (Anm. 193), S. 74.

[196] Vgl. dazu z.B. *Bruno Blau*, Das Ausnahmerecht für die Juden in Deutschland 1933–1945, 3. Aufl., Düsseldorf 1965; *Ingo von Münch* (Hrsg.), Gesetze des NS-Staates, 3. Aufl., Paderborn 1994 (Nachdr. Hamburg 2004); *Joseph Walk* (Hrsg.), Das Sonderrecht für die Juden im NS-Staat. Eine Sammlung der gesetzlichen Maßnahmen und Richtlinien. Inhalt und Bedeutung, Heidelberg/Karlsruhe 1981.

[197] RGBl. 1933 I, S. 175.

Das Reichsbürgergesetz als solches fristete kaum mehr als ein Schattendasein.[198] Zwar war nach dem Reichsbürgergesetz (nur) der Staatsangehörige „deutschen oder artverwandten Blutes“ der „alleinige Träger der vollen politischen Rechte“, was in der „Ersten Verordnung zum Reichsbürgergesetz“ dahin erläutert wurde: „Nur der Reichsbürger kann als Träger der vollen politischen Rechte das Stimmrecht in politischen Angelegenheiten ausüben und ein öffentliches Amt bekleiden.“ Was die Bekleidung eines öffentlichen Amtes betraf, so hinkte diese Regelung jedenfalls in Bezug auf das Amt des Beamten hinter dem „Gesetz zur Wiederherstellung des Berufsbeamtentums“ vom 7. April 1933 hinterher und traf daher insoweit ins Leere: Für den Ausschluss der Personen, die nicht „Reichsbürger“ waren, von öffentlichen Ämtern blieben nur relativ kleine Personengruppen übrig, „z.B. Schöffen, Geschworene, Handelsrichter, Konkursverwalter, Lotterieeinnehmer, Stempelverteiler, Schiedsmänner, Bezirksschornsteinfeger, Fleischbeschauer usw.“[199] Auch wenn insoweit exakte statistische Angaben nicht bekannt sind, so kann doch davon ausgegangen werden, dass nicht besonders viele rassisch Verfolgte diese Ämter innegehabt hatten.

Dagegen waren alle Staatsangehörigen nicht „deutschen oder artverwandten Blutes“ von dem in der „Ersten Verordnung zum Reichsbürgergesetz“ angeordnetem Ausschluss vom „Stimmrecht in politischen Angelegenheiten“ erfasst. Das „Stimmrecht in politischen Angelegenheiten“ bezog sich (theoretisch) auf Wahlen zu Volksvertretungen und auf Volksabstimmungen. Die Volksvertretungen der Länder waren jedoch schon durch das „Gesetz über den Neuaufbau des Reichs“ vom 30. Januar 1934 aufgehoben worden, so dass insoweit

[198] Zutreffend daher *Siegfried Maruhn*, Staatsdiener im Unrechtsstaat. Die deutschen Standesbeamten und ihr Verband unter dem Nationalsozialismus, Frankfurt a.M. 2002, S. 94: „Große praktische Bedeutung erhielt die Reichsbürgerschaft in den verbleibenden Jahren der nationalsozialistischen Diktatur nicht.“ – Vgl. auch *Dieter Gosewinkel* (Anm. 96), S. 397, demzufolge die Gesetzeskategorie des „Reichsbürgers“ „lediglich eine relative Besserstellung gegenüber ‚nicht Artverwandten‘ (gewährte)“: „Ihrer Substanz nach war sie eine Leerformel, die der nationalsozialistische Staat mit wechselnden politischen Zweckerwägungen füllen konnte.“.

[199] So die Aufzählung bei *Wilhelm Stuckart/Hans Globke* (Anm. 193). Dazu Rd-Erl. d. Reichs- und Preuß. Min. d. Justiz v. 21.12.1935, zit. bei *Wilhelm Stuckart/Hans Globke* (Anm. 193), S. 150.

Wahlen überhaupt nicht mehr stattfanden.[200] Was die Wahlen zum Reichstag und Volksabstimmungen betraf, so ist es nach Verkündung des Reichsbürgergesetzes nur noch zu einer einzigen Volksabstimmung und zu einer einzigen „Wahl"[201] zum Reichstag gekommen, nämlich der Volksabstimmung betreffend die Vereinigung Österreichs mit dem Deutschen Reich und der mit dieser Volksabstimmung verbundenen „Wahl" zum „Großdeutschen Reichstag". Von dieser einen einzigen Ausnahme abgesehen hatten also auch die „Reichsbürger" keine Gelegenheit, ihr „Stimmrecht in politischen Angelegenheiten" auszuüben. Das „Reichsbürgergesetz" und die dazu ergangene Verordnung nahmen also den rassisch Verfolgten ausdrücklich das, was auch den „Reichsbürgern" stillschweigend und faktisch genommen war, nämlich das Aktivbürgerrecht. So gesehen war es fast konsequent, dass der im „Reichsbürgergesetz" (§ 2 Abs. 2) erwähnte „Reichsbürgerbrief", durch dessen Verleihung das „Reichsbürgerrecht" erworben werden sollte, nur auf dem Papier stand und tatsächlich nie an die „Reichsbürger" ausgegeben wurde – dies obwohl Reichsinnenminister Frick bei der Ankündigung der Neugestaltung des Staatsbürgergesetzes schon am 27. April 1935 erklärt hatte, der Staatsbürgerbrief werde „die wertvollste Urkunde" eines Deutschen sein.[202]

Auch wenn das Reichsbürgergesetz allein für sich genommen in der Rechtspraxis ein Schattendasein fristete, so darf doch seine grundsätzliche Bedeutung auf keinen Fall unterschätzt werden. Dieter Gosewinkel hat in seiner materialreichen und gründlichen Arbeit über „Einbürgern und Ausschließen" im Abschnitt „Die Staatsangehörigkeit im Rassestaat: Die Nürnberger Gesetze von 1935" auf den „Paradigmenwechsel" hingewiesen, der den historischen Ort des nationalsozialistischen Staatsangehörigkeitsrechts bestimmte.[203] Das

[200] Wahlen waren vorgesehen in der Deutschen Gemeindeordnung v. 30.1.1935 (RGBl. 1935 I, S. 49).

[201] Das Wort „Wahl" wird hier bewusst in Anführungszeichen gesetzt, weil in dem Einparteistaat „Drittes Reich" weder eine legale Opposition noch eine freie Presse oder andere Voraussetzungen einer echten Wahl vorhanden waren.

[202] Deutsches Nachrichtenbüro, Nachtausgabe 27.4.1935, zitiert bei *Dieter Gosewinkel* (Anm. 96), S. 348 Anm. 45.

[203] *Dieter Gosewinkel* (Anm. 96), S. 387. – In der Sprache der NS-Ideologie las sich dies so: „Die nationalsozialistische Idee hat Wesen und Inhalt der Staatsangehörigkeit und der Staatsbürgerschaft von Grund auf umgestaltet" (*Wilhelm Stuckart/Hans Globke* [Anm. 193], S. 19).

nationalsozialistische Staatsangehörigkeitsrecht „verlegte die Ungleichheit in das System der Staatsangehörigkeit hinein“[204]; denn „die Verbindung aus Blutschutz- und Staatsangehörigkeitsgesetzgebung sollte also ein geschlossenes System der rassischen Segregation der Staatsangehörigkeit etablieren“[205]. Die durch das Reichsbürgergesetz eingeführte Kategorie derjenigen deutschen Staatsangehörigen, die nach diesem Gesetz nicht zugleich „Reichsbürger“ waren, bildete in der Tat nur noch eine „Restkategorie“.[206]

Zutreffend ist endlich auch die Feststellung, dass die Staatsangehörigkeit in der NS-Zeit – wie die Nürnberger Rassegesetze zeigen – „eine der Institutionen (war), deren rechtliche Formen zur Aushöhlung und schließlich Umkehrung ihres hergebrachten Gehalts genutzt wurden“.[207] Dies folgt vor allem aus der Tatsache, dass die Staatsangehörigkeit nicht nur ein Rechtsverhältnis ist sondern auch ein Schutzverhältnis – selbst das „Reichsbürgergesetz“ erwähnte als Merkmal der Staatsangehörigkeit den „Schutzverband des Deutschen Reiches“ (§ 1 Abs. 1). Die systematische Verfolgung der deutschen Staatsangehörigen, die nicht „deutschen oder artverwandten Blutes“ waren, unter dem NS-Regime sprach dem Schutzgedanken der Staatsangehörigkeit Hohn und war das totale Gegenteil von Schutz.

Angesichts der schon vor dem Inkrafttreten des „Reichsbürgergesetzes“ von 1935 und der danach systematisch betriebenen Verfolgungsmaßnahmen könnte die Frage gestellt werden, warum das NS-Regime mit dem „Reichsbürgergesetz“ „nur“ die Entbürgerlichung der Staatsangehörigen nicht „deutschen oder artverwandten Blutes“ vorgenommen hat, also bei diesem Schritt der Gesetzgebung stehen geblieben ist, ohne den weiteren Schritt einer kollektiven Aberkennung der deutschen Staatsangehörigkeit – also einer Expatriation – zu gehen. Eine offizielle Begründung für dieses Unterlassen ist nicht bekannt.

204 *Dieter Gosewinkel* (Anm. 96), S. 388.

205 *Dieter Gosewinkel* (Anm. 96), S. 386; vgl. auch S. 390. – Zur Einbürgerung im NS-Staat s. *Oliver Trevisiol*, (Anm. 84), S. 52 ff.

206 *Dieter Gosewinkel* (Anm. 96), S. 388, S. 396.

207 *Dieter Gosewinkel* (Anm. 96), S. 390. Juristisch präziser als der dort verwendete Ausdruck „Institutionen“ ist der Ausdruck „Rechtsinstitute“.

Auszugehen ist jedenfalls davon, dass das Ausbleiben einer kollektiven Expatriation nicht aus Wohlwollen oder Mitleid gegenüber den davon potentiell Betroffenen geschah. Als Erklärung liegen vielmehr die folgenden Vermutungen nahe:

1. Obgleich Hitler, der schon in „Mein Kampf" die Teilung der Bewohner des „völkischen Staates" in die „drei Klassen" der „Staatsbürger, Staatsangehörige und Ausländer" proklamiert hatte, mit den Nürnberger Rassegesetzen eine negative Reaktion zumindest eines Teils der Weltöffentlichkeit in Kauf genommen hatte, so musste er doch eine im Fall der auf einen Schlag erfolgenden Ausbürgerung von mehr als einer Million Menschen eintretende internationale Reaktion darauf befürchten. Nicht zuletzt auch wegen der damals noch bevorstehenden Olympischen Spiele von 1936 in Berlin durfte Hitler die Schraube der Repression zu jenem Zeitpunkt noch nicht überdrehen.

2. Eine kollektive Ausbürgerung der deutschen Staatsangehörigen nicht „deutschen oder artverwandten Blutes" hätte dazu geführt, dass etliche der davon Betroffenen sich um den Erwerb einer anderen, also ausländischen Staatsangehörigkeit bemüht hätten. An einer Ausweitung der Zahl der in Deutschland lebenden Ausländer hatten aber die Machthaber des „völkischen Staates" mit Sicherheit kein Interesse – im Gegenteil: Die aus dem Verband der deutschen Staatsangehörigkeit Ausgeschlossenen hätten nun den Schutz einer fremden Staatsangehörigkeit erlangt und wären damit zu einem nicht willkürlich behandelbaren Zugriffsobjekt des NS-Regimes geworden.

3. Die große Mehrheit der Ausgebürgerten wäre allerdings mit größter Wahrscheinlichkeit zumindest vorläufig staatenlos geworden. Staatenlose genossen schon damals einen gewissen völkerrechtlichen Schutz, zwar nicht in demselben Umfang wie heute, aber immerhin mehr als keinen. Demgegenüber waren die deutschen Staatsangehörigen im Verhältnis zu ihrer eigenen Regierung völkerrechtlich absolut schutzlos – im Unrechtsstaat des NS-Regimes übrigens auch staatsrechtlich weitgehend schutzlos, wie der Ausschluss des Rechtsweges gegen Verfügungen der Geheimen Staatspolizei durch das Gesetz über die Geheime Staatspolizei vom 10. Februar 1936 zeigt.[208]

[208] Preuß. GS 1936, S. 21. Die diesbezügliche Bestimmung des § 7 lautete: „Verfü-

4. Solange die deutschen Staatsangehörigen nicht „deutschen oder artverwandten Blutes“ durch das „Reichsbürgergesetz“ „nur“ aus der Reichsbürgerschaft, aber nicht von der deutschen Staatsangehörigkeit ausgeschlossen waren, sie die deutsche Staatsangehörigkeit also weiter besaßen, blieben sie wie die Staatsangehörigen „deutschen oder artverwandten Blutes“ der deutschen Rechtsordnung[209] unterworfen und damit den daraus folgenden Pflichten. Lediglich die so genannten Ehrenpflichten, zu denen vor allem die Wehrpflicht gezählt wurde, brauchten die Staatsangehörigen nicht „deutschen oder artverwandten Blutes“ nicht zu erfüllen.

5. Mit (nach) einer kollektiven Ausbürgerung aller Staatsangehörigen nicht „deutschen oder artverwandten Blutes“ wäre schließlich den NS-Machthabern auch die Möglichkeit genommen gewesen, einzelne Personen speziell herauszugreifen und diese durch Widerruf ihrer Einbürgerung oder durch Aberkennung ihrer deutschen Staatsangehörigkeit politisch zu bestrafen. Gerade die Verhängung dieser Strafe erschien den Machthabern aber wichtig: Schon am 14. Juli 1933 erging das „Gesetz über den Widerruf von Einbürgerungen und die Aberkennung der deutschen Staatsangehörigkeit“.[210] Gemäß § 1 dieses Gesetzes konnten Einbürgerungen, die in der Zeit zwischen dem 9. November 1918 und dem 30. Januar 1933 vorgenommen worden waren, widerrufen werden, „falls die Einbürgerung nicht als erwünscht anzusehen ist“. Die in diesem Gesetz ebenfalls vorgesehene Möglichkeit der Ausbürgerung zielte vor allem auf Emigranten, die Deutschland verlassen hatten, um politischer oder rassischer Verfolgung zu entgehen. Nach § 2 Abs. 1 Satz 1 des Gesetzes konnten Reichsangehörige, die sich im Ausland aufhielten, „der deutschen Staatsangehörigkeit für verlustig erklärt werden, sofern sie durch ein Verhalten, das gegen die Pflicht zur Treue gegen Reich und Volk verstößt, die deutschen Belange geschädigt haben“.[211] Von der damit

gungen und Angelegenheiten der Geheimen Staatspolizei unterliegen nicht der Nachprüfung durch die Verwaltungsgerichte.“.

209 Zum Sonderrecht für die Juden (richtiger eigentlich: gegen die Juden) vgl. oben Anm. 196.

210 RGBl. 1933 I, S. 480, mit DVO v. 26.7.1933 (RGBl. 1933 I, S. 538).

211 Gleiches galt „für Reichsangehörige, die einer Rückkehraufforderung nicht Folge leisten, die der Reichsminister des Innern unter Hinweis auf diese Vorschrift an sie errichtet hat“ (§ 2 Abs. 1 Satz 2). Zur Möglichkeit der Vermögensbeschlagnahme oder des Vermögensverfalls vgl. § 2 Abs. 1 Satz 3.

gegebenen Ermächtigung zur Ausbürgerung machte der dafür zuständige Reichsminister des Innern[212] ausgiebig Gebrauch. So erklärte Frick allein am 23. August 1933 – neben vielen anderen – Rudolf Breitscheid, Lion Feuchtwanger, Helmut von Gerlach, Emil Gumbel, Max Hölz, Alfred Kerr, Heinrich Mann, Willi Münzenberg, Wilhelm Pieck, Philipp Scheidemann, Ernst Toller, Kurt Tucholsky, Bernhard Weiß und Otto Wels der deutschen Staatsangehörigkeit für verlustig.[213]

Eine Besonderheit war die Ausbürgerung von Thomas Mann, dem die deutsche Staatsangehörigkeit am 3. Dezember 1936 entzogen wurde. Die juristische Besonderheit liegt in der Frage, ob Thomas Mann zu diesem Zeitpunkt überhaupt noch die deutsche Staatsangehörigkeit besaß, d.h. ob er überhaupt ausgebürgert werden konnte. Diese Frage stellt sich, weil ihm schon vorher – nämlich am 19. November 1936 – die tschechoslowakische Staatsangehörigkeit verliehen worden war, die er auch angenommen hatte.[214] Nach § 25 des damals noch geltenden Reichs- und Staatsangehörigkeitsgesetzes ging die deutsche Staatsangehörigkeit jedoch nur dann verloren, wenn der Erwerb der ausländischen Staatsangehörigkeit auf eigenen Antrag hin erfolgte, was hier vermutlich nicht Fall war. Insofern ist wohl davon auszugehen, dass Thomas Mann mit dem Erwerb der Staatsangehörigkeit der Tschechoslowakei die deutsche Staatsangehörigkeit nicht verloren hatte. Im Jahre 1944 wurden Thomas und Katia Mann in den USA eingebürgert. Katia Mann bemerkte dazu: „Die ganze Sache war meinem Mann etwas unangenehm den Tschechen gegenüber; er schrieb Eduard Beneš, den er verehrte, einen langen Brief und hat ihm erklärt, er möchte den Wechsel nicht für Undankbarkeit ansehen, aber da wir nun in diesem Land lebten und weiter leben würden und die Frist abgelaufen sei, in der wir die amerikanische

[212] „Im Einvernehmen mit dem Reichsminister des Auswärtigen ..." (§ 2 Abs. 3 Gesetz über den Widerruf von Einbürgerungen und die Aberkennung der deutschen Staatsangehörigkeit).

[213] Vgl. dazu – mit Nennung weiterer Namen – *Karl Dietrich Bracher/Wolfgang Sauer/Gerhard Schulz*, Die nationalsozialistische Machtergreifung. Studien zur Errichtung des totalitären Herrschaftssystems in Deutschland 1933/34, Köln/Opladen 1960, S. 301 f.

[214] Vgl. dazu *Hansgeorg Blechschmid*, Thomas Mann und Valentin Heins, NJW 2005, 536 ff. (537). Siehe auch *Helena Tomanová*, Setkání v. Praze/Begegnungen in Prag, Praha 1996, S. 44.

Bürgerschaft bekommen könnten, hätten wir diesen Schritt tun müssen. Beneš hat ihm nett geantwortet."[215] Wie sehr der Staatsangehörigkeitswechsel die Manns bewegt hat, zeigt noch eine spätere Stelle in den „ungeschriebenen Memoiren" von Katia Mann, wo sie nämlich schreibt, Wilhelm Furtwängler habe sich durch eine Äußerung von ihrem Mann „wahnsinnig gekränkt" gefühlt, „und bei irgendeinem Anlass hat er sich dann wie folgt geäußert: Ich bin nicht Thomas Mann, daß ich bei jeder Gelegenheit meine Nationalität wie ein Hemd wechsele. Das wurde dann auch noch gedruckt."[216]

Wie Thomas Mann so war auch Max Brauer von den NS-Machthabern in Deutschland ausgebürgert und später als Emigrant in den USA von den dortigen Behörden eingebürgert worden. Im Juli 1946 kehrte Max Brauer nach Hamburg zurück. Nach der Wahl zur Hamburger Bürgerschaft (dem Landesparlament) stand auf Grund des Wahlausgangs fest, dass nur der Sozialdemokrat Max Brauer für das Amt des Ersten Bürgermeisters in Betracht kam; seiner Wahl stand jedoch die Tatsache im Wege, dass er nicht (mehr) die deutsche Staatsangehörigkeit besaß. Um dieses Hindernis zu beseitigen bevollmächtigte die britische Militärregierung den amtierenden Bürgermeister Rudolf Petersen, stellvertretend für den Reichsinnenminister, den es ja nicht mehr gab, für Brauer eine Einbürgerungsurkunde zu überreichen.[217]

Die auf Grund des Gesetzes über den Widerruf von Einbürgerungen und die Aberkennung der deutschen Staatsangehörigkeit vorgenommenen Ausbürgerungen waren also, auch wenn sie zahlreiche Personen betrafen, „nur" Einzelakte, aber keine Kollektivaktionen (wobei dieser Unterschied für die Betroffenen allerdings irrelevant war). Eine Kollektivausbürgerung wurde jedoch mit der Elften Verordnung zum Reichsbürgergesetz vom 25. November 1941[218] angeordnet, deren § 1 bestimmte: „Ein Jude, der seinen gewöhnlichen Aufenthalt im Aus-

[215] *Katia Mann*, Meine ungeschriebenen Memoiren. Hrsg. von Elisabeth Plessen und Michael Mann, Frankfurt a.M. 1976, S. 131.

[216] *Katia Mann* (Anm. 215), S. 158.

[217] *Uwe Bahnsen/Kerstin von Stürmer*, Die Stadt, die leben wollte, Hamburg 2004, S. 165; auch in: Hoffnungsträger Max Brauer, HA v. 10.12.2004, S. 20.

[218] RGBl. 1941 I, S. 722. Den Zeitpunkt des Verlustes der deutschen Staatsangehörigkeit regelte § 2, nämlich mit dem Inkrafttreten der Verordnung; bei späterer Verlegung seines gewöhnlichen Aufenthaltes in das Ausland: mit dieser.

land hat, kann nicht deutscher Staatsangehöriger sein. Der gewöhnliche Aufenthalt im Ausland ist dann gegeben, wenn sich ein Jude im Ausland unter Umständen aufhält, die erkennen lassen, daß er dort nicht nur vorübergehend verweilt."

Eine späte Debatte über die Wirkung solcher Ausbürgerung fand im Jahre 2004 in den Niederlanden statt, als dort die Frage gestellt wurde, ob die 1945 im Alter von 15 Jahren im Konzentrationslager Bergen-Belsen umgekommene Anne Frank postum Niederländerin werden könne.[219] Anne Frank war im Jahre 1929 als Kind deutscher jüdischer Eltern in Frankfurt am Main geboren und 1933 mit ihren Eltern in die Niederlande geflohen. Nach der Besetzung der Niederlande durch die deutschen Truppen versteckte die Familie Frank sich in einem Hinterhaus in Amsterdam, wo das Mädchen ihr später veröffentlichtes und berühmt gewordenes Tagebuch schrieb. Durch Verrat wurde das Versteck bekannt und die Familie deportiert. Als im Jahre 2004 in den Niederlanden die Frage nach der Staatsangehörigkeit von Anne Frank gestellt wurde, erklärte das Bundesinnenministerium dazu: „Sie war bis zu ihrem Tode Deutsche, weil die Aberkennung der Staatsbürgerschaft durch das Nazi-Regime nichtig gewesen ist" (dieser Hinweis bezog sich vermutlich auf das Gesetz Nr. 1 des Alliierten Kontrollrates betreffend „Repealing of Nazi Laws" [Aufhebung von NS-Recht] vom 20. September 1945,[220] durch welches das Reichsbürgergesetz und alle dazu ergangenen Verordnungen aufgehoben wurden).[221] Der Erklärung des Bundesinnenministeriums zufolge können überlebende Nazi-Opfer sich frei entscheiden, ob sie die ihnen aberkannte Staatsangehörigkeit wieder annehmen wollen. Bei Ermordeten wie im Fall Anne Frank sei die Aberkennung nichtig.

Der NS-Politik des Ausschließens aus der deutschen Staatsangehörigkeit durch Widerruf von Einbürgerungen und durch Ausbürgerungen

[219] Vgl. dazu die Notiz „Anne Frank ist Deutsche. Debatte in den Niederlanden", FAZ Nr. 234 v. 7.10.2004, S. 9.

[220] ABl. des Alliierten Kontrollrates Nr. 1 vom 29.10.1945, S. 6 ff; auch in: *Ingo von Münch* (Hrsg.), Dokumente des geteilten Deutschland, Stuttgart 1968, S. 52 ff.

[221] Missverständlich *Alexander Makarov* Deutsches Staatsangehörigkeitsrecht. Kommentar. 2. Aufl., Frankfurt a.M. 1971, S. 205: „Die Aufhebung hatte aber keine rückwirkende Kraft, so dass die in der Vergangenheit eingetroffenen Wirkungen der 11. Verordnung durch das Kontrollratsgesetz nicht beseitigt wurden.".

stand eine – im Verlaufe des Krieges immer intensivere, gegenläufige Politik der Einvernahme von Ausländern gegenüber. Gründe für diese Einverleibung waren die „Reichsverteidigung" und die „Festigung deutschen Volkstums". Im Folgenden seien hierfür die wichtigsten Beispiele genannt:

Für die Einbürgerung von Personen, „die als Kriegsfreiwillige in die deutsche Wehrmacht einzutreten beabsichtigen", sah die Verordnung über die Einbürgerung von Kriegsfreiwilligen vom 4. September 1939[222] (also nur drei Tage nach Kriegsausbruch) mehrere Erleichterungen hinsichtlich der gesetzlichen Voraussetzungen einer Einbürgerung vor, so z.B. die Ausnahme vom Erfordernis der Zustimmung des gesetzlichen Vertreters eines noch nicht volljährigen Antragstellers (§ 1), die Ausnahme vom Erfordernis der Niederlassung im Inland (§ 2) und die Ausnahme vom Erfordernis des Ausscheidens aus der bisherigen ausländischen Staatsangehörigkeit im Fall des Erwerbs der deutschen Staatsangehörigkeit (§ 3 lit. a). Die Gründe für einen Verlust der deutschen Staatsangehörigkeit reduzierte die Verordnung zur Regelung von Staatsangehörigkeitsfragen vom 20. Januar 1942.[223] Danach konnte der Reichsminister des Innern Länder bezeichnen, deren Staatsangehörigkeit auf Antrag erworben werden konnte, „ohne daß ein Verlust der deutschen Staatsangehörigkeit damit verbunden ist" (§ 2); die Vorschriften im Reichs- und Staatsangehörigkeitsgesetz, denen zufolge „ein militärpflichtiger Deutscher" und „ein fahnenflüchtiger Deutscher" ohne Wohnsitz oder dauernden Aufenthalt im Inland unter bestimmten Voraussetzungen die deutsche Staatsangehörigkeit verlor (§ 26 Abs. 1 und 2) wurden außer Kraft gesetzt (§ 5).

Im Jahre 1943 wurden sodann eine neue „Staatsangehörigkeit auf Widerruf" und eine „Schutzangehörigkeit" eingeführt. Die Zwölfte Verordnung zum Reichsbürgergesetz vom 25. April 1943[224] bestimmte dazu: „Die Staatsangehörigkeit kann widerruflich zuerkannt werden. Die Staatsangehörigen auf Widerruf bilden eine besondere Gruppe

[222] RGBl. 1939 I, S. 1741.
[223] RGBl. 1940 I, S. 40.
[224] RGBl. 1943 I, S. 268. – Zu dem in § 4 Abs. 1 vorgeschriebenen Auschluss der „Zigeuner" vom künftigen Erwerb der deutschen Staatsangehörigkeit s. *Michael Jansen*, Sinti und Roma und die deutsche Staatsangehörigkeit, Diss. Bonn 1995, S. 80.

der Staatsangehörigen" (§ 1 Abs. 1). „Außer den Staatsangehörigen gibt es Schutzangehörige des Deutschen Reichs; ein Schutzangehöriger kann nicht zugleich Staatsangehöriger sein" (§ 1 Abs. 2). Es gab also nun im Deutschen Reich vier mit dem deutschen Staat verbundene Personengruppen, nämlich

1. die Reichsbürger;
2. die Staatsangehörigen;
3. die Staatsangehörigen auf Widerruf;
4. die Schutzangehörigen.

Als „Schutzangehörige" definierte die Zwölfte Verordnung zum Reichsbürgergesetz „solche nicht zum deutschen Volk gehörenden Einwohner des Deutschen Reichs, denen die Schutzangehörigkeit durch allgemeine Anordnung oder durch Entscheidung im Einzelfall zuerkannt ist oder zuerkannt wird" (§ 3). Dass Staatsangehörige nicht „deutschen oder artverwandten Blutes" nicht Reichsbürger sein konnten, hatte schon das Reichsbürgergesetz angeordnet. Die Zwölfte Verordnung zu diesem Gesetz bestimmte nun weitergehend: „Juden und Zigeuner können nicht Staatsangehörige werden. Sie können nicht Staatsangehörige auf Widerruf oder Schutzangehörige sein." (§ 4 Abs. 1).

Einzelheiten des Erwerbs und des Verlustes der Staatsangehörigkeit auf Widerruf und der Schutzangehörigkeit regelten Verordnungen, die auf Grund einer Ermächtigung in der Zwölften Verordnung zum Reichsbürgergesetz zur „Durchführung und Ergänzung" (§ 5) ergingen. So bestimmte die Verordnung über die Staatsangehörigkeit auf Widerruf vom 25. April 1943,[225] dass „der Reichsminister des Innern im Einvernehmen mit dem Reichsführer SS, Reichskommissar für die Festigung deutschen Volkstums, durch allgemeine Anordnung bestimmten Gruppen von Personen die Staatsangehörigkeit auf Widerruf zuerkennen kann" (§ 1 Abs.1).[226] Zulässig war ein Widerruf binnen zehn Jahren (§ 1 Abs. 3); für den Fall des Nicht-Widerrufs innerhalb dieser Frist sah die Verordnung vor, dass „die unbeschränkte Staatsangehörigkeit" erworben werden würde. Die Folge des Widerrufs regelte § 4 Abs. 1: „Durch den Widerruf verliert der Staatsan-

[225] RGBl. 1943 I, S. 269.

[226] Eine Einbürgerung mit Widerruflichkeit war nach § 1 Abs. 2 möglich.

gehörige auf Widerruf die Staatsangehörigkeit; hat er den Wohnsitz im Inland, so erwirbt er, soweit im Einzelfall nichts anderes bestimmt wird, die Schutzangehörigkeit." Das Verhältnis zwischen Erwerb und Verlust der Staatsangehörigkeit auf Widerruf und Erwerb und Verlust der Schutzangehörigkeit war Gegenstand der Ersten Verordnung über die Schutzangehörigkeit des Deutschen Reichs vom 25. April 1943.[227] Gemäß § 3 dieser Verordnung erwarb ein im Inland wohnender Staatsangehöriger auf Widerruf durch den Widerruf die Schutzangehörigkeit, „sofern im Einzelfall nichts anderes bestimmt wird", umgekehrt erlosch die Schutzangehörigkeit durch den Erwerb der Staatsangehörigkeit oder der Staatsangehörigkeit auf Widerruf (§ 6).[228]

Die in diesen Regelungen erkennbare Tendenz zur Einvernahme in den „Schutzverband des Deutschen Reichs" durch Verleihung der Staatsangehörigkeit auf Widerruf oder der Schutzangehörigkeit erreichte ihren Höhepunkt mit einer im Frühjahr 1943 angeordneten zwangsweisen Kollektiveinbürgerung. Der diesbezügliche „Erlaß des Führers über den Erwerb der deutschen Staatsangehörigkeit durch Einstellung in die deutsche Wehrmacht, die Waffen-SS, die deutsche Polizei oder die Organisation Todt" vom 19. Mai 1943[229] ordnete an: „I. (1) Deutschstämmige Ausländer, die der deutschen Wehrmacht, der Waffen-SS, der deutschen Polizei oder der Organisation Todt angehören, erwerben mit der Verkündung dieses Erlasses die deutsche Staatsangehörigkeit. (2) Deutschstämmige Ausländer, die in die deutsche Wehrmacht, die Waffen-SS, die deutsche Polizei oder die Organisation Todt eingestellt werden, erwerben mit dem Tag ihrer Einstellung die deutsche Staatsangehörigkeit. II. Das Nähere zur Durchführung und Ergänzung dieses Erlasses bestimmt der Reichsminister des Innern im Einvernehmen mit den beteiligten Stellen."

Der Führererlaß vom 19. Mai 1943 wurde durch Runderlasse des Reichsministers des Innern vom 23. Mai 1944,[230] vom 12. Oktober

[227] RGBl. 1943 I, S. 271.
[228] Einen weiteren Verlustgrund (Niederlassung im Ausland) regelte § 5.
[229] RGBl. 1943 I, S. 315.
[230] MinBl. des Reichs- und Preußischen Ministeriums des Innern 1944, S. 551; auch abgedruckt bei *Alexander Makarov* (Anm. 221), S. 209 ff.

1944[231] und vom 19. Dezember 1944[232] ergänzt. Die wichtigsten Ausführungsbestimmungen finden sich im „Runderlaß des Reichsministers des Innern betr. Erwerb der deutschen Staatsangehörigkeit durch deutschstämmige Angehörige der Wehrmacht, der Waffen-SS, der Polizei, des Reichsarbeitsdienstes und der Organisation Todt" vom 23. Mai 1944, der eine Anordnung des Reichsführers SS und des Reichsministers des Innern[233] wiedergab, sowie in Richtlinien zur Beachtung bei der Durchführung der Anordnung. Gemäß der Anordnung galt der zitierte Führererlaß nun (rückwirkend) auch für den Reichsarbeitsdienst (Abs. 1).[234] Der Schlüsselbegriff der „Deutschstämmigkeit" wurde definiert als „Personen mit mindestens zwei deutschen Großeltern; Personen mit artfremdem Bluteinschlag sind nicht deutschstämmig" (Abs. 3). Der Führererlaß sollte sich nicht auf Frauen beziehen (Abs. 4); auch erstreckte sich der Erwerb der deutschen Staatsangehörigkeit auf Grund des Führererlasses „nicht ohne weiteres auf Ehefrauen und Kinder" (Abs. 5). Die Richtlinien zur Durchführung der Anordnung bestimmten unter anderem, dass die Zugehörigkeit zu einer der in der Anordnung genannten Organisationen eng auszulegen sei; „die Angehörigen des Wehrmachtsgefolges und die Hilfswilligen sind vom Staatsangehörigkeitserwerb ausgeschlossen" (lit. c, Satz 1 und 2). Der Erwerb der deutschen Staatsangehörigkeit sollte „bei Erfüllung der Voraussetzungen auch zugunsten von Deutschstämmigen" postum festgestellt werden können, wenn diese vor Verkündung des Führererlasses gefallen oder bei einem Dienstunfall verstorben waren (lit. d Satz 1). Der Zwangscharakter der durch den Führererlaß angeordneten Eindeutschung zeigte sich in der Richtlinie auch daran, dass „ein Widerspruch des Beteiligten gegen den Erwerb der deutschen Staatsangehörigkeit" nur dann An-

231 MinBl. des Reichs- und Preußischen Ministeriums des Innern 1944, S. 1019; auch abgedruckt bei *Alexander. Makarov* (Anm. 221), S. 211.

232 MinBl. des Reichs- und Preußischen Ministeriums des Innern 1945, S. 9; auch abgedruckt bei *Alexander Makarov* (Anm. 221), S. 211.

233 Der Reichsführer-SS und Chef der deutschen Polizei, Heinrich Himmler, wurde am 25.8.1943 (auch) zum Reichsminister des Innern ernannt.

234 Als Angehörige des Reichsarbeitsdienstes nannte die Richtlinie (lit. c Satz 4) die Angehörigen des Stammpersonals und die Freiwilligen des Reichsarbeitsdienstes. Der Runderlaß v. 19.12.1944 erstreckte den Führererlaß v. 19.5.1943 „darüber hinaus auch auf die Reichsarbeitsdienstpflichtigen" (Satz 2). Der Führererlaß kam „somit nunmehr auf alle deutschstämmigen männlichen Angehörigen des Reichsarbeitsdienstes zur Anwendung" (Satz 3).

lass gebe, „eine Ausnahme von dem Erwerb zu machen, wenn der Widerspruch als sachlich begründet anzusehen ist." (lit. e Satz 3). Zu dieser Widerspruchsmöglichkeit bleibt schließlich zu fragen: Wer mochte unter den damaligen Umständen es überhaupt wagen, gegen den Erwerb der deutschen Staatsangehörigkeit Widerspruch zu erheben, obwohl zu dieser Zeit (Mai 1944) jedem Einsichtigen klar sein musste, dass der Krieg verloren und deshalb der Erwerb der deutschen Staatsangehörigkeit nicht unbedingt erstrebenswert war?

X. Nachkriegszeit und Grundgesetz

Weniger als sechs Monate nach dem letzten Runderlass des Reichsministers des Innern zur kollektiven Verleihung der deutschen Staatsangehörigkeit vom 19. Dezember 1944 kapitulierte die deutsche Wehrmacht. Am 7./8. Mai 1945[235] endete die NS-Herrschaft, die zu so viel Tod und Schrecken im In- und Ausland geführt hatte. Mit dem Zusammenbruch des Regimes, d.h. spätestens mit der Verhaftung der Regierung Dönitz am 23. Mai 1945, stellte sich – neben vielen anderen – die Frage der Rechtslage Deutschlands.[236] Unter diesem Stichwort ging es vor allem um die Frage, ob im Mai 1945 der deutsche Staat untergegangen war oder ob er fortbestand – ein Problem, das sich einige Jahre später, nämlich 1949, mit der Gründung der Bundesrepublik Deutschland und der Deutschen Demokratischen Republik von neuem ergab.

Die Diskussion über „Die Rechtslage Deutschlands" ist heute nur noch ein rechtshistorisches Thema. Aus damaliger Sicht stand jedenfalls fest, dass die Kapitulation der deutschen Wehrmacht als ein lediglich militärischer Akt des „surrender" (wenn auch mit der höchst wichtigen Folge, dass die Kriegshandlungen eingestellt wurden)[237] den deutschen Staat als solchen nicht beseitigte.[238]

Ein Untergang des deutschen Staates wäre vielmehr nur dann eingetreten, wenn eines der den Staat konstituierenden Begriffsmerkmale, nämlich eigenes Staatsvolk, eigenes Staatsgebiet und eigene Staats-

[235] Urkunde über die militärische Kapitulation der deutschen Streitkräfte vom 7. Mai 1945 in Reims; Urkunde über die militärische Kapitulation der deutschen Streitkräfte vom 8. Mai 1945 in Berlin-Karlshorst; abgedruckt in: *Ingo von Münch* (Anm. 220), S. 17, 18.

[236] Bibliographie zum Stichwort Deutschlands Rechtslage in: *Ingo von Münch* (Anm. 220), S. 571 f. Die erste ausführliche Darstellung des Problemkreises findet sich bei *Rolf Stödter*, Deutschlands Rechtslage, Hamburg 1948. Neuestens: *Gilbert Gornig*, Der völkerrechtliche Status Deutschlands zwischen 1945 und 1990. Auch ein Beitrag zu Problemen der Staatensukzession, München 2007.

[237] Die Beendigung der bewaffneten militärischen Kriegshandlungen war nicht identisch mit dem erst später von den Siegermächten erklärten Ende des Kriegszustandes mit Deutschland (diesbezügliche Erklärungen Frankreichs, Großbritanniens und der USA 1951, der UdSSR 1955).

[238] Zutreffend: Entscheidung des BVerfG, BVerfGE 3, 288 ff., (315/316) – betr. Gesetz zur Regelung der Rechtsverhältnisse der unter Art. 131 GG fallenden Personen.

gewalt,[239] entfallen wäre, was in der damaligen Situation nur auf Grund diesbezüglicher Entscheidungen der Siegermächte hätte geschehen können. Eine dahingehende Entscheidung haben die Siegermächte aber nicht getroffen, jedenfalls nicht in Bezug auf das deutsche Staatsvolk und das deutsche Staatsgebiet.

Was das deutsche Staatsvolk betrifft, so wurde die Gesamtheit der deutschen Staatsangehörigen im Mai 1945 von den Siegermächten weder zu deren Staatsangehörigen erklärt, was ja nur im Fall einer Annexion Deutschlands durch die Siegermächte denkbar gewesen wäre, noch wurden die Deutschen zu Staatenlosen gemacht: sie blieben Deutsche.[240] An einer anderen Rechtslage konnten die Siegermächte auch keinerlei eigenes Interesse haben; denn zahlreiche ihrer Maßnahmen knüpften gerade an die deutsche Staatsangehörigkeit der von jenen Maßnahmen Betroffenen an, z.B. die Einbehaltung der deutschen Kriegsgefangenen, die Aufrechterhaltung der Beschlagnahme deutschen Vermögens im Ausland als so genanntes „Feindvermögen“ und alle Akte der Besatzungsmächte betreffend die deutsche Bevölkerung in den Besatzungszonen. Folgerichtig haben die Alliierten zwar die von NS-Gedankengut geprägten Nürnberger Rassegesetze und die dazu ergangenen Rechtsverordnungen aufgehoben, nicht aber das Reichs- und Staatsangehörigkeitsgesetz von 1913. Anordnungen und Bekanntmachungen der Alliierten an die Bevölkerung ihrer Besatzungszonen in Deutschland wurden demgemäß „an die Deutschen“ adressiert.

Hinsichtlich des deutschen Staatsgebietes ist davon auszugehen, dass dessen vollständige Eliminierung nur dann stattgefunden hätte, wenn die Siegermächte sich im Wege der Annexion das deutsche Staatsgebiet einverleibt hätten oder wenn auf dem Boden des deutschen Staates im Jahre 1945 ein neuer Staat entstanden wäre. Beides war nicht der Fall; denn abgesehen von der (hinsichtlich der Oder-Neiße-Grenze mehrdeutigen) Regelung im Potsdamer Abkommen vom

[239] Die so genannte Drei-Elemente-Lehre wurde entwickelt von *Georg Jellinek*, Allgemeine Staatslehre, 3. Aufl., Berlin 1913, S. 394 ff.

[240] Jedoch wurden zwangsweise Übertragungen der deutschen Staatsangehörigkeit während der NS-Zeit auf vorher französische und luxemburgische Staatsangehörige von der Alliierten Hohen Kommission als von Anfang an nichtig erklärt; vgl. dazu *Günter Renner*, H/R, Grundlagen B IV, Rn. 21.

2. August 1945[241] haben die Alliierten keine Verfügung über das deutsche Staatsgebiet als Ganzes getroffen. Die insoweit gegensätzliche Position zwischen Polen und der Bundesrepublik Deutschland betraf die Frage, ob das Potsdamer Abkommen die Gebiete östlich der Oder-Neiße-Linie unter die endgültige Gebietshoheit (so die polnische Auffassung) oder nur unter die vorläufige Verwaltung Polens gestellt hatte. Nachdem die DDR und Polen bereits im Görlitzer Grenzvertrag vom 6. Juli 1950[242] die Oder-Neiße-Grenze zur Staatsgrenze beider Staaten erklärt hatten, hat später auch die Bundesrepublik Deutschland, zunächst im Warschauer Vertrag vom 7. Dezember 1970[243], sodann im so genannten Zwei-plus-Vier-Vertrag[244] (in beiden Verträgen noch unter Vorbehalt der Vier-Mächte-Verantwortung) diese Grenze vorbehaltlos im Deutsch-Polnischen Grenzvertrag vom 14. November 1990[245] bestätigt.

Ausdrücklich haben die vier Hauptsiegermächte in der Berliner Deklaration vom 5. Juni 1945[246] festgestellt, dass die Übernahme der obersten Regierungsgewalt („supreme authority") hinsichtlich Deutschlands keine Annexion bewirke.[247] Mit der Übernahme der obersten Regierungsgewalt durch die vier Hauptsiegermächte (und bereits zuvor mit der Verhaftung der Regierung Dönitz am 23. Mai 1945) war allerdings die Annahme des Fortbestandes einer eigenen deutschen Staatsgewalt nur schwer vereinbar. Erklärungsversuche mit der Argumentation, die deutsche Staatsgewalt sei treuhänderisch durch die Alliierten Mächte ausgeübt worden oder habe nur zeitweilig geruht, erscheinen gekünstelt. Jedoch zeigt auch die Geschichte anderer Staaten, dass ein zeitweiliges Fehlen eigener Staatsgewalt den betreffenden Staat nicht notwendigerweise untergehen lässt – dies

[241] Abschnitt IX b.

[242] UNTS Bd. 319 (1959), Nr. 4631, S. 95.

[243] BGBl. 1972 II, S. 651; dazu BVerfGE 40, 141 ff.

[244] BGBl. 1990 II, S. 1318 ff.

[245] BGBl. 1991 II, S. 1328. Dazu z.B. *Bernhard Kempen*, Die deutsch-polnische Grenze nach der Friedensregelung des Zwei-plus-Vier-Vertrages, Frankfurt a.M. 1997.

[246] Declaration Regarding the Defeat of Germany and the Assumption of Supreme Authority with Respect to Germany; Text in: UNTS Vol. 68 (1950), Nr. 230, S. 190 ff; auch abgedruckt bei *Ingo von Münch* (Anm. 220), S. 19 ff.

[247] Der diesbezügliche Satz lautet im englischen Originalwortlaut: „The assumption, for the purposes stated above, of the said authority and powers does not effect the annexation of Germany".

selbst dann, wenn keine Exilregierung vorhanden war. So ist z.B. die Republik Österreich nach österreichischer Auffassung, die von anderen Staaten anerkannt ist, durch den „Anschluss" an das Deutsche Reich im Jahre 1938 nicht untergegangen; Österreich war nach dieser Auffassung vom Deutschen Reich nicht annektiert sondern nur okkupiert worden.[248] Im Fall Deutschland ist entscheidend, dass die alliierten Hauptsiegermächte in der Berliner Deklaration vom 5. Juni 1945 – wie oben erwähnt – eine Annexion Deutschlands ausdrücklich abgelehnt haben. Auch fehlte ein irgendwie gearteter Auflösungsakt, wie er hinsichtlich Preußens durch das Kontrollratsgesetz Nr. 46 vom 25. Februar 1947 erging.[249]

Als Ergebnis der Erörterungen zu „Deutschlands Rechtslage" bleibt somit festzuhalten, dass der deutsche Staat weder durch die Kapitulation der deutschen Wehrmacht noch durch die Verhaftung der Regierung Dönitz noch durch die Übernahme der obersten Regierungsgewalt durch die Alliierten Siegermächte in der Berliner Deklaration im Jahre 1945 untergegangen ist.[250] Beendet war jedoch das nationalsozialistische Unrechtsregime.

Auf dem Boden des deutschen Staates – kürzer formuliert: in Deutschland – konstituierten sich schon im Jahre 1945 die ersten Länder,[251] so auf Grund der Proklamation Nr. 2 der US-Militärregie-

[248] Vgl. dazu *Ludwig Adamovich/Bernd-Christian Funk*, Österreichisches Verfassungsrecht, 3. Aufl., Wien/New York 1985, Kap. 9 II (so genannte Okkupationstheorie). – Zur Frage der Staatsangehörigkeit während jener Zeit: BGH Urt. 4.10.1951, NJW 1958, 184 ff.: Durch den „Anschluss" haben die österreichischen Bundesbürger die deutsche Staatsangehörigkeit erworben und sie mindestens bis zur Wiederkehr eines selbständigen österreichischen Staates (27.04.1945) besessen.

[249] ABl. des Kontrollrats in Deutschland Nr. 14 v. 31.3.1947, S. 262; auch abgedruckt bei *Ingo von Münch* (Anm. 220), S. 54. Art. I des Gesetzes lautete: „The Prussian State together with its central government and all its agencies is abolished".

[250] Zutreffend insoweit das Urt. des BVerfG v. 31.7.1973 betr. die Verfassungsmäßigkeit des sog. Grundvertrages, BVerfGE 36, 1 ff. [15/16]. Ausführlich dazu auch der Beschluss des BVerfG v. 21.10.1987, BVerfGE 77, 137 ff. [154 ff.] – Fall Teso.

[251] Zur Entstehung der Länder und ihrer Verfassungen: *Christian Pestalozza*, Verfassungen der deutschen Länder mit dem Grundgesetz. Textausgabe. 8. Aufl., München 2005, Einführung B. – Die älteste Verfassung war die Vorläufige Verfassung Hamburgs v. 15.5.1946.

rung in der amerikanischen Besatzungszone die Länder Bayern, Württemberg-Baden und Groß-Hessen. Andere Länder entstanden in der britischen, in der französischen und in der sowjetischen Besatzungszone; in dieser wurden im November 1946 die Länder Sachsen-Anhalt, Mecklenburg, Thüringen, Brandenburg und Sachsen gebildet. Berlin war bereits im Londoner Protokoll betreffend die Besatzungszonen in Deutschland und die Verwaltung von Groß-Berlin vom 12. September 1944 aus der Zoneneinteilung ausgenommen und zu einer „special area" unter gemeinsamer Verwaltung der Alliierten, aber getrennten Besatzungsgebieten („Sektoren") erklärt.[252] Eine vorläufige Verfassung für Groß-Berlin erging am 13. August 1946.[253]

Die Konstituierung der Länder in Deutschland, d.h. der Länder in den westlichen Besatzungszonen und in der sowjetischen Besatzungszone sowie des unter dem Vier-Mächte-Status stehenden Landes Groß-Berlin, warf die Frage auf, ob damit wieder Landesstaatsangehörigkeiten existierten, die – wie dies bis zum Gesetz über den Neuaufbau des Reichs von 1934 der Rechtszustand war – die deutsche Staatsangehörigkeit vermittelten. Eine diesbezügliche Regelung hätte entsprechende Bestimmungen in den Landesverfassungen und in Landesstaatsangehörigkeitsgesetzen vorausgesetzt. Abgesehen von dem damaligen Sonderfall des Saarlandes[254] gingen aber nur die Verfassung des Landes Bayern vom 8. Dezember 1946 (Art. 6), des Landes Württemberg-Hohenzollern vom 20. Mai 1947 (Art. 6 Abs. 3) und des Landes Baden vom 22. Mai 1947 (Art. 53) von einer eigenen Landesstaatsangehörigkeit aus. Nachdem die südwestdeutschen Länder[255] sich im Jahre 1953 zum Land Baden-Württemberg vereinigt hatten, hob die Verfassung des Landes Baden-Württemberg jedoch die diesbezüglichen Verfassungsbestimmungen auf, ohne dass eine entsprechende Regelung geschaffen wurde.

[252] Text in: UNTS Vol. 227 (1956) Nr. 532, S. 279 ff.; abgedruckt auch bei *Ingo von Münch* (Anm. 220), S. 25 ff.

[253] VOBl. für Berlin Nr. 35 v. 4.9.1946, S. 295 ff.

[254] Zur Situation im Saarland bis zur Eingliederung des Saarlandes in die Bundesrepublik Deutschland im Jahre 1956 vgl. die Hinw. bei *Günter Renner*, H/R, Grundlagen B IV, Rn. 27, auch dazu, dass die Bundesrepublik eine zwischenzeitliche Existenz einer eigenständigen saarländischen Staatsangehörigkeit nie anerkannt hat.

[255] Es handelte sich um die Länder Baden, Württemberg-Baden und Württemberg-Hohenzollern.

Am weitesten war der Freistaat Bayern gegangen, in dessen Verfassung vom 2. Dezember 1946 Regelungen über den Erwerb und Verlust der (bayerischen) Staatsangehörigkeit und über die gleichen Rechte und Pflichten von deutschen Staatsangehörigen und bayerischen Staatsangehörigen aufgenommen wurden. Artikel 6 der Verfassung lautet:

„(1) Die Staatsangehörigkeit wird erworben
1. durch Geburt;
2. durch Legitimation;
3. durch Eheschließung;
4. durch Einbürgerung.
(2) Die Staatsangehörigkeit kann nicht aberkannt werden.
(3) Das Nähere regelt ein Gesetz über die Staatsangehörigkeit."

Die staatsbürgerliche Gleichheit (in der klassischen Formulierung: das gemeinsame Indigenat) findet sich in Artikel 8 der Verfassung: „Alle deutschen Staatsangehörigen, die in Bayern ihren Wohnsitz haben, besitzen die gleichen Rechte und haben die gleichen Pflichten wie die bayerischen Staatsangehörigen."

Was das in Art. 6 Abs. 3 der bayerischen Landesverfassung vorgesehene (Ausführungs-)Gesetz betrifft, so hatte es tatsächlich einen „Entwurf eines Gesetzes über die bayerische Staatsangehörigkeit" gegeben.[256] Art. 1 des Entwurfs bestimmte vorab, wer Bayer ist:

„(1) Bayer ist, wer die bayerische Staatsangehörigkeit besitzt.

(2) Bayer ist, wer am 1. Januar 1934 die bayerische Staatsangehörigkeit besessen hat und sie bei Anwendung dieses Gesetzes seither nicht verloren hätte.

(3) Bayer ist, wer bei der Anwendung dieses Gesetzes seit dem 1. Januar 1934 die bayerische Staatsangehörigkeit erworben hätte."

Art. 2 des Entwurfs nannte als Gründe für den Erwerb der bayerischen Staatsangehörigkeit Geburt, Legitimation, Eheschließung und Einbürgerung, entsprach also der Regelung in Art. 6 Abs. 1 der Verfassung. Im Übrigen hielt der Entwurf sich an die traditionelle Linie des damals geltenden Staatsangehörigkeitsrechtes.

[256] Text in: Verh. der Bayerischen Verfassunggebenden Versammlung, Stenographische Berichte Bd. 4 Anh. S. 3 (Beil. Nr. 8).

Gemäß Art. 3 Abs. 1 sollte durch Geburt „das eheliche Kind eines Bayern die Staatsanghörigkeit des Vaters, das uneheliche Kind einer Bayerin die Staatsangehörigkeit der Mutter" erwerben. Die Eheschließung der Frau hatte unterschiedliche Folgen je nach der Staatsangehörigkeit des Ehemannes: Durch „die Eheschließung mit einem Bayern" sollte die Frau die Staatsangehörigkeit des Mannes erwerben (Art. 5); dagegen sollte die bayerische Staatsangehörigkeit „durch Eheschließung mit einem Nichtbayern" für eine Bayerin verloren gehen (Art. 11 Nr. 3). Die übrigen Verlustgründe für jeden Bayern entsprachen den herkömmlichen Regelungen, insbesondere der Verlust wegen ungenehmigten Erwerbs einer nichtbayerischen Staatsangehörigkeit (Art. 11 Nr. 1, Art. 12). Auch die Vorschriften über die Einbürgerung (Art. 6–10) entsprachen dem seiner Zeit traditionellen Stand.[257]

Das weitere Schicksal dieses ebenso bemerkenswerten wie merkwürdigen Gesetzesvorhabens lässt sich schnell berichten. Zunächst durchlief das Vorhaben den normalen Gang der Gesetzgebung: Mit Schreiben vom 14. September 1946 übermittelte der damalige Bayerische Ministerpräsident Dr. Wilhelm Hoegner (SPD) dem Präsidenten der Bayerischen Verfassunggebenden Landesversammlung den „Entwurf eines Gesetzes über die bayerische Staatsangehörigkeit" mit dem Ersuchen, den Entwurf im Verfassungsausschuss beraten zu lassen.[258] Nachdem der Ausschuss am 2. Oktober 1946 dem Entwurf zugestimmt hatte,[259] beschloss die Bayerische Verfassunggebende Landesversammlung am 15. Oktober, „der Staatsregierung den Erlaß dieses Gesetzes in unveränderter Fassung zu empfehlen".[260] Der Annahme des Gesetzesentwurfes schien nichts mehr im Wege zu stehen, als ein unvorhergesehener Einspruch gegen die Einführung einer bayerischen Staatsangehörigkeit erfolgte, nämlich durch die amerikanische Militärregierung. In dem Schreiben des „Deputy Military Governor" General Lucius D. Clay vom 24. Oktober 1946 an den

[257] Dies gilt auch für Art. 13 des Entwurfs: „Gegen die Abweisung des Antrages auf Einbürgerung kann Beschwerde zum Staatsministerium des Innern ergriffen werden, das endgültig entscheidet".

[258] Verh. der Bayerischen Verfassunggebenden Landesversammlung (Anm. 256), S. 3 Beil. 8.

[259] Verh. der Bayerischen Verfassunggebenden Landesversammlung (Anm. 256), S. 9 Beil. 20.

[260] Verh. der Bayerischen Verfassunggebenden Landesversammlung (Anm. 256), S. 12 Beil. 31.

Präsidenten der Bayerischen Verfassunggebenden Landesversammlung Dr. Michael Horlacher, in welchem die Genehmigung der Verfassung des Staates Bayern durch die amerikanische Militärregierung erklärt wurde, heißt es unter anderem:[261] „Außerdem muß darauf hingewiesen werden, daß die Militärregierung mit der Genehmigung der Verfassung in keiner Weise ihre Zustimmung zu einem Separatismus Bayerns oder eines anderen deutschen Staates erteilt. Der Gebrauch des Ausdrucks ‚bayerischer Staatsangehöriger' wird daher nur anerkannt, wenn damit ein Staatsangehöriger Bayerns gemeint ist, der damit auch ein Staatsangehöriger Deutschlands ist,[262] wie es durch den Alliierten Kontrollrat verwaltet wird, oder wie es später durch irgendeine deutsche Regierung verwaltet wird."[263]

Über die Gründe für diese dezidierte Ablehnung einer bayerischen Staatsangehörigkeit kann man nur Vermutungen anstellen. Einer der Gründe mag gewesen sein, dass die amerikanische Militärregierung den Argwohn hegte, das Land Bayern könnte sich per Separatismus aus der Verantwortung für das Schicksal Deutschlands und damit aus der Unterwerfung unter das Besatzungsregime herauswinden. Die von der US-Militärregierung ausgesprochene Absage an einen etwaigen künftigen bayerischen Sonderweg wird besonders deutlich in dem Passus des Schreibens von General Clay, der an dessen Hinweis zur Frage einer bayerischen Staatsangehörigkeit anschließt und in dem

[261] Text des Briefes, der in der 10. Sitzung der Bayerischen Verfassunggebenden Versammlung v. 26. Oktober 1946 im englischen und im deutschen Text verlesen wurde, in: Bayerische Verfassunggebende Landesversammlung Bd. 4, S. 239 f. (englisch), S. 240 (deutsch).

[262] An dieser Stelle vermerkt das Stenographische Protokoll: „lebhafter Beifall und Händeklatschen". Vgl. auch aus der Rede des Präsidenten der Bayerischen Verfassunggebenden Versammlung: „... und namens des bayerischen Volkes möchte ich zum Ausdruck bringen, daß das bayerische Volk einem bayerischen Separatismus völlig ferne steht und sich zur Zugehörigkeit zu einem alle Gliedstaaten Deutschlands umfassenden deutschen Bundesstaat aus ganzem Herzen und mit großer Sehnsucht bekennt ..." (Bayerische Verfassunggebende Landesversammlung Bd. 4, S. 241.

[263] Der entsprechende englische Text lautet: "Moreover, it must be pointed out that in approving the Constitution, Military Government does not thereby express any approval of separatism for Bavaria or any other German State. The use of the term 'Bavarian National' is, therefore, accepted only as it imports a citizen of Bavaria who is also a citizen of Germany as it is administered by the Allied Control Council, and as later it may be administered by some form of German government."

Clay feststellt: „In gleicher Weise muß der Wille, einem zukünftigen deutschen Bundesstaat beizutreten, als eine Anweisung an die Vertreter Bayerns ausgelegt werden, die später an den Beratungen über die zukünftige deutsche Regierung teilnehmen werden, aber nicht als ein Recht, die Teilnahme an irgendeiner Form der deutschen Regierung zu verweigern, ganz gleich, ob sie als Zwischenlösung von den alliierten Behörden oder in Form einer beständigen Regierung vom deutschen Volk in seiner Gesamtheit errichtet wurde.“ [264]

Ein weiterer Grund für die Ablehnung einer gesonderten bayerischen Staatsangehörigkeit resultierte aus der Tatsache, dass im Land Bayern ganz besonders viele Flüchtlinge und Vertriebene, z.B. aus dem Sudentenland,[265] Zuflucht gefunden hatten. Wenn der „Entwurf eines Gesetzes über die bayerische Staatsangehörigkeit“ geltendes Gesetzesrecht geworden wäre, so hätten die in Bayern lebenden deutschen Flüchtlinge und Vertriebenen nicht die bayerische Staatsangehörigkeit erworben. In einer solchen Situation musste die amerikanische Militärregierung sozialen Sprengstoff erblicken und befürchten – ein Sprengstoff, der die ohnehin politisch angespannte schwierige Nachkriegslage noch zusätzlich verschärft hätte.

Welches auch immer der Beweggrund der amerikanischen Militärregierung gewesen sein mag, die Einführung einer bayerischen Staatsangehörigkeit abzulehnen, so steht jedenfalls fest, dass der besagte Entwurf nicht Gesetz geworden ist; er ist vielmehr sang- und klanglos beerdigt worden. Dasselbe Schicksal erlitt ein erneuter Anlauf in Gestalt eines Referentenentwurfes von 1956. Zur Rechtsfolge des gesetzgeberischen Unterlassens ist zutreffend festgestellt worden, dass ohne ein derartiges bayerisches Staatsangehörigkeitsgesetz die Verfassungssätze über eine bayerische Staatsangehörigkeit ohne Auswirkungen bleiben; „sie laufen leer, weil sie nicht durchsetzbar sind“.[266]

[264] Englischer Text: "Likewise, the expressed will to join in a federal German State must be interpreted as an instruction to the representatives of Bavaria who may later participate in a determination of the form of future German government, and not as a right to refuse to participate in whatever form of German government may be established as an interim measure by Allied authorities or as a lasting form of government by the German people as a whole."

[265] Vgl. speziell dazu *Peter Glotz*, Die Vertreibung. Böhmen als Lehrstück, Berlin 2004.

[266] *Günter Renner*, H/R, Grundlagen B V, Rn. 25, m. w. Hinw.

Die kritische Betrachtung des Entwurfs eines Gesetzes über die bayerische Staatsangehörigkeit von 1946 relativiert sich allerdings im Nachhinein dadurch, dass selbst das am 23. Mai 1949 verkündete Grundgesetz der Bundesrepublik Deutschland von der Möglichkeit einer Staatsangehörigkeit (auch) in den Ländern[267] ausging, und zwar in seiner Regelung betreffend die Gesetzgebungszuständigkeiten. Die Weimarer Reichsverfassung von 1919 hatte die Zuständigkeit zur Gesetzgebung auf dem Gebiet des Staatsangehörigkeitsrechts noch ohne Unterscheidung zwischen der Staatsangehörigkeit im Reich und der Staatsangehörigkeit in den Ländern der ausschließlichen Gesetzgebungszuständigkeit des Reiches vorbehalten.[268] Bei den Beratungen des Grundgesetzes im Parlamentarischen Rat überwog zunächst die Auffassung, welche jene Regelung der Weimarer Reichsverfassung übernehmen wollte, also die Gesetzgebung sowohl für die Staatsangehörigkeit im Bund als auch für die Staatsangehörigkeit in den Ländern der ausschließlichen Gesetzgebungsbefugnis des Bundes zuweisen wollte.[269] Interessanterweise war es der bayerische Abgeordnete Prof. Wilhelm Laforet (CSU), der sich für die ausschließliche Bundeszuständigkeit aussprach. Laforet erklärte, das gegenwärtige Chaos auf dem Gebiet der Staatsangehörigkeit könne nur vom Bund her gelöst werden, nicht von einem Land, um Schwierigkeiten auszuschalten, die sich aus einer getrennten Gesetzgebung ergeben müßten. Laforet betonte, es sei selbstverständlich, dass auch über die Staatsangehörigkeit in den Ländern der Bund entscheide. Es wäre „untragbar, von einer besonderen Staatsangehörigkeit in den einzelnen Gliedstaaten zu sprechen, die nicht in ihren Voraussetzungen ausschließlich vom Bund bestimmt" werde. Entgegen diesem Plädoyer wurde der Gegenstand „Staatsangehörigkeit in den Ländern" in der vierten Lesung des Hauptausschusses nicht der ausschließlichen Gesetzgebungsbefugnis des Bundes zugewiesen, sondern stattdessen in den Katalog der sogenannten konkurrierenden Gesetzgebungsbefugnis (als Art. 74 Nr. 8 GG) aufgenommen. Entsprechend der da-

[267] Vgl. dazu allgemein: *Gerhard Hoffmann*, Die Staatsangehörigkeit in den deutschen Bundesländern, AöR Bd. 81 (1956), S. 300 ff.; *Michael Sachs*, Das Staatsvolk in den Ländern, AöR Bd. 108 (1983), S. 68 ff.

[268] Art. 6 Nr. 3: „Das Reich hat die ausschließliche Gesetzgebung über: ... 3. die Staatsangehörigkeit, die Freizügigkeit, die Ein- und Auswanderung und die Auslieferung".

[269] Zum Folgenden vgl. JöR n.F. Bd. 1 (1951) S. 473.

mals beschlossenen Fassung des Grundgesetzes[270] bedeutete diese Regelung, dass dem Bund hinsichtlich der Staatsangehörigkeit in den Ländern das Gesetzgebungsrecht nur bei einem Bedürfnis nach bundesrechtlicher Regelung unter den Voraussetzungen des Art. 72 Abs. 2 GG zugestanden hätte (was allerdings wohl zu bejahen gewesen wäre), und dass die Länder die Befugnis zum Erlass eines diesbezüglichen Gesetzes gehabt hätten, „solange und soweit der Bund von seinem Gesetzgebungsrecht keinen Gebrauch macht" (Art. 72 Abs. 1 GG).

Von dieser dem Bund durch das Grundgesetz in seiner ursprünglichen Fassung eröffneten Möglichkeit, „die Staatsangehörigkeit in den Ländern" bundesrechtlich zu regeln, hatte der Bund jedoch keinen Gebrauch gemacht. Offensichtlich bestand für eine bundesrechtliche Regelung dieses Gegenstandes kein Anlass und kein Bedürfnis. Aus diesem Grunde wurde im Zuge der Verfassungsreform von 1994 der Art. 74 Nr. 8 GG ersatzlos gestrichen. Seitdem besitzen ausschließlich die Länder die Befugnis zur Gesetzgebung betreffend die Staatsangehörigkeit in den Ländern.

Auch die Länder haben aber von dieser ihrer Gesetzgebungsbefugnis (wie schon der Bund von seiner bis 1994 insoweit vorhanden gewesenen konkurrierenden Gesetzgebungsbefugnis) keinen Gebrauch gemacht. In Ermangelung von Gesetzen zur Regelung einer Landesstaatsangehörigkeit stellt sich dann aber die Frage, ob dennoch eine Staatsangehörigkeit in den Ländern als Landesangehörigkeit besteht. Die Frage ist zu bejahen, weil die Länder der Bundesrepublik Deutschland Staaten (wenn auch mit beschränkten Kompetenzen) sind; für Staaten ist aber die Zugehörigkeit von Personen begriffsnotwendig. Die Erwähnung der „Staatsangehörigkeit in den Ländern" in Art. 74 Nr. 8 a.F. GG zeigt, dass auch das Grundgesetz von der Existenz einer solchen Landesstaatsangehörigkeit ausging. Die mit der Verfassungsreform im Jahre 1994 erfolgte Aufhebung dieser Bestimmung des Grundgesetzes ändert an der Rechtslage nichts; denn die Aufhebung dieser Norm sollte nicht die Landesstaatsangehörigkeit als solche beseitigen, sondern nur klarstellen, dass eine bundesein-

270 Art. 72 GG wurde später, nämlich mit der Verfassungsänderung von 1994, neu gefasst und mit der Föderalismusreform von 2006 erneut geändert.

heitliche Regelung insoweit für überflüssig und unangebracht erachtet wurde.

Auch wenn es also neben der deutschen Staatsangehörigkeit eine Landesangehörigkeit des jeweiligen Wohnsitzlandes gibt,[271] so stehen beide doch nicht gänzlich selbständig nebeneinander. Die Landesangehörigkeit ist vielmehr in die deutsche Staatsangehörigkeit eingeordnet: Es gibt keine Landesangehörigkeit eines Landes der Bundesrepublik Deutschland ohne gleichzeitige deutsche Staatsangehörigkeit (wohl aber – nämlich bei deutschen Staatsangehörigen mit Wohnsitz im Ausland – eine deutsche Staatsangehörigkeit ohne damit verbundene Landesangehörigkeit).

Die Relevanz der Landesangehörigkeit ist in der Praxis auch deshalb wenig bedeutsam, weil nach dem Grundgesetz jeder Deutsche in jedem Land das Recht hat, Beruf, Arbeitsplatz und Ausbildungsstätte frei zu wählen (Art. 12 Abs. 1 Satz 1 GG),[272] weil jeder Deutsche in jedem Land die gleichen staatsbürgerlichen Rechte und Pflichten hat (Art. 33 Abs. 1 GG), und weil jeder Deutsche nach seiner Eignung, Befähigung und fachlichen Leistung gleichen Zugang zu jedem öffentlichen Amte hat (Art. 33 Abs. 2 GG). Relevant ist die Landesangehörigkeit allerdings und vor allem bei der Ausübung des aktiven und des passiven Wahlrechts, also der Wahlberechtigung und der Wählbarkeit, zur Volksvertretung des betreffenden Landes sowie bei der Beteiligung an Volksabstimmungen auf der Landesebene. Über dieser juristischen Betrachtung sollte allerdings nicht übersehen werden, dass die Landesangehörigkeit – ebenso wie die deutsche Staatsangehörigkeit – eben nicht nur ein Rechtsverhältnis mit wechselseitigen Rechten und Pflichten ist, sondern auch emotionale Bindungen und Zusammengehörigkeitsgefühle mit sich bringt. Diese Identifizierung der Landesangehörigen mit ihrem Land wird z.B. als einer der Gründe dafür angegeben, dass eine umfassende Neugliederung des Bundesgebietes – wie sie in Art. 29 Abs. 1 GG ursprünglich als „muß“, seit 1969 als „kann“ vorgesehen ist – als auf absehbare Zeit

[271] Das Wohnsitzprinzip als Qualifikationsmerkmal für den (Landes-) Staatsbürger ist in mehreren Landesverfassungen enthalten, z.B. in Art. 75 Abs. 2 Satz 1 Verfassung von Rheinland-Pfalz: „Staatsbürger sind alle Deutschen, die in Rheinland-Pfalz wohnen oder sich sonst gewöhnlich dort aufhalten.“ Vgl. auch die Verfassung von Berlin (Art. 2 Abs. 1) und von Brandenburg (Art. 3 Abs. 1 Satz 1).

[272] Vgl. dazu BVerfGE 33, 303 ff. [352] – numerus clausus-Urteil.

nicht wahrscheinlich angesehen wird: „Man hat sich eingerichtet, und die Bewohner haben eine beträchtliche Identifizierung mit ihrem Land behalten unterhalb der deutschen Staatsbürgerschaft, unterhalb der Unionsbürgerschaft."[273]

[273] So *Ulrich Karpen*, Kann Hamburg sich eine eigene Legislative „leisten" – oder ist das Parlament nur ein überdimensionaler Stadtrat?, NordÖR 2004, 133 ff. (139).

XI. BRD und DDR – die deutsche Staatsangehörigkeit am Scheideweg?

Die Verkündung des Grundgesetzes am 23. Mai 1949 und sein Inkrafttreten am folgenden Tage[274] hatten nicht zur Folge, dass nunmehr eine neue Staatsangehörigkeit (eben der Bundesrepublik) an die Stelle der deutschen Staatsangehörigkeit trat. Frau/Mann blieb Deutsche/r. Wenige Monate später vertiefte sich allerdings die schon in der Festlegung der Besatzungszonen zwischen West und Ost angelegte Teilung Deutschlands: Am 7. Oktober 1949 wurde in Berlin (Ost) die „Verfassung der Deutschen Demokratischen Republik" verkündet. Zur Frage der Staatsangehörigkeit enthielt die Verfassung der DDR die bemerkenswerte Bestimmung: „Es gibt nur eine deutsche Staatsangehörigkeit" (Art. 1 Abs. 4)

Diese Aussage konnte (und musste eigentlich) so ausgelegt werden, dass auch die DDR trotz der von ihr nun beanspruchten Eigenstaatlichkeit an der einheitlichen deutschen Staatsangehörigkeit festhielt. In der Tat war in dieser ersten Phase der Regierungspolitik der DDR die später vorgenommen Abgrenzung gegenüber der „BRD" (noch) kein Thema. Zu erinnern ist z.B. daran, dass noch an den Olympischen Spielen in Rom im Jahre 1960 eine aus Sportlern aus der Bundesrepublik und aus der DDR gebildete (gesamt-)deutsche Mannschaft teilnahm, was nach den Olympischen Statuten[275] nicht möglich gewesen wäre, wenn es sich um Sportler mit verschiedenen Staatsangehörigkeiten gehandelt hätte.

Gewiss geht man auch nicht fehl in der Annahme, dass die Menschen in der DDR sich damals als deutsche Staatsangehörige gefühlt haben. Selbst nachdrückliche Verfechter einer eigenen DDR-Staatsbürgerschaft, nämlich Gerhard Riege und Hans-Jürgen Kulke, haben in ihrem später (1980) im Staatsverlag der DDR erschienenen Buch „Nationalität: deutsch. Staatsbürgerschaft: DDR" zum damaligen Bewusstsein der Menschen in der DDR festgestellt: „Die meisten

[274] Die unpräzise Formulierung in Art. 145 Abs. 2 GG, derzufolge das Grundgesetz „mit Ablauf des Tages der Verkündung" in Kraft tritt, hat zu unterschiedlichen Auslegungen (23. Mai 24 Uhr oder 24. Mai 0 Uhr) geführt. Zutreffend ist das Datum 24. Mai. Hinweise dazu, auch zur abweichenden Ansicht, bei *Ingo von Münch*, Die Zeit im Recht, NJW 2000, 1 ff. (S. 3).

[275] Vgl. dazu *Reinhard Rauball*, Olympische Statuten, Berlin 1972, S. 19.

Menschen unseres Landes waren sich zur Zeit der Staatsgründung durchaus nicht darüber im klaren, daß der erste deutsche Staat der Arbeiter und Bauern auch eine neue Staatsbürgerschaft bedeutete. Vorherrschend war vielmehr ein anderes Gefühl, nämlich Freude und Genugtuung über einen deutschen Staat, der vom Volke getragen wird und ihm dient, in dem es lohnt zu leben und zu arbeiten, der Frieden und sozialen Fortschritt zu seinem Lebensgesetz gemacht hat."[276]

Als juristisches Argument für die Existenz einer einheitlichen deutschen Staatsangehörigkeit konnte zusätzlich zu der bereits erwähnten Bestimmung in der Verfassung der DDR betreffend die „eine deutsche Staatsangehörigkeit" noch darauf hingewiesen werden, dass auch in der DDR das alte Reichs- und Staatsangehörigkeitsgesetz von 1913 (mit einigen wenigen Veränderungen, z.B. hinsichtlich der Gleichberechtigung von Mann und Frau) weitergalt.

Dies änderte sich jedoch im Jahre 1967 mit dem am 20. Februar 1967 erlassenen „Gesetz über die Staatsbürgerschaft der Deutschen Demokratischen Republik (Staatsbürgerschaftsgesetz)"[277], durch das eine zweite Phase des Umgangs der DDR mit der deutschen Staatsangehörigkeit eingeläutet wurde. Das Staatsbürgerschaftsgesetz war gegliedert in einen Vorspruch und in vier Abschnitte. Der Vorspruch kommentiert zunächst – gewissermaßen rückwirkend – das Interregnum zwischen der Verkündung der Verfassung der DDR im Jahre 1949 und der Verkündung des Staatsbürgerschaftsgesetzes im Jahre 1967: „Mit der Gründung der Deutschen Demokratischen Republik entstand in Übereinstimmung mit dem Völkerrecht die Staatsbürgerschaft der Deutschen Demokratischen Republik. Sie ist Ausdruck der Souveränität der Deutschen Demokratischen Republik und trägt zur weiteren allseitigen Stärkung des sozialistischen Staates bei." Daran anschließend definiert der Vorspruch die Staatsbürgerschaft der DDR als „die Zugehörigkeit ihrer Bürger zum ersten friedliebenden, demokratischen und sozialistischen deutschen Staat, in dem die

[276] *Gerhard Riegel/Hans-Jürgen Kulke*, Nationalität: deutsch. Staatsbürgerschaft: DDR, (Ost-)Berlin 1980, S. 16.

[277] GBl. DDR 1967 I, S. 3 ff.; auch in: *Ingo von Münch* (Anm. 220), S. 369 ff. – Zu Anfragen im Bundestag betr. staatsangehörigkeitsrechtliche Fragen im Verhältnis zur DDR s. *Hellmuth Hecker*, Die Behandlung von Staatsangehörigkeitsfragen im Deutschen Bundestag seit 1949, Baden Baden 1990, S. 15 ff.

Arbeiterklasse die politische Macht im Bündnis mit der Klasse der Genossenschaftsbauern, der sozialistischen Intelligenz und den anderen werktätigen Schichten ausübt." Im I. Abschnitt („Die Staatsbürgerschaft der Deutschen Demokratischen Republik") bestimmt § 1, wer „Staatsbürger der Deutschen Demokratischen Republik" ist, nämlich „wer

a) zum Zeitpunkt der Gründung der Deutschen Demokratischen Republik deutscher Staatsangehöriger war, in der Deutschen Demokratischen Republik seinen Wohnsitz oder ständigen Aufenthalt hatte und die Staatsbürgerschaft der Deutschen Demokratischen Republik seitdem nicht verloren hat;
b) zum Zeitpunkt der Gründung der Deutschen Demokratischen Republik deutscher Staatsangehöriger war, seinen Wohnsitz oder ständigen Aufenthalt außerhalb der Deutschen Demokratischen Republik hatte, danach keine andere Staatsbürgerschaft erworben hat und entsprechend seinem Willen durch Registrierung bei einem dafür zuständigen Organ der Deutschen Demokratischen Republik als Bürger der Deutschen Demokratischen Republik geführt wird;
c) nach den geltenden Bestimmungen die Staatsbürgerschaft der Deutschen Demokratischen Republik erworben und sie seitdem nicht verloren hat."

Gemäß § 2 Abs. 1 „garantiert" die Staatsbürgerschaft der DDR ihren Bürgern „die Wahrnehmung der verfassungsgemäßen Rechte und fordert von ihnen die Erfüllung der verfassungsgemäßen Pflichten". Der Schutz der Bürger außerhalb der DDR, also der diplomatische Schutz, ist in § 2 Abs. 2 erwähnt. Fragen, die sich in Fällen der gleichzeitigen Staatsbürgerschaft eines Staatsbürgers der DDR und der Staatbürgerschaft eines anderen Staates ergeben, sind in § 3 geregelt.

Der II. Abschnitt trägt die Überschrift „Erwerb und Verlust der Staatsbürgerschaft der Deutschen Demokratischen Republik". Der Erwerb ist in den §§ 4–8, der Verlust in den §§ 9–14 geregelt. Erwerbsgründe sind nach § 4 lit. a „Abstammung" („wenn die Eltern oder ein Elternteil Staatsbürger der Deutschen Demokratischen Republik sind" – § 5), nach lit. b „Geburt auf dem Territorium der Deutschen Demokratischen Republik", wenn das Kind „durch seine Geburt eine andere Staatsbürgerschaft nicht erworben hat" (§ 6 Abs. 1) oder wenn es sich um ein Findelkind handelt, „sofern der Besitz einer anderen Staatsbürgerschaft nicht nachgewiesen wird" (§ 6 Abs. 2), schließlich nach lit. c „Verleihung" (also Einbürgerung). Verlustgründe sind gemäß 9 lit. a–c „Entlassung" (geregelt in §§ 10 und 11), „Widerruf der Verleihung" (geregelt in §§ 12 und 14) und „Aberkennung" (geregelt in §§ 13 und 14). Der III. Abschnitt enthält Bestimmungen über die Zuständigkeit und das Verfahren hinsichtlich der Verleihung der Staatsbürgerschaft, der Entlassung aus ihr, des Widerrufs der Verleihung und der Aberkennung der Staatsbürgerschaft. Im IV. Abschnitt („Schlußbestimmungen") sind schließlich diejenigen Regelungen aufgeführt, die gleichzeitig mit dem Inkrafttreten des Staatsbürgerschaftsgesetzes außer Kraft treten (§ 19 Abs. 2).

Unter den durch das Staatsbürgerschaftsgesetz aufgehobenen Regelungsinstrumenten wird an erster Stelle das Reichs- und Staatsangehörigkeitsgesetz genannt. Damit war offenkundig, dass die Führung der DDR das gemeinsame Tischtuch der einheitlichen deutschen Staatsangehörigkeit zerschneiden wollte. Insoweit war es folgerichtig, dass die wenig mehr als ein Jahr später verkündete neue (2.) Verfassung der DDR vom 9. April 1968 die in der Vorgängerverfassung von 1949 enthaltene Feststellung „Es gibt nur eine deutsche Staatsangehörigkeit" (Art. 1 Abs. 3) ersatzlos strich. Immerhin war in der neuen Verfassung von 1968 noch von der „deutschen Nation" die Rede, nämlich in der Präambel („Getragen von der Verantwortung, der ganzen deutschen Nation den Weg in eine Zukunft des Friedens und des Sozialismus zu weisen …") und in Art. 1 Abs. 1 Satz 1 („Die Deutsche Demokratische Republik ist ein sozialistsicher Staat deutscher Nation"). Die „Staatsbürgerschaft" der DDR wurde in der neuen Verfassung nur mit der Aussage erwähnt: „Die Bedingungen für den Erwerb und den Verlust der Staatsbürgerschaft der Deutschen Demokratischen Republik werden durch Gesetz bestimmt" (Art. 19 Abs. 4).[278]

Mit der Aufhebung der Verfassung von 1949 und mit dem Erlass des Staatsbürgerschaftsgesetzes von 1967 wurden hinsichtlich der Staatsangehörigkeit nicht nur wichtige politische Entscheidungen getroffen, sondern auch Erklärungsnotstände der DDR-Führung beseitigt. Ein

[278] Eine Ermächtigung an den Ministerrat zum Erlass der „zur Durchführung dieses Gesetzes erforderlichen Bestimmungen" enthielt § 18.

solcher Erklärungsnotstand bestand einmal in Bezug auf die in Art. 4 der Verfassung von 1949 enthaltene Feststellung, dass es „nur eine deutsche Staatsangehörigkeit" gibt. Die Diskrepanz zwischen dieser – ihrem Wortlaut nach eindeutigen – Norm und der Wirklichkeit des Staatsbürgerschaftsgesetzes wurde in der DDR damit begründet, jene Verfassungsbestimmung sei ein „Programmsatz" gewesen.[279] Eine andere denkbare Erklärung, nämlich dass Art. 4 der Verfassung Staatsangehörigkeiten der Länder in der DDR habe ausschließen wollen, griff jedenfalls zu dem Zeitpunkt nicht mehr, als die Länder in der DDR durch das „Gesetz über die weitere Demokratisierung des Aufbaus und der Arbeitsweise der staatlichen Organe in den Ländern der Deutschen Demokratischen Republik" vom 23. Juli 1952[280] beseitigt worden waren.

Erläutert werden musste aber auch die Weitergeltung des Reichs- und Staatsangehörigkeitsgesetzes in der DDR bis zu seiner Aufhebung durch das Staatsbürgerschaftsgesetz. Dieser Zustand war deshalb problematisch, weil die – auch in der Präambel des Staatsbürgerschaftsgesetzes enthaltene – Doktrin besagte, dass die Staatsbürgerschaft der DDR gleichzeitig mit der DDR entstanden sei. Erklärt wurde die Weitergeltung des Reichs- und Staatsangehörigkeitsgesetzes so: „Ein eigenes Staatsbürgerschaftsgesetz der DDR fehlte zunächst noch. Erst am 20. Februar 1967 beschloß die Volkskammer das jetzt geltende Gesetz über die Staatsbürgerschaft der Deutschen Demokratischen Republik (GBl. I Nr. 2 S. 3). Bis zu dessen Inkrafttreten behalf sich unser Staat mit Vorschriften des Reichs- und Staatsangehörigkeitsgesetzes aus dem Jahre 1913. Weil es viele abstrakt formulierte Normen enthielt, konnte es noch eine Zeitlang unter den völlig neuen gesellschaftlichen Bedingungen der DDR angewandt werden. Nur die offensichtlich Buchstaben und Geist der Verfassung der DDR widersprechenden Vorschriften fanden keinen Eingang in die Rechtsordnung. Das betraf beispielsweise die Regeln, die von der nicht gleichberechtigten Stellung der Frau ausgingen. Im

[279] *Gerhard Riege*, Das Staatsbürgerschaftsgesetz der DDR, in: Staat und Recht 16. Jg. (1967) S. 701 ff. (704). Im westlichen Schrifttum ebenso: *Karl Matthias Meessen*, Verfassungsrechtliche Grenzen einer Neuregelung der Staatsangehörigkeit im geteilten Deutschland, JZ 1972, 637 ff. (675). – Anders noch, d.h. für einheitliche (gesamt-)deutsche Staatsangehörigkeit, Kammergericht (Ost-)Berlin, Rechtsgutachten des Plenums v. 11.10.1951, NJW 1952, 189.

[280] GBl. DDR 1952 I, S. 613 f.; auch in: *Ingo von Münch* (Anm. 220), S. 327 ff.

Übrigen hat sich die DDR eine Zeitlang auch auf anderen Gebieten, auf denen das möglich war, gesetzlicher Bestimmungen bedient, die im kapitalistischen Deutschland erlassen worden waren." [281] Schließlich wurde als Grund für die Weitergeltung des Reichs- und Staatsangehörigkeitsgesetzes noch vorgebracht, dass ein dieses alte Gesetz ablösendes neues Gesetz nicht dringend erforderlich gewesen sei: „Die Arbeiter-und-Bauern-Macht der DDR, die mit den Werktätigen eine große gesellschaftliche Umwälzung vollzieht, und zwar im täglichen Ringen mit einem starken Feind, mußte von Anfang an mit ihren Kräften haushalten, sich stets auf das Erforderliche und Mögliche konzentrieren. Neue Gesetze wurden deshalb in dem Maße ausgearbeitet, wie das zur Lösung der Aufgaben unbedingt notwendig war. Als ein reales gesellschaftliches Verhältnis wird auch die Staatsbürgerschaft nicht durch ein Gesetz geschaffen, sondern durch die gesellschaftliche Aktion, die zur Staatsgründung führte." [282]

Während die Verfassung der DDR von 1949 noch wie das Reichs- und Staatsangehörigkeitsgesetz den Begriff „Staatsangehörigkeit" verwendet hatte, wurde von nun an – wenn auch anfangs nicht durchgängig[283] – der Ausdruck „Staatsbürgerschaft" benutzt. Die Frage, ob darin nur ein Austausch von Wörtern lag, wurde in der Doktrin der DDR verneint. Die substantielle, inhaltliche Abgrenzung der „Staatsbürgerschaft" von der „Staatsangehörigkeit" sah die DDR-Doktrin in der Verbindung der „Staatsbürgerschaft" mit dem Sozialismus. Während „für vorsozialistische Verhältnisse" es „zutreffender und auch üblich" sei, „von Staatsangehörigkeit zu sprechen", sei im Ausdruck „Staatsbürgerschaft" ein „Beleg für die bewußt gewordenen großen Veränderungen zu sehen, die auf dem Gebiet der DDR seit 1945 vollzogen wurden".[284] Eingeräumt wurde allerdings ein Unterschied zwischen der Form und dem Inhalt des Rechtsinstituts der „sozialistischen Staatsbürgerschaft": „Der sozialistischen Staatsbürgerschaft ist eine innere Dynamik eigen. Seiner Form nach bleibt das Rechtsinstitut über längere Zeit weitgehend unverändert; in sei-

[281] *Gerhard Riegel/Hans-Jürgen Kulke* (Anm. 276), S. 16/17. Als weiteres Beispiel für ein altes Gesetz, das noch bis zum 1.1.1976 fortgalt, wurde hier auch das BGB von 1900 bis zum Inkrafttreten des Zivilgesetzbuches der DDR genannt.

[282] *Gerhard Riegel/Hans-Jürgen Kulke* (Anm. 276), S. 17.

[283] Hinweise dazu bei *Gottfried Zieger*, Das Staatsbürgerschaftsgesetz der DDR, Frankfurt a.M./Berlin 1969, S. 24.

[284] *Gerhard Riegel/Hans-Jürgen Kulke* (Anm. 276), S. 23.

nem Inhalt hingegen entwickelt es sich mit der sozialistischen Gesellschafts- und Staatsordnung, d.h. in dem Maße, in dem die Selbstbestimmung des Volkes, die Beherrschung der Gesellschaft und der Natur durch den Menschen an Tiefe und Breite zunehmen."[285] Betont wird in diesem Zusammenhang die Ungleichheit zwischen der gesellschaftlichen Stellung des Menschen im Kapitalismus und Sozialismus: „In der sozialistischen Staatsbürgerschaft ist die neue gesellschaftliche und rechtliche Stellung des Bürgers, insbesondere das Verhältnis zur politischen Macht, gleichsam zusammengefaßt."[286] Insistiert wird dabei vor allem auf der Andersartigkeit des Begriffes des Staatsbürgers und der sozialistischen Staatsbürgerschaft gegenüber dem des Staatsangehörigen und der Staatsangehörigkeit: Der Bürgerbegriff in der DDR „reflektiert in ganz anderer Weise als der des Staatsangehörigen die Gewißheit, in der Gesellschaft wirken zu können und von ihr gebraucht zu werden. Das ist umso berechtigter, als in der sozialistischen Gesellschafts- und Staatsordnung die Interessen und Bedürfnisse der Werktätigen bestimmend sind."[287]

Aus der ideologischen Abgrenzung folgt die politische Abgrenzung mit der darin enthaltenen Absage der DDR-Doktrin an eine einheitliche deutsche Staatsangehörigkeit: „Es gibt keinen gemeinsamen Nenner für bürgerliche Staatsangehörigkeit und sozialistische Staatsbürgerschaft. Die sozialistische Staatsbürgerschaft der DDR ist die geschichtliche Aufhebung der bürgerlichen Staatsangehörigkeit, wie sie auch auf dem Gebiet der DDR vor Errichtung der Arbeiter-und-Bauern-Macht bestand. Sie ist durch ihren Klassencharakter, die aus ihr folgenden Rechte und Pflichten des Bürgers, ihre Funktion, die sie für den einzelnen und die Gesellschaft hat, mit der Bundesbürgerschaft der BRD unvereinbar. Eine einheitliche deutsche Staatsangehörigkeit für die Deutschen in der DDR und der BRD zu behaupten, ist unreal und politisch reaktionär."[288]

[285] *Gerhard Riege*, Der Bürger in der sozialistischen Gesellschafts- und Staatsordnung der DDR, seine Grundrechte und Grundpflichten, in: Grundrechte des Bürgers in der sozialistischen Gesellschaft. Autorenkollektiv unter Leitung von Prof. Dr. Eberhard Poppe, Grundrechte des Bürgers in der sozialistischen Gesellschaft, Berlin 1980, S. 9 ff (S. 53).

[286] *Gerhard Riege/Hans-Jürgen Kulke* (Anm. 276), S. 27.

[287] *Gerhard Riege/Hans-Jürgen Kulke* (Anm. 276), S. 23.

[288] *Gerhard Riege/Hans-Jürgen Kulke* (Anm. 276), S. 28.

Die mit dem Staatsbürgerschaftsgesetz der DDR beabsichtigte Auflösung der deutschen Staatsangehörigkeit in eine der DDR und eine der BRD[289] wurde im westlichen Teil Deutschlands verständlicherweise scharf kritisiert. Die Bundesregierung erklärte das Staatsbürgerschaftsgesetz für unbeachtlich. Die Schaffung einer separaten Staatsangehörigkeit habe – so die Erklärung der Bundesregierung – den Zweck, die Spaltung Deutschlands weiter zu vertiefen, und solle „die Existenz zweier deutscher Staaten, unabhängig vom Willen des deutschen Volkes, glaubhaft machen". Da es nur ein deutsches Volk gebe, könne es auch nur eine deutsche Staatsangehörigkeit geben. Die Deutschen im anderen Teil Deutschlands blieben danach „deutsche Staatsangehörige nach Maßgabe des deutschen Reichs- und Staatsangehörigkeitsgesetzes vom 22. Juli 1913" und hätten „Anspruch darauf, von allen deutschen Behörden im Inland und Ausland als solche behandelt zu werden".[290] Die Bundesregierung lehnte also die Existenz einer speziellen eigenen DDR-Staatsangehörigkeit ab, nahm aber auch keine spezielle eigene Staatsangehörigkeit der Bundesrepublik Deutschland in Anspruch; der offizielle Rechtsstandpunkt der Bundesregierung war also der, dass es auch nach der Verkündung des Staatsbürgerschaftsgesetzes der DDR weiterhin nur eine (gesamt-) deutsche Staatsangehörigkeit für alle Deutschen in West und Ost gebe.

Im rechtswissenschaftlichen Schrifttum in der Bundesrepublik wurden sowohl die Lehre von der Unbeachtlichkeit des Staatsbürgerschaftsgesetzes der DDR als auch modifizierende Ansichten vertreten.[291] Eine dieser Ansichten wollte die DDR-Staatsbürgerschaft zwar nicht als eine eigene Staatsangehörigkeit behandeln, aber als einen „Unterfall der deutschen Staatsangehörigkeit"; die DDR-Bürgerschaft sollte danach als eine „Teilordnungszugehörigkeit" die fortbestehende gesamtdeutsche Staatsangehörigkeit (ähnlich wie im Bundesstaat) vermitteln.[292] Eine andere Auffassung wollte die DDR-Staatsbürgerschaft

[289] Das Kürzel „BRD" war ein im Sprachgebrauch der DDR häufig benutzter Begriff, vermutlich um das Wort Deutschland im Zusammenhang mit der Bundesrepublik zu vermeiden.

[290] Text der Erklärung der Bundesregierung in: Bulletin 1967, S. 147, zit. auch bei *Gottfried Zieger* (Anm. 283), S. 28/29.

[291] Überblick bei *Gottfried Zieger* (Anm. 283), S. 28 ff.

[292] So *Dieter Blumenwitz*, Das neue Staatsbürgerschaftsgesetz der DDR, Jb f. Ostrecht Bd. 8, 1 (1967) S. 175 ff. (192 ff.).

in die Kategorie „deutsche Staatsangehörigkeit" umdeuten.[293] Eine dritte dieser vermittelnden Ansichten[294] ging am weitesten: sie erkannte die Existenz von zwei Staaten (der Bundesrepublik Deutschland und der Deutschen Demokratischen Republik) an, womit auch „zwei Staatsangehörigkeiten: die Staatsangehörigkeit der Bundesrepublik und die Staatsbürgerschaft der DDR" gegeben seien. Da aber „ungeachtet aller Loyalitäten zu BRD und DDR" wegen des „noch elementar vorhandenen Bewußtseins und Willens" der Deutschen, eine Nation und ein Staatsvolk zu bilden, der gesamtdeutsche Staat weiterhin existiere, bestehe auch die gesamtdeutsche Staatsangehörigkeit fort. Allerdings sei diese, wie auch der gesamtdeutsche Staat, „nur noch dem Grunde nach" oder „in der Ruhelage" vorhanden. Das Verhältnis der gesamtdeutschen Staatsangehörigkeit könne jedoch wegen der mangelnden Effektivität der Gesamtstaatsgewalt und wegen des Fehlens politischer Homogenität zwischen Bundesrepublik und DDR nicht entsprechend dem bundesstaatlichen Verhältnis von Bundes- und Landesstaatsangehörigkeit bestimmt werden. Gleichwohl vermittele die Staatsbürgerschaft der Bundesrepublik wie auch die der DDR die gesamtdeutsche Staatsangehörigkeit.

Eine dritte Phase im Ringen um die deutsche Staatsangehörigkeit[295] begann mit dem Abschluss des so genannten Grundvertrages, d.h. dem „Vertrag zwischen der Bundesrepublik Deutschland und der Deutschen Demokratischen Republik über die Grundlagen der Beziehungen zwischen der Bundesrepublik Deutschland und der Deutschen Demokratischen Republik" vom 21. September 1972.[296] Vorausgegangen war diesem Vertrag die Konzeption der so genannten „neuen Ostpolitik" mit „Wandel durch Annäherung"; Vertragsinstrumente waren hierzu der Vertrag zwischen der Bundesrepublik Deutschland und der UdSSR vom 12. August 1970 (Moskauer Vertrag),[297] der Vertrag zwischen der Bundesrepublik Deutschland und der Volksrepublik Polen vom 7. Dezember 1970 (Warschauer Ver-

[293] *Rudolf Bernhardt*, zit. bei *Gottfried Zieger* (Anm. 283), S. 40/41.
[294] *Ernst-Wolfgang Böckenförde*, zit. bei *Gottfried Zieger* (Anm. 283), S. 41/42.
[295] Zum Diskussionsstand in dieser Phase vgl. z.B. *Kay Hailbronner*, Deutsche Staatsangehörigkeit und DDR-Staatsbürgerschaft, Jus 1981, 712 ff.
[296] BGBl. 1972 II, S. 423 ff.
[297] BGBl. 1972 II, S. 353 ff.

trag)[298] und der Vertrag zwischen der Bundesrepublik Deutschland und der CSSR vom 11. September 1973 (Prager Vertrag)[299].

Im Verhältnis zwischen der Bundesrepublik und der DDR war Streitgegenstand vor allem der so genannte Alleinvertretungsanspruch, d.h. die von der Bundesrepublik beanspruchte alleinige Befugnis „für das deutsche Volk zu sprechen“.[300] Auf der diplomatischen Ebene, also im Verhältnis zu dritten Staaten, zog die Bundesrepublik aus dem Alleinvertretungsanspruch die Konsequenz, die diplomatischen Beziehungen zu denjenigen Staaten (mit Ausnahme der Ostblockstaaten) abzubrechen, die mit der DDR diplomatische Beziehungen aufnahmen. Die nach dem damaligen Staatssekretär im Auswärtigen Amt Walter Hallstein benannte sog. Hallstein-Doktrin wurde erstmals 1969 im Fall Kambodscha aufgeweicht: Als Kambodscha die DDR völkerrechtlich anerkannte, brach die Bundesrepublik zwar ihre diplomatischen Beziehungen zu Kambodscha nicht ab, berief aber das Personal der dortigen Botschaft zurück – ein Handeln, das von der Opposition im Bundestag als „Kambodschieren“ kritisiert wurde.

Im Zuge der „neuen Ostpolitik“ wurde der seitens der DDR stets abgelehnte[301] Alleinvertretungsanspruch der Bundesrepublik von der Bundesregierung aufgegeben. Die Regierungserklärung der Bundesregierung vom 28. Oktober 1969 sprach nunmehr von den „zwei Staaten in Deutschland“.[302] Dementsprechend war auch nach dieser Auffassung die DDR im Verhältnis zur Bundesrepublik kein Ausland. Die Beziehungen zwischen den beiden Staaten in Deutschland wurden daher von der Bundesregierung – insoweit folgerichtig – als

298 BGBl. 1972 II, S. 361 ff.

299 BGBl. 1974 II, S. 989 ff.

300 Erklärung der Bundesregierung (abgegeben von Bundeskanzler Adenauer) vom 21.10.1949 zur Bildung der Deutschen Demokratischen Republik und zur Lage Berlins, in: Verh. des Deutschen Bundestages, 1. Wahlperiode 1949, Stenographische Berichte, Bd. 1, 13. Sitzung vom 21.10.1949, S. 307 ff.; auch in: *Ingo von Münch* (Anm. 220), S. 202.

301 Vgl. dazu aus der Sicht der DDR *Gerhard Riege*, Alleinvertretungsanmaßung im Staatsangehörigkeitsrecht der westdeutschen Bundesrepublik, NJ 1969, 21 ff.

302 Erklärung der Bundesregierung (Bundeskanzler Brandt), in: Bulletin v. 29.10. 1969, S. 1121 ff. (Auszug): „Auch wenn zwei Staaten in Deutschland existieren, sind sie doch füreinander nicht Ausland; ihre Beziehungen zueinander können nur von besonderer Art sein“.

„Beziehungen besonderer Art“, nämlich als „innerdeutsche Beziehungen“, qualifiziert.

Von den Bemühungen in der Bundesrepublik, die Einheit Deutschlands nicht aufzugeben, sondern entsprechend der damals geltenden ursprünglichen Fassung der Präambel des Grundgesetzes die „nationale und staatliche Einheit zu wahren“, setzte sich die Abgrenzungspolitik der Führung der DDR strikt ab. Besonders deutlich wurde dieser Konfrontationskurs in der Rede, die der damalige Staatsratsvorsitzende der DDR, Erich Honecker, am 6. Januar 1972 vor Soldaten der Nationalen Volksarmee auf Rügen hielt. Der Existenz von innerdeutschen Beziehungen erteilte Honecker darin eine scharfe Absage: „Unsere Politik ist darauf gerichtet – das möchte ich hier noch einmal betonen –, wie mit allen anderen Staaten, so auch mit der BRD normale Beziehungen herzustellen. Beziehungen wie sie zwischen souveränen voneinander unabhängigen Staaten üblich sind. Es ist also völlig sinnlos, daß manche Leute in der BRD immer wieder die alte Platte von irgendwelchen sogenannten innerdeutschen Beziehungen auflegen. Von solchen seltsamen ‚Beziehungen‘ kann keine Rede sein … Die Dinge liegen zueinander wie jeder von ihnen zu einem anderen dritten Staat. Die BRD ist somit Ausland, und noch mehr, sie ist imperialistisches Ausland.“[303]

Der Grundvertrag hatte das Ziel, die Beziehungen zwischen der Bundesrepublik und der DDR zueinander zu normalisieren. Vereinbart wurde deshalb in dem Vertrag insbesondere die Entwicklung normaler gutnachbarlicher Beziehungen, ferner der Grundsatz, dass die Hoheitsgewalt jedes der beiden Staaten sich auf sein Hoheitsgebiet beschränkt, und schließlich ein Bekenntnis zu friedlicher Streitbeilegung und zur Unverletzlichkeit der zwischen ihnen bestehenden Grenzen. Mit dem Abschluss des Grundvertrages war ein großer Haufen von juristischem und politischem Schutt beiseite geräumt, der als Hinterlassenschaft aus der Zeit des Kalten Krieges einer Normalisierung des Verhältnisses zwischen den beiden Staaten in Deutschland im Wege lag. Liegengeblieben war jedoch auch nach dem Abschluss des Vertrages neben Vermögensfragen das Problem der deutschen Staatsangehörigkeit, das der Grundvertrag gerade nicht

303 Vollständiger Text in: AdG 1972, 16809.

regelte.[304] Beide Seiten hatten dazu „Erklärungen zu Protokoll des Grundvertrages“ abgegeben.[305] Die Erklärung der Bundesrepublik lautete: „Staatsangehörigkeitsfragen sind durch den Vertrag nicht geregelt worden“, während die DDR erklärte: „Die Deutsche Demokratische Republik geht davon aus, daß der Vertrag eine Regelung der Staatsangehörigkeitsfragen erleichtern wird.“ Zusammen genommen enthielten beide Erklärungen nicht mehr und nicht weniger als einen Konsens über einen Dissens.

Der Stand des deutschen Staatsangehörigkeitsrechts nach dem Grundvertrag und den dazu abgegebenen Protokollerklärungen lässt sich hinsichtlich der unstrittigen Punkte wie folgt zusammenfassen:[306]

1. Die Bürger der DDR besitzen jedenfalls eine eigene Staatsbürgerschaft, nämlich die nach dem Staatsbürgerschaftsgesetz der DDR von 1967.
2. Die DDR-Staatsbürgerschaft haben nur die Bürger der DDR. Ein „Export“ der Staatsbürgerschaft der DDR in Ost-West-Richtung findet nicht mehr statt, seit die Durchführungsverordnung vom 3. August 1967 zum Staatsbürgerschaftsgesetz die so genannten Republikflüchtlinge und deren Abkömmlinge aus der DDR-Staatsbürgerschaft entlassen hat.
3. Die Bürger der Bundesrepublik Deutschland haben die im Reichs- und Staatsangehörigkeitsgesetz von 1913 geregelte deutsche Staatsangehörigkeit.
4. Die Staatsangehörigkeit nach dem Reichs- und Staatsangehörigkeitsgesetz wird von Seiten der Bundesrepublik als deutsche Staatsangehörigkeit in dem Sinne aufgefasst, dass auch die Staatsbürger der DDR diese deutsche Staatsangehörigkeit besitzen.

Mit dieser Bestandsaufnahme war jedoch die Diskussion nicht beendet. So wurde z.B. im westdeutschen staatsrechtlichen Schrifttum

[304] Vgl. dazu *Karl Matthias Meessen*, Das Problem der Staatsangehörigkeit nach dem Grundvertrag, EA 15 (1973) S. 517 ff.; *Hubertus von Morr*, Der Bestand der deutschen Staatsangehörigkeit nach dem Grundvertrag, Berlin 1977; *Ingo von Münch*, Die deutsche Staatsangehörigkeit am Scheideweg?, liberal 17. Jg. (1975) S. 486 ff.; *Helmut Rumpf*, Die deutsche Staatsangehörigkeit nach dem Grundvertrag, ZRP 1974, 201 ff.

[305] Texte in: BVerfGE 36, 1 ff. (5).

[306] *Ingo von Münch* (Anm. 304), S. 488.

erwogen,[307] sich an der so genannten „britischen Lösung" von 1948 zu orientieren. In jenem Jahr wurde die bis dahin dort geltende Rechtslage abgelöst, derzufolge es in Großbritannien, in den britischen Kolonien und in den selbständigen Staaten des britischen Commonwealth of Nations nur den einheitlichen Status eines British Subject gab; mit der Neuregelung in British Nationality Act[308] von 1948 wurde zwar dieser Status mit demselben territorialen Geltungsbereich beibehalten, aber zusätzlich eine Citizenship of the United Kingdom and Colonies eingeführt, die sich nur auf die völkerrechtlich zu Großbritannien gehörenden Gebiete bezieht. Auf die deutsche Situation übertragen hätte dementsprechend die Bundesrepublik Deutschland die deutsche Staatsangehörigkeit zwar aufrechterhalten, dieser aber eine Staatsangehörigkeit der Bundesrepublik vorgeschaltet. Deutschen Staatsangehörigen mit Wohnsitz in der DDR oder in den Gebieten jenseits der Oder-Neiße-Grenze sollte zugleich das Recht eingeräumt werden, nach Verlegung des Wohnsitzes in die Bundesrepublik Deutschland oder nach West-Berlin die Staatsangehörigkeit der Bundesrepublik durch Abgabe einer entsprechenden Erklärung zu erwerben.[309] Als juristisch und politisch unaufgebbar wurde das Vorhandensein einer „offenen Tür"[310] des deutschen Staatsangehörigkeitsrechts für Bürger der DDR angesehen.

Der Raum für Experimente auf dem Gebiet des deutschen Staatsangehörigkeitsrechts war und ist durch das Grundgesetz (Art. 16 und Art. 116) begrenzt. Diese vom Grundgesetz gesetzten, mithin ohne Verfassungsänderung nicht überschreitbaren Grenzen hat das Bundesverfassungsgericht in seinem Urteil vom 31. Juli 1973 betreffend die Verfassungsmäßigkeit des Grundvertrages[311] beschrieben: „Art. 16 GG geht davon aus, daß die ‚deutsche Staatsangehörigkeit', die auch in Art. 116 Abs. 1 GG in bezug genommen ist, zugleich die Staatsangehörigkeit der Bundesrepublik Deutschland ist. Deutscher Staatsangehöriger im Sinne des Grundgesetzes ist also nicht nur der

307 Zum Folgenden: *Karl Matthias Meessen* (Anm. 279), S. 676 ff.

308 Vgl. dazu *Helmut K. J. Ridder*, Wandlungen im britischen Staatsangehörigkeitsrecht, ZfgesStaatswiss Bd. 108 (1952) S. 547 ff.

309 *Karl Matthias Meessen* (Anm. 307), S. 678.

310 Ausdruck von *Ulrich Scheuner* in einem Diskussionsbeitrag in: Ostverträge, Berlin-Status, Münchner Abkommen, Beziehungen zwischen der BRD und der DDR, Hamburg 1971 S. 298.

311 BVerfGE 36, 1 ff.

Bürger der Bundesrepublik Deutschland. Für die Bundesrepublik Deutschland verliert ein Deutscher diese deutsche Staatsangehörigkeit nicht dadurch, daß sie ein anderer Staat aberkennt. Eine solche Aberkennung darf die Bundesrepublik Deutschland nicht anerkennen; sie ist für sie ohne Wirkung."[312] Und: „Der Status des Deutschen im Sinne des Grundgesetzes, der die in diesem Grundgesetz statuierte deutsche Staatsangehörigkeit besitzt, darf durch keine Maßnahme, die der Bundesrepublik Deutschland zuzurechnen ist, gemindert oder verkürzt werden."[313] Schließlich: „Müßte der Vertrag (gemeint ist: der Grundvertrag) dahin verstanden werden, daß die Bürger der Deutschen Demokratischen Republik nicht mehr als Deutsche in Sinne des Art. 16 und des Art. 116 Abs. 1 GG behandelt werden dürften, so stünde er eindeutig im Widerspruch zum Grundgesetz."[314]

In einer späteren Entscheidung, nämlich im so genannten Teso-Beschluss vom 21. Oktober 1987, hat das Bundesverfassungsgericht zur Frage der Beachtlichkeit des DDR-Staatsbürgerschaftsrechts hinsichtlich der Rechtsordnung der Bundesrepublik Stellung genommen.[315] Das Grundvertragsurteil hatte zwar festgestellt, dass die Staatsbürger der DDR nach der in der Bundesrepublik geltenden Rechtsordnung die deutsche Staatsangehörigkeit besitzen, hatte aber nicht geklärt, ob und inwieweit das Recht der DDR sich auf den Erwerb der deutschen Staatsangehörigkeit im Sinne des Grundgesetzes auswirkte. Anlass zur Beantwortung dieser Frage bot der Fall des im Jahre 1940 als eheliches Kind einer deutschen Mutter und eines italienischen Vaters in Meißen und deshalb nach damaligem Recht als italienischer Staatsangehöriger geborenen Marco Teso, der später mit Aushändigung eines DDR-Personalausweises die Staatsbürgerschaft der DDR erhalten hatte. Nach seiner mit italienischem Pass erfolgten Übersiedlung in die Bundesrepublik stellte Teso einen Antrag auf Feststellung seiner deutschen Staatsangehörigkeit.[316] Nach-

312 A.a.O. (Anm. 311), S. 30.
313 A.a.O. (Anm. 311), S. 30.
314 A.a.O. (Anm. 311), S. 30/31.
315 BVerfGE 77, 137 ff.
316 Anlass des Antrages war ein Verwaltungsverfahren auf Feststellung von Vermögensschäden nach dem Beweissicherungs- und Feststellungsgesetz; im Verlaufe dieses Verfahrens wurde die deutsche Staatsangehörigkeit des Klägers Teso behördlicherseits in Zweifel gezogen.

dem der Oberkreisdirektor der Stadt Köln den Antrag abgelehnt hatte, beschritt Teso den Klageweg, zunächst erfolglos, weil das Bundesverwaltungsgericht mit Beschluss vom 30. November 1982 entschied, dass ein Ausländer nicht allein deshalb deutscher Staatsangehöriger wird, weil er die Staatsbürgerschaft der DDR erwirbt.[317] Gegen diese Entscheidung des Bundesverwaltungsgerichts erhob Marco Teso Verfassungsbeschwerde beim Bundesverfassungsgericht, das – rund fünf Jahre (!) später – mit Beschluss vom 21. Oktober 1987 den Beschluss des Bundesverwaltungsgerichts aufhob.[318] Das Bundesverfassungsgericht stellte in der Begründung seiner Entscheidung zunächst fest, dass der Beschwerdeführer die deutsche Staatsangehörigkeit im Sinne der Art. 16 Abs. 1 und Art. 116 Abs. 1 GG nicht kraft oder aufgrund eines Erwerbstatbestandes des Reichs- und Staatsangehörigkeitsgesetzes erworben habe,[319] um dann fortzufahren: „Indes folgt aus dem Gebot der Wahrung der Einheit der deutschen Staatsangehörigkeit (Art. 116 Abs. 1, 16 Abs. 1 GG), das eine normative Konkretisierung des im Grundgesetz enthaltenen Wiedervereinigungsgebots ist, daß dem Erwerb der Staatsbürgerschaft der Deutschen Demokratischen Republik für die Rechtsordnung der Bundesrepublik Deutschland in den Grenzen des *ordre public* die Rechtswirkung des Erwerbs der deutschen Staatsangehörigkeit beizumessen ist.“[320]

317 BVerwGE 66, 277 ff. Dazu Anm. v. *Hans von Mangoldt*, JZ 1983, 543 ff.; *Dieter Wyduckel*, DVBl. 1983, 547 ff. – Abhandlungen: *Rudolf Geiger*; Deutsche Staatsangehörigkeit und Rechtsstatus Deutschlands – Einige grundsätzliche Überlegungen zum Beschluß des Bundesverwaltungsgerichts vom 30. November 1982, in: Gottfried Zieger/Boris Meissner/Dieter Blumenwitz (Hrsg.), Deutschland als Ganzes. Rechtliche und historische Überlegungen, Köln 1985, S. 125 ff.; *Eckart Klein*, DDR-Staatsbürgerschaftserwerb und deutsche Staatsangehörigkeit, NJW 1983, 2289 ff.; *Siegfried Mampel*, Das Staatsangehörigkeitsrecht der DDR und die deutsche Staatsangehörigkeit, RiO 1983, 233 ff.; *Gottfried Zieger*, Das Verhältnis der Staatsangehörigkeitsregelungen in den beiden deutschen Staaten, NJW 1984, 699 ff.

318 BVerfGE 77, 137 ff. Dazu *Dieter Blumenwitz*, Die deutsche Staatsangehörigkeit und der deutsche Staat – NJW 1988, S. 1313, Jus 1988, 606 ff.; *Michael Silagi*, Staatsangehörigkeit im geteilten Deutschland – Zum Beschluß des Bundesverfassungsgerichts vom 21.10.1987, StAZ 1988, 64 ff.; *Christian Tomuschat*, Staatsvolk ohne Staat? Zum Teso-Urteil des Bundesverfassungsgerichts (BVerfGE 77, 137), Festschr. f. Doehring, Heidelberg 1989, S. 985 ff.

319 A.a.O., S. 148.

320 A.a.O., S. 149.

Der Teso-Beschluss des Bundesverfassungsgerichts dokumentiert die damals in der Bundesrepublik vorsichtige Befassung mit dem Problem des deutschen Staatsangehörigkeitsrechts. Einige Fragen, z.B. die nach der Bedeutung des Verlustes der DDR-Staatsbürgerschaft für die deutsche Staatsangehörigkeit, hatte der Teso-Beschluss offengelassen – zu Recht, da sie nicht Gegenstand des vor dem Gericht anhängig gewesenen Verfahrens waren. Vorsichtig musste die Behandlung des deutschen Staatsangehörigkeitsrechts im Verhältnis zum Staatsbürgerschaftsrecht der DDR aus westlicher Sicht schon deshalb sein, weil Regelungen des Verhältnisses zwischen den Rechtsordnungen der Bundesrepublik und der DDR stets den Status vom West-Berlin zu beachten hatten.[321] So bemühte das Bundesverfassungsgericht sich im Teso-Beschluss darum, einerseits die Realität des Staatsbürgerschaftsgesetzes der DDR nicht zu ignorieren, also dieses Gesetz nicht für generell unbeachtlich zu erklären, andererseits entsprechend der Präambel des Grundgesetzes den Gedanken der deutschen Einheit und damit auch den Fortbestand der deutschen Staatsangehörigkeit zu wahren.

Dem Bemühen der Bundesrepublik um die Wahrung der Einheit Deutschlands, das auch in dem von der Bundesregierung der Regierung der DDR vor Unterzeichnung des Grundvertrages zugestellten „Brief zur deutschen Einheit" vom 21. Dezember 1972 festgehalten war,[322] stand die Abgrenzungspolitik der DDR-Führung diametral entgegen. Ein verbindendes Glied zwischen den beiden deutschen Staaten hätte immerhin die Existenz einer (gemeinsamen) deutschen Nation sein können. Von „der fortdauernden und lebendigen Wirklichkeit einer deutschen Nation" hatte Bundeskanzler Willy Brandt schon anlässlich des Erfurter Treffens mit Ministerpräsident Willi Stoph am 19. März 1970 gesprochen.[323] Die am 30. Januar 1975 von Bundeskanzler Helmut Schmidt abgegebene „Erklärung der Bundesregierung über die Lage der Nation" begann mit der Feststellung: „25 Jahre nach der Gründung der beiden deutschen Staaten kann

[321] Vgl. dazu *Rolf Grawert*, Die Staatsangehörigkeit der Berliner, Der Staat Bd. 12 (1973), S. 289 ff.; *Knut Ipsen*, Die Staatsangehörigkeit der Bürger West-Berlins, JIR Bd. 16 (1973), S. 266 ff.

[322] Text in: BGBl. 1973 II, S. 425.

[323] Vollständiger Text in: Bulletin Nr. 39 v. 20.3.1970, S. 377 ff.; auch in: *Ingo von Münch*, Dokumente des geteilten Deutschland, Bd. II: seit 1968, Stuttgart 1974 S. 173 ff.

über deren Realität niemand hinwegsehen. Die Tatsache ihrer gleichzeitigen Existenz nebeneinander bestimmt sehr weitgehend die Lage der Nation. Die beiden deutschen Staaten haben miteinander vielerlei Meinungsverschiedenheiten, aber sie haben auch vielerlei Gemeinsamkeiten. Sie beide nennen sich deutsch, und es gibt auf der Welt keinen dritten Staat, der sich so nennt. Die Deutschen wollen nicht – und wer es etwa wollte, der könnte es nicht – sich von ihrer Zugehörigkeit zur deutschen Nation lossagen."[324]

Auch die Führung der DDR sprach von der „deutschen Nation". Zwar war die Aussage in der (2.) Verfassung der DDR von 1968, demzufolge die Deutsche Demokratische Republik „ein sozialistischer Staat deutscher Nation" sei, in ihrer Neufassung vom 7. Oktober 1974 abgelöst durch den Satz „Die Deutsche Demokratische Republik ist ein sozialistischer Staat der Arbeiter und Bauern." Aber damit wurde – vermutlich wegen diesbezüglicher Fragen aus der Bevölkerung – der Gedanke an eine deutsche Nation auch in offiziellen und offiziösen Äußerungen nicht gänzlich eliminiert. Die maßgebliche Richtschnur dazu enthielt die Rede von Erich Honecker auf der 13. Tagung des Zentralkomitees der SED im Dezember 1974, die auf einer Unterscheidung von „Nation" und „Nationalität" basierte. Honecker betonte darin, dass „die sozialistische Nation in der DDR" sich „in allen entscheidenden Merkmalen von der bürgerlichen Nation unterscheidet", und stellte zugleich fest, dass die Staatsbürger der DDR „der Nationalität nach in der übergroßen Mehrheit Deutsche sind".[325] Der Inhalt der Begriffe „Nationalität" und „Nation" und deren Verhältnis zueinander wurde später so umschrieben: „Dieser Gesamtkomplex ethnischer Eigenschaften, Züge und Merkmale einer Bevölkerung wird als ‚Nationalität' bezeichnet. Der Begriff der Nationalität ist also enger als der Nationsbegriff, denn er umfaßt nur eine der Komponenten der Nation und überdies nicht die ausschlaggebende. Der Begriff der Nation ist wesentlich umfassender, denn er umschließt die Gesamtheit der sozialistischen Faktoren in der Einheit

324 Bulletin Nr. 16 v. 31.1.1975, S. 161. – Zu einem sehr viel früheren Gebrauch des Begriffes „Nation" s. *Götz Landwehr*, „Nation" und „Deutsche Nation". Entstehung und Inhaltswandel zweier Rechtsbegriffe unter besonderer Berücksichtigung norddeutscher und hanseatischer Quellen vornehmlich des Mittelalters, in: Festschr. f. W. Reimers, Berlin 1979, S. 1 ff.

325 Dazu *Ingo von Münch* (Anm. 323), S. XLI ff. (S. XLV).

mit dem Ethnischen ... Die Bürger der DDR sind in ihrer überwiegenden Mehrheit ihrer Herkunft, ihrer Sprache, ihrem Lebensgewohnheiten und Traditionen – kurzum ihren ethnischen Eigenheiten, also ihrer Nationalität nach Deutsche. Die sozialistische Nation in der DDR ist deutscher Nationalität."[326]

Die Aussage, „die sozialistische Nation in der DDR" sei „deutscher Nationalität", wirkt auch bei wohlwollender Betrachtung gekünstelt. Erkennbar war das Bestreben der DDR-Führung, einerseits die Gefühle der Bevölkerung mit der Konzession an die „deutsche Nationalität" zu beruhigen, andererseits den ideologisch festen Kurs unter Hinweis auf die „sozialistische Nation in der DDR" zu halten. Was das Staatsangehörigkeitsrecht betrifft, so war jedenfalls klar, dass nach dem Verständnis der Führung der DDR und der ihr folgenden Doktrin in der DDR der Begriff „deutsche Nationalität" kein Rechtsbegriff war (etwa wie derjenige der „nationality" in der englischen Gesetzessprache), sondern nur ein ethnisch-sozialer Begriff. Die „deutsche Nationalität" im Sinne der DDR-Führung durfte also nicht mit deutscher Staatsangehörigkeit gleichgesetzt werden; denn dies hätte dem Wesen der „sozialistischen Staatsbürgerschaft der DDR" widersprochen. Zu dieser Abgrenzung ist in dem bereits erwähnten Buch von Gerhard Riege/Hans-Jürgen Kulke „Nationalität: deutsch. Staatsbürgerschaft: DDR" nachzulesen: „Die sozialistische Staatsbürgerschaft der DDR, 1949 mit dem Arbeiter-Bauern-Staat entstanden, teilt mit dem Alter dieses Staates sein Aufblühen. Was sie für den einzelnen und die Gesellschaft wirklich bedeutet, wird inhaltsreicher und vielfältiger, je weiter unsere Gesellschaft auf dem sozialistischen Kurs zum Kommunismus vorankommt. Zugleich hebt sie sich zunehmend stärker von der imperialistischen deutschen Bundesbürgerschaft ab, die den einzelnen mit einer Ordnung verbindet, deren glänzende äußere Aufmachung nicht überdecken kann, daß sie abgelebt und geschichtlich verbraucht ist. So betrachtet wird die Kluft zwischen den gesellschaftlichen und staatlichen Ordnungen ständig größer. Die von vornherein bestehende Unvereinbarkeit der mit ihnen verknüpften Bürgerschaften tritt immer plastischer hervor."[327] Aus sozialistischem Blick verhielten sich die sozialistische

[326] *Alfred Kosing/Walter Schmidt*, Nation und Nationalität in der DDR, ND v. 15./16.2.1975.

[327] *Gerhard Riege/Hans-Jürgen Kulke* (Anm. 276), S. 146/147.

Staatsbürgerschaft und die deutsche Staatsangehörigkeit wie die Schöne und das Biest („la belle et la bête"): „Unter diesen Umständen beschwören bundesdeutsche Staatsangehörigkeitsdoktrinen die Erinnerung an ein Bild der Moskauer Tretjakow-Galerie herauf, ‚Ungleiches Paar' betitelt. Alle imperialistischen Alleinvertretungsvarianten wollen unvereinbare Größen zu einem Paar zusammenfügen, bei dem sich blühende sozialistische Jugend schon längst bösartig gewordenem Alter unterwerfen soll."[328]

Mit der Wiedervereinigung Deutschlands durch den Beitritt der DDR zu Bundesrepublik Deutschland[329] war die spezielle Staatsbürgerschaft der DDR beendet. Mit dem Inkrafttreten des Vertrages über die Herstellung der Einheit Deutschlands vom 31. August 1990, dem so genannten Einigungsvertrag,[330] ist das Staatsbürgerschaftsgesetz der DDR außerkraft getreten, da es in der dem Einigungsvertrag als Anlage beigefügte Liste der fortgeltenden Gesetze[331] nicht aufgeführt worden ist.

[328] *Gerhard Riegel/Hans-Jürgen Kulke* (Anm. 276), S. 147.

[329] Der Beitritt wurde von der Volkskammer der DDR am 23.8.1990 erklärt (GBl. DDR 1990 I, S. 1324; BGBl. 1990 II, S. 2058) und am 3.10.1990 vollzogen.

[330] BGBl. 1990 II, S. 889 ff. Dazu: Hellmuth Hecker, Die Staatsangehörigkeit der DDR und der Einigungsvertrag, AVR 29. Jg. (1991), S. 27 ff.

[331] Art. 9 Abs. 2 i.V.m. Anlage II, Kap. II.

XII. Deutsche Staatsangehörige, Statusdeutsche, Ausländer

Mit dem Untergang der DDR ist auch die Staatsbürgerschaft der DDR entfallen. Zugleich sind mit der Wiedervereinigung Deutschlands die vorher vereinzelt angestellten Erwägungen obsolet geworden, neben der deutschen Staatsangehörigkeit eine (zusätzliche) bundesrepublikanische Staatsangehörigkeit zu etablieren, was im Ergebnis zu insgesamt drei Staatsangehörigkeiten in Deutschland geführt hätte. Seit der Wiedervereinigung gibt es also in Deutschland nur noch eine Staatsangehörigkeit, nämlich die deutsche Staatsangehörigkeit. Das Grundgesetz legt nicht fest, wer die deutsche Staatsangehörigkeit besitzt, enthält aber in Art. 116 Abs. 1 eine Legaldefinition des Begriffs „Deutscher": „Deutscher im Sinne dieses Grundgesetzes ist vorbehaltlich anderweitiger gesetzlicher Regelung, wer die deutsche Staatsangehörigkeit besitzt oder als Flüchtling oder Vertriebener deutscher Volkszugehörigkeit oder als dessen Ehegatte oder Abkömmling in dem Gebiete des Deutschen Reiches nach dem Stande vom 31. Dezember 1937 Aufnahme gefunden hat." Der Begriff „Deutscher" ist also ein Oberbegriff, der sowohl die deutschen Staatsangehörigen als auch die in Art. 116 Abs. 1 GG genannten deutschen Volkszugehörigen umfasst.

Was die deutsche Staatsangehörigkeit betrifft, so kann es im Einzelfall klärungsbedürftig sein, ob jemand die deutsche Staatsangehörigkeit erworben oder verloren hat. Diese klärungsbedürftigen Einzelfälle sind jedoch kein Widerspruch zu der Tatsache, dass der Begriff der deutschen Staatsangehörigkeit als solcher feststeht: Die Gründe für den Erwerb und für den Verlust der deutschen Staatsangehörigkeit sind im deutschen Staatsangehörigkeitsrecht – konkret: in den diesbezüglichen gesetzlichen Bestimmungen – präzise geregelt. Die deutsche Staatsangehörigkeit unter dem Grundgesetz[332] ist also, wie diejenige anderer Staaten, eine feste Größe.

[332] Vgl. dazu *Stephan Hobe*, Das Staatsvolk nach dem Grundgesetz, JZ 1994, 191 ff.; *Astrid Wallrabenstein*, Das Verfassungsrecht der Staatsangehörigkeit, Baden-Baden 1999; *Burkhardt Ziemske*, Die deutsche Staatsangehörigkeit nach dem Grundgesetz, Berlin 1995. – Zum ausländischen Verfassungsrecht: *Hellmuth Hecker*, Staatsangehörigkeitsbestimmungen in den Verfassungen der Welt, VRÜ 18. Jg. (1985), S. 487 ff.

Anders verhält es sich mit der zweiten Kategorie von Deutschen, die in Art. 116 Abs. 1 GG genannt sind, nämlich jedem der „als Flüchtling oder Vertriebener deutscher Volkszugehörigkeit oder als dessen Ehegatte oder Abkömmling in dem Gebiete des Deutschen Reiches nach dem Stande vom 31. Dezember 1937 Aufnahme gefunden hat". Diesen Personen wollte der Verfassungsgeber 1949 zwar nicht die deutsche Staatsangehörigkeit vermitteln (sofern sie diese nicht besaßen), sie aber wegen ihrer deutschen Volkszugehörigkeit („Volksdeutsche") auch nicht als Ausländer behandeln. Die in Art. 116 Abs. 1 genannten Flüchtlinge und Vertriebenen deutscher Volkszugehörigkeit sollten vielmehr einen rechtlichen Status erhalten (deshalb auch „Statusdeutsche" genannt), der sie im Wesentlichen den deutschen Staatsangehörigen gleichstellt, vor allem im Hinblick auf die Innehabung derjenigen Grundrechte, die – wie z.B. die Versammlungsfreiheit und die Berufsfreiheit – als Grundrechte (nicht als einfache Gesetzesrechte) vom Grundgesetz den Deutschen vorbehalten sind.[333]

Der Grund für die diesbezügliche Regelung des Art. 116 Abs. 1 GG liegt in den riesigen Bevölkerungsverschiebungen während des Zweiten Weltkrieges und danach. Nicht zu Unrecht ist das 20. Jahrhundert als „das Jahrhundert der Flüchtlinge" bezeichnet worden. Die Bevölkerungsverschiebungen hatten unterschiedliche Anlässe und verschiedene Veranlasser. Auch die Motive und die äußeren Umstände, unter denen die Bevölkerungsverschiebungen stattfanden, waren höchst unterschiedlich. Gemeinsames Merkmal war der ungewollte Verlust der engeren oder weiteren Heimat, dies entweder verbunden mit der Hoffnung auf spätere Rückkehr oder (meist) in der Gewissheit der Endgültigkeit. Schon 1939 und 1940 waren Zehntausende von Baltendeutschen auf Grund von Verträgen des Deutschen Reiches mit Estland und Lettland sowie mit der UdSSR in die damals so genannten Reichsgaue Danzig-Westpreußen und Wartheland „umgesiedelt" worden. Ab 1942 begann, nachdem die Luftangriffe der Alli-

[333] So genannte „Deutschenrechte"; vgl. dazu *Hans von Mangoldt*, Die deutsche Staatsangehörigkeit als Vorraussetzung und Gegenstand der Grundrechte, in: Josef Isensee/Paul Kirchhof, Hdb. des Staatsrechts der Bundesrepublik Deutschland, Bd. V, Heidelberg 1992, § 119; *Angelika Siehr*, Die Deutschenrechte des Grundgesetzes. Bürgerrechte im Spannungsfeld von Menschenrechtsidee und Staatsmitgliedschaft, Berlin 2001.

ierten auf das Reichsgebiet immer heftiger wurden, eine (Teil-)Evakuierung der von den Angriffen bedrohten Bevölkerung, zumeist in ländliche Gebiete. Zahlreiche Schulkinder wurden mit der Aktion „Kinderlandverschickung (KLV)“ in von den Städten entfernte Regionen gebracht.[334]

Der Strom der deutschen Flüchtlinge (auch in anderen Ländern Europas und Asiens gab es ungezählte kriegs- oder bürgerkriegsbedingte Flüchtlingsbewegungen) begann, als die sowjetischen Armeen auf deutsches Gebiet vorrückten. Während im Westen Deutschlands die einheimische Bevölkerung den Einmarsch der westalliierten Truppen abwartete, versuchte ein großer Teil der in den Ostgebieten lebenden Deutschen, den vordringenden sowjetischen Truppen zu entkommen, vor allem auch wegen der begründeten Angst vor Vergewaltigungen und Deportationen.[335] Diejenigen, denen die Flucht nicht gelang oder die willentlich an ihrem Wohn- oder Aufenthaltsort geblieben waren, wurden später – insbesondere seitens der polnischen und tschechischen Behörden – Objekt der Vertreibung,[336] einer Aktion, die im Potsdamer Abkommen als „Transfer“ bezeichnet worden, und die in geordneter und menschlicher Weise durchgeführt werden sollte,[337] tatsächlich jedoch nicht selten unter unmenschlichen Bedingungen stattfand. Während die Flüchtlinge und die Vertriebenen aus den Ostgebieten in beiden Teilen Deutschlands Aufnahme fanden,

[334] Vgl. dazu *Gerhard Kock*, „Der Führer sorgt für unsere Kinder.“ Die Kinderlandverschickung im Zweiten Weltkrieg, Paderborn 1997.

[335] Dazu *Helke Sander/Barbara Johr* (Hrsg), BeFreier und Befreite. Krieg, Vergewaltigung, Kinder, Frankfurt a.M. 2005.

[336] Dazu z.B.: *Günter Böddeker*, Die Flüchtlinge. Die Vertreibung der Deutschen im Osten. 5. Aufl., München/Berlin 1995; *Alfred M. de Zayas*, Die deutschen Vertriebenen. Keine Täter – sondern Opfer, 5. Aufl. Graz 2005; *Peter Glotz*, Die Vertreibung. Böhmen als Lehrstück, Berlin 2004; *Heinz Nawratil*, Schwarzbuch der Vertreibung 1945 bis 1948. Das letzte Kapitel unbewältigter Vergangenheit, 4. Aufl., München 1999. – Zur polnischen Sicht *Klaus Bachmann/Jerzy Kranz* (Hrsg.), Verlorene Heimat. Die Vertreibungsdebatte in Polen, Bonn 1998.

[337] Originalwortlaut: "XIII: Orderly Transfer of German Populations. The Conference reached the following agreement on the removal of Germans from Poland, Czechoslovakia and Hungary: – The three Governments, having considered the question in all its aspects, recognise that the transfer to Germany of German populations, or elements thereof, remaining in Poland, Czechoslovakia and Hungary, will have to be undertaken. They agree that any transfers that take place should be effected in an orderly and humane manner."

war Zufluchtsort der Flüchtlinge aus der Sowjetischen Besatzungszone Deutschlands und aus der späteren DDR[338] allein die Bundesrepublik.

Die genannten massenhaften Bevölkerungsverschiebungen haben jedoch nicht automatisch zu massenhaften Staatsangehörigkeitsproblemen geführt; denn: Wer die deutsche Staatsangehörigkeit im Zeitpunkt der Flucht oder der Vertreibung besaß, hat durch diese Ereignisse zwar seine Heimat verloren, nicht aber seine deutsche Staatsangehörigkeit. Unstrittig ist heute auch (abweichend von der früheren Rechtspraxis), dass selbst ein Gebietswechsel zwischen zwei Staaten nicht automatisch zum Verlust der bisherigen Staatsangehörigkeit der dort Ansässigen führt, es sei denn, dass durch völkerrechtlichen Vertrag zwischen den betreffenden Staaten ein solcher Staatsangehörigkeitsverlust vereinbart wurde (in der Regel wird in diesem Fall eine Optionsmöglichkeit vereinbart).[339]

Bei den in Art. 116 Abs. 1 GG genannten Flüchtlingen und Vertriebenen geht es also nicht um alle deutschen Flüchtlinge und Vertriebenen, sondern nur um diejenigen Flüchtlinge und Vertriebenen deutscher Volkszugehörigkeit, die – anders als die meisten deutschen Flüchtlinge und Vertriebenen – nicht ohnehin schon die deutsche Staatsangehörigkeit besitzen. Deutsche Staatsangehörigkeit und Eigenschaft als Statusdeutscher schließen einander aus.[340] Ein deutscher Staatsangehöriger kann nicht zugleich Statusdeutscher sein, und ein Statusdeutscher kann nicht zugleich deutscher Staatsangehöriger sein. Eine Parallele besteht begrifflich nur insofern, als ein Statusdeutscher (ebenso wie ein deutscher Staatsangehöriger) nicht zugleich Ausländer oder Staatenloser sein kann. „Statusdeutscher“ ist also ein eigenständiger Rechtsbegriff. Dieser steht allerdings nicht in Äquidistanz zwischen dem Begriff des Ausländers und dem Staatenlosen auf der anderen Seite. Die Nähe zur deutschen Staatsangehörigkeit ergibt sich aus der weitgehenden rechtlichen Gleichstellung von Statusdeutschen und deutschen Staatsangehöri-

338 In der Amtsprache der DDR: „Republikflüchtlinge“.

339 Vgl. dazu *Jost Delbrück*, in: Georg Dahm/Jost Delbrück/Rüdiger Wolfrum, Völkerrecht, 2. Aufl. Bd. I/2, Berlin 2002, § 89 (Staatsangehörigkeit und Gebietsveränderung).

340 *Christoph Vedder*, in: Ingo von Münch/Philip Kunig (Hrsg.), Grundgesetz-Kommentar, Bd. 3, 4./5. Aufl., München 2003, Art. 116 Rn. 36.

gen.[341] Wegen dieser Nähe ist deshalb auch der Ausdruck „Als-ob-Deutsche“ für Statusdeutsche geprägt worden.[342] Jedoch ist dieser Ausdruck zumindest schief, wenn nicht sogar falsch, weil die Status-Deutschen nach dem ausdrücklichen und insoweit eindeutigen Wortlaut des Art. 116 Abs. 1 GG ohne Einschränkung „Deutsche“ im Sinne des Grundgesetzes sind. Richtig aber zu umständlich und daher nicht gebräuchlich wäre deshalb der Ausdruck „Als-ob-deutscher-Staatsangehöriger“.

Art. 116 Abs. 1 GG ist mit der darin enthaltenen Regelung hinsichtlich der deutschen Volkszugehörigen – wie der Ort der Bestimmung im (XI.) Grundgesetzabschnitt „Übergangs- und Schlußbestimmungen“ zeigt – als Übergangsvorschrift gedacht gewesen.[343] Sinn und Zweck dieser Bestimmung war, wie das Bundesverwaltungsgericht wiederholt zum Ausdruck gebracht hat, „das aufgrund der Folgen des 2. Weltkrieges ungewisse staatsangehörigkeitsrechtliche Schicksal vertriebener Volksdeutscher einschließlich ihrer Familienangehörigen aufzufangen, die mit ihnen im Gebiet des Deutschen Reiches nach dem Stande vom 31. Dezember 1937 Aufnahme gefunden haben, indem ihnen familieneinheitlich ein angemessener, ihre Eingliederung ermöglichender Status verschafft wird, der sie den deutschen Staatsangehörigen weitgehend gleichstellt und sie zu einem Teil des deutschen Staatsvolkes macht.“[344] In der Tat hat Art. 116 Abs. 1 GG eine wichtige Rolle bei der Bewältigung staatsangehörigkeitsrechtlicher Fragen in der Nachkriegszeit gespielt.[345] Die Geschichte dieser Bestimmung seit ihrer Aufnahme in das Grundgesetz im Jahre 1949 ist zugleich ein Beispiel dafür, dass Übergänge lange dauern können („Nichts ist beständiger als ein Provisorium“); denn erst mehr als fünfzig Jahre später, nämlich durch § 40a des Gesetzes zur Reform des Staatsangehörigkeitsrechts (StARG) vom 15. Juli 1999, haben alle Statusdeutschen mit Wirkung vom 1. August 1999 automatisch die deutsche Staatsangehörigkeit erworben (so genannte Überleitung).[346]

[341] Vgl. dazu BVerfGE 37, 217 ff. (S. 252: „… grundsätzlich den deutschen Staatsangehörigen gleichgestellt“); *Christoph Vedder,* (Anm. 340), Art. 116 Rn. 4–8.

[342] Hinw. dazu bei *Günter Renner*, H/R, Art. 116 GG Rn. 1.

[343] *Christoph Vedder* (Anm. 340), Art. 116 Rn. 1.

[344] BVerwGE 90, 173 ff. (174/175).

[345] *Christoph Vedder* (Anm. 340), Art. 116 Rn. 1.

[346] Wortlaut des § 40a Satz 1: „Wer am 1. August 1999 Deutscher im Sinne des

Für diejenigen Statusdeutschen, die nicht unter diese Stichtagsregelung fielen, gilt nunmehr, dass sie die deutsche Staatsangehörigkeit mit der Ausstellung der Bescheinigung gemäß § 15 des Gesetzes über die Angelegenheiten der Vertriebenen und Flüchtlinge (Bundesvertriebenengesetz – BVFG) erwerben.

Die Notwendigkeit, sich für den Erwerb der deutschen Staatsangehörigkeit einbürgern zu lassen (wobei die Statusdeutschen allerdings einen Rechtsanspruch auf die Einbürgerung hatten – so genannte Anspruchseinbürgerung[347]), ist damit für die Statusdeutschen entfallen. Abgesehen von einer Sonderregelung für die Spätaussiedler (§ 40a Satz 2 StAG)[348] bedeutet dies, dass die bisher vorhandene Zweispurigkeit des Rechtsbegriffs „Deutscher" nunmehr abgelöst ist und deshalb nicht mehr existiert. Der besondere Rechtsstatus des so genannten Statusdeutschen gehört mithin praktisch der Vergangenheit an.[349] Dies ist nicht nur aus grundsätzlichen Erwägungen und um der Rechtsklarheit willen zu begrüßen, sondern auch deshalb, weil die Statusdeutschen zwar nach dem innerstaatlichen Recht der Bundesrepublik den deutschen Staatsangehörigen weitgehend gleichgestellt waren, aber nicht von vornherein sichergestellt werden konnte, dass auch ausländische Staaten die Statusdeutschen wie deutsche Staatsangehörige behandeln würden. Um den Statusdeutschen daraus resultierende Schwierigkeiten zu ersparen, wurden ihnen von der Bundesrepublik dieselben Reisepässe ausgestellt wie den deutschen Staatsangehörigen.[350] Auch wurde in bilaterale Ver-

Artikels 116 Abs. 1 des Grundgesetzes ist, ohne die deutsche Staatsangehörigkeit zu besitzen, erwirbt an diesem Tag die deutsche Staatsangehörigkeit".

[347] § 6 Staatsangehörigkeitsregelungsgesetz lautete: „(1) Wer auf Grund des Artikels 116 Abs. 1 des Grundgesetzes Deutscher ist, ohne die deutsche Staatsangehörigkeit zu besitzen, muß auf seinen Antrag eingebürgert werden, es sei denn, daß Tatsachen die Annahme rechtfertigen, daß er die innere oder äußere Sicherheit der Bundesrepublik oder eines deutschen Landes gefährdet. (2) Mit der Unanfechtbarkeit des die Einbürgerung ablehnenden Bescheides verliert der Antragsteller die Rechtsstellung eines Deutschen."

[348] Text des § 40a Satz 2: „Für einen Spätaussiedler, seinen nichtdeutschen Ehegatten und seine Abkömmlinge gilt dies nur dann, wenn ihnen vor diesem Zeitpunkt eine Bescheinigung gemäß § 15 Abs. 1 oder 2 des Bundesvertriebenengesetzes erteilt worden ist".

[349] Vgl. dazu ausführlich *Christoph Vedder* (Anm. 340), Art. 116 Rn. 52.

[350] Vgl. dazu § 1 Abs. 3 Paßgesetz vom 19.4.1986 (BGBl. 1986 I, S. 537): „Der

träge der Bundesrepublik Deutschland mit anderen Staaten meist eine Klausel aufgenommen, die im Zusammenhang mit der Erwähnung deutscher Staatsangehöriger den Art. 116 Abs. 1 GG zitierte.

In der Zeit von 1949 bis zur Neuregelung im Jahre 1999 gab der Rechtsstatus der Statusdeutschen Anlass zu zahlreichen Zweifelsfällen, die zu einer umfangreichen Rechtsprechung der Verwaltungsgerichte, insbesondere auch des Bundesverwaltungsgerichts, führten. Eindeutig war der Inhalt des Art. 116 Abs. 1 GG nur insoweit, als für das Vorliegen der Eigenschaft als Status-Deutscher drei Voraussetzungen erfüllt sein mussten, nämlich das Vorhandensein

1. der deutschen Volkszugehörigkeit,
2. der Vertriebenen- oder Flüchtlingseigenschaft, und
3. des Aufnahmetatbestandes.

Hinsichtlich aller dieser drei Begriffsmerkmale hat der Bundesgesetzgeber sich über viele Jahre hindurch um Präzisierung und Ausfüllung bemüht, wozu er auf der Grundlage des in Art. 116 Abs. 1 GG enthaltenen Gesetzesvorbehalts („vorbehaltlich anderweitiger gesetzlicher Regelung“) befugt war.[351] Die wichtigsten diesbezüglichen Regelungen brachten das Gesetz über die Angelegenheiten der Vertriebenen und Flüchtlinge (Bundesvertriebenengesetz – BVFG) vom 19. Mai 1953[352] mit mehreren Neufassungen[353], das Gesetz zur Regelung von Fragen der Staatsangehörigkeit vom 22. Februar 1955,[354] das Zweite Gesetz zur Regelung von Fragen der Staatsangehörigkeit vom 17. Mai 1956,[355] der Vertrag über die Herstellung der Einheit Deutschlands vom 31. August 1990 (Einigungsvertrag),[356] das Aus-

Paß darf nur Deutschen im Sinne des Artikels 116 Abs. 1 des Grundgesetzes ausgestellt werden ...“.

351 Ausführlich dazu Christoph Vedder (Anm. 340), Art. 116 Rn. 9; auch mit dem Hinweis auf die h.L., derzufolge Art. 116 Abs. 1 GG einer Begrenzung oder Aufhebung der Statuseigenschaft ohne Verfassungsänderung nicht entgegenstehe – m.E. problematisch; denn auch Übergangsvorschriften im Grundgesetz sind nur im Wege der ausdrücklichen Verfassungsänderung abänderbar, sofern sie nicht eine ausdrückliche Befristung enthalten.

352 BGBl. 1953 I, S. 201.

353 Neufassungen v. 23.10.1961 (BGBl. 1961 I, S. 1883), v. 3.9.1971 (BGBl. 1971 I, S. 1565) und v. 2.6.1993 (BGBl. 1993 I, S. 829).

354 BGBl. 1955 I, S. 65.

355 BGBl. 1956 I, S. 431.

356 BGBl. 1990 II, S. 889.

siedleraufnahmegesetz vom 28. Juni 1990,[357] das Kriegsfolgenbereinigungsgesetz vom 21. Dezember 1992,[358] das Gesetz zur Reform des Staatsangehörigkeitsrechts vom 15. Juli 1999[359] und das Zuwanderungsgesetz vom 20. Juni 2002[360].

Grundvoraussetzung für die Anerkennung als Statusdeutscher ist zunächst die deutsche Volkszugehörigkeit.[361] Um den Tatbestand des Art. 116 Abs. 1 GG zu erfüllen, muss die deutsche Volkszugehörigkeit nicht nur behauptet werden, sondern sie muss auch objektivierbar sein. Die entscheidende Legaldefinition in § 6 BVFG bestimmt demgemäß, dass deutscher Volkszugehöriger ist, „wer sich in seiner Heimat zum deutschen Volkstum bekannt hat, sofern dieses Bekenntnis durch bestimmte Merkmale wie Abstammung, Sprache, Erziehung, Kultur bestätigt wird". Die Existenz deutscher Volkszugehörigkeit setzt also ein subjektives Bekenntnis (eben das Bekenntnis zum deutschen Volkstum) voraus sowie objektive Bestätigungsmerkmale (wie Abstammung, Sprache etc.).[362] Das Vorliegen der objektiven Bestätigungsmerkmale, deren Aufzählung in der Legaldefinition des § 6 BVFG nur beispielhaft gemeint ist, nicht kumulativ, hat nur eine Indizwirkung (Hilfsfunktion) für die Annahme eines subjektiven Bekenntnisses. Das Bundesverfassungsgericht hat dazu festgestellt: „Je mehr solcher objektiver Merkmale vorliegen, umso näher liegt die Annahme des subjektiven Volkstumsbekenntnisses."[363]

Obwohl der Begriff „deutsche Volkszugehörigkeit" ein Rechtsbegriff ist und sein Inhalt deshalb im Wege juristischer Auslegung gefunden werden muss, so kann das oft nur schwer nachweisbare Bekenntnis zum deutschen Volkstum bei der Entscheidung eines konkreten Einzelfalls oft nur unter Berücksichtigung eines komplexen Bündels von verschiedenen, aber doch wieder miteinander zusammenhängenden Faktoren ermitteln werden. Familiäre, kulturelle, religiöse, historische, soziale und ökonomische Lebensbedingungen (nicht selten: Überlebensbedingungen) bilden insoweit ein komplexes, aber objektiv vor-

[357] BGBl. 1990 I, S. 1247.
[358] BGBl. 1992 I, S. 2094.
[359] BGBl. 1999 I, S. 1618.
[360] BGBl. 2002 I, S. 1989.
[361] Ausführlich dazu: *Christoph Vedder* (Anm. 340), Rn. 43–44.
[362] Siehe *Christoph Vedder* (Anm. 340), Art. 116 Rn. 43: „kumulative Kombination subjektiver und objektiver Merkmale".
[363] BVerfGE 59, 128 ff. [158].

handenes Geflecht. Da es sich bei den Volksdeutschen stets um eine ethnische Minderheit gehandelt hat (Beispiele: die Deutschen im Baltikum, im Banat, in Bessarabien, in der Bukowina, in Siebenbürgen, in Wolhynien und die Wolgadeutschen), muss auch die spezifische Situation der Angehörigen einer Minderheit im Mehrheitsstaat beachtet werden: Das Umfeld ethnischer Minderheiten kann sehr unterschiedlich geprägt sein – die mögliche Bandbreite reicht von Wertschätzung über Gleichgültigkeit bis hin zu Intoleranz, Feindseligkeit oder sogar Verfolgung. Je negativer das Umfeld von Volksdeutschen auf diese Minderheit reagiert, umso geringere Anforderungen dürfen an das Bekenntnis zum deutschen Volkstum gestellt werden: Art. 116 Abs. 1 GG verlangt für das Bekenntnis zum deutschen Volkstum keinen Heldenmut.

Als zusätzliche Voraussetzung der Eigenschaft als Statusdeutscher setzt Art. 116 Abs. 1 GG neben der deutschen Volkszugehörigkeit voraus, dass der/die Betreffende als Flüchtling oder als Vertriebener in dem in dieser Bestimmung genannten Gebiet Aufnahme gefunden hat. Die Eigenschaft als Flüchtling oder Vertriebener[364] liegt nur vor, wenn der deutsche Volkszugehörige seinen früheren Wohnsitz unfreiwillig, insbesondere durch Ausweisung oder Flucht, verloren hat. Für die Ereignisse im Jahre 1945 und die ersten Nachkriegsjahre ist der Kausalzusammenhang evident. Ein fortbestehender Vertreibungsdruck[365] kann aber auch für die späteren Jahre vermutet werden; denn: „Das Schicksal der in den Vertreibungsgebieten verbliebenen Angehörigen der deutschen Volksgruppen war zumindest bis Mitte der achtziger Jahre dadurch gekennzeichnet, dass sie meist unter Vereinsamung und sonstigen Beeinträchtigungen (geringschätzige Behandlung durch die übrige Bevölkerung, staatliche Assimilierungsbestrebungen, versteckte Schikanen, kleinliche oder schikanöse Behandlung durch Behörden u.a.) zu leiden hatten, die ihnen das Leben als Volksdeutsche erschwerten".[366] Deshalb können auch die sog. Aussiedler unter Vertreibungsdruck fallen.[367]

[364] Die Eigenschaft als Flüchtling oder Vertriebener wurde früher durch den „Vertriebenenausweis" bestätigt; zu dessen Bindungswirkung vgl. BVerfGE 45, 183 ff. [186].

[365] Vgl. dazu BVerwGE 52, 167 ff. [177]; 78, 147 ff. [148].

[366] Zutreffend *Günter Renner*, H/R, Art. 116 Rn. 46.

[367] Kritisch dazu aber *Hans Alexy*, Rechtsfragen des Aussiedlerzuzugs, NJW

Der Begriff „Aussiedler“ ist in Art. 116 Abs. 1 GG nicht erwähnt. Dieser Begriff gehört vielmehr zu den Personenkategorien, die vom Gesetzgeber in Ausgestaltung des in Art. 116 Abs. 1 GG enthaltenen Gesetzesvorbehaltes im Gesetz über die Angelegenheiten der Vertriebenen und Flüchtlinge (BVFG) genannt worden sind. Das BVFG kennt in seiner Neufassung die Begriffe „Vertriebener“ (§ 1 Abs. 1), „Aussiedler“ (§ 1 Abs. 2), „Heimatvertriebener“ (§ 2), „Sowjetzonenflüchtling“ (§ 3) und „Spätaussiedler“ (§ 4).[368] Die im BVFG alter Fassung noch enthaltene Personengruppe der „Umsiedler“ ist im BVFG neuer Fassung nicht mehr aufgeführt; gleiches gilt für die so genannten „Übersiedler“. Umsiedler war gemäß § 1 Abs. 2 a.F. BVFG, wer „aufgrund der während des Zweiten Weltkrieges geschlossenen zwischenstaatlichen Verträge aus außerdeutschen Gebieten oder während des gleichen Zeitraums aufgrund von Maßnahmen deutscher Dienststellen aus den von der deutschen Wehrmacht besetzten Gebieten umgesiedelt worden ist“; das zahlenmäßig wichtigste Beispiel hierfür war die Umsiedlung von Baltendeutschen. Als „Übersiedler“ wurde bezeichnet, wer aus dem Gebiet der ehemaligen DDR vor der Wiedervereinigung Deutschlands in die Bundesrepublik gekommen war.

Die Gegebenheit des Deutschen-Status setzt schließlich neben der deutschen Volkszugehörigkeit und neben der Zugehörigkeit zu einer der in § 1 BVFG genannten Personengruppen voraus, dass die betreffende Person „in dem Gebiete des Deutschen Reiches nach dem Stande vom 31. Dezember 1937 Aufnahme gefunden hat“. Die in Art. 116 Abs. 1 GG so gefasste Umschreibung des Aufnahmegebietes hat keine revisionistische oder revanchistische Bedeutung, sondern wiederholt nur wörtlich die von den Regierungen der USA, Großbritanniens und der Sowjetunion im Londoner Protokoll betreffend die Besatzungszonen in Deutschland und die Verwaltung von Groß-Berlin vom 12. September 1944 festgelegte Umschreibung Deutschlands.[369] Mit der Festlegung auf die Grenzen des Deutschen Reiches

1989, 2850 ff. Zur veränderten Einstellung des Gesetzgebers zum Vertreibungsdruck s. *Günter Renner*, H/R, Art. 116 Rn. 48. Zu späteren Entwicklungen auch *Ulrike Ruhrmann*, Reformen des Aussiedlerzuzugs, Berlin 1994.

[368] Zur Neufassung des § 4 BVFG vgl. unten Anm. 382.

[369] Originaltext: “Germany, within her frontiers as they where on the 31st December, 1937, will, for the purposes of occupation, be divided into three zones, one of

nach dem Stand vom 31. Dezember 1937 wollten die Alliierten 1944 wie auch der Grundgesetzgeber 1949 klarstellen, dass die nach jenem Datum zum Deutschen Reich hinzugekommenen Gebiete – nämlich Österreich, Sudetenland, Danzig, Westpreußen, Teile Oberschlesiens, Untersteiermark, Kärnten, Krain, Memelland, Eupen-Malmedy – als nicht zu Deutschland gehörend betrachtet wurden. Da die aus westdeutscher Sicht lange offen gewesene Frage der deutsch-polnischen Staatsgrenze inzwischen mit der Bestätigung der Oder-Neiße-Grenze endgültig geklärt ist und nachdem Deutschland seit dem 3. Oktober 1990 wieder vereinigt ist, kommt als Aufnahmegebiet nunmehr nur noch das Staatsgebiet der Bundesrepublik Deutschland in Betracht.

„Aufnahme" im Sinne des Art. 116 Abs. 2 GG bedeutet mehr als bloße Anwesenheit, nämlich Wohnsitz oder ständiger Aufenthalt.[370] Die Aufnahme als Flüchtlinge oder als Heimatvertriebener deutscher Volkszugehörigkeit setzt ein – wie immer im Einzelnen ausgestaltetes – Verwaltungsverfahren voraus.[371] Jedoch darf die Aufnahme nicht verweigert werden;[372] daraus folgt, dass die in Art. 116 Abs. 1 GG genannten Personen ein verfassungsmäßiges Recht auf Einreise in die Bundesrepublik besitzen. Auf keinen Fall darf das Aufnahmeverfahren für Flüchtlinge oder Heimatvertriebene deutscher Volkszugehörigkeit mit Asylverfahren für Ausländer und für Staatenlose verglichen werden, da es sich insoweit um zwei grundsätzlich wesensverschiedene Verfahren handelt.

Um Ehe und Familie des Volksdeutschen zu schützen, bezieht Art. 116 Abs. 1 GG Ehegatten und Abkömmlinge des Statusdeutschen in seine Geltung ein.[373] Voraussetzung dafür ist, dass Ehegatte und Abkömmlinge nicht selbst die deutsche Staatsangehörigkeit besitzen (in diesem Fall ist Art. 116 Abs. 1 GG insoweit von vornherein nicht einschlägig) oder nicht selbst auch Volksdeutsche sind (in diesem Fall bedarf es keiner Erstreckung der Geltung des Art. 116 Abs. 1 GG auf diese Person). Voraussetzung für die Einbeziehung

which will be allotted to each of the three Powers, and a special Berlin area, which will be under joint occupation by the three Powers." (UNTS Vol. 227 [1956], Nr. 532 S. 279 ff.); auch abgedruckt in: *Ingo von Münch* (Anm. 220), S. 25 ff.

370 *Christoph Vedder* (Anm. 340), Art. 116 Rn. 48 a.E.

371 *Christoph Vedder* (Anm. 340), Art. 116 Rn. 48.

372 *Christoph Vedder* (Anm. 340), Art. 116 Rn. 48.

373 Dazu und zum Folgenden *Christoph Vedder* (Anm. 340), Art. 116 Rn. 45–46.

der Ehegatten und Abkömmlinge in den Kreis der Statusdeutschen ist ferner, dass deren Flucht oder Vertreibung wegen dieser ihrer Verbindung mit einem deutschen Volkszugehörigen erfolgte.[374] Ein enger zeitlicher Zusammenhang mit der Aufnahme des Ehegatten deutscher Volkszugehörigkeit ist nicht erforderlich,[375] auch nicht eine gemeinsame Aufnahme im Aufnahmegebiet.

Je weiter das Geschehen des Zweiten Weltkriegs zeitlich zurückliegt und je stärker der Minderheitenschutz durch diesbezügliches innerstaatliches Recht oder durch völkerrechtliche Verträge normiert wird, umso geringer wird die Notwendigkeit einer Regelung wie der des Art. 116 Abs. 1 GG. Deshalb ist im staatsrechtlichen Schrifttum schon – mit erwägenswerten Gründen – vom „Ende legislatorischer Daseinsberechtigung" des Art. 116 Abs. 1 GG gesprochen worden.[376] Was speziell die Aussiedler betrifft, so sei „eine in Art. 116 Abs. 1 GG nicht erwähnte weitere Kategorie von Deutschen i.S. des GG geschaffen worden".[377] Dies sei „trotz des Gesetzesvorbehalts angesichts des Übergangscharakters des Art. 116 Abs. 1 GG zur Lösung kriegsbedingter staatsangehörigkeitsrechtlicher Probleme nach der seit 1990 eingetretenen endgültigen rechtlichen und politischen Bereinigung der großen Nachkriegs-Rechtsfragen und der Veränderungen in Osteuropa in systematischer, teleologischer und völkerrechtskonformer Auslegung nicht mit Art. 116 Abs. 1 GG zu vereinbaren".[378] Allerdings werde dieser Kritik durch die seit 1996 eingetretenen Gesetzesänderungen „insofern etwas von ihrer Schärfe genommen, als der Rechtsstatus der Spätaussiedler in der Realität eine privilegierte Einwanderungsregelung ist, für die der Deutschen-Status nicht wirklich relevant ist"[379].

Eine Bewertung des Art. 116 Abs. 1 GG aus heutiger Sicht kann einerseits nicht verkennen, dass es sich bei dieser Bestimmung um eine inzwischen bejahrte Übergangsvorschrift handelt. Andererseits

[374] BVerwG NJW 1990, 1228.
[375] BVerwGE 90, 173 ff. [176 ff.]; 90, 181 ff. [185].
[376] *Christoph Vedder* (Anm. 340), Art. 116 Rn. 59.
[377] *Christoph Vedder* (Anm. 340), Art. 116 Rn. 55. Zur einfachgesetzlichen Rechtsgrundlage (Kriegsfolgenbereinigungsgesetz und Neufassung des BVFG) s. *ders.* (Anm. 340), Art. 116 Rn. 10.
[378] *Christoph Vedder* (Anm. 340), Art. 116 Rn. 55.
[379] *Christoph Vedder* (Anm. 340), Art. 116 Rn. 55 a.E.

darf man aber die Augen nicht vor der Tatsache verschließen, dass jedenfalls diejenigen Nachfolgestaaten der UdSSR, die nicht Mitglieder der Europäischen Union sind, vermutlich noch auf lange Zeit weder rechtsstaatlich noch politisch gefestigt sind. Deshalb ist die zukünftige Behandlung der Menschen deutscher Volkszugehörigkeit in diesen Staaten ungewiss. Schon allein wegen dieser Ungewissheit sollte diesem Personenkreis die Tür zur Rückkehr in die Heimat ihrer Vorfahren offen gehalten werden. Schließlich geht es dabei nicht um eine marginale und deshalb vernachlässigenswerte Zahl; im Gegenteil: Allein im heutigen Russland leben noch rd. 600.000 Menschen deutscher Abstammung,[380] in den Staaten der ehemaligen UdSSR rund 1,3 Millionen.[381] Als Reform des Art. 116 Abs. 1 GG sollte daher nicht dessen ersatzlose Streichung erwogen werden, sondern nur die Ersetzung der Worte „in dem Gebiete des Deutschen Reiches nach dem Stande vom 31. Dezember 1937" durch „in dem Gebiet der Bundesrepublik Deutschland".

Hinsichtlich der „Spätaussiedler" wurden mit Wirkung vom 1. Januar 1993 einschneidende Restriktionen in dem neu geschaffenen § 4 BVFG eingeführt,[382] dies obwohl immer wieder – in anderen Zusammenhängen – betont wurde, die Bundesrepublik Deutschland sei ein Einwanderungsland. Nunmehr gilt eine so genannte Geburtsgrenze (Geburt vor dem 1. Januar 1993) und eine Beschränkung auf eine bestimmte festgelegte Jahresquote.[383] Angesichts der in den letzten Jahren erheblich geschrumpften Zahl der Spätaussiedler wird mit guten Gründen erwogen, das so genannte Wohnortezuweisungsgesetz abzuschaffen.[384] Das Gesetz, das die gleichmäßige Verteilung von Spätaussiedlern auf die Länder und Kommunen regelt, gilt für solche Spätaussiedler und deren Familien, die keine Arbeit in Deutschland haben und auf Sozialleistungen angewiesen sind. Das Gesetz zur Klarstellung des Spätaussiedlerstatus (Spätaussiedlerstatusgesetz) vom 30. August 2001 hat unter anderem durch Neufassung des § 6 Abs. 2 BVFG die Bedeutung von Kenntnissen der deutschen Sprache geklärt.

380 FAZ Nr. 51 v. 1.3.2006, S. 38.

381 Die WELT v. 14.2.2006, S. 2; dort auch der Hinw., dass die Zahl der Spätaussiedler – nach Einführung der obligatorischen Sprachtests im Jahre 2005 – massiv zurückgegangen ist.

382 Art. 1 Nr. 4 KfG. Text auch bei *Günter Renner*, H/R, Art. 116 Rn. 33.

383 Vgl. dazu *Günter Renner*, H/R, Art. 116 Rn. 31.

384 Notiz „Aussiedler dürfen frei wählen", FAZ Nr. 201 v. 30.8.2006, S. 4.

Die rechtliche Einordnung als Deutscher im Sinne des Grundgesetzes, also als deutscher Staatsangehöriger oder Statusdeutscher, bedeutet – wie die Staatsangehörigkeit jedes Staates – eine rechtliche Differenzierung gegenüber Ausländern.[385] Eine solche rechtliche Differenzierung ist nicht identisch mit gesellschaftlicher, politischer oder ökonomischer Abgrenzung. Solche Abgrenzungen haben in der Regel mehr mit unterschiedlicher Sprache, unterschiedlicher Religion, unterschiedlichem Bildungsniveau, unterschiedlichen Einkommensverhältnissen oder einfach unterschiedlichen Lebensgewohnheiten („Multikulturalismus") zu tun.

Die rechtliche Differenzierung, die heute eine Abgrenzung aber keine Ausgrenzung darstellt, folgt aus der Selbstständigkeit und Unabhängigkeit der Staaten, zu deren Essentiale neben eigenem Staatsgebiet und eigener Staatsgewalt ein eigenes Staatsvolk gehört. Solange ein „Weltstaat" Utopie bleibt, ist auch der „Weltbürger"[386] nur ein irrealer, wenn auch idealistischer Gedanke. Nicht zu übersehen ist allerdings, dass aufgrund zahlreicher internationaler Abkommen die Rechtsstellung der Ausländer an die der eigenen Staatsangehörigen immer mehr angenähert worden ist. Die Schaffung der EU-Bürgerschaft[387] ist dafür ein bedeutsames Beispiel.

Dennoch ist und bleibt das (nationale) Ausländerrecht auch zu Beginn des 21. Jahrhunderts noch ein in der Praxis wichtiges, umfangreiches Rechtsgebiet. In der Bundesrepublik Deutschland sind die Rechte und Pflichten der Ausländer in zahlreichen Bestimmungen völkerrechtlicher Verträge und deutscher Gesetze geregelt.[388] Wich-

[385] Zum Begriff und Gegenstand des so genannten Fremdenrechts s. *Jost Delbrück* (Anm. 339), § 95; *Karl Doehring*, Völkerrecht. Ein Lehrbuch, 2. Aufl., Heidelberg 2004, S. 374 ff.

[386] Als „Weltbürger Nr. 1" bezeichnete sich der US-Staatsbürger *Garry Davis*, der in der Zeit des Kalten Krieges in West-Berlin gegenüber vom Brandenburger Tor sein Zelt aufschlug.

[387] Dazu unten Abschn. XXV.

[388] Vgl. die Textausgabe Deutsches Ausländerrecht (Beck-Texte im dtv Nr. 5537), 20. Aufl., München 2005. – Umfassend: *Bertold Huber/Ralph Göbel-Zimmermann*, Ausländer- und Asylrecht, 2. Aufl. München 2007; *Günter Renner*, Ausländerrecht in Deutschland, München 1998; *Reinhard Marx*, Ausländer- und Asylrecht, 2. Aufl., Bonn 2005; *Klaus Sieveking*, Meine Rechte als Ausländer, München 2007. Historisch-politisch: *Ulrich Herbert*, Geschichte der Ausländerpolitik in Deutschland. Saisonarbeiter, Zwangsarbeiter, Gastarbeiter, Flüchtlinge, München 2001.

tigstes Gesetz hierzu war früher das Gesetz über die Einreise und den Aufenthalt von Ausländern im Bundesgebiet (Ausländergesetz – AuslG) vom 9. Juli 1990,[389] welches das Ausländergesetz vom 28. April 1965 außer Kraft gesetzt hatte, und ist nun das Gesetz über den Aufenthalt, die Erwerbstätigkeit und die Integration von Ausländern im Bundesgebiet (Aufenthaltsgesetz – AufenthG) vom 30. Juli 2004.[390]

Wer ist Ausländer? Eine landläufige Antwort auf diese Frage ist: „Jeder, der nicht die deutsche Staatsangehörigkeit sondern eine ausländische Staatsangehörigkeit besitzt." Diese scheinbar einleuchtende Aussage ist jedoch nicht ganz korrekt; denn gemäß der Legaldefinition in § 1 Abs. 1 AufenthG ist „Ausländer" „jeder, der nicht Deutscher im Sinne des Artikels 116 Abs. 1 des Grundgesetzes ist", also jeder, der weder die deutsche Staatsangehörigkeit besitzt noch Status-Deutscher ist. Ausländer sind nach jener Legaldefinition aber nicht nur ausländische Staatsangehörige sondern auch Staatenlose.

Staatenlos ist nach der Legaldefinition in Art. 1 Abs. 1 des Übereinkommens über die Rechtsstellung der Staatenlosen vom 28. September 1954[391] eine Person, „die kein Staat aufgrund seines Rechtes als Staatsangehörigen ansieht".[392] (Von diesen so genannten de iure-Staatenlosen werden die so genannten de facto-Staatenlosen unterschieden, die zwar formal eine Staatsangehörigkeit besitzen, deren Heimatstaat ihnen aber wegen Handlungsunfähigkeit oder aus politischen Gründen keinen diplomatischen Schutz gewährt.)[393] Zur de iure-Staatenlosigkeit kommt es insbesondere dann, wenn jemand seine bisherige Staatsangehörigkeit verliert, ohne gleichzeitig eine neue Staatsangehörigkeit zu erwerben, oder wenn jemand als Kind von staatenlosen Eltern in einem Staat geboren wird, dessen Staatsangehörigkeit nach dem Abstammungsprinzip erworben wird. Beispiele für den Verlust der bisherigen Staatsangehörigkeit ohne gleichzeitigen Erwerb einer neuen Staatsangehörigkeit sind die (Zwangs-) Ausbürgerung und der automatische Verlust der Staatsangehörigkeit

[389] BGBl. 1990 I, S. 1354 ff., mit zahlreichen Änderungen.
[390] BGBl. 2004 I, S. 1950 ff.
[391] Text des Übereinkommens: BGBl. 1976 II, S. 474 ff.
[392] Aus der Rspr. dazu s. BVerwGE 87, 11 ff. [14]; 101, 295 ff. [303].
[393] Vgl. dazu Kay Hailbronner, H/R, Grundlagen, F, Rn. 89.

bei Heirat mit einem Ausländer, ohne dadurch dessen Staatsangehörigkeit zu erwerben. Staatenlosigkeit kann aber auch die Folge eines Staatsunterganges sein oder einer Staatsgebietsveränderung (Annexion oder Abtretung eines Gebietes)[394] oder der Situation eines noch nicht völkerrechtlich anerkannten Staates, wie z.B. bisher Palästina.[395]

Für Ausländer, also sowohl für ausländische Staatsangehörige als auch für Staatenlose, gilt – wenn sie sich im Staatsgebiet der Bundesrepublik Deutschland aufhalten – grundsätzlich die deutsche Rechtsordnung wie für Deutsche. Dies folgt aus dem völkerrechtlichen Grundsatz der Gebietshoheit. Jedoch sind auch rechtliche Regelungen vorhanden, die an die Eigenschaft als Deutscher anknüpfen, und umgekehrt gibt es Regelungen, die nur für Ausländer gelten.[396] Beispiele für die erstgenannte Kategorie sind die so genannten Deutschengrundrechte,[397] insbesondere das Verbot der Entziehung der deutschen Staatsangehörigkeit (Art. 16 Abs. 1 Satz 1 GG) und das – allerdings durch das 47. Änderungsgesetz zum Grundgesetz mit Wirkung vom 2. Dezember 2000 eingeschränkte[398] – Verbot der Auslieferung Deutscher an das Ausland (Art. 16 Abs. 2 Satz 1 GG) sowie die

[394] Zur Staatennachfolge allgemein: *Christine Kreuzer*, Staatsangehörigkeit und Staatensukzession, Berlin 1998.

[395] Dazu: BVerwGE 92, 116 ff., BVerwG StAZ 1994, 82 f.

[396] Die Tendenz jedenfalls im rechtswissenschaftlichen Schrifttum geht dahin, die Unterschiede einzuebnen. So z.B. hinsichtlich der Regelung des deutschen Transsexuellengesetzes, dass nur deutsche Staatsangehörige oder Personen mit deutschem Personalstatut den Antrag auf Anerkennung einer Geschlechtsumwandlung stellen dürfen, *Jürgen Basedow/Jens M. Scherpe* (Hrsg.), Transsexualität, Staatsangehörigkeit und internationales Privatrecht, Tübingen 2004; so jetzt auch BVerfG Beschluss v. 18.7.2006, BVerfGE 116, 243 ff. = NJW 2007, 900 ff. = StAZ 2007, 9 ff. m. Anm. *Markus Roth*, S. 17.

[397] Zur Frage, ob auch im Bereich von Deutschengrundrechten Ausländern über Art. 1 Abs. 1, Art. 2 Abs. 1 und Art. 3 Abs. 1 GG ein Grundrechtsschutz zusteht, vgl. *Michael Sachs*, Ausländergrundrechte im Schutzbereich von Deutschengrundrechten, BayVBl. 1990, 385 ff. – Zum Grundrechtsschutz der Ausländer insgesamt: *Helmut Quaritsch*, Der grundrechtliche Status der Ausländer, in: Josef Isensee/Paul Kirchhof, Hdb. des Staatsrechts der Bundesrepublik Deutschland, Bd. V, Heidelberg 1992, § 120.

[398] Ergänzung des Art. 16 Abs. 2 um Satz 2. Ausführende gesetzliche Regelung im (neuen) Europäischen Haftbefehlsgesetz vom 20.7.2006 (BGBl. 2006 I, S. 1537). Aus der Rspr. dazu vgl. z.B. OLG Stuttgart NJW 2007, 613 ff.; OLG Karlsruhe NJW 2007, 615 ff.; OLG Stuttgart NJW 2007, 1702 ff.

Wehrpflicht; ein Beispiel für ein nur Ausländern zukommendes Recht ist das Asylrecht für politisch Verfolgte (Art. 16a Abs. 1 GG).

Ausnahmsweise kann auch die Auslegung einunddderselben Norm unterschiedlich ausfallen, je nachdem, ob die Anwendung dieser Norm im konkreten Einzelfall Deutsche oder Ausländer betrifft. Als Beispiel hierfür kann das Grundrecht der Informationsfreiheit (Art. 5 Abs. 1 Satz 1 Halbs. 2 GG) genannt werden. In der Rechtsprechung hat dieses als Menschenrecht gewährleistete Grundrecht („Jeder hat das Recht ..., sich aus allgemein zugänglichen Quellen ungehindert zu unterrichten") im Hinblick auf den Empfang von Fernsehsendungen aus dem Ausland vermittels von Parabolantennen eine differenzierende Beurteilung je nachdem erfahren, ob deutsche oder ausländische Mieter für die Installation von Parabolantennen die Zustimmung des Hauseigentümers einforderten.[399]

Die Existenz unterschiedlicher Regelungen kann jedoch nicht über die Tatsache hinwegtäuschen, dass die ganz überwiegende Mehrheit der in der Bundesrepublik Deutschland geltenden Gesetze, vor allem das Bürgerliche Gesetzbuch und das Strafgesetzbuch, für Ausländer genauso gelten wie für Deutsche. So darf, um nur ein Beispiel zu nennen, die Ausländereigenschaft grundsätzlich weder strafverschärfend (etwa wegen Verletzung eines so genannten „Gastrechts") noch strafmildernd (etwa weil Angeklagte „als Ausländer erhöht strafempfindlich" seien[400]) berücksichtigt werden.[401] Der wesentliche Unterschied zwischen der Rechtsstellung des Deutschen einerseits und der des Ausländers andererseits besteht demgemäß heute fast nur noch in der für Ausländer geltenden besonderen Regelung der Einreise (z.B. der Passpflicht), des Aufenthalts (Erfordernis eines Aufenthaltstitels) und der Beendigung des Aufenthalts (z.B. durch Ausweisung, Abschiebung und Auslieferung)[402]. Traditionell wird in allen

[399] Vgl. dazu BVerfGE 90, 27 ff. (Leitsatz 4: „Das Interesse ständig in Deutschland lebender Ausländer am Empfang von Rundfunkprogrammen ihrer Heimatländer ist bei der Abwägung zwischen den Mieter- und Vermieterbelangen zu berücksichtigen. Ein Verstoß gegen den Gleichheitsgrundsatz liegt darin nicht."). Weitere Hinw. in: BGH NJW 2006, 1062 ff. (1064); dieses Urteil betraf allerdings deutsche Mieter polnischer Herkunft.

[400] So LG Schweinfurt, zit. in BGH Urt. v. 9.9.1997, NJW 1998, 690.

[401] Zutreffend BGH (Anm. 400), S. 690.

[402] Vgl. dazu das Gesetz v. 3.11.1964 zu dem Europäischen Auslieferungsübereinkommen v. 13.12.1957 und zu dem Europäischen Übereinkommen v. 20.4.1959

Staaten[403] die Ausübung bestimmter Ämter und Berufe den eigenen Staatsangehörigen vorbehalten, mit der beabsichtigten Folge, dass Ausländer von diesen Ämtern und Berufen ausgeschlossen sind. So zeigt z.B. für die USA eine Aufstellung aus dem Jahr 1977, dass damals alle Staaten der USA Gesetze aufwiesen, die die Ausübung zahlreicher Berufe für ihre eigenen Staatsangehörigen oder für solche Ausländer, die ihre Absicht zur Einbürgerung in die USA erklärt hatten, reservierten. Der Ausschluss von Ausländern betraf die folgenden Berufe: Buchhalter (34 Staaten), Architekten (14 Staaten), Rechtsanwälte (44 Staaten), Friseure (5 Staaten), Heilpraktiker (17 Staaten), Kosmetiker (5 Staaten), Zahnärzte (32 Staaten), Zahnhygieniker (22 Staaten), Leichenzubereiter („embalmers", 24 Staaten), Ingenieure (9 Staaten), „manicurists" (5 Staaten), Hebammen (9 Staaten), Krankenschwestern (9 Staaten), Augenärzte (5 Staaten), Optiker (18 Staaten), Apotheker (27 Staaten), Physiotherapeuten (16 Staaten), Ärzte (34 Staaten), Krankenpfleger (12 Staaten), Orthopäden (14 Staaten), Psychologen (18 Staaten), Lehrer (14 Staaten) und Tierärzte (29 Staaten).[404] Zwischenzeitlich wurden jedoch, nicht nur in den USA sondern in den meisten Staaten der Erde, immer mehr Berufe durch internationale Verträge und durch nationale Gesetze für Ausländer geöffnet. Signifikantes Beispiel hierfür sind die einschlägigen Diskriminierungsverbote des EG-Vertrages und innerhalb der EU. So beabsichtigt die Europäische Kommission, die Bundesrepublik Deutschland (wie auch Belgien, Frankreich, Griechenland, Luxemburg und Österreich) beim Europäischen Gerichtshof zu verklagen, weil in diesen Staaten nur eigene Staatsangehörige den Beruf des Notars ausüben dürfen; nach Auffassung der Kommission verstößt diese Vorgabe gegen die Niederlassungsfreiheit des Binnenmarktes.[405]

über die Rechtshilfe in Strafsachen (BGBl. 1964 II, S. 1369 ff.) – Allgemein: *Hellmuth Hecker*, Auslieferungsverträge und Staatsangehörigkeit, AVR Bd. 26 (1988) S. 216 ff.

[403] Zu Gemeinsamkeiten und Unterschieden: *Jochen A. Frowein/Joachim Wolf* (Hrsg.), Ausländerrecht im internationalen Vergleich, Heidelberg 1985.

[404] Zitiert nach *Siegfried Wiessner*, Die Funktion der Staatsangehörigkeit, Tübingen 1989, S. 303, auch unter Hinw. auf schon damals laufende Änderungsbestrebungen.

[405] Dazu *Stephan Schill*, Staatsangehörigkeitsvorbehalt für Notare und europäische Niederlassungsfreiheit, NJW 2007, 2014 ff.

Wenn hier und anderswo von „der Rechtsstellung der Ausländer" die Rede ist, so muss dabei stets beachtet werden, dass die Ausländer rechtlich gesehen keine einheitliche Gruppe bilden, sondern dass für verschiedene Gruppe von Ausländern wiederum unterschiedliche Regelungen existieren. Beispiele für solche rechtlich unterschiedlich behandelte Gruppen von Ausländern sind: ausländische Staatsoberhäupter und ausländische Regierungsmitglieder; ausländische Diplomaten und ausländische Konsuln; Staatsangehörige der EU-Staaten (so genannte EU-Bürger); Asylberechtigte; Ausländer aus den so genannten Anwerbeländern; heimatlose Ausländer. Einen speziellen Rechtsstatus haben auch die ausländischen Flüchtlinge.

XIII. Die Reform des deutschen Staatsangehörigkeitsrechts im Jahre 1999 (I): Erste Initiativen

In der Zeit bis zur Wiedervereinigung war aus politisch und rechtlich verständlichen Gründen an eine umfassende Reform des Staatsangehörigkeitsrechts der Bundesrepublik Deutschland nicht zu denken. Mit dem Fall der Mauer war diese Barriere beseitigt. Zutreffend war deshalb die Feststellung eines vorzüglichen Kenners und Praktikers des deutschen Staatsangehörigkeitsrechts: „Nach der Wiedervereinigung besteht Veranlassung, das in zahlreiche Einzelregelungen zersplitterte Staatsangehörigkeitsrecht insgesamt zu renovieren. Renovieren in dem Sinne, daß seine Wurzeln pfleglich behandelt werden und es gleichzeitig dort weiterentwickelt wird, wo sich dringende Fragen ergeben haben."[406]

Im politischen Zusammenhang mit dem so genannten Asylkompromiss zwischen der damaligen Bundesregierung und der Opposition[407] und nach vorangegangenen Bemühungen einiger Länder, z.B. der Gesetzesinitiative der Länder Berlin, Bremen, Hamburg, Nordrhein-Westfalen, Saarland und Schleswig-Holstein im Bundesrat,[408] beschloss der Bundestag am 26. April 1990 mit dem Ausländergesetz ein umfassendes Gesetz zur Neuregelung des Ausländerrechts, das am 14. Juli 1990 verkündet wurde und am 1. Januar 1991 in Kraft getreten ist.[409] Für das Staatsangehörigkeitsrecht brachte der 7. Abschnitt des Gesetzes unter der Überschrift „Erleichterte Einbürgerung" (§§ 85 ff.) in § 85 die erleichterte Einbürgerung junger Ausländer, in § 86 die erleichterte Einbürgerung von Ausländern mit langem Aufenthalt, und in § 87 die Einbürgerung auch unter Hinnahme von

406 *Rolf W. Meireis*, Aspekte einer Neuregelung des deutschen Staatsangehörigkeitsrechts. Oder ein Versuch, über der Betrachtung von Bäumen den Wald nicht aus den Augen zu verlieren, StAZ 1994, 241 ff. (244).

407 Für die Änderung des Grundgesetzes (Ersetzung des Art. 16 a.F. GG durch Neueinführung des Art. 16a GG) benötigte die Regierungskoalition aus CDU/CSU und FDP die Stimmen der SPD, die nur mit einer Konzession auf dem Gebiet des Ausländerrechts zu erhalten waren.

408 Bundesrats-Drucks. 408/89 v. 26.7.1989 (Entwurf eines Vierten Gesetzes zur Regelung von Fragen der Staatsangehörigkeit). Schon früher: Gesetzesinitiative des Landes Nordrhein-Westfalen, Bundesrats-Drucks. 52/80 v. 29.1.1980.

409 BGBl. 1990 I, S. 1354 ff.

mehrfacher Staatsangehörigkeit. Die Gebühr für diese Einbürgerung wurde in § 90 auf niedrige DM 100,– festgesetzt.

Obgleich mit diesen Neuregelungen dem Hauptanliegen der damaligen Bestrebungen zur Reform des deutschen Staatsangehörigkeitsrechts, nämlich der Ausweitung der Möglichkeit der Einbürgerung und der Relativierung des Hindernisses der Mehrstaatigkeit, Rechnung getragen wurde, waren damit die Bestrebungen zur Änderung des Staatsangehörigkeitsrechts nicht gestoppt.

So sah bereits die Koalitionsvereinbarung von CDU/CSU und FDP vom 16. Januar 1991 vor, es solle in dieser (12.) Legislaturperiode eine „umfassende Reform des Staatsangehörigkeitsrechts in Angriff genommen werden". Die Realisierung dieses Vorhabens scheiterte jedoch wegen erheblicher Meinungsverschiedenheiten innerhalb der Koalition über die Frage der doppelten Staatsangehörigkeit, die auch später einen der wesentlichen „Knackpunkte" aller Bemühungen der verschiedenen Seiten bildete.

Einen eigenen „Entwurf eines Gesetzes zur Änderung und Ergänzung des Staatsangehörigkeitsrechts" legte die damalige Beauftragte der Bundesregierung für die Belange der Ausländer, Cornelia Schmalz-Jacobsen, am 4. Februar 1993 vor.[410] Grundsätze dieses Entwurfs waren insbesondere der Übergang zu einer Mischform von „ius sanguinis" und „ius soli" (in Deutschland geborene Kinder von Ausländern sollten automatisch die deutsche Staatsangehörigkeit erwerben, wenn beide Elternteile ihren Lebensmittelpunkt in Deutschland haben), die staatsangehörigkeitsrechtliche Gleichstellung der nichtehelichen Kinder eines deutschen Vaters mit den nichtehelichen Kindern einer deutschen Mutter, die Einführung weitergehender und neuer Rechtsansprüche auf Einbürgerung sowie die Abkehr vom Grundsatz der Vermeidung doppelter Staatsangehörigkeit. Vom 10. März 1993 datiert ein von der Fraktion der SPD im Bundestag vorgelegter „Entwurf eines Gesetzes zur Erleichterung und Hinnahme der Doppelstaatsangehörigkeit".[411] Als Problem wird im Deckblatt genannt: „Längerfristiger Abschluß der Integration des endgültig eingewanderten ausländischen Bevölkerungsteils mit Ge-

[410] Text in: Mitt. der Beauftragten der Bundesregierung für die Belange der Ausländer v. 4.2.1993.

[411] Bundestags-Drucks. 12/4533.

währleistung seiner gleichberechtigten Teilhabe an der staatlichen Willensbildung durch staatsangehörigkeitsrechtliche Eingliederung." Die Lösung des Problems in dem Entwurf wird zusammengefasst mit „a) Einführung des Territorialprinzips für die Angehörigen der dritten Ausländergeneration. Aufgabe der Differenzierung zwischen ehelichen und nichtehelichen Kindern. b) Schaffung eines Einbürgerungsanspruchs für die hier aufgewachsenen Angehörigen der zweiten Ausländergeneration sowie für die seit über acht Jahren hier lebenden Ausländerinnen und Ausländer; Hinnahme von Mehrstaatigkeit. c) Schaffung eines Einbürgerungsanspruchs für deutsch-verheiratete Einbürgerungsbewerber, der von der Aufgabe der bisherigen Staatsangehörigkeit unabhängig ist. d) Schaffung klarer gesetzlicher Voraussetzungen bei der Ermesseneinbürgerung unter Einengung der bisherigen Ermessenspielräume. e) Senkung der Einbürgerungsgebühren."

Wiederum nur drei Monate später folgte eine Initiative des Landes Niedersachsen. Der von Niedersachsen am 9. Juni 1993 eingebrachte „Entwurf eines Gesetzes zur Änderung und Ergänzung des Staatsangehörigkeitsrechts"[412] lag im Wesentlichen auf der Linie der Gesetzesentwürfe der Ausländerbeauftragten der Bundesregierung und der SPD-Bundestagsfraktion, ging aber im Einzelnen noch darüber hinaus.[413] Ministerpräsident des Landes Niedersachsen war zu jener Zeit Gerhard Schröder (SPD). Deshalb ist nicht uninteressant, dass im Vorblatt zu dem niedersächsischen Gesetzesentwurf (unter „C. Alternativen") der Entwurf der SPD-Bundestagsfraktion wie folgt kommentiert wird: „Dem Deutschen Bundestag liegt ein Entwurf der Fraktion der SPD für ein Gesetz zur Erleichterung der Einbürgerung und Hinnahme von Doppelstaatsangehörigkeit (Bundestags-Drs. 12/4533) vor, der zutreffende Ansätze enthält, jedoch nur längerfristige Perspektiven für den Abschluß der staatsangehörigkeitsrechtlichen Integration des deutschen Bevölkerungsanteils ohne deutsche Staatsangehörigkeit aufzeigt."

Angesichts jener vielfältigen Initiativen hätte die Annahme nahe liegen können, dass auch die aus Mitgliedern des Bundestages und des

[412] Bundesrats-Drucks. 402/93.

[413] Vgl. z.B. § 10 des Entwurfs betr. Einbürgerung eines ausländischen Kindes, das binnen eines Jahres nach der Geburt zum Zwecke der Familienzusammenführung in den Geltungsbereich dieses Gesetzes eingereist ist.

Bundesrates zusammengesetzte Gemeinsame Verfassungskommission[414] sich des Themas Reform des Staatsangehörigkeitsrechts intensiv angenommen hätte. Dies war jedoch nicht der Fall. Der Kommission lagen lediglich zwei Anträge dazu vor.[415] Das (damals von einer Koalition SPD/DIE GRÜNEN geführte) Land Hessen schlug vor, Art.16 Abs. 1 GG wie folgt neu zu fassen: „Die deutsche Staatsangehörigkeit wird erworben, wenn die Geburt im Geltungsbereich des Grundgesetzes erfolgt und ein Elternteil ein gesichertes Daueraufenthaltsrecht besitzt oder wenn ein Elternteil die deutsche Staatsangehörigkeit innehat. Das Nähere regelt ein Gesetz." Der Antrag, über den in der Sitzung am 17. Juni 1993 abgestimmt wurde, erhielt bei 17 Ja-Stimmen, 22 Nein-Stimmen und 10 Enthaltungen nicht die erforderliche Zweidrittelmehrheit. Abgelehnt wurde auch ein Antrag der PDS/Linke Liste zur umfassenden Änderung des Art. 116 GG, insbesondere mit dem Inhalt, dass Bürger im Sinne der Verfassung jeder deutsche Staatsangehörige ist und jeder Ausländer, der seit mindestens fünf Jahren seinen Wohnsitz in Deutschland hat.

[414] Die Einsetzung der Kommission war vom Bundestag auf seiner 61. Sitzung der 12. Wahlperiode am 28.11.1991 beschlossen worden.

[415] Texte in: Bericht der Gemeinsamen Verfassungskommission v. 5.11.1993. Deutscher Bundestag, Drucks. 12/6000, S. 112. Pro- und Contra-Argumente zur vorgeschlagenen Grundgesetzänderung dortselbst, S. 113.

XIV. Die Reform des deutschen Staatsangehörigkeitsrechts im Jahre 1999 (II): Entwurf einer Kinderstaatszugehörigkeit

Trotz aller dieser verschiedenen Initiativen kam es in der 12. Wahlperiode des Bundestages zu keiner Einigung. Ein neuer Anlauf wurde in der 13. Wahlperiode gestartet. Die Koalitionsvereinbarung von CDU/CSU und FDP vom 11. November 1994 überraschte mit dem Vorschlag, für Kinder der dritten Ausländergeneration eine „deutsche Kinderstaatszugehörigkeit" einzuführen.[416] Voraussetzung für deren Erwerb sollte sein, dass mindestens ein Elternteil in Deutschland geboren wurde, dass beide Eltern sich vor der Geburt des Kindes zehn Jahre rechtmäßig in Deutschland aufgehalten haben und eine unbefristete Aufenthaltsgenehmigung besitzen. In diesem Fall sollte das Kind mit der Geburt die deutsche Kinderstaatszugehörigkeit zusätzlich zu der elterlichen Staatsbürgerschaft hinzuerwerben. Auf Antrag beider Elternteile sollte der Erwerb der deutschen Kinderstaatszugehörigkeit von der zuständigen deutschen Stelle festgestellt werden, mit der Folge, dass die betreffenden Kinder die gleichen Ausweispapiere wie deutsche Minderjährige erhalten sollten. Nachzugsmöglichkeiten im Sinne von Familienzusammenführung sollten jedoch daraus nicht abgeleitet werden können. Zur Vermeidung einer späteren doppelten Staatsangehörigkeit enthielt die Koalitionsvereinbarung schließlich den Eckpunkt: „Die deutsche Kinderstaatszugehörigkeit erlischt kraft Gesetzes, wenn nicht binnen eines Jahres nach Vollendung des 18. Lebensjahres das Erlöschen der weiteren Staatsbürgerschaft nachgewiesen wird. Wird dies nachgewiesen, wandelt sich die deutsche Kinderstaatszugehörigkeit in die deutsche Staatsbürgerschaft um." Wegen der zur Umwandlung der Kinderstaatszugehörigkeit in die deutsche Staatsangehörigkeit erforderlichen Entlassung aus der bisherigen Staatsangehörigkeit des Kindes werde – so verlautete aus dem Bundesministerium des Innern – die Bundesregierung darauf hinarbeiten, dass die Herkunftsländer hierfür Verfahrenserleichterungen vorsehen.

[416] Koalitionsvereinbarung S. 41 f. – Überblick über die geplante Regelung z.B. bei *Günter Bannas*, Ein gut verpackter Kompromiß. Was die „Kinderstaatszugehörigkeit" wirklich bringt, ist noch unklar, FAZ Nr. 274 v. 25.11.1994, S. 14; *Sabine Leutheusser-Schnarrenberger*, Liberale Rechtspolitik in der 13. Legislaturperiode, ZRP 1995, 81 ff. (85).

Die vom damaligen Bundeskanzler Helmut Kohl als „kluge Formel“[417] bewertete Vorstellung einer deutschen Kinderstaatszugehörigkeit stieß alsbald im politischen Raum auf scharfe Ablehnung und begegnete im verfassungsrechtlichen Schrifttum Bedenken.[418] So kritisierte die Sprecherin der Bundestagsfraktion von Bündnis 90/ DIE GRÜNEN, Kerstin Müller, die von der Koalition vereinbarte Kinderstaatsbürgerschaft schaffe Einwanderer „erster, zweiter und dritter Klasse: Ausländer, Doppelbürger auf Zeit und Eingebürgerte“. Die Gräben zwischen Deutschen und Eingewanderten würden „vertieft“, jene Konstruktion bewirke, dass Einwanderer „ auch weiterhin nicht zu dieser Gesellschaft gehören“. Die stellvertretende SPD-Vorsitzende Herta Däubler-Gmelin kommentierte den Vorschlag der Koalition mit den Worten, die Regierungsmehrheit, sei „nicht in der Lage, das lange bekannte Problem zu lösen“ und offenbare damit ihren „traurigen Zustand und ihre Unfähigkeit“. Das Bündnis türkischer Einwanderer tadelte das Modell der Kinderstaatszugehörigkeit als „lächerlichen Kompromiss“ und „bittere Enttäuschung“. Die Interessengemeinschaft bi-nationaler Familien und Partnerschaften rügte die Absicht, „Ein-Bißchen-Deutsche“ zu schaffen; dies sei „eine menschliche Frechheit und ein politisches Armutszeugnis“. Der Interkulturelle Rat sah in einer Kinderstaatszugehörigkeit eine „ausländerrechtliche Mogelpackung“.

Die Bedenken im verfassungsrechtlichen Schrifttum betrafen vor allem die in der Koalitionsvereinbarung vorgeschlagene Regelung, dass die geplante Kinderstaatszugehörigkeit kraft Gesetzes erlöschen sollte, wenn nicht binnen eines Jahres nach Vollendung des 18. Lebensjahres das Erlöschen der ausländischen Staatsangehörigkeit nachgewiesen wurde. Gestützt wurden diese verfassungsrechtlichen Bedenken mit dem Hinweis auf Art. 16 Abs. 1 GG: „Die deutsche Staatsangehörigkeit darf nicht entzogen werden.“[419] Voraussetzung

[417] Zitiert bei *Günter Bannas* (Anm. 416).

[418] Die folgenden Äußerungen sind zitiert bei *Helmut Löhlhöffel*, „Koalition schafft Bißchen-Deutsche“. Verbände lehnen befristete Staatsbürgerschaft ab, FR Nr. 266 v. 15.11.1994, S. 4.

[419] Hierzu und zur verfassungsrechtlichen Beurteilung von Optionsmodellen allgemein vgl. *Astrid Wallrabenstein*, Integration und Staatsangehörigkeit: Das Optionsmodell im deutschen Staatsangehörigkeitsrecht, in: *Konrad Sahlfeld* u.a. (Hrsg.), 43. Tagung der Assistenten des Öffentlichen Rechts: Integration und Recht, München 2003, S. 243 ff.

für die Anwendbarkeit dieser Bestimmung ist also, dass die „deutsche Kinderstaatszugehörigkeit" unter den Begriff „deutsche Staatsangehörigkeit" im Sinne des Art. 16 Abs. 1 GG zu subsumieren ist – eine Frage, die sich nicht leicht beantworten lässt. Saloppe Umschreibungen wie „Babystaatsbürgerschaft" oder „Schnupperstaatsbürgerschaft"[420] helfen insoweit juristisch nicht weiter. Der in der Koalitionsvereinbarung verwendete Ausdruck „deutsche Kinderstaatszugehörigkeit" ist jedenfalls mehrdeutig: Das Adjektiv „deutsche" spricht für Identität mit der („normalen") deutschen Staatsangehörigkeit, während das bisher ungebräuchliche Wort „Kinderstaatszugehörigkeit" eher dagegen spricht. Die in der Koalitionsvereinbarung festgelegte Absicht, dass die Kinder mit deutscher Kinderstaatszugehörigkeit die gleichen Ausweispapiere wie Deutsche erhalten sollen, deutet allerdings wieder auf eine Art deutscher Staatsangehörigkeit hin, jedenfalls unter der Geltung des Gesetzes über Personalausweise in der damaligen Fassung.[421]

Einer Gleichsetzung der geplant gewesenen „deutschen Kinderstaatszugehörigkeit" mit der deutschen Staatsangehörigkeit steht jedoch entscheidend entgegen, dass die deutsche Kinderstaatszugehörigkeit sich nach der Formulierung in der Koalitionsvereinbarung (erst und nur) bei Nachweis des Erlöschens der weiteren Staatsangehörigkeit binnen eines Jahres nach Vollendung des 18. Lebensjahres in die deutsche Staatsangehörigkeit „umgewandelt" hätte. Der Ausdruck „Umwandlung" kann sowohl bei wörtlicher als auch bei sinngemäßer Auslegung nur bedeuten, dass eine Änderung eintritt, hier also eine (Noch-)Nicht-Staatsangehörigkeit zu einer Staatsangehörigkeit wird. Wenn dem so ist, bedeutet dies, dass es sich bei der „deutschen Kinderstaatszugehörigkeit" nur um eine bloße Anwartschaft auf den Erwerb der („richtigen") deutschen Staatsangehörigkeit handelt, eine Rechtsposition, die aber nicht unter das in Art. 16 Abs. 1 GG ent-

[420] Der Ausdruck „Schnupperstaatsbürgerschaft" stammte von dem bayerischen Innenminister Günter Beckstein, zitiert in: *Günther Bannas* (Anm. 416). Der Ausdruck erinnert an die von einigen politischen Parteien gelegentlich erwogene „Schnuppermitgliedschaft".

[421] Vgl. dazu § 1 Abs. 1 Satz 1 Gesetz über Personalausweise i.d.F. der Bekanntmachung v. 21.4.1986 (BGBl. 1986 I, S. 548): „Deutsche im Sinne des Artikels 116 Abs. 1 des Grundgesetzes, die das 16. Lebensjahr vollendet haben und nach den Vorschriften der Landesmeldegesetze der allgemeinen Meldepflicht unterliegen, sind verpflichtet einen Personalausweis zu besitzen …"

haltene Verbot der Entziehung der deutschen Staatsangehörigkeit fällt.

Eine andere Auffassung stellt die Frage, ob das Entziehungsverbot des Art. 16 Abs. 1 GG mit den bezüglich der Kinderstaatszugehörigkeit vorgesehenen Regelungen „nicht in unzulässiger Weise umgangen wird. Das ganze Konzept dient ja offensichtlich genau diesem Zweck."[422] Der Frage, ob „die kuriose Erfindung"[423] der „deutschen Kinderstaatszugehörigkeit" aus diesem Grunde oder etwa deshalb, weil unter dem Grundgesetz keine neue deutsche (Neben-)Staatsangehörigkeit geschaffen werden kann, braucht heute jedoch nicht mehr geklärt zu werden, da das Modell der „deutschen Kinderstaatszugehörigkeit" politisch nicht mehrheitsfähig war und deshalb nicht realisiert worden ist. Dies lag unter anderem daran, dass die FDP sich gegen Ende der 13. Legislaturperiode von dem Gedanken der Einführung einer „deutschen Kinderstaatszugehörigkeit" abzuseilen begann.[424]

[422] *Gertrude Lübbe-Wolf*, Entziehung und Verlust der deutschen Staatsangehörigkeit – Art. 16 I GG, Jura 1996, 57 ff. (59).
[423] Formulierung von *Brun-Otto Bryde*, in: Mehr Demokratie wagen, Festschr. f. von Arnim, Berlin 2004, S. 679 ff. (683).
[424] Vgl. dazu Guido Westerwelle: „Wir haben uns an den Koalitionsvertrag halten müssen, den wir 1994 abgeschlossen haben. In einem neuen Koalitionsvertrag werden die Liberalen mindestens eine Freigabe der Abstimmung über das Kinderstaatsbürgerschaftsrecht durchsetzen", in: „Die Konservativen sind spießbürgerlich" (Interview), Der Tagesspiegel Nr. 16377 v. 26.6.1998 S. 5.

XV. Die Reform des deutschen Staatsangehörigkeitsrechts im Jahre 1999 (III): Der Kampf zwischen Abstammungsprinzip und Geburtsortsprinzip

Der Normalfall und damit der häufigste Fall des Erwerbs einer Staatsangehörigkeit ist nicht eine Einbürgerung sondern die Anknüpfung an die Geburt. Als Anknüpfungspunkt kommt entweder die Abstammung von den beiden Eltern (oder zumindest von einem Elternteil) in Betracht oder der Ort (d.h. der Geburtsstaat). Beide Prinzipien, also sowohl das Abstammungsprinzip (auch Personalitätsprinzip genannt) als auch das Geburtsortsprinzip (auch Territorialitätsprinzip genannt), sind vom Völkerrecht anerkannte Anknüpfungspunkte für den Erwerb einer Staatsangehörigkeit. Beide Prinzipien haben demgemäß Aufnahme in die Staatsangehörigkeitsgesetze der verschiedenen Staaten gefunden – meist in alternativer Weise, oft aber auch in Kombination, und immer mit der Möglichkeit von Ausnahmeregelungen. Sowohl das Abstammungsprinzip, das auch – allerdings nicht glücklich – als ius sanguinis (Recht des Blutes) bezeichnet wird, als auch das Geburtsortsprinzip, auch ius soli (Recht des Bodens) genannt, haben Vorteile und Nachteile, wobei logischerweise ein Vorteil des einen Prinzips jeweils zugleich einen Nachteil des anderen Prinzips beinhaltet.

Ein Vorteil des Abstammungsprinzips liegt vor allem darin, dass das Kind mit seiner Geburt die Staatsangehörigkeit seiner Eltern erhält. Damit realisiert diese Ankündigung die natürliche Verbindung des Kindes zu seinen Eltern, eine Verbindung, die gerade im Zeitpunkt der Geburt wie auch in den darauf folgenden Jahren der Kindheit für das Kindeswohl besonders wichtig ist. Zugleich wird der vom Völkerrecht bei der innerstaatlichen Ausgestaltung der Gründe für den Erwerb der Staatsangehörigkeit als wünschenswert gehaltene Grundsatz der Familieneinheit gewahrt; das familiäre Verhältnis zwischen Eltern und Kind wird hier nicht durch unterschiedliche Staatsangehörigkeiten belastet – eine Belastung, die nicht nur grundsätzlicher Natur ist, sondern auch, z.B. im Hinblick auf die Erteilung von Reisevisa, von ganz praktischer Bedeutung sein kann.

Die Nachteile des Abstammungsprinzips als Anknüpfungspunkt für den Erwerb einer Staatsangehörigkeit sind demgegenüber: Ein Kind von staatenlosen Eltern ist mit seiner Geburt ebenfalls staatenlos. Ein Kind aus einer gemischt nationalen Ehe, in der also Vater und Mutter unterschiedliche Staatsangehörigkeiten besitzen, erhält eine mehrfache Staatsangehörigkeit, jedenfalls wenn das zur Anwendung gelangende Staatsangehörigkeitsrecht – wie heute mehr und mehr üblich – die Gleichberechtigung von Mann und Frau achtet. In Fällen ungeklärter Staatsangehörigkeit der Eltern ist bei Anwendung des Abstammungsprinzips auch die Staatsangehörigkeit des Kindes ungeklärt. Kritisiert wird an der Geltung des Abstammungsprinzips schließlich, und diese Kritik hat in den Debatten um eine Reform des deutschen Staatsangehörigkeitsrechts eine große Rolle gespielt, dass ein Kind aus einer Familie, die schon seit mehreren Generationen in einem Staat lebt, also ein Kind der so genannten 2. und 3. Generation, nicht die Staatsangehörigkeit des Geburts- und Aufenthaltsstaates erwirbt, sondern eben die Staatsangehörigkeit seiner Eltern.

Die Vorteile des Geburtsortsprinzips sind: Das Geburtsland ist (fast) immer eindeutig feststellbar,[425] und (fast) niemand kann als Staatenloser geboren werden. Wenn es nur das Geburtsortsprinzip und nicht auch daneben das Abstammungsprinzip gäbe, wäre eine mehrfache Staatsangehörigkeit ausgeschlossen. Die in der Praxis nicht gerade häufigen Fälle einer Geburt an Bord eines Schiffes oder eines Flugzeuges können mit der Fiktion eines diesbezüglichen Ortes des Flaggenstaates gelöst werden. Unklarheiten bleiben allerdings bei einem völkerrechtlich unklaren Gebietsstatus, wie z.B. derzeit dem von Palästina.

Die Nachteile des Geburtsortsprinzips liegen darin, dass dieses Prinzip den Erwerb der Staatsangehörigkeit an einen unter Umständen zufälligen oder nur kurzfristigen Aufenthalt im Geburtsland anknüpft und damit meist zu einer unterschiedlichen Staatsangehörigkeit von Kind und Eltern führt. Im Zeitalter des Massentourismus, der massenhaften Flüchtlings- und Asylbewerberströme, der häufigen Stationierung von fremden Soldaten nebst Familien in zahlreichen Ländern, ist das Geburtsortsprinzip für den Erwerb der Staatsangehörigkeit problematisch geworden. Schließlich kann der Erwerb

[425] Ausnahmen: die nicht gerade häufigen Fälle des Findelkindes oder die Geburt eines Kindes an Bord eines flaggenlosen Schiffes, d.h. eines Schiffes, das völkerrechtswidrig nicht die Flagge eines Staates führt.

einer (begehrten, weil vorteilhaften) Staatsangehörigkeit aufgrund des Geburtsortsprinzips sogar zu einem „Entbindungstourismus" zwecks Erwerbs der Staatsangehörigkeit des Geburtslandes führen – zum Gegenteil also des so genannten „Abtreibungstourismus".[426] Ein Beispiel für den „Entbindungstourismus" war die Situation in Irland in den Jahren 2001–2003. Irland wurde damals von zahlreichen schwangeren ausländischen Frauen aus Nicht-EU-Staaten aufgesucht, damit die dann dort geborenen Kinder aufgrund des Geburtsortsprinzips die irische Staatsangehörigkeit erwarben. Die nicht-irischen Eltern dieser Kinder wollten auf diese Weise unter Berufung auf den in der irischen Verfassung gewährleisteten Schutz der Familie auch für sich ein Bleiberecht in Irland erzwingen. Dem Entbindungstourismus nach Irland suchten Entscheidungen irischer Behörden und Gerichte entgegenzuwirken.[427] Bis dahin war z.B. die größte Entbindungsklinik in Dublin („The Rotunde") mit mehr als zwei Dritteln der Entbindungen von nicht irischen oder nicht in Irland wohnenden Schwangeren beschäftigt.

Vorteile und Nachteile des Abstammungsprinzips und des Geburtsortsprinzips lassen sich nicht leicht gegeneinander abwägen. Fairerweise muss man auch zugeben, dass die Probleme des Staatsangehörigkeitserwerbs in der Praxis weniger aus dem einen oder anderen Prinzip als solchem erwachsen, sondern aus dem Nebeneinander – d.h. Gegeneinander – der unterschiedlichen Prinzipien. Würden alle Staaten ausnahmslos dem Geburtsortsprinzip folgen, so gäbe es genauso wenig Probleme, wie wenn alle Staaten umgekehrt dem Abstammungsprinzip folgen würden. Solange es aber Staaten mit unterschiedlichen Interessen gibt – Einwanderungsländer und Nichteinwanderungsländer –, werden sie an unterschiedlichen Prinzipien für den Erwerb ihrer Staatsangehörigkeit festhalten. Eine gewisse Angleichung der verschiedenen Regelungen findet in neuerer Zeit durch die erweiterte Einführung von Kombinationen und Ausnahmen statt.

[426] Zum Ausreiseverbot Irlands für Schwangere zur Erlangung eines Schwangerschaftsabbruchs im Ausland und zur diesbezüglichen Entscheidung des irischen Supreme Court im Fall Attorney General v. X (1992) s. *Albrecht Weber*, Menschenrechte. Texte und Fallpraxis, München 2004, S. 138 f.

[427] Siehe dazu *G.W. Hogan/G.F. White*, in: J.M. Kelly, The Irish Constitution, 4. Aufl., Dublin 2003, S. 1848, z.B. zum Fall Osayande v. Minister for Justice, Equality and Law Reform.

Das deutsche Recht folgte bis zum Gesetz zur Reform des Staatsangehörigkeitsrechts vom 15. Juli 1999 (StARG) grundsätzlich dem Abstammungsprinzip: „Durch die Geburt erwirbt ein Kind die deutsche Staatsangehörigkeit, wenn ein Elternteil die deutsche Staatsangehörigkeit besitzt." (§ 4 Abs. 1 S.1 RuStAG) Auch der vom Abstammungsprinzip scheinbar abweichenden Regelung des Erwerbs der deutschen Staatsangehörigkeit eines Findelkindes liegt in Wahrheit dieses Prinzip zugrunde: Wenn gemäß § 4 Abs. 2 RuStAG (jetzt: § 4 Abs. 2 StAG) ein auf deutschem Staatsgebiet elternlos aufgefundenes Kind bis zum Beweis des Gegenteils als Kind eines Deutschen gilt, so bedeutet dies nicht eine Anknüpfung an einem vermuteten deutschen Geburtsort, sondern an die vermutete Abstammung von einem deutschen Staatsangehörigen; denn in der Regel ist nicht anzunehmen, dass Ausländer in das Bundesgebiet einreisen, um hier ihr Kind auszusetzen. Allerdings handelt es sich bei der Regelung des § 4 Abs. 2 RuStAG (jetzt: StAG) nur um eine Vermutung, die widerlegbar ist, was bei einem hohen Ausländeranteil an der Wohnbevölkerung der Bundesrepublik Deutschland eine gewisse praktische Bedeutung erlangen kann.

Das Reichs- und Staatsangehörigkeitsgesetz in seiner ursprünglichen Fassung von 1913 machte hinsichtlich des Abstammungsprinzips als Anknüpfungspunkt für den Erwerb der deutschen Staatsangehörigkeit keinen Unterschied zwischen ehelichen und nichtehelichen (in der damaligen Gesetzessprache: unehelichen)[428] Kindern, jedoch einen Unterschied zwischen der Staatsangehörigkeit des Vaters und derjenigen der Mutter. Nach der ursprünglichen Regelung im Reichs- und Staatsangehörigkeitsgesetz erwarb das eheliche Kind die deutsche Staatsangehörigkeit (nur) von einem deutschen Vater; es galt also die so genannte Vaterfolge („a patre"). Die deutsche Staatsangehörigkeit einer deutschen Mutter war also insoweit rechtlich unbeachtlich; diese wurde für die Staatsangehörigkeit des Kindes nur

[428] Auch das GG spricht in Art. 6 Abs. 5 noch von „den unehelichen Kindern". Zu der insoweit notwendigen Textänderung: *Klaus Sieveking*, Unehelich oder nichtehelich – das ist hier die Frage, NJW 2004 NJW-Editorial. – Zur Frage, ob das nichteheliche Kind einer deutschen Mutter seine nach ihr erworbene deutsche Staatsangehörigkeit aufgrund Legitimation durch den ausländischen Vater gem. § 17 Nr. 5 RuStAG verlor, s. BVerwG Urt. v. 29.11.2006, DÖV 2007, 523 ff. (verneint, weil dem Art. 3 Abs. 2 GG entgegenstehend, für die Zeit nach dem 31.3.1953 wg. Art. 117 GG).

dann relevant, wenn die deutsche Mutter nicht mit einem deutschen Staatsangehörigen verheiratet war.

Eine Neuregelung erfolgte erst durch das Änderungsgesetz zum Reichs- und Staatsangehörigkeitsgesetz vom 19. Dezember 1963. Mit Wirkung vom 1. Januar 1964 wurde die Vaterfolge zwar nicht beseitigt, jedoch modifiziert: Das eheliche Kind einer deutschen Mutter, die mit einem Ausländer oder mit einem Staatenlosen verheiratet war, erhielt (nun) die deutsche Staatsangehörigkeit, aber (nur), wenn andernfalls das Kind staatenlos geworden wäre. Die damit nach wie vor bestehende Differenzierung zwischen Vater und Mutter beim Erwerb der deutschen Staatsangehörigkeit des ehelichen Kindes hat das Bundesverfassungsgericht im Jahre 1974 wegen Verstoßes gegen die Gleichberechtigung von Mann und Frau (Art. 3 Abs. 2 GG) für verfassungswidrig erklärt. Daraufhin hat der Gesetzgeber durch das Änderungsgesetz zum Reichs- und Staatsangehörigkeitsgesetz vom 20. Dezember 1974 – mit Wirkung vom 1. Januar 1975 – die deutsche Staatsangehörigkeit des Vaters als Voraussetzung für den Erwerb der deutschen Staatsangehörigkeit ersetzt durch die deutsche Staatsangehörigkeit eines Elternteils. Um die deutsche Staatsangehörigkeit zu erwerben, müssen also nach dem nun geltenden Recht nicht Vater und Mutter oder der Vater des Kindes die deutsche Staatsangehörigkeit besitzen, sondern es reicht aus, wenn entweder der Vater oder die Mutter Deutscher ist.

Vom Abstammungsprinzip als Anknüpfungspunkt für den Erwerb der deutschen Staatsangehörigkeit geht das deutsche Recht auch in Bezug auf die Staatsangehörigkeit eines nichtehelichen Kindes aus. Gemäß § 4 Abs. 1 Halbs. 2 des Reichs- und Staatsangehörigkeitsgesetzes erwarb „das uneheliche Kind einer Deutschen die Staatsangehörigkeit der Mutter". Das Gesetz zur Änderung des Reichs- und Staatsangehörigkeitsgesetzes vom 20. Dezember 1974 (Art. 1 Nr. 1) enthielt in der Neufassung des § 4 Abs. 1 insoweit dieselbe Regelung, wenn auch mit leicht verändertem Gesetzeswortlaut: „Durch die Geburt erwirbt die Staatsangehörigkeit ... 2. das nichteheliche Kind, wenn seine Mutter Deutsche ist". Da auch das eheliche Kind einer deutschen Mutter („ein Elternteil") seit dem Änderungsgesetz von 1974 mit seiner Geburt in jedem Fall die deutsche Staatsangehörigkeit erwirbt (§ 4 Abs. 1 Nr. 1 RuStAG n.F.), liegt bei dieser Gesetzeslage der Unterschied zwischen dem Erwerb der deutschen Staatsangehörigkeit des nichtehelichen Kindes und dem des ehelichen Kindes offenkundig auf der Seite des Vaters: Das nichteheliche Kind eines deutschen Vaters und einer ausländischen Mutter soll – anders als das eheliche Kind eines deutschen Vaters und anders als das nichteheliche Kind einer deutschen Mutter – nicht mit der Geburt die deutsche Staatsangehörigkeit erhalten. Die unterschiedliche Regelung beruhte auf der – traditionell richtigen – Vorstellung, dass das nichteheliche Kind bei der Mutter aufwächst, nicht beim Vater, und dass deshalb die Staatsangehörigkeit derjenigen der Mutter folgen soll („a matre“: sog. Mutterfolge), was auch – wenn dieses Lebensmuster stimmte – dem Grundsatz der Familieneinheit entspräche. Ob aber von diesem Lebensmuster noch ohne weiteres ausgegangen werden kann, erscheint heute angesichts der hohen Zahl von nichtehelichen Lebensgemeinschaften ebenso fraglich wie die Vereinbarkeit jener Regelung mit Art. 3 Abs. 2 Satz 1 GG.

In der Folgezeit wurde die Regelung des Erwerbs der deutschen Staatsangehörigkeit des nichtehelichen Kindes eines deutschen Vaters und einer ausländischen Mutter wiederholt geändert, so zunächst durch das Gesetz zur Änderung asylverfahrensrechtlicher, ausländer- und staatsangehörigkeitsrechtlicher Vorschriften vom 30. Juni 1993.[429] Mit Wirkung vom 1. Juli 1998 wurde der 1993 neu eingeführte Satz 2 in § 4 Abs. 1 RuStAG erneut geändert, und zwar im Zuge der so genannten Kindschaftsreform, die den Begriff „nichteheliches Kind“ nicht mehr verwendet, sondern nur noch zwischen den in einer Ehe und den außerhalb einer Ehe geborenen Kindern unterscheidet. Die bis dahin geltende Vorschrift über den Erwerb der deutschen Staatsangehörigkeit des nichtehelichen Kindes eines deutschen Vaters durch Legitimation (§ 5 RuStAG a.F.) wurde aufgehoben. Als Übergangslösung für das vor dem 1. Juli 1993 außerhalb einer Ehe geborene Kind eines deutschen Vaters und einer ausländischen Mutter wurde der so genannte Erklärungserwerb eingeführt (§ 5 RuStAG n.F.; jetzt § 5 StAG).

Für den Normalfall, also nicht für die Übergangsregelung, gilt nunmehr § 4 Abs. 1 Satz 2 StAG: Zur Geltendmachung des Erwerbs der deutschen Staatsangehörigkeit des nichtehelichen Kindes eines deutschen Vaters und einer ausländischen Mutter bedarf es einer nach

[429] BGBl. 1993 I, S. 1062.

den deutschen Gesetzen wirksamen Anerkennung oder Feststellung der Vaterschaft;[430] „die Anerkennungserklärung muss abgegeben oder das Feststellungsverfahren muss eingeleitet sein, bevor das Kind das 23. Lebensjahr vollendet hat" (§ 4 Abs. 1 Halbs. 2 StAG).

Bis zu der im Jahre 1998 in Kraft getretenen Kindschaftsreform[431] war im Verfahren der Vaterschaftsanerkennung in Fällen unterschiedlicher Staatsangehörigkeit das Vormundschaftsgericht eingeschaltet; denn § 1746 Abs. 1 Satz 3 BGB bestimmte, die Einwilligung des Kindes „bedarf bei unterschiedlicher Staatsangehörigkeit des Annehmenden und des Kindes der Genehmigung des Vormundschaftsgerichts". Mit der Kindschaftsreform schaltete der Gesetzgeber das Vormundschaftsgericht insoweit aus, indem der Bestimmung des § 1746 Abs. 1 Satz 3 a.F. BGB der Halbsatz angehängt wurde: „dies gilt nicht, wenn die Annahme deutschem Recht unterliegt." Damit wurde die Überprüfungsmöglichkeit des Vormundschaftsgerichts in diesen Fällen beseitigt. Nunmehr reicht die vor Gericht oder vor einem Notar öffentlich beurkundete Erklärung des Vaters und die Zustimmung der Mutter aus, um die Vaterschaftsanerkennung wirksam zu machen.

Erstaunlicherweise und unverständlicherweise war bei dieser Reform von 1998 übersehen worden, dass diese Neuregelung zum Missbrauch geradezu einlud, indem nun Scheinvaterschaften zum Erschleichen von Sozialleistungen und von ausländerrechtlichen Aufenthaltstiteln ausgenutzt wurden.[432] Bekannt geworden ist der Fall eines Berliner Arbeitslosen, der seit drei Jahren ganz offen seinen Lebensunterhalt durch den Verkauf von Vaterschaftsanerkennungen für ausländische Kinder bestreitet und dafür angeblich 15.000 Euro jährlich erlöst. Geradezu zum „Behördenschreck" hat sich der nach Paraguay ausgewanderte frühere Versicherungskaufmann Jürgen Hass aus Rees am

[430] Vgl. dazu §§ 1592 Nr. 2 und 3, 1594–1598 BGB.

[431] Die Kindschaftsreform wurde mit vier Gesetzen durchgeführt, nämlich dem Kindschaftsreformgesetz v. 16.12.1997 (BGBl. 1997 I, S. 2942), dem Beistandschaftsgesetz v. 4.12.1997 (BGBl. 1997 I, S. 2846), dem Erbrechtsgleichstellungsgesetz v. 16.12.1997 BGBl. 1997 I, S. 2968); und dem Kindesunterhaltsgesetz v. 6.4.1998 (BGBl. 1998 I, S. 666).

[432] Hierzu und zu den folgenden Fallbeispielen: *Stefan Dietrich,* Schwerhörige Gesetzgeber. Scheinvaterschaften – bis zur Schmerzgrenze geduldet, FAZ Nr. 174 v. 29.7.2006, S. 10.

Niederrhein entwickelt. Jürgen Hass war im Jahre 1987 wegen Betrugs zu drei Jahren Freiheitsstrafe verurteilt worden, nachdem er zuvor wiederholt Bußgelder wegen unerlaubter Rechtsberatung zahlen musste. Hass fühlt sich unschuldig. In Paraguay und in anderen Ländern hat er bisher die Vaterschaft von mehr als 300 ausländischen Kindern anerkannt. Diese seine Aktion begründet Jürgen Hass damit, er wolle den in Armut lebenden Jungen und Mädchen helfen; seine Aktion, mit der er beabsichtigt, die notariell eingedeutschten Kinder und ihre Mütter den deutschen Sozialsystemen aufzubürden, sei aber auch ein „persönlicher privater Rachefeldzug" gegen den Staat. Bis zum Jahresende 2006 wollte er die Vaterschaft von 1000 ausländischen Kindern anerkannt haben. Für Jürgen Hass selbst ist diese seine Anerkennungsaktion finanziell folgenlos: er muss keinen Unterhalt an die von ihm anerkannten Kinder zahlen, weil seine als Frührentner bezogene Rente nicht pfändbar ist. Der Scheinvater ist also nicht einmal Zahlvater, wobei in Erinnerung gerufen werden kann, dass der Tübinger Staatsrechtler und Staatsangehörigkeitsrechtsexperte Hans von Mangoldt die damalige Neuregelung des § 4 Abs. 1 Satz 2 RuStAG zu Recht kritisch betrachtet hatte mit dem Argument, dass die „Zahlvaterschaft" allein keine Bindungen des nichtehelichen Kindes an Deutschland beinhalte.[433] Als Kuriosität ist schließlich noch erwähnenswert, dass Jürgen Hass mit einer von ihm erhobenen Klage den Bundespräsidenten zwingen wollte, für die von ihm (Jürgen Hass) anerkannten Kinder Ehrenpatenschaften zu übernehmen; Anlass für dieses Begehren war die (gesetzlich nicht vorgeschriebene) Praxis, demzufolge der Bundespräsident auf Antrag der Eltern die Ehrenpatenschaft für das siebte Kind einer Familie übernimmt, wobei Adoptivkinder den leiblichen Kindern gleichgestellt sind. Das Patenkind muss Deutsche/r i.S. des Art. 116 Abs. 1 GG sein. Mit der Übernahme der Patenschaft durch den Bundespräsidenten ist ein Patenschaftsgeschenk in Form einer finanziellen Zuwendung in Höhe von z.Zt. 500,– Euro verbunden. Die Klage des Jürgen Hass ist vom Verwaltungsgericht Berlin zu Recht abgewiesen worden.[434]

433 *Hans von Mangoldt*, Anerkennung der Staatsangehörigkeit und effektive Staatsangehörigkeit natürlicher Personen, in: Berichte DtGVR 29. Bd. (1988) S. 37 ff. (39).

434 Notiz „Kinder in Paraguay. Vater scheitert mit Paten-Klage", HA v. 26.7.2006, S. 32.

Nachdem den Innenministern der Länder in den vergangenen Jahren immer mehr Verdachtsfälle von Scheinvaterschaften bekannt geworden waren, appellierten sie im November 2005 an die Justizminister, eine gesetzliche Abhilfe zu schaffen.[435] Einen Vorstoß der damaligen CDU/CSU-Opposition im Bundestag wies die damalige Mehrheit von SPD und Bündnis 90/DIE GRÜNEN mit der (offenkundig unzutreffenden) Begründung zurück, es handele sich bei den Scheinvaterschaften um ein aufgebauschtes Problem. Nachdem die neue Bundesjustizministerin Brigitte Zypries (SPD) zunächst gemeint hatte, eine rechtliche Handhabe gegen Jürgen Hass sei ja mit dem Beurkundungsgesetz gegeben, „weil wir wissen, es ist ein offensichtlich unredlicher Zweck“,[436] legte sie im Spätsommer 2006 einen Gesetzentwurf zur Reform des Kindschaftsrechts (genau genommen: ein Gesetz zur Reform der Reform) vor, demzufolge staatliche Behörden berechtigt sein sollen, Vaterschaftsanerkennungen anzufechten, wenn „zwischen dem Kind und dem Anerkennenden keine sozial-familiäre Beziehung besteht oder im Zeitpunkt der Anerkennung bestanden hat“.[437]

Ein anderer Grund für den Erwerb der deutschen Staatsangehörigkeit ist die Annahme als Kind (Adoption) durch einen Deutschen. Hierzu bestimmt § 6 Satz 1 StAG, dass „mit der nach den deutschen Gesetzen wirksamen Annahme als Kind durch einen Deutschen“ das ausländische oder staatenlose Kind die deutsche Staatsangehörigkeit erwirbt, allerdings nur, wenn es im Zeitpunkt des Annahmeantrags

[435] Hierzu und zum Folgenden: *Stefan Dietrich* (Anm. 432).

[436] Notiz, „Berlin sieht Handhabe gegen, Vater von 1000 Kindern,“ HA v. 9.5. 2006 S. 28. Gemeint war damit § 4 Beurkundungsgesetz v. 28.8.1969 (BGBl. 1969 I S. 1513): „Der Notar soll die Beurkundung ablehnen, wenn sie mit seinen Amtspflichten nicht vereinbar wäre, insbesondere wenn seine Mitwirkung bei Handlungen verlangt wird, mit denen erkennbar unerlaubte oder unredliche Zwecke verfolgt werden.“

[437] Notiz „Gesetzentwurf zu Scheinvaterschaften“, FAZ Nr. 201 v. 30.8.2006, S. 4; vgl. auch schon Bericht „Gesetz gegen Scheinvaterschaften. Zypries reagiert auf die ‚Entwicklungshilfe‘ des Jürgen Hass“, FAZ Nr. 108 v. 10.5.2006, S. 5. Ausführlich dazu: *Brigitte Zypries/Stefan Cludius*, Missbräuchliche Vaterschaftsanerkennungen zur Erlangung von Aufenthaltstiteln, ZRP 2007, 1 ff.; *Berthold Gaaz*, Scheinvaterschaften. Zum Entwurf eines Gesetzes zur Ergänzung des Rechts zur Anfechtung der Vaterschaft, StAZ 2007, 75 ff.; *Tobias Helms*, Die missbräuchliche Anerkennung der Vaterschaft, StAZ 2007, 69 ff. – Text des in den Bundestag eingebrachten Gesetzesentwurfs: BT-Drs. 16/3291 v. 8.11.2006.

das 18. Lebensjahr noch nicht vollendet hat. Zwischen der Adoption bis zu diesem Zeitpunkt und der Adoption eines Volljährigen (der so genannten „Erwachsenenadoption") macht also das Staatsangehörigkeitsrecht einen gravierenden Unterschied insofern, als im Fall der Erwachsenenadoption der Erwerb der deutschen Staatsangehörigkeit nicht schon kraft Gesetzes (ex lege) erfolgt, sondern der Adoptierte auf den Weg des Einbürgerungsantrages verwiesen wird.[438] Hinsichtlich der Durchführung von Adoptionen ausländischer Kinder ist die Haager Adoptionskonvention von 1993 zu beachten,[439] der die Bundesrepublik Deutschland beigetreten ist. Was die Zahl der Adoptionen betrifft, so ist diese in Deutschland seit 1993 um 45 Prozent gesunken.[440] Im Jahre 2004 besaßen 32 Prozent der Adoptierten nicht die deutsche Staatsangehörigkeit,[441] im Jahre 2005 waren von den 4762 adoptierten Kindern und Jugendlichen 31 Prozent nicht Deutsche.[442] Das wohl größte Medieninteresse in neuerer Zeit fand die Adoption eines kleinen russischen Mädchens durch den damaligen Bundeskanzler Gerhard Schröder und seine Gattin.

Im staatsangehörigkeitsrechtlichen Schrifttum wird die Auffassung vertreten, dass § 6 StAG das ius sanguinis-Prinzip ähnlich wie § 4 Abs. 1 verwirklicht. Die Vorschrift des § 6 „verleiht dem adoptierten Kind ebenso kraft Gesetzes die Staatsangehörigkeit wie demjenigen, das die Staatsangehörigkeit durch Abstammung erwirbt. Der Grund ist darin zu sehen, dass die Annahme als Kind auch die volle Rechts-

438 Zur Frage der Verfassungsmäßigkeit dieser Ungleichbehandlung vgl. *Günter Renner*, H/R § 6 StAG Rn. 15 und 17. Zum Nichterwerb der Eigenschaft als Deutscher i.S. des Art. 116 Abs. 1 GG und der deutschen Staatsangehörigkeit nach § 40a Abs. 1 StAG einer Person, die als Volljährige von einem Vertriebenen vor dem Verlassen der Aussiedlungsgebiete adoptiert worden ist, s. BVerwG NJW 2007, 937 ff.

439 Haager Übereinkommen v. 29.5.1993 über den Schutz von Kindern und die Zusammenarbeit auf dem Gebiet der internationalen Adoption (BGBl. 2001 II, S. 1034), in Kraft getreten am 1.3.2003 (BGBl. 2000 II, S. 2872). Dazu *Jörg Reinhardt*, Gewollt oder nicht? Die private Adoption von Kindern aus dem Ausland, ZRP 2006, 244 ff.

440 Bericht „Weniger Kinder – weniger Adoptionen. Das Statistische Bundesamt verzeichnet einen Rückgang um 45 Prozent seit dem Jahr 1993", FAZ Nr. 238 v. 13.10.2006, S. 8.

441 *Florentine Fritzen*, Im Schilfkörbchen. Die olympische Idee: Was Adoptivkinder unterscheidet, FAZ Nr. 278 v. 29.11.2005, S. 35.

442 Bericht „Weniger Kinder – weniger Adoptionen" (Anm. 440).

stellung eines ehelichen Kindes im Privatrecht vermittelt. Das Staatsangehörigkeitsrecht zieht die Folgerung hieraus für die Staatsangehörigkeit".[443] Diese Feststellungen sind zutreffend. Jedoch bedeuten die rechtlichen (auch staatsangehörigkeitsrechtlichen) Folgerungen aus der Adoption nicht, dass die Adoption mit der Abstammung identisch ist. Im Fall der Adoption erwirbt das minderjährige Kind also die deutsche Staatsangehörigkeit nicht kraft Abstammung, sondern eben auf Grund der Annahme als Kind. Auch wenn die Annahme als Kind somit kein echter Fall der Abstammung ist, so liegt aber der Erwerb der Staatsangehörigkeit wegen der Anknüpfung an die Staatsangehörigkeit des Adoptierenden jedenfalls näher am Abstammungsprinzip als am Geburtsortsprinzip.

Abgesehen vom Sonderfall des Erwerbs der Staatsangehörigkeit durch Adoption, lässt sich feststellen, dass bis zur Änderung durch das Gesetz zur Reform des Staatsangehörigkeitsrechts von 1999 dem Erwerb der deutschen Staatsangehörigkeit das Abstammungsprinzip zugrunde lag.

Obwohl das Abstammungsprinzip als Anknüpfungspunkt für den Erwerb der Staatsangehörigkeit keine deutsche Erfindung ist und schon vor der Gründung des Deutschen Reiches 1871 in vielen anderen Staaten geltendes Recht war, wird das Abstammungsprinzip immer wieder als „völkisch" oder als Gedanke eines „deutschen Blutes" diskreditiert – man könnte auch sagen: denunziert. Beispiele dafür gibt es zuhauf; nur einige wenige davon sollen hier zitiert werden. So leitete in der Bundestagsdebatte zum Entwurf des Gesetzes zur Reform des Staatsangehörigkeitsrechts die Abgeordnete Christine Lambrecht (SPD) ihren Redebeitrag wie folgt ein: „Heute beginnt ein historischer Abschnitt in der Rechtsgeschichte unseres Landes. An der Schwelle zum 21. Jahrhundert wird nach 86 Jahren das alte wilhelminische Staatsbürgerschaftsrecht mit seiner völkischen Philosophie des deutschen Blutes durchbrochen."[444] Peter Glotz wird mit der Forderung zitiert, dass „verdammte deutsche Blutrecht, das ius sanguinis", sei endlich abzuschaffen.[445] Die Abgeordneten Carsten

[443] *Günter Renner*, H/R § 6 StAG Rn. 14.

[444] In: Deutscher Bundestag. Stenographischer Bericht. Plenarprotokoll 14/28, S. 2307 (B, C); auch in: Deutscher Bundestag (Hrsg.), Zur Sache 1/99, S. 472.

[445] Zitiert bei *Hermann Lübbe*, Wie wird man Deutscher, Rheinischer Merkur Nr. 14 v. 2.4.1993, S. 5. *Lübbe* kommentiert solche Äußerungen mit der Feststel-

Hübner (PDS) und Ulla Jelpke (PDS) kritisieren in ihrer Erklärung zur Abstimmung über das Reformgesetz:[446] „Im Ergebnis der jetzigen Reform bleibt das alte preußisch-wilhelminische Blutsrecht in großen Teilen weiter in Kraft", um dann fortzufahren: „Wir halten fest: Das Deutsche Reich ist 1945 untergegangen. Das reaktionäre Blutsrecht muß diesem Reich folgen. Es gehört vollständig abgeschafft und ersetzt durch ein wirklich modernes, demokratisches Staatsbürgerschaftsrecht nach dem Territorialitätsprinzip."

Die Vorstellung, das deutsche Staatsangehörigkeitsrecht basiere auf dem Gedanken eines „deutschen Blutes", zieht sich wie ein roter Faden auch durch zahlreiche ausländische Presseartikel. Bei Berichten über die Diskussion in Deutschland über die Reform des Staatsangehörigkeitsrechts war die Erwähnung von „German blood" geradezu eine Stereotype. In der „The Washington Post" war dazu zu lesen: "Now, German politicians face a bewildering array of proposals designed to cut the legal connection between citizenship and the scientifically dubious concept of German blood."[447] Die „The New York Times" schrieb: "Germany, which still reserves citizenship largely for those with German blood, has never been comfortable with immigrants."[448] Als Zeugen werden auch Stimmen deutscher Wissenschaftler zitiert, so in einem anderen Artikel der New York Times:

lung: „Rechts- und geschichtsblinder moralisierender Eifer hat stets üble Folgen. So ist es auch in diesem Fall."

[446] In: Deutscher Bundestag. Plenarprotokoll 14/40, S. 3477 (A); auch in: Deutscher Bundestag (Hrsg.). Zur Sache 1/99, S. 594. Bei dieser Erklärung handelt es sich um eine Erklärung nach § 31 GO BT. Die darin enthaltene Feststellung, das Deutsche Reich (d.h. der so bezeichnete deutsche Staat) sei 1945 untergegangen, ist juristisch unzutreffend; vgl. dazu oben Abschn. X.

[447] *Marc Fisher*, Germans Debate Changing Law To Ease Citizenship for Foreigners, The Washington Post v. 27.2.1993.

[448] Germany's Racist Resurgence, in: The New York Times v. 11.2.1998. Die hier zitierte Meinung, Deutschland sei „never comfortable with immigrants" gewesen, ist schlicht falsch. Vgl. demgegenüber richtig *Henry A. Turner*, Myth of the German 'Volk', in The Washington Post v. 21.12.1992: "Belief in a German ethnic national identity requires denial of historical reality. That country has been a crossroads and melting pot throughout its past. Over the centuries it has absorbed large numbers of immigrants – Protestants Huguenots fleeing persecution in France, Dutch settlers willing to drain swamps and Poles willing to mine coal. Without the millions of guest workers enticed to the Federal Republic after World War II from Greece, Italy, Spain and Turkey, the economic miracle of which Germans are justly proud could not have taken place."

"Many people have a rooted image of Germany as a blood community', said Hartmut Esser, a sociologist"; und: die Reformvorschläge „represent an enormous change from laws first enacted in 1913 that established what Claus Leggewie, a sociologist, called a ‚Völkisch' view of nationality based on blood rather than a liberal, republican view of citizenship".[449] Die an der Universität Toronto lehrende Professorin Anna Makolkin rügt: "Modern Germany, granting citizenship to the 'Volga Germans' and refusing it to the Germans of Turkish descent, is precisely such a confused 'mother-state', applying the archaic meanings of the no less archaic *biological metaphors.*"[450] Die in London erscheinende „Times" kommentierte die seinerzeitige Unterschriftensammlung der CDU/CSU gegen die Ausweitung der doppelten Staatsangehörigkeit gar mit dem Vorwurf des Rassismus: „Zur Diskussion steht die emotionsbeladene Frage von Rasse. Deutschland ist eines der wenigen Länder in Europa, in denen die Staatsbürgerschaft mit Blut und Erde gleichgestellt wird."[451]

Wer sich bemüht, eine emotionsfreie Bewertung der Geltung des Abstammungsprinzips im deutschen Staatsangehörigkeitsrecht vorzunehmen, muss allerdings davon ausgehen, dass es bei den Diskussionen anlässlich der Beratung und Verabschiedung des Reichs- und Staatsangehörigkeitsgesetzes von 1913 damals unzweifelhaft auch „völkische" Debattenbeiträge gegeben hat: im Chor der Meinungen gab es nicht nur besonnene, sondern auch schrille Stimmen. Vereinzelte Stimmen sind jedoch für die Bewertung einer gesetzlichen Regelung nicht entscheidend. Demgemäß hat der Vorsitzende Richter am Hessischen Verwaltungsgerichtshof und Mitkommentator des Kommentars zum Staatsangehörigkeitsrecht von Hailbronner/Renner in seiner schriftlichen Stellungnahme gegenüber dem Innenausschuss des Bundestages jene Kritik nachdrücklich mit der Feststellung zurückgewiesen: „Die im politischen Disput bisweilen verwandten Schlagwörter „Blutrecht" und „Blut und Boden", die eine ethnische

[449] *Roger Cohen*, The German 'Volk' Seem Set to let Outsiders In, in: The New York Times v. 16.10.1998.

[450] *Anna Makolkin*, Blood Icons, Signs of Exclusion and Citizenship Laws, Rechtstheorie Beih. 17. Rule of Law. Political and Legal Systems in Transition (hrsg. von Werner Krawietz/Enrico Pattaro/Alice Erh-Soon Tay) 1997, S. 295 ff. (298).

[451] Zitiert unter „Stimmen der Anderen" (in deutscher Übersetzung), FAZ Nr. 10 v. 13.1.1999, S. 2.

Fixierung des RuStAG suggerieren, entbehren also jeglicher Grundlage. Ihre Unsinnigkeit wird auch dadurch bestätigt, daß es für die früher noch geltenden Erwerbsgründe der Legitimation, Eheschließung und Aufnahme ebenfalls nicht auf eine ethnische Zugehörigkeit ankam."[452]

Zutreffend hat auch Dieter Gosewinkel, einer der besten Kenner der Geschichte des deutschen Staatsangehörigkeitsrechts, darauf aufmerksam gemacht, dass erst mit der NS-Zeit eine „funktionelle Umkehrung der hergebrachten Staatsangehörigkeitskonzeption" eintreten sollte: „Das Abstammungsprinzip hatte bis dahin die Weitergabe der deutschen Staatsangehörigkeit an den rechtlich-formalen Staatsangehörigkeitsstatus der Eltern geknüpft: Sie mußten Deutsche sein, ohne daß es darauf ankam, ob sie eingebürgert worden waren oder ihrerseits von Deutschen abstammten. Es konnten demnach z.B. Franzosen, Russen jüdischer Religionszugehörigkeit oder Chinesen qua Abstammung ihre deutsche Staatsangehörigkeit vererben, sofern sie in Deutschland eingebürgert worden waren. Die Weitergabe der Staatsangehörigkeit iure sanguinis, d.h. durch das Blut, war also nur mehr eine Metapher, die den Vorgang körperlicher Abstammung – im Unterschied zur Adoption oder Legitimation – umschrieb. Die physische Verwandtschaft durch das gleiche Blut, nicht eine bestimmte Substanz des Blutes war entscheidend für die Weitergabe der Staatsangehörigkeit durch Abstammung."[453]

[452] Abgedruckt in: Deutscher Bundestag (Hrsg.), Zur Sache 1/99, S. 249.

[453] *Dieter Gosewinkel* (Anm. 96), S. 388/389. Vgl. auch *ders.*, a.a.O. S. 426, wo *Gosewinkel* nach Rückschau auf die Rassegesetze von 1935 und „der Volkstumspolitik des Rassekrieges" den „historischen Ort des deutschen Abstammungsprinzips von 1913" präzisiert: „Es war nicht das Vehikel des Rassestaates, und es begründete keine Kontinuitätslinie zur nationalsozialistischen Volkstumspolitik oder ließ diese gar als zwangsläufige Konsequenz erscheinen. Es folgte einer Ratio der Kontrolle, die restriktiv, aber nicht hermetisch war und sich nicht grundsätzlich von der restriktiven Einwanderungspolitik anderer Staaten der Zeit unterschied. Das Abstammungsprinzip war historisch immer verbunden mit der Möglichkeit der Einbürgerung, die keine Gruppe – auch nicht Juden – absolut ausschloß. Die Weitergabe der Staatsangehörigkeit durch Abstammung (‚Blutsprinzip') barg eine juristische Metapher. Sie setzte keine biologisch-rassische Homogenität mit einem imaginären Volkskörper voraus und konstituierte sie auch nicht. Daß die Blutmetapher des Abstammungsprinzips als Substanzgleichheit des Blutes gedeutet wurde, beruht auf einer polemischen Verzerrung durch den radikalen völkischen Nationalismus."

Den Nationalsozialisten blieb es vorgehalten, in ihrem absurden Rassewahn den Begriff „deutschen oder artverwandten Blutes" zu kreieren und zum Inhalt von Gesetzen zu machen,[454] nämlich des bereits oben erwähnten Reichsbürgergesetzes vom 15. September 1935[455] und des Gesetzes zum Schutze des deutschen Blutes und der deutschen Ehre vom selben Datum.[456] Bemerkenswert ist, dass das Reichs- und Staatsangehörigkeitsgesetz von 1913 durch jene Rassengesetze von 1935 formell nicht geändert wurde, dies obwohl eine diesbezügliche Änderung vom NS-Standpunkt aus gesehen eigentlich konsequent und notwendig gewesen wäre. Trotz der Rassegesetzgebung wurde also auch im Jahre 1935 die deutsche Staatsangehörigkeit nach wie vor mit der Geburt nicht aufgrund „deutschen oder artverwandten Blutes" erworben, sondern aufgrund der Abstammung des Kindes von Eltern mit deutscher Staatsangehörigkeit, konkret: des ehelichen Kindes von einem deutschen Vater, des nichtehelichen Kindes von einer deutschen Mutter. Eine Berücksichtigung von so genannten - in der damaligen Sprache - „rassehygienischen" Erwägungen konnte also auch im Jahre 1935 nur beim Staatsangehörigkeitserwerb kraft Einbürgerung eingebracht werden, wie dies bereits im Gesetz über den Widerruf von Einbürgerungen und die Aberkennung der deutschen Staatsangehörigkeit vom 14. Juli 1933[457] seinen Niederschlag gefunden hatte.

Eine Zusammenfassung der Argumente gegen die meist ideologisch motivierte Diskreditierung des Abstammungsprinzips findet sich schließlich in der von Martin Kriele betreuten Habilitationsschrift von Burkhardt Ziemske „Die deutsche Staatsangehörigkeit nach dem Grundgesetz".[458] Ziemske erinnert daran, dass historisch das Abstammungsprinzip schon in der Antike geläufig war: Sowohl in der Athenischen Republik als auch im Römischen Reich wurde der Status

[454] Vgl dazu *Rolf Grawert*, Die nationalsozialistische Herrschaft. Das völkische Prinzip, in Josef Isensee/Paul Kirchhof (Hrsg.), Hdb. des Staatsrechts der Bundesrepublik Deutschland, Bd. I, 3. Aufl. Heidelberg 2003, § 6; *Siegfried Maruhn* (Anm. 198), S. 92 ff.

[455] Text in: RGBl. 1935 Teil I, S. 1146.

[456] Text in: RGBl. 1935 Teil I, S. 1146.

[457] RGBl. 1933 I, S. 430.

[458] *Burkhardt Ziemske*, Die deutsche Staatsangehörigkeit nach dem Grundgesetz, Berlin 1995.

der Angehörigen Athens[459] und des römischen Bürgers[460] durch Abstammung vermittelt. In Frankreich förderte die Französische Revolution von 1789 die Geltung des ius sanguinis, dies vor allem deshalb, weil das ius soli wegen seiner Wurzeln im Mittelalter als feudalistisch betrachtet wurde.[461] Jedoch galt das ius sanguinis in Frankreich nicht exklusiv, sondern in Kombination mit dem ius soli, auf dem Napoleon Bonaparte bestand, weil es ihm einen „Zugewinn an Arbeitern, Soldaten, Steuerzahlern für ein geburtenschwaches, in Kriegen ausgeblutetes Volk" (gemeint ist: das französische) brachte.[462] In Deutschland knüpfte das Abstammungsprinzip im Reichs- und Staatsangehörigkeitsgesetz von 1913 an die staatsangehörigkeitsrechtliche Tradition der deutschen Einzelstaaten des 19. Jahrhunderts an.[463] Dass das Abstammungsprinzip schließlich auch in der Gegenwart kein deutscher Sonderweg ist,[464] zeigt die Tatsache, dass jedenfalls in Europa das Abstammungsprinzip als der für den Erwerb der Staatsangehörigkeit überwiegende Anknüpfungspunkt gilt,[465] z.B. in den skandinavischen Staaten, wenn auch oft mit Ergänzungen durch das ius soli. Frank Bökelmann hat noch 1998 festgestellt: „Mehr als neunzig Prozent aller Staaten der Erde regeln die Staatsbürgerschaft nach dem Abstammungsprinzip."[466]

[459] A.a.O. (Anm. 458), S. 239 f.
[460] A.a.O. (Anm. 458), S. 240 ff.
[461] A.a.O. (Anm. 458), S. 250.
[462] *Dieter Blumenwitz*, Abstammungsgrundsatz und Territorialitätsprinzip, ZfP 1994, S. 247 ff. (S. 257); auch zitiert bei *Burkhardt Ziemske* (Anm. 458), S. 251 Anm. 212.
[463] *Burkhardt Ziemske* (Anm. 458), S. 259.
[464] Zutreffend *Peter M. Huber* in seiner Rezension des Buches von Ziemske, AöR 123. Bd. (1998) S. 489 f. (490).
[465] Vgl. den Gesetzesüberblick bei *Burkhardt Ziemske* (Anm. 458), S. 333 ff.
[466] *Frank Bökelmann*, Bürgerrechte mit Rabatt. Verleugnete Fremdheit: Blinde Flecken in der Debatte um das neue Staatsbürgerschaftsrecht, FAZ Nr. 272 v. 23.11.1998, S. 49.

XVI. Die Reform des deutschen Staatsangehörigkeitsrechts im Jahre 1999 (IV): Das Gesetz vom 15. Juli 1999

Ein zumindest vorläufiger Abschluss der Diskussionen über die Neuordnung des Erwerbs und des Verlustes der deutschen Staatsangehörigkeit ist mit dem politisch und rechtlich umstrittenen „Gesetz zur Reform des Staatsangehörigkeitsrechts" vom 15. Juli 1999 erfolgt.[467] Das Gesetz, das von den Anhängern der damaligen Regierungskoalition von SPD/Bündnis 90-DIE GRÜNEN als großer politischer Erfolg gefeiert wurde, ist – wie zutreffend bemerkt worden ist – „das Ergebnis eines außerordentlich ungewöhnlichen Gesetzgebungsverfahrens".[468] Der Gesetzesentwurf war am 16. März 1999 in einem Gruppenantrag der Koalitionsfraktionen zusammen mit der FDP im Bundestag eingebracht worden, textgleich mit dem am selben Tag vom Bundeskabinett beschlossenen Entwurf der Bundesregierung. Der Bundestag hat das Gesetz bereits weniger als zwei Monate später, nämlich am 7. Mai 1999, verabschiedet. In den zwischen diesen beiden Daten liegenden 50 Kalendertagen wurden sämtliche Ausschussberatungen einschließlich einer Sachverständigenanhörung im Innenausschuss des Bundestages sowie der erste Bundesratsdurchgang abgewickelt. Der zweite Bundesratsdurchgang, der auf Grund der damaligen Mehrheitskonstellation im Bundesrat nur noch ein Formalakt war, wurde am 21. Mai 1999 mit dessen Zustimmung durch die SPD-geführten Länder abgeschlossen. Die Eile, in der das Gesetzgebungsverfahren in den Gesetzgebungsorganen durchgezogen worden ist,[469] stand in einem umgekehrten Verhältnis zur elementaren Bedeutung dieses Gesetzes, wobei allerdings – was den zeitlichen

[467] BGBl. 1999 I, S. 1618 ff.; amtliche Begründung in: Anlagenband 626 zur Bundestags-Drucks. 14/533. Zum Schrifttum dazu vgl. z.B.: *Ralph Göbel-Zimmermann*, Die Neuregelung des Staatsangehörigkeitsrechts, DÖV 2000, 95 ff.; *Hans v. Mangoldt*, Ius-sanguinis-Prinzip, Ius-soli-Prinzip und Mehrstaatigkeit: Umbrüche durch das Staatsangehörigkeitsreformgesetz, ZAR 1999, 243 ff.; *Günter Renner*, Was ist neu am neuen Staatsangehörigkeitsrecht? ZAR 1999, 154 ff.; *ders.*, Erfahrungen mit dem neuen Staatsangehörigkeitsrecht, ZAR 2002, 265 ff.; *Albrecht Weber*, Das neue Staatsangehörigkeitsrecht, DVBl. 2000, 369 ff.

[468] *Rolf Meireis*, Das neue deutsche Staatsangehörigkeitsrecht, StAZ 2000, 65; die Darstellung des Gesetzgebungsverfahrens folgt dieser Abhandlung.

[469] Krit. dazu auch *Thomas Edinger*, Porzellan zerschlagen, DRiZ 1999, 166 („das überstürzte Vorgehen der Bonner Regierungsparteien").

Ablauf betrifft – die langewährende Diskussion über eine Reform des deutschen Staatsangehörigkeitsrechts in Rechnung zu stellen ist. Erwähnenswert ist schließlich noch, dass die Prüfung durch den damaligen Bundespräsidenten (Johannes Rau) bis zum 15. Juli 1999 gedauert hat, mit diesen 54 Tagen also länger als das gesamte Gesetzgebungsverfahren im Bundestag.

Das Gesetz, dessen meiste Bestimmungen am 1. Januar 2000 in Kraft getreten sind, ist ein so genanntes Artikelgesetz, d.h. ein Gesetz, durch das mehrere andere geltende Gesetze geändert werden. Geändert worden sind durch das Gesetz zur Reform des Staatsangehörigkeitsrechts zwölf Bundesgesetze, nämlich:[470] 1. das Reichs- und Staatsangehörigkeitsgesetz; 2. das Ausländergesetz; 3. das Gesetz zur Regelung von Fragen der Staatsangehörigkeit; 4. das Gesetz zu dem Übereinkommen vom 6. Mai 1963 über die Verringerung der Mehrstaatigkeit und über die Wehrpflicht von Mehrstaatern; 5. das Gesetz zur Änderung des Reichs- und Staatsangehörigkeitsgesetzes; 6. das Ausführungsgesetz zur Verminderung der Staatenlosigkeit; 7. das Gesetz über die Errichtung des Bundesverwaltungsamtes; 8. das Gesetz über Personalausweise; 9. das Melderechtsrahmengesetz; 10. das Passgesetz; 11. das Personenstandsgesetz; 12. das Bundesvertriebenengesetz. Aufgehoben worden sind die Verordnung über die deutsche Staatsangehörigkeit und die Verordnung zur Regelung von Staatsangehörigkeitsfragen. Insgesamt sind damit durch das Gesetz zur Reform des Staatsangehörigkeitsrechts 14 Bundesgesetze bzw. Verordnungen geändert oder außer Kraft gesetzt worden. Nur geändert, aber nicht aufgehoben worden sind also das Reichs- und Staatsangehörigkeitsgesetz, dessen schon seit langer Zeit überholte Überschrift nunmehr „Staatsangehörigkeitsgesetz (StAG)" lautet[471] (also nicht: „Staatsbürgerschaftsgesetz") sowie das Ausländergesetz, um nur die wichtigsten durch das Reformgesetz betroffenen Regelungswerke zu nennen.

Die Änderungen selbst sind verständlicherweise von unterschiedlichem Gewicht. Schwerpunkte des Gesetzes sind:[472] 1. Neuregelun-

[470] Die im Zeitpunkt der Verabschiedung des Gesetzes zur Reform des Staatsangehörigkeitsrechts jeweils geltenden Fassungen und letzten Änderungen der durch dieses Gesetz geänderten oder aufgehobenen Gesetze und Verordnungen sind in den diesbezüglichen Artikeln genannt.

[471] Neufassung in Art. 1. Nr. 1.

[472] Vgl. dazu die Aufstellung bei *Rolf Meireis* (Anm. 468), S. 66.

gen hinsichtlich eines Staatsangehörigkeitserwerbs durch Geburt im Inland (§ 4 Abs. 3 StAG) und als Spätaussiedler (§ 7 StAG), in beiden Fällen mit Altfallregelungen (§ 40 b StAG, § 40 a StAG); 2. Neuregelungen hinsichtlich eines Staatsangehörigkeitsverlustes, nämlich im Zusammenhang mit einer Option für eine fremde Staatsangehörigkeit (§ 29 StAG), mit Eintritt in fremde Streitkräfte (§ 28 Abs. 1 StAG), hinsichtlich eines Antragserwerbs im Inland (§ 25 Abs. 1 StAG) sowie hinsichtlich des Ausschlusses des Abstammungserwerbs bei Geburt im Ausland (§ 4 Abs. 4 StAG); 3. Neuregelungen hinsichtlich der Erleichterung von Einbürgerungen, nämlich Einbürgerungsanspruch nach acht Jahren rechtmäßigen gewöhnlichen Aufenthalts im Inland (§ 85 AuslG) sowie eine erweiterte Hinnahme von Mehrstaatigkeit des Einzubürgernden (§ 87 AuslG).

Neu im deutschen Staatsangehörigkeitsrecht ist vor allem der durch das Gesetz eingeführte automatische Erwerb der deutschen Staatsangehörigkeit für hier geborene Kinder von Ausländern. Gemäß § 4 Abs. 3 Satz 1 StAG in seiner ursprünglichen Fassung erhalten nämlich Kinder ausländischer Eltern mit der Geburt im Inland (Deutschland) die deutsche Staatsangehörigkeit, wenn ein Elternteil „1. seit acht Jahren rechtmäßig seinen gewöhnlichen Aufenthalt im Inland und 2. eine Aufenthaltsberechtigung oder seit drei Jahren eine unbefristete Aufenthaltserlaubnis besitzt“. Mit Wirkung vom 1. Januar 2005 ist Abs. 3 Satz 1 Nr. 2 neu gefasst worden und lautet nunmehr: „2. freizügigkeitsberechtigter Unionsbürger oder gleichgestellter Staatsangehöriger eines EWR-Staates ist oder eine Aufenthaltserlaubnis-EU oder eine Niederlassungserlaubnis besitzt.“

Damit wird insoweit das Abstammungsprinzip durch das Geburtsortsprinzip ergänzt oder – kritischer formuliert – mit diesem vermischt. Es gilt also in Deutschland seit dem 1. Januar 2000 sowohl das ius sanguinis-Prinzip als auch das ius soli-Prinzip, allerdings nach Personengruppen unterschiedlich: Das Kind eines deutschen Elternteils erwirbt mit der Geburt die deutsche Staatsangehörigkeit aufgrund des Abstammungsprinzips; das Kind ausländischer Eltern, das nach dem In-Kraft-Treten des Gesetzes am 1. Januar 2000 in der Bundesrepublik Deutschland geboren wird,[473] erhält unter den Vorausset-

[473] Eine Übergangsvorschrift für ausländische Kinder, die am 1.1.2000 das zehnte

zungen des § 4 Abs. 3 StAG aufgrund des Geburtsortsprinzips die deutsche Staatsangehörigkeit, und zwar zusätzlich zu der Staatsangehörigkeit, die ihm regelmäßig von seinen ausländischen Eltern vermittelt wird. Da der Besitz einer doppelten Staatsangehörigkeit einen Vorteil bedeutet, ist die letztere Personengruppe (die „Ausländerkinder der 2. Generation") zunächst sowohl gegenüber denjenigen privilegiert, die aufgrund des Abstammungsprinzips nur eine (nämlich die deutsche) Staatsangehörigkeit besitzen, als auch gegenüber denjenigen ausländischen Kindern, die zwar in Deutschland geboren sind, deren Eltern aber nicht die Voraussetzungen des § 4 Abs. 3 StAG erfüllen.

Jedoch gilt diese Privilegierung nur temporär; denn wer gemäß § 4 Abs. 3 StAG die deutsche Staatsangehörigkeit zusätzlich zu einer ausländischen Staatsangehörigkeit erworben hat, muss bei Eintritt der Volljährigkeit eine (schriftliche) Erklärung darüber abgeben, ob er/sie die deutsche oder die ausländische Staatsangehörigkeit behalten will, d.h. für welche Staatsangehörigkeit optiert wird (Optionslösung). Wird bis zur Vollendung des 23. Lebensjahres keine Erklärung abgegeben oder teilt der Erklärungspflichtige mit, dass er die ausländische Staatsangehörigkeit behalten will, so geht die deutsche Staatsangehörigkeit mit dem Zugang der Erklärung bei der zuständigen Behörde verloren (§ 29 Abs. 2 StAG). Die Einwände, die gegen die Neuregelung erhoben worden sind, „reichen vom Einwand, dass die Optionslösung zu einer vom Grundgesetz verbotenen Entziehung der Staatsangehörigkeit führe, über Zweifel an einer neuen, gleichsam auflösend bedingten Staatsangehörigkeit bis zu Vorbehalten gegen die (üppige) Zulassung der Doppel- oder Mehrstaatigkeit".[474] Für die Verfassungsmäßigkeit der Optionslösung könnte immerhin sprechen, dass eine „auflösend bedingte" deutsche Staatsangehörigkeit immerhin ein Mehr bedeutet gegenüber überhaupt keiner deutschen Staatsangehörigkeit, und dass eine Mehrstaatigkeit heute auch außerhalb der Bundesrepublik Deutschland mehr und mehr hingenommen

Lebensjahr noch nicht vollendet haben, enthält § 40b StAG: Diese Kinder sind unter den Voraussetzungen des § 4 Abs. 3 StAG auf Antrag einzubürgern.

[474] So *Peter Michael Huber/Kirsten Butzke*, Das neue Staatsangehörigkeitsrecht und sein verfassungsrechtliches Fundament, NJW 1999, 2769 ff. (2770).

wird.[475] Entscheidend ist aber die Frage, ob die Verpflichtung des Erklärungspflichtigen gemäß § 29 Abs. 1 StAG zwischen der deutschen Staatsangehörigkeit und der ausländischen Staatsangehörigkeit zu wählen, und vor allem der Verlust der deutschen Staatsangehörigkeit gemäß § 29 Abs. 2 Satz 2 StAG im Fall der Nichterklärung bis zur Vollendung des 23. Lebensjahres, eine nach Art. 16 Abs. 1 Satz 1 GG unzulässige Entziehung der deutschen Staatsangehörigkeit beinhaltet oder einen nach Art. 16 Abs. 1 Satz 2 GG zulässigen Verlust. Dies richtet sich nach den allgemeinen Regeln über Entziehung und Verlust der deutschen Staatsangehörigkeit in Art. 16 Abs. 1 GG.

Die ziemlich breite Zustimmung bei der Beschlussfassung über das Gesetz zur Reform des Staatsangehörigkeitsrechts im Bundestag (365 Ja-Stimmen, 184 Nein-Stimmen, 39 Enthaltungen) darf nicht darüber hinwegtäuschen, dass der Gesetzesinhalt selbst außerordentlich umstritten war. Die politischen Einschätzungen klafften schon vor der Beschlussfassung wie auch nach dieser weit auseinander. Bundesinnenminister Otto Schily feierte die Reform als einen „Beitrag zum inneren Frieden",[476] als „wichtigen Reformschritt von historischer Dimension",[477] mit dem Deutschland „zu einem realistischen Begriff der Nation" finde[478] und das deutsche Staatsangehörigkeitsrecht „auf ein europäisches Niveau" gehoben werde.[479] Der Fraktionssprecher von Bündnis 90/DIE GRÜNEN, Rezzo Schlauch, nannte den Gesetzesentwurf der Koalition gar einen „Quantensprung von historischer Dimension".[480]

Ganz anders lautete die Bewertung durch die Opposition. Der bayerische Ministerpräsident Edmund Stoiber wurde mit der Einschätzung zitiert, „die rot-grüne Reform des Staatsangehörigkeitsrechts könne

475 Siehe dazu: BVerwGE 107, 223 ff. [229] – deutsche und italienische Staatsangehörigkeit.

476 Zitiert in: „Schily sieht im neuen Staatsangehörigkeitsrecht einen Beitrag zum inneren Frieden", FAZ Nr. 11 v. 14.1.1999, S. 1.

477 Zitiert in: „Nach langem Streit eine Mehrheit für den Kompromiß beim Staatsangehörigkeitsrecht", FAZ Nr. 106 v. 8.5.1999, S. 1.

478 Zitiert in Bericht: „Das neue Staatsangehörigkeitsrecht kann in Kraft treten", FAZ Nr. 117 v. 22.5.1999, S. 1.

479 A.a.O. (Fn. 478), S. 1.

480 Zitiert in Notiz: „Quantensprünge", FAZ Nr. 11 v. 14.1.1999, S. 2.

die innere Sicherheit stärker gefährden als früher der Terrorismus der Rote Armee Fraktion".[481] Diesen sicherlich überzogenen (um nicht zu sagen: haarsträubenden) Vorwurf hat Edmund Stoiber später dahin abgeschwächt, dass mit der Reform die Integration ausländischer Kinder nicht gefördert werde; mit der Reform werde es mehr statt weniger Konflikte in Deutschland geben.[482] Der damalige stellvertretende Vorsitzende der CDU/CSU-Fraktion im Bundestag, Jürgen Rüttgers, kritisierte in der Aussprache im Bundestag am 7. Mai 1999, „die rot-grüne Mehrheit habe sich einer ernsthaften Suche nach einem parteiübergreifenden Konsens verweigert. Diese Chance sei der Koalitionsräson untergeordnet worden mit dem Ziel, den Parteitag der Grünen zu überstehen. Der Gesetzentwurf von SPD, Grünen und FDP sei ein Stückwerk, das verfassungsrechtlich bedenklich, integrationspolitisch unausgegoren und mit einem unvertretbaren Verwaltungsaufwand verbunden sei".[483] Die verfassungsrechtlichen Pro- und Contrastimmen haben sich vor allem in der Anhörung und den dazu eingereichten schriftlichen Stellungnahmen der Sachverständigen im Innenausschuss des Bundestages[484] sowie im rechtswissenschaftlichen Schrifttum artikuliert;[485] Gegenstand der diesbezüglichen Kontroversen war vor allem die durch das Optionsmodell des Reformgesetzes (auf Zeit) ermöglichte mehrfache Staatsangehörigkeit. Wolfgang Schäuble (damals Vorsitzender der CDU) wurde schon vor der Beschlussfassung im Bundestag dazu mit der Äußerung zitiert, die doppelte Staatsangehörigkeit werde die Integration von Ausländern

[481] Zitiert nach: FAZ Nr. 11 v. 14.1.1999, S. 2.

[482] Zitiert nach: FAZ Nr. 117 v. 22.5.1999, S. 1.

[483] Zitiert nach: FAZ Nr. 106 v. 8.5.1999, S. 1.

[484] Siehe dazu die Sitzungsniederschrift der öffentlichen Anhörung und die schriftlichen Stellungnahmen in: Reform des Staatsangehörigkeitsrechts – Die parlamentarische Beratung – Innenausschuss des Deutschen Bundestages. Deutscher Bundestag, Referat Öffentlichkeitsarbeit (Hrsg.), Bonn 1999 (Zur Sache 1/99), S. 27 ff., S. 134 ff. – Vgl. auch den Bericht „Verfassungsrechtliche Zweifel. Anhörung zu Änderung des Staatsangehörigkeitsrechts", FAZ Nr. 86 v. 14.4.1999, S. 8.

[485] Vgl. dazu z.B. *Ralph Göbel-Zimmermann/Thorsten Masuch*, Die Neuregelung des Staatsangehörigkeitsrechts. Zu den verfassungsrechtlichen Vorgaben der Reform, DÖV 2000, 95 ff.; *Kay Hailbronner*, Die Reform des deutschen Staatsangehörigkeitsrechts, NVwZ 1999, 1273 ff.; *Peter M. Huber/Kirsten Butzke* (Anm. 474), S. 2769 ff.; *Rupert Scholz/Arnd Uhle*, Staatsangehörigkeit und Grundgesetz, NJW 1999, 1510 ff.

gefährden, nicht sie befördern.[486] Auch wird wenige Jahre nach Inkrafttreten des Reformgesetzes im Schrifttum die Frage gestellt, ob das Reformgesetz reformbedürftig sei.[487]

Tatsächlich ist das StAG allein im Jahre 2007 durch zwei neue Gesetze geändert worden. Eine weniger wichtige, weil nur die Beurkundung betreffende Neuerung erfolgte mit Gesetz vom 19. Februar 2007[487a], durch das § 4 Abs. 3 Satz 2 StAG wie folgt neu gefasst wurde: „Der Erwerb der deutschen Staatsangehörigkeit wird in dem Geburtenregister, in dem die Geburt des Kindes beurkundet ist, eingetragen." Änderungen von größerer Tragweite brachte Art. 5 des Gesetzes zur Umsetzung aufenthalts- und asylrechtlicher Richtlinien der Europäischen Union vom 19. August 2007[487b].

[486] Zitiert in: Bonn Cries 'Slander' On Citizenship Reform. Fight Shapes Up Around Opposition Petition, in: New York Herald Tribune No. 30032 v. 6.1.1999: "... that dual citizenship would endanger the integration of foreigners in Germany, not promote it".

[487] So *Günter Renner*, Das Staatsangehörigkeitsrecht – nach der Reform reformbedürftig?, ZAR 2004, 176 ff. Siehe auch *Christian Dornis*, Ungelöste Probleme des Staatsangehörigkeitsrechts, ZRP 2001, 547 ff.

[487a] BGBl. 2007 I, S. 122.

[487b] BGBl. 2007 I, S. 1970; auch unten S. 406 ff.

XVII. Mehrfache Staatsangehörigkeit

Von denjenigen Menschen, die mehr als eine Staatsangehörigkeit besitzen,[488] haben die meisten „nur" zwei Staatsangehörigkeiten, sind also „Doppelstaater". Es existieren aber auch Fälle, in denen jemand drei oder noch mehr Staatsangehörigkeiten sein eigen nennt. Bekannt geworden ist der Fall einer Frau, die vom städtischen Kreisverwaltungsamt in München als „unser Star" bezeichnet wurde: Die Frau war als Tochter eines Deutschen aufgrund des Abstammungsprinzips Deutsche. In den USA geboren, erwarb sie nach dem dort geltenden Territorialitätsprinzip die US-Staatsangehörigkeit. Wegen der französischen Staatsangehörigkeit ihrer Mutter war sie auch Französin, durch eine Heirat mit einem Italiener Italienerin und schließlich aufgrund des Wohnsitzprinzips in Israel Israelin geworden.[489]

Was den Sprachgebrauch angeht, so ist der Ausdruck „Mehrstaatigkeit" dem Ausdruck „Doppelstaatigkeit" vorzuziehen; denn alle Doppelstaater haben mehr als eine – also mehrere – Staatsangehörigkeiten, aber es gibt eben auch Menschen, die mehr als zwei Staatsangehörigkeiten besitzen. Auch die deutsche Gesetzessprache, z.B. in § 87 Ausländergesetz (Überschrift: „Einbürgerung unter Hinnahme von Mehrstaatigkeit"), und die Sprache internationaler Verträge, z.B. das „Übereinkommen über die Verringerung der Mehrstaatigkeit und über die Wehrpflicht von Mehrstaatern" vom 6. Mai 1963,[490] verwenden diesen Ausdruck.

[488] Dazu allg.: *Karl Doehring*, Mehrfache Staatsangehörigkeit im Völkerrecht, Europarecht und Verfassungsrecht, in: Festschr. f. Quaritsch, Berlin 2000, 255 ff.; *Tido Oliver Hokema*, Mehrfache Staatsangehörigkeit. Eine Betrachtung aus völkerrechtlicher und verfassungsrechtlicher Sicht, Frankfurt a.M./Bern 2002; *Karin Kammann*, Probleme mehrfacher Staatsangehörigkeit unter besonderer Berücksichtigung des Völkerrechts, Frankfurt a.M./Bern 1984; *Otto Kimminich*, Die mehrfache Staatsangehörigkeit, in: Gs. f. Schnur, Berlin 1977, 273 ff.; *Helmut Rittstieg*, Doppelte Staatsangehörigkeit im Völkerrecht, NJW 1990, 1401 ff.; *Ute Sacksofsky*, Mehrfache Staatsangehörigkeit – ein Irregulare?, in: Festschr. f. Böckenförde, Berlin 1995, 317 ff.

[489] Fallschilderung bei *Johann Freudenreich*, Wenn der Paß zur Staatsaffaire wird. Stelle beim Kreisverwaltungsamt befaßt sich mit Konflikten um die deutsche Staatsangehörigkeit, SZ Nr. 42 v. 19.2.1980, S. 15 f. (16).

[490] Text in: BGBl. 1969 II, S. 1954 ff.

Das deutsche Staatsangehörigkeitsrecht hat die Möglichkeit einer Mehrstaatigkeit nie völlig ausgeschlossen.[491] Jedoch handelte es sich bei der Zulässigkeit der Mehrstaatigkeit stets um Ausnahmen und so betrachtet – abgesehen vom Fall der so genannten Statusdeutschen (hier insbesondere der Aussiedler) – um Einzelfälle. Am Thema Mehrstaatigkeit entzündete sich eine heftige Diskussion erst, als die Regierungskoalition von SPD und Bündnis 90/DIE GRÜNEN eine generelle Mehrstaatigkeit einführen wollte. Ein ursprünglicher Plan von Bundesinnenminister Otto Schily (SPD) sah vor, dass alle in Deutschland geborenen ausländischen Kinder automatisch (auch) die deutsche Staatsangehörigkeit erhalten sollten, wenn ein Elternteil in Deutschland geboren oder als Kind (d.h. bis zu seinem 14. Lebensjahr) nach Deutschland eingereist war.[492] Noch weitergehend waren die Vorstellungen des Koalitionspartners Bündnis 90/DIE GRÜNEN: Nach deren Vorstellungen sollte es für den Erwerb der deutschen Staatsangehörigkeit kraft Geburt für ausländische Kinder ausreichen, wenn ein Elternteil über eine unbefristete Aufenthaltsgenehmigung oder eine Aufenthaltsberechtigung in der Bundesrepublik verfügt.[493] Abgelehnt wurde die generelle Mehrstaatigkeit von der FDP (der als damaliger Koalitionspartner der SPD in Rheinland-Pfalz später eine Schlüsselrolle bei der Suche nach einem Kompromiss zukommen sollte); ihr damaliger Vorsitzender Wolfgang Gerhardt kommentierte die Pläne von Rot/Grün mit der Feststellung: „Die doppelte Staatsbürgerschaft wird in der Gesellschaft nicht akzeptiert. SPD und Grüne müssen begreifen, daß sie ihr Ziel nicht durchsetzen können."[494] Je länger die Diskussionen über die Mehrstaatigkeit andauerte,[495] umso heftiger wurde sie geführt. In einer grundlegenden rechtswissenschaftlichen Abhandlung ist dazu ange-

[491] Beispiel schon: § 25 Abs. 2 RuStAG. Vgl. auch: *Hans v. Mangoldt*, Öffentlich-rechtliche und völkerrechtliche Probleme mehrfacher Staatsangehörigkeit aus deutscher Sicht, JZ 1963, 965 ff.

[492] Siehe: Der Kampf um die Pässe, DER SPIEGEL Nr. 2 vom 11.1.1999, S. 22 ff. (S. 25); *Martina Fietz*, Doppelpaß: Schily strebt Kompromiß an, DIE WELT vom 5.3.1999, S. 4.

[493] Entwurf eines Gesetzes zur Änderung des Staatsangehörigkeitsrechts, Bundestags-Drucks. 13/423 v. 8.2.1995.

[494] Zitiert bei *Martina Fietz* (Anm. 492), S. 4.

[495] Vgl. dazu auch *Martin Klingst*, Doppelt hält besser. Zwei Pässe erleichtern Einwanderern die Bindung an Deutschland. Und schaffen Probleme. Lösbare, DIE ZEIT Nr. 3 v. 14.1.1999, S. 11 f.

merkt worden: „Tatsache ist, daß dieses Problem (gemeint ist: das der Mehrstaatigkeit. D. Verf.) in den Medien mit einer Heftigkeit diskutiert wird, die früher Glaubenssachen vorbehalten war. Während die einen befürchten, daß die gesetzlich geduldete oder gefährdete Mehrstaatigkeit zur Auflösung des Staates führt, sehen die anderen darin das Allheilmittel für eine Reihe von Nöten, die auf der Basis der bisherigen Gesetzeslage im Zuge der Migrationsbewegungen entstanden sind, von denen Deutschland nicht nur wegen seiner zentralen Lage in Europa besonders betroffen ist.“[496] Breit angelegte Unterschriftenaktionen gegen mehrfache Staatsangehörigkeit oder umgekehrt für mehrfache Staatsangehörigkeit dienten als Mittel der Meinungsumfrage,[497] der Meinungsbildung, der Meinungsbeeinflussung, aber auch als scharfe Wahlkampfmunition.

Aktionen und Gegenaktionen wechselten einander ab. Ein im Frühjahr 1993 organisiertes „Referendum Doppelte Staatsbürgerschaft. Dem Hass keine Chance. 1 Million Stimmen für doppelte Staatsbürgerschaft“ fand ihren Abschluss damit, dass diese Initiative vor dem Berliner Reichstag ein Denkmal mit den Unterschriften von Bürgern, die eine doppelte Staatsbürgerschaft befürworten, enthüllt hat.[498] Unter den so genannten Erstunterzeichnern („Erststimmen“) dieses „Referendums“ war – neben anderen Prominenten – z. B. Ignatz Bubis genannt, der sich allerdings später gegen eine generelle doppelte Staatsangehörigkeit ausgesprochen hat: „Man kann den Doppelpaß hinnehmen, er sollte allerdings nicht zur Regel werden.“[499] Zustimmung aber auch harte Kritik erfuhr die Unterschriftenaktion der CDU vor der Landtagswahl in Hessen 1999; selbst in deren eigenen Reihen meldeten Kritiker sich zu Wort.[500] Mehrstimmigkeit beim

[496] *Otto Kimminich* (Anm. 488), S. 274.

[497] Vgl. dazu die Oberbürgermeisterin von Frankfurt a.M. Petra Roth: „Ich halte es für legitim, daß eine große Volkspartei ein Meinungsbild erfragen will. Ob sich die Partei damit isoliert, darüber sollen sich die Verantwortlichen in Bonn einen dicken Kopf machen. So was muß man früher bedenken, nämlich bevor man so eine Aktion startet.“; zitiert in: DER SPIEGEL (Anm. 492), S. 25.

[498] Siehe Bericht: Denkmal für doppelte Staatsbürgerschaft enthüllt, in: FAZ Nr. 117 v. 21.5.1994, S. 6.

[499] Zitiert in: *Martina Fietz*, Bubis: Doppel-Paß nicht als Regel. Präsident des Zentralrats der Juden lehnt Unterschriftenaktion der Union jedoch ab, DIE WELT v. 28.1.1999, S. 4.

[500] Vgl. dazu z.B. *Christoph Seils*, Krämpfe am Tapeziertisch. Für die Berliner

Thema Mehrstaatigkeit war jedoch nicht nur ein innerparteiliches Problem der CDU. So gab es in der SPD Widerspruch gegen Schilys Kompromisslinie; die 69 erklärten Anhänger einer generellen doppelten Staatsangehörigkeit, also Gegner von Schilys Linie, nannte Bundeskanzler Gerhard Schröder „disziplinlos".[501]

Mehrfache Staatsangehörigkeit ist nicht nur ein deutsches Problem. Die wachsende Zahl der Problemfälle hat ihre Ursache vor allem in Migrations- und Flüchtlingsströmen, in der Zunahme binationaler Ehen und in der weltweit sich immer mehr durchsetzenden Gleichberechtigung von Mann und Frau auch im Staatsangehörigkeitsrecht. Was die spezielle Situation in Deutschland betrifft, so weist der „Bericht der Beauftragten der Bundesregierung für die Belange der Ausländer über die Lage der Ausländer in der Bundesrepublik Deutschland 1993" noch darauf hin, dass „darüber hinaus ehemals Verfolgte des Nazi-Regimes einen Anspruch auf Wiedereinbürgerung (haben), ohne ihre zwischenzeitlich erworbene Staatsangehörigkeit aufgeben zu müssen" (zu ergänzen ist: dies gilt gemäß Art. 116 Abs. 2 GG auch für die Abkömmlinge von aus politischen, rassischen oder religiösen Gründen in der NS-Zeit Ausgebürgerten), sowie dass „auch im Falle der Einbürgerung von Aussiedlern nicht auf der Aufgabe der bisherigen Staatsangehörigkeit bestanden (wird)".[502] Von dem nicht zu Übertreibungen neigenden, sondern sachlich-pragmatisch argumentierenden Völkerrechtler Christian Tomuschat stammt schließlich die – nicht nur auf Deutschland bezogene – Vorhersage: „Bald wird vielleicht der Vierfach- oder Achtfachstaater eine ganz geläufige Erscheinung sein."[503]

Ist jede Erscheinung, die vielleicht bald „geläufig" sein wird, deshalb allein schon wünschenswert oder gar fördernswert? Das traditionelle

CDU wird die Kampagne gegen die doppelte Staatsbürgerschaft zum Drahtseilakt: Absturz droht, in: DIE WOCHE Nr. 3 v. 15.1.1999, S. 5.

[501] Zitiert nach *Martina Fietz* (Anm. 492), S. 4.

[502] Bundestags-Drucks. 12/6960 v. 11.3.1994, S. 47.

[503] *Christian Tomuschat,* in: Berichte DtGVR Bd. 29 (1988), S. 120. – Vgl. auch *Gérard-René de Groot/Hildegard Schneider*, Die zunehmende Aktzeptanz von Fällen mehrfacher Staatsangehörigkeit in West-Europa, Festschr. f. Koresuke Yamauchi, Berlin 2006, S. 65 ff.; *Fritz Sturm*, Europa auf dem Weg zur mehrfachen Staatsangehörigkeit, StAZ 1999, 225 ff.

Völkerrecht enthält kein Verbot der Mehrstaatigkeit,[504] sieht aber, wie viele völkerrechtliche Verträge beweisen, Mehrstaatigkeit als unerwünscht an.[505] Beispiele solcher Abkommen waren im 19. Jahrhundert die nach dem damaligen Gesandten der USA in Berlin George Bancroft benannten Verträge der USA mit dem Norddeutschen Bund (1868), mit Bayern (1868) sowie mit Baden, Württemberg und Hessen-Darmstadt (jeweils 1869),[506] sowie im 20. Jahrhundert die von der DDR geschlossenen Verträge zur Beseitigung bestehender und zur Verhinderung künftiger doppelter Staatsbürgerschaft mit der UdSSR von 1969, mit Ungarn von 1969, mit Bulgarien von 1971, mit der CSSR von 1973 und mit Polen von 1975.[507] Diese von ihrer Zielrichtung gegen eine doppelte Staatsbürgerschaft geprägten Verträge der DDR mit Staaten der „sozialistischen Gemeinschaft“ sind deshalb besonders bemerkenswert, weil deren Staatsrechtsdoktrin bekanntlich von einer „sozialistischen Staatsbürgerschaft“[508] ausging, mit wachsender persönlicher Bindung zu sozialistischen Partnerländern: „Der Kreis der Bürger, der auf Grund der sozialistischen ökonomischen Integration eine ganz persönliche Bindung zu sozialistischen Partnerländern und zu ihren Bürgern gewinnt, weitet sich rasch aus.“[509] Und: „Die sozialistischen Staatsbürgerschaften sind internationalistisch geprägte gesellschaftliche Verhältnisse, die durch brüderliche Freundschaft und sozialistische Gemeinschaftlichkeit gekennzeichnet sind.“[510]

504 *Jost Delbrück*, in: Georg Dahm (Begr.)/Jost Delbrück/Rüdiger Wolfrum, Völkerrecht 2. Aufl., Berlin 2002, S. 87.

505 Überblick über die Staatenpraxis bei *Kay Hailbronner*, H/R, Grundlagen F, Rn. 6.

506 Hinw. bei *Kay Hailbronner*, H/R, Grundlagen E, Rn. 9, F, Rn. 4, sowie *Hellmuth Hecker*, Die Regelung von Staatsangehörigkeitsfragen in völkerrechtlichen Verträgen in Vergangenheit und Gegenwart, Festschr. f. Menzel, Berlin 1975, S. 177 ff. (200 ff.).

507 Daten, Fundstellen und Einzelheiten dazu bei *Hellmuth Hecker*, Die Doppelstaaterverträge des Ostblocks, WGO 28. Jg. (1986), S. 273 ff. – Die Doppelstaaterverträge der DDR sind nach der Wiedervereinigung von der Bundesregierung nach Konsultation der Vertragspartnerstaaten für erloschen erklärt worden; Bsp.: Vertrag DDR – Rumänien, Außer-Kraft-Treten: BGBl. 1991 II, S. 930. Lediglich mit der UdSSR gab es insoweit Probleme.

508 *G. Riege*, in: Grundrechte des Bürgers in der sozialistischen Gesellschaft (Anm. 285), S. 51.

509 *R. Hieblinger*, in: Grundrechte des Bürgers in der sozialistischen Gesellschaft (Anm. 285), S. 255.

510 *R. Hieblinger* (Anm. 285), S. 256/257.

Der bekannteste einschlägige völkerrechtliche Vertrag ist das bereits erwähnte „Übereinkommen der Staaten des Europarates über die Verringerung der Mehrstaatigkeit und über die Wehrpflicht von Mehrstaatern“ vom 6. Mai 1963.[511] Die Bundesrepublik Deutschland ist diesem Abkommen im Jahre 1969 beigetreten.[512] Am 20. Dezember 2001 hat die Bundesregierung das Abkommen gekündigt, das damit für die Bundesrepublik Deutschland am 21. Dezember 2002 außer Kraft getreten ist.[513] Ein (2.) Zusatzprotokoll vom 2. Februar 1993 zu dem Übereinkommen von 1963 hatte bestimmt, dass die Vertragsstaaten berechtigt seien, bei Einbürgerungen die zweite Staatsangehörigkeit zu belassen.[514] Eine neuere multilaterale Regelung der Mehrstaatigkeit findet sich in dem Europäischen Übereinkommen über Staatsangehörigkeit von 6. November 1997.[515] Dieses Übereinkommen enthält in seinem Kapitel V Bestimmungen darüber, in welchen Fällen ein Vertragsstaat mehrfache Staatsangehörigkeit gestatten kann[516] sowie über Rechte und Pflichten im Zusammenhang mit mehrfacher Staatsangehörigkeit.[517]

Karl Doehring kommentiert diese Entwicklung dahin, „daß hier eine langsame Aufweichung früherer doch recht strikter Prinzipien angestrebt wird. Die Gründe für diese Permissivität sind leicht erkennbar. In allen europäischen Staaten hat offenbar ein früher bestehendes Staatsbewußtsein abgenommen. Die Auffassungen über den Begriff des Staatsvolkes haben sich daher offenbar auch geändert“.[518] Ähnlich – wenn auch wohl zu sarkastisch – meint Gerd Roellecke: „Die doppelte Staatsangehörigkeit zum Beispiel macht das Identifikations-

[511] Text in: BGBl. 1969 II, S. 1953. Vgl. dazu auch *Otto Kimminich*, The Conventions for the Prevention of Double Citizenship and their Meaning for Germany and Europe in an Era of Migration, GYIL Vol. 38 (1995), S. 224 ff.

[512] In Kraft getreten ist das Abkommen für die Bundesrepublik Deutschland am 18.12.1969.

[513] BGBl. 2002 II, S. 171.

[514] Text in: European Treaty Series Nr. 149.

[515] Text in: European Treaty Series Nr. 166; auch abgedr. (in deutscher Übersetzung) bei *Kay Hailbronner*, H/R, Anh. A 8.

[516] Art. 14 (Fälle mehrfacher Staatsangehörigkeit kraft Gesetzes); Art. 15 (Andere mögliche Fälle mehrfacher Staatsangehörigkeit); Art. 16 (Beibehaltung der bisherigen Staatsangehörigkeit).

[517] Art. 17 (Rechte und Pflichten im Zusammenhang mit mehrfacher Staatsangehörigkeit).

[518] *Karl Doehring* (Anm. 488), S. 261.

verlangen unglaubwürdig. Pragmatisch mag die doppelte Staatsangehörigkeit kein Problem sein. Aber theoretisch ist sie eines. Die schräge Theorie nagt an der Glaubwürdigkeit aller Ruck-Reden. Für die Identifikation mit der Nation gibt es nur noch ein Symbol: Fußball."[519]

Im Einklang mit der Grundtendenz des traditionellen Völkerrechts in Sachen Mehrstaatigkeit sieht jedoch die Rechtsprechung des Bundesverfassungsgerichts und des Bundesverwaltungsgerichts die Mehrstaatigkeit kritisch, mehr noch: als „ein Übel". Schon in einem Beschluss vom 21. Mai 1974 hat das Bundesverfassungsgericht demgemäß festgestellt: „Es trifft auch zu, daß innerstaatlich und international doppelte oder mehrfache Staatsangehörigkeit als ein Übel betrachtet wird, das sowohl im Interesse der Staaten wie im Interesse der betroffenen Bürger nach Möglichkeit vermieden oder beseitigt werden sollte: Die meisten internationalen Konventionen auf dem Gebiet der Staatsangehörigkeit betreffen diesen Gegenstand oder wollen wenigstens die aus dem Besitz mehrerer Staatsangehörigkeiten erwachsenden Schwierigkeiten mildern."[520] An dieser Auffassung hat das Bundesverfassungsgericht auch später, nämlich in seinem Beschluss vom 16. September 1990, festgehalten, mit der fast wortgleichen Aussage: „Doppelte und mehrfache Staatsangehörigkeit wird innerstaatlich und international als ein Übel betrachtet, das sowohl im Interesse der Staaten wie im Interesse der Bürger nach Möglichkeit vermieden oder beseitigt werden sollte."[521] Keinen Anlass, auf das Problem der Mehrstaatigkeit einzugehen, sah das Bundesverfassungsgericht dagegen in seinen Urteilen vom 31. Oktober 1990[522] zur Frage der Zulässigkeit oder Unzulässigkeit der Einführung des kommunalen Wahlrechts für Ausländer in Schleswig-Holstein[523] und in Hamburg.[524] Hinsichtlich der Diskrepanz zwischen deutschem Staats-

[519] *Gerd Roellecke*, Staat und Tod, Paderborn 2004, S. 91.

[520] BVerfGE 37, 217 ff. [254].

[521] BVerfG, NJW 1991, 633 ff. (634).

[522] Materialien dazu bei *Josef Isensee/Edzard Schmidt-Jortzig* (Hrsg.), Das Ausländerwahlrecht vor dem Bundesverfassungsgericht. Dokumentation der Verfahren, Heidelberg 1993.

[523] BVerfGE 83, 37 ff.

[524] BVerfGE 83, 60 ff. – Beide Entscheidungen waren m.E. jedenfalls im Ergebnis unzutreffend. Die Entscheidungen widersprachen zudem der eigenen Rspr. des Gerichts; denn das Gericht hatte früher im Zusammenhang mit der Frage, ob

volk und ausländischer Bevölkerung, die nach dem Grundgesetz nicht durch Wahlen an der politischen Willensbildung des Volkes teilnehmen kann, deutet das Bundesverfassungsgericht lediglich als Ausweg an, dass etwa durch eine entsprechende staatsangehörigkeitsrechtliche Regelung „denjenigen Ausländern, die sich auf Dauer in der Bundesrepublik Deutschland niedergelassen haben, sich hier rechtens aufhalten und deutscher Staatsgewalt mithin in einer den Deutschen vergleichbaren Weise unterworfen sind, der Erwerb der deutschen Staatsangehörigkeit erleichtert wird".[525]

Während das Bundesverfassungsgericht die „Übel"-Theorie also nur relativ knapp begründet, finden sich in der Rechtsprechung des Bundesverwaltungsgerichts ausführlichere Bemerkungen zum Problem der Mehrstaatigkeit. So stellt das Bundesverwaltungsgericht in einem Beschluss vom 14. November 1989 zwar fest, dass die Behörde bei ihrer Ermessensausübung im Fall einer Einbürgerung sich „grundsätzlich von dem Interesse leiten lassen (darf), Mehrstaatigkeit zu vermeiden, und zwar auch dann, wenn der Bewerber – z.B. als Ehegatte – in naher familiärer Beziehung zu einem deutschen Staatsangehörigen steht".[526] Unter Hinweis auf die Einbürgerungsrichtlinien geht das Gericht davon aus, dass Mehrstaatigkeit „vornehmlich deswegen vermieden werden (soll), weil sie die Gefahr von Rechtsunsicherheit und von Pflichtenkollision schafft".[527] Jedoch erwähnt der Beschluss immerhin, unter Zitierung von Stimmen aus dem staatsangehörigkeitsrechtlichen Schrifttum, dass „in jüngster Zeit zunehmend eine

kommunale Wählervereinigungen (so genannte Rathausparteien) politische Parteien i.S. des Grundgesetzes seien, entschieden, dass eine Beteiligung an politischer Willensbildung nur auf der staatlichen Ebene, nicht aber auf der kommunalen Ebene möglich sei, weil politische Entscheidungen nur auf der staatlichen Ebene, nicht aber in Gemeinden und Gemeindeverbänden gefällt würden (BVerfGE 2, 1 [76]; vgl. auch BVerfGE 6, 367 [372]).

525 BVerfGE 83, 37 ff. [52]. – Zur Frage des kommunalen Wahlrechts für Ausländer vor der Änderung des Art. 28 Abs. 1 GG durch das Gesetz zur Änderung des Grundgesetzes vom 21.12.1992 (BGBl. 1992 I, S. 2086): *Otto Behrend*, Kommunalwahlrecht für Ausländer in der Bundesrepublik, DÖV 1973, 376 ff.; *Brun-Otto Bryde*, Ausländerwahlrecht und grundgesetzliche Demokratie, JZ 1989, 257 ff. – Zur Rechtslage nach der Gesetzesänderung: *Katarina Barley*, Das Kommunalwahlrecht für Ausländer nach der Neuordnung des Art. 28 Abs.1 S. 3 GG, Berlin 1999.

526 BVerwGE 84, 93 ff. (96).

527 A.a.O. (Anm. 526), S. 96/97.

vermehrte Hinnahme von Mehrstaatigkeit befürwortet (wird)",[528] und fährt fort: „Die Gefahr der Rechtsunsicherheit mag angesichts der Entwicklung des internationalen Privatrechts heute auch geringer einzuschätzen sein als früher. Ebenso könnte der Gefahr der Pflichtenkollision insbesondere zwischen den Mitgliedstaaten der Europäischen Gemeinschaften jetzt weniger Gewicht als früher zukommen."[529] Schließlich kommt der Beschluss aber auf die Unerwünschtheit mehrfacher Staatsangehörigkeit zurück, wenn auch mit der Erwähnung von Ausnahmen: „Gleichwohl streben aber die Staaten weiterhin eine klare Abgrenzung ihrer Personalhoheit an, halten also Mehrstaatigkeit heute noch grundsätzlich für unerwünscht, wenn auch unter Anerkennung mehr oder weniger umfassender Ausnahmen."[530] Das Bundesverwaltungsgericht erwähnt solche Ausnahmen vom (jeweils zunächst erwähnten) „Übel" der Mehrstaatigkeit auch in anderen Entscheidungen, wobei es in der Regel darum geht, das grundgesetzliche Gebot des Schutzes von Ehe und Familie (Art. 6 Abs. 1 GG) in Betracht zu ziehen.[531]

Auf die in dem Beschluss vom 14. November 1989 vom Bundesverwaltungsgericht kurz angesprochene europäische Entwicklung ist das Gericht in einer weiteren Entscheidung, nämlich in seinem Beschluss vom 15. April 1991, vertiefend eingegangen.[532] Da es in diesem Fall um eine mit einem deutschen Staatsangehörigen verheiratete britische Staatsangehörige ging, deren Einbürgerungsantrag abgelehnt worden war, weil sie sich weigerte, ihre britische Staatsangehörigkeit aufzugeben, sah das Bundesverwaltungsgericht sich veranlasst zu prüfen, ob die Regelungen zur Vermeidung von Mehrstaatigkeit im deutschen Recht und im Europäischen Übereinkommen auch im Verhältnis zu den Mitgliedstaaten der Europäischen Gemeinschaften gelten. Das Gericht bejaht dies mit folgender Begründung:[533] „Der deutsche Gesetzgeber hat die von der Klägerin angesprochene Entwicklung

[528] A.a.O. (Anm. 526), S. 97.
[529] A.a.O. (Anm. 526), S. 97.
[530] A.a.O. (Anm. 526), S. 97.
[531] Vgl. dazu BVerwGE 80, 249 ff. [254]; BVerwG NJW 1991, 2226 f. (2226), auch in: InfAuslR 1991, 169 ff. m. krit. Anm. *Helmut Rittstieg*, S. 171. Zur Frage einer ausnahmsweisen Zulassung der Häufung von Staatsangehörigkeiten auch: HessVGH, DVBl. 1992, 1552 (nur LS).
[532] BVerwG NJW 1991, 2227 f.
[533] A.a.O. (Anm. 532), S. 2227.

der Europäischen Gemeinschaften zu einem ‚Europa der Bürger' und zu einer Europäischen Union bisher nicht zum Anlaß genommen, von dem Ziel der Vermeidung von Mehrstaatigkeit im Verhältnis zu den EG-Mitgliedstaaten abzurücken. Das Europäische Parlament hat übrigens noch im Jahre 1984 die Ausarbeitung einer Empfehlung gefordert, die u.a. gleiche Rechte für Mann und Frau hinsichtlich der Übertragung der Staatsangehörigkeit bei der Eheschließung zwischen Ehegatten verschiedener Staatsangehörigkeit vorsieht, jedoch unter Beibehaltung des Grundsatzes, den Erwerb mehrerer Staatsangehörigkeiten zu vermeiden."[534] Das Bundesverwaltungsgericht weist in dem Beschluss sodann darauf hin, dass Bestrebungen im Rahmen des Europarats, doppelte Staatsangehörigkeit bei gemischt-nationalen Ehen zuzulassen, ebenfall noch keinen Niederschlag in der deutschen Rechtsordnung gefunden habe: „Der Gesetzgeber hat vielmehr durch die am 1. Januar 1991 in Kraft getretenen §§ 85 ff. des Ausländergesetzes vom 9. Juli 1990 seinen Willen bestätigt, bei der Einbürgerung Mehrstaatigkeit möglichst zu vermeiden, und zwar auch im Verhältnis zu den EG-Mitgliedstaaten."[535]

Die neuere Entwicklung registriert das Bundesverwaltungsgericht mit der Beobachtung: „Zwar wird in jüngster Zeit zunehmend eine vermehrte Hinnahme von Mehrstaatigkeit insbesondere zur Integration eingewanderter Arbeitnehmer und ihrer Familien befürwortet und in der Praxis der Staaten akzeptiert."[536] Aber im Ergebnis gelangt das Gericht dann doch wieder zu der Feststellung, es gelte „Mehrstaatigkeit auch gegenwärtig als atypisch und regelmäßig nicht im staatlichen Interesse liegend."[537] In einer späteren Entscheidung, nämlich im Urteil vom 29. September 1998, betreffend eine deutsch-italienische Mehrstaatigkeit, fehlt allerdings dieser Hinweis. Das Bundesverwaltungsgericht bemerkt in dem Urteil lakonisch: „Der Grundsatz der Vermeidung der Mehrstaatigkeit ist im Gegenteil in den meisten Staaten Erosionen ausgesetzt. Vor allem im Zusammenhang mit der vermehrten Schließung gemischt-nationaler Ehen und der Zunahme der Wanderarbeitnehmerbewegung hat sich die Tendenz zur Hinnahme von Mehrstaatigkeit verstärkt."[538]

534 Zitiert nach EuGRZ 1984, 167.
535 A.a.O. (Anm. 532), S. 2227.
536 A.a.O. (Anm. 532), S. 2228.
537 A.a.O. (Anm. 532), S. 2228.
538 BVerwGE 107, 223 ff. (229).

Wenn das Bundesverwaltungsgericht in dieser seiner Entscheidung von 1998 eine verstärkte „Tendenz zur Hinnahme von Mehrstaatigkeit" zu erkennen glaubt, muss dazu allerdings gesagt werden, dass kaum irgendeine Tendenz unaufhörlich fortschreitet oder irreversibel ist. So wie der Zeitgeist wechselt, kann auch eine Rechtsentwicklung sich ändern. Bemerkenswert ist jedenfalls im Zusammenhang mit der Frage einer Hinnahme mehrfacher Staatsangehörigkeit die Umkehr in den Niederlanden, einem Land, das in Sachen Ausländerpolitik stets als Trendsetter galt: Nach dem Mord an dem Kolumnisten und Filmemacher Theo van Gogh im November 2004, begangen von dem in Amsterdam geborenen und dort aufgewachsenen Niederländer marokkanischer Abstammung mit Staatsangehörigkeit beider Staaten Mohammed B. und auf Grund wachsender Sorge wegen der Verbreitung radikal-islamischer Ideologien, soll eine neue Gesetzesvorlage die Erteilung doppelter Staatsangehörigkeiten einschränken.[539]

Im Ergebnis bleiben auch Tendenzen nur Zahlen. Tatsache ist und bleibt, dass die einen Staaten die Hinnahme mehrfacher Staatsangehörigkeit grundsätzlich (also von Ausnahmen abgesehen) ablehnen, während andere Staaten in dieser Sicht großzügiger verfahren. Die Verfassungen fast aller Staaten schweigen zu diesem Problem; als Ausnahmen werden genannt: die Verfassung der Seychellen, die es verbietet, dass ein Gesetz die Einbürgerung vom Verlust der fremden Staatsangehörigkeit abhängig macht (Art. 13 Abs. 2), und die Verfassung der Dominikanischen Republik, derzufolge bei Erwerb einer anderen Staatsangehörigkeit die dominikanische nicht verlorengeht (Art. 11 [4] § III),[540] während umgekehrt Andorra ein Doppelbürgerrecht nicht anerkennt (der Präsident Frankreichs und der spanische Bischof von Urgel sind als gemeinsame Herrscher [„Co-Prinzen"] die einzigen Doppelbürger des Landes).[541] Letztlich muss jeder Staat für sich allein – wenn auch im Rahmen des Völkerrechts, das ihm aber insoweit relativ freie Hand lässt – die Frage entscheiden: „Wie hältst Du es mit der Hinnahme der Mehrstaatigkeit?" Entscheidungsgrund-

[539] Dazu: *Horst Bacia,* Abgründe der Entfremdung. Niederländische Politiker sehnen sich einmütig nach dem „zubeißenden Rechtsstaat", FAZ Nr. 267 v. 15.11. 2004, S. 3.

[540] Ein Doppelstaater darf allerdings nicht Präsident oder Vizepräsident der Dominikanischen Republik werden.

[541] Vgl. dazu: *Ulrich Meister*, Andorra unter Anpassungsdruck. Das Pyrenäen-Fürstentum auf dem Weg zur Normalisierung, NZZ Nr. 300 v. 27.12.1997, S. 5.

lage kann nur eine sachgerechte Abwägung der pro- und contra-Argumente sein.

Das Bestreben nach Vermeidung von Mehrstaatigkeit resultiert aus der alten Volksweisheit „Man kann nicht zwei Herren dienen", emanzipatorischer formuliert: „Man kann nicht zwei Vaterländer haben – genausowenig wie man zwei Mütter haben kann." [542] Befürchtet werden allgemein Loyalitätskonflikte und konkret Kollisionen im Pflichtenstatus, „wenn und weil jeder Heimatstaat den Betroffenen gleichzeitig zur Leistung des Wehrdienstes aufrufen darf" und „wenn und weil jeder der Heimatstaaten ein Verhalten seines Staatsangehörigen unter Strafe stellen darf, das im anderen Heimatstaat geradezu erwünscht erscheinen mag".[543] Auch wird auf die Verkürzung des Schutzrechtes hingewiesen, weil nach geltendem Völkerrecht das Recht auf diplomatischen Schutz im Fall einer Mehrstaatigkeit nur von dem Staat ausgeübt werden darf, zu dem der betreffende Staatsangehörige enge (effektive) Beziehungen hat, nicht also auch von seinem zweiten Heimatstaat.[544]

Diese Argumente gegen eine Mehrstaatigkeit haben jedoch keine absolute Überzeugungskraft. Was die Wehrpflicht von Mehrstaatern betrifft, so kann sich ein daraus resultierendes Problem nur bei Staatsangehörigen derjenigen Staaten ergeben, in denen Wehrpflicht besteht (so allerdings noch in der Bundesrepublik Deutschland[545] und z.B. in der Türkei), und in den Staaten mit Wehrpflicht wiederum nur für die männlichen Staatsangehörigen (anders als in Bezug auf den freiwilligen Dienst von Frauen in den Streitkräften besteht eine Wehrpflicht für Frauen nur in Israel), und hinsichtlich der Wehrpflicht für Männer nur für diejenigen im wehrpflichtigen Alter – insgesamt also nur für einen verhältnismäßig geringen Teil der Staatsangehörigen überhaupt. Konkrete Probleme der Wehrpflichtigkeit von

[542] Ausspruch von *P. Weis*: „On ne peut pas avoir deux patries, comme on ne peut pas avoir deux mères", zitiert bei *Gerard-René de Groot* (Anm. 20), S. 320.

[543] *Hans von Mangoldt*, Öffentlich-rechtliche und völkerrechtliche Probleme mehrfacher Staatsangehörigkeit aus deutscher Sicht, JZ 1993, 965 ff. (966/67).

[544] *Hans von Mangoldt* (Anm. 543), S. 967.

[545] Ob die Wehrpflicht in der Bundesrepublik Deutschland, insbesondere unter dem Gesichtspunkt der Wehrgerechtigkeit, aufrechterhalten werden kann, ist seit Jahren Gegenstand einer Kontroverse. Bejahend das Urteil des BVerwG v. 19.1. 2005, BVerwGE 122, 331 ff.; krit.: *Ingo von Münch*, Wehrgerechtigkeit: mehr Gerechtigkeit, NJW 1993, 3244 f.

Mehrstaatern[546] können zudem durch multilaterale oder bilaterale völkerrechtliche Verträge gelöst werden.[547] Diesbezügliche Vereinbarungen sehen in der Regel vor, dass die Wehrpflicht des Mehrstaaters in dem Staat zu erfüllen ist, in dem der betreffende Wehrpflichtige seinen gewöhnlichen Aufenthalt hat, oder es wird ihm ein Wahlrecht eingeräumt, in welchem seiner Heimatstaaten er den Wehrdienst ableisten will. Für den Fall, dass eine diesbezügliche völkervertragliche Regelung nicht vorhanden ist, greifen die einschlägigen Bestimmungen der nationalen Gesetze. In der Bundesrepublik Deutschland bestimmt das Wehrpflichtgesetz in der Fassung vom 30. Mai 2005 in § 8 Abs. 2: „Das Bundesministerium der Verteidigung kann im Einzelfall außerhalb der Bundeswehr geleisteten Wehrdienst oder anstelle des Wehrdienstes geleisteten anderen Dienst auf den Wehrdienst nach diesem Gesetz ganz oder zum Teil anrechnen. Der Wehrdienst oder der anstelle des Wehrdienstes geleistete Dienst soll angerechnet werden, wenn er auf Grund gesetzlicher Vorschrift geleistet worden ist …"

Was das Argument der Strafrechtsnormen betrifft, die in dem einen Staat ein Verhalten unter Strafe stellen, das in einem anderen Staat als geradezu erwünscht erscheinen mag,[548] so lassen sich – außer Spionage gegen andere Staaten – dafür kaum Beispiele finden. Was schließlich die Verkürzung des diplomatischen Schutzrechtes angeht, so kommt diese nur in den relativ wenigen Fällen in Betracht, in denen überhaupt um diplomatischen Schutz nachgesucht wird, und auch nur in der Weise, dass der Betroffene sich nicht unter mehreren Möglichkeiten die ihm günstigere aussuchen kann.

Stehen jene Argumente gegen eine Mehrstaatigkeit also auf schwachen Füßen und spricht deshalb vieles heute für eine großzügige Zulassung der Mehrstaatigkeit, so darf allerdings nicht verkannt wer-

[546] Vgl. dazu Mitt. der Beauftragten der Bundesregierung für die Integration der ausländischen Arbeitnehmer und ihrer Familienangehörigen: Wehrpflicht für Ausländer und Doppelstaater, 5. Aufl., Bonn 1989.

[547] Beispiele: Protokoll Nr. 2 zum Deutsch-Italienischen Freundschaftsvertrag v. 21.11.1957 (BGBl. 1959 II, S. 966); Nr. 4 des Protokolls zum Deutsch-Griechischen Schiffahrts- und Niederlassungsvertrag v. 18.3.1960 (BGBl. 1962 II, S. 1518); Art. 6 Nr. 5 des Deutsch-Spanischen Niederlassungsvertrages v. 23.4. 1970 (BGBl. 1972 II, S. 1044). Weitere Bsp. bei *Kay Hailbronner*, H/R, Grundlagen F, Rn. 15.

[548] *Hans von Mangoldt* (Anm. 543), S. 967.

den, dass die Mehrstaatigkeit auch nicht problemlos ist. Die Einbürgerungsrichtlinien des Bundesministers des Innern vom 15. Dezember 1977 stellten nicht ohne Grund fest: „Mehrstaatigkeit schafft die Gefahr der Rechtsunsicherheit, besonders im Internationalen Privatrecht, und führt zum Widerstreit von Pflichten gegenüber verschiedenen Rechtsordnungen."[549]

Die Regelung von Kollisionen zwischen den verschiedenen Rechtsordnungen, denen ein Mehrstaater unterliegt, ist Gegenstand des Internationalen Privatrechts.[550] Derartige Kollisionen könnten zwar durch Anknüpfung an die so genannte effektive Staatsangehörigkeit[551] gelöst werden, d.h. durch Rückgriff auf das Recht des Staates, mit dem die betreffende Person am engsten verbunden ist.[552] In der Regel ist dies der Aufenthaltsstaat, in dem die Person sich gewöhnlich aufhält.[553] Jedoch gehen z.B. im Fall eines deutsch-türkischen Doppelstaaters sowohl das deutsche Recht als auch das türkische Recht jeweils vom Vorrang des eigenen Rechts aus.[554] Art. 5 Abs. 1 des Einführungsgesetzes zum BGB[555] bestimmt nämlich für das deutsche

549 Nr. 5.3.1. – Zur Einbürgerungsrichtlinie im Einzelnen s. unten Abschn. XXI und Anhang I.

550 Dazu eingehend *Fritz Sturm/Gudrun Sturm*, (Anm. 56), Rn. 311 ff.

551 Vgl. dazu: *Heinz-Peter Mansel*, Verfassungsrechtlicher Gleichheitssatz, deutsche Doppelstaater und die Lehre von der effektiven Staatsangehörigkeit im Internationalen Privatrecht, NJW 1986, 625 ff.; *Hans-J. Sonnenberger/Hans von Mangoldt*, Anerkennung der Staatsangehörigkeit und effektive Staatsangehörigkeit natürlicher Personen im Völkerrecht und im internationalen Privatrecht, in: Berichte DtGVR Bd. 29 (1988) S. 9 ff., S. 37 ff.; *Otto Luchterhandt*, Nationale Minderheiten und Loyalität, Köln 1997, S. 102.

552 Dazu: *Stefan Geisler*, Die engste Verbindung im Internationalen Privatrecht, Berlin 2001, S. 107 ff.

553 Zum Begriff „gewöhnlicher Aufenthalt" s. *Dietmar Baetge*, Der gewöhnliche Aufenthalt im Internationalen Privatrecht, Tübingen 1994.

554 Zur deutsch-türkischen Doppelstaatsangehörigkeit vgl. z.B. *Dieter Martiny*, Probleme der Doppelstaatsangehörigkeit im deutschen internationalen Privatrecht, JZ 1993, 1145 ff.; *Memet Kiliç*, Deutsch-türkische Doppelstaatsangehörigkeit, StAZ 1994, 73 ff.; *Ergin Nomer*, Türkisches Internationales Privatrecht und doppelte Staatsangehörigkeit, JZ 1993, 1142 ff.; Vgl. ferner die neueren Beiträge von *Kay Hailbronner, Memet Kiliç, Dieter Martiny, Inçi Ataman-Figanmeşe* und *Christine Budzikiewicz* in: Deutsch-Türkische Juristenvereinigung e.V. (Hrsg.), Auswirkungen der Staatsangehörigkeitsreform (Deutsch-Türkische Verhältnisse), Berlin 2002.

555 I.d.F. des Gesetzes zur Neuregelung des IPR v. 25.7.1986 (BGBl. 1986 I, S. 1142).

Recht: „Wird auf das Recht des Staates verwiesen, dem eine Person angehört, und gehört sie mehreren Staaten an, so ist das Recht desjenigen dieser Staaten anzuwenden, mit dem die Person am engsten verbunden ist, insbesondere durch ihren gewöhnlichen Aufenthalt oder durch den Verlauf ihres Lebens. Ist die Person auch Deutscher, so geht diese Rechtsstellung vor.“ Eine entsprechende Regelung für das türkische Recht enthält Art. 4 des türkischen Gesetzes über das Internationale Privatrecht. Im Ergebnis führt Mehrstaatigkeit mithin zwar nicht zu unüberwindlichen kollisionsrechtlichen Schwierigkeiten,[556] z.B. auch im Steuerrecht, aber eben doch zu Schwierigkeiten.[557] Nina Dethloff hat in ihrer gründlichen Abhandlung „Doppelstaatsangehörigkeit und Internationales Privatrecht“ darauf hingewiesen, dass eine Zunahme deutsch-ausländischer Doppelstaater „einen nicht unerheblichen Verlust an internationaler Entscheidungsharmonie in den Bereichen des Internationalen Personen-, Familien- und Erbrechts zur Folge (hat)“.[558] Es komme dann z. B. zu konkurrierenden Gerichtsständen, die oft Klagen in beiden Heimatstaaten des Doppelstaaters erlauben, mit der Folge, dass der Kläger sich den für ihn günstigeren Gerichtsstand aussuchen wird (so genanntes forum shopping, besser formuliert forum hopping), ein Vorgang, der zwar nicht unzulässig, aber rechtspolitisch unerwünschte Folgen hat, weil die Chancengleichheit der Parteien in diesem Fall nicht gewährleistet ist.[559] Auch entstünden durch die abweichende kollisionsrechtliche Beurteilung „hinkende Rechtsverhältnisse“, etwa wenn ein Urteil des einen Heimatstaates im anderen Heimatstaat des Doppelstaaters nicht anerkannt wird oder bei der Namensführung. Nina Dethloff kommt zu dem Ergebnis, dass den „mit einer Zunahme von Mehrstaatern verbundenen Problemen sich letztlich nur durch eine Kollisionsrechtsvereinheitlichung begegnen (läßt)“.[560] Als Alternative

[556] *Dieter Martiny* (Anm. 554), S. 1150. – Für Hinnahme von Mehrstaatigkeit *Michael Wollenschläger/Alexander Schraml*, Ius soli und Hinnahme von Mehrstaatigkeit, ZRP 1994, 225 ff.; dagegen: *Burkhardt Ziemske*, Verfassungsrechtliche Garantien des Staatsangehörigkeitsrechts, ZRP 1994, 229 ff.

[557] *Georg Jochum*, Die Folgen doppelter Staatsangehörigkeit für die Erbschaftsteuer am Beispiel deutsch-türkischer Doppelstaatler. Doppelte Rechte und doppelte Pflichten. UVR 2000, 415 ff.

[558] *Nina Dethloff*, Doppelstaatsangehörigkeit und Internationales Privatrecht, JZ 1995, 64 ff. (72).

[559] A.a.O. (Anm. 558), S. 72/73.

[560] A.a.O. (Anm. 558), S. 73.

könnte man hinzufügen: oder durch Verringerung der Fälle von Mehrstaatigkeit.

Gravierender nicht in Bezug auf Rechtsfragen des Alltags, wohl aber hinsichtlich des im demokratischen Staat hohen Verfassungsrechtsgutes der Wahlgleichheit dürfte der Einwand sein, dass eine Mehrstaatigkeit auch eine mehrfache Wahlberechtigung zu den nationalen Parlamenten mit sich bringt, jedenfalls dann, wenn der Staat, in dem der Mehrstaater nicht seinen Wohnsitz hat, die Möglichkeit der Briefwahl bietet. Eine solche mehrfache politische Repräsentation einzelner im Unterschied zu anderen wirft jedenfalls in der Europäischen Union die Frage der Gleichheit der Wahl auf, solange keine Regelung – wie im Europawahlgesetz für die Wahl zum Europäischen Parlament[561] – besteht.

Die Frage nach der Gleichheit stellt sich jedoch nicht nur hinsichtlich des Wahlrechts zu Parlamenten. Die Gewährung einer Mehrstaatigkeit wirft vielmehr ganz allgemein die Frage auf, wie die Mehrstaatigkeit mit dem Grundrecht der Gleichheit vor dem Gesetz zu vereinbaren ist[562] – einem Grundrecht, das Gemeingut aller Verfassungen der Neuzeit und ein unverzichtbarer Grundsatz jedes demokratischen Rechtsstaates ist. Da ein Mehrstaater sich die für ihn günstigere Rechtsordnung aussuchen kann (z.B. hinsichtlich Visumspflichten, Notwendigkeit oder Nichtnotwendigkeit einer Arbeitserlaubnis, Zulässigkeit von Grundstückserwerb etc.) und die Anknüpfung an das ungünstigere Recht des jeweiligen Wohnsitzes mühelos (und faktisch kaum überprüfbar) durch zeitweilige Verlegung des Wohnsitzes in den Staat mit der günstigeren Rechtsordnung ausgehebelt werden kann, ist der Mehrstaater in jedem Fall besser gestellt als eine Person mit nur einer Staatsangehörigkeit.[563] Der Mehrstaater ist auch gegen

[561] § 6 Abs. 3: „Das Wahlrecht darf nur einmal und nur persönlich ausgeübt werden. Das gilt auch für Wahlberechtigte, die zugleich in einem anderen Mitgliedstaat der Europäischen Gemeinschaften zum Europäischen Parlament wahlberechtigt sind."

[562] „Aus der Sicht des Art. 3 GG wie aus der Sicht des allgemeinen Rechtsstaatsprinzips" wird die so genannte Optionslösung (doppelte Staatsangehörigkeit volljähriger Ausländer bis zum 23. Lebensjahr) für verfassungswidrig gehalten von *Rupert Scholz*, Verfassungsgrenzen für doppelte Staatsangehörigkeit, DRiZ 1999, 175 f. (176).

[563] Zur Erleichterung der Reisemöglichkeiten von Doppelstaatern in der Zeit des

Auslieferung geschützt wenn – wie üblich – die Verfassung desjenigen seiner Heimatstaaten, in welchem er sich gerade aufhält, die Auslieferung eigener Staatsangehöriger an einen anderen Staat verbietet. So lehnte Japan ein Auslieferungsersuchen Perus hinsichtlich des früheren peruanischen Staatspräsidenten Alberto Fujimori mit der Begründung ab, dass dieser auch die japanische Staatsangehörigkeit besitze. Alberto Fujimori hatte als Kind japanischer Eltern, die nach Peru eingewandert waren, die japanische und die peruanische Staatsangehörigkeit erworben. Von 1990–2000 war er zum Staatspräsidenten Perus gewählt worden. Als die peruanische Justiz ihn wegen Korruption und Menschenrechtsverletzungen verfolgen wollte floh Fujimori nach Japan. Auf einer Reise nach Chile wurde er später dort festgenommen.[564] Ein Strafgericht in Peru hat inzwischen einen internationalen Haftbefehl gegen Fujimori erlassen.[565]

Die Gewährung, d.h. die staatliche Hinnahme der Mehrstaatigkeit, ist also eine erhebliche Privilegierung der Mehrstaater gegenüber allen anderen Staatsangehörigen, die nur eine Staatsangehörigkeit besitzen.[566] Die Beantwortung der Frage nach der Vereinbarkeit der Mehrstaatigkeit mit dem allgemeinen Gleichheitssatz muss daher klären, was der Inhalt der einschlägigen Verfassungsbestimmungen ist, in der Bundesrepublik Deutschland also Art. 3 Abs. 1 GG („Alle Menschen sind vor dem Gesetz gleich"). Vorab muss dazu angemerkt werden, dass kaum eine andere Bestimmung des Grundgesetzes so viele Zweifels- und Streitfragen aufwirft und so breit kommentiert ist wie Art. 3 Abs. 1 GG (nachgerade legendär ist die im Umfang einer Monographie verfasste Kommentierung dieser Bestimmung durch Günter Dürig)[567]. Unbestritten ist immerhin, dass diese Bestimmung nicht nur die vollziehende Gewalt und die Rechtsprechung bindet

Kalten Krieges s. *Hellmuth Hecker*, Erleichterungen für Doppelstaater in Konsularverträgen der USA mit kommunistischen Staaten, WGO 28. Jg. (1986), S. 31 ff.

564 Vgl. dazu: Warum verließ er Japan? Perus Ex-Präsident in Chile festgenommen, HA v. 8.11.2005, S. 5.

565 Notiz „Haftbefehl gegen Fujimori", FAZ Nr. 272 v. 22.11.2006, S. 9. Ein chilenisches Gericht hat vorläufig gegen seine Auslieferung entschieden, s. FAZ Nr. 160 v. 13.7.2007, S. 5

566 Insoweit zutreffend *Rupert Scholz* (Anm. 562), S. 176.

567 In: *Theodor Maunz/Günter Dürig* (Hrsg.), Grundgesetz. Kommentar, München 1958 ff.

sondern auch den Gesetzgeber.[568] Übereinstimmung besteht auch darüber, dass „Gleichheit vor dem Gesetz“ nicht arithmetische (mechanische) Gleichbehandlung bedeutet, sondern nur das Gebot, tatbestandlich Gleiches rechtlich gleich zu behandeln. Um dessen juristische Präzisierung hat das Bundesverfassungsgericht sich in zahlreichen Entscheidungen bemüht. Bis Anfang der achtziger Jahre konkretisierte das Bundesverfassungsgericht den Gleichheitssatz im Sinne eines Willkürverbotes (so genannte „Willkürformel“, nach dem ehemaligen Richter des Bundesverfassungsgerichts Gerhard Leibholz auch „Leibholz-Formel“ genannt): Art. 3 Abs. 1 GG enthalte das Gebot „weder wesentlich Gleiches willkürlich ungleich, noch wesentlich Ungleiches willkürlich gleich zu behandeln“.[569] Das Merkmal der Willkür sei dabei nicht im Sinne eines subjektiven Schuldvorwurfes zu verstehen sondern als objektives Kriterium.[570] Der Gleichheitssatz werde verletzt, „wenn sich ein vernünftiger, sich aus der Natur der Sache ergebender oder sonst wie sachlich einleuchtender Grund für die gesetzliche Differenzierung oder Gleichbehandlung nicht finden läßt“.[571] Art. 3 Abs. 1 GG setze eine Grenze, „wo die gleiche oder ungleiche Behandlung nicht mehr mit einer am Gerechtigkeitsgedanken orientierten Betrachtungsweise vereinbar ist“.[572] Bei der Überprüfung der Frage, ob der Gleichheitssatz verletzt ist, habe das Bundesverfassungsgericht jedoch „nicht zu beurteilen, ob der Gesetzgeber im Einzelnen die zweckmäßigste, vernünftigste oder gerechteste Lösung gefunden hat“.[573] Dem Gesetzgeber wurde damit ein weiter Gestaltungsspielraum zugestanden.

Nachdem die Willkürformel im Schrifttum mehr und mehr kritisiert wurde,[574] entwickelte der 1. Senat des Bundesverfassungsgerichts zur Auslegung des Art. 3 Abs. 1 GG eine (damals) neue Formel, die als „Rechtfertigungsformel“ bezeichnet werden kann. Nach dieser Formel ist der allgemeine Gleichheitssatz des Art. 3 Art. 1 GG verletzt,

568 Anders die Auslegung des Art. 109 Abs. 1 WRV; vgl. dazu *Gerhard Anschütz* (Anm. 134), Art. 109 Rn. 1.
569 BVerGE 4, 144 ff. [155].
570 BVerGE 80, 48 ff. [51]; 83, 82 ff. [84].
571 BVerGE 1, 14 ff. [52].
572 BVerGE 31, 119 ff. [130].
573 BVerGE 59, 287 ff. [300]; 68, 287 ff. [301].
574 Vgl. dazu z.B. *Friedrich Schoch*, Der Gleichheitssatz, DVBl. 1988, 863 ff. (875).

„wenn eine Gruppe von Normadressaten anders behandelt wird, obwohl zwischen beiden Gruppen keine Unterschiede von solcher Art und solchem Gewicht bestehen, dass sie die ungleiche Behandlung rechtfertigen können."[575] Unübersehbar ist der in der „Rechtfertigungsformel" zum Ausdruck gekommene Wille des Bundesverfassungsgerichts, die gängige Praxis der überkommenen „Willkürrechtsprechung" zu überwinden und zu einer stärker konturierten Gleichheitsprüfung zu gelangen.[576] Diese stärkere Konturierung der Gleichheitsprüfung wird vom Bundesverfassungsgericht dadurch erstrebt, dass zwei zentrale Gesichtspunkte zur Bestimmung der Prüfungsintensität entwickelt worden sind, nämlich[577] 1. eine eher strenge Prüfung bei sog. personenbezogenen Merkmalen im Unterschied zu lediglich sach- oder verhaltensbezogenen Merkmalen. Maßstab zur Abgrenzung der personenbezogenen Merkmale von den sach- oder verhaltensbezogenen Merkmalen ist die Beeinflussbarkeit des Sachverhalts durch den von der Ungleichbehandlung Betroffenen: ist der Sachverhalt durch den von der Ungleichbehandlung Betroffenen nicht oder nur schwer beeinflussbar, so liegt ein personenbezogenes Merkmal vor. „Personenbezogen" ist also enger als sach- oder verhaltensbezogen, aber weiter als „personengebunden". Letzteres Merkmal (sog. Unentrinnbarkeit) ähnelt den absoluten Differenzierungskriterien des Art. 3 Abs. 3 GG; 2. eine eher strenge Prüfung, wenn es nicht nur um Auswirkungen eines Gesetzes im Bereich der Gleichheit geht, sondern wenn auch eine Auswirkung auf die Ausübung eines anderen Grundrechts vorliegt. Maßstab dafür ist die Wertaussage des betr. Grundrechts: sie wird als relativ gering angesetzt bei dem Grundrecht aus Art. 2 Abs. 1 GG.

Die Rechtfertigungsformel ist komplizierter als die Willkürformel, ohne wirklich eine überzeugende Fortentwicklung zu sein.[578] Zu der

[575] BVerfGE 55, 72 ff. [88]. – Zu dieser Formel vgl. z.B. *Michael Sachs*, Die Maßstäbe des allgemeinen Gleichheitssatzes – Willkürverbot und sog. neue Formel, JuS 1997, 124 ff.; *Kerstin Odendahl*, Der allgemeine Gleichheitssatz und „neue Formel" als Prüfungsmaßstäbe, JA 2000, 170 ff.

[576] *Rudolf Wendt*, Der Gleichheitssatz, NVwZ 1988, 778 ff. (781).

[577] Zum Folgenden: *Hans-Dieter Jarass*, Folgerungen aus der neueren Rechtsprechung des BVerfG für die Prüfung von Verstößen gegen Art. 3 I GG, NJW 1997, 2545 ff. (2547).

[578] Zur Kritik an der Rechtfertigungsformel: *Ingo von Münch*, Staatsrecht. Bd. 2, 5. Aufl., Stuttgart 2002, Rn. 572, 575.

in der Abkehr von der Willkürformel liegenden Ausdehnung der verfassungsgerichtlichen Kontrolle ist kritisch angemerkt worden, dass mit der erhöhten Kontrolldichte „eine Einschränkung der vom Bundesverfassungsgericht ständig betonten Gestaltungsfreiheit des Gesetzgebers" korrespondiere.[579] Unerfreulich ist auch die Spaltung in der Argumentation zwischen dem 1. Senat (Rechtfertigungsformel) und dem 2. Senat (Willkürformel), wobei allerdings keine strenge gegensätzliche Trennung hinsichtlich der Entscheidungsbegründungen beider Senate eingetreten ist; vielmehr werden die Obersätze weniger dogmatisch als pragmatisch formuliert.[580] Unter bestimmten Umständen greift auch der 1. Senat auf die Willkürformel zurück,[581] so dass letztlich ein breiter Fächer der Ausdifferenzierung vorhanden ist: „Aus dem allgemeinen Gleichheitssatz ergeben sich je nach Regelungsgegenstand und Differenzierungsmerkmalen unterschiedliche Anforderungen für den Gesetzgeber, die vom bloßen Willkürverbot bis zu einer strengen Bindung an Verhältnismäßigkeitserfordernisse reichen.[582]

Was den Problembereich der Mehrstaatigkeit betrifft, so hatte das Bundesverfassungsgericht noch keinen Anlass, die Hinnahme von Mehrstaatigkeit speziell unter dem Aspekt der Vereinbarkeit mit dem Grundrecht der Gleichheit vor dem Gesetz des Art. 3 Abs. 1 GG zu prüfen.[583] Würde man eine solche Prüfung vornehmen, so wäre vermutlich das Ergebnis sowohl unter Zugrundelegung der Willkürformel als auch unter Zugrundelegung der Rechtfertigungsformel dasselbe.

Bei dieser Prüfung ist zunächst nach den verschiedenen Gründen der Entstehung einer Mehrstaatigkeit zu unterscheiden. Tritt z.B. Mehrstaatigkeit für Kinder aus einer multinationalen (in der Regel: binationalen) Ehe ein, weil die einschlägigen Staatsangehörigkeitsrechte (wie das der Bundesrepublik Deutschland) für den Erwerb der Staatsangehörigkeit vom Abstammungsprinzip ausgehen, so ist in diesem

[579] Sondervotum *Dietrich Katzenstein*, BVerfGE 74, 28 ff. [30] zu Bd. 74, 9 ff.
[580] *Lerke Osterloh*, in: Michael Sachs, Grundgesetz. Kommentar. 4. Aufl., München 2007, Art. 3 Rn. 35.
[581] Vgl. z.B. BVerfGE 81, 156 ff. [206]; 83, 1 ff. [23]; 89, 69 ff. [89].
[582] BVerfGE 88, 87 ff. [96].
[583] Zu Entscheidungen des Bundesverfassungsgerichts im Hinblick auf die Mehrstaatigkeit als „Übel" vgl. oben Anm. 520 und 521.

Fall eine Hinnahme der Mehrstaatigkeit unter dem Aspekt des allgemeinen Gleichheitssatzes weder willkürlich noch entbehrt sie eines rechtfertigenden Grundes.[584] Dieses Ergebnis folgt aus der Tatsache, dass jedenfalls nach deutschem Recht die Gleichberechtigung von Mann und Frau (Art. 3 Abs. 2 GG) dazu führt, dass sowohl der Vater als auch die Mutter eines Kindes ihre je eigene Staatsangehörigkeit dem Kind vermitteln. Auch das wohlverstandene Interesse des Kindes spricht hier dafür, dass das Kind aus einer gemischtnationalen Ehe sowohl die Staatsangehörigkeit des Vaters als auch die der Mutter erwirbt, schon damit nicht eine Kluft zwischen dem Kind und einem der beiden Elternteile eintritt. Das Gewicht der Argumente für die Hinnahme der Mehrstaatigkeit überwiegt also in diesem Fall das der Nichthinnahme. Die in der Praxis möglicherweise dadurch sich ergebenden Probleme sollen dabei nicht verschwiegen werden; sie sind von Hellmuth Hecker so formuliert worden: „Die größten Bedenken gegen Doppelstaatlichkeit ergeben sich bei Ehen von Doppelstaatlern: Da können die Kinder evtl. kraft Geburt 4 StAen erwerben. Dagegen hülfe die Wahlpflicht bei Volljährigkeit nur, wenn alle 4 Staaten dies vorsehen oder wenn eine Konvention es vorschreibt.“[585]

Hinsichtlich des Eintritts der Mehrstaatigkeit auf Grund einer Einbürgerung ist – wiederum unter dem Aspekt einer etwaigen Verletzung des allgemeinen Gleichheitssatzes – zu unterscheiden zwischen der Einzelfall-Einbürgerung einerseits und der „Federstrich-Einbürgerung“ (also der Verleihung der Staatsangehörigkeit kraft Gesetzes an eine große Gruppe von Personen) andererseits, wobei es im vorliegenden Zusammenhang in beiden Alternativen nur um diejenigen Einbürgerungen geht, die nicht mit einem Verlust der bisherigen Staatsangehörigkeit des Eingebürgerten verbunden sind.

Die Einzelfall-Einbürgerung kann schon deshalb im Regelfall den allgemeinen Gleichheitsgrundsatz nicht verletzen, weil die Einbürgerung nur auf der Grundlage der im Gesetz vorgeschriebenen Kriterien und nur nach konkreter Prüfung der für die Einbürgerung sprechenden

584 Beachtlich insoweit auch Art. 14 Abs. 1 lit. a des Europäischen Übereinkommens über Staatsangehörigkeit v. 6.11.1997: „Ein Vertragsstaat gestattet Kindern, die bei der Geburt automatisch unterschiedliche Staatsangehörigkeiten erworben haben, die Beibehaltung dieser Staatsangehörigkeiten.“.

585 *Hellmuth Hecker*, Doppelstaatlichkeit, in: Lexikon des Rechts, 4/190 S. 2.

Gründe vorgenommen wird. Willkür oder ein Nichtvorhandensein von Gründen, welche die Einbürgerung rechtfertigen, dürften also im Rechtsstaat bei Einzelfall-Einbürgerungen nicht zu unterstellen sein. Eine grundgesetzwidrige Ungleichbehandlung wäre nur dann anzunehmen, wenn der eine Antragsteller unter Hinnahme von Mehrstaatigkeit eingebürgert würde, ein anderer Einbürgerungswilliger in gleicher Situation dagegen nicht.

Die Frage der Gleichheit vor dem Gesetz stellt sich dagegen schon eher bei der Federstrich-Einbürgerung, d.h. wenn eine neue gesetzliche Regelung dazu führt, dass eine Gruppe von Personen automatisch die deutsche Staatsangehörigkeit erhält ohne die bisherige fremde Staatsangehörigkeit aufgeben zu müssen, also Mehrstaater werden, während alle anderen Staatsangehörigen eben nur eine einzige Staatsangehörigkeit besitzen. Auch hier ist wieder nach Willkür oder rechtfertigendem Grund für eine solche Ungleichbehandlung zu fragen. Ausgangspunkt der Beantwortung dieser Frage muss sein, dass die Ausländereigenschaft allein kein sachlicher, rechtfertigender Grund für die Privilegierung ist, die mit dem Erwerb einer mehrfachen Staatsangehörigkeit verbunden ist. Sofern der Gesetzgeber sich allerdings für das Modell einer Regelung entscheidet, die eine Mehrstaatigkeit nur auf begrenzte Zeit zulässt, etwa bis zum Eintritt eines bestimmten Lebensalters, in dem der Mehrstaater sich für eine der mehreren Staatsangehörigkeiten entscheiden muss, dürfte diese zeitweilige Privilegierung keinen schwerwiegenden Bedenken begegnen. Auch fordert schon das Völkerrecht einen zulässigen Anknüpfungspunkt für die Verleihung der Staatsangehörigkeit, so dass ein völlig beliebiger Bezug, z.B. ein kurzzeitiger Wohnsitz, als alleiniger Grund für einen Staatsangehörigkeitserwerb ausscheidet. Das Territorialitätsprinzip (ius soli) ist ein vom Völkerrecht anerkannter Anknüpfungspunkt für den Erwerb der Staatsangehörigkeit,[586] allerdings nicht in der Form der Kumulation von Territorialitätsprinzip plus Abstammungsprinzip. Lässt der Gesetzgeber also eine diesbezügliche sowohl-als-auch-Regelung für den Erwerb der Staatsangehörigkeit zu, so muss es für die Hinnahme der dadurch eintretenden Mehrstaatigkeit sachliche, die Privilegierung rechtfertigende Gründe geben.

[586] Vgl. dazu oben Abschn. XV.

In den Auseinandersetzungen anlässlich der Reform des deutschen Staatsangehörigkeitsrechts ist zur Rechtfertigung vor allem auf die mit einer Verleihung der deutschen Staatsangehörigkeit geförderte Integration der Ausländer in die deutsche Gesellschaft hingewiesen worden. Wie bei vielen anderen politischen Diskussionsthemen so waren allerdings auch hierzu die Meinungen geteilt. Die Opposition gegen die Reform des Staatsangehörigkeitsrechts beurteilte die damit beabsichtigte Integration der (eingebürgerten) Ausländer in die deutsche Gesellschaft skeptisch. So schrieb der damalige innenpolitische Sprecher der CSU-Landesgruppe im Bundestags Wolfgang Zeitlmann: „Voraussetzungslose Einbürgerung in großer Zahl verzichtet bewußt auf ein hinreichendes Maß an bereits vollzogener Integration ... Mit der Formaleinbürgerung wird das Verharren von Doppelstaatlern in Parallelgesellschaften hingenommen – ohne deutsche Sprachkenntnisse und ohne Bereitschaft, die deutsche Verfassung zu respektieren. Nach einer Einbürgerungswelle ohne Beispiel wird Deutschland auch vor einer neuen Zuwanderungswelle mit unabsehbaren Ausmaßen, gewaltigen Kostenbelastungen für Länder und Kommunen sowie gravierenden Sicherheitsgefahren stehen. Der verstärkte Familiennachzug wird an den Wohnorten der Angehörigen Siedlungsschwerpunkte von Menschen aus bestimmten Herkunftsländern verstärken. Das erschwert die Integration und birgt die Gefahr der Abkapselung.“[587] Michael Wolffsohn, Professor für Neuere Geschichte an der Universität der Bundeswehr in München, hält die doppelte Staatsbürgerschaft sogar für „völlig verfehlt“: „Sie macht aus Ausländern sowohl In- als auch Ausländer. Sie formalisiert nach außen die innere Zerrissenheit und doppelte Loyalität. Ich weiß, wovon ich rede, denn ich hatte zwei Staatsbürgerschaften. Der Verzicht auf die eine löst keine inneren Bindungen, was gut ist, aber er halbiert die sehr handfesten Doppelprobleme des Alltags. Das rotgrüne Modell macht die Bald-Doppelbürger in bester Absicht zu Halb-und-halb-Bürgern. Gerade deshalb werden sie fremd bleiben und leider als Fremde abgelehnt.“[588]

Wie kontrovers die Ansichten zur Mehrstaatigkeit als Integrationsinstrument sind, zeigt aber auch die Tatsache, dass selbst innerhalb

[587] *Wolfgang Zeitlmann*, Wir bekommen zweierlei Deutsche, DIE WELT v. 13.1. 1999, S. 10.

[588] *Michael Wolffsohn*, Deutschlands Eigentor, DIE WELT v. 2.12.1998, S. 10.

der politischen Parteien die Meinungen dazu geteilt sind. So hat der frühere Oberbürgermeister von Stuttgart, Manfred Rommel (CDU),[589] anders als die Mehrheit in seiner Partei, eine „Tolerierung der doppelten Staatsangehörigkeit“ als ein Mittel bezeichnet, „das die gesellschaftlichen Probleme in der Bundesrepublik lösen hilft“; und: „Die meisten Ausländer, die legal und auf Dauer bei uns leben, sind in Wirklichkeit Inländer ohne deutschen Paß. Ihre Heimat wird immer mehr die Bundesrepublik und immer weniger das Land, dessen Paß sie besitzen. Dies gilt besonders für ihre Kinder, von denen die meisten in Deutschland geboren sind.“ Ob die Praxis der Vergangenheit, doppelte Staatsangehörigkeiten zu verhindern, ein für die Zukunft tragfähiges Rezept sein könne, sei fraglich, unter anderem im Blick darauf, „daß aller Wahrscheinlichkeit nach ein immer höherer Anteil der Bevölkerung, vor allem in den Städten, aus Ausländern bestehen wird, die legal hier leben und daß es schon Bedeutung hat, ob und wie diese sich in die Gesellschaft integrieren“.

Am wenigsten befragt werden die Betroffenen selber. Was Mehrstaater als Individuen (nicht also: Organisationen und Verbände) von ihrer eigenen Mehrstaatigkeit halten, kann man fast nur aus gelegentlich veröffentlichten Leserbriefen oder aus mit ihnen geführten Interviews erfahren. Dazu zwei Beispiele: Zu einem Artikel unter der Überschrift: „Zwei Pässe spalten“[590] erschien der folgenden Leserbrief: „Ich bin eine in Deutschland lebende Ausländerin und bin gegen die doppelte Staatsangehörigkeit. Denn mit der Nationalität verbinde ich etwas mehr als nur einen Paß. Ich glaube nicht, daß man sich als Deutsche fühlen und gleichzeitig stolz sein kann, daß man auch (in meinem Fall) Tscheche ist. Das einzige, was die doppelte Staatsangehörigkeit bringen würde, sind die vielen Vorteile für Ausländer. Die Ausländer mit zwei Staatsangehörigkeiten hätten immer die Möglichkeit, sich zu entscheiden, ‚wie es eben paßt‘. Ich fühle mich in Deutschland sehr gut integriert, hier habe ich meine Familie, meine Freunde, ich respektiere die Gesetze dieses Landes, und dies alles ändert nichts an der Tatsache, daß ich mit Stolz meine Nationa-

[589] Die folgenden Zitate sind entnommen aus *Manfred Rommel*, Im deutschen Interesse: Doppelte Staatsangehörigkeit, in: Frieder Birzele/Manfred Rommel/Kay Hailbronner/Hermann Glaser, Vom Mitbürger zum Staatsbürger, Stuttgarter Themen: Begegnen-Verstehen-Verändern Nr. 2, Stuttgart 1992, S. 14 f. (14).

[590] *Wolfram Weimer*, Zwei Pässe spalten, DIE WELT v. 7.1.1999, S. 1.

lität behalten will."[591] Die gegenteilige Ansicht vertritt ein Leserbriefschrieber zu dem Artikel „Doppelte Loyalität ist nicht möglich"[592]: „Titel und Inhalt des Artikels zeugen vom Unwillen, eine neue Entwicklung zu akzeptieren, oder gar von Angst (meiner Meinung nach vollkommen unbegründet) von einer ‚Entdeutschung' Deutschlands. Ich habe zwei Staatsbürgerschaften und zwei Pässe und fühle mich sowohl als Kubaner wie auch als Deutscher meinen beiden Heimaten nicht nur emotional verpflichtet. Also, es ist möglich, Herr Wolffsohn. Fragen Sie nur einen Betroffenen."[593]

Mehrstaater haben offensichtlich und verständlicherweise nicht nur mehrere Staatsangehörigkeiten sondern auch mehrschichtige Gefühle. Dass diese Gefühle wechseln können zeigt eine Äußerung der Spitzentennisspielerin Mary Pierce, die sowohl die kanadische als auch die französische Staatsangehörigkeit besitzt. Als Mary Pierce nach ihrem Einzug in das Endspiel der French Open 1994 gefragt wurde, ob sie sich als Kanadierin oder als Französin fühle, antwortete sie: „Im Moment fühle ich mich französich."[594] Andere Mehrstaater teilen ihre eigenen Gefühle. Dem deutsch-finnischen Formel 1-Rennfahrer Nico Rosberg wurde in einem Interview die Frage gestellt: „Fühlen Sie sich mehr als Finne oder mehr als Deutscher?" Seine Antwort: „Irgendetwas dazwischen, etwas Europäisches. Aber wahrscheinlich mehr als Deutscher, weil wir zu Hause deutsch sprechen."[595] Seinem kulturellen Hintergrund rückt der türkisch-deutsche Filmemacher Tevfik Baser („40 qm Deutschland") in den Vordergrund: „Was soll ich machen, ich bin nun mal in der Türkei geboren. Und davon, daß ich einen deutschen Paß habe, werde ich noch lange kein Deutscher. Ich habe einfach einen anderen kulturellen Hintergrund, der sich nicht plötzlich mit dem Wechsel der Staatsbürgerschaft ändert."[596] Die Schauspielerin Sibel Kekilli, als Tochter türkischer Eltern in Deutschland als türkische Staatsangehörige geboren,

[591] Überschrift: Als Tschechin bin ich gegen den doppelten Paß. Leserbrief von Monika Dittmarová, in: DIE WELT v. 13.1.1999, S. 11.
[592] *Michael Wolffsohn*, Doppelte Loyalität ist nicht möglich, DIE WELT v. 6.1. 1999 S. 10.
[593] Überschrift: Ich fühle mich meinen Heimatländern verpflichtet. Leserbrief von Julián Daniel Jiménez-Krause, DIE WELT v. 13.1.1999, S. 11.
[594] Zitiert in: DIE WELT v. 4./5.6.1994, S. 24.
[595] HA v. 4.11.2005, S. 31.
[596] Zitiert in: Fremde Heimat, in: Hamburger Morgenpost v. 20.7.1993 S. 29.

später durch Einbürgerung Deutsche geworden, mochte nach solchen Gefühlen nicht befragt werden; als „eine der nervigsten Journalistenfragen" nannte sie die Frage: „Wie fühlen Sie sich, deutsch oder türkisch?"[597] Auf die weitere, spätere Nachfrage, ob ihr „Deutschland eine richtige Heimat" sei, antwortete Sibel Kekilli: „Nein. Ich fühle mich weder in Deutschland noch in der Türkei heimisch. Eher als Europäerin. In Deutschland heißt es oft: ‚Oh, Sie sprechen aber gut Deutsch', was bescheuert ist, weil ich ja hier geboren wurde. Und in der Türkei werde ich dann für mein Türkisch gelobt. Das ist positive Diskriminierung."[598]

Die türkische Gemeinde in Deutschland hat sich neuerlich zur besseren Integration von Einwanderern für eine doppelte Staatsangehörigkeit ausgesprochen; ihr Vorsitzender, Kolat, äußerte, die Mehrstaatigkeit komme dem Empfinden vieler Einwanderer entgegen, in zwei Gesellschaften heimisch zu sein.[599] Sehr junge Menschen sehen das Problem ihrer Mehrstaatigkeit sehr locker: Ein fünfzehnjähriger Schüler, Sohn eines Spaniers und einer Deutschen, schrieb mir: „Es ist für mich eigentlich kein Problem fifty fifty zu sein. Ich finde es ganz schön, nicht nur in einem Land zu Hause zu sein." Halb und halb, aber auch ganz sieht sich Marcel Reich-Ranicki: „Ich bin ein halber Pole, ein halber Deutscher und ein ganzer Jude."[600] Die Vielfalt von Gefühlen über diejenigen mehrfacher Staatsangehörigkeit hinaus erwähnt sehr anschaulich auch der Editor-at-Large der in Beirut erscheinenden Zeitung „Daily Star" Rami George Khouri: „Ich glaube, ich habe eine halbwegs gut Ahnung davon, wonach Menschen aus verschiedenen Kulturen streben und wie sie es ausdrücken, denn ich bin ein Christ nach Religion, ein Araber nach Identität, ein Palästinenser nach Nationalität, ein levantinischer Muslim nach Kultur und ein Jordanier und Amerikaner nach Staatsangehörigkeit."[601] In dem auf Tatsachen beruhenden Roman „Guan-

[597] Zitiert bei *Mark Terkessidis*, Zurück zum Ausländer, TAZ v. 18.2.2005, S. 11.

[598] Zitiert bei *Melanie Mühl*, Sibel Kekilli im Gespräch. Sind Sie schnell beleidigt, Frau Kekilli?, FAZ Nr. 263 v. 11.11.2006, S. Z 6.

[599] Zit. in Notiz „Ruf nach doppelter Staatsbürgerschaft", FAZ Nr. 21 v. 25.1. 2007, S. 4.

[600] Zitiert bei *Mathias Döpfner*, Die Reich-Ranicki AG. Der Literaturkritiker wird heute 80 Jahre alt. Seine Ich-Aktie steht auf Höchstkurs, DIE WELT v. 2.6.2000, S. 33.

[601] In: 132. Bergedorfer Gesprächskreis. Stabilität am Persischen Golf. Regionale

tánamo" von Dorothea Dieckmann sagt die Hauptfigur, der in Guantánamo inhaftierte Rashid Bakhrani: „Mein Vater ist Moslem, er ist so geboren und bleibt es. Nein, er ist kein Deutscher. Er ist deutscher Staatsbürger. Er ist Inder."[602]

Gefühle sind wichtig, aber juristisch in der Regel irrelevant. Die Innehabung einer oder mehrerer Staatsangehörigkeiten mag mit mehr oder minder starken Gefühlen verbunden sein (normalerweise mit Nationalgefühl); aber die Staatsangehörigkeit ist und bleibt primär ein Rechtsinstitut. Deshalb kann Staatsangehörigkeit nur in rechtlich geregelter Form oder zumindest durch staatlichen Formalakt erworben werden, nicht per Gefühl. Joseph Croitoru schildert dazu eine interessante Begebenheit: „Als der französische Parteichef Maurice Thorez im November 1947 bei einem Treffen mit Stalin bekundete, er fühle sich, obgleich Franzose, als Bürger der Sowjetunion, tat Stalin die unterwürfige Bemerkung mit der Entgegnung ab: Wir sind alle Kommunisten, und das sagt alles."[603] Zurück zur gesetzlichen Regelung von Mehrstaatigkeit: Regelt der Gesetzgeber die Hinnahme von Mehrstaatigkeit großzügig, aber unter Beachtung sachdienlicher und damit nachvollziehbarer Voraussetzungen, so ist hinsichtlich der Vereinbarkeit der Regelung mit dem allgemeinen Gleichheitssatz auch die insoweit bestehende Gestaltungsfreiheit des Gesetzgebers zu berücksichtigen. So gesehen dürfte die Staatsangehörigkeitsrechtsreform von 1999 wohl kaum mit dem Grundgesetz (Art. 3 Abs. GG) unvereinbar sein.

und transatlantische Perspektiven. 2.–4. Dezember 2005, Dubai. Hamburg 2006, S. 46.

602 *Dorothea Dieckmann*, Guantánamo. Roman, Stuttgart 2004, S. 65.

603 *Joseph Croitoru*, Eiserner Felix. Blick in osteuropäische Zeitschriften: Der Stalin-Kult, FAZ Nr. 118 v. 22.5.2004, S. 38.

XVIII. Einbürgerung: Gründe und Rechtslage bis 1999

Fast alle Menschen erwerben mit ihrer Geburt, sei es aufgrund des Abstammungsprinzips, sei es aufgrund des Geburtsortsprinzips, eine Staatsangehörigkeit,[604] in Ausnahmefällen auch mehrere Staatsangehörigkeiten. Obgleich der Staatsangehörigkeitserwerb sich nach völkerrechtlichen und innerstaatlichen Regelungen richtet, knüpft der Erwerb der Staatsangehörigkeit in diesem (Normal-)Fall an ein natürliches Ereignis – eben die Geburt – an. Mann und Frau (vom Alter her besser gesagt: Junge und Mädchen) werden also fast immer in eine Staatsangehörigkeit hineingeboren, ohne dafür eine diesbezügliche Willensentscheidung zu treffen.

Anders als beim Erwerb der Staatsangehörigkeit durch Geburt erfolgt der Staatsangehörigkeitserwerb durch Einbürgerung (anderer Ausdruck: Verleihung) nicht durch ein natürliches Ereignis sondern durch eine Verwaltungsentscheidung, die entweder einen Antrag auf Einbürgerung voraussetzt oder – im Fall der Sammeleinbürgerung – an eine die Einbürgerung nach sich ziehende Willensentscheidung anknüpft.

Die Gründe, die wohl alle Staaten der Welt veranlassen, in ihren Verfassungen oder in ihren Staatsangehörigkeitsgesetzen Einbürgerungen zuzulassen, sind vielfältig.

Ein eher seltener Grund dürften Ehrungen für und Dank an eine Persönlichkeit sein, die nicht ihren Wohnsitz im einbürgernden Land hat. Als interessantes historisches Beispiel ist die von den französischen Girondisten initiierte Petition vom 24. August 1792 zu nennen, mit der ausländische Unterstützer der französischen Revolution als „Wohltäter der Menschheit“ zu „citoyens français“ erklärt werden und einen Sitz im französischen Parlament erhalten sollten.[605] In der anschließenden Debatte wurden zwar auch Einwände gegen dieses Vorhaben erhoben, z.B. der, dass man die Demütigung einer Ablehnung riskiere, oder dass man nur die Schriften der Ausgewählten kenne, aber nicht deren Herzen.[606] Die Einwände fanden jedoch keine

[604] Staatenlosigkeit ist zwar keine Seltenheit, aber heute doch die Ausnahme.

[605] Dazu und zum Folgenden ausführlich *Hellmuth Hecker*, Friedrich v. Schillers französische Staatsangehörigkeit, NJW 1990, 1955 ff.

[606] *Hellmuth Hecker* (Anm. 605), S. 1956.

Mehrheit; so endete die Debatte mit dem Resultat (hier in deutscher Übersetzung): „Die Versammlung beschließt, daß der Titel eines französischen Bürgers allen Philosophen gewährt wird, die so mutig waren, Freiheit und Gleichheit im Ausland zu verteidigen, und verweist die Sache an das Komitee für öffentlichen Unterricht, um alle Namen festzustellen, die die Ehre verdienen."[607] Schon zwei Tage später, also am 26. August 1792, setzte die französische Nationalversammlung diesen Beschluss in ein Gesetz um, dessen Präambel mit dem Satz begann: „Die Männer, die durch ihre Schriften und ihren Mut der Sache der Freiheit gedient und die Befreiung der Völker vorbereitet haben, können von einer Nation, die ihre Erhellungen und ihr Mut frei gemacht haben, nicht als Ausländer betrachtet werden."[608] Das Gesetz führte 16 Männer aus sieben Nationen namentlich auf, die – abweichend von der in der französischen Verfassung vom 3. September 1791 genannten Voraussetzung der Einbürgerung (fünf Jahre ununterbrochener Wohnsitz im Inland) – das französische Bürgerrecht erhalten sollten, unter ihnen Jeremias Bentham, George Washington, Joachim-Heinrich Campe, Friedrich Gottlieb Klopstock (wegen seiner Ode an die Freiheit) und Johann Heinrich Pestalozzi.[609] Nachträglich wurde auch Friedrich Schiller, dessen Drama „Die Räuber" in Paris aufgeführt worden war und als Freiheitskampf gegen Tyrannei verstanden wurde, in jene Liste aufgenommen.[610] Da Schiller sich mit der Verleihung der französischen Staatsangehörigkeit einverstanden erklärt hatte, stand deren Erwerb nichts entgegen. Die Verleihung der französischen Staatsangehörigkeit berührte jedoch nicht Schillers bisherige Staatsangehörigkeit in Deutschland (zunächst – durch Geburt in Marbach – die des Herzogtums Württemberg, später die von Sachsen-Weimar); Schiller war also, was in Deutschland vermutlich kaum bekannt ist, mit der Einbürgerung in Frankreich Doppelstaater geworden.[611]

Auch Jahrhunderte nach der Verleihung des französischen Bürgerrechts an Friedrich Schiller werden prominente Kulturschaffende gern

[607] Zitiert bei *Hellmuth Hecker* (Anm. 605), S. 1956.

[608] Vollständiger Text der Präambel bei *Hellmuth Hecker* (Anm. 605), S. 1956.

[609] *Hellmuth Hecker* (Anm. 605), S. 1956/1957.

[610] Das Protokoll der Sitzung hat den Namen Schiller französisch transkribiert in „Giller"; s. *Hellmuth Hecker* (Anm. 605), S. 1956 Fn. 7.

[611] *Hellmuth Hecker* (Anm. 605), S. 1959. Zur Staatsangehörigkeit Schillers in Deutschland s. *Rolf Grawert*, Staat und Staatsangehörigkeit, Berlin 1973, S. 90 ff.

eingebürgert, wenn auch nicht mit der Begründung der französischen Nationalversammlung wie im Fall Schiller. Die kanadische Filmschauspielerin Pamela Anderson wurde 2004 in den USA eingebürgert; das sei ihr wichtig – so erklärte sie –, um an ihrem Wohnsitz in Kalifornien wählen zu können.[612] Größeres Aufsehen erregte die Verleihung der österreichischen Staatsbürgerschaft[613] an die russische Opernsängerin Anna Netrebko. Die „Susanna" in Mozarts Hochzeit des Figaro und Weltstar in vielen anderen Rollen auf vielen Bühnen war es nach eigenen Angaben leid, immer auf ihr neues Schengen-Visum zu warten und hatte deshalb den Erwerb der österreichischen Staatsbürgerschaft beantragt. Als dies in ihrer Heimat bekannt wurde, hagelte es Kritik ihrer russischen Landsleute. „Ich werde Verräterin genannt, als wären wir im Krieg. Sogar Musikerkollegen kommen auf mich zu und flüstern dramatisch, ‚Wie konntest Du?'"; aufgrund dieser Beschimpfungen zog Anna Netrebko, so wurde berichtet, im Mai 2006 ihren Antrag auf Einbürgerung in Österreich zurück.[614] Aber Österreich wäre nicht Österreich, wenn es nicht einen Ausweg aus dieser quasi-diplomatischen Verwicklung gefunden hätte. Statt einer normalen Einbürgerung unter Verlust der bisherigen Staatsangehörigkeit verlieh der Ministerrat der Republik Österreich noch im Juli desselben Jahres der Sängerin „wegen besonderer Verdienste" die österreichische Staatsbürgerschaft[615] unter Gestattung der Beibehaltung der russischen Staatsangehörigkeit (weil Anna Netrebko diese nicht aufgeben wollte, bedurfte es eines Ministerratsbeschlusses). Der damals amtierende Vizekanzler Gorbach sah in der Verleihung der österreichischen Staatsbürgerschaft an die Netrebko eine „Bestätigung für die Kulturnation Osterreich". Der Besonderheit der Anna Netrebko entsprach die Besonderheit des Einbürgerungsverfahrens: „Anders als gewöhnliche Sterbliche unter mehreren zehntausend einbürgerungswilligen Ausländern jährlich mußte sie keinen Staatsbürgerschaftstest ablegen, auch nicht den von September an

[612] Notiz in HA v. 15.4.2004, S. 30.

[613] Die gesetzliche Bezeichnung für die Staatsangehörigkeit lautet in Österreich „Staatsbürgerschaft"; vgl. Art. 11 Abs. 1 Nr. 1 der Verf., wobei zwischen „Landesbürgerschaft" und „Bundesbürgerschaft" unterschieden wird (vgl. Art. 6 Abs. 2 Verf.: „Mit der Landesbürgerschaft wird die Bundesbürgerschaft erworben").

[614] Nachricht in: FASZ Nr. 19 v. 14.5.2006, S. 25.

[615] Hierzu und zum Folgenden s. die Notiz „Naturalisiert. Anna Netrebko wird Österreicherin", FAZ Nr. 171 v. 26.7.2006, S. 29.

obligatorischen Sprachtest."[616] Jedenfalls ist die Sängerin nun Russin und Österreicherin – kurz: Doppelstaaterin.

Komplizierter und langwieriger gestaltete sich die Einbürgerung des US-Staatsbürgers[617] und ehemaligen Schachweltmeisters Bobby Fischer in Island.[618] Das Schachgenie wurde während eines Aufenthaltes in Japan im Jahre 2004 in Auslieferungshaft genommen, weil die USA die Auslieferung Fischers von Japan mit der Begründung begehrten, er habe 1992 entgegen einem Embargo-Beschluss der Vereinten Nationen an einem kommerziellen Schachturnier im ehemaligen Jugoslawien teilgenommen und damit die UN-Sanktionen verletzt. Ein von Island, das Fischer seit seinem legendären Sieg im „Jahrhundertkampf" bei der Schachweltmeisterschaft in Reykjavik 1972 gegen den sowjetrussischen Meister Boris Spasskij als seine Wahlheimat betrachtete, ausgestellter Fremdenpass wurde von der japanischen Regierung als nicht ausreichend angesehen, um ihn statt in die USA nach Island zu überstellen (nach japanischem Recht richtet sich der Zielort einer Abschiebung nach der Staatsangehörigkeit des Abzuschiebenden). Nachdem das Parlament Islands ihm in einem zweiten Anlauf die isländische Staatsangehörigkeit verliehen hatte, wurde er nach achtmonatiger Dauer aus der japanischen Abschiebehaft entlassen. Bei seiner Ankunft in Island wurde er mit Blumen und Willkommensschildern begrüßt.

Öffentliches Interesse besteht auch an der Einbürgerung von Spitzensportlern. Sofern solche Sportler nicht schon aufgrund ihrer Geburt mehrere Staatsangehörigkeiten besitzen, wie z.B. die Fußballspieler Miroslav Klose (deutsche und polnische)[619] und Kevin Kuranyi

[616] Zitat nach der Notiz (Anm. 615), S. 29.

[617] Ob Bobby Fischer als Sohn eines deutschen Staatsangehörigen auch noch (zusätzlich) die deutsche Staatsangehörigkeit besaß oder diese mit dem Erwerb derjenigen der USA verloren hatte, ist aus den einschlägigen Berichten nicht mit Sicherheit zu entnehmen; vgl. dazu z.B. die Notiz „Bobby Fischer will einen deutschen Paß", FAZ Nr. 295 v. 17.12.2004, S. 8.

[618] Zum Folgenden vgl. die Notizen: Bobby Fischer wird doch nicht Isländer, FAZ Nr. 43 v. 21.2.2005, S. 10; Isländischer Paß für Bobby Fischer, FAZ Nr. 58 v. 10.3.2005, S. 9; Isländischer Paß für Bobby Fischer. Schachgenie beantragt Asyl, FAZ Nr. 69 v. 23.3.2005, S. 11; Island begrüßt Bobby Fischer. Begeisterung über den neuen Bürger, FAZ Nr. 71 v. 26.3.2005, S. 7.

[619] Dazu die Notiz: „Der Pole. Warum sich Josef Klose über seine alte Heimat ärgerte", FAZ Nr. 156 v. 8.7.2006, S. 44 (Die Großeltern des in Oppeln geborenen

(deutsche und brasilianische)[620] sowie der Tennisspieler Alexander Popp (deutsche und britische)[621], und sofern nicht eine dieser Staatsangehörigkeiten diejenige des Staates ist, in dem oder für den sie ihre sportlichen Leistungen erbringen wollen, muss der Weg der Einbürgerung beschritten werden.

Offensichtlich handelt es sich beim Einbürgerungssport nicht nur um eine deutsche, sondern um eine weltweite Praxis. Die jamaikanische Sprinterin und frühere Weltrekordlerin Merlene Ottey startete bei den Europameisterschaften in Göteborg im Sommer 2006 erstmals mit einem slowenischen Pass für ihr neues Heimatland.[622] Der Sprint-Europameister von 2006 Francis Obikwelu aus Nigeria kehrte nach einem Juniorenwettkampf in Lissabon nicht in sein Geburtsland zurück sondern tauchte in Portugal unter, wurde als Sprinter wiederentdeckt und erhielt die portugiesische Staatsangehörigkeit.[623] Tunesien bürgerte den brasilianischen Fußballspieler Francilendo Dos Santos Silva rechtzeitig vor der Afrikameisterschaft 2004 ein.[624] Unter der Überschrift „Der Athletenhandel blüht“ wurde über einige Fälle aus der Leichtathletik wie folgt berichtet: „Inzwischen wedeln europäische Länder unverhohlen mit dem Lauf-Pass. So nahm Portugal den Sprinter Francis Obikwelu auf, die ebenfalls aus Nigeria stammende Hürdenläuferin Glory Alozie schnürt neuerdings für Spanien die Spikes, die kenianische Langstrecklerin Lornah Kiplagat ist bei der WM in Oranje-Trikot der Niederlande am Start.“[625] Besonders aktiv bei der Anwerbung ausländischer Sportler sind seit einiger Zeit arabische Staaten. Bei den Leichtathletik-Weltmeisterschaften in Helsinki 2005 war z.B. das Scheichtum Katar mit fast einem Dut-

Miroslav Klose waren deutsche Staatsangehörige; er selbst kam mit seinen Eltern als Spätaussiedler in den achtziger Jahren nach Deutschland).

[620] Dazu der Bericht: Der Deutsche aus Rio. Erst ein Tor, dann die Trophäe, FAZ Nr. 211 v. 10.9.2004, S. 33.

[621] Siehe dazu auch Wolfgang Scheffler, Popps Sieg freut deutsche und englische Landsleute, FAZ Nr. 149 v. 30.6.2000, S. 36.

[622] Notiz in: FAZ Nr. 143 v. 10.6.2006, S. 38.

[623] Einzelheiten bei *Michael Reinsch*, Sprint-Europameister Obikwelu ist nur auf der Bahn ein Vorbild an Stil und Haltung. Das traurige Schauspiel in der Kulisse, FAZ Nr. 184 v. 10.8.2006, S. 30.

[624] Vgl. *Christian Eichler*, Nur mit Tunesien kann der Schwarze Kontinent glänzen, FAZ Nr. 24 v. 28.1.2006, S. 29.

[625] *Achim Leoni*, Der Athletenhandel blüht, HA v. 29.8.2003, S. 24.

zend als Kenianer geborenen, in Katar eingebürgerten Athleten vertreten.[626]

Nicht immer verläuft allerdings die Einbürgerungstour problemlos. So wurde die Gewichthebermannschaft von Katar bei den Arabien-Spielen in Amman 1999 disqualifiziert, weil Katar kurzfristig vier Gewichtheber aus Bulgarien eingebürgert hatte und diese für Katar starten ließ. Neun andere arabische Landesverbände hatten deshalb zuvor ihre Gewichtheber vom Wettbewerb abgemeldet und gegen den Start der „Katar-Bulgaren" Protest eingelegt.[627] Die Einbürgerungspraxis Katars hat inzwischen auch den Internationalen Fußballverband (Federation of International Football-Associations [FIFA]) zum Einschreiten veranlasst.[628] Wieder ging es um Katar, das einige in Deutschland spielende brasilianische Fußballprofis (darunter den damals für Werder Bremen spielenden Ailton) einbürgern wollte, um den Brasilianern die Spielberechtigung für die Nationalmannschaft von Katar zu verschaffen. Die Spieler hatten sich auf Art. 15 Abs. 1 der Ausführungsbestimmungen zu den Statuten der FIFA berufen, wonach ein Spieler, der zuvor nie in einer Nationalmannschaft zum Einsatz gekommen war, eine andere Staatsangehörigkeit annehmen und in der Nationalelf des neuen Landes eingesetzt werden darf. Die Dringlichkeitskommission der FIFA untersagte jedoch daraufhin allen Profis, die ohne Bezug zu einem Staat dessen Staatsangehörigkeit annehmen wollen, die Spielberechtigung für die Nationalmannschaft dieses Verbandes. Das FIFA-Gremium stellte in Ausfüllung dieses Grundsatzes vier Kriterien auf, von denen mindestens eines erfüllt sein muss, damit ein Spieler die Spielberechtigung für die Auswahlmannschaft (Nationalmannschaft) des neuen Landes erhalten darf; die Kriterien sind: „Erstens: Der Spieler wurde auf dem Gebiet des betreffenden Verbandes geboren. Zweitens: Die biologische Mutter oder der biologische Vater des Spielers wurde auf dem Gebiet des betreffenden Verbandes geboren. Drittens: Die Großmutter oder der Großvater des Spielers wurde auf dem Gebiet des betreffenden Verbandes geboren. Viertens: Der Spieler war während mindestens

[626] Einzelheiten dazu bei *Achim Leoni*, Katar und seine Kenianer, HA v. 11.8. 2005, S. 29.

[627] Notiz: Bulgaren aus Katar disqualifiziert, FAZ Nr. 192 v. 20.8.1999, S. 39.

[628] Zum Folgenden s. den Bericht Ailtons Qatar-Pläne durchkreuzt. FIFA untersagt Einbürgerung, FAZ Nr. 66 v. 18.3.2004, S. 34.

zweier Jahre ununterbrochen auf dem Gebiet des betreffenden Verbandes wohnhaft. Nur diese Voraussetzungen können einen Bezug des Spielers zu dem jeweiligen Land garantieren."

Eine juristische Beurteilung dieser Regelung hat davon auszugehen, dass die Sportverbände die Regelungsbefugnis für die Spielberechtigung im nationalen und internationalen Sportverkehr besitzen. Soweit es um Berufsausübungsregelungen geht (also um Profisport), haben allerdings verfassungsrechtliche Bestimmungen Vorrang (in der Bundesrepublik Deutschland also insbesondere das Grundrecht der Berufsfreiheit [Art. 12 Abs. 1 GG])[629] und in der Europäischen Union die einschlägigen Bestimmungen des EG-Vertrages, die dem bekannten Urteil des Europäischen Gerichtshofes[630] im Fall des belgischen Berufsfußballspielers Jean-Marc Bosman (es ging dabei um die sog. Ausländerklauseln im Profifußball), zugrundeliegen. Gleiches gilt für das nationale Staatsangehörigkeitsrecht. Ein internationaler oder nationaler Sportverband kann also eine Einbürgerung weder verhindern noch verbieten oder auch nur von bestimmten Voraussetzungen abhängig machen;[631] ein Sportverband kann lediglich im Rahmen seiner Statuten über die Teilnahmeberechtigung an sportlichen Wettbewerben entscheiden.

Ein staatsangehörigkeitsrechtlich besonders kurioser Fall, der zugleich die Einflüsse von Politik auf den Sport aufzeigt, ist der des Läufers Mushiv Salem Jawher.[632] Der in Kenia als Leonard Mucheru geborene kenianische Spitzenathlet war im Jahre 2004 vom Golfstaat Bahrein eingebürgert worden. Kenia erklärte ihn sodann für staatenlos. Als Mushiv Salem Jawher an einem Marathonlauf in Israel teilnahm (den er gewann), rügte die Regierung Bahreins diese Teilnahme als Gesetzesverstoß und entzog ihm die Staatsangehörigkeit Bahreins,

[629] Vgl. dazu z.B. *Mario Krogmann*, Grundrechte und Sport, Berlin 1998.

[630] Urt. v. 15.12.1995, NJW 1996, 505 ff. – Dazu z.B. *Chr. Heidersdorf*, Ausländerklauseln im Profisport, Frankfurt a.M./Bern 1998; *Meinhard Hilf/Eckhard Pache*, Das Bosman-Urteil des EuGH, NJW 1996, 1169 ff; *Stephan Hobe/Christian Tietje*, Europäische Grundrechte auch für Profisportler, NJW 1996, 486 ff.; *Rudolf Streinz*, Der Fall Bosman: Bilanz und neue Fragen, ZEuP 2005, 340 ff.

[631] Der Untertitel des in Anm. 628 zit. Zeitungsberichtes („FIFA untersagt Einbürgerung") ist also zumindest missverständlich; denn die FIFA kann eine Einbürgerung nicht untersagen.

[632] Siehe Notiz „Bahrein hat Mushiv Salem Jawher die Staatsbürgerschaft zurückgegeben", FAZ Nr. 22 v. 26.1.2007, S. 31.

gab ihm diese aber wieder zurück, nachdem er sich entschuldigt hatte. Wird von einem Spitzensportler die Einbürgerung beantragt, so ist das Einbürgerungsverfahren in diesem Fall wie in jedem anderen auch – jedenfalls in einem Rechtsstaat – nach Gesetz und Recht durchzuführen. Nationale Sportverbände und Trainer von Nationalmannschaften drängen nicht selten vor allem auf Beschleunigung der Einbürgerung durch Abkürzung gesetzlich vorgeschriebener Wartefristen. Der Kenianer Wilson Kipketer, Weltrekordler über 800 m, konnte 1996 (noch) nicht für Dänemark starten, weil Dänemark keine Ausnahme von der Einbürgerungsfrist von sieben Jahren zuließ.[633] Für Ärger sorgte in den Niederlanden die Weigerung der Ausländerministerin Rita Verdonk, dem von der Elfenbeinküste stammenden Torjäger Salomon Kalou durch eine beschleunigte Einbürgerung die Teilnahme an der Fußballweltmeisterschaft 2006 im niederländischen Trikot noch rechtzeitig zu ermöglichen. Der Trainer der Fußballnationalmannschaft der Niederlande, Marco van Basten, kommentierte die ablehnende Entscheidung so: „Die Ministerin hat doch keine Ahnung von Fußball. Ich würde Kalou sofort nominieren."[634]

Auch der deutsche Sport hat von Einbürgerungen ausländischer Spitzenathleten und -athletinnen[635] in nicht geringem Maße profitiert. Beispiele aus der Leichtathletik sind die Nigerianerin Florence Ekpo-Umoh (400 m), die kasachische Spätaussiedlerin Irina Mikitenko (1500 m) und der Hindernisläufer Filmon Ghirmai aus Eritrea.[636] Im Jahre 2003 wurde die chinesische Badmintonspielerin Xu Huaiwen, inzwischen dreimalige deutsche Meisterin, eingebürgert.[637] Im selben Jahr beantragte die tschechische Tennisspielerin Daniela Bedanova

633 Notiz in: FAZ Nr. 82 v. 9.4.2005, S. 30.

634 Siehe die Notiz „Van Basten sauer auf Ministerin", FAZS Nr. 39 v. 2.10.2005, S. 23; auch: *Andreas Ross*, Die eiserne Rita kämpft ohne Rücksicht, FAZ Nr. 93 v. 21.4.2006, S. 5.

635 Zur Rechtslage nach der Reform von 1999: *Jürgen Fritz*, Die erleichterte Einbürgerung von Spitzensportlern nach dem neuen Staatsangehörigkeitsrecht, SpuRt 2000, S. 137 ff.

636 Beispiele bei *Achim Leoni* (Anm. 625).

637 Dazu *Bernd-Volker Brahms*, Xu Huaiwen. Deutsche Flüche, FAZ Nr. 90 v. 18.4.2006, S. 32, auch mit dem Hinw., dass es hinsichtlich der Einbürgerung Widerstand gab, weil deutsche Spielerinnen sich um die Qualifikation für die Olympischen Spiele sowie um nationale Titel betrogen fühlten.

die deutsche Staatsangehörigkeit – ein Entschluss, der Tennisfunktionären ihres Heimatlandes Verdruss bereitete. So kritisierte der Vorsitzende des Tennisverbandes in Prag, Ivo Kaderka, die junge Spielerin mit den Worten: „Ich betrachte das als ihre moralische Niederlage … Wenige Monate vor dem EU-Beitritt Tschechiens halte ich das für einen unnötigen Schritt, es ist für mich eine große Enttäuschung."[638]

Nicht nur Tschechien sondern auch andere postsozialistische Staaten bilden ein offensichtlich nicht versiegendes Reservoir für Sportler-Einbürgerungen. Die Box-Weltmeisterin im Fliegengewicht, Susianna Kentikian, ist in Armenien geboren, bevor sie als zunächst geduldete Asylbewerberin in Deutschland eingebürgert wurde.[639] Aus der Ukraine kam die Eiskunstläuferin Aljuna Sawtschenko, die bei der Europameisterschaft im Eiskunstlaufen in Warschau 2007 mit ihrem Partner Robin Szolkowy, dem Sohn einer deutschen Mutter und eines tansanischen Vaters, die Goldmedaille gewann.[640] Aus Weißrussland kam der in Deutschland eingebürgerte Nationalhandballspieler Andrej Klimovets.[641] Aus Polen kam der Handballspieler Bogdan Wenta, der – nach seiner Einbürgerung – für Deutschland an den Olympischen Spielen in Sydney teilnahm. Bei der Handballweltmeisterschaft 2007 betreute der nun deutsche Staatsangehörige Bogdan Wenta als Trainer die polnische Nationalmannschaft, die im Finale gegen Deutschland spielte. Bogdan Wenta wurde mit den Worten zitiert: „Ich habe es nie bereut, die deutsche Staatsbürgerschaft angenommen zu haben. Aber meine Wurzeln sind in Polen. Ich würde meinem Land gern die Weltmeisterschaft schenken."[642] In der deutschen Nationalmannschaft bei den Turn-Weltmeisterschaften in Lausanne 1997 waren von den sechs Teammitgliedern vier in Deutschland Ein-

[638] Zitiert in der Notiz „Tennisspielerin Bedanova will Deutsche werden", FAZ Nr. 170 v. 25.7.2003, S. 30.

[639] Dazu *Hans-Joachim Leyenberg*, Sie sind jung und hungrig. Wenn Blut fließt: Die erste „Fight Night" bei Pro Sieben, FAZ Nr. 42 v. 19.2.2007, S. 34.

[640] Dazu *Klaus Reinhold Kany*, Das Goldpaar brilliert mit einer Kür der Superlative, FAZ Nr. 22 v. 26.1.2007, S. 31.

[641] Dazu *Rainer Seele*, Kreisläufer Andrej Klimovets hat sich schnell in die Handball-Nationalmannschaft integriert. Weißrussische Konstante im deutschen Spiel, FAZ Nr. 26 v. 31.1.2006, S. 31.

[642] Zit. in dem Kommentar „Finalgegner Polen. Trainer aufgekratzt, Spieler mutig", FAZ Nr. 29 v. 3.2.2007, S. 31.

gebürgerte, nämlich die Russen Sergej Scharkow und Sergej Pfeifer, der Ukrainer Dimitrij Nonin und der Aserbaidschaner Waleri Belenki. Über die Sprache der eingebürgerten Turner wird berichtet: „Scharkow und Belenki, die beiden Routiniers im deutschen Team, haben das Sagen, ohne sich in den Vordergrund zu spielen oder eine Sondervorstellung zu fordern. Sie denken deutsch, sie sprechen deutsch, nur geflucht wird immer noch russisch. Nicht nur in der Turnhalle."[643] Auch ausländische Turnerinnen sind begehrens- und damit einbürgerungswert. Im Herbst 2006 erhielt die in Usbekistan geborene Turnerin Oksana Tschussowitina, die in den neunziger Jahren Weltmeisterin und Olympiasiegerin mit der Mannschaft der damaligen GUS geworden war, die deutsche Staatsangehörigkeit.[644] Wie schnell in einem solchen Fall alles abläuft zeigt die Chronologie: Die frühere Usbekin wurde am 5. Oktober deutsche Staatsangehörige; am 10. Oktober erteilte das Exekutivkomitee des Internationalen Turnverbandes die Freigabe für den Start der nun Deutschen Oksana Tschussowitina für deren Start bei der Turnweltmeisterschaft, die am 15. Oktober in Aarhus begann.[645]

Die Einbürgerung von ausländischen Spitzensportlern ist also offenkundig ein (fast) normaler Vorgang. Ganz normal verlaufen solche Einbürgerungen allerdings nun wieder nicht. Da sportliche Höchstleistungen in den meisten Sportarten nur bis zu einer gewissen Altersgrenze erbracht werden können, drängen die nationalen Sportverbände auf beschleunigte und vereinfachte Verfahren bei der Einbürgerung ihrer „Kandidaten", vor allem dann, wenn sportliche „highlights" wie Weltmeisterschaften oder Olympischen Spiele oder auch nur Kontinentmeisterschaften wie z.B. Europameisterschaften, Asienspiele o.ä. bevorstehen. So befanden sich unter den 480 Athleten der

[643] Siehe dazu: Geflucht wird russisch, gescherzt auf deutsch. Das internationale deutsche Team der Turner, DIE WELT v. 2.9.1997, S. 22.

[644] Siehe die Notiz „Die Turnerin Oksana Tschussowitina hat die deutsche Staatsbürgerschaft erhalten", FAZ Nr. 232 v. 6.10.2006, S. 32. Dazu auch ausführlich *Gunnar Meinhardt*, Usbekische Turnkunst soll Deutschlands Olympiatraum realisieren. Mit knapp 32 Jahren tritt die frisch eingebürgerte Oksana Tschussowitina bei der WM in Aarhus erstmals für ihre neue Heimat gegen Teenager an, DIE WELT v. 14.10.2006, S. 24. – In der Nationalkaderliste des Deutschen Turner-Bundes lautet die Schreibweise ihres Namens: Oksana Chusovitina.

[645] Notiz „Oksana Tschussowitina turnt für Deutschland", FAZ Nr. 236 v. 11.10. 2006, S. 33.

deutschen Mannschaft bei den Olympischen Spielen in Altanta 1996 nicht weniger als 34 eingebürgerte Sportler.[646]

Die vereinfachte Einbürgerungspraxis (Spötter behaupteten, schon der Besitz eines deutschen Schäferhundes sei für die Einbürgerung eines Spitzensportlers ausreichend) fand jedoch nicht nur Zustimmung, sondern stieß auch auf Kritik. So richtete im Jahre 1994 die Bundestagsfraktion der SPD eine Kleine Anfrage zu diesem Thema an die Bundesregierung; der damalige sportpolitische Sprecher der SPD Wilhelm Schmidt kritisierte: „Die bevorzugte Einbürgerung von Spitzensportlern ist ungerecht gegenüber anderen Einbürgerungsbewerbern, die alle Voraussetzungen auf Punkt und Komma erfüllen, und sie untergräbt die Nachwuchsförderung in Deutschland.“[647] Kritische Bemerkungen dieser Art aus dem Bereich der Politik, zu denen sich nicht selten auch Kritik von Sportvereinen hinzugesellte, die in Konkurrenz zu den durch Einbürgerungen verstärkten Vereinen standen, zeigten in den neunziger Jahren Wirkung. Die bis dahin großzügige Handhabung der Entscheidungen über Einbürgerungsanträge von ausländischen Spitzensportlern wurde im Einvernehmen mit dem Deutschen Sportbund vom Bundesministerium des Innern dahin geändert, dass nunmehr auf Bundesebene pro Jahr nur noch zehn Spitzensportler im beschleunigten Verfahren eingebürgert werden dürfen.[648] Voraussetzungen der vorzeitigen Einbürgerung sollten sein: ein mindestens dreijähriger Aufenthalt in Deutschland, ein „herausragendes öffentliches Interesse“ an der Einbürgerung, sowie dass der betr. Sportler eine Verstärkung für die Nationalmannschaft seiner Disziplin darstellen müsse.

Nicht immer erfüllen die eingebürgerten Sportler später die Erwartungen, die der Grund für die Einbürgerung waren. Ein Beispiel für eine solche sportliche Enttäuschung ist der Fall Dundee, der in der (Sport-)Öffentlichkeit Aufmerksamkeit fand und als „Posse“ bezeichnet wurde.[649] Der 1996 für den Karlsruher SC spielende südafrikani-

[646] Dazu *Anno Hecker*, Der Paß zum Erfolg, Was die mehrfache Staatsangehörigkeit für den deutschen Sport bedeutet, FAZ Nr. 51 v. 2.3.1999, S. 16.

[647] Zitiert bei *Oliver Trust*, Wie Sportler Deutsche werden. Bonn genehmigte in den letzten sechs Jahren 79 Einbürgerungen, DIE WELT Nr. 21 v. 26.1.1994, S. 1.

[648] Vgl. *Anno Hecker* (Anm. 646), S. 16.

[649] Vgl. *Anno Hecker* (Anm. 646): „So steht die Posse Dundee für eine verwirrende

sche Stürmer Sean Dundee galt wegen seiner vielen Tore als sicherer Kandidat für die deutsche Fußballnationalmannschaft. Um das Einbürgerungsverfahren im Fall Dundee gab es alsbald verwirrende Nachrichten und Gerüchte.[650] So wurde berichtet, der damalige Bundesaußenminister Klaus Kinkel, ein Anhänger des Karlsruher SC, habe sich „als Privatmann" für Dundee eingesetzt. Vom zuständigen Bundesinnenministerium wurde dementiert, dass Bundesinnenminister Manfred Kanther ein „Veto" gegen den Einbürgerungsantrag des Südafrikaners eingelegt habe; vielmehr werde an dem Vorgang mit „Hochdruck" gearbeitet. Anfang 1997 wurde Sean Dundee tatsächlich eingebürgert, kam aber wegen anschließender Verletzungen und wegen Formschwäche nie zu einem Einsatz in der deutschen Nationalmannschaft. Der spätere Bundestrainer Erich Ribbeck kritisierte die von seinem Vorgänger Berti Vogts vorangetriebene Einbürgerung von Sean Dundee (und auch die des brasilianischen Spielers Paolo Rink): „Da hat man künstlich versucht, eine Verbindung nach Deutschland herzustellen, um sie in der Nationalmannschaft spielen zu lassen."[651] Der (Sport-)Volksmund spricht in solchen Fällen von „Fußballdeutschen".

Wenn von der Einbürgerung von Fußballspielern die Rede ist, sollte nicht vergessen werden, daß nicht nur Spieler sondern auch Trainer Gegenstand von Einbürgerungswünschen sein können. So wurde der damals in der Türkei arbeitende deutsche Fußballtrainer Christoph Daum in einem Zeitungsinterview gefragt: „Sie wollen die Staatsangehörigkeit Ihrer Wahlheimat annehmen. Wann werden Sie den türkischen Paß bekommen?" Seine Antwort: „Wir haben mit dem Innenminister gesprochen, die Dinge sind auf den Weg gebracht. Aber

Einbürgerungspolitik im Sport, übrigens auch stellvertretend für eine Vielzahl mehr oder weniger erfolgreicher Versuche in anderen Sportverbänden."

650 Zum Folgenden s. den Bericht „Kein Veto gegen Einbürgerung". Am Fall Dundee wird mit Hochdruck gearbeitet, FAZ Nr. 272 v. 21.11.1996, S. 37.

651 Zitiert nach der Notiz „Ribbeck kritisiert Einbürgerungspolitik", DIE WELT v. 6.10.1999, S. 32. – Bedenken auch in einem anderen Fall (nämlich dem Wunsch des Brasilianers Lincoln, die deutsche Staatsangehörigkeit zu erwerben) seitens des geschäftsführenden Präsidenten des Deutschen Fußball-Bundes Theo Zwanziger: „Wenn Lincoln vor allem Deutscher werden wollte, wäre dagegen nichts zu sagen. Wenn aber jemand die deutsche Staatsbürgerschaft annehmen will, weil er in seiner eigenen Nationalmannschaft nicht aufgestellt wird, hätte ich damit meine Probleme" (zitiert in dem Bericht „Zwanziger äußert Bedenken. Lincoln will für Deutschland spielen", FAZ Nr. 194 v. 22.8.2005, S. 27).

wichtiger für mich ist, daß ich auch die türkische Sprache lerne und nicht einfach nur die Staatsbürgerschaft annehme. Es reicht mir nicht, nur die Nationalhymne mitzusingen. Den Sprachkurs beginne ich jetzt, und ich hoffe, daß ich dann Ende nächsten Jahres die Voraussetzungen erfülle, die ich mir selbst gesetzt habe für die neue Staatsangehörigkeit."[652] Schon vorher hatte Daum erklärt, er wolle mit der Annahme der türkischen Staatsangehörigkeit (neben der deutschen) „ein Zeichen setzen, auch für die vier Millionen Türken in Deutschland".[653] Dem deutschen Trainer der griechischen Fußballnationalmannschaft, Otto Rehhagel, wurde noch während des Europameisterschaftsturniers in Portugal 2004 wegen des hervorragenden Abschneidens der griechischen Mannschaft (die sogar Europameister wurde) die griechische Staatsangehörigkeit angeboten. Der Generalsekretär des Griechischen Fußballverbandes Jannis Oikonomidis fand dazu die erstaunlichen Worte: „Herr Rehhagel braucht keine Dokumente, die die griechische Staatsbürgerschaft nachweisen. Er hat sie schon längst erworben, denn er denkt und fühlt wie ein Grieche. So erwirbt man hier die Staatsangehörigkeit, dafür braucht man keine Papiere. Die Menschen haben ihn derart ins Herz geschlossen, dass sie an allen Orten, wo er hinkommt, aus dem Häuschen sind."[654]

In den Herzen von vielen Menschen ist auch der als Filmschauspieler bekannt gewordene Österreicher Karlheinz Böhm präsent. Nach 25 Jahren aktiver Entwicklungshilfe in Äthiopien, insbesondere für Kinder, ist dem Gründer der Hilfsorganisation „Menschen für Menschen" im Jahre 2006 die äthiopische Staatsangehörigkeit verliehen

[652] Zitiert aus: Trainer Christoph Daum über seine Zukunft in der Türkei: „Es reicht mir nicht, nur die Nationalhymne mitzusingen", FAZ Nr. 30 v. 5.2.2004, S. 30.

[653] Zitiert in dem Bericht „Ehrenrunden zum 50. Geburtstag. 35000 Liebesgrüße von Christoph Daum", FAZ Nr. 249 v. 27.10.2003, S. 29.

[654] Zitiert in: „Otto Rehhagel denkt und fühlt wie ein Grieche" (Interview mit Jannis Oikonomidis), in: DIE WELT v. 22.6.2004, S. 30. – Vgl. auch den Bericht „Otto Rehhagel: ‚Grieche? Find ich gut!'", HA v. 30.6.2004, S. 25: „Bei den Griechen genießt der Fußballlehrer längst Heldenstatus, und von Minister Georgios Voulgarakis wurde ihm sogar die griechische Staatsbürgerschaft angeboten. ‚Das ist eine Ehre für mich. Die Griechen sind ein emotionales Volk. Wir werden das besprechen, wenn wir nach Griechenland zurückkehren', reagierte Rehhagel geschmeichelt."

worden: „Ich bin jetzt Äthiopier. Vor wenigen Tagen habe ich einen äthiopischen Pass, bekommen, in dem drin steht, dass ich sogar Ehrenstaatsbürger bin.“[655]

Der Erwerb einer Staatsangehörigkeit durch Einbürgerung (englischsprachig: Naturalisation) bildet eine Ausnahme vom Staatsangehörigkeitserwerb kraft des Abstammungsprinzips und des Territorialitätsprinzips: Die Einbürgerung knüpft nicht an die Geburt an sondern setzt in der Regel einen Antrag des Einbürgerungswilligen voraus. Mit dem Antragserfordernis sollen Zwangseinbürgerungen ausgeschlossen werden; Zwangseinbürgerungen verstoßen grundsätzlich gegen den im Völkerrecht verankerten Grundsatz der Personalhoheit der Staaten und das Individualgrundrecht auf Beibehaltung der eigenen Staatsangehörigkeit. Selbst bei einem Gebietswechsel räumen deshalb völkerrechtliche Verträge der Neuzeit zumindest eine Optionsmöglichkeit für die von dem Gebietswechsel betroffene autochthone Bevölkerung ein.

Die Einzelheiten des Einbürgerungsverfahrens sind in den jeweiligen gesetzlichen Bestimmungen und in dazu ergangenen Verwaltungsvorschriften der verschiedenen Staaten unterschiedlich geregelt. Das deutsche Recht kennt heute sowohl die so genannte Ermessenseinbürgerung, bei der die Einbürgerung im Ermessen der Einbürgerungsbehörde steht, als auch die so genannte Anspruchseinbürgerung, bei welcher der Antragsteller einen Rechtsanspruch auf Einbürgerung hat. Das Zahlenverhältnis zwischen Ermessenseinbürgerung und Anspruchseinbürgerung hat sich in Deutschland in letzter Zeit umgedreht: War ursprünglich die Ermessenseinbürgerung der Normalfall, die Anspruchseinbürgerung ein seltener Sonderfall, so überwiegt heute die Zahl der Anspruchseinbürgerungen die der Ermessenseinbürgerungen bei weitem.

Das Reichs- und Staatsangehörigkeitsgesetz von 1913 bestimmte in § 8 Abs. 1, dass „ein Ausländer, der sich im Inland niedergelassen hat“ „von dem Bundesstaat, in dessen Gebiete die Niederlassung erfolgt ist“, auf seinen Antrag eingebürgert werden „kann“. Voraussetzungen dieser Ermessenseinbürgerung waren: 1. Geschäftsfähigkeit; 2. unbescholtener Lebenswandel; 3. eigene Wohnung oder Unterkom-

[655] Notiz in: FAZ Nr. 266 v. 15.11.2006, S. 11.

men am Ort der Niederlassung; 4. Fähigkeit, an diesem Ort sich und seine Angehörigen zu ernähren.

Die Sorge des Gesetzgebers vor der Aufnahme von sozialen Problemfällen zeigte sich darin, dass vor der Einbürgerung die Gemeinde des Niederlassungsortes und, sofern diese keinen selbständigen Armenverband bildet, auch der Armenverband über die Voraussetzungen der Nr. 2–4 zu hören war. Eine zusätzliche Hürde für die (Ermessens-) Einbürgerung enthielt § 9 Abs. 1 des Reichs- und Staatsangehörigkeitsgesetzes: Danach durfte die Einbürgerung in einem Bundesstaat erst erfolgen, „nachdem durch den Reichskanzler festgestellt worden ist, daß keiner der übrigen Bundesstaaten Bedenken dagegen erhoben hat; erhebt ein Bundesstaat Bedenken, so entscheidet der Bundesrat". Das Einspruchsrecht des Bundesrates war jedoch inhaltlich beschränkt; denn gemäß § 9 Abs. 1 Satz 2 konnten die Bedenken „nur auf Tatsachen gestützt werden, welche die Besorgnis rechtfertigen, daß die Einbürgerung des Antragstellers das Wohl des Reichs oder eines Bundesstaates gefährden würde".[656] Einen Rechtsanspruch auf Einbürgerung sah das Reichs- und Staatsangehörigkeitsgesetz in seiner ursprünglichen Fassung von 1913 nur in speziellen Fällen vor: Gemäß § 10 musste „die Witwe oder geschiedene Ehefrau eines Ausländers, die zur Zeit ihrer Eheschließung eine Deutsche war", eingebürgert werden, ebenfalls gemäß § 11 „ein ehemaliger Deutscher, der als Minderjähriger die Reichsangehörigkeit durch Entlassung verloren hat", und er „den Antrag innerhalb zweier Jahre nach der Volljährigkeit stellt", schließlich gemäß § 12 auch „ein Ausländer, der mindestens ein Jahr wie ein Deutscher im Heere oder in der Marine aktiv gedient hat". Auch in diesen drei Fällen erfolgte die Einbürgerung allerdings nur unter den Voraussetzungen des § 8 Abs. 1, wobei lediglich im Fall der im Zeitpunkt ihrer Eheschließung deutschen Witwe oder geschiedenen Ehefrau eines Ausländers die Erfordernisse

[656] Zu Ausnahmen vgl. § 9 Abs. 2: „Die Vorschriften des Abs. 1 finden keine Anwendung 1. auf ehemalige Angehörige des Bundesstaates, bei dem der Antrag gestellt wird, auf deren Kinder oder Enkel sowie auf Personen, die von einem Angehörigen des Staates an Kindes Statt angenommen sind, es sei denn, daß der Antragsteller einem ausländischen Staate angehört, 2. auf Ausländer, die im Deutschen Reiche geboren sind, wenn sie sich in dem Bundesstaate, bei dem der Antrag gestellt wird, bis zur Vollendung des 21. Lebensjahres dauernd aufgehalten haben und die Einbürgerung innerhalb zweier Jahre nach dieser Zeit beantragen."

des § 8 Abs. 1 Nr. 3 und 4 (eigene Wohnung, wirtschaftliche Unabhängigkeit) nicht vorhanden sein mussten. Ein Anspruch auf Einbürgerung bestand endlich noch im Fall eines im Reichsdienst angestellten Ausländers mit dienstlichem Wohnsitz im Ausland und mit Diensteinkommen aus der Reichskasse (§ 15 Abs. 2).[657]

In der Folgezeit wurden die gesetzlichen Bestimmungen über die Einbürgerung mehrmals geändert. Die NS-Zeit brachte zunächst eine Verschärfung der Regelungen. So ordnete die Verordnung über die deutsche Staatsangehörigkeit vom 5. Februar 1934[658] in § 3 an, dass die deutsche Staatsangehörigkeit „erst verliehen werden (darf), nachdem der Reichsminister des Innern zugestimmt hat", und dass § 9 (der die bereits erwähnte inhaltliche Begrenzung des Einspruchsrechtes enthielt) aufgehoben wird. Das Gesetz zur Änderung des Reichs- und Staatsangehörigkeitsgesetzes vom 15. Mai 1935[659] bestimmte in § 1: „Über die Verleihung der deutschen Staatsangehörigkeit entscheiden die Einbürgerungsbehörden nach pflichtgemäßen Ermessen. Ein Anspruch auf Einbürgerung besteht nicht." Dementsprechend wurden die bis dahin geltenden Vorschriften des Reichs- und Staatsangehörigkeitsgesetzes, in denen ein Rechtsanspruch auf Einbürgerung vorgesehen war, außer Kraft gesetzt (§ 2).

Im Gegensatz zu dieser ursprünglichen restriktiven Einbürgerungspraxis standen spätere Maßnahmen im Zusammenhang mit der Reichsverteidigung, die eine Ausweitung der deutschen Staatsangehörigkeit für opportun erscheinen ließen. So ließ die vom „Ministerrat für die Reichsverteidigung" mit Gesetzeskraft erlassene Verordnung zur Regelung von Staatsangehörigkeitsfragen vom 20. Januar 1942[660] es nunmehr zu, dass ein Ausländer „auch ohne Begründung einer Niederlassung im Inland" eingebürgert werden konnte (§ 1 Abs. 1); auch konnte der Reichsminister der Innern „Gruppen von Ausländern, die in einem unter deutscher Hoheit stehenden Gebiet ihre Niederlassung haben oder aus einem solchen Gebiet stammen, durch allgemeine Anordnung die Staatsangehörigkeit verleihen" (§ 1 Abs. 2). Schließlich bestimmte dieselbe Verordnung, dass „ein unter

657 Diese Regelung darf nicht verwechselt werden mit der in § 15 Abs. 1 RuStAG; dazu vgl. oben Abschn. VIII. (Fall Hitler).

658 RGBl. 1934 I, S. 85.

659 RGBl. 1935 I, S. 593.

660 RGBl. 1942 I, S. 40.

elterlicher Gewalt oder unter Vormundschaft stehender deutscher Volkszugehöriger, der auf Grund einer zwischenstaatlichen Vereinbarung selbständig den Wunsch nach Umsiedlung in das Deutsche Reich äußern kann oder konnte", nach der Umsiedlung auf seinen Antrag eingebürgert werden kann, „auch ohne daß der gesetzliche Vertreter für ihn den Antrag stellt oder der Stellung des Antrags zustimmt" (§ 3 Satz 1). Der erleichterten Rekrutierung von Soldaten dienten die Verordnung über die Einbürgerung von Kriegsfreiwilligen vom 4. September 1939[661] und der Erlaß über den Erwerb der deutschen Staatsangehörigkeit durch Einstellung in die deutsche Wehrmacht vom 19. Mai 1943.[662]

Nach dem Ende des „Dritten Reiches" und mit der Gründung der Bundesrepublik Deutschland und der Gründung der Deutschen Demokratischen Republik teilte sich die Einbürgerungspraxis auf deutschem Boden und später auch die diesbezügliche Gesetzgebung in den beiden deutschen Staaten.

Bis zum Inkrafttreten des Gesetzes zur Reform des Staatsangehörigkeitsrechts von 1999 bzw. bis zur Kindschaftsreform bestand in der Bundesrepublik ein Rechtsanspruch auf Einbürgerung (Formulierungen in den einschlägigen Gesetzesbestimmungen: „ist einzubürgern"; „sind einzubürgern"; „muss eingebürgert werden") für die folgenden Personengruppen: 1. für die so genannten Statusdeutschen gemäß § 6 Staatsangehörigkeitsregelungsgesetz; 2. für nichteheliche Kinder eines deutschen Vaters, wenn eine nach den deutschen Gesetzen wirksame Feststellung der Vaterschaft erfolgt war, das Kind seit drei Jahren rechtmäßig seinen dauernden Aufenthalt im Inland hatte und der Antrag vor Vollendung des 23. Lebensjahres gestellt worden war, gemäß § 4 Abs. 1 Satz 2, § 10 Satz 1 Reichs- und Staatsangehörigkeitsgesetz; 3. für im Inland geborene Kinder, die ohne Verleihung der deutschen Staatsangehörigkeit staatenlos wären, gemäß den Ausführungsgesetzen zu den internationalen Abkommen betreffend die Vermeidung von Staatenlosigkeit; 4. für frühere deutsche Staatsangehörige, denen zwischen dem 30. Januar 1933 und dem 8. Mai 1945 die deutsche Staatsangehörigkeit aus politischen, rassischen oder religiösen Gründen entzogen worden ist, sowie deren Abkömm-

661 RGBl. 1939 I, S. 1741.
662 RGBl. 1943 I, S. 315.

linge, gemäß Art. 116 Abs. 2 Satz 1 GG[663] (das Bundesverwaltungsgericht hat mit Urteil vom 11. Januar 1994 dazu entschieden, dass „Abkömmlinge" im Sinne dieser Bestimmung nicht nur die Kinder sondern auch Enkel und alle folgenden Abkömmlinge seien)[664].

Gewissermaßen zwischen die Rechtsfigur der Anspruchseinbürgerung und die der Ermesseneinbürgerung schob der Gesetzgeber mit dem Gesetz über die Einreise und den Aufenthalt von Ausländern im Bundesgebiet (Ausländergesetz) vom 9. Juli 1990[665] die Rechtsfigur der Regeleinbürgerung, und zwar als erleichterte Einbürgerung für junge Ausländer und für Ausländer mit langem Aufenthalt im Bundesgebiet.[666] Gemäß § 85 jener alten Fassung des Ausländergesetzes war ein Ausländer, der nach Vollendung seines 16. und vor Vollendung seines 23. Lebensjahres die Einbürgerung beantragt, „in der Regel" einzubürgern, „wenn er 1. seine bisherige Staatsangehörigkeit aufgibt oder verliert, 2. seit acht Jahren rechtmäßig seinen gewöhnlichen Aufenthalt im Bundesgebiet hat, 3. sechs Jahre im Bundesgebiet eine Schule, davon mindestens vier Jahre eine allgemeinbildende Schule besucht hat und 4. nicht wegen einer Straftat verurteilt worden ist".[667] Einen Anspruch auf Einbürgerung gewährte auch § 86 Abs. 1 a.F. Ausländergesetz; danach war ein Ausländer der 15 Jahre rechtmäßig seinen gewöhnlichen Aufenthalt im Bundesgebiet hat, auf Antrag „in der Regel" einzubürgern, „wenn er 1. seine bisherige Staatsangehörigkeit aufgibt oder verliert, 2. nicht wegen einer Straftat verurteilt worden ist und 3. den Lebensunterhalt für sich und seine unterhaltsberechtigten Familienangehörigen ohne Inanspruchnahme von Sozial- oder Arbeitslosenhilfe bestreiten kann".[668]

[663] Gem. Art. 116 Abs. 2 Satz 2 GG gelten diese Personen als nicht ausgebürgert, „sofern sie nach dem 8. Mai 1945 ihren Wohnsitz in Deutschland genommen haben und nicht einen entgegengesetzten Willen zum Ausdruck gebracht haben."

[664] BVerwGE 95, 36 ff. (37). Vgl. dazu auch *Michael Silagi*, Zum Abkömmlingsbegriff in Art. 116 Abs. 2 GG und zum Einbürgerungsanspruch ehelicher Kinder von Ausgebürgerten, StAZ 1987, 144 ff.

[665] BGBl. 1990 I, S. 1354.

[666] Vgl. dazu *Helmut Weidelener*, Neue staatsangehörigkeitsrechtliche Regelungen, StAZ 1991, 131 ff.; *Claus Zeng*, Die erleicherte Einbürgerung nach §§ 85, 86 AuslG, StAZ 1995, 129 ff.

[667] Zu außer Betracht bleibenden Straftaten (§ 85 Abs. 1 Nr. 4, § 86 Abs. 1 Nr. 2) vgl. § 88 AuslG.

[668] Von der Voraussetzung der Nr. 3 kann gem. § 86 Abs. 1, letzter Halbs. abgesehen werden. Gem. § 86 Abs. 2 können Ehegatten und minderjährige Kinder

Die rechtsdogmatische Einordnung des Regelanspruchs der §§ 85, 86 Ausländergesetz a.F. war nicht einfach: Offensichtlich wollte der Gesetzgeber mehr als die Ermesseneinbürgerung gewähren und weniger als die Anspruchseinbürgerung.[669] Während der Gesetzesberatung der §§ 86, 87 a.F Ausländergesetz hielt der Bundesrat den Regelzusatz für überflüssig, da nicht ersichtlich sei, dass er in einer nennenswerten Zahl von Fällen zur Versagung der Einbürgerung führen könne.[670] Im Schrifttum wurde eine Ausnahme von dem Regelanspruch nur in Betracht gezogen, wenn „eine von der Normalsituation derart abweichende Interessenlage vorliegt, dass das öffentliche Interesse die Nichteinbürgerung als dringend geboten erscheinen lässt“.[671]

Angesichts dieser Stimmen und angesichts der Bestrebungen, eine bessere Integration der Ausländer in die Gesellschaft der Bundesrepublik zu erreichen, war es nicht überraschend, dass die §§ 85, 86 Ausländergesetz a.F. durch Art. 2 des Gesetzes zur Änderung asylverfahrens-, ausländer- und staatsangehörigkeitsrechtlicher Vorschriften von 30. Juni 1993[672] dahin geändert wurden, dass die in diesen Bestimmungen in ihrer ursprünglichen Fassung enthaltene Einschränkung gestrichen wurde, derzufolge die Einbürgerung der jungen Ausländer und der Ausländer mit langem Aufenthalt im Bundesgebiet unter den dort genannten Voraussetzungen (nur) „in der Regel“ zu erfolgen hatte. Die Regeleinbürgerung gemäß §§ 85, 86 Ausländergesetz wurde also damit in eine Anspruchseinbürgerung umgewandelt. Jedoch blieb es auch nach dieser Gesetzesänderung insoweit bei dem früheren Rechtszustand, als sowohl der junge Ausländer als auch der Ausländer mit langem Aufenthalt im Bundesgebiet einen Antrag auf Einbürgerung stellen mussten, um die deutsche Staatsangehörigkeit erwerben zu können.

auch dann miteingebürgert werden, wenn sie noch nicht die Voraussetzung der fünfzehnjährigen Aufenthaltsdauer erfüllen.

669 Für Ermesseneinbürgerung: *Helmut Weidelener* (Anm. 666), S. 132.

670 Hinw. dazu in: Bundestags-Drucks. 11/6541, S. 6.

671 So *Kay Hailbronner*, H/R, 1. Aufl., München 1991, § 85 AuslG, Rn. 6; als Beispiel dafür wird der Fall einer Gefährdung der äußeren oder inneren Sicherheit genannt (Rn. 7); zu § 86 vgl. Rn. 1: „Nur im Fall atypischer Umstände kann somit eine beantragte Einbürgerung abgelehnt werden, sofern die in § 86 Abs. 1 Nr. 1–3 AuslG niedergelegten Mindestvoraussetzungen erfüllt sind.“.

672 BGBl. 1993 I, S. 1062.

XIX. Eheschließung und Staatsangehörigkeit

Gilt die Regel, dass auch ausländische Ehepartner von Deutschen einen Einbürgerungsantrag stellen müssen, um die deutsche Staatsangehörigkeit zu erlangen? Nach dem geltenden Recht zieht die Heirat einer Ausländerin mit einem Deutschen ebenso wie die Heirat eines Ausländers mit einer Deutschen allein nicht schon den Erwerb der deutschen Staatsangehörigkeit nach sich, wie umgekehrt eine solche Heirat allein kein Grund für einen Verlust der deutschen Staatsangehörigkeit bildet.

In der Geschichte des Staatsangehörigkeitsrechts war dies nicht immer der Fall. So bestimmte das Preußische „Gesetz über die Erwerbung und den Verlust der Eigenschaft als Preußischer Unterthan, sowie über den Eintritt in fremde Staatsdienste" vom 31. Dezember 1842[673]: „Eine Ausländerin wird Preußische Unterthanin durch Verheirathung mit einem Preußen." (§ 4). An dieser Regel hielt auch das Reichs- und Staatsangehörigkeitsgesetz in seiner ursprünglichen Fassung von 1913 fest, indem es in § 6 festlegte: „Durch die Eheschließung mit einem Deutschen erwirbt die Frau die Staatsangehörigkeit des Mannes."

Diese vom Staat der Ehefrau gewährte und aufgedrückte Mitgift des Erwerbs der Staatsangehörigkeit des Ehemanns war kein preußischer oder deutscher Sonderweg. Der niederländische Autor Gerard-René de Groot weist in seiner rechtsvergleichenden Studie „Staatsangehörigkeitsrecht im Wandel" darauf hin: „Traditionell erwarb die ausländische Frau die Staatsangehörigkeit ihres Ehemannes automatisch im Zeitpunkt der Eheschließung."[674]; als Beispiel nennt er die Schweiz, wo nach § 3 des Bundesgesetzes über Erwerb und Verlust des Schweizerbürgerrechts von 1952[675] die Ausländerin, die einen Schweizer heiratet, noch immer automatisch dessen Staatsangehörigkeit erwarb. Das von den Mitgliedstaaten der Arabischen Liga (Jordanien, Syrien, Irak, Saudi-Arabien, Libanon, Lybien, Ägypten, Yemen) vereinbarte Abkommen betreffend einige Bestimmungen über

673 GS für die Königlichen Preußischen Staaten 1843 Nr. 1 bis 35 (No. 2319), S. 15. Vgl. auch § 1: „Die Eigenschaft als Preußischer Unterthan wird begründet: ...3) durch Verheirathung (§ 4)."

674 *Gerard-René de Groot* (Anm. 20), S. 310.

675 Zwischenzeitlich gibt es eine Neufassung dieses Gesetzes von 1990.

die Staatsangehörigkeit vom 5. April 1954 schrieb in Art. 2 Abs. 1 vor: „Eine arabische Frau erwirbt durch Eheschließung die arabische Staatsangehörigkeit ihres Ehemannes und verliert dadurch ihre ursprüngliche Staatsangehörigkeit, es sei denn, sie beantragt im Ehevertrag oder binnen 6 Monaten nach der Eheschließung in einer Willenserklärung die Beibehaltung ihrer ursprünglichen Staatsangehörigkeit." (Araber im Sinne dieses Abkommens ist gemäß Art. 1 „jeder, der die Staatsangehörigkeit eines arabischen Mitgliedstaates besitzt"). Die Folge der Beendigung der Ehe im Hinblick auf die durch die Eheschließung (zwangsweise) erworbene Staatsangehörigkeit regelt Art. 3 des Abkommens so: „Nach Beendigung ihrer Ehe kann die arabische Frau in ihren ursprünglichen Heimatstaat zurückkehren, um sich dort niederzulassen. Wenn sie sich dort niederläßt, kann sie den Wiedererwerb ihrer ursprünglichen Staatsangehörigkeit beantragen. Im Falle eines Wiedererwerbs verliert sie die durch ihre Eheschließung erworbene Staatsangehörigkeit."

Die strengen Regelungen des Abkommens der Staaten der Arabischen Liga von 1954 gehen immerhin davon aus, dass eine arabische Frau einen arabischen Mann mit einer anderen Staatsangehörigkeit als ihrer problemlos heiraten kann. Dass dies nicht in allen muslimischen Staaten selbstverständlich ist, zeigt ein Dekret des Ministerrates des Iran betreffend die Heirat iranischer Frauen mit Ausländern vom 25. Februar 1967,[676] das – im Folgenden in englischer Übersetzung zitiert – eine Genehmigungspflicht für Heiraten iranischer Frauen mit Ausländern vorsieht und im Fall der beabsichtigten Heirat einer muslimischen Frau mit einem nichtmuslimischen Mann unter anderem eine Vorlage der Bestätigung des Übertritts des Mannes zum Islam vorschreibt:

"*Article 1.* The Ministry of the Interior shall be authorized to issue permits for the marriage of Iranian woman with aliens on the terms set forth in these Regulations. ..."

"*Article 2.* Applicants for such permits must submit the following documents: ...

[676] Decree of the Council of Ministers Approving Regulations Governing the Marriage of Iranian Women with Aliens, No. 50990 of 6 Esfand 1345 (25 February 1967). Published in the Official Gazette, No. 6412 of Esfand 1345 (20 February 1967).

3. In the case of a proposed marriage between a non-Muslim man and a Muslim woman attestation of the man's conversion to Islam."

Kategorisch verboten hat ein Gesetz des Iran vom 8. Februar 1967 Heiraten zwischen Beschäftigten des iranischen Außenministeriums und Ausländern oder Personen, die die iranische Staatsangehörigkeit durch Heirat erworben haben; der Verstoß gegen diese Vorschrift hatte die Entlassung aus dem Dienst des Außenministeriums zur Folge (Wortlaut in englischer Übersetzung): "*Sole article.* As from this date, marriage between employees of the Ministry of Foreign Affairs and foreign nationals or persons who have acquired Iranian nationality by a previous marriage is prohibited. Any employee who violates this rule shall not be eligible to continue his service in the Ministry of Foreign Affairs."[677]

Politisch gezielt war der Vorschlag eines von der Militärregierung Birmas eingesetzten und von ihr abhängigen Verfassungsausschusses im Jahre 1998, der vorsah, dass Regierungsmitglieder und ranghohe Beamte nicht mit Ausländern verheiratet sein dürfen. Unübersehbar richtete sich dieser Vorschlag nämlich gegen die mit einem britischen Wissenschaftler verheiratete birmanische Oppositionsführerin und Nobelpreisträgerin Aung San Suu Kyi.[678]

Die genannten Negativbeispiele von Diskriminierungen von Frauen sollten jedoch nicht darüber hinwegtäuschen, dass insgesamt jedenfalls die Tendenz im Staatsangehörigkeitsrecht eindeutig in eine Richtung verläuft, die Diskriminierung von Frauen abzubauen. Zu nennen ist in diesem Zusammenhang insbesondere das Übereinkommen über die Staatsangehörigkeit der verheirateten Frau von New York vom 20. Februar 1957, dem sowohl die Bundesrepublik Deutschland als auch die DDR beigetreten sind.[679] Die materiellrechtlichen Bestimmungen dieses Abkommens haben folgenden Wortlaut:

[677] Act Prohibiting Marriage between Employees of the Ministry of Foreign Affairs and Foreign Nationals. No. 51052 of 19 Bahman 1345 (8 February 1967) Published in the Official Gazette, No. 6442 of 15 Farvardin 1346 (4 April 1967).

[678] Bericht: „Eine Frau fordert die Generale heraus. Friedensnobelpreisträgerin verlangt freie Wahl in Birma", HA Nr. 123 v. 29.5.1996, S. 4.

[679] Text des Übereinkommens: BGBl. 1973 II, S. 1250; Bekanntmachung über den Beitritt der Bundesrepublik: BGBl. 1973 I, S. 1249, über den Beitritt der DDR: GBl. DDR 1974 II, S. 349.

„Art.1: Jeder Vertragsstaat erkennt an, dass weder die Schließung noch die Auflösung einer Ehe zwischen einem seiner Angehörigen und einem Ausländer noch der Staatsangehörigkeitswechsel des Ehemannes während des Fortbestandes der Ehe die Staatsangehörigkeit der Ehefrau ohne weiteres berührt. Art. 2: Jeder Vertragsstaat erkennt an, dass weder der freiwillige Erwerb der Staatsangehörigkeit eines anderen Staates durch einen seiner Angehörigen noch der Verzicht auf die Staatsangehörigkeit durch einen seiner Angehörigen die Ehefrau dieses Angehörigen daran hindert, ihre Staatsangehörigkeit beizubehalten. Art. 3: (1) Jeder Vertragsstaat erkennt an, dass die ausländische Ehefrau eines seiner Angehörigen auf eigenen Wunsch die Staatsangehörigkeit des Ehemannes im Wege einer vereinfachten Einbürgerung erwerben kann; die Verleihung dieser Staatsangehörigkeit kann aus Gründen der staatlichen Sicherheit oder des öffentlichen Interesses eingeschränkt werden. (2) Jeder Vertragsstaat erkennt an, dass dieses Übereinkommen nicht so auszulegen ist, als beeinträchtige es seine Rechtsnorm oder Gerichtspraxis, nach der es der ausländischen Ehefrau eines seiner Angehörigen freisteht, auf Antrag die Staatsangehörigkeit des Ehemannes von Rechts wegen zu erwerben."

In der Bundesrepublik Deutschland schuf das Dritte Gesetz zur Regelung von Fragen der Staatsangehörigkeit vom 19. August 1957 (ein so genanntes Artikelgesetz) einen neuen Gesetzestatbestand der Anspruchseinbürgerung. An die Stelle des wegen Verstoßes gegen das Grundrecht der Gleichheit von Mann und Frau mit Ablauf des 31. März 1953 außer Kraft getretenen alten § 6 des Reichs- und Staatsangehörigkeitsgesetzes, wonach durch die Eheschließung mit einem Deutschen die Frau die Staatsangehörigkeit des Mannes erwarb, trat nun der neu gefasste § 6. Nach § 6 Abs. 1 n.F. hatte eine Ausländerin, die mit einem Deutschen die Ehe schließt, „einen Anspruch auf Einbürgerung, solange die Ehe besteht und der Ehemann die deutsche Staatsangehörigkeit besitzt". Wurde die Ehe vor einem deutschen Standesbeamten geschlossen, so bedurfte es jetzt nicht einmal mehr eines Antrages auf Einbürgerung: Die Ausländerin konnte vielmehr „die deutsche Staatsangehörigkeit auch dadurch erwerben, daß sie bei der Eheschließung zu Protokoll des Standesbeamten erklärt, deutsche Staatsangehörige werden zu wollen." (§ 6 Abs. 2).

Diese Regelung aus dem Jahr 1957 machte also hinsichtlich der Einbürgerung einen Unterschied zwischen ausländischen Frauen und ausländischen Männern: Während die mit einem Deutschen verheiratete ausländische Frau einen Rechtsanspruch auf Einbürgerung hatte und die deutsche Staatsangehörigkeit durch bloße Erklärung vor einem deutschen Standesbeamten erwerben konnte, war der mit einer Deutschen verheiratete ausländische Mann auf den langen Weg der Ermessenseinbürgerung verwiesen. Wegen Verstoßes gegen die Gleichberechtigung von Mann und Frau (Art. 3 Abs. 2 GG), aber auch weil angeblich oder tatsächlich die Möglichkeit der Anspruchseinbürgerung häufig durch Scheinehen von Prostituierten mit deutschen Männern als Vehikel für den Erwerb der deutschen Staatsangehörigkeit benutzt wurde, erfolgte mit dem Gesetz zur Änderung des Reichs- und Staatsangehörigkeitsgesetzes vom 8. September 1969[680] eine erneute Änderung der diesbezüglichen Rechtslage. Art. 3 Nr. 2 dieses Gesetzes hob das Dritte Gesetz zur Regelung von Fragen der Staatsangehörigkeit von 1957 auf und damit auch den damals neu gefassten § 6 des Reichs- und Staatsangehörigkeitsgesetzes von 1913. Ein stattdessen neu eingefügter § 9 bestimmte nunmehr in Abs. 1: „Ehegatten Deutscher sollen unter den Voraussetzungen des § 8 eingebürgert werden, wenn 1. sie ihre bisherige Staatsangehörigkeit verlieren oder aufgeben und 2. gewährleistet ist, daß sie sich in die deutschen Lebensverhältnisse einordnen, es sei denn, daß der Einbürgerung erhebliche Belange der Bundesrepublik Deutschland, insbesondere solche der äußeren oder inneren Sicherheit sowie der zwischenstaatlichen Beziehungen entgegenstehen.“[681]

Die Regelung von 1969 bedeutete also für die ausländischen Ehemänner deutscher Frauen eine erhebliche Verbesserung, weil sie statt der bisherigen „Kann-Einbürgerung“ nunmehr einer „Soll“-Einbürgerung teilhaftig wurden, dies auch ohne die strengen Voraussetzungen der „normalen“ Ermessenseinbürgerung. Umgekehrt beinhaltete die

680 BGBl. 1969 I, S. 1581.

681 Die – ebenfalls neu eingefügten – Absätze 2 und 3 lauteten: „(2) Die Regelung des Absatzes 1 gilt auch, wenn die Einbürgerung bis zum Ablauf eines Jahres nach dem Tode des deutschen Ehegatten oder nach Rechtskraft des die Ehe auflösenden Urteils beantragt wird und dem Antragsteller die Sorge für die Person eines Kindes aus der Ehe zusteht, das bereits die deutsche Staatsangehörigkeit besitzt. (3) Minderjährige stehen Volljährigen gleich.“

Regelung von 1969 dagegen für die ausländischen Ehefrauen deutscher Männer eine Verschlechterung der früheren Rechtslage, da der bisherige Rechtsanspruch auf Einbürgerung von der Nur-Noch-„Soll"-Einbürgerung abgelöst wurde und zusätzlich nun die in § 9 Abs. 1 aufgeführten (einschränkenden) Voraussetzungen für die Einbürgerung griffen. Immerhin galt für beide Personengruppen nicht die „Kann"-Einbürgerung sondern die „Soll"-Einbürgerung.

Die Bedeutung von „Soll"-Vorschriften hat die Rechtsprechung – unabhängig vom Staatsangehörigkeitsrecht – häufig beschäftigt. Soweit „Soll"-Vorschriften als „Muss"-Vorschriften angesehen wurden, widersprach eine solche Gleichsetzung im Zweifel sowohl dem Wortlaut der betreffenden Gesetzesbestimmung als auch der darin zum Ausdruck gekommenen Absicht des Gesetzgebers. Ebenso einsichtig ist aber auch, dass eine „Soll"-Vorschrift eine stärkere Bindung des aus dieser Vorschrift Verpflichteten und demgemäß eine stärkere Rechtsposition des aus dieser Bestimmung Berechtigten begründet. Zuzustimmen ist deshalb der Auffassung, derzufolge die Vorschrift über die „Soll"-Einbürgerung dem Antragsteller zwar keinen absoluten Rechtsanspruch auf Einbürgerung gewährt, wohl aber einen grundsätzlichen Rechtsanspruch, und dass deshalb bei der Entscheidung der Einbürgerungsbehörde nur (aber immerhin doch) ein Restermessen zusteht.

Das geltende Recht enthält mit der jetzigen Fassung des § 9 StAG nur zwei – allerdings nicht unerhebliche – Änderungen. In die schon bisherige Soll-Einbürgerung von Ehegatten sind nun auch in § 9 Abs. 1 Halbs. 1 StAG „Lebenspartner Deutscher" aufgenommen worden.[682] Wann eine Lebenspartnerschaft i.S. des Gesetzes vorliegt, definiert § 1 Abs. 1 des Gesetzes über die Eingetragene Lebenspartnerschaft (Lebenspartnerschaftsgesetz) vom 16. Februar 2001:[683] „Zwei Personen gleichen Geschlechts begründen eine Lebenspartnerschaft, wenn sie gegenseitig persönlich und bei gleichzeitiger Anwesenheit erklären, miteinander eine Partnerschaft auf Lebenszeit führen zu

682 Vgl. dazu *Kay Hailbronner*, H/R, § 9 StAG Rn. 6a.

683 BGBl. 2000 I, S. 226; zuletzt geändert durch das Gesetz zur Änderung des Ehe- und Lebenspartnerschaftsnamensrechts v. 6.2.2005 (BGBl. 2005 I, S. 203). Verkündet als Art. 1 des Gesetzes zur Beendigung des Diskriminierung gleichgeschlechtlicher Gemeinschaften: Lebenspartnerschaften v. 16.2.2001 (BGBl. 2001 I, S. 266).

wollen (Lebenspartnerinnen oder Lebenspartner). Die Erklärungen können nicht unter einer Bedingung oder Zeitbestimmung abgegeben werden. Die Erklärungen werden wirksam, wenn sie vor der zuständigen Behörde erfolgen."

Sowohl für die Ehegatten Deutscher als auch für die Lebenspartner Deutscher gilt die in § 9 Abs. 1 Nr. 1 StAG enthaltene Erleichterung gegenüber dem früheren Rechtszustand hinsichtlich der Hinnahme einer Mehrstaatigkeit: Die Voraussetzung der Einbürgerung, dass der Einbürgerungswillige seine bisherige Staatsangehörigkeit verliert oder aufgibt, ist modifiziert durch „oder ein Grund für die Hinnahme von Mehrstaatigkeit nach Maßgabe von § 12 vorliegt".

Der Blick auf das deutsche Staatsangehörigkeitsrecht wäre unvollständig ohne einen Blick auf die Rechtslage in der damaligen DDR. Auch nach dem Staatsbürgerschaftsgesetz der DDR von 1967 erfolgte kein automatischer Erwerb der Staatsbürgerschaft der DDR durch Heirat; denn in den in § 4 des Staatsbürgerschaftsgesetzes aufgeführten Erwerbsgründen (1. Abstammung; 2. Geburt auf dem Territorium der DDR; 3. Verleihung) ist – ebenso wie in späteren Gesetzen und Verordnungen der DDR – die Eheschließung einer Ausländerin oder eines Ausländers mit einem Staatsbürger der DDR bzw. einer Staatsbürgerin der DDR nicht erwähnt. Der Erwerb der Staatsbürgerschaft der DDR hatte also auch im Fall des ausländischen Ehepartners und der ausländischen Ehepartnerin durch Einbürgerung („Verleihung") zu erfolgen.

Neben dieser – dem heutigen Rechtsverständnis entsprechenden – staatsangehörigkeitsrechtlichen Normalität existierte jedoch in der DDR in Bezug auf Eheschließungen zwischen Bürgern der DDR und Nicht-Bürgern der DDR eine unnormale Situation. Heidrun Budde, in der damaligen DDR geboren und dort aufgewachsen, informiert darüber in ihrem materialreichen Buch „Willkür! Die Schattenseite der DDR"[684] im Kapitel „Die Eheschließung – eine unpolitische Feier?" Heidrun Budde weist darauf hin, „dass Eheschließungswünsche tatsächlich vom Normenstatut allein nach diesem Grundsatz von Liebe und Zuneigung behandelt wurden, wenn es sich um die Hochzeit zweier DDR-Bürger handelte. Daneben aber agierte zweck-

684 *Heidrun Budde*, Willkür! Die Schattenseite der DDR, Rostock 2002.

orientiert ein Maßnahmestaat völlig im geheimen und im rechtsfreien Raum, wenn ein DDR-Bürger die Ehe mit einem Partner eingehen wollte, der nicht DDR-Bürger war."[685] Eheschließungen zwischen Bürgern der DDR und Bürgern westlicher Staaten bedurften nämlich einer „Genehmigung der für Fragen des Personenstandswesens zuständigen staatlichen Organe", oder wie es später hieß, der „Zustimmung" der staatlichen Organe.[686] Als „Vertrauliche Verschlußsache I 020 055" erließ der damalige Innenminister der DDR Generaloberst Friedrich Dickel am 15. Januar 1968 die Anweisung Nr. 03/68 „über die Bearbeitung von Anträgen auf Eheschließung mit Bürgern anderer Staaten und Westberlinern". In der Präambel der Anweisung wurden als Gründe für die Regelung genannt: „im Interesse der Achtung und Stärkung der Souveränität der DDR", „im Interesse des Schutzes ihrer Bürger" und „zur Gewährleistung einer straffen Ordnung".[687] Abschnitt I Punkt 1 der geheimen Anweisung lautete: „(1) Eheschließungen zwischen Bürgern der Deutschen Demokratischen Republik und Bürgern der westdeutschen Bundesrepublik sind nur dann zu genehmigen, wenn dem Ersuchen des westdeutschen Bürgers um Aufnahme in die Deutsche Demokratische Republik und Verleihung der Staatsbürgerschaft der Deutschen Demokratischen Republik stattgegeben wurde. (2) Besteht an der Eheschließung mit einem Bürger der westdeutschen Bundesrepublik ein besonderes staatliches Interesse der Deutschen Demokratischen Republik, so kann in Ausnahmefällen durch den Leiter der Hauptabteilung Innere Angelegenheiten des Ministeriums des Innern die Genehmigung zu Eheschließung erteilt werden."[688] Das allein entscheidende Kriterium für die Genehmigung war also das „staatliche Interesse".

Die „westdeutsche Bundesrepublik" war für die Machthaber in der DDR der „Klassenfeind". Deshalb war die Genehmigung der Ehe-

[685] A.a.O. (Anm. 684), S. 483.

[686] *Heidrun Budde* (Anm. 684), S. 486/487.

[687] Zitiert bei *Heidrun Budde* (Anm. 684), S. 488.

[688] Zitiert bei *Heidrun Budde* (Anm. 684), S. 488/489. – Nach Abschluss des Vertrages über die Grundlagen der Beziehungen zwischen der Bundesrepublik Deutschland und der Deutschen Demokratischen Republik vom 21.12.1972 (des so genannten Grundvertrages) wurde die Anweisung Nr. 03/68 (Vertrauliche Verschlußsache I 020 055) in eine neue Fassung v. 27.6.1973 (Vertrauliche Verschlußsache I 020 549) gebracht; hierin wurde genannt, wann „ein besonderer Ausnahmefall" vorliegen kann; vgl. dazu *Heidrun Budde* (Anm. 684), S. 489/490.

schließung von Bürgern der DDR sogar mit Ausländern sozialistischer Staaten dann zu versagen, wenn der betreffende Ausländer seinen ständigen Wohnsitz oder Aufenthaltsort in der „westdeutschen Bundesrepublik" oder in der „politischen Einheit" Westberlin hatte. Ausnahmen von der Versagung der Genehmigung richteten sich nicht nach den Interessen der Menschen, die heiraten wollten, sondern nach den staatlichen Interessen der DDR. Abschnitt I Punkt 5 der Anweisung des Innenministers der DDR lautete nämlich: „Besteht an der Eheschließung ein besonderes staatliches Interesse der Deutschen Demokratischen Republik, so kann im Ausnahmefall die Genehmigung zur Eheschließung erteilt werden."[689] Seit der Wiedervereinigung Deutschlands sind diese Anordnungen nur noch Geschichte – allerdings ein bedrückende.

Unabhängig von staatsangehörigkeitsrechtlichen Regelungen und dementsprechend unabhängig von bestehenden Vorschriften über den Staatsangehörigkeitserwerb oder -verlust, schließen heute weltweit Menschen mit verschiedenen Staatsangehörigkeiten Ehen, und dies in wachsendem Ausmaß. Wo die Liebe hinfällt hindern keine von staatlichen Gesetzen errichteten Zäune. Die Entscheidung eine Ehe einzugehen, ist jeweils ein höchst persönliches Geschehen. Allgemeine Gründe für die wachsende Zahl binationaler („gemischter") Ehen sind die zunehmende Zahl von Migranten, florierender Massentourismus, Vernetzung der Wirtschaft, Studentenaustauschprogramme, Partnersuche per Internet und Ähnliches mehr – kurz: eine Globalisierung auch im personellen Sinne. Allein die Zahl der Partnerschaften zwischen Deutschen und Ausländern in Deutschland ist innerhalb von nur neun Jahren um 84 Prozent auf rd. 1,3 Millionen im Jahre 2005 gestiegen.[690] Bei den deutsch-ausländischen Ehepaaren überwiegt der Anteil der ausländischen Ehefrauen: Bei 602.000 Ehepaaren ist die Ehefrau Ausländerin, bei 545.000 Ehen ist der Ehemann Ausländer.

689 Zitiert bei *Heidrun Budde* (Anm. 684), S. 489.

690 Siehe die Notiz: „Mehr binationale Paare. 1,3 Millionen in Deutschland", FAZ Nr. 183 v. 9.8.2006, S. 7. Die diesbezügliche Mitteilung des Statistischen Bundesamtes erfasst alle Personen, die als Ehepaar oder in einer nichtehelichen bzw. gleichgeschlechtlichen Lebensgemeinschaft zusammenlebten und einen gemeinsamen Haushalt führten.

Gewährt das Staatsangehörigkeitsrecht oder das Ausländerrecht eines Staates im Fall der Eheschließung eines oder einer ausländischen Staatsangehörigen mit einem oder einer seiner Staatsangehörigen einen rechtlichen Vorteil, etwa hinsichtlich des Erwerbs der Staatsangehörigkeit oder hinsichtlich des Aufenthaltsrechts, so provoziert dies leider auch die Eingehung von Scheinehen, die nicht selten durch eine „unbürokratische Trauungspraxis" in einigen ausländischen Staaten erleichtert wird[691].

Wie Mann/Frau in dem Fall, in dem einer der Ehepartner wegen der Heirat die alte Staatsangehörigkeit aufgibt, sich an die neue Heimat gewöhnt, zeigt die folgende Begebenheit: „Als sie auf der amerikanischen Botschaft in Bonn ihren Pass abgegeben hatte, war der Sexualforscherin Shere Hite, die durch ihre Heirat die deutsche Staatsangehörigkeit erworben hat, doch etwas mulmig zumute. Darum suchte sie mit ihrem Mann, dem Kölner Pianisten Friedrich Höricke, Zuflucht bei McDonald's. Die Heimatgefühle ließen nicht lange auf sich warten. Jetzt ist sie beruhigt: ‚McDonald's wird überall sein – wo immer ich auch bin.'"[692]

Nicht auf eine Restaurantkette sondern auf ihre Füße schaute Katherine Mansfield bei der Frage nach ihrer Heimat: „Die Erde unter meinen Füßen ist mein Land."[693]

[691] Vgl. dazu *Juliana Mörsdorf-Schulte*, Dänische Eheschließung vor dem OVG, NJW 2007, 1331 ff. – Allgemein: *Jens Eisfeld*, Die Scheinehe in Deutschland im 19. und 20. Jahrhundert, Tübingen 2005; *Stephanie Lumpp*, Die Scheineheproblematik in Gegenwart und Vergangenheit. Eine dogmatische Untersuchung des fehlenden Willens zur ehelichen Lebensgemeinschaft, Berlin 2007. – Gesetzliche Regelung in § 1314 Abs. 2 Nr. 5 BGB (Aufhebungsgrund). Gemäß § 23 Abs. 1 des Gesetzes zur Vereinheitlichung des Rechts der Eheschließung und der Ehescheidung im Lande Österreich und im übrigen Reichsgebiet vom 6.7.1938 (RGBl. 1938 I, S. 807) war eine Ehe „nichtig, wenn sie ausschließlich oder überwiegend zu dem Zweck geschlossen ist, der Frau die Führung des Familiennamens des Mannes oder den Erwerb der Staatsangehörigkeit des Mannes zu ermöglichen, ohne dass die eheliche Lebensgemeinschaft begründet werden soll."

[692] Notiz in: FAZ/Magazin H. 851 v. 21.6.1996, S. 6.

[693] Zitiert (in deutscher Übersetzung) bei *Christa Moog*, Aus tausend grünen Spiegeln, Reinbek 1991, S. 105.

XX. Einbürgerung nach der Reform von 1999

Der Einführung des Geburtsortsprinzips (ius soli) für den Erwerb der deutschen Staatsangehörigkeit für Ausländer der so genannten zweiten und dritten Generation wurde unter anderem entgegengehalten, dass ja die Möglichkeit der Einbürgerung[694] bestehe, für junge Ausländer und Ausländer mit langem Aufenthalt in der Bundesrepublik sogar in Form der erleichterten Einbürgerung. Diesem Argument wurde wiederum entgegengehalten, dass Voraussetzung auch der erleichterten Einbürgerung sei, dass der die Einbürgerung beantragende Ausländer seine bisherige Staatsangehörigkeit aufgibt oder verliert (§§ 85 Nr. 1, 86 Abs. 1 Nr. 1 Ausländergesetz); diese Vorbedingung sei aber dem einbürgerungswilligen Ausländer nicht zuzumuten. Dagegen wurde allerdings eingewendet, dass von den in den §§ 85 Nr. 1, 86 Abs. 1 Nr. 1 Ausländergesetz aufgestellten diesbezüglichen Voraussetzungen abgesehen werde, wenn der Ausländer seine bisherige Staatsangehörigkeit nicht oder nur unter besonders schwierigen Bedingungen aufgeben kann (§ 87 Abs. 1 a.F. Ausländergesetz) oder wenn der Heimatstaat des Ausländers die Entlassung aus der bisherigen Staatsangehörigkeit von der Ableistung des Wehrdienstes abhängig macht (§ 87 Abs. 2 a.F. Ausländergesetz).

In den Auseinandersetzungen um die Reform des deutschen Staatsangehörigkeitsrechtes in den neunziger Jahren gehörte die Frage der Einbürgerung nicht zu den besonders heftig diskutierten Problemen. Zwar wurde z.B. in der Anhörung vor dem Innenausschuss des Bundestages ohne Widerspruch zu finden geäußert, dass die Einbürgerung „kein beliebig wechselbares Hemd" sei, und dass vermieden werden sollte, „Papierdeutsche" zu schaffen. Jedoch gab es kaum grundsätzlichen Widerspruch gegen eine weitere maßvolle Erleichterung der Einbürgerung.

Der insoweit vorhanden gewesene Grundkonsens beruht einmal darauf, dass das Rechtsinstitut der Einbürgerung im deutschen Staatsangehörigkeitsrecht (wie in den Staatsangehörigkeitsgesetzen anderer

[694] Zur Rechtslage vor dem Reformgesetz von 1999 vgl. *Markus Lang*, Grundkonzeption und Entwicklung des deutschen Staatsangehörigkeitsrechts, Frankfurt a.M. 1990, S. 58 ff. Zur Rechtsnatur: *Horst Papke*, Die Rechtsnatur der Einbürgerung, Diss. Bonn 1961.

Staaten) in einer langen Tradition verwurzelt ist. Anders als die partielle Einführung des Geburtsortsprinzips in das deutsche Staatsangehörigkeitsrecht bedeutete die Erleichterung der Einbürgerung also keine umwälzende Veränderung. Auch wurde die Diskussion in den neunziger Jahren über die Einbürgerung auch dadurch entkrampft, dass – unabhängig von der Beantwortung der Frage, ob die Bundesrepublik Deutschland ein Einwanderungsland im klassischen Sinne oder „nur" ein Zuwanderungsland ist – die Zahl der Einbürgerungen bis zum Inkrafttreten des Reformgesetzes fast kontinuierlich anstieg, und zwar von Jahr zu Jahr, wie die folgenden Daten und Zahlen (gerundet) zeigen: 1989: 69.000; 1990: 101.000; 1991: 142.000; 1992: 180.000; 1993: 199.000; 1994: 259.000;1995: 313.000;1996: 303.000; 1997: 279.000; 1998: 291.000; 1999: 248.000. Zwischen 1977 und 1999 erfolgten 615.000 Einbürgerungen, allerdings mehrheitlich von Aussiedlern und Spätaussiedlern. Zu diesen Zahlen müssen noch die in der DDR vorgenommenen Einbürgerungen hinzugezählt werden. Zieht man von den Einbürgerungen in der Bundesrepublik Deutschland seit der Wiedervereinigung die Einbürgerungen von Aussiedlern und Spätaussiedlern ab, so ergeben sich für die „echten" Ausländer folgende Einbürgerungszahlen: 1990: 27.000; 1992: 37.000; 1993: 45.000; 1995:72.000; 1996: 86.000; 1997: 83.000; 1998: 107.000; 1999: 143.000; 2000: 187.000. In den auf die Reform dann folgenden Jahren ist die Zahl dieser Einbürgerungen gesunken, verblieb allerdings – gemessen an den neunziger Jahren – immer noch auf einem hohen Stand, nämlich 2001: 178.000; 2002: 155.000; 2003: 141.000; 2004: 127.000.[695] Nach Herkunftsländern aufgeschlüsselt stammten mit Abstand die meisten im Jahre 2004 eingebürgerten Ausländer aus der Türkei, nämlich 44.465 (35,0%). Es folgten 7.499 aus Polen (5,9%), 6.362 aus dem Iran (5,0%); 4.381 aus Russland (3,4%), 3.844 aus der Ukraine (3,0%), 3.820 aus Marokko (3,0%); 3564 aus dem Irak (3,0%), 3.539 aus Serbien und Montenegro (2,8%), 3.164 aus Israel (2,5%) sowie Sonstige 42.438 (33,4%).

Die sichtbarste Erleichterung der Einbürgerung, die das Gesetz zur Reform des Staatsangehörigkeitsrechts von 1999 gebracht hat,[696] ist

[695] Quelle für diese auf- oder abgerundeten Zahlen sowie für die folgenden Angaben: Statistisches Bundesamt; auch in der Notiz „Jeder Dritte kommt aus der Türkei", FAZ Nr. 54 v. 4.3.2006, S. 3.

[696] Zu den mit dem Reformgesetz zusammenhängenden Rechtsfragen allg. s.

die Verkürzung der Aufenthaltsdauer des Antragstellers in der Bundesrepublik. Während die Frist für Anspruchseinbürgerungen von Ausländern mit längerem Aufenthalt in Deutschland gemäß § 85 Abs. 1 Nr. 1 Ausländergesetz a.F. noch 15 Jahre betrug, ist diese Frist in der Neufassung dieser Bestimmung auf acht Jahre verkürzt. Eine weitere erhebliche Erleichterung der Einbürgerung hat das Reformgesetz auch dadurch bewirkt, dass die Barriere der Mehrstaatigkeit deutlich heruntergehängt worden ist. Die Tatbestände, in denen die Einbürgerung unter Hinnahme einer Mehrstaatigkeit erfolgen kann, sind nunmehr erheblich erweitert: Die §§ 87 Abs. 1 Nr. 1–6, Abs. 2–5 Ausländergesetz n.F. enthalten jetzt so viele Ausnahmetatbestände, dass der Einbürgerungswillige, der trotz Erwerbs der deutschen Staatsangehörigkeit seine bisherige Staatsangehörigkeit behalten will, für dieses Beibehalten leicht einen von der neuen Gesetzesfassung anerkannten Grund finden kann. Der umfangreiche Katalog der in § 87 Ausländergesetz n.F. enthaltenen Ausnahmetatbestände von dem Erfordernis des § 85 Abs. 1 Satz 1 Nr. 4 Ausländergesetz n.F., dass der Antragsteller seine bisherige Staatsangehörigkeit aufgibt oder verliert, zeigt den Willen des Gesetzgebers, die Einbürgerung zu erleichtern, mehr als deutlich. Unter der Überschrift „Einbürgerung unter Hinnahme von Mehrstaatigkeit" lautet § 87 Ausländergesetz in seiner neuen Fassung wie folgt:

„(1) Von der Voraussetzung des § 85 Abs. 1 Satz 1 Nr. 4 wird abgesehen, wenn der Ausländer seine bisherige Staatsangehörigkeit nicht oder nur unter besonders schwierigen Bedingungen aufgeben kann. Das ist anzunehmen, wenn

1. das Recht des Heimatstaates das Ausscheiden aus der bisherigen Staatsangehörigkeit nicht vorsieht,
2. der ausländische Staat die Entlassung regelmäßig verweigert und der Ausländer der zuständigen Behörde einen Entlassungsantrag zur Weiterleitung an den ausländischen Staat übergeben hat,

Christina Bönning, Staatsangehörigkeit und Einbürgerung nach dem neuen Gesetz zur Reform des Staatsangehörigkeitsrechts, JA 2000, 257 ff.; *Jürgen Fritz*, Die erleichterte Einbürgerung von Spitzensportlern nach dem neuen Staatsangehörigkeitsrecht, SpuRt 2000, 137 ff.; *Detlev Horn/Thomas Sauerland*, Die Ermessenseinbürgerung nach dem reformierten Staatsangehörigkeitsrecht – insbesondere von Ehegatten deutscher Staatsangehöriger, StAZ 2000, 37 ff.; *Michael Silagi*, Das Einbürgerungsprivileg des § 13 StAG, ZAR 2001, 104 ff.

3. der ausländische Staat die Entlassung aus der Staatsangehörigkeit aus Gründen versagt hat, die der Ausländer nicht zu vertreten hat, oder von unzumutbaren Bedingungen abhängig macht oder über den vollständigen und formgerechten Entlassungsantrag nicht in angemessener Zeit entschieden hat,
4. der Einbürgerung älterer Personen ausschließlich das Hindernis eintretender Mehrstaatigkeit entgegensteht, die Entlassung auf unverhältnismäßige Schwierigkeiten stößt und die Versagung der Einbürgerung eine besondere Härte darstellen würde,
5. dem Ausländer bei der Aufgabe der ausländischen Staatsangehörigkeit erhebliche Nachteile insbesondere wirtschaftlicher oder vermögensrechtlicher Art entstehen würden, die über den Verlust der staatsbürgerlichen Rechte hinausgehen, oder
6. der Ausländer politisch Verfolgter im Sinne von § 51 ist oder wie ein Flüchtling nach dem Gesetz über Maßnahmen für die im Rahmen humanitärer Hilfsaktionen aufgenommene Flüchtlinge behandelt wird.

(2) Von der Voraussetzung des § 85 Absatz 1 Satz 1 Nr. 4 wird ferner abgesehen, wenn der Ausländer die Staatsangehörigkeit eines anderen Mitgliedstaates der Europäischen Union besitzt und Gegenseitigkeit besteht.

(3) Von der Voraussetzung des § 85 Absatz 1 Satz 1 Nr. 4 kann abgesehen werden, wenn der ausländische Staat die Entlassung aus der bisherigen Staatsangehörigkeit von der Leistung des Wehrdienstes abhängig macht und der Ausländer den überwiegenden Teil seiner Schulausbildung in deutschen Schulen erhalten hat und im Bundesgebiet in deutsche Lebensverhältnisse und in das wehrpflichtige Alter hineingewachsen ist.

(4) Weitere Ausnahmen von der Voraussetzung des § 85 Absatz 1 Satz 1 Nr. 4 können nach Maßgabe völkerrechtlicher Verträge vorgesehen werden.

(5) Erfordert die Entlassung aus der ausländischen Staatsangehörigkeit die Volljährigkeit des Ausländers und liegen die Voraussetzungen der Absätze 1 und 4 im übrigen nicht vor, so erhält ein Ausländer, der nach dem Recht seines Heimatstaates noch minderjährig ist, abweichend von Absatz 1 Satz 2 Nr. 1 eine Einbürgerungszusicherung."

Wie wichtig dem Gesetzgeber die Aufweichung des Grundsatzes der Vermeidung von Mehrstaatigkeit im Fall der Einbürgerung war, zeigt auch die durch das Reformgesetz getroffene Übergangsregelung für Einbürgerungsbewerber. Die in das Ausländergesetz neu eingefügte Vorschrift des § 102a bestimmt, dass auf die bis zum 16. März 1999 gestellten Einbürgerungsanträge die §§ 85–91 in der vor dem 1. Januar 2000[697] geltenden Fassung Anwendung finden, jedoch mit der Maßgabe, dass sich die Hinnahme von Mehrstaatigkeit nach § 87 (n.F.) beurteilt.

Eine auf den ersten Blick marginal erscheinende, für nicht wenige Einbürgerungswillige aber durchaus relevante Erleichterung der Einbürgerung betrifft die Einbürgerungsgebühr. Für die Höhe der Einbürgerungsgebühr[698] war in der Verordnung über die Gebühren in Staatsangehörigkeitsangelegenheiten vom 28. März 1974[699] (geändert durch die Verordnung vom 18. Juni 1975)[700] ein Gebührenrahmen von 100,– bis 5000,– DM festgelegt. Nach den dazu ergangenen Richtlinien für die Gebührenbemessung in Einbürgerungsangelegenheiten vom 9. April 1974 wurde die Höhe der Gebühr nach dem monatlichen Bruttoeinkommen des Antragstellers festgesetzt, wobei die Regelgebühr 75% eines Monatseinkommens nicht übersteigen sollte. Allerdings durfte von der Regelgebühr nach oben oder nach unten abgewichen werden, wobei in speziellen Fällen auch eine Befreiung von der Einbürgerungsgebühr erfolgen konnte.

Die einkommensabhängige Bemessung der Einbürgerungsgebühr wurde im Jahre 1993 durch das Gesetz zur Änderung asylverfahrens-, ausländer- und staatsangehörigkeitsrechtlicher Vorschriften abgelöst und durch einen feststehenden Betrag in Höhe von 500,– DM ersetzt (§ 38 Abs. 2 Satz 1 StAG)[701] mit Gebührenermäßigungen und -befreiungen (§ 38 Abs. 2 Satz 2–3 StAG). Das Reformgesetz von 1999 hat diese Linie verfestigt; die bisherigen §§ 90 und 91 des Ausländergesetzes wurden nunmehr neu gefasst durch § 90, der lautet: „Die Gebühr für die Einbürgerung nach diesem Gesetz beträgt 500 Deutsche Mark. Sie ermäßigt sich für ein minderjähriges Kind, das miteinge-

697 Dem Tag des Inkrafttretens der meisten Bestimmungen des Reformgesetzes.

698 Vgl. dazu *Kay Hailbronner*, H/R, § 8 StAG, Rn. 123.

699 BGBl. 1974 I, S. 809.

700 BGBl. 1975 I, S. 1436.

701 Vgl. dazu *Kay Hailbronner*, H/R, § 8 StAG, Rn. 124.

bürgert wird und keine eigenen Einkünfte im Sinne des Einkommenssteuergesetzes hat, auf 100 Deutsche Mark. Von der Gebühr kann aus Gründen der Billigkeit oder des öffentlichen Interesses Gebührenermäßigung oder -befreiung gewährt werden." Mit Wirkung zum 1. Januar 2005 ist die Gebührenvorschrift des § 90 Ausländergesetz durch Art. 15 Abs. 3 des Zuwanderungsgesetzes[702] aufgehoben worden, da diese Vorschrift durch die Regelung der Gebührenhöhe in § 38 StAG obsolet geworden war.[703]

Nach Einführung des Euro sind diese DM-Beträge auf Euro umgestellt.[704] Die Gebühr für die Einbürgerung ist nunmehr in § 38 Abs. 2 Satz 1 StAG auf 255 Euro festgelegt; gemäß Satz 2 ermäßigt sich die Gebühr für ein minderjähriges Kind, das miteingebürgert wird und keine eigenen Einkünfte i.S. des Einkommenssteuergesetzes hat, auf 51 Euro. Gebührenfrei ist der Erwerb der deutschen Staatsangehörigkeit nach § 5 (Erklärungsrecht für vor dem 1. Juli 1993 geborene Kinder eines deutschen Vaters und einer ausländischen Mutter) und die Einbürgerung von ehemaligen Deutschen, die durch Eheschließung mit einem Ausländer die deutsche Staatsangehörigkeit verloren haben (Satz 3). Wie schon § 90 Ausländergesetz so erlaubt auch § 38 Abs. 2 Satz 4 StAG: „Von der Gebühr nach Satz 1 kann aus Gründen der Billigkeit oder des öffentlichen Interesses Gebührenermäßigung oder -befreiung gewährt werden."

Bedenkt man, welche erheblichen wirtschaftlichen Vorteile der Erwerb der deutschen Staatsangehörigkeit für den Eingebürgerten hat, insbesondere auch im Hinblick auf die Freizügigkeit[705] und die Inanspruchnahme sozialer Vergünstigungen, und bedenkt man weiter, dass Staatsangehörige derjenigen Staaten, die nicht Mitglieder der EU sind, mit dem Erwerb der deutschen Staatsangehörigkeit zusätzlich auch die EU-Bürgerschaft erlangen, so kann man den vom

[702] BGBl. 2004 I, S. 1950.

[703] Vgl. dazu *Kay Hailbronner*, H/R, § 8 StAG, Rn. 125.

[704] Die Umstellung erfolgte durch Art. 18 des Gesetzes zur Umstellung von Vorschriften des Dienst-, allgemeinen Verwaltungs-, Sicherheits-, Ausländer- und Staatsangehörigkeitsrechts auf Euro (Sechstes Euro-Einführungsgesetz) v. 3.12. 2001 (BGBl. 2001 I, S. 3306).

[705] Einzelheiten dazu sind geregelt im Gesetz über die allgemeine Freizügigkeit von Unionsbürgern (Freizügigkeitsgesetz/EU) v. 30.7.2004 (BGBl. 2004 I, S. 1986); im Wesentlichen in Kraft ab 1.1.2005.

geltenden Gesetz festgesetzten Betrag der Einbürgerungsgebühr nur als preiswert bezeichnen.

Die Gründe dafür, dass ein Ausländer sich einbürgern lassen möchte, können sehr unterschiedlicher Art sein. Im Jahre 1999 wurde die 1915 von Mexiko nach Texas eingewanderte Ruperta Urresta Hernandez in den USA eingebürgert, im Alter von 107 Jahren. Die gebürtige Mexikanerin, die vom Bett aus den Eid auf die amerikanische Verfassung schwor, ist die älteste Person, die je die US-amerikanische Staatsangehörigkeit angenommen hat. Als Grund dafür gab die alte Dame an, „endlich wählen zu dürfen".[706] Nur 27 Jahre alt wurde der Mexikaner David Jimenez Almazan, der als US-Soldat am 27. August 2006 bei einem Kampfeinsatz im Irak gefallen ist.[707] Im Februar 2007 nahm seine Ehefrau bei einer feierlichen Zeremonie im amerikanischen Generalkonsulat in Frankfurt am Main (der Gefallene gehörte einer in Hessen stationierten Militäreinheit an) die US-Staatsbürgerschaft für ihren Mann entgegen – eine postume Ehrung, die von der Witwe des gefallenen Soldaten mit den Worten kommentiert wurde: „Das war eines seiner großen Ziele: endlich richtiger Amerikaner werden."

Der italienische Filmproduzent Carlo Ponti erwarb zu Lebzeiten 1966 die französische Staatsangehörigkeit, um Sophia Loren heiraten zu können (nach italienischem Recht war damals eine Scheidung von seiner ersten Ehefrau nicht möglich)[708]. Ein anderer Italiener, der Maler Gabriele Mucchi, der im Jahre 1956 als Gastprofessor an die „Hochschule für angewandte Kunst" in Berlin-Weißensee berufen worden war und später eine Gastprofessur in Greifswald innehatte und sich auch im Übrigen viel in der DDR aufhielt, spielte zu der Zeit, als der Untergang dieses Staates bevorstand, mit dem Gedanken, Staatsbürger der DDR zu werden, „um damit seinen Glauben an den Sozialismus Ausdruck zu verleihen. Dieses Vorhaben wurde jedoch durch die deutsche Wiedervereinigung hinfällig".[709]

[706] Notiz „Wunsch nach Wahlrecht", DIE WELT v. 13.2.1999, S. 16.

[707] Zum Folgenden: *Peter Badenhop*, „David musste gehen, es war sein Job." Salina Jimenez hat ihren Mann im Irak verloren, FAZ Nr. 39 v. 15.2.2007, S. 8.

[708] *Dirk Schümer*, Der Mann im Schatten der Diva. Welterfolgsschmied: Zum Tode des bedeutenden italienischen Produzenten Carlo Ponti, FAZ Nr. 9 v. 11.1. 2007, S. 37.

[709] *Laura Niemann*, Eine biographische Betrachtung des Künstlers Gabriele

Bei jeder Einbürgerung stellt sich die Frage, nach was der Antragsteller von der für die Einbürgerung zuständigen Behörde gefragt werden darf. Dürfen z.B. die Motive für seinen Antrag, seine politische Gesinnung, seine finanziellen Verhältnisse auf den Prüfstand gestellt werden? Die Antwort hängt davon ab, welche gesetzlichen Voraussetzungen für eine Einbürgerung erfüllt sein müssen. Gibt es solche Voraussetzungen, so kann deren Vorliegen nachgeprüft (also abgefragt) werden.

Vermutlich existiert kein Staatsangehörigkeitsgesetz auf der Welt, das auf jedwede Voraussetzungen für die Einbürgerung verzichtet. Unterschiedlich sind nur die jeweiligen Kataloge, die jene Voraussetzungen aufzählen – unterschiedlich vor allem auch danach, ob es sich um ein altes oder um ein modernes Staatsangehörigkeitsgesetz handelt und ob der betreffende Staat sich Einbürgerungen öffnet oder verschließt.

Das deutsche Reichs- und Staatsangehörigkeitsgesetz in seiner ursprünglichen Fassung von 1913 stellte in § 8 Abs. 1 vier Voraussetzungen auf, die erfüllt sein mussten, damit ein Ausländer, der sich im Inland niedergelassen hatte, auf seinen Antrag hin eingebürgert werden konnte, nämlich „wenn er 1. nach den Gesetzen seiner bisherigen Heimat unbeschränkt geschäftsfähig ist oder nach den deutschen Gesetzen unbeschränkt geschäftsfähig sein würde oder der Antrag in entsprechender Anwendung des § 7 Abs. 2 Satz 2 von seinem gesetzlichen Vertreter oder mit dessen Zustimmung gestellt wird, 2. einen unbescholtenen Lebenswandel geführt hat, 3. an dem Ort seiner Niederlassung eine eigene Wohnung oder ein Unterkommen gefunden hat und 4. an diesem Orte sich um seine Angehörigen zu ernähren imstande ist."

Die Frage nach der unbeschränkten Geschäftsfähigkeit in dieser Bestimmung ist eine der so genannten privatrechtlichen Vorfragen des deutschen Staatsangehörigkeitsrechts, die sich in der Praxis dann stellt, wenn das Volljährigkeitsalter nach dem Heimatrecht des An-

Mucchi, in: Wirklich … Wahr. Gabriele Mucchi und die Malerei des Realismus. Hrsg. von Melanie Ehler und Matthias Müller. Berlin 2006, S. 27 ff. (34). Siehe auch *Frank Pergande*, Jesus hat Marx im Kopf. Liebe zum Sozialismus: Gabriele Mucchi in Greifswald, FAZ Nr. 155 v. 7.7.2006, S. 44: „Erst als die DDR unterging, wollte Mucchi ihr Staatsbürger werden. Der Untergang war schneller."

tragstellers und das nach dem deutschen Recht differieren.[710] Da es sich bei § 8 Abs. 1 Nr. 1 um eine Kollisionsnorm mit Alternativanknüpfung handelt, gilt bei der Beurteilung der Geschäftsfähigkeit das für den Antragsteller günstigere Recht, d.h. das mit der niedrigeren Altersgrenze.[711]

Anders als für die unbeschränkte Geschäftsfähigkeit fehlt für den Begriff des „unbescholtenen Lebenswandels“ ein gesetzlich bestimmter Inhalt. In seiner Kommentierung des § 8 weist Alexander Makarov darauf hin, das schon in den Verhandlungen im Reichstag vor der Beschlussfassung „Versuche gemacht worden (sind), die Voraussetzung des unbescholtenen Lebenswandels aus dem § 8 wegen der Dehnbarkeit des Begriffs zu streichen, es ist aber doch der Gesichtspunkt durchgedrungen, daß einerseits gewisse Sicherheiten gegen die Einbürgerung moralisch bedenklicher Elemente geschaffen werden müssen, andererseits, daß eine gewissenhafte Verwaltung die Grenze richtig ziehen wird.“[712] Die Rechtsprechung hat auf „die Umstände des einzelnen Falles“ abgestellt; so urteilte das Preußische Oberverwaltungsgericht in seiner Entscheidung vom 14. Juni 1917, ein Ehebruch allein genüge nicht zur Verneinung eines unbescholtenen Lebenswandels, vielmehr müsse „hierbei der gesamte Lebenswandel der Klägerin vor und nach dem Fehltritte berücksichtigt werden“.[713] Noch in den fünfziger Jahren haben Gerichte in der Bundesrepublik auf diese Rechtsprechung aus dem Kaiserreich Bezug genommen. So hat das Bundesverwaltungsgericht in seinem Urteil vom 13. Februar 1958 konzediert, „daß eine einzelne Verfehlung, besonders wenn sie längere Zeit zurückliegt und nicht besonders schwer ist, außer Betracht bleiben kann, sofern nur die charakterlichen Mindestvoraussetzungen gegeben sind“.[714] Das Oberverwaltungsgericht Münster entschied am 8. Mai 1959: „ Der Antragsteller muß in der Vergangenheit in seinem Lebenswandel und den sich daraus ergebenden charakterlichen Eigenschaften gewisse Mindestvoraussetzungen erfüllt haben und erfüllen.“[715] Im einschlägigen Schrifttum wurde der Begriff

[710] *Alexander Makarov* (Anm. 221), S. 66.

[711] *Alexander Makarov* (Anm. 221), S. 66/67.

[712] *Alexander Makarov* (Anm. 221), S. 67, auch (S. 68/69) zu den in Folgenden zit. Gerichtsentscheidungen.

[713] Preuß. OVGE 73, 311 (312).

[714] BVerwGE 6, 186 ff. [188].

[715] OVG Münster DÖV 1961, 114 f. (114).

des „unbescholtenen Lebenswandels" dahin kommentiert, dass „das gesamte Verhalten des Einzubürgernden in sittlicher und gesetzlicher Beziehung zugrundegelegt werden" müsse: „Es wird also einerseits nicht immer einer Bestrafung bedürfen, damit die Unbescholtenheit aufgehoben ist, vielmehr genügt z.B. schon ein Verhalten der Familie gegenüber, das nach billiger Anschauung auf unwürdige Eigenschaften des Einzubürgernden schließen läßt (Versäumung der Unterhaltspflicht, Verwahrlosung der Kinder, Mißhandlung der Ehefrau usw.), ferner übler Ruf wegen Trunksucht und dergl."[716]

Die weiteren, zusätzlich in § 8 Abs. 1 genannten Voraussetzungen der Einbürgerung, nämlich das Vorhandensein einer eigenen Wohnung oder ein Unterkommen am Ort der Niederlassung (Nr. 3) sowie die Fähigkeit sich und seine Angehörigen zu ernähren (Nr. 4), sind traditionelle Erfordernisse. Die Begriffe „Wohnung" oder „Unterkommen" wurden dabei relativ großzügig ausgelegt;[717] offensichtlich sollten so genannte Vagabunden vom Erwerb der Staatsangehörigkeit ausgeschlossen werden. Die Unterhaltsfähigkeit ist sogar – wenn auch in anderer Formulierung – Bestandteil des Reformgesetzes von 1999.

Wie schon im Reichs- und Staatsangehörigkeitsgesetz von 1913 so enthält auch im Reformgesetz von 1999 die Bestimmung des § 8 den Grundtatbestand der Ermessenseinbürgerung.[718] Der systematische Aufbau des neuen § 8 ist identisch mit dem des alten § 8. Inhaltlich sind neben Parallelen allerdings auch einige Abweichungen zu registrieren.

Geblieben ist – neben dem behördlichen Ermessen („kann … eingebürgert werden") – das Erfordernis eines Antrages (§ 8 Abs. 1 StAG). Das Erfordernis der Niederlassung im Inland ist umformuliert in „gewöhnlichen Aufenthalt im Inland", nun mit dem ausdrücklichen Zusatz, dass dieser Aufenthalt „rechtmäßig" sein muss (§ 8 Abs. 1 Satz 1 StAG). Das ursprünglich zwingend vorgeschriebene Erfordernis der Niederlassung des Antragstellers im Inland war – über die Ausnahmeregelung des § 13 für ehemalige Deutsche hinaus – schon

[716] *Fritz von Keller/Paul Trautmann* (Anm. 66), S. 122, zit. bei *Alexander Makarov* (Anm. 221), S. 69.

[717] Siehe dazu *Alexander Makarov* (Anm. 221), S. 69.

[718] *Kay Hailbronner*, H/R, § 8 StAG, Rn. 6.

durch die Verordnung zur Regelung von Staatsangehörigkeitsfragen vom 20. Januar 1942,[719] damals aus Gründen der „Reichsverteidigung", aufgeweicht worden. Nunmehr bestimmt § 14 StAG, dass ein Ausländer, der seinen gewöhnlichen Aufenthalt nicht im Inland sondern im Ausland hat, unter den Voraussetzungen der §§ 8 und 9 eingebürgert werden kann, „wenn Bindungen an Deutschland bestehen, die eine Einbürgerung rechtfertigen" (§ 14 StAG).

Der Katalog der in § 8 Abs. 1 Nr. 1–4 RuStAG enthaltenen Einbürgerungsvoraussetzungen ist in § 8 Abs. 1 Nr. 1–4 StAG teils geringfügig, teils erheblich geändert worden – insgesamt gesehen im Sinne einer Erleichterung der Einbürgerung. So genügt nach § 8 Abs. 1 Nr. 1 StAG statt der in § 8 Abs. 1 Nr. 1 RuStAG geforderten unbeschränkten Geschäftsfähigkeit nun die Handlungsfähigkeit nach Maßgabe von § 80 Abs. 1 des Aufenthaltsgesetzes, wofür bereits die Vollendung des 16. Lebensjahres ausreicht. Wie früher genügt auch nach der Neuregelung eine gesetzliche Vertretung. Ersetzt ist dagegen der in § 8 Abs. 1 Nr. 2 RuStAG genannte „unbescholtene Lebenswandel"; § 8 Abs. 1 Nr. 2 StAG fordert stattdessen, dass der Antragsteller „keinen Ausweisungsgrund nach §§ 53, 54 oder § 55 Abs. 2 Nr. 1–4 des Aufenthaltsgesetzes erfüllt". Diese Neufassung ist unter mehreren Gesichtspunkten sinnvoll: Der Ausdruck „unbescholtener Lebenswandel" passt nicht nur nicht mehr in die heutige Zeit, sondern ermangelt auch der für eine gesetzliche Regelung im Rechtsstaat notwendigen Bestimmtheit. Demgegenüber sind die Ausweisungsgründe in den Vorschriften des Aufenthaltsgesetzes, auf die das StAG in § 8 Abs. 1 Nr. 2 verweist, sehr präzise und sehr detailliert gefasst. Liegt im konkreten Fall ein Ausweisungsgrund vor, so würde eine dennoch vorgenommene Einbürgerung die Gesetzesvorschriften über die Ausweisungsgründe aushebeln, da ein in der Bundesrepublik Deutschland Eingebürgerter aus dieser nicht mehr ausgewiesen werden kann.

Was das bereits in § 8 Abs. 1 Nr. 3 RuStAG genannte Erfordernis „eigene Wohnung oder ein Unterkommen" betrifft, so ist dieses Erfordernis auch in § 8 Abs. 1 Nr. 3 StAG enthalten; die neue Bestimmung ist jedoch insofern großzügiger als der im RuStAG noch enthaltene Zusatz der eigenen Wohnung oder eines Unterkommens „an dem Orte seiner Niederlassung" (also seines auf Dauer angelegten

[719] RGBl. 1942 I, S. 40.

Wohnsitzes) entfallen ist. Als Beispiel für ein „Unterkommen" wird im Schrifttum ein Wohnheimplatz in einem Ausländerwohnheim genannt.[720]

Auch das Erfordernis der so genannten Unterhaltspflicht ist in § 8 Abs. 1 Nr. 4 StAG gegenüber der alten Fassung in § 8 Abs. 1 Nr. 4 RuStAG liberalisiert worden. Während im RuStAG noch gefordert wurde, dass der Einbürgerungswillige imstande sein musste am Orte seiner Niederlassung „sich und seine Angehörigen zu ernähren", ist im Reformgesetz die Ortsbezogenheit entfallen. Für die Einbürgerungspraxis noch wichtiger ist die Neuregelung in § 8 Abs. 2 StAG, die bestimmt: Von den Voraussetzungen des Absatzes 1 Satz 1 Nr. 4, also vom Erfordernis der Fähigkeit, sich und seine Angehörigen zu ernähren, „kann aus Gründen des öffentlichen Interesses oder zur Vermeidung einer besonderen Härte abgesehen werden". Die Unterhaltsfähigkeit des Einbürgerungswilligen soll den einbürgernden Staat vor finanziellen Belastungen bewahren, dies, obwohl der Sozialstaat prinzipiell „für alle" zu sorgen hat, die sich in seinem Machtbereich aufhalten. Jedoch kann in historischem Rückblick daran erinnert werden, dass schon Immanuel Kant in seiner „Metaphysik der Sitten" zu den von ihrem Wesen als solchen unabtrennlichen Attributen der Staatsbürger neben der gesetzlichen Freiheit (d.h. der Unterordnungspflicht nur unter die selbst geschaffenen Gesetze) und der bürgerlichen Gleichheit untereinander als drittes Attribut die bürgerliche Selbständigkeit gezählt hat. Selbständig ist in den Worten von Kant, wer „seine Existenz und Erhaltung nicht der Willkür eines anderen im Volke, sondern seinen eigenen Rechten und Kräften verdankt". Die Beispiele, die Kant für fehlende bürgerliche Selbständigkeit bringt, sind uns heute allerdings mehr als fremd: „Der Geselle bei einem Kaufmann, oder bei einem Handwerker, der Dienstbote (nicht der im Dienste des Staates steht), der Unmündige (naturaliter vel civiliter), alles Frauenzimmer, und überhaupt jedermann, der nicht nach eigenem Betrieb, sondern nach der Verfügung anderer (außer der des Staates) genötigt ist, seine Existenz (Nahrung und Schutz) zu erhalten, entbehrt der bürgerlichen Persönlichkeit, und seine Existenz ist gleichsam nur Inhärenz."[721]

[720] *Kay Hailbronner*, H/R, § 8 StAG, Rn. 36. – Zu der schon früher problematischen Frage einer „Niederlassung" von sog. „Landfahrern" (Roma und Sinti) vgl. *Michael Jansen* (Anm. 224), S. 42.

[721] *Immanuel Kant*, Metaphysik der Sitten, Rechtslehre § 46.

Auch nach der Reform des Staatsangehörigkeitsrechts von 1999 ist es dabei geblieben, dass die Normaleinbürgerung gemäß § 8 StAG – anders als die Fälle der Anspruchseinbürgerung – eine Ermessensentscheidung der Einbürgerungsbehörde darstellt.[722] Bei Vorliegen der Erfordernisse des § 8 Abs. 1 Nr. 1–4 StAG kann die Behörde einbürgern, sie muss dies aber nicht tun. Die scheinbare Schärfe dieser Rechtslage verliert jedoch einiges von ihrem Schrecken für den Einbürgerungswilligen, wenn man sich vor Augen hält, dass der Antragsteller in jedem Fall einem Anspruch auf rechtsfehlerfreie Ermessensausübung besitzt. Die Ablehnung eines Antrages auf Einbürgerung unterliegt demgemäß der uneingeschränkten gerichtlichen Überprüfbarkeit durch die Verwaltungsgerichte.[723]

Auch wenn für die Ermessensentscheidung der Einbürgerungsbehörde entscheidend bleibt, ob ein öffentliches Interesse an der Einbürgerung besteht[724] oder nicht, mithin es sich also nicht um eine gleichgewichtige Abwägung zwischen dem persönlichen Interesse des Antragstellers und dem öffentlichen Interesse des Staates handelt,[725] so schließt dies nicht aus, dass das persönliche Interesse zugleich auch ein öffentliches Interesse begründet. Persönliches und öffentliches Interesse stehen also auch bei der Ermessensentscheidung über die Einbürgerung nicht in einem naturnotwendigen Gegensatz. Rechtsfehlerfreie Ermessensausübung bedeutet jedenfalls nicht eine willkürliche, sondern eine sachgemäße Prüfung. Relevant kann (nicht: muss) dabei die Frage sein, ob die Bundesrepublik Deutschland ein Einwanderungsland ist oder nicht.[726] Auch die Frage, ob Gesichtspunkte der Entwicklungshilfe in der Weise zu berücksichtigen sind, dass in den Entwicklungsländern dringend gebrauchte Fachkräfte, wie z.B. Ärzte

[722] Vgl. dazu im Einzelnen: *Kay Hailbronner*, H/R, § 8, Rn. 43 ff.

[723] Vgl. dazu BVerwGE 77, 188 [196/197]; 79, 94 [96]; *Torsten Stein*, Verwaltungsgerichtliche Kontrolle abgelehnter Ermesseneinbürgerungen?, DÖV 1984, 177 ff.

[724] Vgl. den Überblick bei *Kay Hailbronner*, H/R, § 8 StAG, Rn. 44. *Hailbronner* selbst meint jedoch, dass jene Auffassung sich „angesichts der Grundtendenz des Gesetzes" nicht mehr vertreten lasse; „der Begriff des öffentlichen Interesses muss daher im Hinblick auf die Gesamtsystematik des Gesetzes überprüft werden" (a.a.O., Rn. 45).

[725] Vgl. BVerwGE 4, 298 [301]; 6, 186 [187] (beide noch unter Geltung des § 8 RuStAG).

[726] Vgl. dazu – mit zutreffenden Erwägungen, aber mit unzutreffendem Ergebnis – *Stephan Hobe*, Das Staatsvolk nach dem Grundgesetz, JZ 1994, 191 ff. (194).

und Ingenieure, diesen Ländern nicht durch Einbürgerung in Deutschland entzogen werden sollten,[727] steht in diesem Zusammenhang.

Das Reformgesetz von 1999 hat von den verschiedenen Einbürgerungstypen die Anspruchseinbürgerung am ausführlichsten geregelt. Unverkennbar ist dabei das Bestreben des Gesetzgebers, die Tür für die Einbürgerungen zu öffnen. Auch wenn der Text der in § 10 Abs. 1 StAG aufgeführten Voraussetzungen der Anspruchseinbürgerung umfangreich ist und noch von den in § 11 StAG genannten Ausnahmen vom Anspruch auf Einbürgerung ergänzt wird, so ist doch die Weite des Anspruchs ersichtlich. Das Reformgesetz von 1999 setzt insoweit die Entwicklungslinie fort, die bereits mit den Änderungen der §§ 85,86 des Ausländergesetzes vom 9. Juli 1990 durch das Gesetz zur Änderung asylverfahrens-, ausländer- und staatsangehörigkeitsrechtlicher Vorschriften vom 30. Juni 1993 eingeschlagen worden war. Während die §§ 85, 86 a.F. Ausländergesetz nur einen Regelanspruch auf Einbürgerung gewährten, wurde schon durch das Gesetz von 1993 die Regeleinbürgerung in eine Anspruchseinbürgerung umgewandelt. Die in § 86 Abs. 1 a.F. Ausländergesetz vorgeschriebene (Warte-)Frist der Dauer des rechtmäßigen Aufenthaltes im Bundesgebiet verkürzte das Änderungsgesetz von 1993 von 15 Jahre auf acht Jahre, d.h. auf die Zeitspanne, die nach § 85 a.F. Ausländergesetz nur für die erleichterte Einbürgerung junger Ausländer galt, nämlich desjenigen Ausländers, „der nach Vollendung seines 16. und vor Vollendung seines 23. Lebensjahres die Einbürgerung beantragt“. Die im Ausländergesetz (§ 86 Abs. 2 a.F., § 85 Abs. 2 n.F.) enthaltene Ausnahme von der Wartefrist für Ehegatten und minderjährige Kinder des Ausländers hat das Reformgesetz übernommen (§ 10 Abs. 2). Eine zusätzliche Möglichkeit der Abkürzung der Wartefrist eröffnet das Reformgesetz in § 10 Abs. 3, wonach die Frist auf sieben Jahre verkürzt wird, wenn der Ausländer durch eine in dieser Vorschrift genannte Bescheinigung „die erfolgreiche Teilnahme an einem Integrationskurs“ nachweist.

Neu gegenüber dem traditionellen deutschen Staatsangehörigkeitsrecht ist das in § 10 Abs. 1 Nr. 1 StAG geforderte Bekenntnis zur freiheitlichen demokratischen Grundordnung und die so genannte Schutzklausel des § 11 Nr. 2 StAG. Nach dem – ziemlich langatmig

[727] Vgl. dazu BVerwGE 77, 164 [170/171].

geratenen – Wortlaut des § 10 Abs. 1 Nr. 1 StAG ist ein Ausländer auf seinen Antrag einzubürgern, wenn er (in Gedanken muss hinzugesetzt werden: nur wenn er) „sich zur freiheitlichen demokratischen Grundordnung des Grundgesetzes für die Bundesrepublik Deutschland bekennt und erklärt, dass er keine Bestrebungen verfolgt oder unterstützt oder verfolgt oder unterstützt hat, die gegen die freiheitliche demokratische Grundordnung, den Bestand oder die Sicherheit des Bundes oder eines Landes gerichtet sind oder eine ungesetzliche Beeinträchtigung der Amtsführung der Verfassungsorgane des Bundes oder eines Landes oder ihrer Mitglieder zum Ziele haben oder die durch Anwendung von Gewalt oder darauf gerichtete Vorbereitungshandlungen auswärtige Belange der Bundesrepublik Deutschland gefährden, oder glaubhaft macht, das er sich von der früheren Verfolgung oder Unterstützung derartiger Bestrebungen abgewandt hat ..."

Ergänzt wird diese Bekenntnisklausel durch die ebenso langatmig geratene Schutzklausel des § 11 Nr. 2 StAG, derzufolge ein Anspruch auf Einbürgerung nach § 10 nicht besteht, wenn „tatsächliche Anhaltspunkte die Annahme rechtfertigen, dass der Ausländer Bestrebungen verfolgt oder unterstützt oder verfolgt oder unterstützt hat, die gegen die freiheitlich demokratische Grundordnung, den Bestand oder die Sicherheit des Bundes oder eines Landes gerichtet sind oder eine ungesetzliche Beeinträchtigung der Amtsführung der Verfassungsorgane des Bundes oder eines Landes oder ihrer Mitglieder zum Ziele haben oder die durch Anwendung von Gewalt oder darauf gerichtete Vorbereitungshandlungen auswärtige Belange der Bundesrepublik Deutschland gefährden, es sei denn, der Ausländer macht glaubhaft, dass er sich von der früheren Verfolgung oder Unterstützung derartiger Bestrebungen abgewandt hat ...".

Die doppelte Aussage in § 10 Abs. 1 Nr. 1 und § 11 Nr. 2 StAG mit ihren fast textidentischen Aussagen scheint auf den ersten Blick eine überflüssige Wiederholung zu sein. Der Sinn beider Vorschriften ergibt sich daraus, dass § 10 Abs. 1 Nr. 1 StAG nur ein diesbezügliches Bekenntnis und eine Erklärung fordert, die mit dem Einbürgerantrag oder spätestens vor der Aushändigung der Einbürgerungsurkunde abzugeben ist, als „Quelle" also der Antragsteller selbst tätig wird, während die Schutzklausel des § 11 Nr. 2 StAG gerade auf vom Antragsteller verschwiegene Informationen abstellt, wobei hier die Quelle zumeist Erkenntnisse der Verfassungsschutzämter sein werden. Die in diesem Zusammenhang für notwendig gehaltene Kooperation zwischen der Einbürgerungsbehörde und dem Verfassungsschutz regelt die durch das Zuwanderungsgesetz vom 30. Juli 2004 in das StAG neu eingefügte Vorschrift des § 37 Abs. 2 mit der darin enthaltenen so genannten Regelanfrage der Einbürgerungsbehörden an die Verfassungsschutzbehörden.[728]

Die „wehrhafte Demokratie“ zeigt hier also ihre Zähne. Das war nicht immer der Fall: In der Rechtsprechung wurde das Erfordernis des Bekenntnisses zur freiheitlichen demokratischen Grundordnung nicht immer streng sondern gelegentlich eher großzügig beurteilt.[729] Liegt der Tatbestand der Beeinträchtigung der Sicherheit der Bundesrepublik Deutschland i.S. des § 11 Nr. 2 StAG vor, so muss logischerweise die vom Antragsteller abgegebene Erklärung nach § 10 Abs. 1 Nr. 1 StAG unrichtig gewesen sein. Allerdings ist denkbar, dass der Antragsteller diese seine Erklärung in gutem Glauben abgegeben hat. Sowohl die Bekenntnisklausel als auch die Sicherheitsklausel gewinnen gegenwärtig im Zusammenhang mit fundamental-islamistischen Aktivitäten erhöhte Bedeutung.[730]

Neu gefasst werden musste § 10 Abs. 1 Nr. 2 StAG. Das Zuwanderungsgesetz vom 30. Juli 2004 hatte mit Wirkung vom 1. Januar 2005 die Aufenthaltstitel für Ausländer neu geregelt (vgl. dazu insbesondere die allgemeinen Regelungen in den §§ 4–12 Aufenthaltsgesetz), so dass die bisherige Regelung in § 10 Abs. 1 Nr. 2 StAG an die neue Rechtslage angepasst werden musste. Die in § 10 Abs. 1 Nr. 2 StAG genannte Voraussetzung der Anspruchseinbürgerung lautet nun dahin, dass der Einbürgerungswillige „freizügigkeitsberechtigter Unionsbürger oder gleichgestellter Staatsangehöriger eines EWR-Staates ist oder als Staatsangehöriger der Schweiz eine Aufenthaltserlaubnis auf Grund des Abkommens vom 21. Juni 1999 zwischen der Europä-

[728] *Kay Hailbronner*, H/R, § 11 StAG, Rn. 7.

[729] Siehe OVG Saarlouis (Az. 8 R 88/91), zit. in FAZ Nr. 296 v. 21.12.1992, S. 4; BVerwG InfAuslR 1994, 33: DKP-Mitgliedschaft kein Hindernis für Einbürgerung.

[730] Zur Rücknahme einer Einbürgerung wegen Mitgliedschaft in der als „islamistisch“ bezeichneten Islamistischen Gemeinschaft „Milli Görüs“ vgl. das Urteil des Hess. VGH v. 18.1.2007: Die Rücknahme wurde vom Hess. VGH für rechtswidrig erklärt, weil den Klägern eine arglistige Täuschung der Einbürgerungsbehörde nicht nachzuweisen sei; s. Bericht „Einbürgerung bestätigt“, FAZ Nr. 16 v. 19.1.2007, S. 4.

ischen Gemeinschaft und ihren Mitgliedstaaten einerseits und der Schweizerischen Eidgenossenschaft andererseits über die Freizügigkeit (BGBl. 2001 II, S. 810) besitzt oder eine Aufenthaltserlaubnis-EU oder eine Niederlassungserlaubnis oder eine Aufenthaltserlaubnis für andere als die in den §§ 16, 17, 22, 23 Abs. 1, §§ 23a, 24 und 25 Abs. 3 und 4 des Aufenthaltsgesetzes aufgeführten Aufenthaltszwecke besitzt ..." Die privilegierte Heraushebung der Unionsbürger entspricht dem Bekenntnis zur Europäischen Union. Zugleich wird damit auch die staatangehörigkeitsrechtliche Folgewirkung von Erweiterungen der EU angesprochen. Mitgliedstaaten des in § 10 Abs. 1 Nr. 2 StAG ebenfalls genannten Europäischen Wirtschaftsraumes (EWR)[731] sind neben den Mitgliedstaaten der EU noch Island, Liechtenstein und Norwegen. Da die Schweiz aufgrund einer Volksabstimmung vom 6. Dezember 1992 den Beitritt zum EWR nicht vollzogen hat, Staatsangehörige der Schweiz aber dennoch nicht aus der Anspruchseinbürgerung nach § 10 Abs. 1 Nr. 2 StAG herausfallen sollten, sind sie unter Hinweis auf das Freizügigkeitsabkommen vom 21. Juni 1999 zwischen der EG und deren Mitgliedstaaten einerseits und der Schweizerischen Eidgenossenschaft andererseits in den Tatbestand dieser Vorschrift aufgenommen worden. Aufenthaltserlaubnisse, die nach der Ausschlussklausel in § 10 Abs. 1 Nr. 2 letzter Halbs. StAG nicht den Voraussetzungen des Anspruches auf Einbürgerung genügen, betreffen vor allem Aufenthaltserlaubnisse mit gegenständlich – zeitlicher Begrenzung wie für Studium, Sprachkurse, Schulbesuch und sonstige Ausbildungszwecke (§§ 16, 17 Aufenthaltsgesetz) oder aus speziellen humanitären Gründen (§§ 22–25 Aufenthaltsgesetz).

Was das Erfordernis der so genannten Unterhaltsfähigkeit des Einbürgerungswilligen betrifft, so ist die diesbezügliche frühere Regelung in § 85 Abs. 1 Satz 1 Nr. 3 n.F. Ausländergesetz durch das Zuwanderungsgesetz vom 30. Juli 2004 im Text nur leicht verändert worden. Nach der bis dahin geltenden Regelung war der Ausländer einzubürgern, wenn er „3. den Lebensunterhalt für sich und seine unterhaltsberechtigten Familienangehörigen ohne Inanspruchnahme von Sozial- oder Arbeitslosenhilfe bestreiten kann". Nunmehr sind die Worte „Sozial- oder Arbeitslosenhilfe" ersetzt durch „Leistungen

[731] Dazu *Thomas Oppermann*, Europarecht, 3. Aufl., München 2005, § 3 Rn. 14–17.

nach dem Zweiten oder Zwölften Buch Sozialgesetzbuch", ohne dass sich damit eine materiellrechtliche Änderung ergeben hätte. Auch die schon in § 85 Abs. 1 Satz 2 und Abs. 3 n.F. Ausländergesetz enthaltenen Ausnahmen vom Erfordernis der Unterhaltsfähigkeit sind nunmehr in das StAG übernommen worden, und zwar redaktionell zusammengeführt in § 10 Abs. 1 Satz 3, der lautet: „Von der in Satz 1 Nr. 3 bezeichneten Voraussetzung wird abgesehen, wenn der Ausländer das 23. Lebensjahr noch nicht vollendet hat oder aus einem von ihm nicht zu vertretenden Grund den Lebensunterhalt nicht ohne Inanspruchnahme von Leistungen von dem Zweiten oder Zwölften Buch Sozialgesetzbuch bestreiten kann."

Als Erfordernis für die Anspruchseinbürgerung sieht auch das Reformgesetz vor, dass der Einbürgerungswillige „seine bisherige Staatsangehörigkeit aufgibt oder verliert" (§ 10 Abs. 1 Nr. 4 StAG). Das Reformgesetz macht sich also grundsätzlich die Bedenken zu Eigen, die gegen eine Hinnahme von Mehrstaatigkeit sprechen.[732] Jedoch sieht das Reformgesetz in § 12 StAG so viele Ausnahmen vom Erfordernis des § 10 Abs. 1 Nr. 4 StAG vor, dass die Ausnahmen praktisch zur Regel werden. Im Einzelnen lautet der umfangreiche Ausnahmekatalog des § 12 StAG – fast, aber nicht ganz textgleich mit § 87 Ausländergesetz n.F. – wie folgt:

„(1) Von der Voraussetzung des § 10 Abs. 1 Satz 1 Nr. 4 wird abgesehen, wenn der Ausländer seine bisherige Staatsangehörigkeit nicht oder nur unter besonders schwierigen Bedingungen aufgeben kann. Das ist anzunehmen, wenn

1. das Recht des ausländischen Staates das Ausscheiden aus der bisherigen Staatsangehörigkeit nicht vorsieht,
2. der ausländische Staat die Entlassung regelmäßig verweigert und der Ausländer der zuständigen Behörde einen Entlassungsantrag zur Weiterleitung an den ausländischen Staat übergeben hat,
3. der ausländische Staat die Entlassung aus der Staatsangehörigkeit aus Gründen versagt hat, die der Ausländer nicht zu vertreten hat, oder von unzumutbaren Bedingungen abhängig macht oder über den vollständig und formgerechten Entlassungsantrag nicht in angemessener Zeit entschieden hat,

[732] Vgl. dazu oben Abschn. XVII.

4. der Einbürgerung älterer Personen ausschließlich das Hindernis eintretender Mehrstaatigkeit entgegensteht, die Entlassung auf unverhältnismäßige Schwierigkeiten stößt und die Versagung der Einbürgerung eine besondere Härte darstellen würde,
5. dem Ausländer bei Aufgabe der ausländischen Staatsangehörigkeit erhebliche Nachteile insbesondere wirtschaftlicher oder vermögensrechtlicher Art entstehen würden, die über den Verlust der staatsbürgerlichen Rechte hinausgehen, oder
6. der Ausländer einen Reiseausweis nach Artikel 28 des Abkommens vom 28. Juli 1958 über die Rechtsstellung der Flüchtlinge (BGBl. 1953 II, S. 559) oder eine nach Maßgabe des § 23 Abs. 2 des Aufenthaltsgesetzes erteilte Niederlassungserlaubnis besitzt.

(2) Von der Voraussetzung des § 10 Abs. 1 Satz 1 Nr. 4 wird ferner abgesehen, wenn der Ausländer die Staatsangehörigkeit eines anderen Mitgliedstaates der Europäischen Union besitzt und Gegenseitigkeit besteht.

(3) Von der Voraussetzung des § 10 Abs. 1 Satz 1 Nr. 4 kann abgesehen werden, wenn der ausländische Staat die Entlassung aus der bisherigen Staatsangehörigkeit von der Leistung des Wehrdienstes abhängig macht und der Ausländer den überwiegenden Teil seiner Schulausbildung in deutschen Schulen erhalten hat und im Bundesgebiet in deutsche Lebensverhältnisse und in das wehrpflichtige Alter hineingewachsen ist.

(4) Weitere Ausnahmen von der Voraussetzung des § 10 Abs. 1 Satz 1 Nr. 4 können nach Maßgabe völkerrechtlicher Verträge vorgesehen werden."

Bemerkenswert an dem Text des Ausnahmekatalogs ist, dass hinsichtlich der meisten Voraussetzungen des § 10 Abs. 1 Nr. 4 von diesen abgesehen „wird"; nur die Ausnahmetatbestände des § 12 Abs. 3 und 4 StAG sind als „Kann"-Vorschriften gefasst. Daraus folgt, dass der Wortlaut des § 12 StAG im Übrigen der Einbürgerungsbehörde keine Ermessensspielräume belässt.[733]

Die mit § 12 StAG vorgenommene erhebliche Ausweitung der Hinnahme der Mehrstaatigkeit entspricht der rechtspolitischen Linie, die

[733] Zutreffend *Kay Hailbronner*, H/R, § 12 StAG, Rn. 3.

von der rot-grünen Bundesregierung mit der von ihr am 20. Dezember 2001 vorgenommenen und am 21. Dezember 2002 wirksam gewordenen Kündigung des Übereinkommens der Europaratstaaten über die Verringerung der Mehrstaatigkeit und über die Wehrpflicht von Mehrstaatern vom 6. Mai 1963 fortgeführt worden ist. Auch das Bundesverwaltungsgericht hat die Tür zur Einbürgerung weiter geöffnet, in dem es in seinem Urteil vom 20. April 2004 das damals in § 87 Abs. 2 Ausländergesetz (jetzt § 12 Abs. 2 StAG) enthaltene Merkmal der „Gegenseitigkeit“ großzügig ausgelegt hat: „Gegenseitigkeit im Sinne von § 87 Abs. 2 AuslG besteht, wenn und soweit nach dem Einbürgerungsrecht und der Einbürgerungspraxis eines Mitgliedstaates der Europäischen Union bei der Einbürgerung eines deutschen Staatsangehörigen Mehrstaatigkeit generell oder in Bezug auf bestimmte Personengruppen hingenommen wird ... Eine Gleichwertigkeit der übrigen Voraussetzungen und Folgen einer Einbürgerung ist nicht erforderlich.“ [734]

Der Katalog des § 10 Abs. 1 StAG nennt an letzter Stelle als Voraussetzung der Anspruchseinbürgerung, dass der Ausländer „nicht wegen einer Straftat verurteilt worden ist“ (Nr. 5). Die apodiktische und scheinbar rigorose Formulierung verliert jedoch durch die Ausnahmeregelung des § 12a StAG viel von ihrer Härte. Nach dieser Vorschrift bleiben nämlich im Hinblick auf § 10 Abs. 1 Nr. 5 StAG „außer Betracht 1. die Verhängung von Erziehungsmaßregeln oder Zuchtmitteln nach dem Jugendgerichtsgesetz, 2. Verurteilungen zu Geldstrafe bis zu 180 Tagessätzen und 3. Verurteilungen zu Freiheitsstrafe bis zu sechs Monaten, die zur Bewährung ausgesetzt und nach Ablauf der Bewährungszeit erlassen worden sind“ (§ 12a Abs. 1 Satz 1 StAG). Ergänzt wird dieser präzise gefasste Ausnahmekatalog durch die höchst vage formulierte Ausnahmemöglichkeit des § 12a Abs. 1 Satz 2 StAG: „Ist der Ausländer zu einer höheren Strafe verurteilt worden, so wird im Einzelfall entschieden, ob die Straftat außer Betracht bleiben kann.“ Auch wenn die in dieser Bestimmung genannte Entscheidung der Einbürgerungsbehörde wie jede Ermessensentscheidung einer Verwaltungsbehörde nach sachgemäßem Ermessen getroffen werden muss, so scheint der von § 12a Abs. 1 Satz 2 StAG gezogene Rahmen uferlos zu sein.

[734] BVerwGE 120, 298 ff. [300].

Einer solchen Annahme steht jedoch die Tatsache entgegen, dass die Bestimmungen der §§ 10 Abs. 1 Nr. 5, 12a Abs. 1 Satz 2 StAG im Regel – Ausnahmeverhältnis zueinander stehen. Ohne dass hier die rechtsmethodische Frage beantwortet werden muss, ob Ausnahmebestimmungen stets eng auszulegen sind, so darf jedenfalls die Regel des § 10 Abs. 1 Nr. 5 StAG nicht unter Rückgriff auf § 12a Abs. 1 Satz 2 StAG von der Einbürgerungsbehörde ausgehebelt werden, zumal ja jedenfalls die in § 12a Abs. 1 Satz 1 vorhandenen Ausnahmeregelungen zu Gunsten des Einbürgerungswilligen strikt zu beachten sind. Ist der Ausländer erst eingebürgert, so kann er danach – vom Fall der Rücknahme einer erschlichenen Einbürgerung abgesehen – der deutschen Staatsangehörigkeit nicht mehr verlustig gehen,[735] gleichgültig, welche und wieviele Straftaten er dann begeht. Theoretisch könnte daraus gefolgert werden, dass eine strafrechtliche Unbescholtenheit kein Essentiale für den Erwerb der Staatsangehörigkeit darstellt. Jedoch kann es keinem Staat verwehrt sein, strafrechtliche Problemfälle nicht endgültig und unwiderruflich in die Gemeinschaft seiner Staatsangehörigen aufzunehmen.

Das deutsche Staatsangehörigkeitsrecht bildet mit dem – durch die Ausnahmen in § 12a StAG abgefederten – Erfordernis des § 10 Abs. 1 Nr. 5 StAG, dass der Einbürgerungswillige „nicht wegen einer Straftat verurteilt worden ist“, keine Besonderheit. Allerdings stellt sich die Frage, ob dem Grundsatz der Bestimmtheit des Gesetzes und damit der Rechtssicherheit[736] nicht besser gedient wäre, wenn der Gesetzgeber einen fest umrissenen Katalog derjenigen Straftaten – z.B. Menschenhandel, Rauschgifthandel –, die ein Hindernis für die Einbürgerung nach § 10 bilden sollen, in das StAG aufgenommen hätte. Auch spricht manches für die Auffassung von Kay Hailbronner, dass die gesetzliche Regelung, derzufolge wiederholte Straftaten der Einbürgerung dann nicht entgegenstehen, wenn sie allein für sich genommen den diesbezüglichen Voraussetzungen nicht genügen, unbefriedigend ist: „De lege ferenda sollte die Möglichkeit geschaffen werden, wiederholte kleinere Straftaten beim Einbürgerungsverfahren stärker zu berücksichtigen.“[737] Dieser Meinung ist jedenfalls dann zu

[735] Einzelheiten dazu unten Abschn. XXIV.

[736] Dazu grundlegend: *Andreas von Arnauld*, Rechtssicherheit. Perspektivische Annäherungen an eine *idée directrice* des Rechts. Tübingen 2006.

[737] *Kay Hailbronner*, H/R, § 10 StAG, Rn. 32.

folgen, wenn die Wiederholungstaten ein beharrliches Fehlen von Rechtsbewusstsein manifestieren.

Ziemlich unbestimmt ist auch die Gesetzessprache in § 11 Satz 1 Nr. 1 StAG, wonach ein Anspruch auf Einbürgerung nach § 10 nicht besteht, wenn „1. der Ausländer nicht über ausreichende Kenntnisse der deutschen Sprache verfügt".[738] Unter systematischen Gesichtspunkten fällt zunächst auf, dass das Gesetz nur für die Anspruchseinbürgerung gemäß § 10 StAG „ausreichende Kenntnisse der deutschen Sprache" verlangt, da § 11 Satz 1 Nr. 1 StAG sich nur auf die Einbürgerung nach § 10 StAG bezieht, nicht aber auf die Normal-Einbürgerung nach § 8 Abs. 1 StAG. Obwohl in § 8 Abs. 1 StAG ein Hinweis auf deutsche Sprachkenntnisse fehlt, ist dennoch nie daran gezweifelt worden, dass solche Kenntnisse auch im Fall der Normal-Einbürgerung gefordert werden müssen; sedes materiae waren in diesem Zusammenhang – wie auch in vielem anderem – die einschlägigen Verwaltungsvorschriften.[739]

Die Frage nach den deutschen Sprachkenntnissen als Voraussetzung einer Einbürgerung ist also nicht die nach dem „ob" dieses Erfordernisses, d.h. dass deutsche Sprachkenntnisse vorhanden sein müssen, sondern die nach dem „wie viel" der Kenntnisse. Abstrakt und konkret gefragt geht es darum, wann der Einbürgerungswillige über „ausreichende Kenntnisse der deutschen Sprache" im Sinne des § 11 Satz 1 Nr. 1 StAG verfügt.

Das Bundesverwaltungsgericht hat in seinem Urteil vom 20. Oktober 2005 festgestellt, dass es sich bei dieser Formel um „einen auslegungsfähigen und auslegungsbedürftigen Rechtsbegriff" handelt.[740] Um diese Auslegung haben wissenschaftliches Schrifttum und Rechtsprechung sich intensiv bemüht. Einigkeit besteht insoweit nur über die Uneinigkeit. Kay Hailbronner weist deshalb zutreffend darauf hin, dass bei der Überführung des § 86 Ausländergesetz in § 11 StAG „keine einhellige Auffassung bestand ... in welchem Umfang Kenntnisse der dt. Sprache vorliegen mussten, wie auch hinsichtlich der

[738] Vgl. dazu *Rolf Meireis*, Ausreichende Kenntnisse der deutschen Sprache als Voraussetzung der Einbürgerung, StAZ 2003, 1 ff.; *Günter Renner*, Prüfung der Deutschkenntnisse von Einbürgerungsbewerbern, ZAR 2000, 426 ff.

[739] Vgl. dazu Abschn. XXI.

[740] BVerwGE 124, 268 ff. [270].

Frage, ob und in welcher Form diese Kenntnisse nachgewiesen werden konnten (Zertifikat Deutsch oder Grundbaustein Deutsch), bzw. wer sich einer Sprachprüfung unterziehen sollte".[741] Übereinstimmung besteht im Schrifttum zum Staatsanghörigkeitsrecht jedoch darüber, dass es sich bei der Wortwahl „ausreichende Kenntnisse der deutschen Sprache" in § 11 Satz 1 Nr. 1 StAG „nicht um theoretische Kenntnisse handelt ..., sondern um die aktive Fähigkeit, die Medien zu verstehen, mit der dt. Bevölkerung zu kommunizieren und aufgrund entsprechender Kenntnisse der staatlichen Ordnung am politischen Willensbildungsprozeß teilhaben zu können". Nicht zweifelhaft dürfte auch sein, dass zur ausreichenden Kenntnis der deutschen Sprache „Kenntnisse auch der Schriftsprache in Form von Lesekenntnissen" erforderlich sind.[742] Uneinheitlich wird dagegen die Frage beantwortet, ob der Einbürgerungswillige nicht nur deutsch sprechen und deutsch lesen sondern auch deutsch schreiben können muss. Als Antipoden werden in diesem Zusammenhang der Hessische Verwaltungsgerichtshof und das Verwaltungsgericht Stuttgart genannt. Der Hessische Verwaltungsgerichtshof bejaht den Nachweis schriftlicher Sprachkenntnisse als Voraussetzung für die Einbürgerung unter anderem mit der Begründung, dass der Gesetzgeber den Ausschlussgrund nicht ausreichender Sprachkenntnisse deshalb in den Normtext eingefügt habe, weil ausreichende Sprachkenntnisse für eine erfolgreiche Eingliederung und für eine Beteiligung am politischen Willensbildungsprozess für erforderlich gehalten wurden.[743] Die gegenteilige Auffassung des Verwaltungsgerichts Stuttgart verweist auf Gesetzesmaterialien, die ihrerseits auf die seinerzeit geltenden allgemeinen Verwaltungsvorschriften verweisen; in diesen würden schriftliche Deutschkenntnisse nicht verlangt.[744]

Die Frage, ob die Gesetzesformulierung „ausreichende Kenntnisse der deutschen Sprache" auch die Fähigkeit umfasst, sich schriftlich ausdrücken zu können, d.h. einen Text nicht nur in deutscher Sprache zu lesen sondern auch zu schreiben, ist nunmehr von der höchstrich-

[741] *Kay Hailbronner*, H/R, § 11 StAG, Rn. 2.

[742] *Kay Hailbronner*, H/R, § 11 StAG, Rn. 3

[743] Urt. v. 19.8.2002, StAZ 2003, 15; dazu *Kay Hailbronner*, H/R, § 8 StAG, Rn. 54a. Das Urteil wurde wegen Nichtberücksichtigung der Übergangsvorschrift des § 102a AusländerG vom BVerwG aufgehoben: BVerwGE 120, 305 ff.

[744] Urt. v. 9.10.2002, zit. bei *Kay Hailbronner*, H/R, § 8 StAG, Rn. 54a.

terlichen Rechtsprechung entschieden worden, nämlich durch das bereits erwähnte Urteil des Bundesverwaltungsgerichts vom 20. Oktober 2005.[745] Die dem Abdruck dieser Entscheidung vorangestellten Leitsätze lauten: „Für eine Anspruchseinbürgerung nach § 10 StAG ‚ausreichende Kenntnisse der deutschen Sprache' i.S.d. § 11 StAG erfordern neben mündlichen grundsätzlich auch gewisse schriftliche Kenntnisse der deutschen Sprache. Der Einbürgerungsbewerber muss sich nicht eigenhändig schriftlich ausdrücken können. Ein Einbürgerungsbewerber, der selbst nicht deutsch schreiben kann, muss deutschsprachige Texte des täglichen Lebens lesen und diktieren sowie das von Dritten mit technischen Hilfsmitteln Geschriebene auf seine Richtigkeit überprüfen und so die schriftliche Äußerung als seine ‚tragen' können."[746]

Die sehr gründliche Urteilsbegründung geht zunächst davon aus, dass der Wortlaut des § 11 Satz 1 Nr. 1 StAG „noch keinen sicheren Aufschluss" erlaubt, „ob die für die Einbürgerung nach § 10 StAG zu verlangenden Sprachkenntnisse auch Kenntnisse und Fähigkeiten der deutschen Schriftsprache umfassen".[747] Auch die Entstehungsgeschichte erlaube „keinen klaren Rückschluss". Demgemäß konzentrieren sich die Erwägungen des Gerichts auf „eine an Sinn und Zweck des Ausschlussgrundes orientierte Auslegung".[748] Diese ergebe, dass nach § 11 Satz 1 Nr. 1 StAG „gewisse Kenntnisse der deutschen Schriftsprache erforderlich sind". Die Urteilsbegründung stellt sodann auf die von dieser Bestimmung vorausgesetzte „soziale, politische und gesellschaftliche Integration"[749] ab. „Wegen der Bedeutung, welche im Arbeits- und Berufsleben, aber auch bei der Kommunikation mit der gesellschaftlichen Umwelt einschließlich der Kontakte mit Behörden und Institutionen der schriftlichen Kommunikation zukommt, erfordert dies auch gewisse Grundkenntnisse der deutschen Schriftsprache."[750] Und: „Die nach dem Integrationszweck zu fordernden Kenntnisse der deutschen Schriftsprache müssen den Einbürgerungsbewerber in die Lage versetzen, im familiär-persönlichen,

[745] BVerwGE 124, 268 ff.
[746] A.a.O. (Anm. 75), S. 268.
[747] A.a.O. (Anm. 745), S. 271, auch mit Hinw. auf § 6 Abs. 2 BVG.
[748] A.a.O. (Anm. 745), S. 272.
[749] A.a.O. (Anm. 745), S. 272.
[750] A.a.O. (Anm. 745), S. 272.

beruflichen und gesellschaftlichen Umfeld sowie im Umgang mit Behörden und Ämtern in deutscher Sprache schriftlich zu verkehren."[751] Was das Ausmaß der Fähigkeit sich in deutscher Schriftsprache auszudrücken, betreffe, so kann nach Auffassung des Gerichts „nicht verlangt werden, dass der Einbürgerungsbewerber einen Diktattext in deutscher Sprache selbst und eigenhändig im Wesentlichen fehlerfrei schreiben kann. Allerdings muss es dem Einbürgerungsbewerber möglich sein, sich eigenverantwortlich und eigenverantwortet im familiär-persönlichen, beruflichen und geschäftlichen Umfeld sowie im Umgang mit Behörden und Ämtern aktiv schriftlich in deutscher Sprache zu verständigen".[752]

Nach dieser eindeutigen und strikten Vorgabe des Gerichts überrascht der Rückzug, den das Bundesverwaltungsgericht im Folgenden in seiner Urteilsbegründung antritt. Das Gericht erwähnt „die nach dem heutigen Stand der Technik" für die Texterstellung genutzten Hilfsmittel (Computer, Schreibmaschine, Diktiergerät); bei diesen „ist es regelmäßig weder erkennbar noch entscheidend, ob ein Text eigenhändig geschriebenen ist, entscheidend ist die durch die Schriftform sichergestellte Authentifizierung und Identifikationsfunktion, die durch eine Unterschrift bzw. eine elektronische Signatur gewährleistet wird, sowie der hierdurch dokumentierte Umstand, dass sich der Unterzeichnende den Inhalt des Textes zu Eigen macht. Hierfür muss der Einbürgerungsbewerber sich nicht selbst schriftlich ausdrücken können, wenn und solange er in eigener Verantwortung eine schriftliche Kommunikation sicherzustellen vermag, ohne diese vollständig und ohne eigene Kontrollmöglichkeit auf Dritte zu übertragen".[753] Auf Grund dieser Erwägungen zieht das Bundesverwaltungsgericht den nun nicht mehr erstaunlichen Schluss zur Bedeutung ausreichender Kenntnisse in der deutschen Sprache: „Kann der Einbürgerungsbewerber nicht selbst ausreichend deutsch schreiben, ist es erforderlich, aber auch ausreichend, wenn er deutschsprachige Texte des täglichen Lebens lesen und diktieren sowie das von Dritten oder mit technischen Hilfsmitteln (z.B. unter Nutzung elektronisch verfügbarer Mustertexte oder von Spracherkennungsprogrammen) Ge-

[751] A.a.O. (Anm. 745), S. 273.
[752] A.a.O. (Anm. 745), S. 273.
[753] A.a.O. (Anm. 745), S. 273.

schriebene auf seine Richtigkeit überprüfen kann und somit die schriftliche Äußerung als seine ‚trägt'."[754]

Eine Bewertung des Urteils des Bundesverwaltungsgerichts, das die Anforderungen an die Kenntnis der deutschen Sprache im Fall der Einbürgerung deutlich herabsetzt, muss von Folgendem ausgehen: Die Gesetzesformulierung „ausreichende Kenntnisse der deutschen Sprache" in § 11 Satz 1 Nr. 1 StAG ist in der Tat mehrdeutig. Eine Auslegung nach Wortlaut, Sinn und Zweck dieser Bestimmung muss davon ausgehen, dass der Begriff „ausreichende" hier nicht im Sinne einer Schul- oder Examensnote (also als letzte Note in der Skala vor „mangelhaft") zu verstehen ist, sondern als „hinreichende" Kenntnisse. Die Frage des hinreichend wofür? beantwortet das Bundesverwaltungsgericht zutreffend mit der Notwendigkeit, im familiär-persönlichen, beruflichen und gesellschaftlichen Umfeld sowie im Umgang mit Behörden und Ämtern in deutscher Sprache zu verkehren, wobei von diesen Sphären die familiär-persönliche zwar die menschlich wichtigste ist, aber meist der Ort ist, an dem am wenigsten eine fremde Sprache benutzt wird. Der Einbürgerungswillige soll einfach in seinem neuen Heimatland zurechtkommen können und nicht schon vom Sprachlichen her in einem Ghetto leben. Aus der Natur der Einbürgerung als Verleihung „nur" der Staatsangehörigkeit, nicht der Verleihung einer spezifischen (etwa beruflichen) Qualifikation in Bezug auf Kenntnisse oder Fertigkeiten, folgt ferner, dass die Einbürgerungsbehörde keine übertriebenen Anforderungen an die Sprachkenntnisse des Einbürgerungsbewerbers stellen darf.[755] Großzügige Maßstäbe sollten insbesondere an die Beurteilung der Beherrschung der deutschen Grammatik angelegt werden. Häufige Sprachschnitzer erwähnt Bastian Sick in „Der Dativ ist dem Genitiv sein Tod."[756] Auch ist die Herkunft des Einbürgerungsbewerbers zu berücksichtigen, d.h. ob er aus einer bildungsfernen oder bildungsnahen Schicht stammt. Kenntnisse der „deutschen Sprache" bedeutet Kenntnisse der deutschen Umgangssprache, nicht eines Dialektes (obwohl einen solchen zu kennen in einigen Gegenden Deutschlands durchaus nützlich sein kann).

[754] A.a.O. (Anm. 745), S. 273.

[755] *Kay Hailbronner*, H/R, § 8 StAG, Rn. 53.

[756] *Bastian Sick*, Der Dativ ist dem Genitiv sein Tod. Bd. 1 Köln 2004, Bd. 2 Köln 2005, Bd. 3 Köln 2006.

Unbestritten ist auch, dass Kenntnisse der „deutschen Sprache" nicht nur die Fähigkeit umfasst, ein mündliches Gespräch zu führen, sondern auch Grundkenntnisse im Lesen der deutschen Sprache voraussetzt. Auch die Schriftsprache ist „Sprache" im Sinne des § 11 Satz 1 Nr. 1 StAG. Dies folgt einmal aus der vom Gesetzgeber mit der Einbürgerung erwünschten Teilnahme am politischen Leben, die ohne die Fähigkeit zumindest einfache Texte wie z.B. Wahlplakate und Stimmzettel in deutscher Sprache zu lesen, nicht stattfinden kann. Zum anderen ist gerade das gedruckte Wort ein Mittel nicht nur der Information: Eine gemeinsame Schriftsprache[757] ist auch ein wichtiger Faktor der Zugehörigkeit zu einem Staatsvolk und der Verbundenheit mit diesem, was nicht im Widerspruch steht[758] zur Achtung und Pflege von Sprachen ethnischer Minderheiten, wie z.B. der Sorben.[759]

Problematisch kann also – wenn überhaupt – nur das Erfordernis sein, dass der Einbürgerungsbewerber nicht nur deutsch sprechen und lesen, sondern auch deutsch schreiben können muss. Wenn das Bundesverwaltungsgericht in seinem Urteil vom 20. Oktober 2005 die Auffassung vertritt, „der Begriff der Sprache als Mittel der Kommunikation kann gegebenenfalls lediglich die gesprochene bzw. gehörte Sprache und nicht auch die Schriftsprache bezeichnen",[760] so mag das in anderen Zusammenhängen zutreffen können. Hinsichtlich der Auslegung des Gesetzestextes in § 11 Satz 1 Nr. 1 StAG kann diese Einschränkung dagegen nicht richtig sein. Hätte der Gesetzgeber die Einbürgerung von der Fähigkeit, sich in deutscher Schrift auszudrücken, befreien wollen, so hätte er dies angesichts der erheblichen Bedeutung dieses Merkmals ausdrücklich sagen müssen. Zu konze-

757 Dazu: *Paul Kirchhof*, Deutsche Sprache, in: Josef Isensee/Paul Kirchhof, Hdb. des Staatsrechts der Bundesrepublik Deutschland, Bd. I (Grundlagen von Staat und Verfassung), Heidelberg 1987, S. 18. – Zur rechtlichen und kulturellen Bedeutung der Sprache allg.: *Rainer J. Schweizer/Wolfgang Kahl*, Sprache als Kultur- und Rechtsgut, in VVdStRL Bd. 65 (2005), S. 346 ff., S. 386 ff.

758 Zutreffend sieht das BVerfG in der Tatsache, dass die Urteile deutscher Strafgerichte in deutscher Sprache abzufassen und in dieser Form schriftlich verlautbart werden, keine Verletzung des Art. 3 Abs. 3 GG, nach dem niemand wegen seiner Sprache benachteiligt oder bevorzugt werden darf (BVerfGE 64, 135 ff. [157]).

759 Vgl. dazu Art. 25 Abs. 3 und 4 Satz 1 Verf. Brandenburg; Art. 6 Abs. 1 Satz 2 Verf. Sachsen.

760 BVerwGE 124, 268 ff. [271].

dieren ist allerdings, aber auch lediglich, dass der Maßstab für die Beherrschung der deutschen Sprache in Wort und Schrift nicht in beiden Fällen derselbe sein muss: Hinsichtlich der Kenntnisse in der Schriftsprache kann die „Latte" deutlich niedriger gelegt werden. Dies gilt ohnehin für die Feinheiten der Rechtschreibreform, mit denen auch viele „alte" Deutsche nicht vertraut sind, aber auch für den überkommenden Sprachbestand („Sprachschatz"). Auch wenn der Gesetzgeber mit dem Reformgesetz von 1999 die Einbürgerung prinzipiell erleichtern wollte, allerdings bei erhöhter Wachsamkeit gegenüber verfassungsfeindlichen Bestrebungen, so hat er mit der Erleichterung der Einbürgerung aber die Chancen einer Integration in die Gesellschaft nicht verringern wollen. Ohne eine gewisse (nicht unbedingt perfekte) aktive Fähigkeit, sich schriftlich (wenn auch in einfacher Weise) auszudrücken, kann die Integration nicht gelingen.[761] Die Sprache seines Heimatstaates – im Fall der Einbürgerung: des neuen Heimatstaates – sprechen, lesen, schreiben zu können gehört zur „Grundausstattung" jedenfalls des volljährigen Staatsbürgers,[762] also auch zu den Voraussetzungen einer Einbürgerung. Indem das Bundesverwaltungsgericht es für die Kenntnis der deutschen Sprache im Sinne des § 11 Satz 1 Nr. 1 StAG genügen lässt, dass ein Einbürgerungsbewerber, der selbst nicht deutsch schreiben kann, deutschsprachige Texte des täglichen Lebens lesen und diktieren sowie das von Dritten mit technischen Hilfsmitteln Geschriebene auf seine Richtigkeit überprüfen und so die schriftliche Äußerung als seine „tragen" können muss,[763] reduziert das Gericht das Erfordernis der Fähigkeit zu schreiben auf das Erfordernis der Fähigkeit eine Unterschrift zu leisten. Die deutsche Sprache, deren Kenntnis § 11 Satz 1 Nr. 1 StAG für die Einbürgerung voraussetzt, wird damit in der Argumentation des Bundesverwaltungsgerichts hinsichtlich der schriftlichen Komponente zur bloßen Unterschriftssprache – auf

[761] Aus Spanien wird berichtet, dass das Oberste Gericht die Klage der marokkanischen Witwe eines Spaniers auf Einbürgerung abgewiesen hat, weil es für die Behörden unmöglich war, mit ihr ohne Dolmetscher zu kommunizieren. Das Oberste Gericht entschied, dass eine Staatsbürgerschaft wenigstens mit einer „minimalen Beziehung zur Gesellschaft" verbunden sein sollte. Wer kein Wort Spanisch spreche und auch keinerlei Anstalten mache, es zu lernen, sei nicht geeignet (Notiz „Von Baskisch bis Arabisch", FAZ Nr. 259 v. 5.11.2004, S. 7).

[762] Bei Kindern ist eine kindgerechte Beurteilung entsprechend der Altersstufe geboten.

[763] BVerwGE 124, 268 [LS].

neudeutsch: zu deutsch „light“. Nur in Parenthese sei zu der insoweit problematischen Entscheidung des Bundesverwaltungsgerichts noch darauf hingewiesen, dass in dem vom Gericht zu entschiedenen Fall der Einbürgerungsbewerber, der sich in der deutschen Sprache nicht schriftlich ausdrücken konnte, im Zeitpunkt der Antragstellung bereits 21 Jahre (!) in Deutschland lebte und als selbstständiger Gastwirt und Hotelbesitzer hier beruflich tätig war.

Das Bundesverwaltungsgericht ist im Übrigen auch auf den Einwand eingegangen, dass es ja auch deutsche Staatsangehörige gibt, „die des Lesens oder Schreibens nicht (hinreichend) kundig sind“.[764] Angesprochen ist damit das Problem der Analphabeten. Marion Döbert und Peter Hubertus haben in einer vom Bundesverband Alphabetisierung e.V. herausgegebenen Studie über Analphabetismus und Alphabetisierung in Deutschland erklärende Informationen zusammengetragen, z.B.: „Heutzutage gibt es nur sehr wenige Analphabeten, die An-Alphabeten in der ursprünglichen Bedeutung des Wortes sind, also keine Buchstaben kennen“: Als solche „totalen Analphabeten“ sind die Menschen zu nennen, „die aufgrund von körperlichen oder anderen Behinderungen keine Schriftsprachenkenntnisse erwerben können ... Eine weitere Gruppe der totalen Analphabeten stellen jene Ausländerinnen und Ausländer dar, die in ihrem Heimatland keine Schule besuchen konnten und nach Deutschland immigriert sind ... Wenn jemand wegen fehlenden Schulbesuchs nie lesen und schreiben gelernt hat, spricht man von primärem Analphabetismus“.[765]

Daneben gibt es jedoch zahlreiche erwachsene Personen, die trotz Schulbesuchs kaum lesen und schreiben können. Da diese Personen keine totalen Analphabeten sind, werden sie als „funktionale Analphabeten“ bezeichnet. Für diese Personengruppe gibt es unterschiedliche Definitionen, z.B.: „Wenn die individuellen Kenntnisse niedriger sind als die erforderlichen und als selbstverständlich vorausgesetzten Kenntnisse, liegt funktionaler Analphabetismus vor.“[766] Mit der Schwierigkeit der Definition des relativen Begriffs des Analphabetis-

[764] A.a.O. (Anm. 763), S. 272.

[765] *Marion Döbert/Peter Hubertus*, Ihr Kreuz ist die Schrift. Analphabetismus und Alphabetisierung in Deutschland. Münster/Stuttgart 2000, S. 20. – Zum sog. „sekundären Analphabetismus“, d.h. Verlernen der Schriftsprache, a.a.O., S. 23.

[766] *Peter Hubertus*, zit. bei Marion Döbert/Peter Hubertus, a.a.O. (Anm. 765), S. 21.

mus geht die Schwierigkeit der zahlenmäßigen Erfassung einher. Gesicherte Angaben zur Größenordnung des funktionalen Analphabetismus in Deutschland sind nicht vorhanden.[767] Schätzungen der Deutschen UNESCO-Kommission bewegen sich zwischen 500.000 und drei Millionen erwachsener funktionaler Analphabeten hierzulande;[768] der Bundesverband Analphabetisierung e.V. geht sogar von vier Millionen Menschen aus, „die über unzureichende schriftsprachliche Fähigkeiten verfügen".[769]

Das Bundesverwaltungsgericht ignoriert das Vorhandensein deutscher Analphabeten nicht, stellt aber zutreffend fest, dass eine hinreichende Schriftsprachenbeherrschung „der gesellschaftliche Regelfall" sei, und dass Analphabetismus „ein Integrationshindernis" bilde.[770] Der Gesetzgeber, dem für die Ausgestaltung der Einbürgerungsanspruchsvoraussetzungen ein Gestaltungsspielraum zuzubilligen sei, „kann für die typisierende Festlegung der an einem Einbürgerungsbewerber zu stellenden Sprachanforderungen diesen gesellschaftlichen Regelfall zu Grunde legen".[771]

767 A.a.O. (Anm. 765), S. 25.
768 A.a.O. (Anm. 765), S. 27.
769 A.a.O. (Anm. 765), S. 29.
770 A.a.O. (Anm. 763), S. 272.
771 A.a.O. (Anm. 763), S. 272/273.

XXI. Verwaltungsvorschriften zur Einbürgerung

Die Einbürgerung – aber nicht nur diese – ist in Deutschland nicht nur Gegenstand gesetzlicher Bestimmungen, sondern auch Gegenstand von Verwaltungsvorschriften.[772] Eine gesetzliche Ermächtigung zum Erlass von allgemeinen Verwaltungsvorschriften auf dem Gebiet des Staatsangehörigkeitsrechts enthielt schon das Reichs- und Staatsangehörigkeitsgesetz von 1913 in seiner ursprünglichen Fassung, indem § 39 dem damaligen Bundesrat und den Landeszentralbehörden jeweils bestimmte Aufgaben zuwies.[773] Durch das Gesetz zur Änderung des Reichs- und Staatsangehörigkeitsgesetzes von 1974 erhielt § 39 eine neue Fassung, die nach erneuten Änderungen[774] wie folgt lautete: „Das Bundesministerium des Innern erläßt mit Zustimmung des Bundesrates allgemeine Verwaltungsvorschriften über die Ausführung dieses Gesetzes und anderer Gesetze, soweit sie staatsangehörigkeitsrechtliche Regelungen enthalten, über die Einbürgerungs-, Entlassungs- und Verzichtsurkunden sowie über die Urkunden, die zur Bescheinigung der Staatsangehörigkeit dienen." Schließlich wurde diese Vorschrift durch das Zuwanderungsgesetz mit Wirkung zum 1. Januar 2005 ersatzlos aufgehoben.[775]

Mit diesem Wegfall der gesetzlichen Ermächtigung hängen allgemeine Verwaltungsvorschriften auf dem Gebiet des Staatsangehörigkeitsrechts (wie auch auf anderen Gebieten) jedoch nicht in der Luft. Die Verwaltungsvorschrift ist zwar „die am wenigsten gesicherte normative Handlungsform der Exekutive"[776]; aber im verwaltungsrechtlichen Schrifttum ist im Hinblick auf die Ermächtigung zutreffend festgestellt worden: „Die Befugnis zum Erlass von Verwaltungsvor-

[772] Zusammenstellung von Texten: Verwaltungsvorschriften zum Staatsangehörigkeits- und zum Ausländerrecht. Mit einer Einführung von Günter Renner. Baden-Baden 2001.

[773] Abdruck des § 39 RuStAG in seiner ursprünglichen Fassung bei *Günter Renner*, H/R, § 39 StAG, Rn. 1.

[774] Zu diesen Änderungen vgl. *Günter Renner*, H/R, § 39 StAG, Rn. 2.

[775] Dazu *Günter Renner* (Anm. 774), auch mit dem Hinw., dass die Vorschrift nach der Entscheidung des BVerfG v. 2.3.1999 (BVerfGE 100, 249 ff. = NVwZ 1999, 977) über die Alleinzuständigkeit der Bundesregierung für den Erlass allgemeiner Verwaltungsvorschriften obsolet geworden war.

[776] *Markus Möstl*, Normative Handlungsformen, in: Hans-Uwe Erichsen/Dirk Ehlers (Hrsg.) Allgemeines Verwaltungsrecht, 13. Aufl., Berlin 2006, § 19 Rn. 16.

schriften ist durchwegs ein originäres Recht der Exekutive, zu dem sie nicht gesondert ermächtigt zu werden braucht; Rechtsgrund der Verwaltungsvorschriften ist die der vollziehenden Gewalt kraft Gewaltenteilungsprinzip inhärente Vollmacht, den Vollzug in den Spielräumen von Gesetz und Recht in inhaltlicher, verfahrensmäßiger und organisatorischer Weise intern selbst zu ordnen; nicht hingegen geht es um eine Ausübung von rechtsetzender Gewalt, die der Exekutive von der primär berufenen Legislative erst übertragen werden müsste."[777]

Geregelt werden muss allerdings die Frage, wer im Bundesstaat Bundesrepublik Deutschland zum Erlass der einzelnen allgemeinen Verwaltungsvorschriften zuständig ist. Diese Regelung ist hinsichtlich der allgemeinen Verwaltungsvorschrift zum deutschen Staatsangehörigkeitsrecht, für das der Bund die Gesetzgebungsbefugnis besitzt, in den Art. 84 Abs. 2 GG (Ausführung der Bundesgesetze durch landeseigene Verwaltung) und Art. 86 Satz 1 GG (Ausführung der Gesetze durch bundeseigene Verwaltung) zu finden. Auf diese Bestimmungen im Grundgesetz nimmt die von der Bundesregierung mit Zustimmung des Bundesrates erlassene „Allgemeine Verwaltungsvorschrift zum Staatsangehörigkeitsrecht (StAR-VwV)" vom 13. Dezember 2000 Bezug.

Den Begriff der allgemeinen Verwaltungsvorschriften generell hat das Bundesverfassungsgericht definiert als Regelungen, „die für eine abstrakte Vielheit von Sachverhalten des Verwaltungsgeschehens verbindliche Aussagen treffen, ohne auf eine unmittelbare Rechtswirkung nach außen gerichtet zu sein."[778] Im verwaltungsrechtlichen Schrifttum ist der Begriff der Verwaltungsvorschriften, die verschiedene Bezeichnungen tragen können (z.B. Erlass, Rundschreiben, Dienstanweisung), umschrieben worden als „innenrechtliche Normen, die die Exekutive aus eigenem Recht, d.h. ohne gesetzliche Ermächtigung erlassen kann und mithilfe derer sie ihr außenwirksames Vollzugshandeln in den Spielräumen des Gesetzes im Interesse eines gleichmäßigen Vollzuges selbst programmiert."[779] Für die Be-

[777] *Markus Möstl* (Anm. 776), Rn. 18. – Grundlegend zur rechtlichen Einordnung: *Fritz Ossenbühl*, Verwaltungsvorschriften und Grundgesetz, Bad Homburg v.d.H. 1968.
[778] BVerfGE 100, 249 [258], unter Hinw. auf *Peter Lerche*, M/D, Art. 84 Rn. 96.
[779] *Markus Möstl* (Anm. 776), Rn. 17.

hördenbediensteten entfalten sie „unmittelbar Bindungswirkung, soweit sie deren Rechte nicht verletzen“.[780]

Eine alte Streitfrage ist die nach der Publikationsbedürftigkeit von Verwaltungsvorschriften.[781] Hierzu ist gefragt worden, wen Verwaltungsgerichtlinien über die Behandlung von Ausländeranträgen angehen – die Bediensteten, die Ausländer oder Alle? In Bezug auf die Allgemeine Verwaltungsvorschrift zum Staatsangehörigkeitsrecht vom 13. Dezember 2000 stellt sich die Frage nach der Publikationsbedürftigkeit jedoch nicht, da diese Verwaltungsvorschrift im Bundesanzeiger veröffentlicht worden ist.[782] Der Bundesanzeiger erscheint zwar nicht in so großer Verbreitung wie die BILD-Zeitung; er reicht aber als Publikationsorgan für die Allgemeine Verwaltungsvorschrift zum Staatsangehörigkeitsrecht aus.[783]

Hinsichtlich des Regelungsinhaltes der allgemeinen Verwaltungsvorschriften zum Staatsangehörigkeitsrecht gelten dieselben Grundsätze wie für allgemeine Verwaltungsvorschriften bezüglich anderer Rechtsmaterien. Die allgemeinen Verwaltungsvorschriften zum Staatsangehörigkeitsrecht „dürfen einmal die Ausführung des StAG und anderer staatsangehörigkeitsrechtlicher Vorschriften regeln. Betroffen sind außer StAG und AuslG vor allem das 1. und 2. StAngRegG. Zur Ausführung gehört die gesamte verwaltungsmäßige Durchführung, durch welche Fachbehörden auf welcher Organisationsstufe auch immer.“[784]

Die allgemeine Verwaltungsvorschrift zum Staatsangehörigkeitsrecht ist aus mehreren Gründen von erheblicher praktischer Bedeutung. Einmal ist die Ausführung von Bundesgesetzen, also auch der gesetzlichen Regelungen des Staatsangehörigkeitsrechts, alles andere als ein schlichter technischer Exekutionsvorgang; denn den Ländern bleiben prinzipiell erhebliche Freiräume für die politische Gestaltung des

[780] BVerwGE 125, 85 [87] betr. Rundschreiben des Innenministeriums von Rheinland-Pfalz zur Haarlänge von Polizeibeamten.

[781] Vgl. dazu *Almut Wittling*, Die Publikation der Rechtsnormen einschließlich der Verwaltungsvorschriften, Baden-Baden 1991.

[782] BAnz. Nr. 21a v. 31.1.2001, S. 1418 ff. = GMBl. 2001, S. 122 ff.; auch in StAZ Nr. 3/ 2001, S. 77 ff. sowie in Anhang I dieses Buches.

[783] Zwingend vorgeschrieben ist die öffentliche Bekanntmachung im Bundesanzeiger für die Allgemeinverbindlicherklärung von Tarifverträgen; vgl. dazu BVerfGE 44, 322 [350].

[784] So *Günter Renner*, H/R, § 39 StAG, Rn. 5.

Vollzuges der Bundesgesetze.[785] Zum anderen ist die allgemeine Verwaltungsvorschrift das Werkzeug des mit Staatsangehörigkeitsfragen in der täglichen Praxis befassten Bediensteten der öffentlichen Verwaltung. Deshalb überrascht es nicht, dass die Formulierung der Allgemeinen Verwaltungsvorschrift zum Staatsangehörigkeitsrecht und die Beschlussfassung über sie ein mühsames Verfahren bildete. Dabei war ein für das Bundesministerium des Innern erstattetes Rechtsgutachten schon im Jahre 1993 zu dem Ergebnis gelangt, dass die Gewährleistung der Rechtseinheit und der Einheitlichkeit des Gesetzesvollzugs sowohl für die Ausübung des Ermessens wie auch für die Rechtsanwendung im Fall der Einbürgerung zwingend geboten sei.[786] Die in jenem Rechtsgutachten vertretene Auffassung, durch ein Bundesgesetz gem. Art. 84 Abs. 5 GG könne ein Zustimmungsvorbehalt für das zuständige Bundesministerium begründet und damit die Einbürgerung im Einzelfall von dessen Zustimmung abhängig gemacht werden, wurde vom Gesetzgeber nicht aufgenommen.[787] Berthold Gaaz hat dies zutreffend kommentiert und das schlussendliche Zustandekommen der allgemeinen Verwaltungsvorschrift zum Staatsangehörigkeitsrecht wie folgt gewürdigt: „Indes waren sich Bund und Länder darüber einig, dass alsbald nach Inkrafttreten des Gesetzes zur Reform des Staatsangehörigkeitsrechts eine allgemeine Verwaltungsvorschrift nach Art. 84 Abs. 2 GG zur Sicherung eines einheitlichen Gesetzesvollzugs in den Ländern notwendig sei. Die langwierigen Verhandlungen bis zum Erlaß der StAR-VwV offenbarten die Schwierigkeiten, ein Regelwerk zu schaffen, das auch die Zustimmung des Bundesrates finden konnte. Die Nachwirkungen der politischen Reformdebatte führten zu versteckten Kompromissen oder zu Regelungen, die den Ländern je nach politischer Ausrichtung eine strengere oder großzügigere Handhabung der gesetzlichen Vorschriften ermöglichen. Es ist jedoch hoch zu schätzen, daß mit der StAR-VwV erstmals eine alle Bundesländer bindende allgemeine Verwal-

[785] Dazu ausführlich *Christian Heitsch*, Die Ausführung der Bundesgesetze durch die Länder, Tübingen 2001.

[786] Rechtsgutachten von *Peter Badura*, „Verfassungsrechtliche Möglichkeiten für die Ausgestaltung eines gesetzlichen Zustimmungsvorbehalts des Bundesministers bei bestimmten Gruppen von Einbürgerungsfällen auf der Grundlage des Art. 84 Abs. 5 GG" (unveröff., zit. bei *Berthold Gaaz*, die Einflussnahme des Bundes auf den Vollzug des Staatsangehörigkeitsrechts, StAZ 2001, 97 ff. (98).

[787] *Berthold Gaaz* (Anm. 786), S. 99.

tungsvorschrift besteht, über die der Bund zur Wahrung gesamtstaatlicher Belange den Vollzug der Gesetze über den Erwerb der deutschen Staatsangehörigkeit und damit über die Zusammensetzung des Staatsvolks steuern kann und die sich – das zeigen erste Erfahrungen der Praxis – auch bewähren wird."[788]

Die allgemeine Verwaltungsvorschrift zum Staatsangehörigkeitsrecht vom 13. Dezember 2000 ist eine umfangreiche Handreichung. Den Zweck dieser allgemeinen Verwaltungsvorschrift umschreibt deren Vorbemerkung wie folgt: „Diese allgemeine Verwaltungsvorschrift dient der einheitlichen Auslegung der Tatbestände und der einheitlichen Handhabung des Ermessens bei der Ausführung des Staatsangehörigkeitsgesetzes und der staatsangehörigkeitsrechtlichen Regelungen des Ausländergesetzes. In besonders begründeten Ausnahmefällen kann von dieser allgemeinen Verwaltungsvorschrift abgewichen werden." Im systematischen Aufbau folgt die allgemeine Verwaltungsvorschrift der Vorschriftenfolge im Staatsangehörigkeitsgesetz und im Ausländergesetz, d.h. es werden jeweils die einzelnen Bestimmungen dieser Gesetze nummernweise aufgeführt, wobei einige Bestimmungen mangels einer diesbezüglichen Notwendigkeit nicht belegt sind. Mit Abstand am ausführlichsten sind die Hinweise zur Einbürgerung gefasst, die eine konkretisierende Auslegung der jeweiligen gesetzlichen Vorschriften enthalten. Beispiele hierfür sind: Nr. 8.1.1.3 zu § 8 Nr. 3 StAG (Wohnung; Unterkommen): „Es muss sich hierbei nicht um eine selbstständige Wohnung handeln, auch ein Untermietverhältnis reicht aus. Eine lediglich provisorische Unterbringung genügt nicht. Als Unterkommen ist eine andere Unterkunft anzusehen, die dem ständigen Aufenthalt zu Wohnzwecken dient, beispielsweise ein Wohnheim." Detaillierte Erläuterungen finden sich zum Einbürgerungserfordernis ausreichender Kenntnisse der deutschen Sprache (Nr. 8.1.2.1.1) und deren Nachweis (Nr. 8.1.2.1.2). Hinsichtlich der Mehrstaatigkeit lautet Nr. 8.1.2.6: „Der Grundsatz der Vermeidung von Mehrstaatigkeit ist bei der Ermessensausübung

[788] A.a.O. (Anm. 786), S. 99. Als Beispiel versteckter Kompromisse nennt *Gaaz* die Frage, ob die Verfassungstreue des Einbürgerungsbewerbers durch eine Regelanfrage bei der Verfassungsschutzbehörde oder nur anlaßbezogen geprüft werden soll (Anm. 20: Nr. 8.1.2.3. und Nr. 86.2. StAR-VwV); als Beispiel zur Ermöglichung strengerer oder großzügiger Handhabung der gesetzlichen Vorschriften erwähnt *Gaaz* des Feststellung ausreichender Kenntnisse der deutschen Sprache (Anm. 21: Nr. 8.1.2.1 und Nr. 86.1 StAR-VwV).

zu beachten." Zur Hinnahme von Mehrstaatigkeit heißt es in Nr. 8.1.2.6.3: „Ob Mehrstaatigkeit hingenommen werden kann, hat die Einbürgerungsbehörde nach pflichtgemäßem Ermessen zu prüfen"; im Folgenden werden sodann in Betracht kommende Ausnahmen vom Einbürgerungshindernis eintretender Mehrstaatigkeit genannt, u.a. „wenn ein herausragendes Interesse an der Einbürgerung auch unter Hinnahme von Mehrstaatigkeit besteht" (Nr. 8.1.2.6.3.6) oder „wenn ehemalige deutsche Staatsangehörige durch Eheschließung mit Ausländern die deutsche Staatsangehörigkeit verloren haben" (Nr. 8.1.2.6.3.6). In mehreren Fällen wird auch eine Abweichung vom Erfordernis der Aufenthaltsdauer gestattet, so z.B. in Fällen mit staatsangehörigkeitsrechtlichem Wiedergutmachungsgehalt (Nr. 8.1.3.2), für deutschsprachige Einbürgerungsbewerber aus Liechtenstein, Österreich oder deutschsprachigen Gebieten, in denen Deutsch Amts- oder Umgangssprache ist (Nr. 8.1.3.4), und für Einbürgerungserleichterungen bei besonderem öffentlichen Interesse (Nr. 8.1.3.5), wo u.a. festgehalten wird: „Ein besonderes öffentliches Interesse an der Einbürgerung kann vorliegen, wenn der Einbürgerungsbewerber durch die Einbürgerung für eine Tätigkeit im deutschen Interesse, insbesondere im Bereich Wissenschaft, Forschung, Wirtschaft, Kunst, Kultur, Medien, des Sports oder des öffentlichen Dienstes (vergleiche § 40 Abs. 6 des Bundesbesoldungsgesetzes) gewonnen oder erhalten werden soll. Es kann auch gegeben sein bei Angehörigen international tätiger, auch ausländischer Unternehmen und Institutionen oder bei anderen Personen, die aus beruflichen oder geschäftlichen Gründen ihren Aufenthalt vorübergehend ins Ausland verlegen oder häufig dorthin reisen müssen." Im Zusammenhang mit der gesetzlichen Regelung des Einbürgerungsanspruches für Ausländer mit längerem Aufenthalt (§ 85 Ausländergesetz) schreibt die allgemeine Verwaltungsvorschrift den genauen Text des vom Einbürgerungsbewerber abzugebenden Bekenntnisses zur freiheitlichen demokratischen Grundordnung und der diesbezüglichen Erklärung vor (Nr. 85.1.1.1).

Abgeschlossen ist die allgemeine Verwaltungsvorschrift zum Staatsangehörigkeitsrecht mit dem Hinweis auf deren Inkrafttreten, nämlich am Tage nach der Veröffentlichung,[789] also am 1. Februar 2002.

[789] Datum und Ort der Veröffentlichung s. oben Anm. 782.

XXII. Diskussion über Sprache, Einbürgerungstests und Feierlichkeit

Um die Jahreswende 2005/2006 beschäftigte der Gebrauch oder Nichtgebrauch der deutschen Sprache die Öffentlichkeit in Deutschland in erhöhtem Maße. Auslöser der Diskussion war eine von Schulleitung, Eltern und Schülern der Herbert-Hoover-Realschule in Berlin-Wedding getroffene Vereinbarung, derzufolge die Schüler, die überwiegend einen so genannten „Migrationshintergrund" haben, also aus Ausländerfamilien stammen, „im Geltungsbereich der Schule", also nicht nur im Unterricht, sondern auch in den Unterrichtsphasen auf dem Schulhof miteinander deutsch sprechen sollten.[790] Während der „Verband Bildung und Erziehung" (VBE), ein Zusammenschluss von Pädagogen mehrerer Bildungseinrichtungen, die Einführung der Deutschpflicht auf Schulhöfen kritisiert und von einer „bizarren Integrationsmaßnahme" spricht,[791] befürworten mehr und mehr Minister und Politiker derartige schulinterne Vereinbarungen. Die Ministerin für Bildung, Wissenschaft, Forschung und Kultur des Landes Schleswig-Holstein, Ute Erdsiek-Rave (SPD) wurde mit der Stellungnahme zitiert, im Schulalltag müsse Deutsch „Verkehrssprache" sein: „Sofern sich eine Schule im Einvernehmen von Lehrkräften, Eltern und Kindern auf grundsätzliche Leitlinien zur Nutzung von Deutsch an der Schule verständigt, ist das zu begrüßen."[792] Der Parteivorstand von Bündnis 90/DIE GRÜNEN hält nach den Worten ihres Vorsitzenden Reinhard Bütikofer die Übereinkunft an der Berliner Herbert-Hoover-Schule, Deutsch als Umgangssprache festzulegen, für „sehr richtig".[793] Auch Bayerns Innenminister Günter Beckstein (CSU) begrüßte solche Verständigungen von Eltern, Lehrern und Schülern, weil dadurch die Integration und die Zukunftschancen der Schüler gefördert würden; Sanktionen bei Verstößen gegen eine Pflicht zum Gebrauch der deutschen Sprache auf Schulhöfen lehnte

790 Juristische Sicht dazu: *Bertold Huber*, Die geplante ausländerrechtliche Pflicht zur Teilnahme an Integrationskursen ZAR 2004, 86 ff.

791 Notiz „Pädagogen nennen Deutschpflicht auf Schulhöfen ‚bizarr'"; DIE WELT v. 26.1.2006, S. 4.

792 Zitiert nach Notiz (Anm. 791).

793 Bericht „Bütikofer lobt Berliner Schule. Grüne aber gegen Gesetz für Deutsch als verbindliche Sprache", FAZ Nr. 26 v. 31.1.2006, S. 4.

Beckstein allerdings ab.[794] Keine Einwendungen gegen solche freiwilligen Vereinbarungen macht auch der Vorsitzende des Islamrates Kizikaya.[795] Inzwischen hat die Diskussion über Sprache sich ausgeweitet: Im November 2006 haben sowohl Bundeskanzlerin Angela Merkel (CDU) als auch Vizekanzler Franz Müntefering (SPD) sich für die Einführung bundesweiter Sprachtests für deutsche und ausländische Kinder bereits vor der Einschulung ausgesprochen, weil zu viele Kinder mit zu wenig Deutschkenntnissen in die Schule kämen.[796]

Was hat die Sprache auf dem Schulhof mit Staatsangehörigkeit und Einbürgerung zu tun? Streng juristisch nichts, aber rechtspolitisch einiges. Zutreffend ist dazu bemerkt worden: „Denn auch auf dem Schulhof in Wedding geht es um die Frage, über die sich die Behörden neuerdings mit Fragekatalogen an die Einwanderer hinwegzuretten suchen: Was können, was müssen wir von Ausländern verlangen, die hier dauerhaft leben, gar Deutsche werden wollen?“[797] Erwähnt werden „Parallelwelten“, die auf den Schulhöfen entstanden seien, und dass die Ausländerpolitik „nicht in Integrations-, sondern in Segrationsprozesse“ gemündet habe. „Doch spätestens seit die rotgrüne Koalition die Einbürgerung erleichtert hat, müssen die Deutschen sich der Frage stellen, wen sie in ihre Schicksals- und Solidargemeinschaft aufnehmen wollen. Diese kann nur funktionieren und Bestand haben, wenn sie auf anerkannten Regeln und gemeinsamen Werten gründet – und wenn ihre Mitglieder sich miteinander verständigen können.“[798]

Die Diskussion über die für eine Einbürgerung erforderlichen Sprachkenntnisse wurde begleitet und bald sogar überlagert von der so genannten Wertediskussion, die sich insbesondere an dem „Gesprächsleitfaden für die Einwanderungsbehörden“ in Baden-Württemberg, aber auch an ähnlichen Materialien anderer Länder der Bundesrepublik entzündete. Der baden-württembergische „Gesprächsleitfaden“ soll den Beamten der Einbürgerungsbehörde als

[794] Bericht „FDP für einheitlichen Leitfaden zur Einbürgerung. Viele Landesminister begrüßen Deutschpflicht auf Schulhöfen“, FAZ Nr. 25 v. 30.6.2006, S. 4.
[795] Zitiert nach Bericht (Anm. 794).
[796] Berliner Morgenpost v. 6.11.2006, S. 2.
[797] *Berthold Kohler*, Wider das Diktat, FAZ Nr. 24 v. 28.1.2006, S. 1.
[798] *Berthold Kohler*, a.a.O. (Anm. 797).

Hilfestellung für ein Gespräch mit dem Einbürgerungsbewerber dienen; das Gespräch soll von dem das Gespräch führenden Beamten protokolliert und vom Einbürgerungsbewerber durch eine von ihm unterschriebene Erklärung bestätigt werden. Der Text des Leitfadens beginnt mit einer „Vorbemerkung", die folgenden Wortlaut hat: „Das Bekenntnis zur freiheitlichen demokratischen Grundordnung des Grundgesetzes für die Bundesrepublik Deutschland ist Einbürgerungsvoraussetzung nach § 10 Abs. 1 Satz 1 Nr. 1 StAG. Entsprechendes gilt im Rahmen der Ermessenseinbürgerung. Es darf deshalb keineswegs als Formalie gehandhabt werden, die mit der Unterschrift unter die Bekenntniserklärung erfüllt ist. Soweit die Einbürgerungsbehörde Zweifel hat, ob der Einbürgerungsbewerber den Inhalt seiner Erklärung wirklich verstanden hat und ob sie seiner inneren Überzeugung entspricht, führt sie ein Gespräch mit ihm unter Verwendung dieses Leitfadens. Die Ergebnisse des Gesprächs sind zu dokumentieren und vom Einbürgerungsbewerber zu unterschreiben. Dabei sind auch Erläuterungen zu den jeweiligen Antworten zu erfragen und festzuhalten. Der Einbürgerungsbewerber ist darauf hinzuweisen, daß unwahre Angaben als Täuschung der Einbürgerungsbehörde gewertet werden und – auch noch nach Jahren – zur Rücknahme der Einbürgerung führen können. Die Unterzeichnung der Bekenntnis- und Loyalitätserklärung nach Nr. 10.1.1.1 der vorläufigen Anwendungshinweise des BMI zum StAG bleibt unberührt; das gleiche gilt für die Ergänzung zu Nrn. 8.1.2.5. und 9.1.2.1 der vorläufigen Anwendungshinweise." [799]

Der „Gesprächsleitfaden", der kein Fragebogen sein soll, enthielt in seiner ursprünglichen Fassung insgesamt 30 Fragen. Eingeleitet wird der Katalog mit einer Aussage zur Werteordnung des Grundgesetzes, an die eine Frage angeknüpft ist; die entsprechende Passage lautet: „1. Das Bekenntnis zur freiheitlichen demokratischen Grundordnung des Grundgesetzes für die Bundesrepublik Deutschland umfasst die Werteordnung des Grundgesetzes, die inhaltsgleich für alle Staaten der Europäischen Union gilt. Dazu gehören unter anderem

- der Schutz der Menschenwürde
- das Gewaltmonopol des Staates, das heißt, außer dem Staat darf in

[799] Text (mit Ausnahme des letzten Satzes) in: FAZ Nr. 8 v. 10.1.2006, S. 3. Vollständiger Text in: JF Nr. 3/06 v. 13.1.2006, S. 3.

der Bundesrepublik Deutschland niemand Gewalt gegen einen anderen anwenden, es sei denn in Notwehr. Der Staat selbst darf Gewalt nur auf Grund einer gesetzlichen Ermächtigung anwenden.
– sowie die Gleichberechtigung von Mann und Frau.

Entsprechen diese Grundsätze Ihrem persönlichen Vorstellungen?"

Die anschließenden Fragen 2–30 betrafen z.B. die Themen Demokratie, Verletzung religiöser Gefühle; Kritik an einer Religion; Unterstützung verbotener Parteien und Vereinigungen; Verhältnis von Mann und Frau; Zwangsheirat; Teilnahme von Töchtern am Sport- und Schwimmunterricht in der Schule; Kleidung von Frauen und Mädchen; Religionswechsel; Familienehre; Anschläge vom 11. September 2001 in New York; Homosexualität.

Der baden-württembergische Gesprächsleitfaden erfuhr nach seiner Veröffentlichung viel und teilweise überaus scharfe Kritik. Die Kritik kam vor allem – aber nicht nur – von islamischer Seite.[800] Obwohl Baden-Württembergs Innenminister Heribert Rech (CDU) betonte, „es geht hier nicht um Religion, sondern um die Akzeptanz der Werteordnung",[801] wurde der Leitfaden wegen seiner vielen erkennbar auf Muslime zielenden Fragen als „Muslim-Test"[802] getadelt. Der Zentralrat der Muslime in Deutschland (ein Dachverband) hat eine Klage vor dem Bundesverfassungsgericht angekündigt. Wie der Zentralrat, so hat auch Milli Görüs (die mitgliedsstärkste islamische Organisation) Einbürgerungsbewerber dazu aufgefordert, auf als diskriminierend empfundene Fragen nicht zu antworten; die Organisation teilte mit, sie habe die Botschafter aller Mitgliedstaaten der Islam-Konferenz aufgerufen, gegen das „rechtswidrige Verhalten" Baden-Württembergs zu protestieren.[803] Kritik kam aber nicht nur

[800] Hinweise dazu bei *Erich Röper*, Die Grundrechte als Integrationsmaßstab, ZRP 2006, 187 ff. (189).

[801] Zitiert in: Suggestive Fragen an Einwanderer. Gesprächsleitfaden für Einbürgerungen in Baden-Württemberg/„Akzeptanz der Werteordnung", FAZ Nr. 4 v. 5.1.2006, S. 4.

[802] Gegen diesen Ausdruck die Glosse „Fragen", FAZ Nr. 7 v. 9.1.2006, S. 10: „Der sogenannte Muslim-Test, der kein Test ist, nicht einmal ein Muslim-Test, wird wohl bleiben, was er ist: ein unverbindlicher Leitfaden für Gespräche in badischen und schwäbischen Einwanderungsbehörden ..."

[803] Notiz „Islamische Verbände: Nicht antworten", FAZ Nr. 8 v. 10.1.2006, S. 3.

von Muslimen.[804] So kommentierte Berlins Innensenator Erhart Körting (SPD) den baden-württembergischen Gesprächsleitfaden mit der Aussage: „Ein solcher Fragebogen, der sich ausschließlich an Angehörige einer Religion wendet, ist verfassungsrechtlich höchst problematisch.“[805] Noch schärfer urteilte die Hamburger Bischöfin der Nord-Elbischen (evangelischen) Landeskirche Maria Jepsen, die im Zusammenhang mit dem Gesprächsleitfaden „Schnüffelei“ bemerkte („Gesinnungsschnüffelei“ sah auch die Fraktionsvorsitzende von Bündnis 90/DIE GRÜNEN im Bundestag Renate Künast);[806] die Bischöfin befürchtete sogar – so wurde berichtet –, dass es bald wieder Pässe geben könne, „wo nicht mehr ein ‚J‘ drinsteht, sondern vielleicht ein ‚M‘ oder ein ‚C‘“[807] – eine ebenso abenteuerliche wie abwegige Vermutung.

Wie nicht anders zu erwarten wies die Landesregierung von Baden-Württemberg die Kritik zurück und verteidigte den Gesprächsleitfaden. Ministerpräsident Günther Oettinger (CDU) erklärte: „Eine eingehende Prüfung des Bekenntnisses zur freiheitlich-demokratischen Grundordnung bei allen Einbürgerungsverfahren halte ich für selbstverständlich notwendig.“[808] Aus dem Innenministerium des Landes wurde verlautbart, es gebe etwa 40 Einbürgerungsbehörden in Baden-Württemberg, die im Übrigen auch nicht verpflichtet seien, sich an den Leitfaden zu halten. Der Leitfaden sei nur eine „Orientierungshilfe“, wenn es Zweifel am Bekenntnis der Einwanderungswilligen zur Werteordnung des Grundgesetzes gebe; er gelte auch nicht nur für Muslime. Im Innenministerium wird der Leitfaden nur als ein Hilfsmittel angesehen:[809] Wenn es in der Ausländerakte aus vorausge-

[804] Siehe dazu *Felix Ekardt/Monique Radtke*, Einbürgerungstests in der rechtspolitischen Debatte, ZRP 2007, 28 ff. (30): „Im Falle reiner Muslimtests z.B. würde eine Ungleichbehandlung in zweifacher Hinsicht stattfinden – nämlich zwischen verschiedenen Einbürgerungsgruppen untereinander einerseits und auch zu Deutschen im Allgemeinen andererseits“.

[805] Zitiert in: Suggestive Fragen an Einwanderer (Anm. 801), S. 4.

[806] Zitiert bei *Rüdiger Soldt*, Der Streit über Baden-Württembergs Einbürgerungspraxis, FAZ Nr. 8 v. 10.1.2006, S. 1.

[807] Zitiert in dem Bericht „‚Gleiche Distanz zu allen Religionen‘. Verfassungsrichterin Hohmann-Dennhardt zu Staat und Kirche“, FAZ Nr. 37 v. 13.2.2006, S. 2.

[808] Zitiert im Bericht „Oettinger verteidigt Gesprächsleitfaden“, FAZ Nr. 7 v. 9.1. 2006, S. 4.

[809] Darstellung des Folgenden bei *Rüdiger Soldt* (Anm. 806), S. 2.

gangenen Gerichtsverfahren oder durch das Verhalten der neuen Einwanderer auf der Behörde Anhaltspunkte dafür gebe, daß der Einbürgerungsbewerber die westliche Werteordnung nicht teile, dann müsse ein Gespräch geführt und dokumentiert werden. Der Beamte könne dann einzelne Fragen aus dem Leitfaden stellen; er müsse aber nicht alle 30 Fragen zur Sprache bringen. Grundsätzlich könnten die Beamten das Gespräch auch führen, ohne eine einzige Frage des Leitfadens zu stellen.

Im Sommer 2007 legte die baden-württembergische Landesregierung eine überarbeitete, auf 20 Fragen gekürzte Fassung des Gesprächsleitfadens vor.[810] Die Vorbemerkung ist nunmehr weicher gefasst. Anstelle der ursprünglichen Formulierung, nach der mit dem Einbürgerungsbewerber ein Gespräch „unter Verwendung“ des Leitfadens zu führen sei, heißt es in der Neufassung: „Die zu erörternden Fragen können situationsbezogen ausgewählt, kombiniert und ergänzt werden. Ziel des Gesprächs ist eine Gesamtwürdigung durch die Einbürgerungsbehörde, ob bestehende Zweifel an dem erforderlichen Bekenntnis ausgeräumt werden konnten oder nicht.“ Gestrichen ist z.B. die Frage nach der Einstellung des Bewerbers zur Homosexualität. Neu aufgenommen ist u.a. eine Frage, welche die Meinung des Bewerbers zur Scharia ergründen soll.

Begründet wurde die Ausarbeitung des Leitfadens vom baden-württembergischen Innenministerium mit Umfragen, denen zufolge etwa 20 Prozent der in Deutschland lebenden Muslime sich nicht mit der hiesigen Werteordnung identifizieren,[811] aber auch mit der Besonderheit der in vielen anderen Staaten nicht vorhandenen Anspruchseinbürgerung: wer deren gesetzlichen Voraussetzungen erfülle, müsse eingebürgert werden: „Deshalb ist die Haltung zu den Grundwerten so wichtig, eine Befürwortung der Zwangsheirat oder von Ehrenmorden ist eben mit unserer Werteordnung nicht zu vereinbaren.“[812]

[810] Zitiert nach Bericht „Keine Fragen zur Homosexualität. Baden-Württemberg legt neuen Einbürgerungsleitfaden vor“, in: FAZ Nr. 128 v. 5.6.2007, S. 6.

[811] Offenbar wird hier auf eine Umfrage des Zentralinstituts Islam-Archiv in Soest Bezug genommen, nach der 21 Prozent der in Deutschland befragten Muslime Grundgesetz und Koran für unvereinbar halten; dazu: Notiz „Zwischen Koran und Grundgesetz“, FAZ Nr. 8 v. 10.1.2006, S. 3 (auch mit kritischen Stimmen zur Bewertung dieser Umfrage).

[812] Zitiert bei *Rüdiger Soldt* (Anm. 806), S. 2.

Dagegen seien – so das baden-württembergische Innenministerium – Bildungsfragen nicht geeignet, um die „innere Hinwendung" des Einbürgerungsbewerbers zur Bundesrepublik Deutschland zu überprüfen.[813]

Anders als Baden-Württemberg kündigte Hessen an, die Einbürgerungsbewerber einer umfassenden Wissensprüfung unterziehen zu wollen. Der hessische Innenminister Volker Bouffier erklärte dazu im Landtag: „Wer in unserem Land Staatsbürger werden will, der sollte sich zuvor mit der Geschichte, Politik, Wirtschaft, Gesellschaft und Kultur seines künftigen Heimatlandes auseinandersetzen."[814] Ähnlich hat Bundeskanzlerin Angela Merkel den in Hessen ausgearbeiteten Fragebogen begrüßt, nämlich mit der Aussage, den Erwerb einer Staatsangehörigkeit erledige man nicht im Vorbeigehen, sondern dies sei ein bewusster Akt: „Da ist es nicht zuviel verlangt, dass die Bewerber auch etwas über das Land wissen, dessen Bürger sie werden wollen."[815]

Der hessische Fragebogen, der einhundert Fragen umfasst, stieß aber – wie schon der baden-württembergische Gesprächsleitfaden – auf harte Kritik.[816] „Und wieder ist die Aufregung groß" wurde berichtet. Der damals noch SPD-Vorsitzende Matthias Platzeck hielt den Einbürgerungsfragebogen aus Hessen „weder für angemessen noch für einen wirklich ernstzunehmenden Ansatz" und bezeichnete ihn als „Stadt-Land-Fluß-Spiel",[817] vermutlich in Anspielung auf die in dem Fragebogen unter anderen enthaltenen Tests: „2. Nennen Sie drei Flüsse, die durch Deutschland fließen!" „3. Nennen Sie drei deutsche Mittelgebirge." „4. Wie heißt die Hauptstadt der Bundesrepublik Deutschland?" „5. Wie viele Bundesländer hat die Bundesrepublik Deutschland? Nennen Sie sieben Bundesländer und ihre Hauptstädte!" Der in der SPD-Bundestagsfraktion für Innenpolitik zustän-

813 Zitiert bei *Rüdiger Soldt* (Anm. 806), S. 1.

814 Zitiert nach Notiz: „Hessen verlangt Wissenstest zur Einbürgerung", DIE WELT v. 26.1.2006, S. 4.

815 Bericht „Schwarz und Rot streiten über Tests", FAZ Nr. 64 v. 16.3.2006, S. 4.

816 Juristische Kritik bei *Markus Artz/Florian Geyer*, Vom „höchsten deutschen Gericht" und anderer Fährnis auf dem Weg zum (guten) Deutschen hessischen Vorbilds, NJW 2006, 1107 ff.

817 Zitiert bei *Jan Fleischhauer/Mark Hujer*, Staatsbürgerschaft. Wer ist Deutschland? DER SPIEGEL Nr. 12/2006, S. 22.

dige Bundestagsabgeordnete Dieter Wiefelspütz hielt solche Fragen für „kleinkariert, peinlich und peinigend".[818] Wissenstests für Ausländer lehnte auch der Vorsitzende der SPD-Bundestagsfraktion Peter Struck ab. Stattdessen sprach Struck sich – wie etliche andere Politiker auch – für eine bundeseinheitliche Regelung aus.[819] Der Minister für Generation, Familie, Frauen und Integration des Landes Nordrhein-Westfalen, Armin Laschet (CDU), erklärte, dass die nordrhein-westfälische Landesregierung die hessischen Testfragen zur Einbürgerung nicht übernehmen werde, erklärte aber gleichzeitig, die nordrhein-westfälische Landesregierung habe „grundsätzlich gar nichts gegen einen Fragebogen, der allerdings bundeseinheitlich sein müßte". Laschet begründete die Forderung nach einem bundeseinheitlichen Fragebogen damit, dass die Menschen „als Deutsche" eingebürgert würden „und nicht als Hesse oder Baden-Württemberger".[820] Auch die Staatsministerin im Bundeskanzleramt und Migrationsbeauftragte der Bundesregierung, Maria Böhmer (CDU), ließ verlauten: „Wir bürgern schließlich jemanden in Deutschland ein, und nicht in ein Bundesland."[821]

Richtig an dieser Feststellung ist, dass die Einbürgerung sich auf die deutsche Staatsangehörigkeit bezieht, also auf die Staatsangehörigkeit der Bundesrepublik Deutschland. Die Einbürgerungsurkunde trägt demgemäß die Kopfleiste „Bundesrepublik Deutschland" und (nach den Angaben zur Person des Eingebürgerten) den Text „hat mit dem Zeitpunkt der Aushändigung dieser Urkunde die deutsche Staatsangehörigkeit durch Einbürgerung erworben". Jedoch erwirbt der Eingebürgerte zugleich mit der deutschen Staatsangehörigkeit die Landesangehörigkeit des Landes der Bundesrepublik, dessen für Einbürgerungen zuständige Behörde die Einbürgerung vorgenommen hat, konkret also: die Landesangehörigkeit des Landes, in welchem

818 Zitiert bei *Jan Fleischhauer/Mark Hujer* (Anm. 817), S. 22.

819 Siehe Bericht „Fraktionschef Struck: Es gibt keine hessische Staatsangehörigkeit. Auch SPD möchte Einbürgerung bundesweit regeln. Sozialdemokraten befürworten Integrationskurse und Fragen nach den Grundwerten der Verfassung, SZ Nr. 70 v. 24.3.2006, S. 1.

820 Zitiert im Bericht „Fragebogen nicht übernehmen", FAZ Nr. 64 v. 16.3.2006, S. 4.

821 Zitiert in Notiz „Koalition plant Einbürgerungskurse. Bundeseinheitliche Regelung", BZ Nr. 37 v. 13.2.2006, S. 5.

der Eingebürgerte seinen inländischen Wohnsitz hat.[822] Insofern steht das Land, in dem der Ausländer eingebürgert wird, daher nicht gänzlich „außen vor". Das Interesse der Länder an der Gestaltung von Einbürgerungstests ist also insofern verständlich. So hat das bayerische Kabinett am 8. Februar 2006 Eckpunkte für Einbürgerungstests beschlossen, die als Grundlage für eine bundeseinheitliche Regelung dienen sollen.[823] Bayerns Ministerpräsident Edmund Stoiber (CSU) bemerkte dazu, er setze auf ein gemeinsames Vorgehen von Bund und Ländern; sollte aber bis Ende 2006 keine diesbezügliche Verständigung zustandekommen, werde Bayern zusammen mit anderen Ländern eine eigene Regelung verabschieden. Bayern dringe auf eine rasche Lösung, „weil wir uns genau anschauen und überprüfen sollten, wer dauerhaft zu uns kommt und Deutscher wird". Inhaltlich sehen die Eckpunkte der bayrischen Staatsregierung vor, dass vor einer Einbürgerung Kenntnisse über Deutschland und seine Werte nachgewiesen werden müssen. Stoiber wies, so wird berichtet, darauf hin, dass Einwanderungsländer wie Kanada vor jeder Einbürgerung eine Befragung der Bewerber vorschreiben; es sei nicht verständlich, dass in Deutschland darauf verzichtet werde.

Als Konsequenz dieser Auffassung haben die Landesregierungen von Bayern, Hessen und Schleswig-Holstein eine Initiative im Bundesrat zur Einführung eines Einbürgerungstests gestartet. Ziel der Initiative ist, dass Ausländer, die eingebürgert werden wollen, einen Kursus belegen müssen, an dessen Ende „Wissen und Werte" abgefragt werden.[824] Niedersachsens Innenminister Uwe Schünemann (CDU) befürwortete ebenfalls obligatorische Tests, für die es bundeseinheitliche Standards geben solle; jedoch sollte die Gestaltung der einzelnen Fragebögen Sache der Länder sein. Als Standards für die Einbürgerung nannte der Minister Kenntnisse über die Staatsform, Landeskunde, Grundwerte der Verfassung sowie Grundkennt-

[822] Eine Besonderheit ist der Fall der Einbürgerung einer Person mit gewöhnlichem Aufenthalt im Ausland (vgl. §§ 13, 14 StAG); zur Zuständigkeit des Bundesverwaltungsamtes s. § 17 Abs. 2 StAngRegG.

[823] Hierzu und zum Folgenden: Bericht „Bayern entwirft einheitlichen Einbürgerungstest. Kabinett in München beschließt Eckpunkte/Stoiber: Deutsche Sprache entscheidend für Integration", FAZ Nr. 34 v. 9.2.2006, S. 1.

[824] Siehe Bericht „Bundesratsinitiative für Einbürgerungstests. Vorstoß von drei Unions-Ländern: Wissen und Werte abfragen", FAZ Nr. 147 v. 28.6.2006, S. 4.

nisse über Kultur und Geschichte:[825] „Wer Deutscher werden will, sollte die Verfassung kennen."[826] Formalisierte Einbürgerungstests abgelehnt haben dagegen Berlins Innensenator Ehrhart Körting (SPD) und der rheinland-pfälzische Innenminister Karl-Peter Bruch (SPD).[827]
Interessant ist, dass sogar ein ausländischer Regierungschef sich als Kritiker deutscher Einbürgerungstests gemeldet hat. Einem Zeitungsbericht zufolge hat der türkische Ministerpräsident Erdogan sich bei der Integrationsbeauftragten der Bundesregierung, Maria Böhmer (CDU), über die Einbürgerungstests für Ausländer in Deutschland beschwert. Bei einem Treffen in Ankara habe Ministerpräsident Erdogan die Tests als „beunruhigend" charakterisiert; für eine erfolgreiche Integration werde nicht „Ausländerfeindlichkeit" gebraucht.[828]

In der Tat sollte die Einbürgerung nicht mit zu vielen Voraussetzungen befrachtet werden. Ein Beispiel für eine solche Überfrachtung der Einbürgerungsvoraussetzungen ist die Forderung des Vorsitzenden der CDU-Bundestagsfraktion Volker Kauder: „Wer Deutscher werden will, muß sich zur deutschen Schicksalsgemeinschaft und damit zur deutschen Geschichte bekennen"; zur „deutschen Schicksalsgemeinschaft" gehöre „das besondere Verhältnis zu Israel".[829] Das besondere Verhältnis zu Israel ist unbestreitbar. Aber was gehört im Einzelnen dazu? Militäraktionen in Gaza? Die Besetzung der Golanhöhen? Die Siedlungspolitik im Westjordanland? Der Bau des Zaunes? Die Luftangriffe auf den Libanon? Klar ist jedenfalls: Kauders Zeigefinger weist unübersehbar auf die Muslime, wenn er zum besonderen Verhältnis der Bundesrepublik zu Israel als Bestandteil der „deutschen Schicksalsgemeinschaft" mahnt: „Das müssen auch alle muslimischen Einbürgerungswilligen akzeptieren."

[825] Berichtet in: „SPD signalisiert Entgegenkommen. Platzeck und Struck für nationale Regelung zur Einbürgerung", SZ Nr. 72 v. 25.3.2006, S. 4.

[826] *Uwe Schünemann,* zitiert im Bericht „Einwanderer. Union erwägt Staatsbürgerkurse", HA v. 2.2.2006, S. 5.

[827] Siehe Notiz „Widerstand gegen Tests für Ausländer", FAZ Nr. 37 v. 13.2. 2006, S. 2.

[828] Siehe Notiz „Erdogan beschwert sich über deutsche Einbürgerungstests. Klage über wachsende Ausländerfeindlichkeit in Europa", FAZ Nr. 214 v. 14.9.2006, S. 4.

[829] Zitiert in Notiz „Kauder: Deutscher werden heißt auch Israel zu achten", HA v. 17.7.2006, S. 4.

Ungeachtet vielfältiger Kritik haben die Innenminister der Länder sich inzwischen auf ihrer Konferenz in Nürnberg im November 2006 darauf verständigt, dass bundesweite Einbürgerungstests mit dem Ziel, in allen Ländern der Bundesrepublik gleiche Standards zu schaffen, eingeführt werden sollen. Ein vom Bundesamt für Migration und Flüchtlinge entworfener Test soll „staatsbürgerliches Grundwissen" der Einbürgerungsbewerber prüfen. Die Testteilnehmer sollen – wie im TV-Ratespiel „Wie wird man Millionär?" – aus vier vorgegebenen Antworten die richtige Antwort auf die in dem Testbogen gestellten Fragen („4-gliedrige Multiple-Choice-Aufgaben mit Einfachauswahl") geben.[830] Insgesamt soll der Test aus 33 Aufgaben bestehen, die in 60 Minuten gelöst werden müssen; zur Vorbereitung sollen den Einbürgerungsbewerbern freiwillige Kurse mit 60 Unterrichtsstunden und eine Fibel für Selbstlerner angeboten werden.[831]

Beanstandet wurden in der Vergangenheit auch die Banalität von Testfragen und die Unfeierlichkeit der Aushändigung der Einbürgerungsurkunden. Der in Hamburg praktizierte Sprachtest enthielt einen Text über Müllprobleme, den Ausländer verstehen sollten, wenn sie Deutsche werden wollen. Der Vorsitzende des Innenausschusses der Hamburger Bürgerschaft (d.h. des Landesparlaments), Karl-Heinz Warnholz (CDU), wurde dazu mit der Bemerkung zitiert: „Ich würde mir wünschen, dass gewichtigere Themen behandelt würden als Farben von Abfalleimern."; ähnlich äußerte sich der Bürgerschaftsabgeordnete Andreas Dressel (SPD): „Die Themen sollten nicht zu banal sein."[832] Einen geringen Schwierigkeitsgrad weist auch der sächsische Einbürgerungstest auf, wenn darin gefragt wird: „Ist Deutschland a) eine Demokratie, b) eine Monarchie oder c) eine Oligarchie?"[833]

[830] Siehe: „Integration. Wer wird Deutscher? Das Konzept für den bundesweiten Einbürgerungstest liegt vor: Multiple-Choice-Fragen wie beim Führerschein sollen bestimmen, wer einen deutschen Pass erhält", DER SPIEGEL Nr. 46/2006, S. 60.

[831] Siehe Notiz: „33 Fragen in 60 Minuten zur Einbürgerung", Berliner Morgenpost v. 12.11.2006, S. 2.

[832] Zitiert bei *Florian Kain*, Deutschtest – Streit um Einbürgerung im Hamburg. Abgeordnete kritisieren: Prüftexte zu banal. SPD fordert verpflichtende Staatsbürgerkurse, HA v. 5.4.2006, S. 1. – Zur Praxis in Hamburg vgl. auch *ders.*, Deutsche Pässe gibt's nach Aktenlage, HA v. 24.3.2006, S. 11.

[833] Zitiert in: Wer wird Deutscher? (Anm. 830).

Als sehr viel schwieriger hat Katia Mann die Fragen empfunden, die Thomas Mann und ihr anlässlich ihrer Einbürgerung in die USA im Januar 1944 gestellt wurden: „Die Prüfungen für die Einbürgerung waren gar nicht so leicht. Man mußte sich ziemlich vorbereiten, nicht nur die Verfassung und Regierungsressorts einigermaßen kennen, sondern auch über die Verwaltung und Gesetzgebung der einzelnen Staaten und Städte etwas wissen, was schon erheblich schwieriger war. Es war denn alles in allem ziemlich knifflig, aber wir haben beide bestanden."[834] Sichtbar ist aber vor allem der Unterschied zwischen der äußerlichen Ausgestaltung der Aushändigung der Einbürgerungsurkunde in den USA und in Deutschland: In den USA handelt es sich um eine feierliche Zeremonie voller robusten Patriotismus, mit einer auf Video aufgezeichneten Botschaft des Präsidenten, dem Ableisten eines Treueeides[835] und dem Absingen der US-amerikanischen Nationalhymne: „Der amerikanische Nationalismus", so ist dazu angemerkt worden, „ist eine Art säkularer Religion, und der Fahneneid an jedem Schultag, der Flaggenkult, die „Anbetung" der Gründungsschriften wie der Unabhängigkeitserklärung und der Verfassung gehören zur Liturgie."[836]

Der Kontrast der Feierlichkeit der Einbürgerung in den USA zur Unfeierlichkeit der Einbürgerung in Deutschland konnte (bisher) kaum größer sein; den tristen Ablauf der Einbürgerung in einem deutschen Amtszimmer schildert eine Eingebürgerte so: „Ich bin gebürtige Griechin und wohne in Meißen. Als ich am 14. Dezember 1993 die deutsche Staatsbürgerschaftsurkunde ausgehändigt bekam, mußte ich

[834] *Katia Mann*, Meine ungeschriebenen Memoiren. Hrsg. von Elisabeth Plessen und Michael Mann. Frankfurt a.M. 1976 S. 130. Dort auch die Äußerung, sie (Katia Mann) habe „etwas besser gelernt als mein Mann, der sich aber pfiffig und gewandt bei Punkten, die ihm etwas dunkel waren, herauszudrehen und sich vor der ihn examinierenden Dame gut herauszureden wußte". (S. 131).

[835] Der Text des Treueeides („Oath of allegiance") ist in Anhang II dieses Buches abgedruckt. – Die in dem Text des Treueeides enthaltene Pflicht zum Verzicht auf Adelstitel betrifft Einbürgerungsbewerber aus Deutschland deshalb nicht, weil der nie aufgehobene Art. 109 Abs. 3 WRV „öffentlich-rechtliche Vorrechte oder Nachteile der Geburt oder des Standes" für „aufzuheben" erklärt (S. 1) und bestimmt: „Adelsbezeichnungen gelten nur als Teil des Namens und dürfen nicht mehr verliehen werden" (S. 2).

[836] *Matthias Rüb*, Willkommen in Amerika. Aufstehen für den Treueeid. Einbürgerung in einem Land, das unbändig stolz auf sich ist und dieses Gefühl auch auf seine Neubürger übertragen möchte, FAZ Nr. 152 v. 3.7.2004, S. 3.

zum ehemaligen Gebäude der Volkspolizei, in dem sich zum damaligen Zeitpunkt die Ausländerbehörde befand. In dem heruntergekommenen Zimmer saß ein einziger Beamter, der gelangweilt und im Galoppverfahren seine Pflicht erledigte. Ich hatte mich auf meine Einbürgerung gefreut. Doch die Freude wich der in Deutschland so typischen Ernüchterung. Der Sachbearbeiter vermittelte mir das Gefühl, als hätte ich gerade mal ein Knöllchen bezahlt. ... In Deutschland vermittelt der Staat seinen Bürgern kein Wirgefühl und keine Wertschätzung ..."[837]

Die Tristesse des äußeren Ablaufes der Einbürgerung ist inzwischen auch bei den deutschen Politikern, und zwar über Parteigrenzen hinweg, als verbesserungsbedürftiger Zustand wahrgenommen worden. So hat die Vorsitzende von Bündnis 90/DIE GRÜNEN, Claudia Roth, schon im November 2004 erklärt, sie wünsche sich, dass künftig die Zeremonie der Einbürgerung in allen Gemeinden als festlicher, bewusster Akt begangen werde, in dessen Verlauf dann den Eingebürgerten auch die Verfassung überreicht werden könne.[838] Im Dezember 2004 appellierte der rheinland-pfälzische Ministerpräsident Kurt Beck (SPD) und der damalige Staatssekretär für Inneres, Karl-Peter Bruch (SPD), in einem Rundschreiben an die Kreis- und Stadtverwaltungen des Landes, die Einbürgerungsurkunden künftig in einer Feierstunde auszuhändigen, in der auch die Nationalhymne gespielt werde; den Eingebürgerten sollten Exemplare des Grundgesetzes und der Verfassung des Landes Rheinland-Pfalz ausgehändigt werden.[839] Von einer nachträglichen im Saal der Bezirksverordnetenversammlung des Rathauses Berlin-Wilmersdorf veranstalteten Willkommensfeier wird berichtet, es habe neben der Nationalhymne, Reden, Musik und einen kleinen Imbiss (Käsewürfel mit Weintrauben auf Plastikspießchen, und Buletten nicht vom Schwein sondern aus Geflügel) am Eingang das Grundgesetz und das Kursangebot der örtlichen Volkshochschule zum Mitnehmen gegeben.[840] Auch das oft

[837] Zitiert aus einem unter der Überschrift „Extrem unfeierlich" veröffentlichten Leserbrief von *Sylvia Wähling*, FAZ Nr. 298 v. 21.12.2004, S. 8.

[838] Bericht „Einbürgerung muß festlicher Akt sein", FAZ Nr. 280 v. 30.11.2004, S.4.

[839] Notiz „Feierliche Einbürgerung in Rheinland-Pfalz", FAZ Nr. 304 v. 29.12. 2004, S. 1.

[840] Ausführliche Schilderung bei *Oliver Hoischen*, Das Jawort zum Grundgesetz. Jeder vierte mag es feierlich. Die Deutschmacher: In Berlin werden Ausländer

als hanseatisch-kühl bezeichnete Hamburg feiert mit. Einem Beschluss des Senats der Freien und Hansestadt Hamburg vom 6. Juni 2006 zufolge wird es künftig als „feierlichen Abschluss einer erfolgreichen Integration" für alle in Hamburg Eingebürgerten neuen deutschen Staatsangehörigen eine zentrale Einbürgerungsfeier im Rathaus geben; Innensenator Udo Nagel (parteilos) sagte zu dem Beschluss: „Wer die Voraussetzungen für eine Einbürgerung erfüllt hat, hat es verdient, dass dies auch in einem entsprechenden, würdigen Rahmen anerkannt wird. Der Senat will mit den Einbürgerungsfeiern die Eingebürgerten besonders in der Gemeinschaft der deutschen Staatsangehörigen willkommen heißen. Außerdem soll deutlich werden, dass Einbürgerungen keine Routine sind, sondern ganz spezielle, nicht alltägliche Vorgänge. Mit den Feiern möchte der Senat auch die Hinwendung der neuen Staatsangehörigen zu unserer Gesellschaft und ihre jahrelangen Integrationsanstrengungen würdigen."[841]

Bemerkenswert ist auch die Tatsache, dass nicht nur in der Bundesrepublik Deutschland, sondern auch in anderen Ländern eine Abkehr von der bisher unfeierlichen Aushändigung der Einbürgerungsurkunden stattfindet. So wird seit Anfang 2004 in Großbritannien die Einbürgerungsurkunde nicht mehr einfach postalisch zugeschickt, sondern in einer Zeremonie in Anwesenheit von „lokalen Honoratioren" übergeben. Vor der Einbürgerung müssen die Antragsteller in einem 45minütigen Multiple-choice-Test nachweisen, dass sie mit den Bräuchen und Sitten des Vereinigten Königreiches vertraut sind; zur Vorbereitung wird ein 120 Seiten umfassendes, für 9,99 £ (= rd. 15 Euro) erhältliches Handbuch „Life in the United Kingdom: A Journey to Citizenship" empfohlen.[842] Über die Situation in den Niederlanden wurde im Sommer 2005 berichtet, die Ministerin für Integration Rita Verdonk habe „den Gemeinden unlängst Einbürgerungsfeste verordnet. Einwanderer, die ihre Prüfung bestanden haben und alle weiteren

dazu ermuntert, die deutsche Staatsbürgerschaft zu erwerben, FAZ Nr. 54 v. 4.3.2006, S. 3.

[841] Pressemitteilung der Pressestelle des Senats vom 6.6.2006: Senat beschließt Einbürgerungsfeiern für neue Staatsangehörige, S. 1 – Der erste Einbürgerungsfestakt fand am 21.11.2006 statt; siehe dazu den Bericht „Ich bin stolz, dass ich jetzt dazugehöre". Senat feiert erstmals Einbürgerungsfestakt. Von Beust: Wichtiges Symbol für alle, DIE WELT v. 22.11.2006, S. 34 (Hamburg).

[842] Weitere Einzelheiten dazu bei *Gina Thomas*, Wie britisch sind Sie?, FAZ Nr. 255 v. 2.11.2005, S. 39.

Bedingungen erfüllen, sollten nicht einfach ihre Pässe ausgehändigt bekommen als handele es sich um einen Parkausweis, sagt die Ministerin. Die Bürgermeister sollen die Naturalisierung in festlichem Rahmen vornehmen. Man könne ja gemeinsam ein Volkslied anstimmen, regte die Ministerin an."[843]

[843] *Andreas Ross,* Öl ins Feuer. Die niederländische Integrationsministerin Verdonk steht für schnelle Abschiebungen und verlangt von Muslimen Anpassung, FAZ Nr. 166 v. 20.7.2005, S. 3.

XXIII. Einbürgerungseid – ja oder nein?

Das Feierlichste vom Feierlichen ist ein Eid. Was in angelsächsischen Staaten absolut selbstverständlich ist, nämlich dass die Einbürgerung mit einem Treueeid des Eingebürgerten verbunden ist, war bis vor kurzem in Deutschland kein Thema. Nun soll diese Abstinenz aufgegeben werden. So stimmten die Delegierten des CDU-Parteitages in Düsseldorf am 7. Dezember 2004 einstimmig für einen Antrag der niedersächsischen CDU, künftig von Ausländern bei ihrer Einbürgerung einen Eid auf das Grundgesetz zu verlangen; Bundespartei und Bundestagsfraktion der CDU werden aufgefordert, eine dementsprechende Änderung des Staatsangehörigkeitsrechts anzustreben.[844] Auf Ablehnung stieß dieser Gedanke bei der damaligen Koalition von SPD und Bündnis 90/DIE GRÜNEN. Nachdem die niedersächsische Landesregierung eine Bundesratsinitiative zur Einführung eines Eides auf die Verfassung bei Einbürgerungen angekündigt hatte,[845] fasste auch die Konferenz der Innenminister von Bund und Ländern einen diesbezüglichen Beschluss. Eine Lawine, einmal losgetreten, lässt sich meist nicht mehr stoppen.

Kritisch zum Einbürgerungseid hat sich Jörn Axel Kämmerer geäußert. In einem Editorial[846] geht Kämmerer zunächst davon aus, es sei verständlich, „dass die Bundesrepublik keine Verfassungsfeinde an ihrem Busen nähren will, sondern Neubürger braucht, die ihrer staatlichen Ordnung positiv gegenüberstehen und nach Möglichkeit auch aktiv zum Gemeinwesen beitragen“. Demgemäß hält Kämmerer es für folgerichtig, wenn bereits jetzt in § 10 Abs. 1 StAG verfügt ist, „dass Anspruch auf Einbürgerung nur hat, wer sich positiv zur freiheitlichen demokratischen Grundordnung bekennt und verfassungsfeindlichen Organisationen oder Bestrebungen jede Form der Unterstützung versagt. So wird dem einbürgerungswilligen Ausländer bereits de lege lata ein höheres Maß an Staatstreue abverlangt als dem kraft ius sanguinis in die Staatsangehörigkeit Hineingeborenen …“ Loyalität zur staatlichen Ordnung sei gewiss erwünscht, aber nicht

844 Siehe Bericht „CDU für Verfassungseid bei Einbürgerung. Parteitag in Düsseldorf verabschiedet Anträge zur Integrations- und Arbeitsmarktpolitik“, FAZ Nr. 287 v. 8.12.2004, S. 1.

845 Siehe Notiz „Ausländer sollen aufs Grundgesetz schwören“, HA v. 17.1.2005, S. 5 (Norddeutsche Zeitung).

846 *Jörn Axel Kämmerer*, Hand aufs Grundgesetz, NJW-Editorial, H. 8/2005.

einklagbar. „So könnten sich die Anforderungen der §§ 9, 10 StAG am Ende gegenüber dem insgesamt substanzarmen Eid Privater auf das Grundgesetz gar als strenger erweisen. Selbst wenn man ihn auf den von jenen Bestimmungen umrissenen freiheitlich-demokratischen Kern staatsbürgerlichen Ethos reduzierte, wiese der Eid allenfalls einen appellativen, aber keinen normativen Mehrwert auf – denn seine spätere Verletzung bliebe sanktionslos." Das Editorial von Kämmerer schließt mit der Bemerkung: „Die jüngste Debatte hat an die Verantwortlichkeit des Staatsangehörigen für sein Gemeinwesen erinnert. Sie zu aktivieren, ist der Grundgesetz-Schwur indes kaum tauglich. Wie stark und belastbar das Staatsangehörigkeit genannte Band wird, liegt auch am Staat. Die Einbürgerung etwa feierlich zu umrahmen, wie jetzt angeregt wurde, dürfte dauerhafter staatsbürgerlicher Loyalität förderlicher sein als erzwungene Eide."

Ein allgemeiner Staatsbürgereid ist dem geltenden deutschen Recht fremd. Ohne Ansehen der Person wird nur die Vereidigung eines Zeugen vor Gericht vorgenommen. Im übrigen ist die Pflicht zum Leisten eines Eides nur für bestimmte Personen oder bestimmte Personengruppen gesetzlich vorgeschrieben. Das Grundgesetz der Bundesrepublik Deutschland schreibt für den Bundespräsidenten einen Amtseid vor (Art. 56 GG); ebenso haben nach dem Grundgesetz (Art. 64 Abs. 2 GG) die Mitglieder der Bundesregierung und nach den entsprechenden Bestimmungen in den Verfassungen der Länder die Mitglieder der Landesregierungen einen Amtseid zu leisten. Das Deutsche Richtergesetz nennt als eine der besonderen Pflichten des Richters den Richtereid (§ 38 DRiG). Notare müssen nach § 13 der Bundes-Notarordnung einen Amtseid ablegen, ebenso – als Organe der Rechtspflege – gemäß § 26 Bundes-Rechtsanwaltsordnung die in der Bundesrepublik Deutschland zugelassenen Rechtsanwälte. Beamte des Bundes und der Länder werden nach den einschlägigen Beamtengesetzen vereidigt (vgl. §§ 58 BBG, 40 BRRG). Berufssoldaten und Soldaten auf Zeit leisten einen Diensteid (§ 9 Abs. 1 SoldatenG), Wehrpflichtige haben sich durch ein feierliches Gelöbnis zu ihren Pflichten zu bekennen (§ 9 Abs. 2 SoldatenG). Diese – keinen Anspruch auf Vollständigkeit erhebende – Aufzählung zeigt, dass die spezielle Eidesbindung stets an besondere Pflichten anknüpft und diese bekräftigt – Pflichten, die über die allgemeinen Pflichten des Bürgers im Staat hinausgehen.

Versucht man, sich der Frage nach der Einführung eines Einbürgerungseides nicht im Hau-Ruck-Stil sondern behutsam zu nähern, so sollte man zunächst die Unterschiede zur angelsächsischen Tradition sehen: Wir haben in der Bundesrepublik Deutschland weder den „oath of allegiance“ als Untertanentreue-Eid auf die Krone noch den pseudo-religiösen Nationalstolz der USA. Die Personalisierung des Eidesbezuges in der NS-Zeit, die den Widerstandskämpfern des 20. Juli 1944 nicht wenige Probleme bereitete, weckt – wenn auch mehr und mehr verblassend – negative Assoziationen zur Rechtsinstitution des Eides. Gleichwohl sollte nicht allein wegen eines zeitlich kurzen Abschnittes der deutschen Geschichte die Jahrhunderte alte Idee des Eides generell der Ablehnung verfallen.

Was die Einführung eines Einbürgerungseides in Deutschland betrifft, so ist Jörn Axel Kämmerer darin zuzustimmen, dass ein solcher Eid insofern keinen normativen Gehalt aufweist, als die spätere Verletzung durch den Eidesleistenden und nun deutschen Staatsangehörigen keine Sanktionen – etwa in Form einer allein deshalb aufgenommenen Rücknahme der Einbürgerung – nach sich zieht. Die Eidesleistung würde aber immerhin und jedenfalls nicht nur den feierlichen Rahmen der Einbürgerungszeremonie unterstreichen, sondern dem Eingebürgerten auch das Gefühl vermitteln, dass die Einbürgerung mehr ist als nur der Erhalt eines Stückes Papier und daraus resultierender wirtschaftlicher Vorteile. Keine verfassungsrechtlichen Bedenken gegen eine etwaige Einführung eines Einbürgerungseides bestehen unter dem Aspekt des allgemeinen Gleichheitssatzes (Art. 3 Abs. 1 GG) und des Diskriminierungsverbotes (Art. 3 Abs. 3 GG); denn der Einzubürgernde ist bis zum Vollzug der Einbürgerung kein deutscher Staatsangehöriger, so dass sachgemäße und nicht unzumutbar belastende gesetzliche Voraussetzungen der Einbürgerung gerechtfertigt sind. Von dieser rechtlichen Unterschiedlichkeit geht das gesamte Staatsangehörigkeitsrecht aus – sie ist dessen Grundlage und Legitimation. Sofern allerdings Einzubürgernde aus religiösen Gründen den Gottesbezug in einem von ihnen abzuleistenden Eid ablehnen, muss ein vorgeschriebener Gebrauch der Eidesformel darauf Rücksicht nehmen. Nach der Rechtsprechung des Bundesverfassungsgerichts (entschieden für den Zeugeneid im Strafverfahren) kann unter Berufung auf das Grundrecht der Religionsfreiheit (Art. 4 Abs. 1 GG) unter Umständen sogar die Ableistung eines Eides überhaupt verweigert werden.[847] Für einen solchen Ausnahmefall sollte eine Art Bekräftigung (ähnlich § 65 StPO) eingeführt werden.

Das Gesetz zur Umsetzung aufenthalts- und asylrechtlicher Richtlinien der Europäischen Union vom 19. August 2007 hat nunmehr § 16 StAG wie folgt gefasst: „Die Einbürgerung wird wirksam mit der Aushändigung der von der zuständigen Verwaltungsbehörde ausgefertigten Einbürgerungsurkunde. Vor der Aushändigung ist folgendes feierliches Bekenntnis abzugeben: „Ich erkläre feierlich, dass ich das Grundgesetz und die Gesetze der Bundesrepublik Deutschland achten und alles unterlassen werde, was ihr schaden könnte.“; § 10 Abs. 1 Satz 2 gilt entsprechend.“

[847] Beschluss vom 11.4.1972, BVerfGE 33, 23 ff. [34].

XXIV. Entziehung und Verlust der deutschen Staatsangehörigkeit

Eine bis zum 24. Mai 2006 vom Bundesverfassungsgericht noch nicht entschiedene Frage war, ob eine vom Einbürgerungsbewerber durch Täuschung erschlichene Einbürgerung zurückgenommen werden kann. In seinem an diesem Tage dazu ergangenen Urteil[848] hatte das Bundesverfassungsgericht sich vor allem mit der für Entziehung und Verlust der Staatsangehörigkeit zentralen Norm des Art. 16 Abs. 1 GG zu befassen, die lautet: „Die deutsche Staatsangehörigkeit darf nicht entzogen werden. Der Verlust der Staatsangehörigkeit darf nur aufgrund eines Gesetzes und gegen den Willen des Betroffenen nur dann eintreten, wenn der Betroffene nicht staatenlos wird."[849] Das Grundgesetz unterscheidet also in Art. 16 Abs. 1 zwischen „Entziehung" einerseits und „Verlust" andererseits, mit einer wichtigen unterschiedlichen Rechtsfolge: Während die Entziehung der deutschen Staatsangehörigkeit absolut verboten ist, also auch durch (einfaches) Gesetz nicht eingeführt werden könnte, ist der Verlust der deutschen Staatsangehörigkeit – wenn auch nur aufgrund eines Gesetzes – zulässig.

Ein unterschiedlicher Inhalt ist aus den Worten „Entziehung" und „Verlust" als solchen nicht ohne weiteres ersichtlich. Deutungsversuche im rechtswissenschaftlichen Schrifttum waren, dass „Entziehung" durch Einzelakt, „Verlust" durch Gesetz geschehe, oder dass „Entziehung" aufgrund von politischen Motiven erfolge, während „Verlust" nicht politisch motiviert sei. Zutreffend ist demgegenüber der Gegensatz zwischen „Entziehung" als Zwangsausbürgerung und „Verlust" als Selbstausbürgerung. Bei der Zwangsausbürgerung setzt der Ausgebürgerte mit keiner eigenen Willensentscheidung eine diesbezügliche Ursache, während bei der Selbstausbürgerung – am deutlichsten im Fall des Antrages auf Entlassung aus der bisherigen Staatsangehörigkeit – die Ursache für den Verlust der Staatsangehörigkeit vom Betroffenen selbst gewählt ist. Das Bundesverfassungs-

[848] Urt. v. 24.5.2006, BVerfGE 116, 24 ff. = EuGRZ 2006, 435 ff. = NVwZ 2006, 807 ff. = StAZ 2006, 200 ff.

[849] Vgl. dazu ausführlich *Gertrude Lübbe-Wolff*, Entziehung und Verlust der deutschen Staatsangehörigkeit – Art. 16 I GG, Jura 1996, 57 ff.; *Andres Leopold*, Einführung in das Staatsangehörigkeitsrecht, JuS 2006, 126 ff.

gericht sieht den Unterschied zwischen „Entziehung“ und „Verlust“ i.S. des Art. 16 Abs. 1 GG darin, dass Entziehung „der Verlust der deutschen Staatsangehörigkeit (ist), den der Betroffene nicht beeinflussen kann“, während der Verlust i.S. des Art. 16 Abs. 1 GG „aufgrund von Handlungen des Betroffenen (eintritt), die auf einem selbstverantwortlichen und freien Willensentschluß gegründet sind“.[850] Ähnlich formuliert, aber inhaltlich gleich ist die Unterscheidung: „Der Verlust ist vermeidbar, die Entziehung ist unvermeidbar“,[851] oder: Dem Verlust liegen – anders als der Entziehung – Tatbestandsmerkmale zugrunde, „deren Erfüllung im Willensbereich des Betroffenen liegt“.[852]

Die ratio des Art. 16 Abs. 1 GG ist, dass niemand gegen seinen Willen in einer Staatsangehörigkeit festgehalten werden soll, die der/die Betreffende gerade aufgeben will. Es gibt aber auch Fälle, in denen jemand willentlich und wissentlich selbst die Ursache für den Verlust der Staatsangehörigkeit setzt, z.B. durch den Erwerb einer anderen Staatsangehörigkeit aufgrund eines eigenen Antrages, aber die bisherige Staatsangehörigkeit eigentlich gern behalten würde. Da aber auch hier der Staatsangehörige selbst die causa für den Verlust seiner Staatsangehörigkeit setzt, handelt es sich um eine nach dem Grundgesetz verfassungsrechtlich zulässige Selbstausbürgerung.[853] Eine Ausnahme macht Art. 16 Satz 2 letzter Halbs. GG allerdings insoweit, als der Verlust der Staatsangehörigkeit gegen den Willen des Betroffenen nur dann eintreten darf, wenn der Betroffene nicht staatenlos wird.

Zwangsausbürgerungen ohne Zutun und gegen den Willen des Betroffenen (auch Expatriierungen genannt) wie sie in der NS-Zeit aus politischen, rassischen oder religiösen Gründen nicht selten vorgenommen wurden,[854] und wie sie auch in den kommunistischen

850 BVerfG Kammerbeschluss v. 22.6.1990, NJW 1990, 2193.

851 *Albrecht Randelzhofer*, M/D, Art. 16 Abs. 1 Rn. 49.

852 *Otto Kimminich*, BK, Art. 16 Rn. 36.

853 Ein interessantes Beispiel ist der Außenminister Afghanistans, *Rangin Dadfar Spanta*: Der Afghane erhielt 1982 politisches Asyl in Deutschland und erhielt später die deutsche Staatsangehörigkeit. Als er nach seiner Rückkehr nach Afghanistan sein Ministeramt antrat musste er die deutsche Staatsangehörigkeit aufgeben; vgl. Bericht: „Aus Aachen. Rangin Dadfar Spanta“, FAZ Nr. 27 v. 1.2.2007, S. 8.

854 Siehe dazu oben Abschn. IX und *Dieter Gosewinkel* (Anm. 96), S. 370 ff., S. 381 ff.

Staaten des Ostblocks vorkamen, sind also vom Grundgesetz strikt untersagt. Die mit dem Ende des NS-Regimes begründet gewesene Hoffnung, dass Ausbürgerungen aus politischen Gründen auf deutschem Boden nicht wieder erfolgen würden, erfüllte sich nicht. Das Gesetz über die Staatsbürgerschaft der Deutschen Demokratischen Republik vom 20. Januar 1967 bestimmte in § 13: „Die Staatsbürgerschaft der Deutschen Demokratischen Republik kann Bürgern, die ihren Wohnsitz oder Aufenthalt außerhalb der Deutschen Demokratischen Republik haben, wegen grober Verletzung der staatsbürgerlichen Pflichten aberkannt werden." Das Staatsbürgerschaftsgesetz wiederholte damit die Möglichkeit der Aberkennung der Staatsbürgerschaft der DDR, die bereits in § 1 des Erlasses des Staatsrates der DDR vom 21. August 1964 über die Aufnahme von Bürgern der DDR, die ihren Wohnsitz außerhalb der DDR haben, vorgesehen war.[855] Eine Konkretisierung der Voraussetzung „wegen grober Verletzung der staatsbürgerlichen Pflichten" war weder in dem Erlass noch im Staatsbürgerschaftsgesetz vorhanden. Die Entscheidung darüber, ob eine „grobe Verletzung staatsbürgerlicher Pflichten" anzunehmen war, lag daher offensichtlich im Ermessen des für Ausbürgerungen zuständigen Staatsorgans.[856]

Die Ausbürgerung nach § 13 Staatsbürgerschaftsgesetz hatte zur weiteren Voraussetzung, dass der von ihr Betroffene seinen „Wohnsitz oder Aufenthalt außerhalb der Deutschen Demokratischen Republik" hatte. Für die Praxis der Ausbürgerung war wichtig, dass kein ständiger oder dauernder Aufenthalt außerhalb der DDR vorliegen musste, sondern dass ein einfacher Aufenthalt ausreichte. Damit hatten die Staatsorgane der DDR es in der Hand, einem DDR-Bürger, der aus der DDR legal ausgereist war, durch Verbot der Rückreise in die DDR zum Aufenthalt außerhalb der DDR zu zwingen und damit diese Voraussetzung für die Ausbürgerung herbeizuführen. Im Fall Biermann lautete die entsprechende Nachricht in der „Aktuellen Kamera" (der Nachrichtensendung des staatlichen DDR-Fernsehens) am 16. November 1976: „Die zuständigen Behörden der Deutschen Demokratischen Republik haben Wolf Biermann, der 1953 aus Hamburg in die Deutsche Demokratische Republik übersiedelte, das Recht auf weiteren Aufenthalt in der Deutschen Demokratischen Republik

[855] GBl. DDR 1964 I, S. 128.
[856] So auch *Alexander Makarov* (Anm. 221), S. 616.

entzogen."[857] Die Ausbürgerung Biermanns, der – in einer langen Konfliktgeschichte – bereits sein Ausschluss aus der SED im Jahre 1963 vorangegangen war,[858] und mit der zum ersten Mal seit dem Ende des NS-Regimes in Deutschland ein Künstler ausgebürgert wurde, war ein – so wird berichtet – „einsamer Beschluß von Staats- und Parteichef Erich Honecker und seinem Stasi-Minister Erich Mielke". Er führte neben vielen anderen Anfragen und Protesten zu einem Protestschreiben prominenter Künstler in der DDR, darunter Jurek Becker, Volker Braun, Stephan Hermlin, Stefan Heym, Sarah Kirsch, Günter Kunert, Rolf Schneider und Christa Wolf, die die Regierung der DDR aufforderten, den Ausbürgerungsbeschluss „ernstlich zu überdenken".[859] Welchen langfristigen Anteil die Ausbürgerung Biermanns am späteren Niedergang des DDR-Systems hatte, lässt sich im Einzelnen nicht quantifizieren; aber dass die innerhalb und außerhalb der DDR erhobene Proteste deren Herrschaftssystem erschütterten kann kaum bezweifelt werden.[860] Dass der Fall Biermann kein Einzelfall im „realen Sozialismus" war, zeigt auch die Ausbürgerung von Milan Kundera, dem die Regierung der CSSR im Jahre 1979 die tschechoslowakische Staatsbürgerschaft entzog als Reaktion auf sein Werk „Das Buch vom Lachen und Vergessen", in welchem Kundera sich von seiner kommunistischen Vergangenheit distanziert hatte.[861]

[857] Zitiert in: *Paul Leonhard*, Staatsfeind Nummer eins. Vor dreißig Jahren wurde Wolf Biermann aus der DDR ausgebürgert. Beginn der Entfremdung zwischen „Kulturschaffenden" und SED, JF Nr. 46/06 v. 10.11.2006, S. 17.

[858] Zur Vorgeschichte der Ausbürgerung Biermanns und zu den Reaktionen darauf vgl. *Jochen Staadt*, Fragen unseres nationalen Kampfes. Vor fünfundzwanzig Jahren wurde Wolf Biermann die DDR-Staatsbürgerschaft entzogen, FAZ Nr. 266 v. 15.11.2001, S. 13.

[859] Zitiert bei *Paul Leonhard* (Anm. 857), S. 17.

[860] Siehe z.B. *Jochen Staadt* (Anm. 858); Die Ausbürgerung „zerstörte bei vielen in der DDR aufgewachsenen jungen Menschen die Hoffnung, der reale Sozialismus könne vielleicht doch noch reformiert werden"; *Willi Winkler*, Staatlich anerkannter Staatsfeind. Allein mit seinem Volk: Vor 25 Jahren wurde Wolf Biermann aus der DDR ausgebürgert, in: SZ v. 13.11.2001, S. 15: Biermann hat die DDR destabilisiert, „denn die Proteste gegen seine Ausbürgerung verdarben dem letzten Sympathisanten die Lust, diesen Staat für den besseren zu halten".

[861] Siehe die Notiz „Milan Kunderas spätes Erbarmen", NZZ Nr. 248 v. 25.10. 2006, S. 26.

Bemerkenswert und erstaunlich ist, dass weder die Ausbürgerungen in der NS-Zeit noch die im „realen Sozialismus“ Oskar Lafontaine davon abgehalten haben, im Bundestagswahlkampf 2005 zum Umgang mit so genannten Steuerflüchtlingen zu empfehlen: Wer sich nicht über Steuern an der Finanzierung des Staates beteilige, dem solle die Staatsbürgerschaft entzogen werden.[862]

Anders als die Zwangsausbürgerung ist die Selbstausbürgerung vom Grundgesetz nicht verboten. Als Gründe für einen auch nach Art. 16 GG zulässigen Verlust der deutschen Staatsangehörigkeit nennt § 17 StAG: Die Entlassung (§§ 18–24 StAG); den Erwerb einer ausländischen Staatsangehörigkeit (§ 25 StAG); den Verzicht (§ 26 StAG); die Annahme als Kind durch einen Ausländer (§ 27); sowie – neu hinzugekommen durch das Gesetz zur Reform des Staatsangehörigkeitsrechts von 1999 – der Eintritt in die Streitkräfte oder einen vergleichbaren bewaffneten Verband eines ausländischen Staates (§ 28) und die Erklärung über die Beibehaltung der ausländischen Staatsangehörigkeit (§ 29 StAG).

Der einsichtigste Grund für einen Verlust der deutschen Staatsangehörigkeit ist der einer Entlassung gemäß § 18 StAG: „Ein Deutscher wird auf seinen Antrag aus der Staatsangehörigkeit entlassen, wenn der Erwerb einer ausländischen Staatsangehörigkeit beantragt und ihm die zuständige Stelle die Verleihung zugesichert hat.“ Die Gesetzesbestimmung geht davon aus, dass eine bewusste und gewollte Abwendung des die Entlassung aus der deutschen Staatsangehörigkeit Beantragenden dann vorliegt (salopp formuliert: „Reisende soll man nicht halten“), wenn der Erwerb der anderen Staatsangehörigkeit aufgrund eigenen Antrages hin erfolgt; ein automatischer Erwerb fremder Staatsangehörigkeit kraft (ausländischem) Gesetzes genügt also nicht, ebenso nicht eine unter unausweichlichem Druck abgegebene Willenserklärung zugunsten einer fremden Staatsangehörigkeit. Da auch die Staatsangehörigkeitsgesetze der anderen Staaten in der Regel eine mehrfache Staatsangehörigkeit nicht akzeptieren, bedeutet das in der Praxis, dass normalerweise die Verleihung der ausländischen Staatsangehörigkeit an einen Deutschen nicht vor der Entlassung aus seiner deutschen Staatsangehörigkeit erfolgt. Zwischen dem

[862] Zitiert nach: *Reiner Burger*, Unterm Marx-Kopf. Lafontaines Auftritt in Chemnitz, FAZ Nr. 137 v. 16.6.2005, S. 2.

Zeitpunkt der Entlassung aus der deutschen Staatsangehörigkeit und dem Zeitpunkt der Verleihung der ausländischen Staatsangehörigkeit kann also ein zeitliches „Loch" entstehen, juristisch konkret: ein Zustand der Staatenlosigkeit; „damit das Risiko vorübergehender Staatenlosigkeit in Kauf genommen werden kann",[863] fordert § 18 StAG, dass die zuständige (ausländische) Stelle die Verleihung der fremden (neuen) Staatsangehörigkeit zugesichert hat. Zutreffend ist dazu festgestellt worden: „Absolute Gewissheit ist weder erreichbar noch notwendig; denn § 24 gewährt notfalls den Fortbestand der deutschen Staatsangehörigkeit"[864] (gemäß § 24 gilt die Entlassung aus der deutschen Staatsangehörigkeit als nicht erfolgt, „wenn der Entlassene die ihm zugesicherte ausländische Staatsangehörigkeit nicht innerhalb eines Jahres nach der Aushändigung der Entlassungsurkunde erworben hat"). Die rechtliche Bedeutung der Entlassungsurkunde lässt sich in die Formel fassen: Ohne Entlassungsurkunde keine Entlassung; denn § 23 Abs. 1 Satz 1 StAG bestimmt: „Die Entlassung wird wirksam mit der Aushändigung einer von der höheren Verwaltungsbehörde ausgefertigten Entlassungsurkunde."[865] Soll die Entlassung sich zugleich auf die Kinder des Antragstellers oder der Antragstellerin beziehen, „so müssen auch diese Personen in der Entlassungsurkunde mit Namen aufgeführt werden" (§ 23 Abs. 2 StAG).[866]

Die kategorische Formulierung des § 18 StAG „Ein Deutscher wird auf seinen Antrag aus der Staatsangehörigkeit entlassen ..." bedeutet, dass – wenn der beantragte Erwerb einer ausländischen Staatsangehörigkeit zugesichert ist – ein Rechtsanspruch auf Entlassung aus der deutschen Staatsangehörigkeit besteht. Von dieser Regel macht das StAG ausdrücklich nur zwei Ausnahmen, nämlich für Beamte,

[863] *Günter Renner*, H/R, § 18 StAG, Rn. 10.

[864] *Günter Renner* (Anm. 863).

[865] Zur Zuständigkeit für die Aushändigung vgl. auch § 23 Abs. 1 Satz 2 und 3: „Die Landesregierungen werden ermächtigt, durch Rechtsverordnungen die zuständige Behörde abweichend von Satz 1 zu bestimmen. Sie können diese Ermächtigung auf oberste Landesbehörden übertragen."

[866] Zur gesetzlichen Vertretung und zur Genehmigung durch das Vormundschaftsgericht bei der Entlassung einer Person, die unter elterlicher Sorge oder unter Vormundschaft steht, s. § 19 Abs. 1 StAG. Gemäß § 19 Abs. 2 StAG ist die Genehmigung des Vormundschaftsgerichts nicht erforderlich, „wenn der Vater oder die Mutter die Entlassung für sich und zugleich kraft elterlicher Sorge für ein Kind beantragt und dem Antragsteller die Sorge für die Person dieses Kindes zusteht".

Richter, Soldaten der Bundeswehr und sonstige Personen, die in einem öffentlich-rechtlichen Dienst- oder Amtsverhältnis stehen, solange ihr Dienst- oder Amtsverhältnis nicht beendet ist, ausgenommen ehrenamtlich tätige Personen (§ 22 Abs. 1 Nr. 1 StAG), und für Wehrpflichtige, solange nicht das Bundesministerium der Verteidigung oder die von ihm bezeichnete Stelle erklärt hat, dass gegen die Entlassung Bedenken nicht bestehen (§ 22 Abs. 1 Nr. 2 StAG). Sofern – wie insbesondere für Beamte – die Eigenschaft als Deutscher im Sinne des Art. 116 GG nicht mehr zu den allgemeinen persönlichen Voraussetzungen gehört, unter denen jemand in das öffentlich-rechtliche Dienst- und Amtsverhältnis berufen werden darf,[867] ist die von § 22 StAG strikt vorgeschriebene Versagung der Entlassung aus der deutschen Staatsangehörigkeit im Fall der Zusicherung der Verleihung einer ausländischen Staatsangehörigkeit eigentlich logisch gesehen nicht zwingend, jedenfalls dann nicht, wenn es sich bei der ausländischen Staatsangehörigkeit um „die Staatsangehörigkeit eines anderen Mitgliedstaates der Europäischen Gemeinschaften“[868] handelt.

Die Regelbestimmung des § 18 StAG enthält keine ausdrückliche Aussage dazu, ob ein Deutscher auf seinen Antrag aus der Staatsangehörigkeit zwar nicht entlassen werden muss, aber entlassen werden kann, wenn er nicht den Erwerb einer ausländischen Staatsangehörigkeit beantragt hat, er also in die Staatenlosigkeit entlassen werden will. Rechtsprechung und Schrifttum verneinen dies. In einem Fall, in welchem der Kläger aus religiösen Gründen beanspruchte, aus der deutschen Staatsangehörigkeit entlassen zu werden, „weil der Mensch als Christ dem Volk Gottes angehöre und ein Leben in der Nachfolge Jesu Christi jede rechtliche Zugehörigkeit zu einem Staat überflüssig mache“, hat das Oberverwaltungsgericht Münster (noch unter der Geltung des mit § 18 StAG inhaltsgleichen § 18 RuStAG) festgestellt: „Da der Verlust der deutschen Staatsangehörigkeit nur auf Grund eines Gesetzes eintreten kann (Art. 16 Abs. 1 GG), ist es nicht in das Belieben eines deutschen Staatsangehörigen gestellt, seine deutsche Staatsangehörigkeit ohne gesetzliche Grundlage abzulegen.“[869] Eine Entlassung aus der deutschen Staatsangehörigkeit, die

[867] Vgl. dazu § 4 Abs. 1 Nr. 1, Abs. 3 BRRG; § 7 Abs. 1 Nr. 1, Abs. 3 BBG.
[868] Erwähnt in § 4 Abs. 1 Nr. 1 BRRG; und in § 7 Abs. 1 Nr. 1 BBG.
[869] OVG Münster, Beschluss v. 13.9.1982, NJW 1983, 2599 f. (2599).

– wie im Fall des Klägers – Staatenlosigkeit zur Folge hätte, würde „auch der in Art. 16 Abs. 1, 116 GG zum Ausdruck gekommenen verfassungsrechtlichen Wertentscheidung widerstreiten, Staatenlosigkeit nach Möglichkeit zu verhindern. Das Gemeinwesen würde fühlbaren Schaden nehmen, wenn es in das freie Belieben der einzelnen gestellt wäre, unter Berufung auf subjektive Glaubensüberzeugung einerseits ihre rechtlichen Bindungen zu diesem Gemeinwesen zu lösen, andererseits aber tatsächlich in ihm weiter leben zu wollen.“[870] Richtig ist, dass § 18 StAG (wie schon vorher § 18 RuStAG) als abschließende einfachgesetzliche Regelung der Entlassung aus der deutschen Staatsangehörigkeit konzipiert ist. Die Bestimmung ist danach wie folgt zu lesen: „Ein Deutscher wird auf seinen Antrag aus der Staatsangehörigkeit nur dann zu entlassen, wenn er den Erwerb einer ausländischen Staatsangehörigkeit beantragt und ihm die zuständige Stelle die Verleihung zugesichert hat. Eine Entlassung in die Staatenlosigkeit findet nicht statt.“ Damit wird allerdings der Staat als solcher zu dem, was der Bonner Staatsrechtslehrer Josef Isensee einmal die „unentrinnbare Schicksalsgemeinschaft“ genannt hat – eine Vorstellung, die nicht jeder goutieren wird.

Vom Antrag auf Entlassung aus der deutschen Staatsangehörigkeit ist der Verzicht auf diese zu unterscheiden. Gemäß § 26 Abs. 1 StAG kann ein Deutscher auf seine Staatsangehörigkeit verzichten, „wenn er mehrere Staatsangehörigkeiten besitzt. Der Verzicht ist schriftlich zu erklären“. Der rechtliche Unterschied zwischen Entlassung und Verzicht besteht also darin, dass im Fall des Antrages auf Entlassung der deutsche Staatsangehörige seine deutsche Staatsangehörigkeit aufgeben will, um eine (neue) ausländische Staatsangehörigkeit zu erwerben, während im Fall der Verzichtserklärung der deutsche Staatsangehörige bereits mehrere Staatsangehörigkeiten besitzt, d.h. zusätzlich zur deutschen Staatsangehörigkeit (mindestens) eine andere Staatsangehörigkeit. Gemeinsam ist der Entlassung und dem Verzicht, dass beide als zulässige Selbstausbürgerungen mit Art. 16 Abs. 1 GG vereinbar sind. Gemeinsam sind beiden auch die Versagungsgründe des § 22 Abs. 1 StAG, die – mit leichten Abweichungen in § 26 Abs. 2 Satz 2, 2. Halbs. – auch für den Fall des Verzichtes gelten. Gemeinsam ist Entlassung und Verzicht auch, dass sowohl die

[870] A.a.O. (Anm. 869), S. 2600.

Entlassung als auch der Verzicht erst mit der Aushändigung der diesbezüglichen Urkunde wirksam werden (Entlassungsurkunde: gemäß § 23 Abs. 1 Satz 1 StAG; Verzichtsurkunde: gemäß § 26 Abs. 3 StAG). Schließlich gilt für Minderjährige die Regelung über die Entlassung entsprechend auch für den Verzicht (§ 26 Abs. 4 StAG: „Für Minderjährige gilt § 19 entsprechend").

Hinsichtlich einer von den sorgeberechtigten Eltern eines minderjährigen Kindes für dieses abgegebenen Verzichtserklärung hatte das Oberlandesgericht Stuttgart (Familiensenat) einen interessanten Fall zu entscheiden:[871] Ein im Jahre 2001 in Stuttgart geborener Sohn türkischer Eltern hatte, da der Vater im Zeitpunkt der Geburt seit mehr als acht Jahren rechtmäßig seinen gewöhnlichen Aufenthalt im Inland hatte und eine Aufenthaltsberechtigung besaß, gemäß § 4 Abs. 3 StAG die deutsche Staatsangehörigkeit – zusätzlich zu der durch die Abstammung von seinen türkischen Eltern vermittelten türkischen Staatsangehörigkeit – erworben. Mit dem Erwerb der deutschen Staatsangehörigkeit ihres Sohnes waren die Eltern nicht einverstanden; sie erklärten daher kurz nach seiner Geburt gegenüber der zuständigen Behörde den Verzicht auf die deutsche Staatsangehörigkeit ihres Sohnes und beantragten hierzu die gemäß §§ 19, 26 Abs. 4 StAG erforderliche Genehmigung des Vormundschaftsgerichts; die Genehmigung wurde nicht erteilt. Die Eltern legten hiergegen Beschwerde ein mit der Begründung, dass ihr Kind gegen den erklärten Willen der sorgeberechtigten Eltern nicht gezwungen werden könne, die deutsche Staatsangehörigkeit zu behalten. Das Oberlandesgericht hat die Beschwerde der Eltern für unbegründet erklärt, weil das erstinstanzliche Gericht die beantragte Genehmigung zu Recht nicht erteilt habe. Das Oberlandesgericht Stuttgart weist in seinem Beschluss zunächst zutreffend darauf hin, dass das StAG über die bei der Entscheidung betreffend die Genehmigung zu beachtenden materiellrechtlichen Gesichtspunkte in § 19 keine Aussage mache.[872] Unter Hinweis auf Bestimmungen im BGB zum Familienrecht[873] stellt das Gericht sodann – wiederum zutreffend – fest, es sei „in allen Fällen in denen nach dem Gesetz Eltern für ihre Kinder eine Entscheidung zu treffen haben und hierzu die Genehmigung des Vormundschaftsge-

[871] OLG Stuttgart Beschluss v. 17.3.2003, NJW 2003, 3643 f.

[872] A.a.O. S. 3644.

[873] Genannt werden die §§ 1631 b, 1643, 1821, 1822 Nr. 1, 3, 5, 8–11 BGB.

richts oder des Familiengerichts benötigen, auf das Kindeswohl als allgemeines Prinzip abzustellen (§ 1697a BGB). Hiernach ist diejenige Entscheidung zu treffen, die unter Berücksichtigung der tatsächlichen Gegebenheiten und Möglichkeiten sowie der berechtigten Interessen der Beteiligten dem Wohl des Kindes am besten entspricht."[874] In seiner folgenden Argumentation erwähnt das Gericht das gesetzgeberische Motiv zur Einführung des § 4 Abs. 3 StAG im Zuge der Reform des Staatsangehörigkeitsrechts von 1999, nämlich: „Mit der Verleihung der deutschen Staatsangehörigkeit bei der Geburt soll nach den Vorstellungen des Gesetzgebers die Integration der hier aufwachsenden Kinder ausländischer Eltern in die deutschen Lebensverhältnisse verbessert werden."[875] Da im vorliegenden Fall der Vater des Kindes bereits seit 14 Jahren in Deutschland lebe und nach eigener Bekundung auch die nächsten acht bis zehn Jahre in Deutschland bleiben wolle, sei es „daher grundsätzlich zum Wohl des Kindes, wenn es die Staatsangehörigkeit seines Geburtslandes, in dem es weiterhin leben soll, behält."[876] Nachteilige Auswirkungen der deutschen Staatsangehörigkeit auf ihr Kind hätten die Eltern nicht aufgezeigt: „Sie betonen lediglich ihre Rechte als Eltern und ihre ideologischen Vorbehalte gegen den Erwerb der deutschen Staatsbürgerschaft. Diese Gesichtspunkte berühren aber gerade nicht das Wohl des Kindes. Dieses hat vielmehr objektiv ein Interesse daran, dass sein Status in Deutschland durch die deutsche Staatsangehörigkeit verbessert wird und es sich erst nach Erreichen der Volljährigkeit entscheiden muss, ob es die deutsche oder die ausländische Staatsangehörigkeit behalten will (§ 29 StAG)."[877] Der Beschluss endet mit dem Satz: „Da das Kind auf Grund seiner Abstammung die türkische Staatsangehörigkeit besitzt (und die deutsche Staatsangehörigkeit nur zusätzlich erhält), bleibt die einheitliche Staatsangehörigkeit der Familie der Beschwerdeführer gewahrt."[878]

Unter integrationspolitischen Gesichtspunkten ist der Entscheidung des Oberlandesgerichts Stuttgart gewiss zuzustimmen, wobei sich allerdings die bange Frage aufdrängt: Wie steht es mit der Integration

874 A.a.O. S. 3644.
875 A.a.O. S. 3644.
876 A.a.O. S. 3644.
877 A.a.O. S. 3644.
878 A.a.O. S. 3644.

des Vaters, der im Zeitpunkt dieser Entscheidung bereits seit 14 Jahren in Deutschland lebte, aber „aus ideologischen Gründen" (so die Formulierung im Sachverhalt des Beschlusses) die deutsche Staatsangehörigkeit für seinen Sohn ablehnt? Auffallend und erstaunlich ist allerdings andererseits, dass das im Grundgesetz (Art. 6 Abs. 2) verfassungsrechtlich gewährleistete Elternrecht dem Oberlandesgericht kaum der Rede wert war. Die Begründung des Beschlusses könnte fast zu dem Schluss führen, die §§ 19 Abs. 1, 26 Abs. 4 StAG seien dahin auszulegen, dass die Genehmigung des Vormundschaftsgerichts von vornherein zu versagen ist, wenn jemand die deutsche Staatsangehörigkeit auf Grund des § 4 Abs. 3 StAG erworben hat. Nicht unproblematisch ist auch die Schlussbemerkung in der Entscheidung des Oberlandesgerichts Stuttgart, „es bleibe die einheitliche Staatsangehörigkeit der Familie der Beschwerdeführer gewahrt".[879] Richtig an dieser Feststellung ist zwar, dass sowohl die Eltern als auch der Sohn die türkische Staatangehörigkeit besitzen, der Sohn aber eben wegen der Versagung der von den Eltern beantragten Verzichtsgenehmigung zusätzlich die deutsche Staatsangehörigkeit erworben hat. Hinsichtlich der Staatsangehörigkeit besteht also gerade keine komplette Familieneinheit, dies nicht einmal unter den Kindern selbst, da die Schwester des Sohnes, die vor dem Inkrafttreten des Reformgesetzes geboren ist, nicht wie ihr Bruder die deutsche Staatsangehörigkeit erlangt hat. Der Sohn kann allerdings nach Erreichen der Volljährigkeit die staatsangehörigkeitsrechtliche Einheit seiner Familie dadurch wieder herstellen, dass er die durch das Reformgesetz von 1999 eingeführte obligatorische Erklärung gemäß § 29 Abs. 1 StAG über die Beibehaltung der deutschen oder (nicht: und) der ausländischen Staatsangehörigkeit dahin abgibt, dass er die ausländische Staatsangehörigkeit behalten will; in diesem Fall geht nach § 29 Abs. 2 Satz 1 StAG die deutsche Staatsangehörigkeit mit dem Zugang der Erklärung bei der zuständigen Behörde verloren. Der Verlust tritt auch dann ein, wenn der Erklärungspflichtige bis zur Vollendung seines 23. Lebensjahres keine diesbezügliche Erklärung abgegeben hat (§ 29 Abs. 2 Satz 2 StAG).

Den Unterschied zwischen dem nach Art. 16 Abs. 1 GG zulässigen Verlust und der unzulässigen Entziehung der deutschen Staatsan-

[879] A.a.O. S. 3644.

gehörigkeit hat Albrecht Randelzhofer in seiner Kommentierung dieser Bestimmung in die griffige Formel gebracht: „Der Verlust ist vermeidbar, die Entziehung ist unvermeidbar.“[880] Vermeidbar - und daher nach Art. 16 Abs. 1 GG zulässig - ist deshalb der Verlust der deutschen Staatsangehörigkeit, der gemäß § 28 Satz 1 StAG dann eintritt, wenn ein Deutscher auf Grund freiwilliger Verpflichtung und ohne eine Zustimmung des Bundesministeriums der Verteidigung oder der von ihm benannten Stelle in die Streitkräfte oder einen vergleichbaren bewaffneten Verband eines ausländischen Staates eintritt, dessen Staatsangehörigkeit er besitzt, es sei denn, dass er auf Grund eines zwischenstaatlichen Vertrages dazu berechtigt ist (§ 28 Satz 2 StAG). Der Verlustgrund des Dienstes in fremden Streitkräften oder vergleichbaren bewaffneten Verbänden ausländischer Staaten trifft also nur denjenigen Deutschen, der freiwillig diesen Dienst antritt und nur denjenigen, der neben der deutschen Staatsangehörigkeit auch die Staatsangehörigkeit des Staates besitzt, in dessen Dienste er tritt. Die Bestimmung des § 28 StAG regelt also weder die Frage der Ableistung der Wehrpflicht von Mehrstaatern noch den Eintritt in Streitkräfte eines Drittstaates[881] oder eines nichtstaatlichen Machthabers, etwa als Söldner eines „Warlords“. Der Gesetzgeber geht davon aus, dass der freiwillige Eintritt in den Militärdienst des anderen Heimatstaates „eine Hinwendung zu diesem Staat und zugleich eine Abwendung von Deutschland“ erkennen läßt, was den Verlust der deutschen Staatsangehörigkeit rechtfertige.[882] Die an sich nicht logisch gebotene Ungleichbehandlung nach § 28 StAG gegenüber demjenigen Deutschen, der in den Streitkräften eines Drittstaates freiwillig Dienst tut,[883] also eines Staates, dessen Staatsangehörigkeit er nicht besitzt, erklärt sich daraus, dass der Verlust der deutschen Staatsangehörigkeit im letzteren Fall zur Staatenlosigkeit des Dienstleistenden führen würde.

880 In: M/D, Art. 16 Abs. 1 Rn. 49.

881 Vgl. dazu § 8 Abs. 1 WehrpflichtG: „Wehrpflichtige dürfen sich nur mit Zustimmung des Bundesministeriums der Verteidigung zu einem Wehrdienst außerhalb der Bundeswehr verpflichten. Dies gilt nicht bei Wehrdienst, der auf Grund gesetzlicher Vorschrift des Aufenthaltsstaates zu leisten ist.“.

882 *Günter Renner*, H/R, § 28 StAG, Rn. 5.

883 Zur Strafbarkeit des Anwerbens eines Deutschen für fremden Wehrdienst vgl. § 109h StGB.

Ein Verlust der deutschen Staatsangehörigkeit tritt schließlich auch bei Annahme als Kind (Adoption) ein. Gemäß § 27 Satz 1 StAG muss die Annahme als Kind nach den deutschen Gesetzen wirksam sein; auch geht die deutsche Staatsangehörigkeit des Adoptierten nur dann verloren, wenn der Adoptierte durch die Annahme als Kind die Staatsangehörigkeit des Adoptierenden erwirbt, also nicht in die Staatenlosigkeit entlassen wird. Das Alter des Adoptierten ist für den Verlust der deutschen Staatsangehörigkeit grundsätzlich unbeachtlich. Jedoch sind die einschlägigen zivilrechtlichen Vorschriften über die Annahme Minderjähriger (§§ 1741 ff. BGB) und über die Annahme Volljähriger (§§ 1767 ff. BGB) zu beachten. Der Verlust der deutschen Staatsangehörigkeit im Fall einer rechtswirksamen Annahme als Kind ist keine Ausnahme vom Verbot der Zwangsausbürgerung sondern erfolgt freiwillig; denn für die Adoption als das den Verlust der deutschen Staatsangehörigkeit begründende Tatbestandsmerkmal ist gemäß § 1746 Abs. 1 Satz 1 BGB die Einwilligung des Kindes erforderlich bzw. des gesetzlichen Vertreters (§ 1746 Abs. 1 Satz 2 BGB) und des Vormundschaftsgerichts (§ 1746 Abs. 1 Satz 3 BGB). Im Fall der Annahme eines Volljährigen als Kind bedarf es für die Entscheidung des Vormundschaftsgerichts nicht nur eines diesbezüglichen Antrages des Annehmenden sondern auch des Anzunehmenden (§ 1768 Abs. 1 BGB), so dass es sich nicht um eine gemäß Art. 16 Abs. 1 GG unzulässige Zwangsausbürgerung ohne Zutun des Betroffenen handelt sondern um eine willentliche Selbstausbürgerung.

Im StAG nicht ausdrücklich geregelt ist die Frage, ob eine durch arglistige Täuschung erschlichene Einbürgerung von der zuständigen Behörde zurückgenommen werden kann oder ob einer solchen Rücknahme die Bestimmung des Art. 16 Abs. 1 GG im Wege steht.[884] Das Bundesverwaltungsgericht[885] und andere Verwaltungsgerichte[886] wie auch die ganz überwiegende Meinung im staatsrechtlichen Schrifttum sehen in dieser Norm kein prinzipielles Hindernis für die Rücknahme

[884] Dazu allg.: *Martin Nettesheim*, Rücknahme und Widerruf von Einbürgerungen, DVBl. 2004, 1144 ff. – Zur Rechtslage in der Schweiz: *Felix Uhlmann*, Die Schweizermacher – Widerruf und Nichtigkeit einer Verwaltungsverfügung, recht 1995, 203 ff. (zu BGE 120 I b S. 193 ff).

[885] BVerwG Urt. v. 3.6.2003, BVerwGE 118, 216 ff. [220].

[886] Umfangreiche Hinw. darauf in BVerfGE 116, 24 ff. [56].

einer Einbürgerung.[887] Das Bundesverfassungsgericht hat sich dieser Auffassung in seinem Urteil vom 24. Mai 2006[888] im Ergebnis angeschlossen. Dem auf eine Verfassungsbeschwerde hin ergangenen Urteil lag folgender Sachverhalt zugrunde: Der aus Nigeria stammende Beschwerdeführer Benjamin O. war im Jahre 1993 unter dem Namen „John Brand" aus Liberia nach Deutschland eingereist. Ein von ihm gestellter Asylantrag wurde abgelehnt. In Deutschland lernte er eine deutsche Staatsangehörige kennen, die er in Nigeria heiratete, von wo er nach Deutschland zurückkehrte. Im November 1999 beantragte er seine Einbürgerung. Er gab an, bei einer Gerüstbaufirma in Hanau beschäftigt zu sein; als Bestätigung legte er der Einbürgerungsbehörde eine auf seinen Namen ausgestellte Bescheinigung der Firma über das Bestehen des Arbeitsverhältnisses sowie eine Lohnabrechnung vor. Im Januar 2000 wurde ihm eine Einbürgerungszusicherung unter dem Vorbehalt der Aufgabe der nigerianischen Staatsangehörigkeit erteilt. Seinen nigerianischen Reisepass schickte er an die Botschaft Nigerias, die unter dem Betreff „Verzicht auf die nigerianische Staatsangehörigkeit" den Erhalt des Reisepasses bestätigte. Im Februar 2000 wurde der Beschwerdeführer auf der Grundlage der §§ 8, 9 StAG eingebürgert. Später stellte sich heraus, dass er bei der Firma, bei der er angeblich arbeitete, nicht bekannt war; stattdessen war dort eine andere Person, deren Identität nicht geklärt werden konnte, unter seinem Namen und von ihm dorthin vermittelt, beschäftigt. Im Juli 2001 wurde der Beschwerdeführer wegen unerlaubten gewerbsmäßigen Handeltreibens mit Betäubungsmitteln in 120 Fällen zu einer Gesamtfreiheitsstrafe von vier Jahren verurteilt; auf seine Berufung hin wurde dieses Urteil auf drei Jahre Freiheitsstrafe herabgesetzt.

Mit Bescheid vom Februar 2002 nahm die Stadtverwaltung, gestützt auf § 48 des baden-württembergischen Verwaltungsverfahrensgesetzes (LVwVfG BW) die Einbürgerung rückwirkend zum Datum ihres Wirksamwerdens zurück. Zur Begründung führte die Behörde aus: Die Einbürgerung sei rechtswidrig gewesen, weil sie gemäß § 9 in Ver-

[887] A.A. jedoch *Jörn Axel Kämmerer*, BK, Art. 16 Rn. 57.

[888] BVerfGE 116, 24. (Zu weiteren Fundstellen s. Anm. 848); Urteilskommentierung von *Michael Sachs*, JuS 2006, 927 ff.; ausführlich *Michael Silagi*, Staatsangehörigkeitsentzug ex tunc durch Aufhebung der Einbürgerung. Zum Urteil des Bundesverfassungsgerichts vom 24.5.2006, StAZ 2006, 200 ff., StAZ 2006, 313 ff.

bindung mit § 8 StAG voraussetze, dass der Ausländer imstande sei, sich und seine Angehörigen zu ernähren. Dies sei tatsächlich nicht der Fall gewesen. Da der Beschwerdeführer die Einbürgerungsbehörde durch Vorlage wissentlich falscher, entscheidungserheblicher Unterlagen über das Bestehen eines Arbeitsverhältnisses arglistig getäuscht habe, sei sein Vertrauen auf den Bestand der Einbürgerung nicht schutzwürdig. Wegen der strafrechtlichen Verurteilung lägen die Voraussetzungen eines Einbürgerungsanspruchs auch im gegenwärtigen Zeitpunkt nicht vor. Es sei davon auszugehen, dass der Beschwerdeführer weiterhin im Besitz der nigerianischen Staatsangehörigkeit sei, so dass er durch die Rücknahme seiner Einbürgerung nicht staatenlos werde. Sollte er tatsächlich staatenlos werden, hindere im Übrigen auch dies die Rücknahme nicht, denn er sei aufgrund arglistiger Täuschung eingebürgert worden, so dass kein schutzwürdiges Vertrauen bestehe. Art. 16 GG schütze nur die wohlerworbene Staatsangehörigkeit. Nach erfolglosem Widerspruch und nach Erschöpfung des Rechtsweges erhob der Beschwerdeführer Verfassungsbeschwerde beim Bundesverfassungsgericht, mit der er eine Verletzung seiner Grundrechte aus Art. 16 Abs. 1 Satz 1 und Satz 2 GG rügte.

Das Bundesverfassungsgericht hat die Beschwerde als unbegründet zurückgewiesen. Die Leitsätze der Entscheidung lauten:

„1. Art. 16 Abs. 1 Satz 1 GG schließt die Rücknahme einer erschlichenen Einbürgerung nicht grundsätzlich aus.
2. Eine Auslegung des Art. 16 Abs. 1 Satz 2 GG, nach der das Verbot der Inkaufnahme von Staatenlosigkeit sich auch auf den Fall der erschlichenen Einbürgerung erstreckte, entspricht nicht dem Willen des Verfassungsgebers; sie liegt außerhalb des Schutzzwecks der Norm.
3. Für den Fall der zeitnahen Rücknahme einer Einbürgerung, über deren Voraussetzungen der Eingebürgerte selbst getäuscht hat, bietet § 48 Verwaltungsverfahrensgesetz für Baden-Württemberg eine ausreichende Ermächtigungsgrundlage.“[889]

In seiner umfangreichen Begründung geht das Urteil zunächst auf das Verbot der Entziehung der deutschen Staatsangehörigkeit gemäß Art. 16 Abs. 1 Satz 1 GG ein. Dem Wortsinn nach liege eine Entzie-

[889] BVerfGE 116, 24.

hung nur vor, „wenn dem Betroffenen etwas gegen seinen Willen genommen, nicht dagegen, wenn es freiwillig abgegeben wird.“[890] Sodann wendet das Urteil sich gegen die Auffassung, dass *jeder* gegen den Willen des Betroffenen eintretende Verlust der deutschen Staatsangehörigkeit eine nach Art. 16 Abs. 1 Satz 1 GG verbotene Entziehung sei. Die Auffassung werde durch den Wortlaut des Art. 16 Abs. 1 GG selbst widerlegt; das Urteil verweist auf Art. 16 Abs. 1 Satz 2 GG: „Damit setzt das Grundgesetz selbst voraus, dass unter bestimmten Voraussetzungen auch ein gegen den Willen des Betroffenen eintretender Verlust rechtmäßig sein kann. Eine Entziehung der deutschen Staatsangehörigkeit liegt demnach nur dann, aber nicht immer dann vor, wenn der Verlust der deutschen Staatsangehörigkeit gegen den Willen des Betroffenen eintritt. Welche zusätzlichen Merkmale die unzulässige Entziehung im Unterschied zum nicht generell ausgeschlossenen Verlust charakterisieren, ist dem Wortsinn der Vorschrift nicht zu entnehmen.“[891] Was die Entstehungsgeschichte des Art. 16 Abs. 1 Satz 1 GG betreffe, so lasse sich „zwar eine allgemeine Zielrichtung des Entziehungsverbots, nicht aber dessen genaue Bedeutung erkennen.“ Unumstrittene Grundlage der Beratungen zu dieser Bestimmung im Parlamentarischen Rat sei die erklärte Absicht gewesen, „im Einklang mit völkerrechtlichen Bestrebungen Vorkehrungen zu treffen gegen missbräuchliche Aberkennungen der Staatsangehörigkeit, wie sie es in der Zeit des Nationalsozialismus gegeben habe und gegenwärtig ‚im Osten‘ gebe“.[892] Weil demnach für die Auslegung des Entziehungsverbots „die historischen Missbräuche, von denen das Verbot der Entziehung der deutschen Staatsangehörigkeit sich abgrenzt und vor deren Wiederkehr es schützen soll“,[893] von besonderer Bedeutung seien, geht das Urteil sodann ausführlich auf den Widerruf von Einbürgerungen und die Aberkennung der deutschen Staatsangehörigkeit in der NS-Zeit ein (wobei insbesondere die einschlägigen Gesetze und Verordnungen zitiert werden), und auf die Praxis der in kommunistischen Staaten nach dem Zweiten Weltkrieg bewirkten Ausbürgerungen von Deutschen, vor allem im Zusammenhang mit deren Vertreibung (z.B. durch die Beneš-Dekrete). Hinsicht-

[890] A.a.O., S. 36.
[891] A.a.O., S. 37.
[892] A.a.O., S. 37. Das Urt. weist in diesem Zusammenhang auf die diesbezügliche Anregung des Abg. Hermann von Mangoldt im Parlamentarischen Rat hin.
[893] A.a.O., S. 38.

lich der Beratungen im Parlamentarischen Rat erwähnt das Urteil auch die wiederholten Kontroversen darüber, „ob es notwendig und ausreichend sei, ein Verbot ‚willkürlicher' Verlustzufügungen vorzusehen",[894] ein Vorschlag, der sich jedoch nicht durchsetzte. Insoweit zusammenfassend stellt das Urteil dazu fest: „Ein klares, zumindest innerhalb der jeweiligen Mehrheiten einheitliches Verständnis des Entziehungsverbots im Parlamentarischer Rat wird aus diesen Diskussionen nicht ersichtlich."[895] Da auch eine formale Abgrenzung nach Einzelfall, Verwaltungsakt oder Rechtssatz kein befriedigendes Unterscheidungskriterium bilde, könne die Auslegung des Entziehungsbegriffs „daher nur an den allgemeinen und unumstrittenen Zweck des Entziehungsverbots anknüpfen ... Entziehung ist danach jede Verlustzufügung, die die – für den Einzelnen und für die Gesellschaft gleichermaßen bedeutsame – Funktion der Staatsangehörigkeit als verlässliche Grundlage gleichberechtigter Zugehörigkeit beeinträchtigt".[896]

Im Anschluss an frühere Kammerbeschlüsse des Bundesverfassungsgerichts spezifiziert das Urteil jene Definition der Entziehung dahin, dass „eine Beeinträchtigung der Verlässlichkeit und Gleichheit des Zugehörigkeitsstatus" insbesondere in jeder Verlustzufügung liege, „die der Betroffene nicht oder nicht auf zumutbare Weise beeinflussen kann."[897] Und: „Zur Verlässlichkeit des Staatsangehörigkeitsstatus gehört auch die Vorhersehbarkeit eines Verlusts und damit ein ausreichendes Maß an Rechtssicherheit und Rechtsklarheit im Bereich der staatsangehörigkeitsrechtlichen Verlustregelungen."[898] Aus alldem folgert das Urteil bezüglich der zur Entscheidung stehenden Rücknahme einer erschlichenen Einbürgerung: „Art. 16 Abs. 1 Satz 1 GG schließt danach die Rücknahme einer erschlichenen Einbürgerung nicht grundsätzlich aus. Wenn demjenigen, der durch Täuschung oder vergleichbares Fehlverhalten, etwa durch Bestechung oder Bedrohung, eine rechtswidrige Einbürgerung erwirkt hat, die missbräuchlich erworbene Rechtsposition nicht belassen wird, beeinträchtigt dies weder ein berechtigtes Vertrauen des Betroffenen noch

[894] A.a.O., S. 40.
[895] A.a.O., S. 42.
[896] A.a.O., S. 44.
[897] A.a.O., S. 44.
[898] A.a.O., S. 45.

kann das Vertrauen Anderer, die sich im Verfahren ihrer Einbürgerung solche Missbräuche nicht haben zuschulden kommen lassen, beschädigt werden. Auch eine Diskriminierung liegt angesichts des guten, vom Betroffenen selbst gesetzten Grundes für die Rücknahme offensichtlich nicht vor."[899]

Die Rücknahme der erschlichenen Einbürgerung war in dem vom Bundesverfassungsgericht zu entscheidenden Fall rückwirkend ausgesprochen worden. Die Rückwirkung hat theoretisch zur Folge, dass der Betroffene als nicht eingebürgert zu gelten hat, also die deutsche Staatsangehörigkeit nie erworben hat. Dies wiederum könnte bedeuten, dass das Entziehungsverbot des Art. 16 Abs. 1 Satz 1GG in diesem Fall mangels einer vorhandenen deutschen Staatsangehörigkeit unanwendbar ist. Eine solche Annahme weist das Urteil jedoch zutreffend zurück: „Da Art. 16 Abs. 1 GG wie die Verfassung insgesamt, nicht nur der rechtlichen Beurteilung im Nachhinein dienen, sondern auch und vor allem schon im Vornherein steuernde Wirkung entfalten soll, muss seine Bedeutung aus der zeitlichen Betrachtung ex ante ermittelt werden. Aus der Perspektive vor Erlass eines Rechtsaktes, der eine Einbürgerung rückwirkend beseitigt, stellt sich die rückwirkende Beseitigung aber als Beseitigung einer bestehenden Staatsangehörigkeit dar."[900] Wiederum richtig argumentiert das Urteil dazu: „Genügte der Umstand, dass ein Wegfall der Staatsangehörigkeit rückwirkend zum Zeitpunkt des Erwerbs eintritt, um die Vorgaben des Art. 16 Abs. 1 GG unanwendbar zu machen, so liefe der Schutz des Grundrechts ganz unabhängig davon, wie es im Übrigen interpretiert wird, gegenüber jeder gesetzlichen Regelung leer, die eine Wegnahme der Staatsangehörigkeit ex tunc vorsieht oder ermöglicht. Das Grundrecht könnte dann selbst gegen Maßnahmen nicht mehr schützen, die im Kern seiner historischen Schutzrichtung liegen."[901]

Der Beschwerdeführer hatte, wie oben bereits erwähnt, seinen Reisepass an die nigerianische Botschaft geschickt, die den Erhalt in einem Schreiben unter dem Betreff „Verzicht auf die nigerianische Staatsangehörigkeit" bestätigt hatte. Ob allein damit schon der Verlust der

[899] A.a.O., S. 45.
[900] A.a.O., S. 46.
[901] A.a.O., S. 46.

nigerianischen Staatsangehörigkeit des Beschwerdeführers eintrat, kann immerhin zweifelhaft sein. Zu Recht hat das Bundesverfassungsgericht nämlich erkannt, dass es im Fall des Beschwerdeführers darauf nicht ankommt. Der entscheidende (2.) Leitsatz des Urteils stellt auf den Willen des Verfassungsgebers und auf den Schutzzweck der Norm ab; beidem entspreche eine Auslegung des Art. 16 Abs. 1 Satz 2 GG, nach der das Verbot der Inkaufnahme von Staatenlosigkeit sich auch auf den Fall der erschlichenen Einbürgerung erstrecke, nicht. Einen Vertrauensschutz für durch Täuschung erwirkte Einbürgerungen habe der Verfassungsgeber „nicht im Blick gehabt".[902] Dies allein rechtfertige es zwar für sich genommen nicht, „diese Fallgestaltung vom Anwendungsbereich eines Gesetzes auszunehmen, das sie dem Wortlaut nach erfasst. Gegen die Annahme, dass mit Art. 16 Abs. 1 Satz 2 GG ein Verbot der Inkaufnahme von Staatenlosigkeit auch für die Fälle erschlichener oder auf andere Weise durch rechtswidriges Handeln erwirkter Einbürgerungen aufgestellt werden sollte, sprechen jedoch weitere, zwingende Gründe".[903]

Hierzu führt das Urteil zunächst aus, dass die ausnahmslose Vermeidung von Staatenlosigkeit als Folge eines Verlusts der deutschen Staatenangehörigkeit von der Zielsetzung des Art. 16 Abs. 1 Satz 2 GG nicht geboten war; denn „der Schaffung des Art. 16 Abs. 1 Satz 2 GG lag die erklärte Absicht zugrunde, sich in Abgrenzung von der nationalsozialistischen Ausbürgerungspolitik und den Ausbürgerungen, von denen Deutsche im Zuge der Vertreibungen betroffen waren, an völkerrechtliche Bestrebungen zur Bekämpfung der Staatenlosigkeit anzuschließen ..."[904] Im Folgenden weist das Urteil darauf hin, dass die Inkaufnahme von Staatenlosigkeit im Fall der Rücknahme einer erschlichenen Einbürgerung mit der Zielsetzung des Verfassungsgebers vereinbar ist: „Es gab und gibt weder einen allgemeinen Grundsatz des Völkerrechts noch eine die Bundesrepublik Deutschland bindende völkerrechtliche Vereinbarung, die die Inkaufnahme von Staatenlosigkeit in einem solchen Fall ausschließen."[905] Als Belege hierfür zitiert das Urteil das Übereinkommen zur Verminderung der Staatenlosigkeit vom 30. August 1961 und das Europäische Über-

902 A.a.O., S. 46/47.
903 A.a.O., S. 47.
904 A.a.O., S. 47.
905 A.a.O., S. 48.

einkommen über die Staatsangehörigkeit vom 6. November 1997. Beide Übereinkommen, die von der Bundesrepublik Deutschland ratifiziert sind, gestatten den Verlust einer durch falsche Angaben erworbenen Staatsangehörigkeit auch dann, wenn dieser Verlust zur Staatenlosigkeit führt.

Vom Völkerrecht schlägt das Urteil einen Bogen zu einem allgemeinen Rechtsgedanken: „Darin, dass in völkerrechtlichen Vereinbarungen Staatenlosigkeit gerade für den Fall der Rücknahme erschlichener Einbürgerungen ausdrücklich hingenommen wird, liegt jedoch keine bloße Zufälligkeit des Völkerrechts. Vielmehr zeigt sich darin ein allgemeiner Rechtsgedanke, der auch für die Verfassungsauslegung von Bedeutung ist. Die völkerrechtlichen Bestimmungen, die die Rücknahme der erschlichenen Einbürgerung auch in diesem Fall zulassen, sind Ausdruck der Selbstbehauptung des Rechts."[906] Den – juristisch etwas unpräzise klingenden – Ausdruck „Selbstbehauptung des Rechts" präzisiert das Urteil sodann wie folgt: „Eine Rechtsordnung, die sich ernst nimmt, darf nicht Prämien auf die Missachtung ihrer selbst setzen. Sie schafft sonst Anreize zur Rechtsverletzung, diskriminiert rechtstreues Verhalten ... und untergräbt damit die Voraussetzungen ihrer eigenen Wirksamkeit."[907] Auf welche Weise der Gesetzgeber neben der normativen Geltung des Rechts auch dessen praktische Wirksamkeit am besten sichere, bleibe seiner gesetzgeberischen Beurteilung überlassen. Allerdings dürften – so das Urteil – die rechtlichen Rahmenbedingungen insgesamt nicht so beschaffen sein, „dass sie zumindest aus der Sicht der weniger Gewissenhaften – zu rechtswidrigem Verhalten oder zur Herstellung rechtswidriger Zustände geradezu einladen. Die Bereitschaft zu rechtmäßigem Verhalten darf nicht dadurch untergraben werden, dass statt des rechtstreuen Verhaltens der Rechtsverstoß begünstigt wird."[908] Als Sanktion gegen das Erschleichen einer Rechtsposition hält das Urteil daher die Rücknahme einer solchen Rechtsposition für möglich: „Nicht zufällig gewährt daher das Recht dem missbräuchlich Handelnden für Rechtspositionen, die er in Widerspruch zum geltenden Recht durch Täuschung oder noch schwerwiegendere Missbräuche erwirkt hat, in der Regel keinen Bestandsschutz, sondern ermöglicht

906 A.a.O., S. 49.
907 A.a.O., S. 49.
908 A.a.O., S. 50.

es, mindestens innerhalb gewisser Fristen den Erwerb der Rechtsposition rückgängig zu machen. Es handelt sich um die nächstliegende Möglichkeit, dem geltenden Recht Nachdruck zu verleihen und eine Begünstigung von Rechtsverstößen zu vermeiden."[909]

Diesem (Zwischen-)Ergebnis der Entscheidung des Bundesverfassungsgerichts ist zuzustimmen. Mit seiner Begründung hat das Gericht sich viel (allzuviel?) Mühe gemacht. Eine kürzere Begründung könnte so lauten: „Der Wortlaut des Art. 16 Abs. 1 Satz 1 GG („Die deutsche Staatsangehörigkeit darf nicht entzogen werden") spricht, da diese Bestimmung keine Ausnahme nennt, zwar dafür, dass jeder Entzug der deutschen Staatsangehörigkeit – also auch die Entziehung durch Rücknahme einer erschlichenen Einbürgerung – vom GG verboten ist. Eine solche Auslegung des Art. 16 Abs. 1 GG würde aber dazu führen, dass der Betrüger, der die Einbürgerungsbehörde getäuscht hat, gegenüber dem ehrlichen Antragsteller, der aufgrund seiner richtigen Angaben die Einbürgerung gar nicht erst erhält, privilegiert wäre. Ein solches Ergebnis kann vom Verfassungsgeber nicht gewollt sein. Eine Auslegung nach dem Sinn des Art. 16 Abs. 1 Satz 1 GG ergibt deshalb, dass diese Bestimmung nur gegen die Entziehung einer rechtmäßigen Einbürgerung schützt. Die Rücknahme einer erschlichenen Einbürgerung ist also durch Art. 16 Abs. 1 Satz 1 GG nicht verboten. Die eine Rücknahme eines rechtswidrigen Verwaltungsakts regelnde Bestimmung des § 48 VwVfG ist deshalb auf diesen Fall anwendbar."[910]

Während die Entscheidung des Bundesverfassungsgerichts zur Auslegung des Art. 16 Abs. 1 Satz 2 GG in diesem Fall mit 6 zu 2 Stimmen ergangen ist,[911] war die Frage, ob § 48 Verwaltungsverfahrensgesetz für Baden-Württemberg (LVwVfG BW) eine ausreichende Ermächtigungsgrundlage bietet, im Senat stärker umstritten: hier war das Abstimmungsergebnis vier zu vier.[912] Infolge der Stimmengleichheit konnte gemäß § 15 Abs. 4 Satz 3 BVerfGG ein Verstoß gegen das Grundgesetz oder sonstiges Bundesrecht nicht festgestellt werden, so

909 A.a.O., S. 50.

910 So *Ingo von Münch* (Anm. 578), Rn. 92.

911 A.a.O., S. 51.

912 A.a.O.; S. 51, 60. Zu diesem Stimmenverhältnis s. *Christoph Möllers,* Vier zu vier. Vor Gericht wie im Stadion: Ein Unentschieden enttäuscht, FAZ Nr. 134 v. 12.6.2006, S. 43.

dass die Verfassungsbeschwerde auch insoweit als unbegründet zurückgewiesen wurde. Die vier Stimmen, die „für den vorliegenden Fall der zeitnahen Rücknahme einer Einbürgerung, über deren Voraussetzungen der Eingebürgerte selbst erwiesenermaßen getäuscht hat“, in § 48 LVwVfG BW eine ausreichende Ermächtigungsgrundlage annehmen, sehen in dieser Bestimmung ein für den Beschwerdeführer „berechenbares rechtsstaatliches Abwägungsprogramm“.[913] Im vorliegenden Fall sei die Anwendung dieser Bestimmung auch unter dem Aspekt der Gewaltenteilung unbedenklich. Schließlich sei anlässlich dieses Falles „nicht über andere Konstellationen zu entscheiden, in denen Art. 16 Abs. 1 Satz 2 GG eine spezialgesetzliche Regelung durch den parlamentarischen Gesetzgeber fordert“.[914] Zum Verhältnis zwischen den spezialgesetzlichen Regelungen zum Verlust der Staatsangehörigkeit und der Entlassung aus der Staatsangehörigkeit in den §§ 17 ff. StAG zu den Regeln der Verwaltungsverfahrensgesetze wird auf die bisherige Rechtsprechung des Bundesverwaltungsgerichts und anderer Verwaltungsgerichte sowie auf die herrschende Auffassung in der Literatur verwiesen, derzufolge die allgemeinen Regeln der Verwaltungsverfahrensgesetze insoweit subsidiär gelten. Im konkreten Fall bedeute dies: „Dem Beschwerdeführer waren die Konsequenzen seines Verhaltens erkennbar und vorhersehbar; der parlamentarische Gesetzgeber durfte die subsidiäre allgemeine Rücknahmeregelung des Verwaltungsverfahrensrechts auch für erschlichene Einbürgerungen gelten lassen. Er war nicht verpflichtet, eine besondere staatsangehörigkeitsrechtliche Regelung zu wählen und dabei, etwa dem Beispiel des Beamtenrechts folgend, eine zwingende Rücknahme speziell für die erschlichene Einbürgerung vorzusehen oder einen entsprechenden Nichtigkeitstatbestand zu formulieren.“[915]

Nach der gegenteiligen Ansicht, also derjenigen der vier anderen Richterstimmen, fehle es an der für die nach Art. 16 Abs. 1 Satz 2 GG erforderlichen gesetzlichen Grundlage für die Rücknahme einer Einbürgerung; § 48 LVwVfG reiche hierfür nicht aus. Der Gesetzesvorbehalt in Art. 16 Abs. 1 Satz 2 GG enthalte „einen Abwägungsauftrag an den Gesetzgeber und verpflichtet diesen, die Vorausset-

913 A.a.O., S. 52.
914 A.a.O., S. 52.
915 A.a.O., S. 57.

zungen eines Verlustes der Staatsangehörigkeit selbst des Näheren zu bestimmen ... Das Grundrecht des Art. 16 Abs. 1 GG gebietet, die sachlichen und zeitlichen Voraussetzungen des Verlustes so bestimmt zu regeln, dass die Funktion der Staatsangehörigkeit als verlässliche Grundlage gleichberechtigter Zugehörigkeit nicht beeinträchtigt wird."[916] Hingewiesen wird darauf, dass die Rücknahme erschlichener oder auf andere Art dolos erwirkter Einbürgerungen eine Reihe von Sachfragen aufwerfe, „für deren Bewältigung durch die Verwaltung der Gesetzgeber Vorgaben machen muss, um den Anforderungen an Normenklarheit und Tatbestandsbestimmtheit ... zu genügen",[917] Vorgaben, die insbesondere auch unverzichtbar seien „zur angemessenen und vorhersehbaren Begrenzung der Auswirkungen einer Rücknahme auf die Staatsangehörigkeit und andere Rechtsverhältnisse Dritter, die an dem die Rücknahme auslösenden Fehlverhalten nicht beteiligt waren."[918] Aus Art. 16 Abs. 1 GG folgen – so wird weiter argumentiert – „im Vergleich zu anderen Rechtsmaterien erhöhte Anforderungen an die gesetzliche Regelungsdichte".[919] Wegen der dem Art. 16 Abs. 1 GG zugrundeliegenden Absicht des Verfassungsgebers, „in Bezug auf den Bestand der Staatsangehörigkeit besonders strenge Vorkehrungen gegen gleichheitswidrigen Behandlung zu treffen", dürfte die „herkömmlich hohe Regelungsdichte bei den Verlusttatbeständen des Staatsangehörigkeitsrechts ... auch für die Rücknahme unredlich erwirkter Einbürgerungen nicht unterschritten werden".[920] Die „als allgemeine Auffangvorschrift für die Rücknahme von Verwaltungsakten konzipierte Bestimmung" des § 48 Abs. 1 Satz 1 LVwVfG BW halte „kein hinreichendes Entscheidungsprogramm" für die Rücknahme von Einbürgerungen bereit: Die Bestimmung sei „auf die besonderen Fragen, die sich im Zusammenhang mit der Rücknahme von Einbürgerungen stellen, in keiner Weise zugeschnitten. Wesentliche Fragen der sachlichen und zeitlichen Reichweite der Rücknehmbarkeit von Einbürgerungen beantwortet die Vorschrift nicht."[921] Im Ergebnis meinen diese vier Richterstimmen, dass die mit der Verfassungsbeschwerde des Beschwerde-

[916] A.a.O., S. 61.
[917] A.a.O., S. 63.
[918] A.a.O., S. 63.
[919] A.a.O., S. 63.
[920] A.a.O., S. 64.
[921] A.a.O., S. 68.

führers angegriffenen Entscheidungen mangels tragfähiger gesetzlicher Grundlagen hätten aufgehoben werden müssen; hinzugefügt wurde allerdings der abschließende Satz: „Dem Gesetzgeber wäre es bei diesem Ausgang der Sache unbenommen geblieben, in dem durch Art. 16 Abs. 1 GG gesetzten Rahmen eine Regelung zu erlassen, auf deren Grundlage auch erschlichene Einbürgerungen, die innerhalb eines bestimmten Zeitraums vor dem Inkrafttreten der Regelung erfolgt sind, zurückgenommen werden können."[922]

Ob der Gesetzgeber diesen „Arbeitsauftrag"[923] annehmen und erfüllen wird, ist ungewiss. Dafür könnte das Gebot der Rechtssicherheit sprechen.[924] Auch ist das deutsche Staatsangehörigkeitsrecht jedenfalls in jüngerer Zeit zu einem Steinbruch häufiger Gesetzesänderungen gemacht worden, so dass eine neuerliche Gesetzesänderung nicht ungewöhnlich wäre. Andererseits könnte gegen eine spezielle diesbezügliche Gesetzesänderung ein Missverhältnis zwischen Aufwand und Ertrag sprechen: In dem Verfahren vor dem Bundesverfassungsgericht über die Verfassungsbeschwerde des Benjamin O. hat ein Vertreter der Bundesregierung mitgeteilt, dass von den 420.000 seit 2002 in Deutschland vollzogenen Einbürgerungen lediglich 84 (= 0,02 Prozent) aus rechtlichen Gründen annulliert worden seien.[925]

Als Fußnote zum Fall Benjamin O. bleibt noch anzumerken, dass das Verwaltungsgericht Karlsruhe am 1. September 2006 die Klage gegen seine Ausweisung abgewiesen hat. Ob die Ausweisungsverfügung tatsächlich durch Abschiebung vollzogen werden würde, war allerdings fraglich, da er als „staatenlos" gelte und sein Aufenthaltsort unbekannt sei.[926] Und schließlich zeigt der Fall der aus Somalia stammenden, Ayaan Hirsi Ali, deren Einbürgerung in den Niederlanden wegen angeblicher falscher Namensführung zunächst zurückgenommen, dann aber wiederbewilligt wurde,[927] dass auch in anderen Län-

[922] A.a.O., S. 69.

[923] Ausdruck von *Michael Sachs* (Anm. 888), S. 930, der zutreffend vorsichtig urteilt: „Ob es in diesem Rahmen zu einer den § 48 (Landes-)VwVfG insgesamt verdrängenden Spezialregelung kommen wird, bleibt abzuwarten.".

[924] Dazu allg.: *Andreas von Arnauld*, Rechtssicherheit. Perspektivische Annäherungen an eine idée directrice des Rechts, Tübingen 2006.

[925] Vgl. FAZ Nr. 273 v. 23.11.2005, S. 4; JF Nr. 49/05 v. 2.12.2005, S. 6.

[926] Notiz „Nigerianer darf ausgewiesen werden", FAZ Nr. 204 v. 2.9.2006, S. 4.

[927] Notiz „Hirsi Ali bleibt Niederländerin", FAZ Nr. 147 v. 28.6.2006, S. 2. Die

dern die Rücknahme einer Einbürgerung zu einem Politikum ersten Ranges werden kann.

Die zutreffend auf Sinn und Ziel des Art. 16 Abs. 1 GG abstellende Auslegung dieser Bestimmung hat das Bundesverfassungsgericht in zwei neueren Entscheidungen fortgeführt. Mit Beschluss vom 24. Oktober 2006 hat das Gericht die Verfassungsbeschwerde einer albanischen Staatsangehörigen nicht zur Entscheidung angenommen, mit der die Beschwerdeführerin sich gegen den Verlust der deutschen Staatsangehörigkeit ihres – im Zeitpunkt der Verkündung des Beschlusses achtjährigen – Sohnes wehrte.[928] Der Sohn hatte die deutsche Staatsangehörigkeit verloren, weil der im Zeitpunkt seiner Geburt mit der Beschwerdeführerin verheiratet gewesene Ehemann die Vaterschaft erfolgreich angefochten hatte. Das Bundesverfassungsgericht stellte hierzu fest, dass hier zwar ein Verlust, aber keine „Entziehung" der deutschen Staatsangehörigkeit vorliege: Eine vom Grundgesetz verbotene Ausbürgerung liege nur dann vor, wenn „die Funktion der Staatsangehörigkeit als verlässliche Grundlage gleichberechtigter Zugehörigkeit beeinträchtigt" sei.[929] Eine solche Beeinträchtigung der deutschen Staatsangehörigkeit in ihrer Bedeutung als verlässliche Grundlage gleichberechtigter Zugehörigkeit komme jedoch dann nicht in Betracht, „wenn Staatsangehörige in einem Alter, in dem sie normalerweise noch kein eigenes Bewusstsein ihrer Staatsangehörigkeit und kein eigenes Vertrauen auf deren Bestand entwickelt haben, nach Maßgabe der geltenden einfachgesetzlichen Vorschriften von einem durch erfolgreiche Vaterschaftsanfechtung bedingten Wegfall der Staatsangehörigkeit betroffen werden oder betroffen werden können".[930] So verhalte es sich im zu entscheidenden Fall, in dem zum Zeitpunkt der gerichtlichen Feststellung des Nichtbestehens der Vaterschaft das Kind erst etwa eineinhalb Jahre alt war: „Bei dieser Ausgangsgrundlage ist der Grundsatz, wonach es

Korrektur der Rücknahme erfolgte, als sich herausstellte, dass Hirsi Magan (so ihr offizieller Nachname) nach somalischem Recht befugt gewesen war, auch den Namen ihres Großvaters (Ali) als ihren Familiennamen zu führen.

[928] BVerfG NJW 2007, 425 ff. = StAZ 2007, 138 ff.; dazu *Michael Silagi*, Die Wirkung der Vaterschaftsanfechtung des deutschen Ehemannes auf den Staatsangehörigkeitserwerb a patre – Zum Kammerbeschluss des Bundesverfassungsgerichts vom 24.10.2006, StAZ 2007, 133 ff.

[929] A.a.O., S. 426.

[930] A.a.O., S. 427.

darauf ankommt, ob der Betroffene selbst den Verlust der Staatsangehörigkeit beeinflussen kann, zwangsläufig nicht anwendbar."[931]

Von großer praktischer Bedeutung ist ein Beschluss des Bundesverfassungsgerichts vom 10. Januar 2007, mit dem die Verfassungsbeschwerde eines türkischen Staatsangehörigen nicht zur Entscheidung angenommen wurde.[932] In diesem Fall hatte die Stadt Frankfurt am Main den Beschwerdeführer seiner durch Einbürgerung erworbenen deutschen Staatsangehörigkeit für verlustig erklärt, nachdem bekannt geworden war, dass der türkische Staatsangehörige – nach Erwerb der deutschen Staatsangehörigkeit – auf seinen Antrag hin die türkische Staatsangehörigkeit wieder erworben hatte, also aufgrund eigener Entscheidung Doppelstaater geworden war. Das Bundesverfassungsgericht stellte in seinem Beschluss fest, dass eingebürgerte ehemalige Ausländer ihre deutsche Staatsangehörigkeit zu Recht verlieren, wenn sie nachträglich ihre frühere Staatsangehörigkeit wieder annehmen. Letztlich ging es also um die Verfassungsmäßigkeit des § 25 Abs. 1 StAG, demzufolge ein Deutscher seine deutsche Staatsangehörigkeit mit dem Erwerb einer ausländischen Staatsangehörigkeit verliert, wenn der Erwerb auf seinen Antrag hin erfolgt. Eine Verletzung des Grundrechts aus Art. 16 Abs. 1 GG hat das Gericht zutreffend verneint, weil Betroffene wie der Beschwerdeführer es selbst in der Hand hätten, Deutsche zu bleiben, und es für sie „nicht unzumutbar" sei, sich zwischen der deutschen und der ausländischen Staatsangehörigkeit zu entscheiden.

[931] A.a.O., S. 427.

[932] Az. 2 BvR 1339/06; Notiz „Deutscher Pass kann entzogen werden", HA v. 11.1.2007; *Arnold Steiner*, Karlsruhe verwehrt Doppelpaß. Integration: Bundesverfassungsgericht erlaubt Entzug der Staatsbürgerschaft, JF Nr. 4/07 v. 19.1. 2007, S. 5. Zu § 25 StAG vgl. aber auch *Michael Silagi*, Staatsangehörigkeitsverlust praeter legem in der bundesdeutschen Rechtspraxis, StAZ 2006, 134 ff., der von einem prekären Staatsangehörigkeitsverlust bei Erwerb einer neuen Staatsangehörigkeit spricht. Zur Geltung des § 25 Abs. 1 StAG auch dann, wenn der Antrag auf Einbürgerung bereits vor dem Inkrafttreten der Neuregelung am 1.1.2000 gestellt worden war, s. OVG Rheinland-Pfalz DVBl. 2007, 68 (Ls.). Zur Vereinbarkeit von § 25 Abs. 1 RuStAG mit Art. 16 Abs. 1 Satz 1 GG schon BVerfG Kammerbeschl. v. 22.6.1990, NJW 1990, 2193.

XXV. Staatsangehörigkeit und Europäische Unionsbürgerschaft

Eine ganz neue Fragestellung hinsichtlich der traditionellen Staatsangehörigkeit hat die Europäische Integration in Form der durch den Vertrag von Maastricht vom 7. Februar 1992[933] geschaffenen Europäischen Union eröffnet. Während der EWG-Vertrag in seiner auf das Wirtschaftsleben ausgerichteten ursprünglichen Fassung nur den so genannten „Marktbürger"[934] im Auge hatte, allerdings schon mit darüber hinausweisenden Tendenzen,[935] sieht der Vertrag von Maastricht (neuere Bezeichnung: Vertrag über die Europäische Union [Unionsvertrag]) auch einen (politischen) „Unionsbürger". Die diesbezügliche Bestimmung des Unionsvertrages (Art. 8) ist durch den Amsterdamer Vertrag vom 2. Oktober 1997[936] ergänzt worden und lautet nunmehr in der durch den Amsterdamer Vertrag vorgenommenen Umnummerierung des Vertrages über die Europäische Gemeinschaft: Art. 17 Abs. 1: „Es wird eine Unionsbürgerschaft eingeführt. Unionsbürger ist, wer die Staatsangehörigkeit eines Mitgliedstaates besitzt. Die Unionsbürgerschaft ergänzt die nationale Staatsbürgerschaft, ersetzt sie aber nicht." Abs. 2: „Die Unionsbürger haben die in diesem Vertrag vorgesehenen Rechte und Pflichten." Die Rechte und Pflichten fanden sich früher in Art. 8a–d Unionsvertrag. Nach der neuen Nummerierung handelt es sich vor allem, aber nicht nur um die Art. 18–21 EG-Vertrag.[937]

[933] BGBl. 1992 II, S. 1251. In Kraft getreten am 1.1.1993, BGBl. 1992 II, S. 1947.

[934] Der Ausdruck „Marktbürger" war zunächst von der deutschen Europarechtswissenschaft geprägt; so zutr. *Thomas Oppermann*, Europarecht, 2. Aufl., München 1999, Rn. 210. Vgl. dazu z.B. *Eberhard Grabitz*, Europäisches Bürgerrecht zwischen Marktbürgerschaft und Staatsbürgerschaft, Köln 1970; *Albrecht Randelzhofer*, Marktbürgerschaft – Unionsbürgerschaft – Staatsbürgerschaft, in Gs. f. Grabitz, München 1995, S. 581 ff.

[935] Vgl. dazu *Siegfried Magiera,* Die Europäische Gemeinschaft auf dem Wege zu einem Europa der Bürger, DÖV 1987, 221 ff.; *Thomas Oppermann*, Sinn und Grenzen einer EG-Angehörigkeit, Festschr. f. Doehring, Heidelberg 1989, S. 713 ff.

[936] BGBl 1998 II, S. 387; ber. BGBl. 1999 II, S. 416.

[937] Im Einzelnen handelt es sich um Freizügigkeit (Art. 18), Wahlrecht bei Kommunalwahlen (Art. 19 Abs. 1) und Wahlen zum Europäischen Parlament (Art. 19 Abs. 2), diplomatischer und konsularischer Schutz (Art. 20) und Petitionsrecht (Art. 21). Zu diesen Rechten: *Thomas Oppermann* (Anm.731), § 24 Rn. 3 ff.; Speziell zum Wahlrecht: *Manfred Degen*, Die Unionsbürgerschaft nach dem Vertrag

Die historische Entwicklung der Unionsbürgerschaft braucht hier im Einzelnen nicht nachgezeichnet zu werden; sie ist ein Teil der Europäischen Einigung und der Europäischen Integration,[938] die heute von Vielen als selbstverständlich angesehen wird, in Wahrheit aber ein epochaler Vorgang ist, der nicht nur einen einheitlichen Wirtschaftsraum geschaffen hat, sondern einen über Jahrhunderte hinweg durch Kriege heimgesuchten Kontinent zu einem Friedensraum – jedenfalls im Verhältnis der Mitglieder der Europäischen Union untereinander[939] – verwandelt hat. Der Prozess der Europäischen Einigung ist zwar nicht ohne Irritationen und Krisen verlaufen, wofür die Ablehnung des Europäischen Verfassungsvertrages[940] bei den Volksabstimmungen in Frankreich und in den Niederlanden neuere Beispiele sind.[941] Insgesamt gesehen zeigt sich aber ein Bild kontinuierlicher Entwicklung. Als Wegmarken in Richtung Unionsbürgerschaft können z.B. genannt werden[942] die Haager Gipfelkonferenz der Regierungschefs der EG-Staaten 1969; das Gipfeltreffen in Paris 1974; das Treffen des Europäischen Rates[943] in Fontainebleau 1984; die Einheitliche Europäische Akte von 1986; der Europäische Rat von Dublin und der von Rom, beide im Jahre 1990, in dem auch die drei Richtlinien über das Aufenthaltsrecht, das Aufenthaltsrecht der aus dem Erwerbsleben ausgeschiedenen Arbeitnehmer und selbständigen Erwerbstätigen sowie über das Aufenthaltsrecht der Stu-

über die europäische Union unter besonderer Berücksichtigung des Wahlrechts, DÖV 1993, 749 ff. Speziell zum diplomatischen und konsularischen Schutz: Ratsbeschluss v. 19.12.1995 (ABl. EG Nr. L 314/73 v. 28.12.1995, auch abgedruckt bei H/R, Anh. A II 10.

938 Ausführlich dazu *Thomas Oppermann* (Anm. 731), § 1.

939 Der Balkankrieg war zwar ein bewaffneter Konflikt in Europa aber kein Konflikt innerhalb der EU.

940 Zu den inhaltlichen Schwachstellen des Verfassungsvertrages und zu den äußeren Ursachen für seine mangelnde Akzeptanz: *Jürgen Schwarze*, Der Europäische Verfassungsvertrag, JZ 2005, 1130 ff. (1133 ff.).

941 Zu den Hintergründen der negativen Referenden in Frankreich und in den Niederlanden: *Thomas Oppermann*, Der Europäische Verfassungsvertrag – Legenden und Tatsachen, Festschr. f. Jürgen Meyer, Baden-Baden 2006, S. 281 ff.

942 Zur Entwicklung der Unionsbürgerschaft ausführlich *Kay Hailbronner*, H/R, Grundlagen G, Rn. 42–50.

943 Zur Schaffung, zur vertraglichen Absicherung und zur Würdigung des 1974 an die Stelle der Gipfelkonferenzen getretenen „Europäischen Rates" vgl. *Thomas Oppermann* (Anm. 731), § 1 Rn. 30, § 5 Rn. 61 ff.

denten ergingen; der Amsterdamer Vertrag vom 2. Oktober 1997,[944] der den Unionsvertrag geändert und zu einer neuen Nummerierung der Bestimmungen des Unionsvertrages und des Vertrages über die Europäische Gemeinschaft geführt hat.

Akteure in diesem Integrationsprozess sind vor allem die Regierungen der Mitgliedstaaten, die Kommission und das Europäische Parlament. Aber auch der Europäische Gerichtshof betätigt sich als Motor, wobei seine Rechtsprechung gelegentlich den Eindruck erweckt, dass er mit zu hoher Tourenzahl läuft, sich sogar überdreht. So hat der Europäische Gerichtshof hinsichtlich der Aufenthaltsbeendigung von Staatsangehörigen eines nur der Europäischen Union assoziierten Staates (im entschiedenen Fall: der Türkei), wie im Schrifttum zu Recht kritisch angemerkt worden ist, „praktisch das Ergebnis eines Beitritts der Türkei zur EU durch die rechtliche Gleichstellung von Unionsbürgern und Assoziationsbürgern in bedenklicher Weise vorweggenommen: Das Ziel der Assoziation ist nur die Annäherung des Rechtsstatus, noch nicht die Gleichsetzung".[945]

Noch heftiger ist die Kritik[946] an der Rechtsprechung des Europäischen Gerichtshofes zur Gewährung sozialer Leistungen für nicht erwerbstätige Unionsbürger, eine Kritik, die zutrifft und die wiederholt worden ist.[947] Dem Gerichtshof wird darin vorgeworfen, dass er „unter weitgehender Ignorierung von Entstehungsgeschichte, Wortlaut und Zweck des sekundären Gemeinschaftsrechts ein Konzept der Unionsbürgerschaft entwickelt, das eine grundsätzliche Inländergleichbehandlung beim Zugang zu sozialen Leistungen beinhaltet, im Gegensatz zum EG-Vertrag, der für das Aufenthaltsrecht von Unionsbürgern einen klaren Vorbehalt zu Gunsten der in dem Vertrag und in den Durchführungsvorschriften vorgesehenen Beschränkungen und Bedingungen aufstellt";[948] unter Hinweis auf die Entscheidungen

944 Fundstelle s. Anm. 936.

945 *Andreas Dietz*, „Ehrenmord" als Ausweisungsgrund, NJW 2006, 1385 ff. (1388 Fn. 37), auch mit Hinw. auf die diesbezügliche Entscheidung BVerwG NVwZ 2005, 224 ff.

946 So vor allem *Kay Hailbronner*, Die Unionsbürgerschaft und das Ende rationaler Jurispudenz durch den EuGH?, NJW 2004, 2185 ff.

947 *Kay Hailbronner*, Unionsbürgerschaft und Zugang zu den Sozialsystemen, JZ 2005, 1138 ff.

948 *Kay Hailbronner* (Anm. 946), S. 2185.

des Gerichtshofes in den Fällen Grzelczyk, Baumbast und Sala ist dazu festgestellt worden, allen diesen Fällen sei gemeinsam, „dass quasi unter Außerachtlassung des sekundären Gemeinschaftsrechts der Gerichtshof in einer sehr differenzierten Weise Unionsbürgerschaft, Inländergleichbehandlung und allgemeine Grundsätze des Gemeinschaftsrechts einsetzt, um sekundäres Gemeinschaftsrecht ganz oder teilweise aus den Angeln zu heben".[949]

Entscheidender Hebel ist für den Gerichtshof die Unionsbürgerschaft. Im Fall Sala berief der Gerichtshof sich zum ersten Mal direkt auf die Unionsbürgerschaft, um Nichterwerbstätigen – entgegen der Regelung des Art. 18 EGV – den Zugang zu den Sozialsystemen des Aufenthaltsstaates zu ermöglichen.[950] Im Fall Grzelczyk erklärte der Gerichtshof die Unionsbürgerschaft als „grundlegenden Status der Angehörigen der Mitgliedstaaten", der es „denjenigen unter ihnen, die sich in der gleichen Situation befinden, erlaubt, unabhängig von ihrer Staatsangehörigkeit und unbeschadet der insoweit ausdrücklich vorgesehenen Ausnahmen die gleiche rechtliche Behandlung zu genießen".[951] Diese Argumentation mit dem „grundlegenden Status" ist in der seitherigen Judikatur des Europäischen Gerichtshofes keine Ausnahme oder gar ein Ausrutscher geblieben, sondern muss als seine nun ständige Rechtsprechung angesehen werden, wie die neuere Entscheidung des Gerichtshofes im Fall Bidar zeigt.[952] So gesehen ist die Beobachtung von Stefan Kadelbach richtig, wenn er feststellt: „Was die Unionsbürgerschaft betrifft, so hat sich die Verbindung aus Art. 18 und Art. 12 EGV seit der Sala-Entscheidung des EuGH zunehmend als Ansatz für den Zugang der Unionsbürger zu sozialen, kulturellen und justiziellen Rechten entwickelt."[953] Eine so extensive Interpretation des Begriffes der Unionsbürgerschaft hätte sich jedoch weder in dieser noch in den anderen einschlägigen Entscheidungen des Gerichtshofes mit einem derarti-

[949] *Kay Hailbronner* (Anm. 946), S. 2185.

[950] Rs. C-85/96, Slg. 1998, I-2691 – Maria Martinez Sala; zit. bei *Kay Hailbronner* (Anm. 947), S. 1139.

[951] C 184/99, Slg. 2001, I-6193 = JZ 2002, 349 m. Anm. *Rossi*; zit. bei *Kay Hailbronner* (Anm. 947), S. 1139.

[952] Urt. v. 15.3.2005 C-209/03, JZ 2005, 1160 ff. mit im Ergebnis zustimmender, die Begründung kritisch betrachtender Anm. von *Stefan Kadelbach*, S. 1163 ff.

[953] *Stefan Kadelbach* (Anm. 952), S. 1164.

gen pauschalen Hinweis begnügen dürfen. Gerade weil der „Unionsbürger" eine neue Rechtserscheinung ist und es deshalb an rechtlichen Vorbildern und Parallelen fehlt,[954] wäre eine methodisch saubere, gründliche und juristisch überzeugende Auslegung dieses Begriffes[955] unerlässlich gewesen, um so weit gehende Folgerungen aus ihm zu ziehen, wie dies der Gerichtshof tut.

Kay Hailbronner hat überzeugend herausgearbeitet, dass sich in diesem Zusammenhang zwei grundlegende Fragen herauskristallisieren: „Erstens, rechtfertigt die derzeitige Entwicklung der EU eine dynamische Interpretation des Konzepts der Unionsbürgerschaft und damit die von Erwerbstätigkeit unabhängige und an Solidarität und gesellschaftlicher Integration aller Unionsbürger ausgerichtete Hinwendung zu einer sozialen Unionsbürgerschaft? Zweitens, sind die vom Gerichtshof entwickelten Kriterien ‚tatsächliche Verbindung' oder ‚gewisser Integrationsgrad' ausreichend, um Missbrauch und Sozialhilfetourismus zu verhindern?"[956] Die Fragen haben ihren berechtigten Grund in der Sorge der Mitgliedstaaten der Europäischen Union, „dass durch die gewaltigen Unterschiede der Sozialsysteme eine Ausweitung der Freizügigkeit ohne zusätzliche Voraussetzungen zu Problemen führen und zur Wohlfahrtsimmigration einladen könnte".[957] Verständlich wird diese Sorge auch auf dem Hintergrund der Erweiterung der Union um neue Beitrittsländer mit nur rudimentären Sozialsystemen sowie der Tatsache, dass selbst in den reichen Mitgliedsländern die Finanzierung der Sozialsysteme inzwischen als fragil betrachtet wird.

Um nicht missverstanden zu werden: Wer den europäischen Sozialbürger politisch will, mag dies mit einer in die Zukunft gerichteten, wünschenswerten Entwicklung der Europäischen Union begründen. Die Entscheidung dafür ist aber eine hochpolitische Entscheidung, die im dafür zuständigen Verfahren zu treffen wäre, nicht aber als

954 Eine echte Parallele zum Commonwealth of Nations besteht nicht.

955 Siehe dazu auch *Kay Hailbronner* (Anm. 947), S. 1139/1140, der hinsichtlich der Rspr. des Europäischen Gerichtshofes in der Rechtssache Sala und seither „das völlige Fehlen einer methodischen überzeugenden Argumentation im Einklang mit überkommenen Standards juristischer Auslegung" moniert.

956 *Kay Hailbronner* (Anm. 947), S. 1140.

957 *Kay Hailbronner* (Anm. 947), S. 1138.

politische Gestaltung durch ein Gericht.[958] Im Hinblick auf die im Urteil des Europäischen Gerichtshofes in den Fällen Grzelczyk und Bidar getroffene Aussage, die Mitgliedstaaten der Europäischen Union seien „aufgerufen, bei der Organisation und Anwendung ihres Sozialhilfesystems eine gewisse finanzielle Solidarität mit den Angehörigen anderer Mitgliedstaaten zu zeigen",[959] ist evident, dass eine solche Formel viel zu vage ist, um daraus konkrete rechtliche Verpflichtungen abzuleiten. Zutreffend ist deshalb die Feststellung: „Die Entwicklung einer sozialen Unionsbürgerschaft ist eine gesetzgeberische Aufgabe. Sie obliegt nicht dem Gerichtshof"; und: „Die Einführung der Unionsbürgerschaft bietet keine ausreichende Erklärung für die grundlegende Umstrukturierung der Sozialansprüche der Unionsbürger."[960]

Mit dieser zurückhaltenden Beurteilung ist aber noch keine Antwort auf die Frage nach der Rechtsnatur der Unionsbürgerschaft gegeben. Was ist die Unionsbürgerschaft? Eine „Fata Morgana"?[961] Ein „unvollendetes Konzept politischer Zugehörigkeit"?[962] Ein „qualitatives Minus" zur Staatsangehörigkeit?[963] Eine „neuartige, mehrfache Staatsangehörigkeit auf verschiedenen Ebenen"?[964] Oder gar eine „echte Staatsbürgerschaft"?[965] Die Antwort auf diese Fragen wird nicht dadurch erleichtert, dass die Literatur zur Unionsbürgerschaft – wie Thomas Oppermann zutreffend bemerkt – kaum mehr überschaubar ist[966]

[958] *Kay Hailbronner* (Anm. 946), S. 2187, spricht in diesem Zusammenhang von einem „rechtspolitischen Sendungsbewußtsein" des EuGH.

[959] Urteil *Grzelczyk* (Anm. 951), Rn. 44; Urteil *Bidar* (Anm. 952), Rn. 56.

[960] *Kay Hailbronner* (Anm. 947), S. 1144.

[961] *Le Gloannec*, Diskussionsbeitrag, in: Bergedorfer Gesprächskreis, Florenz, Zur Zukunft der Demokratie. Europäische Perspektiven, 126. Bergedorfer Protokoll, Hamburg 2003, S. 113.

[962] *Gianluigi Palombella*, zit. bei Alexandra Kemmerer, Der richtige Erbe. Die Konferenz „Altneuland" lotet die Chancen der EU aus, FAZ Nr. 105 v. 6.5.2004, S. 39.

[963] *Stephan Hobe*, Die Unionsbürgerschaft nach dem Vertrag von Maastricht. Auf dem Weg zum europäischen Bundesstaat?, Staat 32 (1993), S. 245 ff. (257).

[964] Dritter Bericht der Kommission über die Unionsbürgerschaft v. 7.9.2001, zit. bei *Kay Hailbronner*, H/R, Grundlagen G, Rn. 54.

[965] *Albert Bleckmann*, Der Vertrag über die Europäische Union, DVBl. 1992, 335 ff. (336).

[966] *Thomas Oppermann* (Anm. 934), Vorbem. zur Literaturübersicht vor Rn. 1552, m. Hinw. auf *Meinhard Hilf*, G/H, Art. 8. – Vgl. auch die Literaturangaben bei *Doris König*, Die Übertragung von Hoheitsrechten im Rahmen des

und weiterhin wächst,[967] dies auch im Hinblick auf die Beitrittstaaten.[968] Nicht sehr erhellend sondern eher verdunkelnd umschreibt das Bundesverfassungsgericht in seinem Urteil vom 12. Oktober 1993 betreffend den Vertrag von Maastricht die Unionsbürgerschaft.[969] Das Gericht stellt zwar zutreffend fest, dass der Unionsvertrag „einen Staatenverbund zur Verwirklichung einer immer engeren Union der – staatlich organisierten – Völker Europas" begründet, aber „keinen sich auf ein europäisches Staatsvolk stützenden Staat",[970] formuliert aber dennoch vage: „Mit der durch den Vertrag von Maastricht begründeten Unionsbürgerschaft wird zwischen den Staatsangehörigen der Mitgliedstaaten ein auf Dauer angelegtes rechtliches Band geknüpft, das zwar nicht eine der gemeinsamen Zugehörigkeit zu einem Staat vergleichbare Dichte besitzt, dem bestehenden Maß existenzieller Gemeinsamkeit jedoch einen rechtlich verbindlichen Ausdruck verleiht."[971]

Sehr gründliche und gedankenreiche Untersuchungen finden sich in den Monographien von Angela Augustin „Das Volk der Europäischen Union. Zu Inhalt und Kritik eines normativen Begriffs"[972] und von Christoph Schönberger „Unionsbürger. Europas föderales Bürgerrecht in vergleichender Sicht".[973] Will man sich an den Inhalt des Begriffes „Unionsbürgerschaft" herantasten, so muss Ausgangspunkt der Betrachtung die Einstiegsnorm des Art. 17 Abs. 1 EGV sein. Indem Art. 17 EGV in Abs. 1 Satz 1 die Aussage trifft, „es wird eine Unionsbürgerschaft eingeführt", ist damit klargestellt, dass diese nicht irgendeinen bloßen Wunsch oder eine unverbindliche Forderung oder gar eine „Fata morgana" bildet, sondern dass die Unionsbürgerschaft ein juristisches Faktum ist. Weil Art. 17 EGV eine

europäischen Integrationsprozesses – Anwendungsbereich und Schranken des Art. 23 des Grundgesetzes, Berlin 2000, S. 215 Fn. 80.

967 Vgl. z.B. *Melanie Reddig*, Bürger jenseits des Staates? Unionsbürgerschaft als Mittel europäischer Integration, Baden-Baden 2005.

968 Vgl. z.B. *Alina Domaradzka*, Unionsbürger im Übergang. Die Auswirkung des EU-Beitritts auf die Freizügigkeit und die soziale Sicherheit der Arbeitnehmer aus den Beitrittstaaten (am Beispiel Polens), Baden-Baden 2006.

969 BVerfGE 89, 155 ff.

970 A.a.O., S. 188.

971 A.a.O., S. 184.

972 Berlin 2000.

973 Tübingen 2007.

Rechtsnorm darstellt, bedarf es auch nicht – wie hinsichtlich der in der Präambel des Unionsvertrages gemachten Willensbekundung „ENTSCHLOSSEN, eine gemeinsame Unionsbürgerschaft für die Staatsangehörigen ihrer Länder einzuführen" – einer Untersuchung der Frage nach dem rechtlichen Gehalt von einzelnen Aussagen in Präambeln. Art. 17 EGV ist eine verbindliche Rechtsnorm, deren Rechtsgehalt sich aus einer Zusammenschau des Inhaltes der beiden Absätze dieser Bestimmung erschließt. Vorab bleibt anzumerken, dass – entgegen einer anderen Ansicht[974] – der in Art. 17 EGV verwendete Begriff Unions*bürgerschaft* nicht von vornherein als Abgrenzung zur Staats*angehörigkeit* verstanden werden muss, zumal in der österreichischen und in der schweizerischen Gesetzessprache der Begriff Staatsbürgerschaft gebräuchlich ist, und selbst in der deutschen Umgangssprache der Ausdruck „Staatsbürgerschaft" häufig anstelle von Staatsangehörigkeit verwendet wird. Wichtig ist jedoch zunächst, dass die Unionsbürgerschaft gemäß Art. 17 Abs. 1 Satz 2 EGV durch die Staatsangehörigkeit eines Mitgliedstaates vermittelt wird (Vermittlungsprinzip). Aus dieser Konstruktion ergeben sich mehrere Schlussfolgerungen, nämlich:

1. Es gibt keine unmittelbare, d.h. von der Staatsangehörigkeit eines der Mitgliedstaaten losgelöste Unionsbürgerschaft. Art. 17 Abs. 1 Satz 2 EGV ist also korrekt zu lesen: „Unionsbürger ist *nur*, wer die Staatsangehörigkeit eines der Mitgliedstaaten der Union besitzt." Ob deshalb die Verleihung einer Art Ehrenbürgerschaft an einzelne, sich um die EU besonders verdient gemacht habende Staatsangehörige anderer (Nichtmitglieds-)Staaten kategorisch ausgeschlossen ist, bedürfte näherer Prüfung; der Unionsvertrag in seiner derzeitigen Fassung bietet dafür keine Rechtsgrundlage. Diese Frage dürfte jedoch auch in Zukunft vermutlich keine größere praktische Bedeutung erlangen.
2. Indem die Unionsbürgerschaft durch die Staatsangehörigkeit eines Mitgliedstaates der Union vermittelt wird, entscheiden die nationalen Staatsangehörigkeitsrechte (auch) über den Erwerb und den Verlust der Unionsbürgerschaft. Dies ergibt sich auch aus der Zusatzerklärung zum Vertrag von Maastricht, in der darauf hingewiesenen wird, dass die Mitgliedstaaten die Kompetenz zur

[974] *Jörn Axel Kämmerer*, BK, Art. 16 Rn. 22.

Festlegung der Erwerbs- und Verlustgründe hinsichtlich der Staatsangehörigkeit haben und diesbezüglich auch Erklärungen abgeben und ändern können.[975] Das bedeutet zugleich, da die Staatsangehörigkeitsgesetze der Union (noch) nicht harmonisiert worden sind, dass die Unionsbürgerschaft auf durchaus verschiedenem Weg erlangt werden kann, z.B. nach dem Abstammungsprinzip (ius sanguinis) oder nach dem Territorialitätsprinzip (ius soli), und ebenso auf durchaus verschiedene Weise verloren gehen kann.

3. Indem Erwerb und Verlust der Unionsbürgerschaft sich nach dem Erwerb und Verlust der Staatsangehörigkeit des betr. Mitgliedstaates richten, hat jeder einzelne Mitgliedstaat der Union es in seiner eigenen Hand, die personelle Zusammensetzung der Europäischen Union zu beeinflussen. Da die Unionsbürgerschaft Rechte und Pflichten mit sich bringt, die sich nicht nur auf den Heimatstaat des einzelnen Unionsbürgers erstrecken, sondern automatisch auch auf das Hoheitsgebiet aller anderen Mitgliedstaaten (Art. 18 Abs. 1 EGV), erlangen die nationalen Staatsangehörigkeitsgesetze eine über den innerstaatlichen Normalfall weit hinausgreifende Wirkung.
4. Ausufernde Aktivitäten einzelner Mitgliedstaaten hinsichtlich des Erwerbs und Verlusts ihrer Staatsangehörigkeit und damit auch der Unionsbürgerschaft finden allerdings eine gewisse Schranke wenn schon nicht im eigenen Verfassungsrecht, so doch jedenfalls in einschlägigen Regeln des Völkerrechts, insbesondere also in völkerrechtlichen Verträgen und im Völkergewohnheitsrecht.[976] Zu erwähnen ist hier z.B. das (umstrittene) Urteil des Internationalen Gerichtshofes vom 6. April 1955 im Nottebohm-Fall, in welchem der Gerichtshof das Erfordernis einer engen Verbindung („genuine link") für den Staatsangehörigkeitserwerb betont hat.[977] Im

[975] Zutreffend *Gerard-René de Groot*, Zum Verhältnis der Unionsbürgerschaft zu den Staatsangehörigkeiten in der Europäischen Union, in: Peter-Christian Müller-Graff (Hrsg.), Europäisches Integrationsrecht im Querschnitt. Europäische Verfassung, Nizza, Europäischer Wirtschaftsraum, Unionsbürgerschaft, Referenden, Gemeinschaftsprivatrecht, Baden-Baden 2003, S. 67 ff. (80).

[976] Vgl. dazu ausführlich *Jost Delbrück*, in: Georg Dahm/Jost Delbrück/Rüdiger Wolfrum, Völkerrecht, Bd. I/2, 2. Aufl., Berlin 2002, § 84 IV 2; *Christian Gloria*, in: Knut Ipsen, Völkerrecht, 5. Aufl., München 2004, § 24 Rn. 4 ff.

[977] ICJ Reports 1955, S. 4 ff. Vgl. dazu *Alexander Makarov*, Das Urteil des Internationalen Gerichtshofes im Fall Nottebohm, ZaöRV 16 (1955), S. 407 ff.

Grundsatz war dies eine richtige Entscheidung; im konkreten Fall allerdings gelangte der Internationale Gerichtshof zu einem juristisch unvertretbaren und wohl nur aus der rechtspolitischen Situation kurz nach dem Ende des Zweiten Weltkrieges zu erklärenden Ergebnis.

5. Eine exzessive, die Interessen der Union und ihrer Mitgliedstaaten beeinträchtigende staatsangehörigkeitsrechtliche Regelung seitens eines der Mitgliedstaaten kann unter Umständen auch EG-Recht verletzen. Der niederländische Professor und Experte für Staatsangehörigkeitsrecht Gerard-René de Groot bringt dafür folgendes anschauliche Beispiel: „Eine Verletzung von EG-Recht, genauer der in Art. 10 EG-Abkommen vorgeschriebenen Solidaritätsverpflichtung der Mitgliedstaaten, könnte meines Erachtens unter Umständen auch angenommen werden, wenn ein Mitgliedstaat der ganzen Bevölkerung oder großen Bevölkerungsteilen eines Drittstaates die Staatsangehörigkeit verleiht, ohne dieses vorher auf Gemeinschaftsebene abzusprechen. In den Niederlanden ist beispielsweise ernsthaft darüber diskutiert worden, der ganzen Bevölkerung der ehemaligen Kolonie Surinam die niederländische Staatsangehörigkeit zu gewähren. Dadurch würde die gesamte Bevölkerung Surinams zu Unionsbürgern, was wohl eine Vereinbarung mit den anderen Mitgliedstaaten der Europäischen Union erfordern würde, um das Prinzip der Gemeinschaftstreue nicht zu verletzen."[978]
Gerard-René de Groot verweist unter der Überschrift „Der Einfluß des Europarechts auf das Staatsangehörigkeitsrechts der Mitgliedstaaten"[979] auch auf die Entscheidung des Europäischen Gerichtshofes im Fall Micheletti, in welcher der Gerichtshof die Beachtung des Gemeinschaftsrechts als Grenze der Kompetenz der Mitgliedstaaten der Union zur Festlegung der Gründe für den Erwerb und den Verlust der Staatsangehörigkeit erwähnt. Gerard-René de Groot weist aber dazu auch auf die Problematik hin, die darin liege, „daß es keine Verordnung oder Richtlinien im Bereich des Staatsangehörigkeitsrechts gibt. Welches Gemeinschaftsrecht begrenzt dann aber die mitgliedstaatliche Kompetenz? Welches Gemeinschaftsrecht kann dann überhaupt verletzt werden?"[980] Offensichtlich stel-

[978] A.a.O. (Anm. 975), S. 82, m.w. Hinw. zur Surinam-Frage in Anm. 35 und 36.
[979] A.a.O. (Anm. 975), S. 80.
[980] A.a.O. (Anm. 975), S. 80.

len sich hier (noch) ungelöste Fragen, wobei allerdings zu beachten ist, dass die Entscheidung über die Staatsanghörigkeit eines Staates zu dessen ureigenem Entscheidungsbereich gehört, sofern der Staat sich im Rahmen des Völkerrechts bewegt.

6. Die in Art. 17 Abs. 1 Satz 2 EGV enthaltene Regelung, dass „Unionsbürger ist, wer die Staatsangehörigkeit eines Mitgliedstaates besitzt", scheint auf den ersten Blick keine Ausnahmen zuzulassen: Jeder Staatsangehörige eines Mitgliedstaates der EU ist Unionsbürger. Diese Regel wird jedoch dadurch modifiziert, dass einige Mitgliedstaaten der Union aufgrund ihrer Vergangenheit als Kolonialmächte unterschiedliche Kategorien von Staatsangehörigkeiten aufweisen.[981] Ein besonders signifikantes Beispiel hierfür bietet das Staatsangehörigkeitsrecht des Vereinigten Königreiches von Großbritannien und Nordirland mit den Kategorien „British Citizens", „British Subjects", „British Dependent Territories Citizens" sowie dem Sonderstatus der Einwohner der Kanalinseln („Channel Islander") und der Isle of Man („Manxmen").[982] Besonderheiten aus dem kolonialen Erbe existieren auch im Staatsangehörigkeitsrecht Frankreichs, Dänemarks und der Niederlande.
7. Ein Staatsangehöriger eines Nichtmitgliedstaates der Union kann gleichwohl Unionsbürger sein, dann nämlich, wenn er mehrere Staatsangehörigkeiten besitzt, von denen eine die eines Mitgliedstaates der Union ist. Spezielle Probleme ergeben sich aus den Verträgen, die Spanien mit etlichen südamerikanischen Staaten geschlossen hat, den so genannten tratados de doble nacionalidad, in denen eine herrschende effektive Staatsangehörigkeit (begründet durch den Wohnsitz) und eine ruhende Staatsangehörigkeit vereinbart worden sind.[983] Ein ähnlicher Vertrag besteht auch zwischen Italien und Argentinien; die Auswirkungen dieses Vertrages auf einen in Spanien lebenden Argentinier italienischer Herkunft

[981] Zum folgenden ausführlich *Gerard-René de Groot* (Anm. 975), S. 69 ff.; *Kay Hailbronner*, H/R, Grundlagen F, Rn. 52.

[982] Zur britischen Sicht der Unionsbürgerschaft vgl. *Nick Barber*, Citizenship, Nationalism and the European Union, in: Law, Politics, and Morality: European Perspectives I. Globalisation, Democracy, and Citizenship – Prospects for the European Union. Ed. by Jordi Ferrer, Marisa Iglesias, Berlin 2003, S. 201 ff.

[983] Dazu *Gerard-René de Groot* (Anm. 975), S. 76 ff.; *Kay Hailbronner*, H/R, Grundlagen F, Rn. 54. – Zur spanischen Sicht der EU-Bürgerschaft vgl. *Maribel Narváez Mora*, European Citizens: Rights and Identities, in: Law, Politics, and Morality (Anm. 982), S. 227 ff.

war Gegenstand der bereits erwähnten Entscheidung des Europäischen Gerichtshofes im Fall Micheletti.[984]

8. Da die Unionsbürgerschaft an die Staatsangehörigkeit eines Mitgliedstaates der Union gekoppelt ist, können Staatenlose nicht Unionsbürger sein. Verliert ein Unionsbürger seine bisherige Staatsangehörigkeit ohne gleichzeitig die Staatsangehörigkeit eines anderen Mitgliedstaates der Union zu erwerben, so geht ihm auch die Unionsbürgerschaft verloren.[985] Wegen der insoweit strikten Regelung des Art. 17 Abs. 1 Satz 2 EGV kann auch ein Aufenthalt in einem Mitgliedstaat der Union an dieser Rechtslage nichts ändern.
9. Weil die Unionsbürgerschaft mit der Staatsangehörigkeit automatisch verbunden ist, kann die Unionsbürgerschaft nicht für sich allein von einem Unionsbürger aufgegeben werden. Unionsbürgerschaft und Staatsangehörigkeit eines Mitgliedstaates der Union sind also so genannten siamesischen Zwillingen vergleichbar, nur mit dem Unterschied, dass sie – anders als echte siamesische Zwillinge – nicht voneinander getrennt werden können. Der Staatsangehörige eines Mitgliedstaates der Union ist also Unionsbürger gleichgültig, ob er dies sein will oder nicht. Wer etwa aus nationalistischer Gesinnung oder aus anderen Gründen die Europäische Union ablehnt, kann seiner Unionsbürgerschaft dennoch nicht entrinnen.
10. Die unlösliche Verbindung zwischen Unionsbürgerschaft und der Staatsangehörigkeit eines der Mitgliedstaaten wird durch Art. 17 Abs. 1 Satz 2 EGV unterstrichen, wonach die Unionsbürgerschaft die nationale Staatsbürgerschaft „ergänzt", sie aber nicht ersetzt. Dies ergibt sich logisch auch schon daraus, dass die Unionsbürgerschaft gemäß Art. 17 Abs. 2 EGV (nur) die im EGV vorgesehenen Rechte einräumt und nur die im EGV vorgesehenen Pflichten auferlegt. So wichtig dieses Bündel von Rechten und Pflichten für den Unionsbürger auch sein mag, so handelt es sich dabei doch nur um einen kleinen Ausschnitt aus der riesigen Rechte- und Pflichtenmasse, der alle Staatsangehörigen der Mitgliedstaaten der Union aufgrund der jeweils für sie geltenden nationalen Rechtsordnungen als Adressaten gegenüberstehen.

[984] Dazu *Gerard-René de Groot* (Anm. 975), S. 78 ff.
[985] Zutreffend *Jörn Axel Kämmerer*, BK, Art. 16 Rn. 22.

Ist die EU-Bürgerschaft eine Art Staatsangehörigkeit?[986] Gegen eine solche Annahme spricht nicht schon, dass die Unionsbürgerschaft nur durch die Staatsangehörigkeit eines der Mitgliedstaaten der Union vermittelt wird; denn auch die deutsche Staatsangehörigkeit nach dem Reichs- und Staatsangehörigkeitsgesetz von 1913 wurde – von wenigen Ausnahmen abgesehen – durch die Staatsangehörigkeit in den Ländern (damaliger Ausdruck: „Bundesstaaten") des Reiches vermittelt. Die Union ist jedoch, worauf das Bundesverfassungsgericht in seinem Urteil betreffend den Vertrag von Maastricht zutreffend hingewiesen hat, kein Staat,[987] also auch kein Bundesstaat. Allerdings sind Parallelen zu bundesstaatlichen Strukturen erkennbar. Stefan Kadelbach hat deshalb in seinem Referat „Autonomie und Bindung der Rechtsetzung in gestuften Rechtsordnungen" auf der Tagung der Vereinigung der deutschen Staatsrechtslehrer in Rostock 2005 die These aufgestellt: „Die Europäische Union ist ein föderales System."[988] Zugleich stellt Stefan Kadelbach jedoch fest, dass den Zielen und Handlungsformen der Union indes „keine geschlossene föderale Idee" entspreche.[989] Jedenfalls aber sei die Europäische Union ein Mehrebenensystem.[990] Dazu bemerkt Christian Tietje: „Rechtsetzung im Mehrebenensystem spiegelt umfassend Einheit und Vielfalt wider. Das geht über den Begriff der gestuften Rechtsordnungen hinaus und ist als föderale Struktur im Sinne eines transnationalen Föderalismus zu erfassen."[991]

Auf derselben Tagung der Vereinigung der deutschen Staatsrechtslehrer, auf der Stefan Kadelbach und Christian Tietje die zitierten Thesen (neben anderen) vorgetragen haben, charakterisierte Christian Calliess den Unionsbürger als der im Verbund (Verfassungsverbund, nicht Staatenverbund) „geteilte Bürger".[992] Da auch der Bundesstaat

[986] Zur Problemlage: *Jost Delbrück* (Anm. 976), § 84 II 2; *Kay Hailbronner*, in: Wolfgang Graf Vitzthum (Hrsg.), Völkerrecht 3. Aufl., Berlin 2004, 3. Abschn., Rn. 99, *Christine Sauerwald*, Die Unionsbürgerschaft und das Staatsangehörigkeitsrecht in den Mitgliedstaaten der Europäischen Union, Frankfurt/Main 1996.
[987] BVerfGE 89, 155 [188].
[988] These I 2, VVDStRL 66 (2007), S. 41.
[989] These III 13 (Anm. 988), S. 43.
[990] These I 2, Satz 2 (Anm. 988), S. 41.
[991] These V 12, VVDStRL 66 (2007), S. 79.
[992] *Christian Callies*, Der Unionsbürger: Status, Dogmatk und Dynamik, EuR Beih. 1/2007, S. 7 ff., 20 ff.

einen Verfassungsverbund bildet, erscheint die dichotomische Gegenüberstellung von „Verfassungsverbund" und „Staatsverbund" allerdings nicht unproblematisch. Unzweifelhaft ist die Europäische Union ein „Staatenverbund"; dessen begriffliches Verhältnis zum Bundesstaat wird zutreffend dahin umschrieben, dass es „entscheidende konstruktive Unterschiede zwischen dem Bundesstaat traditioneller Prägung und dem ‚Staatenverbund' als einer im Kern immer noch völkerrechtlichen Staatenverbindung (gibt)",[993] wobei die Europäische Union sicherlich ein „Staatenverbund neuer Art"[994] ist.

Wie immer die Europäische Union rechtlich einzuordnen ist, d.h. welche Rechtsfigur ihr beigelegt und zuerkannt wird, so ist derzeit die Unionsbürgerschaft „bei aller Rhetorik des EuGH eben nicht funktionell identisch mit der nationalen Staatsangehörigkeit".[995] Wollte man die Unionsbürgerschaft dennoch in die herkömmliche Begrifflichkeit des Staatsangehörigkeitsrechts einbringen, so könnte wohl nur eine Parallele zur bundesstaatlichen Struktur in Betracht kommen; die Konzeption der Staatsangehörigkeit im Bundesstaat würde dann Modell stehen. Christoph Schönberger hat in seiner außerordentlich gründlichen, gedanken- und materialreichen Habilitationsschrift zum Thema „Unionsbürger" die Unionsbürgerschaft als föderales Bürgerrecht analysiert.[996] Auf Grund eines Vergleiches mit der Entstehung und der Struktur der Bundesangehörigkeit in den USA, in der Schweiz und in Deutschland erweist sich nach seiner Ansicht die doppelte Zugehörigkeit des Unionsbürgers zum Mitgliedstaat und zur Union nicht als ein Sonderphänomen der europäischen Integration, sondern als fragile Normalität eines jeden Bundes.

Die Aussicht, dass es zu einem Bundesstaat Europa kommen könnte, wird allerdings von anderen Stimmen skeptisch beurteilt, etwa in der Formulierung: „Ob es eines Tages über die Summe der in den Verträ-

[993] *Stefan Oeter*, Europäische Integration und Nationalstaatlichkeit. Zum Souveränitätsdiskurs und der Frage nach der Legitimation der Staatsgewalt, Dialektik. Enzyklopädische Zeitschrift für Philosophie und Wissenschaft 1998/3 S. 113 ff. (118).
[994] *Stefan Oeter* (Anm. 993), S. 113.
[995] *Kay Hailbronner* (Anm. 946), S. 2187. Unzutreffend ist deshalb eine Erstreckung der Trägerschaft von Deutschen-Grundrechten des Grundgesetzes auf nichtdeutsche Unionsbürger; vgl. dazu *Hartmut Bauer/Wolfgang Kahl*, Europäische Unionsbürger als Träger von Deutschen-Grundrechten?, JZ 1995, 1077 ff.
[996] *Christoph Schönberger* (Anm. 973).

gen enthaltenen Rechte und Pflichten der Unionsbürger hinaus zu einer ‚EU-Angehörigkeit' im vollen Sinne kommt, muss bezweifelt werden ... Eine wirkliche EU-Angehörigkeit würde den Übergang zum Europäischen Bundesstaat voraussetzen, der wenig wahrscheinlich ist."[997] In diesem Zusammenhang ist auch die Erweiterungsperspektive der Union von Bedeutung.[998] Die Anziehungskraft der Union für viele noch außenstehende Staaten ist evident: „Die Europäische Union, als das institutionelle Gehäuse des Projektes der europäischen Integration, ist zum politischen Magneten geworden."[999] Nicht alle Beitrittswünsche können erfüllt werden. Hinsichtlich einiger Beitrittswünsche spricht vieles dafür und manches dagegen oder umgekehrt manches dafür und vieles dagegen. Kontrovers diskutiert wird z.B. das Beitrittsgesuch der Türkei.[1000] Kompliziert wird eine Beitrittsfrage noch dadurch, wenn – anders als in den Fällen von Albanien, Bosnien/Herzegowina, Kroatien, Mazedonien, Serbien/Montenegro und der Ukraine, die (noch) nicht in die Europäische Union aufgenommen wurden, obwohl diese Staaten unzweifelhaft Staaten in Europa sind – nicht hinreichend klar ist, ob der den Beitritt wünschende Staat überhaupt ein europäischer Staat ist. In seiner Abhandlung „Römisches Recht und europäische Kultur" hat Reinhard Zimmermann vom Max-Planck-Institut für ausländisches und internationales Privatrecht in Hamburg zutreffend darauf hingewiesen, dass nicht nur „Kultur" ein „ausgesprochen schillernder" Ausdruck ist, sondern dass auch „Europa", wie Reinhard Zimmermann ausführt, „kaum eindeutig fixierbar (ist), jedenfalls wenn wir den Ausdruck, wie seit Herodot üblich, in einem politisch-kulturellen

[997] *Thomas Oppermann* (Anm. 731), § 4 Rn. 55.

[998] Zum Thema Beitritt – Europäische Assoziierung – Nachbarschaft ausführlich *Thomas Oppermann* (Anm. 731), § 32.

[999] *Stefan Oeter*, a.a.O. (Anm. 993), S. 113, dort auch die zutreffende Feststellung: „Das ‚Versprechen Europa' hat mit dem Ende des sowjetischen Machtblocks und der Aufhebung der in Jalta vorgenommenen Teilung Europas eine kaum vorstellbare Ausstrahlungskraft erlangt.".

[1000] Befürwortende Argumente z.B. bei *Mesut Yilmaz*, Türkei und EU. Die Suche nach einer ehrlichen Partnerschaft, Berlin 2004; ablehnende Argumente z.B. bei *Sylvie Goulard*, EU-Türkei. Eine Zwangsheirat?, Berlin 2006 (französ. Originaltitel: Le Grand Turc et la République de Venise). – Überblick über pro und contra bei *Thomas Oppermann* (Anm. 937), § 32 Rn. 32, mit der Aussage: „Die Frage des EU-Beitritts der Türkei dürfte so oder so zu einer Schicksalsfrage des europäischen Einigungsprozesses werden."

statt lediglich geographischen Sinne verwenden. Vor allem die Grenze nach Osten war seit jeher so offen und so vielen Wandlungen unterworfen, dass sie mit einer Meeresküste verglichen worden ist, die dem Wechsel der Gezeiten unterliegt („tidal Europe").“[1001] Nicht ausgeschlossen ist deshalb, dass eines Tages sogar Israel, dessen Staatsgebiet unzweifelhaft außerhalb des europäischen Kontinents liegt, das aber mit Europa politisch-kulturell und historisch vielfältig verbunden ist, um Beitritt zur Europäischen Union nachsuchen wird.

Unterschiedliche Kulturen (Kultur hier im weitesten Sinne des Wortes gebraucht) sind kein unüberwindbares Hindernis für einen Staatsverbund. Stefan Oeter erinnert daran zu Recht, wenn er ausführt: „Alle größeren Nationalstaaten Europas haben historisch als vielgestaltiges Sammelsurium ganz verschiedenartiger Sprachgemeinschaften, Regionalkulturen und historischen Herrschaftseinheiten begonnen, haben diese Vielfalt aber im ‚Schmelztiegel‘ des Nationalstaates zu einem immer einheitlicheren Ganzen verschmolzen, wenn auch nirgends vollständig, wie die Existenz zahlreicher autochthoner Sprach- und Kulturminderheiten in den größeren Nationalstaaten Europas belegt. Wichtig ist zunächst nur der politische Wille zur Gemeinsamkeit, das gemeinsam geteilte ‚Projekt‘ der Einheit in einem politischen Gemeinwesen.“[1002] Es existiert, worauf Stefan Oeter ebenfalls zutreffend hinweist, eine Vielzahl „polyethnischer Staaten“.[1003] So genannte „Schmelztiegellösungen“ wie in den USA sind nach Auffassung von Thomas Oppermann allerdings „für die Zukunft der Union nicht zu erwarten“.[1004] Die künftige Ausgestaltung der Unionsbürgerschaft muss sich aber auch nicht unbedingt an herkömmlichen Vorbildern der Staatsangehörigkeit orientieren. Die offene Zukunft der Europäischen Union zwingt hinsichtlich der rechtlichen Qualifizierung der Unionsbürgerschaft dieser nicht die

[1001] *Reinhard Zimmermann*, Römisches Recht und europäische Kultur, JZ 2007, 1 ff. (1), m.w.Hinw. dazu in Anm. 4. – Zum weiter ausgreifenden Begriff des „Westens“ siehe *Philippe Nemo*, Was ist der Westen? Die Genese der abendländischen Zivilisation, Tübingen 2005.

[1002] *Stefan Oeter*, Ansichten zur Gemeinschaftsverfassung, EuR Beih. 3/2002, S. 43 ff. (54).

[1003] *Stefan Oeter* (Anm. 1002), S. 55, unter Hinw. auf die noch immer grundlegende Arbeit von *Otto Kimminich*, Rechtsprobleme der polyethnischen Staatsorganisation, Mainz 1985.

[1004] A.a.O. (Anm. 934), Rn. 1566.

Kategorien des Staates auf.[1005] Die Charakterisierung der Unionsbürgerschaft als „ein erster Ansatz zur möglichen späteren Begründung einer die nationalen Angehörigkeiten substituierenden Europaangehörigkeit"[1006] mag auf den ersten Blick nicht befriedigen; sie ist aber derzeit eine nicht nur vertretbare, sondern überzeugende rechtliche Qualifizierung der Unionsbürgerschaft.[1007] Mit dem Wort „derzeit" soll darauf hingewiesen werden, dass die weitere Entwicklung der Europäischen Union wie auch der europäischen Integration als ein sich über lange Zeiträume erstreckender Prozess zu sehen ist.[1008]

Ob im Übrigen die durch die Migrationsströme sich verbreiternde kulturelle Vielfalt innerhalb eines Staatsgebiets dazu Anlass gibt, den Begriff des Staatsvolks zu überdenken,[1009] hängt mit der Frage nach der juristischen Interpretation der Unionsbürgerschaft zwar zusammen, muss aber hier nicht abschließend beantwortet werden. Unabhängig vom rechtlichen Verhältnis zwischen Unionsbürgerschaft und Staatsangehörigkeit der Mitgliedstaaten der Union und unabhängig von der Frage, ob es ein Unionsvolk „als Demos einer europäischen Demokratie" gibt,[1010] ist die Feststellung richtig: „Durch die Unionsbürgerschaft der Angehörigen der Mitgliedstaaten besteht die Möglichkeit, die Unionsbürger formal unter der Bezeichnung Volk der Europäischen Union zusammenzufassen."[1011]

[1005] Zur Neuartigkeit des Verbundes *Christian Callies* (Anm. 992), S. 16.

[1006] *Stephan Hobe* (Anm. 963), S. 265.

[1007] Vorsichtige Beurteilung auch bei *Thomas Oppermann* (Anm. 934), Rn. 1566: „Die Unionsbürgerschaft mag eines künftigen Tages vielleicht kraft Gemeinschaftsrecht vermittelt werden und nicht – wie heute – indirekt über die Staatsangehörigkeit eines Mitgliedstaates.".

[1008] Vgl. dazu *Thomas Oppermann* (Anm. 1007): „Vieles spricht dafür, daß die personelle Assimilierung und Integration auch innerhalb einer sich verhältnismäßig ‚nahestehenden' Regionalgemeinschaft wie der EG/EU ein langfristiger, über eine Generation hinausreichender Prozeß ist."; Vgl. auch *ders.* (Anm. 937), § 24 Rn. 10.

[1009] Dazu *Helen Keller*, Kulturelle Vielfalt und Staatsvolk: Gilt es, den Begriff des Staatsvolks zu überdenken? Referat auf der Tagung der DtGVR in Halle 2007, in: Berichte DtGVR 43 (2008), im Druck.

[1010] Dies verneinend: *Josef Isensee*, Zweckverband oder Wertegemeinschaft, FAZ Nr. 12 v. 15.1.2007 S. 8. – Zu Fragen der Wertegemeinschaft s. auch *Matthias Herdegen*, Die Europäische Union als Wertegemeinschaft – aktuelle Herausforderungen, in Festschr. für R. Scholz, Berlin 2007, S. 139 ff.

[1011] *Angela Augustin* (Anm. 972), S. 393; der Status einer materialen Bürgerschaft sei allerdings noch nicht erreicht (S. 394).

Anhang I

Allgemeine Verwaltungsvorschrift zum Staatsangehörigkeitsrecht (StAR-VwV)[1012]

Vom 13. Dezember 2000

Nach Artikel 84 Abs. 2 und Artikel 86 Satz 1 des Grundgesetzes wird folgende allgemeine Verwaltungsvorschrift erlassen:

Vorbemerkung:
Diese allgemeine Verwaltungsvorschrift dient der einheitlichen Auslegung der Tatbestände und der einheitlichen Handhabung des Ermessens bei der Ausführung des Staatsangehörigkeitsgesetzes und der staatsangehörigkeitsrechtlichen Regelungen des Ausländergesetzes. In besonders begründeten Ausnahmefällen kann von dieser allgemeinen Verwaltungsvorschrift abgewichen werden.

Bei der Nummerierung verweist die erste Zahl auf den jeweiligen Paragraphen des Staatsangehörigkeitsgesetzes (StAG) oder des Ausländergesetzes (AuslG) und die zweite Zahl in der Regel auf den jeweiligen Absatz oder Satz oder die jeweilige Nummer der entsprechenden Vorschrift. Die Nummern 1 bis 41 beziehen sich auf die §§ 1 ff. des Staatsangehörigkeitsgesetzes; die Nummern 85 bis 102a beziehen sich auf die §§ 85 ff. des Ausländergesetzes.

I. Staatsangehörigkeitsgesetz

1 Zu § 1 Begriff des Deutschen

1.1 Allgemeines

Deutsche im Sinne des § 1 sind deutsche Staatsangehörige. Statusdeutsche fallen nicht unter den Begriff des Deutschen im Sinne des § 1. Rechtsgrundlagen für den Erwerb der deutschen Staatsangehörigkeit durch Statusdeutsche sind seit dem 1. August 1999 § 7 (Ausstellung einer Bescheinigung nach § 15 Abs. 1 oder Abs. 2 des Bundesvertriebenengesetzes) und § 40a (Überleitung in die deutsche

[1012] BAnz Nr. 21 a v. 31.1.2001, 1418 ff. = GMBl. 2001 S. 121 ff. = StAZ 2001, 77 ff. – Tag der Veröffentlichung: 31.1.2001.

Staatsangehörigkeit). Die gesetzlichen Erwerbs- und Verlustgründe des Staatsangehörigkeitsgesetzes gelten für Statusdeutsche entsprechend. Zur Beibehaltungsgenehmigung vergleiche Nummer 25.2.1, zum Verzicht vergleiche Nummer 26.1.1.

1.2 Besitz der deutschen Staatsangehörigkeit
Die deutsche Staatsangehörigkeit besitzt, wer sie erworben und nicht wieder verloren hat. Seit dem 1. Januar 1914 sind vor allem die Erwerbs- und Verlustgründe des Reichs- und Staatsangehörigkeitsgesetzes in seiner jeweils geltenden Fassung zu beachten. Davor waren Erwerb und Verlust der deutschen Staatsangehörigkeit im Gesetz über die Erwerbung und den Verlust der Bundes- und Staatsangehörigkeit vom 1. Juni 1870 (BGBl. Norddt. Bund S. 355) geregelt.

1.2.1 Erwerb der deutschen Staatsangehörigkeit
Für den Erwerb der deutschen Staatsangehörigkeit sind insbesondere folgende Tatbestände in Betracht gekommen:

a) Abstammung von einem deutschen Vater (bei Geburt außerhalb einer Ehe erst seit dem 1. Juli 1993) oder einer deutschen Mutter (bei Geburt innerhalb einer Ehe erst seit dem 1. Januar 1975 uneingeschränkt),
b) Legitimation durch einen deutschen Vater (bis zum 30. Juni 1998) oder Erklärung nach § 5 (seit dem 1. Juli 1998),
c) Eheschließung mit einem Deutschen (bis zum 31. März 1953) oder Erklärung bei der Eheschließung (bis zum 31. Dezember 1969, vergleiche Artikel 1 Nr. 1 des Dritten Gesetzes zur Regelung von Fragen der Staatsangehörigkeit),
d) Annahme als Kind durch einen Deutschen (seit dem 1. Januar 1977)
und
e) Einbürgerung (einschließlich der in § 1 des Staatsangehörigkeitsregelungsgesetzes genannten Sammeleinbürgerungen).

Zu den aktuellen Erwerbsgründen vergleiche auch Nummer 3.

1.2.2 Verlust der deutschen Staatsangehörigkeit
Für den Verlust der deutschen Staatsangehörigkeit sind insbesondere folgende Tatbestände in Betracht gekommen:

a) Entlassung,
b) Erwerb einer ausländischen Staatsangehörigkeit auf Antrag,

c) Verzicht (seit dem 1. Januar 1975),
d) Annahme als Kind durch einen Ausländer (seit dem 1. Januar 1977),
e) Legitimation durch einen Ausländer vor dem 1. Januar 1975 (nach dem 23. Mai 1949 nicht in allen Fällen) oder
f) Eheschließung mit einem Ausländer vor dem 1. April 1953 (bei Eheschließung nach dem 23. Mai 1949 nicht in allen Fällen).

Nach dem Ersten Weltkrieg konnte auf Grund der Regelungen des Versailler Vertrags und seiner Folgebestimmungen (Genfer Abkommen, Wiener Abkommen) ein Verlust der deutschen Staatsangehörigkeit eintreten.

Zu den aktuellen Verlustgründen vergleiche auch Nummer 17.

1.2.3 Erwerb der DDR-Staatsbürgerschaft
Dem Erwerb der Staatsbürgerschaft der DDR ist für die Rechtsordnung der Bundesrepublik Deutschland in den Grenzen des ordre public die Rechtswirkung des Erwerbs der deutschen Staatsangehörigkeit beizumessen. Dies gilt auch dann, wenn das vor dem 3. Oktober 1990 geltende Bundesrecht keinen entsprechenden Erwerbstatbestand kannte.

1.3 Nachweis der deutschen Staatsangehörigkeit
Von dem Besitz der deutschen Staatsangehörigkeit kann ausgegangen werden, wenn nachgewiesen oder glaubhaft gemacht ist, dass der Betroffene und gegebenenfalls die Personen, von denen er seine Staatsangehörigkeit ableitet, spätestens seit dem 1. Januar 1950 von deutschen Stellen als deutsche Staatsangehörige behandelt wurden. Dies gilt nicht, wenn sich im Einzelfall Zweifel ergeben, zum Beispiel wegen Geburt oder Aufenthalt im Ausland einschließlich der Gebiete, deren staatsrechtliche Zugehörigkeit sich geändert hat, sowie bei ausländischer Staatsangehörigkeit von Eltern oder Geschwistern.

Die Behandlung als deutscher Staatsangehöriger kann insbesondere belegt werden durch Staatsangehörigkeitsurkunden (Staatsangehörigkeitsausweise, Heimatscheine) oder durch deutsche Personalpapiere, in denen die deutsche Staatsangehörigkeit eingetragen ist oder die nur deutschen Staatsangehörigen erteilt wurden (zum Beispiel Personalausweise, Reisepässe, Wehrpässe, Arbeitsbücher oder Kennkarten).

Abweichend von Absatz 1 können einzelne Länder für ihren Bereich bestimmen, dass vom Besitz der deutschen Staatsangehörigkeit nur dann ausgegangen werden kann, wenn nachgewiesen oder glaubhaft gemacht ist, dass der Betroffene und gegebenenfalls die Personen, von denen er seine Staatsangehörigkeit ableitet, spätestens seit dem 1. Januar 1938 von deutschen Stellen als deutsche Staatsangehörige behandelt wurden.

1.4 Staatsangehörigkeitsausweis und Ausweis über die Rechtsstellung als Deutscher

Ein Staatsangehörigkeitsausweis kann auf Antrag ausgestellt werden, wenn der Besitz der deutschen Staatsangehörigkeit nachgewiesen ist. Ein Ausweis über die Rechtsstellung als Deutscher kann auf Antrag ausgestellt werden, wenn der Besitz der Deutscheneigenschaft nachgewiesen ist.

2 Zu § 2 Nicht belegt.

3 Zu § 3 Erwerb der Staatsangehörigkeit

§ 3 fasst die im Staatsangehörigkeitsgesetz geregelten Erwerbsgründe zusammen. Daneben kann die deutsche Staatsangehörigkeit erworben werden durch:

a) Einbürgerung nach den §§ 85 ff. des Ausländergesetzes, den §§ 9, 11 und 12 ff. des Staatsangehörigkeitsregelungsgesetzes, § 21 des Gesetzes über die Rechtsstellung heimatloser Ausländer im Bundesgebiet sowie Artikel 2 des Gesetzes zur Verminderung der Staatenlosigkeit,
b) Erklärung nach Artikel 3 des Gesetzes zur Änderung des Reichs- und Staatsangehörigkeitsgesetzes vom 20. Dezember 1974 und
c) Einbürgerung oder Wohnsitznahme in Deutschland nach Artikel 116 Abs. 2 des Grundgesetzes nach Verlust der deutschen Staatsangehörigkeit seit Entziehung oder Ausbürgerung beziehungsweise Nichterwerb infolge eines solchen bei einem weitergabefähigen Verwandten in aufsteigender Linie eingetretenen Verlustes.

Zu früheren Erwerbsgründen vergleiche Nummer 1.2.1.

4 Zu § 4 Erwerb durch Geburt

4.0 Allgemeines

§ 4 regelt den Erwerb der deutschen Staatsangehörigkeit durch Geburt. Nach den Absätzen 1 und 2 wird die deutsche Staatsangehörigkeit mit der Geburt durch Abstammung erworben (ius sanguinis). Absatz 3 sieht den Erwerb der deutschen Staatsangehörigkeit durch Geburt im Inland vor (Geburtsortsprinzip – ius soli). Absatz 4 schränkt den Geburtserwerb durch Abstammung ein.

Die Abstammung kann durch deutsche oder ausländische Personenstandsurkunden nachgewiesen werden. Liegen Urkunden nicht vor oder ergeben sich Zweifel an den Abstammungsverhältnissen, sind diese, soweit keine rechtskräftige gerichtliche Entscheidung besteht, unter Berücksichtigung der Regelungen des Internationalen Privatrechts nach dem danach berufenen Sachrecht zu prüfen (vergleiche § 268 der Dienstanweisung für die Standesbeamten und ihre Aufsichtsbehörden).

4.1 Zu Absatz 1 (Erwerb durch Abstammung)

Von der deutschen Staatsangehörigkeit eines Elternteils kann ausgegangen werden, wenn nachgewiesen oder glaubhaft gemacht ist, dass der Elternteil und gegebenenfalls die Personen, von denen er seine Staatsangehörigkeit ableitet, spätestens seit dem 1. Januar 1950 von deutschen Stellen als deutsche Staatsangehörige behandelt worden sind, vergleiche Nummer 1.3. In Zweifelsfällen kann die Vorlage eines Staatsangehörigkeitsausweises gefordert werden, vergleiche Nummer 1.4.

§ 4 Abs. 1 gilt entsprechend für den Erwerb der Deutscheneigenschaft durch Kinder von Statusdeutschen.

Abweichend von Absatz 1 können einzelne Länder für ihren Bereich bestimmen, dass vom Besitz der deutschen Staatsangehörigkeit des Elternteils nur dann ausgegangen werden kann, wenn nachgewiesen oder glaubhaft gemacht ist, dass der Elternteil und gegebenenfalls die Personen, von denen er seine Staatsangehörigkeit ableitet, spätestens seit dem 1. Januar 1938 von deutschen Stellen als deutsche Staatsangehörige behandelt wurden.

4.2 Zu Absatz 2 (Findelkinder)

Findelkind ist ein Kind, das infolge seines Alters hilflos ist und dessen Abstammung nicht feststellbar ist. Der Beweis des Gegenteils ist erst erbracht, wenn der Personenstand eines Findelkindes später ermittelt wird (vergleiche § 315 Abs. 1 der Dienstanweisung für die Standesbeamten und ihre Aufsichtsbehörden) und danach die Abstammung von ausländischen Eltern feststeht.

4.3 Zu Absatz 3 (Erwerb durch Geburt im Inland)

4.3.1 Zu Satz 1 (Aufenthaltsvoraussetzungen)

4.3.1.1 Der rechtmäßige gewöhnliche Aufenthalt muss bei Geburt des Kindes seit acht Jahren ununterbrochen bestanden haben. Als unbefristete Aufenthaltserlaubnis gilt auch eine unbefristete Aufenthaltserlaubnis-EG nach dem Aufenthaltsgesetz/EWG oder der Freizügigkeitsverordnung/EG. Eine Befreiung vom Erfordernis der Aufenthaltsgenehmigung (zum Beispiel für Botschaftspersonal) oder ein kraft Gesetzes erlaubter Aufenthalt (zum Beispiel für heimatlose Ausländer) genügt nicht für den Erwerb der deutschen Staatsangehörigkeit.

4.3.1.2 Rechtmäßiger Aufenthalt im Inland; anrechenbare Aufenthaltszeiten

Als rechtmäßiger Aufenthalt zählen alle Zeiten, in denen der Ausländer

a) eine Aufenthaltserlaubnis nach altem und neuem Ausländergesetz,
b) eine Aufenthaltsberechtigung nach altem und neuem Ausländergesetz,
c) eine Aufenthaltsbewilligung,
d) eine Aufenthaltsbefugnis,
e) eine Aufenthaltserlaubnis-EG nach dem Aufenthaltsgesetz/EWG oder der Freizügigkeitsverordnung/EG oder
f) in Fällen der Anerkennung als Asylberechtigter und in den Fällen des § 35 Abs. 1 Satz 2 des Ausländergesetzes eine Aufenthaltsgestattung nach dem Asylverfahrensgesetz (§ 55 des Asylverfahrensgesetzes)
besessen hat oder
g) vom Erfordernis der Aufenthaltsgenehmigung befreit oder deutscher Staatsangehöriger oder Statusdeutscher war.

Als rechtmäßiger Aufenthalt zählen ferner alle Zeiten, in denen

a) der Aufenthalt des Ausländers als heimatloser Ausländer kraft Gesetzes erlaubt war,
b) eine Erlaubnisfiktion nach § 69 Abs. 3 des Ausländergesetzes oder § 68 Abs. 1 Satz 2 des Asylverfahrensgesetzes bestand oder
c) er über ein Aufenthaltsrecht nach dem Recht der ehemaligen DDR verfügte.

Zeiten einer Duldung können nicht angerechnet werden.

4.3.1.3 Auslandsaufenthalte unterbrechen den gewöhnlichen Aufenthalt, wenn sie ihrer Natur nach einem nicht nur vorübergehenden Aufenthaltszweck dienen, vergleiche § 44 Abs. 1 Nr. 2 des Ausländergesetzes. Im Hinblick auf § 44 Abs. 1 Nr. 3 und § 89 Abs. 1 Satz 1 des Ausländergesetzes fällt durch Auslandsaufenthalte bis zu sechs Monaten der gewöhnliche Aufenthalt im Inland grundsätzlich nicht weg (zum Beispiel bei Urlaubsreisen, Verwandtenbesuchen, Erledigung von erbrechtlichen oder geschäftlichen Angelegenheiten).

Bei Auslandsaufenthalten über sechs Monaten (zum Beispiel zu Studienzwecken oder bei einem genehmigten Schulbesuch) hat der gewöhnliche Aufenthalt im Inland fortbestanden, wenn die Ausländerbehörde eine entsprechende Frist bestimmt hat und die Wiedereinreise innerhalb dieser Frist erfolgt ist, vergleiche § 44 Abs. 1 Nr. 3 in Verbindung mit § 44 Abs. 3 des Ausländergesetzes. Gleiches gilt, wenn die Frist lediglich wegen Erfüllung der gesetzlichen Wehrpflicht im Herkunftsstaat überschritten wird und die Wiedereinreise innerhalb von drei Monaten nach der Entlassung aus dem Wehr- oder Ersatzdienst erfolgt ist, vergleiche § 44 Abs. 2 des Ausländergesetzes.

Von einem gewöhnlichen Aufenthalt im Inland kann regelmäßig dann nicht mehr ausgegangen werden, wenn mehr als die Hälfte der geforderten Aufenthaltsdauer von acht Jahren im Ausland verbracht worden ist.

4.3.2 Zu Satz 2 (Eintragung des Erwerbs der deutschen Staatsangehörigkeit)

Das Nähere zur Eintragung des Erwerbs der deutschen Staatsangehörigkeit regeln die §§ 26, 34 der Verordnung zur Ausführung des Personenstandsgesetzes sowie die §§ 261a, 276 Abs. 1 Nr. 3 der Dienstanweisung für die Standesbeamten und ihre Aufsichtsbehörden. Danach weist der Standesbeamte am unteren Rand des Geburtseintrags auf den Erwerb der deutschen Staatsangehörigkeit hin. Die Eintragung hat lediglich deklaratorische Wirkung.

Die nach Absatz 3 erworbene deutsche Staatsangehörigkeit kann nicht ausgeschlagen werden. Zum Verzicht auf die deutsche Staatsangehörigkeit vergleiche Nummern 26.1 bis 26.4.

4.3.3 Zu Satz 3 (Verordnungsermächtigung)

Von der Verordnungsermächtigung in Satz 3 hat das Bundesministerium des Innern mit der Sechzehnten Verordnung zur Änderung der Verordnung zur Ausführung des Personenstandsgesetzes vom 12. November 1999 (BGBl. I S. 2203) Gebrauch gemacht.

4.4 Zu Absatz 4 (Einschränkung des Abstammungserwerbs bei Auslandsgeburt)

§ 4 Abs. 4 schränkt den Abstammungserwerb der deutschen Staatsangehörigkeit für im Ausland geborene Kinder selbst im Ausland geborener deutscher Eltern ein.

4.4.1 Zu Satz 1 (Voraussetzungen; Vermeidung von Staatenlosigkeit)

Setzt auch das ausländische Recht voraus, dass die ausländische Staatsangehörigkeit nur erworben wird, wenn das Kind andernfalls staatenlos würde, dann erwirbt das Kind die deutsche Staatsangehörigkeit.

4.4.2 Zu Satz 2 (Anzeige der Geburt bei der Auslandsvertretung)

Erfolgt rechtzeitig die Anzeige der Geburt, wird die deutsche Staatsangehörigkeit rückwirkend mit dem Zeitpunkt der Geburt erworben. Die Anzeige der Geburt soll zur Niederschrift bei der zuständigen Auslandsvertretung der Bundesrepublik Deutschland vorgenommen werden. § 386 Abs. 3 der Dienstanweisung für die Standesbeamten und ihre Aufsichtsbehörden findet Anwendung.

4.4.3 Zu Satz 3 (zwei deutsche Elternteile)

Sind beide Elternteile deutsche Staatsangehörige und erfüllen beide die in Absatz 4 Satz 1 genannten Voraussetzungen, so ist es für den Erwerb der deutschen Staatsangehörigkeit auch ausreichend, wenn die Anzeige bei der Auslandsvertretung nach Absatz 4 Satz 2 durch einen Elternteil erfolgt.

§ 4 Abs. 4 gilt entsprechend für den Erwerb der Deutscheneigenschaft durch Kinder von Statusdeutschen.

5 Zu § 5 Erklärungsrecht für vor dem 1. Juli 1993 geborene Kinder

5.1 Voraussetzungen

Die zum Erwerb der deutschen Staatsangehörigkeit erforderliche Erklärung wird für ein unter elterlicher Sorge oder unter Vormundschaft stehendes Kind von dem gesetzlichen Vertreter abgegeben, wenn das Kind das 16. Lebensjahr noch nicht vollendet hat.

Wer das 16. Lebensjahr vollendet hat, gibt die Erklärung selbst ab. Die Zustimmung des gesetzlichen Vertreters ist nicht erforderlich, vergleiche § 37 des Staatsangehörigkeitsgesetzes in Verbindung mit § 68 Abs. 1 des Ausländergesetzes.

Im Falle der Betreuung bedarf die Erklärung der Einwilligung des Betreuers, wenn sich ein Einwilligungsvorbehalt nach § 1903 des Bürgerlichen Gesetzbuchs auf das Verfahren erstreckt.

5.1.1 Zu Nummer 1 (Anerkennung oder Feststellung der Vaterschaft)
Die Voraussetzung der Nummer 1 kann als erfüllt angesehen werden, wenn der Vater zum Zeitpunkt der Geburt des nichtehelichen Kindes deutscher Staatsangehöriger war. Eine nach deutschen Gesetzen wirksame Anerkennung oder gerichtliche Feststellung der Vaterschaft ist anzunehmen, wenn sich die Vaterschaft aus einem deutschen Personenstandsbuch ergibt. Ist das nicht der Fall, hat die Staatsangehörigkeitsbehörde zu prüfen, ob eine nach deutschen Gesetzen wirksame Anerkennung oder Feststellung der Vaterschaft vorliegt.

Es ist nicht erforderlich, dass der Vater auch bei Abgabe der Erklärung weiterhin deutscher Staatsangehöriger ist oder noch lebt.

5.1.2 Zu Nummer 2 (drei Jahre rechtmäßiger gewöhnlicher Aufenthalt im Inland)
Zur Frage des rechtmäßigen gewöhnlichen Aufenthalts wird auf die Nummern 4.3.1.1 und 4.3.1.2 verwiesen.

5.1.3 Zu Nummer 3 (Erklärungsfrist)
Die Erklärung ist nur dann rechtzeitig abgegeben, wenn die Voraussetzungen der Nummern 1 und 2 vor Vollendung des 23. Lebensjahres des Erklärenden erfüllt sind.

5.2 Kein Erstreckungserwerb
Der Erwerb der deutschen Staatsangehörigkeit durch Erklärung erstreckt sich nicht auf Abkömmlinge des Erklärenden. Insoweit kommt eine erleichterte Einbürgerung in Betracht, vergleiche Nummern 8.1.3.3 und 8.1.3.6.

5.3 Urkunde; Gebühren
Über den Erwerb der deutschen Staatsangehörigkeit wird eine Urkunde nach § 1 Abs. 1 Nr. 2 in Verbindung mit dem Muster der Anlage 2 der Allgemeinen Verwaltungsvorschrift über Urkunden in

Staatsangehörigkeitssachen ausgestellt. Das Verfahren ist gebührenfrei (§ 38 Abs. 2 Satz 3).

6 Zu § 6 Erwerb durch Annahme als Kind

6.1 Zu Satz 1 (Voraussetzungen)

6.1.1 Adoption im Inland

Eine nach den deutschen Gesetzen wirksame Annahme als Kind durch einen Deutschen liegt vor, wenn ein deutsches Vormundschaftsgericht die Annahme als Kind durch Beschluss ausgesprochen hat (§ 1752 Abs. 1 des Bürgerlichen Gesetzbuchs). Voraussetzung für den Erwerb der Staatsangehörigkeit ist, dass das Kind in dem Zeitpunkt, in dem der Annahmeantrag beim Vormundschaftsgericht eingegangen ist, das 18. Lebensjahr noch nicht vollendet hat. Auch wenn das Vormundschaftsgericht bei der Annahme eines Volljährigen bestimmt hat, dass sich die Wirkungen der Annahme nach den Vorschriften über die Annahme eines Minderjährigen richten (§ 1772 Abs. 1 des Bürgerlichen Gesetzbuchs), ist die Bestimmung auf Personen, die zum Zeitpunkt des Annahmeantrags das 18. Lebensjahr vollendet haben, nicht anwendbar. Beruht die Entscheidung des deutschen Vormundschaftsgerichts nach Maßgabe des Artikels 22 Satz 2 des Einführungsgesetzes zum Bürgerlichen Gesetzbuche auf ausländischem Sachrecht, so hat die Adoption den Erwerb der deutschen Staatsangehörigkeit nur zur Folge, wenn ihre Wirkungen den Wirkungen einer deutschen Minderjährigenadoption im Wesentlichen entsprechen. Es muss sich also um eine Volladoption handeln.

6.1.2 Adoption im Ausland

Eine nach den deutschen Gesetzen wirksame Annahme als Kind hat bei einer Adoption aufgrund einer Entscheidung eines ausländischen Gerichts oder einer ausländischen Behörde (Dekretadoption) den Erwerb der deutschen Staatsangehörigkeit nur zur Folge, wenn es sich um eine Volladoption handelt (vergleiche Nummer 6.1.1).

6.1.2.1 Beruht die Annahme als Kind auf der Entscheidung eines ausländischen Gerichts oder einer ausländischen Behörde, so richtet sich deren Anerkennung nach § 16a des Gesetzes über die Angelegenheiten der freiwilligen Gerichtsbarkeit. Danach setzt die Anerkennung insbesondere voraus, dass

a) der Annehmende oder einer der annehmenden Ehegatten oder das Kind zur Zeit der Adoptionsentscheidung entweder die Staatsangehörigkeit des Entscheidungsstaates besaß oder dort seinen gewöhnlichen Aufenthalt hatte und
b) die durch den ausländischen Adoptionsakt herbeigeführte Rechtslage wesentlichen Grundsätzen des deutschen Rechts nicht offensichtlich widerspricht und insbesondere mit den Grundrechten in Einklang steht (Beachtung des Kindeswohls sowie der Mitwirkungsrechte des Kindes und seiner leiblichen Eltern).

6.1.2.2 Beruht die Annahme als Kind auf einem Rechtsgeschäft (Adoptionsvertrag), so beurteilt sich deren Wirksamkeit nach dem jeweils anwendbaren Recht (Artikel 22 und 23 des Einführungsgesetzes zum Bürgerlichen Gesetzbuche). Hierbei ist auf die Wahrung der deutschen öffentlichen Ordnung (Artikel 6 des Einführungsgesetzes zum Bürgerlichen Gesetzbuche) besonders Bedacht zu nehmen. Kommt deutsches Sachrecht zur Anwendung, so ist eine durch Rechtsgeschäft vollzogene Adoption stets unwirksam.

6.1.3 Statusdeutsche; Einbürgerung

§ 6 gilt entsprechend für den Erwerb der Deutscheneigenschaft durch die Annahme als Kind durch Statusdeutsche.

Zu den Voraussetzungen einer Einbürgerung nach § 8 bei Nichterwerb der deutschen Staatsangehörigkeit nach § 6, insbesondere bei der Adoption eines Volljährigen, vergleiche Nummer 8.1.3.3. Gegebenenfalls kommt auch eine Einbürgerung nach § 13 in Betracht.

6.2 Zu Satz 2 (Erstreckungserwerb)

Der Erwerb der Staatsangehörigkeit erstreckt sich nach Satz 2 kraft Gesetzes auf die Abkömmlinge des Kindes.

7 Zu § 7 Erwerb durch Ausstellung der Bescheinigung gemäß § 15 Abs. 1 oder Abs. 2 des Bundesvertriebenengesetzes

7.0 Allgemeines

§ 7 regelt den Erwerb der deutschen Staatsangehörigkeit durch Statusdeutsche.

Maßgebender Zeitpunkt für den Erwerb der deutschen Staatsangehörigkeit ist das Datum der Ausstellung der Bescheinigung nach § 15 des Bundesvertriebenengesetzes. Wann sie tatsächlich ausgehändigt wird, ist ohne Bedeutung.

7.1 Zu Satz 1 (Erwerb der deutschen Staatsangehörigkeit durch Statusdeutsche)

Satz 1 betrifft die Personen, die die Voraussetzungen in § 4 Abs. 3 Satz 1, 2 des Bundesvertriebenengesetzes erfüllen. Dazu muss ein Aufnahmeverfahren nach den §§ 26 ff. des Bundesvertriebenengesetzes oder ein Übernahmeverfahren im Sinne des § 100 Abs. 4 des Bundesvertriebenengesetzes durchgeführt worden sein.

Für den Erwerb der Deutscheneigenschaft durch den nichtdeutschen Ehegatten muss die Ehe mit dem Spätaussiedler mindestens drei Jahre ununterbrochen bestanden haben, bevor einer der Ehegatten die Aussiedlungsgebiete verlassen hat. Soweit dies nicht der Fall ist, ist der nichtdeutsche Ehegatte Ausländer geblieben und kann die deutsche Staatsangehörigkeit nur durch Einbürgerung erwerben. Auf die für Ehegatten deutscher Staatsangehöriger geltende Regelung des § 9 kann er sich erst berufen, nachdem der Spätaussiedler die deutsche Staatsangehörigkeit erworben hat, vergleiche Nummer 9.1. Eine Bescheinigung nach § 15 Abs. 2 des Bundesvertriebenengesetzes sagt beim Ehegatten eines Spätaussiedlers nichts darüber aus, ob die Deutscheneigenschaft erworben wurde.

7.2 Zu Satz 2 (Erstreckung auf Kinder)

Satz 2 betrifft den Erwerb der deutschen Staatsangehörigkeit durch Kinder, die nach dem Erwerb der Deutscheneigenschaft durch den Spätaussiedler, seinen Ehegatten oder seine Abkömmlinge im Sinne des § 7 Abs. 2 des Bundesvertriebenengesetzes geboren beziehungsweise adoptiert worden sind und entsprechend §§ 4, 6 die Deutscheneigenschaft durch Abstammung beziehungsweise durch Annahme als Kind erworben haben.

8 Zu § 8 Einbürgerung eines Ausländers

8.0 Allgemeines

Ausländer haben nach Maßgabe der §§ 85 ff. des Ausländergesetzes nach einem achtjährigen rechtmäßigen gewöhnlichen Aufenthalt im Inland einen Anspruch auf Einbürgerung. Ihre Ehegatten und minderjährigen Kinder können nach Maßgabe des § 85 Abs. 2 des Ausländergesetzes mit ihnen eingebürgert werden, auch wenn sie sich noch nicht seit acht Jahren rechtmäßig im Inland aufhalten. In diesen Fällen ist das öffentliche Interesse an der Einbürgerung gesetzlich vorgegeben.

Nach § 8 kann bei Erfüllung der gesetzlichen Voraussetzungen (vergleiche Nummern 8.1.1 bis 8.1.1.4) eine Einbürgerung nach Ermessen der Behörde erfolgen, wenn im Einzelfall ein öffentliches Interesse an der Einbürgerung festgestellt werden kann. Maßgeblich hierfür sind die unter den Nummern 8.1.2 bis 8.1.3.9.2 aufgeführten Gesichtspunkte.

8.1 Zu Absatz 1 (Voraussetzungen der Einbürgerung)

8.1.1 Gesetzliche Voraussetzungen; Niederlassung im Inland; Antrag
Ein Erwerb der deutschen Staatsangehörigkeit durch Einbürgerung ist nur für Ausländer möglich. Ausländer ist jeder, der nicht deutscher Staatsangehöriger oder Statusdeutscher ist (§ 1 Abs. 2 des Ausländergesetzes).

Eine Niederlassung im Inland liegt vor bei Besitz einer eigenen Wohnung oder eines Unterkommens im Inland in der erklärten oder sonst erkennbaren Absicht, sich dort nicht nur vorübergehend aufzuhalten. Dabei muss der Schwerpunkt der Lebensverhältnisse im Inland liegen. In Bezug auf die ausländerrechtlichen Anforderungen sind die Nummern 8.1.2.3 (Rechtmäßigkeit des Aufenthalts im Inland; anrechenbare Aufenthaltszeiten) und 8.1.2.4 (erforderlicher Aufenthaltstitel bei der Einbürgerung) zu beachten.

Eine Einbürgerung ist nur auf Antrag möglich. Der Antrag soll schriftlich gestellt werden. Zur Erleichterung der Antragstellung soll ein Vordruck verwendet werden. Der Einbürgerungsbewerber kann den Einbürgerungsantrag auf eine bestimmte Rechtsgrundlage beschränken. Vor der Antragstellung soll der Einbürgerungsbewerber über die Voraussetzungen der Einbürgerung und das weitere Verfahren, insbesondere die ihm zustehenden Rechte und die ihm obliegenden Mitwirkungspflichten belehrt, erforderliche Einwilligungen zu den notwendigen Ermittlungen sollen eingeholt werden.

8.1.1.1 Zu Nummer 1 (Handlungsfähigkeit, gesetzliche Vertretung)
Fähig zur Vornahme der Antragstellung und der sonstigen Verfahrenshandlungen im Einbürgerungsverfahren ist ein Ausländer, der das 16. Lebensjahr vollendet hat, sofern er nicht nach Maßgabe des Bürgerlichen Gesetzbuchs geschäftsunfähig oder im Falle seiner Volljährigkeit in dieser Angelegenheit zu betreuen und einem Einwilligungsvorbehalt zu unterstellen wäre. Im Falle der Betreuung bedarf

der Einbürgerungsantrag der Einwilligung des Betreuers, wenn sich ein Einwilligungsvorbehalt nach § 1903 des Bürgerlichen Gesetzbuchs auf das Einbürgerungsverfahren erstreckt. Ansonsten handelt der gesetzliche Vertreter. Die gesetzliche Vertretung eines Einbürgerungsbewerbers, der seinen gewöhnlichen Aufenthalt im Inland hat, richtet sich nach dem Bürgerlichen Gesetzbuch.

8.1.1.2 Zu Nummer 2 (Nichtvorliegen von Ausweisungsgründen)
Maßgeblich für den Ausschluss ist allein das Vorliegen eines der in § 46 Nr. 1 bis 4 und § 47 Abs. 1 und 2 des Ausländergesetzes aufgeführten Ausweisungsgründe. Es kommt nicht darauf an, ob der Einbürgerungsbewerber tatsächlich ausgewiesen werden soll oder kann. Liegt dem Ausweisungsgrund eine rechtswidrige Tat, insbesondere eine Straftat zugrunde, so steht er der Einbürgerung nicht mehr entgegen, wenn die Eintragung über eine Verurteilung im Bundeszentralregister gemäß § 51 des Bundeszentralregistergesetzes getilgt oder zu tilgen ist.

Als Verstöße gegen Rechtsvorschriften oder gerichtliche oder behördliche Entscheidungen oder Verfügungen im Sinne des § 46 Nr. 2 des Ausländergesetzes kommen grundsätzlich nur Taten in Betracht, die straf- oder bußgeldbedroht sind. Zu beachten ist, dass auch die Verletzung von Unterhaltspflichten einen Straftatbestand darstellt (§ 170 Abs. 1 des Strafgesetzbuchs). Nur Verstöße, die sowohl geringfügig als auch vereinzelt sind, stellen keinen Ausweisungsgrund und damit auch kein Einbürgerungshindernis dar. Auch ein vereinzelter Verstoß erfüllt den Tatbestand des § 46 Nr. 2 des Ausländergesetzes, wenn er nicht geringfügig ist, und auch geringfügige Verstöße erfüllen diesen Tatbestand, wenn sie nicht vereinzelt sind (vergleiche Urteil des Bundesverwaltungsgerichts vom 24. September 1996 – 1 C 9/94).

Für die Beurteilung, ob ein geringfügiger Verstoß vorliegt, ist insbesondere Folgendes maßgebend:

a) Eine vorsätzliche Straftat, die zu einer Verurteilung geführt hat, ist grundsätzlich nicht geringfügig (vergleiche Urteil des Bundesverwaltungsgerichts a.a.O.);
b) eine fahrlässige Straftat kann bei einer Verurteilung von bis zu 30 Tagessätzen grundsätzlich als geringfügig eingestuft werden;
c) eine mit Strafe bedrohte Tat kann nach Einstellung des Strafverfahrens als geringfügig eingestuft werden, wenn die Einstellung

nach § 153 der Strafprozessordnung erfolgt ist oder die mit der Einstellung verbundene Geldauflage nach § 153a der Strafprozessordnung nicht mehr als 1 000 DM betragen hat;

d) eine Ordnungswidrigkeit, die mit einem Bußgeld von nicht mehr als 1000 DM geahndet worden ist, kann als geringfügiger Verstoß gewertet werden.

Für den Verstoß gegen Rechtsvorschriften, gerichtliche Entscheidungen und behördliche Verfügungen genügt die objektive Rechtswidrigkeit. Es ist unerheblich, ob der Verstoß schuldhaft begangen wurde. Wurde das Strafverfahren gegen Zahlung einer Geldauflage von mehr als 1 000 DM eingestellt, ist der Rechtsverstoß dann als Ausweisungsgrund als verbraucht anzusehen, wenn seit der Einstellung des Verfahrens ein längerer Zeitraum verstrichen ist. Entsprechendes gilt bei Ordnungswidrigkeiten, für die ein Bußgeld von mehr als 1000 DM verhängt wurde. Folgende Fristen erscheinen angemessen:

a) bei einer Geldbuße beziehungsweise -auflage bis zu 3 000 DM eine Zurückstellung um zirka zwei Jahre,
b) bei einer Geldbuße beziehungsweise -auflage von mehr als 3000 DM eine Zurückstellung um zirka drei Jahre.

Strafrechtliche Verurteilungen im Ausland sind nur dann zu berücksichtigen, wenn das bestrafte Verhalten auch nach deutschem Strafrecht als vorsätzliche Straftat anzusehen ist.

Wird gegen den Einbürgerungsbewerber wegen des Verdachts einer Straftat ermittelt, ist die Entscheidung über die Einbürgerung bis zum Abschluss des Verfahrens, im Falle der Verurteilung bis zur Rechtskraft des Urteils auszusetzen. Nummer 88.3 ist entsprechend anzuwenden.

8.1.1.3 Zu Nummer 3 (Wohnung; Unterkommen)

Unter Wohnung ist eine Unterkunft zu verstehen, die dem Einbürgerungsbewerber und seinen mit ihm in häuslicher Gemeinschaft lebenden Familienangehörigen die Führung eines Haushalts ermöglicht. Es muss sich hierbei nicht um eine selbstständige Wohnung handeln, auch ein Untermietverhältnis reicht aus. Eine lediglich provisorische Unterbringung genügt jedoch nicht. Als Unterkommen ist eine andere Unterkunft anzusehen, die dem ständigen Aufenthalt zu Wohnzwecken dient, beispielsweise ein Wohnheim.

8.1.1.4 Zu Nummer 4 (Unterhaltsfähigkeit)
Der Einbürgerungsbewerber ist imstande, sich und seine Angehörigen zu ernähren, wenn er den eigenen und den Lebensunterhalt der Familie sowie etwaige gegen ihn gerichtete Unterhaltsansprüche nachhaltig und auf Dauer aus einem selbst erwirtschafteten Einkommen, einem eigenen Vermögen oder einem bestehenden Unterhaltsanspruch gegen einen Dritten bestreiten kann, ohne auf einen Anspruch auf Unterhalt aus öffentlichen Mitteln angewiesen zu sein (Unterhaltsfähigkeit). Bei verheirateten Einbürgerungsbewerbern ist es ausreichend, dass die Ehegatten hierzu gemeinsam in der Lage sind. Die Unterhaltsfähigkeit umfasst auch eine ausreichende soziale Absicherung gegen Krankheit, Pflegebedürftigkeit, Berufs- oder Erwerbsunfähigkeit und für das Alter.

Hängt die Unterhaltsfähigkeit von dem Unterhaltsanspruch gegen einen Dritten ab, so ist es bei einem gesetzlichen Unterhaltsanspruch ausreichend, wenn der Dritte leistungsfähig und der Unterhaltsanspruch im Inland durchsetzbar ist. Dies gilt entsprechend für eine Vereinbarung über die Unterhaltspflicht nach § 1585c des Bürgerlichen Gesetzbuchs.

Der Bezug von Hilfe zum Lebensunterhalt (Sozialhilfe) oder Arbeitslosenhilfe beziehungsweise der entsprechende Anspruch schließt die Einbürgerung aus. Dies gilt auch, wenn der Einbürgerungsbewerber den Umstand, der ihn zur Inanspruchnahme dieser Leistungen berechtigt, nicht zu vertreten hat.

Der Einbürgerung steht es nicht entgegen, wenn der Einbürgerungsbewerber Kindergeld oder eine Rente eines deutschen Trägers bezogen hat oder bezieht. Bei Bezug anderer Leistungen, wie Arbeitslosengeld, Erziehungsgeld, Unterhaltsgeld, Krankengeld, Wohngeld oder Ausbildungsförderung nach dem Bundesausbildungsförderungsgesetz, ist eine Prognoseentscheidung erforderlich, ob der Einbürgerungsbewerber künftig in der Lage sein wird, sich ohne Bezug solcher Leistungen aus eigenen Kräften zu unterhalten.

8.1.2 Allgemeine Grundsätze für die Ermessensausübung
Die Nummern 8.1.2 bis 8.1.3.9.2 enthalten allgemeine Grundsätze für die Ermessensausübung und legen fest, unter welchen Voraussetzungen ein öffentliches Interesse an der Einbürgerung anzunehmen ist.

Persönliche Wünsche und wirtschaftliche Interessen des Einbürgerungsbewerbers können nicht entscheidend sein.

Belange der Entwicklungspolitik stehen einer Einbürgerung nach § 8 nicht entgegen.

8.1.2.1 Einordnung in die deutschen Lebensverhältnisse, insbesondere ausreichende Kenntnisse der deutschen Sprache

Der Einbürgerungsbewerber muss sich in die deutschen Lebensverhältnisse eingeordnet haben, insbesondere über ausreichende Kenntnisse der deutschen Sprache verfügen.

8.1.2.1.1 Sprachkenntnisse

Ausreichende Kenntnisse der deutschen Sprache liegen vor, wenn sich der Einbürgerungsbewerber im täglichen Leben einschließlich der üblichen Kontakte mit Behörden in seiner deutschen Umgebung sprachlich zurechtzufinden vermag und mit ihm ein seinem Alter und Bildungsstand entsprechendes Gespräch geführt werden kann. Dazu gehört auch, dass der Einbürgerungsbewerber einen deutschsprachigen Text des alltäglichen Lebens lesen, verstehen und die wesentlichen Inhalte mündlich wiedergeben kann. Die Fähigkeit, sich auf einfache Art mündlich verständigen zu können, reicht nicht aus. Bei den Anforderungen an die deutschen Sprachkenntnisse ist zu berücksichtigen, ob sie von dem Einbürgerungsbewerber wegen einer körperlichen oder geistigen Krankheit oder Behinderung nicht erfüllt werden können.

8.1.2.1.2 Nachweis der Sprachkenntnisse

Ob ausreichende Kenntnisse der deutschen Sprache vorliegen, ist von der Einbürgerungsbehörde zu prüfen. Die erforderlichen Sprachkenntnisse sind in der Regel nachgewiesen, wenn der Einbürgerungsbewerber

a) das Zertifikat Deutsch oder ein gleichwertiges Sprachdiplom erworben hat,
b) vier Jahre eine deutschsprachige Schule mit Erfolg (Versetzung in die nächsthöhere Klasse) besucht hat,
c) einen Hauptschulabschluss oder wenigstens gleichwertigen deutschen Schulabschluss erworben hat,
d) in die zehnte Klasse einer weiterführenden deutschsprachigen Schule (Realschule, Gymnasium oder Gesamtschule) versetzt worden ist oder

e) ein Studium an einer deutschsprachigen Hochschule oder Fachhochschule oder eine deutsche Berufsausbildung erfolgreich abgeschlossen hat.

Sind die erforderlichen Kenntnisse der deutschen Sprache nicht oder nicht hinreichend nachgewiesen, soll das persönliche Erscheinen des Einbürgerungsbewerbers zur Überprüfung der Sprachkenntnisse angeordnet werden. Die Anforderungen des Zertifikats Deutsch (ISBN 3-933908-17-5) sind dafür ein geeigneter Maßstab.

8.1.2.2 Dauer des Inlandsaufenthalts

Vor der Einbürgerung soll sich ein Einbürgerungsbewerber, der bei der Einbürgerung das 16. Lebensjahr vollendet hat, wenigstens acht Jahre im Inland aufgehalten haben (vergleiche Nummer 8.0). Nach einer Unterbrechung des Aufenthalts (vergleiche Nummer 89.1.1) können frühere Aufenthalte im Inland bis zur Hälfte der geforderten Aufenthaltsdauer angerechnet werden, soweit ihnen integrationsfördernde Bedeutung zukommt.

8.1.2.3 Rechtmäßigkeit des Aufenthalts im Inland; anrechenbare Aufenthaltszeiten

Bei der Berechnung der für eine Einbürgerung erforderlichen Aufenthaltsdauer können nur Zeiten berücksichtigt werden, in denen der Einbürgerungsbewerber sich rechtmäßig im Inland aufgehalten hat. Zu den danach anrechenbaren Aufenthaltszeiten vergleiche Nummer 4.3.1.2.

Abweichend von Nummer 4.3.1.2 werden Zeiten einer Duldung auf die geforderte Aufenthaltsdauer angerechnet, soweit dem Einbürgerungsbewerber in den Fällen des § 35 Abs. 1 Satz 3 des Ausländergesetzes eine unbefristete Aufenthaltserlaubnis unter Berücksichtigung dieser Zeiten erteilt worden ist.

Zu berücksichtigen sind ferner Zeiten, in denen der Einbürgerungsbewerber als deutscher Staatsangehöriger oder Statusdeutscher behandelt wurde.

8.1.2.4 Erforderlicher Aufenthaltstitel bei der Einbürgerung

Der Einbürgerungsbewerber muss im Zeitpunkt der Einbürgerung eine Aufenthaltserlaubnis oder Aufenthaltsberechtigung besitzen. Dies gilt nicht, wenn er als Ausländer unter 16 Jahren vom Erfordernis der Aufenthaltsgenehmigung befreit ist. Abweichend von Satz 1 genügt eine Aufenthaltsbefugnis, wenn sie auf Grund gruppenbezogener Regelungen aus humanitären Gründen auf Dauer nach § 32 des Ausländergesetzes zugesagt worden ist („Altfallregelung").

Für Ausländer, die aufgrund völkerrechtlicher Übereinkommen oder damit in Zusammenhang stehender Rechtsvorschriften vom Erfordernis der Aufenthaltsgenehmigung befreit sind, insbesondere die bei den diplomatischen Missionen oder berufskonsularischen Vertretungen ausländischer Staaten im Inland beschäftigten ausländischen Ortskräfte und ihre Familienangehörigen, setzt die Einbürgerung voraus, dass ihnen nach Fortfall der aufenthaltsrechtlichen Vergünstigung entweder nach Europäischem Gemeinschaftsrecht ein dauerndes Aufenthaltsrecht im Inland zu gewähren wäre oder nach Maßgabe der ausländerrechtlichen Bestimmungen gewährt werden könnte.

8.1.2.5 Staatsbürgerliche Voraussetzungen (Bekenntnis zur freiheitlichen demokratischen Grundordnung; Loyalitätserklärung)

Der Einbürgerungsbewerber soll eine seinem Lebenskreis entsprechende Kenntnis der staatlichen Ordnung der Bundesrepublik Deutschland besitzen. Er muss nach seinem Verhalten in Vergangenheit und Gegenwart Gewähr dafür bieten, dass er sich zur freiheitlichen demokratischen Grundordnung bekennt.

Erfüllt der Einbürgerungsbewerber einen der in § 86 Nr. 2 des Ausländergesetzes aufgeführten Ausschlussgründe (vergleiche Nummer 86.2) oder ist die politische Betätigung nach § 37 des Ausländergesetzes beschränkt oder untersagt worden, so kommt eine Einbürgerung nicht in Betracht.

Hat der Einbürgerungsbewerber im Zeitpunkt der Einbürgerung das 16. Lebensjahr vollendet, so hat er ein Bekenntnis zur freiheitlichen demokratischen Grundordnung und eine Loyalitätserklärung abzugeben, vergleiche Nummer 85.1.1.1.

8.1.2.6 Vermeidung von Mehrstaatigkeit

Der Grundsatz der Vermeidung von Mehrstaatigkeit ist bei der Ermessensausübung zu beachten.

8.1.2.6.1 Einbürgerungszusicherung

Soweit dies zur Aufgabe der ausländischen Staatsangehörigkeit erforderlich ist, ist dem Einbürgerungsbewerber eine schriftliche Einbürgerungszusicherung (vergleiche § 38 des Verwaltungsverfahrensgesetzes) zu erteilen. Durch sie wird ihm die Einbürgerung für den Fall zugesagt, dass er die Aufgabe seiner Staatsangehörigkeit nachweist. In der Regel ist die Einbürgerungszusicherung auf zwei Jahre zu befristen. Die Verlängerung der Frist ist zulässig. Die Einbürgerungszusicherung wird unter dem Vorbehalt erteilt, dass sich die für die Einbürgerung maßgebliche Sach- oder Rechtslage bis zum Ablauf der Frist nicht ändert.

Eine Einbürgerungszusicherung ist danach auch zu erteilen, wenn nach dem Recht des Herkunftsstaates das Ausscheiden aus der Staatsangehörigkeit die Volljährigkeit voraussetzt und der Einbürgerungsbewerber innerhalb von zwei Jahren volljährig wird. Die Frist soll so bemessen sein, dass sie frühestens ein Jahr nach Erreichen der Volljährigkeit abläuft.

8.1.2.6.2 Vorübergehende Hinnahme von Mehrstaatigkeit

Lässt der ausländische Staat das Ausscheiden aus seiner Staatsangehörigkeit erst nach dem Vollzug der Einbürgerung zu und liegt kein Grund für die dauernde Hinnahme von Mehrstaatigkeit vor, so kann die Einbürgerung erfolgen, wenn der Einbürgerungsbewerber zum Ausscheiden aus der ausländischen Staatsangehörigkeit bereit ist und – sofern das ausländische Recht dies vorsieht – die dazu erforderlichen Handlungen vorgenommen hat (vorübergehende Hinnahme von Mehrstaatigkeit). Setzt nach dem Recht des Herkunftsstaates das Ausscheiden aus der Staatsangehörigkeit die Volljährigkeit voraus und wird der Einbürgerungsbewerber nicht innerhalb von zwei Jahren volljährig, so kann Mehrstaatigkeit vorübergehend dann hingenommen werden, wenn

a) der Einbürgerungsbewerber mit den Eltern oder dem allein sorgeberechtigten Elternteil eingebürgert werden soll,
b) der Einbürgerungsbewerber mit dem nicht allein sorgeberechtigten Elternteil eingebürgert werden soll und der andere Elternteil deutscher Staatsangehöriger ist,
c) die Eltern des Einbürgerungsbewerbers oder der allein sorgeberechtigte Elternteil deutsche Staatsangehörige sind oder
d) der Einbürgerungsbewerber Vollwaise ist.

Die Einbürgerung ist in diesen Fällen mit einer schriftlichen Auflage zu versehen, in der dem Einbürgerungsbewerber die zum Ausscheiden aus der ausländischen Staatsangehörigkeit erforderlichen Handlungen aufgegeben werden und in der er verpflichtet wird, diese Handlungen unverzüglich vorzunehmen. Zur Durchsetzung der Auflage kann – auch mehrfach – ein Zwangsgeld nach Maßgabe der landesrechtlichen Bestimmungen verhängt werden. Vom Vollzug der Auflage ist abzusehen, wenn nach der Einbürgerung ein Grund für die dauernde Hinnahme von Mehrstaatigkeit entsteht.

8.1.2.6.3 Hinnahme von Mehrstaatigkeit
Ob Mehrstaatigkeit hingenommen werden kann, hat die Einbürgerungsbehörde nach pflichtgemäßem Ermessen zu prüfen. Ausnahmen vom Einbürgerungshindernis eintretender Mehrstaatigkeit kommen insbesondere in Betracht:

8.1.2.6.3.1 Wenn das Recht des ausländischen Staates das Ausscheiden aus dessen Staatsangehörigkeit nicht ermöglicht.

8.1.2.6.3.2 Wenn der ausländische Staat die Entlassung durchweg verwehrt oder von unzumutbaren Bedingungen abhängig macht.

Durchweg verwehrt wird die Entlassung in diesem Sinn, wenn Entlassungen nie oder fast nie ausgesprochen werden. Dies ist insbesondere bei Einbürgerungsbewerbern aus bestimmten arabischen und nordafrikanischen Staaten der Fall. Der Entlassungsantrag ist grundsätzlich von der Einbürgerungsbehörde an die jeweilige Auslandsvertretung des Herkunftsstaates in Deutschland weiterzuleiten, es sei denn, dass ein konsularischer Direktverkehr nicht möglich ist oder Bedenken gegen die amtliche Weiterleitung bestehen. Bestehen Bedenken gegen die amtliche Weiterleitung, so sind die Entlassungsanträge vom Auswärtigen Amt oder von der von ihm beauftragten Stelle zu sammeln. Der Entlassungsantrag muss nach Maßgabe des Rechtes des Herkunftsstaates unter Beachtung des deutschen ordre public vollständig und formgerecht abgefasst sein, erforderlichenfalls in der Sprache des Herkunftsstaates; die vorgesehenen Anlagen sind beizufügen.

8.1.2.6.3.3 Bei älteren Personen bei Erfüllung folgender Voraussetzungen:

a) Ältere Personen sind Personen, die das 60. Lebensjahr vollendet haben.
b) Die Entlassung muss auf unverhältnismäßige – tatsächliche oder rechtliche – Schwierigkeiten stoßen. Dies ist der Fall, wenn diese

einer älteren Person nicht mehr zugemutet werden sollen. Solche Schwierigkeiten können zum Beispiel dann vorliegen, wenn der ältere Einbürgerungsbewerber gesundheitlich so sehr eingeschränkt ist, dass er in der Auslandsvertretung nicht persönlich vorsprechen kann oder wenn die Entlassung eine Reise in den Herkunftsstaat erfordern würde, die altersbedingt nicht mehr zumutbar ist, oder wenn sich nicht oder nicht mit vertretbarem Aufwand aufklären lässt, welche ausländische Staatsangehörigkeit er besitzt.

c) Die Versagung der Einbürgerung muss eine besondere Härte darstellen. Dies ist insbesondere dann der Fall, wenn alle im Inland wohnhaften Familienangehörigen bereits deutsche Staatsangehörige sind oder der Einbürgerungsbewerber seit mindestens 15 Jahren rechtmäßig seinen gewöhnlichen Aufenthalt im Inland hat.

8.1.2.6.3.4 Wenn der Einbürgerungsbewerber zwar die Verweigerung der Entlassung zu vertreten, sich aber schon länger als 20 Jahre nicht mehr im Herkunftsstaat aufgehalten hat, davon mindestens zehn Jahre im Inland, und über 40 Jahre alt ist.

8.1.2.6.3.5 Wenn der Einbürgerungsbewerber politisch Verfolgter im Sinne des § 51 des Ausländergesetzes ist oder wie ein Flüchtling nach dem Gesetz über Maßnahmen für im Rahmen humanitärer Hilfsaktionen aufgenommene Flüchtlinge behandelt wird.

8.1.2.6.3.6 Wenn ein herausragendes öffentliches Interesse an der Einbürgerung auch unter Hinnahme von Mehrstaatigkeit besteht.

8.1.2.6.3.7 Wenn ehemalige deutsche Staatsangehörige durch Eheschließung mit Ausländern die deutsche Staatsangehörigkeit verloren haben.

8.1.3 Einbürgerungserleichterungen für bestimmte Personengruppen

Für die unter den Nummern 8.1.3.1 bis 8.1.3.9.2 aufgeführten Personengruppen kommen die dort genannten Abweichungen von den unter den Nummern 8.1.2 bis 8.1.2.6.2 genannten allgemeinen Grundsätzen für die Ermessensausübung in Betracht.

8.1.3.1 Staatsangehörigkeitsrechtlich Schutzbedürftige

Staatsangehörigkeitsrechtlich schutzbedürftig ist, wer politisch Verfolgter im Sinne des § 51 des Ausländergesetzes ist oder wie ein Kontingentflüchtling behandelt wird (vergleiche Nummer 87.1.2.6) oder staatenlos ist. Staatenlos ist eine Person, die kein Staat nach seinem innerstaatlichen Recht als Staatsangehörigen ansieht.

In diesen Fällen soll entsprechend Artikel 34 des Abkommens über die Rechtsstellung der Flüchtlinge und Artikel 32 des Übereinkommens über die Rechtsstellung der Staatenlosen die Einbürgerung erleichtert und das Verfahren beschleunigt werden. Schwierigkeiten bei der Beschaffung von Urkunden sollen berücksichtigt werden.

Abweichend von Nummer 8.1.2.2 wird eine Aufenthaltsdauer von sechs Jahren als ausreichend angesehen.

Abweichend von Nummer 8.1.2.4 kann im Zeitpunkt der Einbürgerung der Besitz einer Aufenthaltsbefugnis genügen, wenn sie nach § 70 des Asylverfahrensgesetzes gewährt worden ist, seit sechs Jahren besteht und nach Auskunft des Bundesamtes für die Anerkennung ausländischer Flüchtlinge nicht damit zu rechnen ist, dass die Feststellung, dass die Voraussetzungen des § 51 Abs. 1 des Ausländergesetzes vorliegen, zu widerrufen oder zurückzunehmen ist.

Als staatsangehörigkeitsrechtlich schutzbedürftig ist in der Regel anzusehen, wer sich durch einen Reiseausweis für Flüchtlinge oder durch einen Reiseausweis für Staatenlose ausweist.

8.1.3.2 Fälle mit staatsangehörigkeitsrechtlichem Wiedergutmachungsgehalt

Dient die Einbürgerung Zwecken der staatsangehörigkeitsrechtlichen Wiedergutmachung nationalsozialistischen Unrechts gegenüber einer von Verfolgungsmaßnahmen aus politischen, rassischen oder religiösen Gründen in der Zeit vom 30. Januar 1933 bis zum 8. Mai 1945 betroffenen Person (so genannte Erlebensgeneration) und besteht kein Anspruch auf Einbürgerung aus Wiedergutmachungsgründen nach Artikel 116 Abs. 2 des Grundgesetzes oder den §§ 11, 12 Abs. 1 des Staatsangehörigkeitsregelungsgesetzes, so genügt abweichend von Nummer 8.1.2.2 eine Aufenthaltsdauer von vier Jahren.

8.1.3.3 Ehemalige deutsche Staatsangehörige, Abkömmlinge deutscher Staatsangehöriger (einschließlich der Adoptivkinder) und Abkömmlinge ehemaliger deutscher Staatsangehöriger

Ehemalige deutsche Staatsangehörige und Abkömmlinge deutscher und ehemaliger deutscher Staatsangehöriger können abweichend von

Nummer 8.1.2.2 bei einer – nach Lage des Einzelfalles auch erheblich – kürzeren Aufenthaltsdauer als acht Jahre eingebürgert werden.

Ist der Einbürgerungsbewerber von einem deutschen Staatsangehörigen nach den deutschen Gesetzen wirksam als Kind angenommen (vergleiche Nummern 6.1 bis 6.1.3) und hatte er im Zeitpunkt des Annahmeantrags das 18. Lebensjahr bereits vollendet, so kommt eine Einbürgerung nach einer Aufenthaltsdauer von vier Jahren in Betracht, wenn er nach der Annahme als Kind mit dem deutschen Elternteil in einer familiären Lebensgemeinschaft lebt. Das Annahmeverhältnis und die familiäre Lebensgemeinschaft sollen seit drei Jahren bestanden haben. Eine bloße Begegnungsgemeinschaft genügt nicht für eine Verkürzung der erforderlichen Aufenthaltsdauer, vielmehr ist eine Beistandsgemeinschaft erforderlich.

Nicht vorausgesetzt wird, dass das Annahmeverhältnis die Wirkungen einer Volladoption entfaltet (vergleiche § 1770 des Bürgerlichen Gesetzbuchs).

Abweichend von Nummer 8.1.2.4 kann es bei diesen Personen als ausreichend angesehen werden, wenn sie sich im Zeitpunkt der Einbürgerung rechtmäßig im Inland aufhalten.

8.1.3.4 Deutschsprachige Einbürgerungsbewerber

Deutschsprachige Einbürgerungsbewerber aus Liechtenstein, Österreich oder deutschsprachigen Gebieten in anderen europäischen Staaten, in denen Deutsch Amts- oder Umgangssprache ist, können abweichend von Nummer 8.1.2.2 nach einer Aufenthaltsdauer von vier Jahren eingebürgert werden.

8.1.3.5 Einbürgerungserleichterungen bei besonderem öffentlichen Interesse

Einbürgerungserleichterungen kommen auch in Betracht, wenn ein besonderes öffentliches Interesse an der Einbürgerung besteht. In diesen Fällen ist eine erhebliche Verkürzung der in Nummer 8.1.2.2 vorgesehenen Aufenthaltsdauer möglich. Die geforderte Aufenthaltsdauer soll aber drei Jahre nicht unterschreiten.

Ein besonderes öffentliches Interesse an der Einbürgerung kann vorliegen, wenn der Einbürgerungsbewerber durch die Einbürgerung für eine Tätigkeit im deutschen Interesse, insbesondere im Bereich der Wissenschaft, Forschung, Wirtschaft, Kunst, Kultur, Medien, des

Sports oder des öffentlichen Dienstes (vergleiche § 40 Abs. 6 des Bundesbesoldungsgesetzes) gewonnen oder erhalten werden soll. Es kann auch gegeben sein bei Angehörigen international tätiger, auch ausländischer Unternehmen und Institutionen oder bei anderen Personen, die aus beruflichen oder geschäftlichen Gründen ihren Aufenthalt vorübergehend ins Ausland verlegen oder häufig dorthin reisen müssen.

Die Einbürgerung im Bereich des Sports setzt stets voraus, dass sich der Einbürgerungsbewerber zumindest seit drei Jahren im Inland aufhält, konkret in einer deutschen Nationalmannschaft eingesetzt werden soll und sportlich eine längerfristige internationale Perspektive aufweist. Die Startberechtigung für internationale Meisterschaften muss durch den zuständigen Fachverband oder den Deutschen Sportbund bestätigt worden sein.

Das besondere öffentliche Interesse ist von einer obersten Behörde des Bundes oder eines Landes zu bestätigen und im Einzelnen zu begründen. Im Bereich des Sports ist hierzu eine Stellungnahme des Bundesministeriums des Innern einzuholen.

Soll eine sonstige Tätigkeit für einen längeren Zeitraum ganz oder überwiegend im Ausland ausgeübt werden, ist eine Stellungnahme des Auswärtigen Amtes einzuholen, wenn das besondere öffentliche Interesse an der Einbürgerung nicht bereits aus der Tätigkeit im Inland abgeleitet werden kann.

8.1.3.6 Minderjährige Kinder

Ein minderjähriges Kind, das bei der Einbürgerung das 16. Lebensjahr noch nicht vollendet hat, soll nur dann selbstständig eingebürgert werden, wenn es im Inland mit einem deutschen Staatsangehörigen, der für das Kind sorgeberechtigt ist, in einer familiären Gemeinschaft lebt.

Abweichend von Nummer 8.1.2.1 genügt es, wenn sich das Kind ohne nennenswerte Probleme im Alltagsleben in deutscher Sprache mündlich verständigen kann und seine Einordnung in die deutschen Lebensverhältnisse gewährleistet ist.

Abweichend von Nummer 8.1.2.2 soll sich das einzubürgernde Kind vor der Einbürgerung seit mindestens drei Jahren im Inland aufhalten. Bei einem Kind, das im Zeitpunkt der Einbürgerung das sechste

Lebensjahr noch nicht vollendet hat, genügt es in diesem Fall, wenn es unmittelbar vor der Einbürgerung sein halbes Leben im Inland verbracht hat.

8.1.3.7 Ältere Personen
Bei Personen, die das 60. Lebensjahr vollendet haben und seit zwölf Jahren ihren rechtmäßigen Aufenthalt (vergleiche Nummer 8.1.2.3) im Inland haben, genügt es abweichend von Nummer 8.1.2.1, wenn sie sich ohne nennenswerte Probleme im Alltagsleben in deutscher Sprache mündlich verständigen können.

8.1.3.8 Vorsorgliche Einbürgerung
Bestehen erhebliche Schwierigkeiten, den Besitz der deutschen Staatsangehörigkeit oder der Deutscheneigenschaft zu belegen, und lassen sich diese trotz nachhaltiger Bemühungen nicht in angemessener Zeit ausräumen oder bestehen Zweifel an der Rechtswirksamkeit des vorausgegangenen Erwerbs der deutschen Staatsangehörigkeit oder der Deutscheneigenschaft, kann abweichend von den Nummern 8.1.2.2 bis 8.1.2.4 eine vorsorgliche Einbürgerung erfolgen, wenn der Betreffende bisher von deutschen Stellen als deutscher Staatsangehöriger oder Statusdeutscher behandelt worden ist.

Ein nachträglicher Nachweis, dass die deutsche Staatsangehörigkeit oder Deutscheneigenschaft im Zeitpunkt der vorsorglichen Einbürgerung schon bestanden hat, ist dadurch nicht ausgeschlossen.

8.1.3.9 Miteinbürgerung von Ehegatten und Kindern
Ehegatten und Kinder, die das 16. Lebensjahr noch nicht vollendet haben, können mit den Personen eingebürgert werden, die unter den Voraussetzungen der Nummern 8.1.2 bis 8.1.3.8 eingebürgert werden.

8.1.3.9.1 Miteinbürgerung eines Ehegatten
Auch bei den miteinzubürgernden Ehegatten werden grundsätzlich ausreichende Kenntnisse der deutschen Sprache vorausgesetzt. Bildungsstand und gewisse Schwierigkeiten, die deutsche Sprache zu erlernen, können berücksichtigt werden, wenn die übrigen Familienangehörigen die für eine Einbürgerung erforderlichen Kenntnisse der deutschen Sprache besitzen und die Miteinbürgerung dazu führt, dass die gesamte Familie die deutsche Staatsangehörigkeit besitzt. Die Fähigkeit, sich auf einfache Art mündlich verständigen zu können, ist beim miteinzubürgernden Ehegatten stets erforderlich.

Abweichend von Nummer 8.1.2.2 genügt ein Aufenthalt im Inland von vier Jahren bei zweijähriger Dauer der ehelichen Lebensgemeinschaft.

8.1.3.9.2 Miteinbürgerung von Kindern
Ein minderjähriges Kind des Einbürgerungsbewerbers, das im Zeitpunkt der Einbürgerung das 16. Lebensjahr noch nicht vollendet hat, soll mit ihm eingebürgert werden, wenn er für das Kind sorgeberechtigt ist und mit ihm eine familiäre Lebensgemeinschaft im Inland besteht.

Abweichend von Nummer 8.1.2.1 genügt es, wenn das Kind sich ohne nennenswerte Probleme im Alltagsleben in deutscher Sprache mündlich verständigen kann und seine Einordnung in die deutschen Lebensverhältnisse gewährleistet ist.

Abweichend von Nummer 8.1.2.2 soll sich das einzubürgernde Kind vor der Einbürgerung seit mindestens drei Jahren im Inland aufhalten. Bei einem Kind, das im Zeitpunkt der Miteinbürgerung das sechste Lebensjahr noch nicht vollendet hat, genügt es in diesem Fall, wenn es unmittelbar vor der Einbürgerung sein halbes Leben im Inland verbracht hat.

Die Miteinbürgerung minderjähriger Kinder, die das 16. Lebensjahr vollendet haben, setzt in der Regel voraus, dass sie selbstständig eingebürgert werden könnten.

8.2 Zu Absatz 2 (einzuholende Stellungnahmen) Nicht belegt.

9 Zu § 9 Einbürgerung von Ehegatten Deutscher

9.0 Allgemeines
Die Einbürgerung nach § 9 darf bei Erfüllung der gesetzlichen Voraussetzungen nur ausnahmsweise versagt werden, wenn ein atypischer Fall vorliegt, in dem aus besonderen Gründen der Regelungszweck des § 9 (Herstellung einer einheitlichen deutschen Staatsangehörigkeit in der Familie)verfehlt würde. Ein solcher atypischer Fall kann insbesondere dann gegeben sein, wenn die Ehe

a) zu einem anderen Zweck als dem der Führung einer ehelichen Lebensgemeinschaft geschlossen wurde (Scheinehe) oder
b) nur formal besteht und eine eheliche Lebensgemeinschaft nicht oder nicht mehr geführt wird (gescheiterte Ehe), sofern nicht § 9 Abs. 2 entsprechend anzuwenden ist (vergleiche Nummer 9.2).

Minderjährige Kinder des ausländischen Ehegatten können nach Maßgabe des § 8 miteingebürgert werden (vergleiche Nummern 8.1.3.9 und 8.1.3.9.2).

9.1 Zu Absatz 1 (Voraussetzungen)

Die Ehe muss für den deutschen Rechtskreis gültig geschlossen sein und im Zeitpunkt der Einbürgerung noch bestehen. Der deutsche Ehegatte des Einbürgerungsbewerbers muss in diesem Zeitpunkt deutscher Staatsangehöriger sein. Der Besitz der Deutscheneigenschaft reicht nicht aus.

Die gesetzlichen Voraussetzungen des § 8 müssen von dem Einbürgerungsbewerber in jedem Fall erfüllt werden (vergleiche Nummern 8.1.1 bis 8.1.1.4).

9.1.1 Zu Nummer 1 (Vermeidung von Mehrstaatigkeit)

Zum Ausscheiden aus der bisherigen Staatsangehörigkeit vergleiche Nummer 85.1.1.4, zur Hinnahme von Mehrstaatigkeit nach Maßgabe des § 87 des Ausländergesetzes vergleiche Nummern 87.0 bis 87.5. Liegen diese Voraussetzungen nicht vor, so kommt eine Einbürgerung nach § 8 in Betracht; die Aufenthaltsdauer wird abweichend von Nummer 8.1.2.2 nach Nummer 9.1.2.1 Abs. 1 sowie Nummer 9.1.2.2 beurteilt. Die Dauer der ehelichen Lebensgemeinschaft richtet sich nach Nummer 9.1.2.1 Abs. 2.

9.1.2 Zu Nummer 2 (Gewährleistung der Einordnung in die deutschen Lebensverhältnisse)

Die Einordnung des Einbürgerungsbewerbers in die deutschen Lebensverhältnisse muss nicht abgeschlossen, sondern lediglich für die Zukunft gewährleistet sein. In der Regel nicht gewährleistet ist die Einordnung in die deutschen Lebensverhältnisse, wenn der Einbürgerungsbewerber die Ehe mit dem deutschen Staatsangehörigen geschlossen hat, obwohl er zu diesem Zeitpunkt bereits verheiratet war, oder nach Eingehung der Ehe mit dem deutschen Staatsangehörigen erneut geheiratet hat (Doppelehe).

9.1.2.1 Allgemeine Anforderungen

Erforderlich ist in der Regel ein Aufenthalt im Inland von drei Jahren. Nach einer Unterbrechung des Aufenthalts (vergleiche Nummer 89.1.1) können frühere Aufenthalte im Inland bis zu zwei Dritteln der geforderten Aufenthaltsdauer angerechnet werden.

Die eheliche Lebensgemeinschaft des Einbürgerungsbewerbers mit dem deutschen Ehegatten muss im Zeitpunkt der Einbürgerung seit zwei Jahren bestehen. Dieser muss in dieser Zeit deutscher Staatsangehöriger oder Statusdeutscher gewesen sein.

Der Einbürgerungsbewerber muss sich ohne nennenswerte Probleme im Alltagsleben in deutscher Sprache ausdrücken können (BVerwGE 79, 94) und die in den Nummern 8.1.2.3, 8.1.2.4 und 8.1.2.5 aufgeführten Erfordernisse erfüllen.

9.1.2.2 Verkürzung der Aufenthaltsdauer
Abweichend von Nummer 9.1.2.1 kann die Einbürgerung nach einer Aufenthaltsdauer von weniger als drei Jahren erfolgen, wenn die eheliche Lebensgemeinschaft seit drei Jahren besteht, bei

a) Angehörigen international tätiger, auch ausländischer Unternehmen und Institutionen oder anderen Personen, die aus beruflichen oder geschäftlichen Gründen ihren gewöhnlichen Aufenthalt im Ausland hatten, wenn die Tätigkeit im Ausland im deutschen Interesse lag,
b) Ehegatten von Deutschen, die im Ausland eine der unter Buchstabe a) genannten Tätigkeiten ausgeübt haben, und
c) Ehegatten von aus dem Ausland zurückgekehrten entsandten Angehörigen des Auswärtigen Amtes, der Bundeswehr und anderer öffentlicher oder öffentlich geförderter Einrichtungen.

9.1.3 Erhebliche Belange, die der Einbürgerung entgegenstehen
Erfüllt der Einbürgerungsbewerber einen der in § 86 Nr. 2 des Ausländergesetzes aufgeführten Ausschlussgründe (vergleiche Nummer 86.2) oder ist die politische Betätigung nach § 37 des Ausländergesetzes beschränkt oder untersagt worden, so kommt eine Einbürgerung nicht in Betracht.

Belange der Entwicklungspolitik stehen einer Einbürgerung nach § 9 nicht entgegen.

9.2 Zu Absatz 2
Zu den Kindern aus der Ehe gehören auch gemeinschaftlich angenommene Kinder sowie von einem Ehegatten angenommene Kinder des anderen Ehegatten.

Absatz 2 ist entsprechend anzuwenden, wenn die Ehegatten nicht nur vorübergehend getrennt leben und das Familiengericht dem ausländischen Elternteil gemäß § 1671 Abs. 1 des Bürgerlichen Gesetzbuchs die elterliche Sorge allein überträgt.

9.3 Zu Absatz 3 Nicht belegt.

10 Zu § 10 Nicht belegt.

11 Zu § 11 Nicht belegt.

12 Zu § 12 Nicht belegt.

13 Zu § 13 Nicht belegt.

14 Zu § 14 Nicht belegt.

15 Zu § 15 Nicht belegt.

16 Zu § 16 Einbürgerungsurkunde, Erstreckungserwerb

16.1 Zu Absatz 1 (Wirksamwerden der Einbürgerung; sachliche Zuständigkeit)

16.1.1 Zu Satz 1 (Wirksamwerden der Einbürgerung)

16.1.1.1 Aushändigung der Einbürgerungsurkunde
Die Einbürgerungsurkunde ist auszuhändigen. Die allgemeinen Zustellungsvorschriften des Bundes und der Länder sind ergänzend anwendbar. Nach Möglichkeit soll die Urkunde dem Antragsteller persönlich ausgehändigt werden. Dies und der Tag der Aushändigung müssen auf der Urkunde und in den Akten vermerkt werden. Kann die persönliche Aushändigung der Urkunde nicht durchgeführt werden, muss die Übergabe in der Weise erfolgen, dass der Zeitpunkt der Aushändigung sicher festgestellt werden kann. Die Einbürgerungsurkunde für einen noch nicht 16 Jahre alten Einbürgerungsbewerber ist dem gesetzlichen Vertreter auszuhändigen.

§ 16 Abs. 1 gilt insbesondere auch für das Verfahren bei der Einbürgerung nach den §§ 85 ff. des Ausländergesetzes (§ 91 Satz 2 des Ausländergesetzes; vergleiche Nummer 91.2).

16.1.1.2 Einbürgerungsurkunde; Form der Aushändigung
Für die Einbürgerung wird die Einbürgerungsurkunde nach § 1 Abs. 1 Nr. 1 in Verbindung mit dem Muster der Anlage 1 oder der Anlage 1a der Allgemeinen Verwaltungsvorschrift über Urkunden in Staatsangehörigkeitssachen verwendet. Die Aushändigung der Einbürgerungsurkunde soll in würdiger Form erfolgen.

16.1.2 Zu Satz 2 (sachliche Zuständigkeit)
Die sachliche Zuständigkeit ist landesrechtlich geregelt. Die örtliche Zuständigkeit ergibt sich aus § 17 in Verbindung mit § 27 des Staatsangehörigkeitsregelungsgesetzes.

16.1.3 Zu Satz 3 Nicht belegt.

16.2 Zu Absatz 2 (Erstreckungserwerb)

16.2.1 Zu Satz 1 (Voraussetzungen des Erstreckungserwerbs)

16.2.1.1 Rechtsnatur des Erstreckungserwerbs; Voraussetzungen
Bei dem Erstreckungserwerb handelt es sich um eine materielle Erwerbsregelung eigener Art, die sich ausschließlich auf die Verwirklichung von Einbürgerungstatbeständen nach dem Staatsangehörigkeitsgesetz durch den oder die Sorgeberechtigten bezieht. Die Erstreckung erfolgt, wenn beide Eltern eingebürgert werden oder der allein kraft elterlicher Sorge vertretungsberechtigte Elternteil eingebürgert wird.

Die gesetzliche Vertretung kraft elterlicher Sorge bestimmt sich nach Artikel 21 des Einführungsgesetzes zum Bürgerlichen Gesetzbuche. Danach unterliegt das Rechtsverhältnis zwischen einem Kind und seinen Eltern dem Recht des Staates, in dem das Kind seinen gewöhnlichen Aufenthalt hat. Die Erstreckung kommt nur für Kinder in Betracht, die das 18. Lebensjahr noch nicht vollendet haben. Kinder im Sinne des § 16 Abs. 2 sind solche, für die die einzubürgernden Eltern das Sorgerecht besitzen, einschließlich der Adoptivkinder, nicht dagegen der Pflege- oder Stiefkinder.

16.2.1.2 Ausschluss des Erstreckungserwerbs
Durch Gebrauchmachen von der Vorbehaltsmöglichkeit ist die Erstreckung auszuschließen, wenn ihr öffentliche Belange entgegenstehen, insbesondere wenn eine Einbürgerung oder Miteinbürgerung des Kindes nach den §§ 8 bis 15 nicht möglich wäre (zum Beispiel Vorliegen eines der in § 8 Abs. 1 Nr. 2 genannten Ausweisungsgründe oder strafrechtliche Verurteilung des Kindes) oder Mehrstaatigkeit nur vorübergehend hingenommen werden soll.

Der gesetzliche Erwerb der deutschen Staatsangehörigkeit im Wege der Erstreckung durch Kinder, die von dem Eingebürgerten kraft elterlicher Sorge gesetzlich vertreten werden, setzt die Zustimmung der vertretungsberechtigten Eltern oder des allein vertretungsberechtigten Elternteils zu der Erstreckung voraus. Hat das Kind das 16. Lebensjahr vollendet, ist die Erstreckung nur mit seiner Zustimmung nach Maßgabe des § 37 des Staatsangehörigkeitsgesetzes in Verbindung mit § 68 Abs. 1, 3 des Ausländergesetzes zulässig.

16.2.1.3 Gemeinschaftliche Einbürgerungsurkunde
Im Falle des Erstreckungserwerbs wird die gemeinschaftliche Einbürgerungsurkunde nach § 1 Abs. 3 der Allgemeinen Verwaltungsvorschrift über Urkunden in Staatsangehörigkeitssachen in Verbindung mit dem Muster der Anlage 1a verwendet. Miteingebürgerte Kinder sind in der Einbürgerungsurkunde einzeln aufzuführen. Von einer Streichung des im Urkundenvordruck enthaltenen Ausschlussvorbehalts ist abzusehen.

16.2.2 Zu Satz 2 Nicht belegt.

17 Zu § 17 Verlust der Staatsangehörigkeit
Die Vorschrift zählt die Gründe für den Verlust der deutschen Staatsangehörigkeit auf. Die Rücknahme einer Einbürgerung nach § 48 des Verwaltungsverfahrensgesetzes oder den entsprechenden Vorschriften der Landesverwaltungsverfahrensgesetze ist in den Grenzen des Artikels 16 Abs. 1 des Grundgesetzes zulässig. Unzulässig ist der Widerruf einer Einbürgerung nach § 49 des Verwaltungsverfahrensgesetzes oder den entsprechenden Vorschriften der Landesverwaltungsverfahrensgesetze.

Zu früheren Verlustgründen vergleiche Nummer 1.2.2.

18 Zu § 18 Entlassung
Die Entlassung aus der deutschen Staatsangehörigkeit vor Erwerb eine ausländischen Staatsangehörigkeit führt zu (vorübergehender) Staatenlosigkeit. Von dieser Möglichkeit ist daher – auch im Hinblick auf die Möglichkeit, nach § 25 Abs. 1 einen automatischen Verlust der deutschen Staatsangehörigkeit zu bewirken – zurückhaltend Gebrauch zu machen. Die ausländische Staatsangehörigkeit muss beantragt worden sein; zum Begriff des Antrags vergleiche Nummern 8.1.1 und 25.1.3. Der Einbürgerungsbewerber muss nachweisen, dass die zuständige Stelle des verleihenden Staates eine bindende Verleihungszusicherung erteilt hat. Unter den Voraussetzungen der §§ 18 bis 24 besteht ein Anspruch auf die Entlassung aus der deutschen Staatsangehörigkeit.

§ 18 wird auf Statusdeutsche nicht angewendet.

19 Zu § 19 Entlassung einer unter elterlicher Sorge oder Vormundschaft stehenden Person

19.1 Zu Absatz 1 (Entlassung mit Genehmigung des Vormundschaftsgerichts)

19.1.1 Zu Satz 1 (Voraussetzungen der Entlassung)

§ 19 schließt die Anwendung der allgemeinen Bestimmungen über die Geschäftsfähigkeit (§§ 104 ff. des Bürgerlichen Gesetzbuchs) und über die Handlungsfähigkeit (§§ 12, 16 des Verwaltungsverfahrensgesetzes und die entsprechenden Vorschriften der Landesverwaltungsverfahrensgesetze) aus und geht der allgemeinen Regelung der Handlungsfähigkeit in § 37 vor. Zum Begriff des gesetzlichen Vertreters vergleiche Nummer 8.1.1.1. Die Genehmigung des Vormundschaftsgerichts ist dem Entlassungsantrag des gesetzlichen Vertreters beizufügen. Unter den Voraussetzungen des Absatzes 2 ist eine Genehmigung des Vormundschaftsgerichts nicht erforderlich, vergleiche Nummer 19.2. Dessen örtliche Zuständigkeit ergibt sich für unter elterlicher Sorge stehende Kinder gemäß § 43 Abs. 1 des Gesetzes über die Angelegenheiten der freiwilligen Gerichtsbarkeit aus § 36 Abs. 1 und 2 des Gesetzes über die Angelegenheiten der freiwilligen Gerichtsbarkeit. Sie richtet sich danach grundsätzlich nach dem Wohnsitz oder bei Fehlen eines inländischen Wohnsitzes nach dem Aufenthalt des Antragstellers. Fehlt es hieran, ist das Amtsgericht Berlin-Schöneberg zuständig. Für unter Vormundschaft stehende Kinder ergibt sich die örtliche Zuständigkeit aus § 43 Abs. 2 des Gesetzes über die Angelegenheiten der freiwilligen Gerichtsbarkeit. Danach ist das Gericht zuständig, bei dem die Vormundschaft anhängig ist.

19.1.2 Zu Satz 2 (Rechtsmittel)

Gegen die Entscheidung des Vormundschaftsgerichts sind Beschwerde und weitere Beschwerde zulässig (§§ 19, 27 des Gesetzes über die Angelegenheiten der freiwilligen Gerichtsbarkeit). Die weitere Beschwerde ist unbeschränkt zulässig. Die Beschwerdebefugnis ergibt sich aus § 20 (Eltern, Kind) und § 57 Abs. 1 Nr. 9 des Gesetzes über die Angelegenheiten der freiwilligen Gerichtsbarkeit („... jedem, der ein berechtigtes Interesse hat, ...“). Das Kind oder Mündel ist gemäß § 50b des Gesetzes über die Angelegenheiten der freiwilligen Gerichtsbarkeit zu hören. Es besitzt nach Vollendung des 14. Lebensjahres ein eigenes Beschwerderecht (§ 59 des Gesetzes über die Angelegenheiten der freiwilligen Gerichtsbarkeit). Nach § 19 Abs. 1 Satz 2 steht auch der Staatsanwaltschaft die Beschwerde zu.

Die Staatsangehörigkeitsbehörde ist an diesen Verfahren nicht beteiligt.

19.2 Zu Absatz 2 (Entlassung ohne Genehmigung des Vormundschaftsgerichts)

Die Genehmigung des Vormundschaftsgerichts ist unter den in dieser Bestimmung aufgezählten Voraussetzungen nicht erforderlich. Dies setzt unter anderem voraus, dass der antragstellende elterliche Sorgeberechtigte zugleich seine eigene Entlassung aus der deutschen Staatsangehörigkeit beantragt. Die elterliche Sorge unterliegt nach Artikel 21 des Einführungsgesetzes zum Bürgerlichen Gesetzbuche grundsätzlich (vorbehaltlich vorrangiger völkervertraglicher Regelungen) dem Recht am Ort des gewöhnlichen Aufenthalts des Kindes. Hat das Kind seinen gewöhnlichen Aufenthalt im Inland, so wird damit für die Bestimmung der elterlichen Sorge regelmäßig deutsches Sachrecht anzuwenden sein. Bei der danach gewöhnlich gegebenen Gesamtvertretung beider Eltern müssen beide am Staatsangehörigkeitswechsel teilnehmen, damit eine Entlassung aus der deutschen Staatsangehörigkeit erfolgen kann.

20 Zu § 20 Nicht belegt.

21 Zu § 21 Nicht belegt.

22 Zu § 22 Nichterteilung der Entlassung

22.1 Zu Absatz 1 (Ausschluss der Entlassung für bestimmte Personengruppen)

Die Entlassung ist in den in Absatz 1 Nr. 1 und 2 genannten Fällen für bestimmte Personengruppen ausgeschlossen.

22.1.1 Zu Nummer 1 (Personen, die in einem öffentlich-rechtlichen Dienst- oder Amtsverhältnis stehen)

Beamte im Sinne der Nummer 1 sind Personen, die nach dem Beamtenrecht durch Aushändigung einer Ernennungsurkunde mit den Worten „unter Berufung in das Beamtenverhältnis“ zu Beamten ernannt worden sind (vergleiche § 6 Abs. 2 Satz 1 Nr. 1 des Bundesbeamtengesetzes, § 5 Abs. 2 Nr. 1 des Beamtenrechtsrahmengesetzes in

Verbindung mit den Landesbeamtengesetzen). Richter sind Personen, die durch Aushändigung einer Ernennungsurkunde mit den Worten „unter Berufung in das Richterverhältnis" zu Richtern ernannt worden sind (§ 17 des Deutschen Richtergesetzes). Soldaten der Bundeswehr sind nach § 1 Abs. 1 des Soldatengesetzes Personen, die aufgrund Wehrpflicht oder freiwilliger Verpflichtung in einem Wehrdienstverhältnis stehen (zu Beginn und Ende des Wehrdienstverhältnisses vergleiche § 2 des Soldatengesetzes).

Soweit Wehrpflichtige nicht mehr in einem Wehrdienstverhältnis stehen, findet Nummer 1 Anwendung. Sonstigen Personen, die in einem öffentlich-rechtlichen Dienst- oder Amtsverhältnis stehen, zum Beispiel Zivildienstleistenden, darf die Entlassung ebenfalls nicht erteilt werden, solange ihr Dienst- oder Amtsverhältnis nicht beendet ist. Das Dienstverhältnis muss öffentlich-rechtlich ausgestaltet sein und darf nicht auf privatrechtlicher Grundlage beruhen. Dazu zählen nicht ohne weiteres die Beschäftigungsverhältnisse der Angestellten und Arbeiter im öffentlichen Dienst. Ehrenamtlich tätige Personen werden nicht von dem Entlassungsverbot erfasst.

22.1.2 Zu Nummer 2 (Wehrpflichtige)
Zum Begriff des Wehrpflichtigen vergleiche §§ 1, 3 Abs. 3 bis 5 und § 49 des Wehrpflichtgesetzes. Solange Wehrpflichtige in einem Wehrdienstverhältnis oder Dienstverhältnis als Zivildienstleistende stehen, ist die Entlassung bereits nach Nummer 1 ausgeschlossen. Nummer 2 findet Anwendung bei Wehrpflichtigen, die nicht in einem Wehrdienstverhältnis stehen.

Die Staatsangehörigkeitsbehörde ist bei der Entscheidung über die Genehmigung der Entlassung eines Wehrpflichtigen an die Versagung der erforderlichen Unbedenklichkeitsbescheinigung des zuständigen Kreiswehrersatzamts gebunden.

22.2 Zu Absatz 2 Nicht belegt.

23 Zu § 23 Entlassungsurkunde

23.1 Zu Absatz 1 (Wirksamwerden der Entlassung; Ausschluss der Entlassung)

23.1.1 Zu Satz 1 (Wirksamwerden der Entlassung)
Die Entlassungsurkunde wird nach § 1 Abs. 1 Nr. 3 in Verbindung mit dem Muster der Anlage 3 der Allgemeinen Verwaltungsvorschrift

über Urkunden in Staatsangehörigkeitssachen ausgestellt. Nach Möglichkeit soll sie dem Antragsteller persönlich ausgehändigt werden. Dies und der Tag der Aushändigung müssen auf der Urkunde und in den Akten vermerkt werden, vergleiche im Übrigen Nummer 16.1.1.1.

Die allgemeinen Zustellungsvorschriften des Bundes und der Länder sind ergänzend anwendbar.

23.1.2 Zu Satz 2 (Ausschluss der Entlassung)
Die Haft kann auf einer strafrechtlichen, zivilrechtlichen oder auch abgabenrechtlichen Maßnahme einer deutschen Stelle beruhen, vergleiche zum Beispiel §§ 114, 230 der Strafprozessordnung, § 901 der Zivilprozessordnung, § 326 der Abgabenordnung.

23.1.3 Zu Satz 3 Nicht belegt.

23.1.4 Zu Satz 4 Nicht belegt.

23.2 Zu Absatz 2 (Gemeinschaftliche Entlassungsurkunde) Nicht belegt.

24 Zu § 24 Unwirksamkeit der Entlassung
Die Entlassung steht unter der auflösenden Bedingung, dass der Entlassene die ihm zugesicherte ausländische Staatsangehörigkeit nicht innerhalb eines Jahres nach der Aushändigung der Entlassungsurkunde erworben hat. Dazu hat die Staatsangehörigkeitsbehörde nach Ablauf eines Jahres seit Aushändigung der Entlassungsurkunde zu prüfen, ob der Entlassene die ihm zugesicherte ausländische Staatsangehörigkeit erworben hat.

Hat der Entlassene die ausländische Staatsangehörigkeit rechtzeitig erworben, macht die Staatsangehörigkeitsbehörde aktenkundig, dass die Entlassung endgültig wirksam geworden ist. Andernfalls stellt sie fest, dass die Entlassung nicht wirksam geworden ist und teilt dies dem Betroffenen schriftlich unter Angabe von Gründen mit. Die Entlassungsurkunde ist einzuziehen.

Wird die ausländische Staatsangehörigkeit innerhalb der Jahresfrist nicht erworben, wird der Entlassene rückwirkend in vollem Umfang als deutscher Staatsangehöriger behandelt, soweit kein anderer Verlustgrund vorliegt. Bei Unwirksamkeit der Entlassung erwirbt zum Beispiel ein innerhalb der Jahresfrist geborenes Kind des Entlassenen rückwirkend die deutsche Staatsangehörigkeit.

25 Zu § 25 Verlust bei Erwerb einer ausländischen Staatsangehörigkeit auf Antrag; Beibehaltungsgenehmigung

25.0 Allgemeines

§ 25 regelt den Verlust der deutschen Staatsangehörigkeit bei Erwerb einer ausländischen Staatsangehörigkeit auf Antrag (Absatz 1) und die Abwendbarkeit des Verlusts durch vorherige Erteilung einer Genehmigung zur Beibehaltung der deutschen Staatsangehörigkeit – Beibehaltungsgenehmigung – (Absatz 2).

Daneben ist das Übereinkommen über die Verringerung der Mehrstaatigkeit und über die Wehrpflicht von Mehrstaatern vom 6. Mai 1963 zu beachten, wenn es sich um den Erwerb der Staatsangehörigkeit eines der anderen Staaten handelt, die Kapitel I dieses Übereinkommens übernommen haben (Belgien, Dänemark, Frankreich, Italien, Luxemburg, Niederlande, Norwegen, Österreich und Schweden).

25.1 Zu Absatz 1 (Verlust der deutschen Staatsangehörigkeit bei Erwerb einer ausländischen Staatsangehörigkeit auf Antrag)

25.1.1 Deutscher

Deutscher im Sinne des Absatzes 1 ist ein deutscher Staatsangehöriger (vergleiche Nummer 1.1). Für Statusdeutsche gilt die Regelung entsprechend.

25.1.2 Erwerb einer ausländischen Staatsangehörigkeit

Die ausländische Staatsangehörigkeit muss tatsächlich erworben worden sein. Maßgebend sind insofern die Vorschriften des Staatsangehörigkeitsrechts des ausländischen Staates. Die bloße Stellung eines Antrags auf eine ausländische Staatsangehörigkeit ist nicht ausreichend. Geht die ausländische Staatsangehörigkeit rückwirkend wieder verloren, hat das keine Auswirkungen auf den eingetretenen Verlust der deutschen Staatsangehörigkeit. Der Betreffende hat nur die Möglichkeit, die deutsche Staatsangehörigkeit durch Einbürgerung wieder zu erwerben.

25.1.3 Antrag

Ein Antrag im Sinne des Absatzes 1 ist jede freie Willensbetätigung, die unmittelbar auf den Erwerb einer ausländischen Staatsangehörigkeit gerichtet ist. Antrag in diesem Sinne ist damit neben einem Einbürgerungsantrag auch der Erwerb einer ausländischen Staatsangehörigkeit aufgrund einer Option, durch Registrierung oder durch Erklärung.

Wird der Antrag nicht freiwillig, sondern unter dem Druck einer unmittelbaren Gefahr für Leib, Leben oder Freiheit abgegeben, liegt nicht die erforderliche freie Willensbetätigung vor.

Erfolgt der Erwerb kraft Gesetzes, etwa durch Eheschließung mit einem ausländischen Staatsangehörigen, liegen die Voraussetzungen des Absatzes 1 auch dann nicht vor, wenn von einem Ausschlagungsrecht kein Gebrauch gemacht wird. In Fällen, in denen das ausländische Recht die antragslose Erstreckung des Erwerbs der ausländischen Staatsangehörigkeit auf Personen vorsieht, die selbst keinen Antrag gestellt haben (insbesondere einbezogene minderjährige Kinder), liegt der für Absatz 1 erforderliche Antragserwerb auch dann nicht vor, wenn die Personen, auf die sich die Einbürgerung erstreckt hat, in den Einbürgerungsantrag des Eingebürgerten einbezogen worden sind.

25.1.4 Gesetzlich vertretene Personen
Stellt ein gesetzlicher Vertreter für den Vertretenen einen Antrag auf Erwerb einer ausländischen Staatsangehörigkeit, müssen für einen Verlust der deutschen Staatsangehörigkeit die Voraussetzungen vorliegen, unter denen nach § 19 die Entlassung einer Person, die unter elterlicher Sorge oder Vormundschaft steht, beantragt werden könnte, vergleiche Nummern 19.1 bis 19.2.

25.1.5 Keine Inlandsklausel
Der Verlust der deutschen Staatsangehörigkeit setzt ab dem 1. Januar 2000 nicht mehr voraus, dass der Deutsche seinen Wohnsitz oder dauernden Aufenthalt im Ausland hat.

25.2. Zu Absatz 2 (Beibehaltungsgenehmigung)

25.2.1 Zu Satz 1 (Allgemeines)
Die Beibehaltungsgenehmigung kann formlos beantragt werden. Sofern sich der Betreffende im Ausland aufhält, soll der Antrag bei der zuständigen Auslandsvertretung der Bundesrepublik Deutschland gestellt werden. Der nach Absatz 1 eingetretene Verlust der deutschen Staatsangehörigkeit bleibt unberührt, wenn die Beibehaltungsgenehmigung erst nach dem Erwerb der ausländischen Staatsangehörigkeit beantragt oder erteilt wird.

Die Beibehaltungsgenehmigung wird schriftlich durch Urkunde gemäß § 1 Abs. 1 Nr. 5 in Verbindung mit dem Muster der Anlage 5 der Allgemeinen Verwaltungsvorschrift über Urkunden in Staatsangehörigkeitssachen erteilt. Die Gültigkeit der Beibehaltungsgenehmigung ist in der Regel auf längstens zwei Jahre vom Ausstellungstage an zu bemessen (§ 3 der Allgemeinen Verwaltungsvorschrift über Urkunden in Staatsangehörigkeitssachen). Wird die ausländische Staatsangehörigkeit erst nach Ablauf dieser Frist erworben, so geht die deutsche Staatsangehörigkeit nach Maßgabe des Absatzes 1 verloren.

Die Erteilung einer Beibehaltungsgenehmigung ist gebührenpflichtig, vergleiche § 38 Abs. 3 Satz 2.

Im Anwendungsbereich des Kapitels I des Übereinkommens über die Verringerung der Mehrstaatigkeit und über die Wehrpflicht von Mehrstaatern vom 6. Mai 1963 darf die Bundesrepublik Deutschland eine Beibehaltungsgenehmigung nur erteilen, wenn der andere Vertragsstaat dem vorher zugestimmt hat. In diesem Fall ist § 25 Abs. 2 auf Statusdeutsche entsprechend anzuwenden.

25.2.2 Zu Satz 2 (Beteiligung der Auslandsvertretung)
Vor der Erteilung der Beibehaltungsgenehmigung ist die zuständige Auslandsvertretung der Bundesrepublik Deutschland zu hören.

25.2.3 Zu Satz 3 (Ermessensentscheidung; Abwägung der öffentlichen und privaten Belange)

25.2.3.0 Allgemeines
Die Erteilung einer Beibehaltungsgenehmigung erfordert eine Ermessensentscheidung. Die berührten öffentlichen und privaten Belange sind gegeneinander und untereinander abzuwägen. Bei der Abwägung sind die Wertungen des § 87 des Ausländergesetzes angemessen zu berücksichtigen, soweit sie auf die Situation der Beibehaltungsgenehmigung (Erwerb einer ausländischen Staatsangehörigkeit durch einen deutschen Staatsangehörigen) übertragbar sind (vergleiche Nummern 25.2.3.2 und 25.2.3.3). Ferner können sonstige öffentliche oder private Belange die Erteilung einer Beibehaltungsgenehmigung rechtfertigen (vergleiche Nummer 25.2.3.4).

25.2.3.1 Abwägungsgrundsätze; zwischenstaatliche Belange

Eine Beibehaltungsgenehmigung kann erteilt werden, wenn öffentliche oder private Belange den Erwerb der ausländischen Staatsangehörigkeit und den Fortbestand der deutschen Staatsangehörigkeit rechtfertigen und der Erteilung keine überwiegenden Belange entgegenstehen.

Lässt der ausländische Staat die Beibehaltung der deutschen Staatsangehörigkeit allgemein nicht zu, so soll die Beibehaltungsgenehmigung versagt werden. Dies gilt auch, wenn der ausländische Staat die Leistung eines Eides fordert, mit dem jeder Loyalität zu einem anderen Staat abgeschworen wird (Abschwöreid), es sei denn, dass der ausländische Staat eine der Bundesrepublik Deutschland vergleichbare staatliche und gesellschaftliche Ordnung aufweist. Der in den Vereinigten Staaten von Amerika zu leistende Loyalitätseid steht der Erteilung einer Beibehaltungsgenehmigung nicht entgegen.

25.2.3.2 Vermeidung oder Beseitigung erheblicher Nachteile

Eine Beibehaltungsgenehmigung kann erteilt werden, wenn der Antragsteller den Erwerb einer ausländischen Staatsangehörigkeit anstrebt, um erhebliche Nachteile zu vermeiden oder zu beseitigen, die bei einer Einbürgerung die Hinnahme von Mehrstaatigkeit rechtfertigen würden, vergleiche § 87 Abs. 1 Satz 2 Nr. 5 des Ausländergesetzes und Nummern 87.1.2.5.1 und 87.1.2.5.2.

25.2.3.3 Erwerb der Staatsangehörigkeit eines anderen Mitgliedstaates der Europäischen Union

Eine Beibehaltungsgenehmigung kann erteilt werden, wenn der Antragsteller den Erwerb der Staatsangehörigkeit eines anderen Mitgliedstaates der Europäischen Union anstrebt und Gegenseitigkeit besteht, vergleiche § 87 Abs. 2 des Ausländergesetzes, Nummer 87.2.

25.2.3.4 Besonderes öffentliches Interesse; Personen im Grenzgebiet der Bundesrepublik Deutschland

Eine Beibehaltungsgenehmigung kann erteilt werden, wenn an einer Einbürgerung ein besonderes öffentliches Interesse bestünde (vergleiche Nummer 8.1.3.5), sowie bei Personen, die ihren gewöhnlichen Aufenthalt im Grenzgebiet der Bundesrepublik Deutschland haben und zum Beispiel zur Vermeidung erheblicher beruflicher Nachteile auf den Erwerb der Staatsangehörigkeit des Nachbarstaates angewiesen sind.

25.2.4 Zu Satz 4 (Antragsteller im Ausland) Nicht belegt.

25.3 Zu Absatz 3 (Ausschluss der Erteilung von Beibehaltungsgenehmigungen) Nicht belegt.

26 Zu § 26 Verzicht

26.1 Zu Absatz 1 (Voraussetzungen des Verzichts)

26.1.1 Zu Satz 1
Die Bestimmung ist nur dann entsprechend auf Statusdeutsche anzuwenden, wenn der Antragsteller die Staatsangehörigkeit eines Staates besitzt, der Kapitel I des Übereinkommens über die Verringerung der Mehrstaatigkeit und über die Wehrpflicht von Mehrstaatern vom 6. Mai 1963 übernommen hat.

26.1.2 Zu Satz 2 Nicht belegt.

26.2 Zu Absatz 2 (Genehmigungsbedürftigkeit; Versagung der Genehmigung)

26.2.1 Zu Satz 1 Nicht belegt.

26.2.2 Zu Satz 2
Die Verzichtserklärung muss genehmigt werden, wenn nicht die in Satz 2 in Verbindung mit § 22 genannten Versagungsgründe (vergleiche Nummern 22.1.1 und 22.1.2) vorliegen.

26.3 Zu Absatz 3 (Wirksamwerden des Verzichts)
Die Genehmigung des Verzichts wird durch Urkunde gemäß § 1 Abs. 1 Nr. 4 in Verbindung mit dem Muster der Anlage 4 der Allgemeinen Verwaltungsvorschrift über Urkunden in Staatsangehörigkeitssachen erteilt. Zur Aushändigung der Urkunde vergleiche Nummer 23.1.1.

26.4 Zu Absatz 4 (Minderjährige)
Vergleiche hierzu Nummern 19.1.1 bis 19.2.

27 Zu § 27 Verlust bei Annahme als Kind durch einen Ausländer

27.0 Allgemeines
§ 27 gilt entsprechend für Statusdeutsche. Die Regelung betrifft auch als Volljährige Adoptierte.

27.1 Zu Satz 1 (Voraussetzungen des Verlusts)
Zur Wirksamkeit einer Annahme als Kind vergleiche Nummern 6.1 bis 6.1.2.2. Der Erwerb der ausländischen Staatsangehörigkeit muss unmittelbar durch die Adoption erfolgen. Setzt der Erwerb der ausländischen Staatsangehörigkeit einen Antrag (vergleiche Nummer 25.1.3) voraus, so kommt ein Verlust der deutschen Staatsangehörigkeit nach § 25 (bei Personen, die unter elterlicher Sorge oder Vormundschaft stehen, in Verbindung mit § 19) in Betracht.

27.2 Zu Satz 2 (Ausschluss des Verlusts)
Der Verlust der deutschen Staatsangehörigkeit tritt nicht ein, wenn ein Ausländer das Kind seines deutschen Ehegatten als gemeinschaftliches Kind annimmt oder Ehegatten, von denen einer Ausländer und der andere deutscher Staatsangehöriger ist, das Kind anderer Eltern als gemeinschaftliches Kind annehmen.

27.3 Zu Satz 3 (Erstreckung auf Abkömmlinge)
Der Verlust erstreckt sich auf minderjährige Abkömmlinge, sofern diese dem alleinigen Personensorgerecht des Angenommenen unterstehen und sich auch dessen Staatsangehörigkeitserwerb auf sie erstreckt. Die Minderjährigkeit richtet sich nach Artikel 7 Abs. 1 des Einführungsgesetzes zum Bürgerlichen Gesetzbuche allein nach deutschem Recht. Das ausländische Staatsangehörigkeitsrecht muss die Erstreckung des Erwerbs der ausländischen Staatsangehörigkeit auf die Abkömmlinge vorsehen. Ob dem Angenommenen das an die Minderjährigkeit anknüpfende Personensorgerecht allein zusteht, richtet sich grundsätzlich nach dem Recht des Staates, in dem das Kind seinen gewöhnlichen Aufenthalt hat, vergleiche Artikel 21 des Einführungsgesetzes zum Bürgerlichen Gesetzbuche.

28 Zu § 28 Verlust durch Eintritt in die Streitkräfte oder einen vergleichbaren bewaffneten Verband eines ausländischen Staates

28.1 Zu Satz 1 (Eintritt in fremde Streitkräfte oder einen vergleichbaren bewaffneten Verband)
Ein Betroffener handelt nicht freiwillig im Sinne des Satzes 1, wenn er lediglich seiner gesetzlichen Wehrpflicht nachkommt. Der Antrag auf Zustimmung zum Eintritt in fremde Streitkräfte ist nach § 8 Abs. 4 des Wehrpflichtgesetzes beim zuständigen Kreiswehrersatzamt zu stellen. Als vergleichbarer bewaffneter Verband kann zum Beispiel

eine Polizeisondertruppe oder eine paramilitärische staatliche Organisation anzusehen sein.

Frauen oder nicht mehr der Wehrpflicht unterliegenden Männern (§§ 1, 3 Abs. 3 bis 5 und § 49 des Wehrpflichtgesetzes) kann keine Zustimmung nach § 8 des Wehrpflichtgesetzes erteilt werden, so dass sie insofern den Verlust der deutschen Staatsangehörigkeit nach § 28 nicht abwenden können.

§ 28 gilt entsprechend für Statusdeutsche.

28.2 Zu Satz 2 (Berechtigung zum Eintritt in fremde Streitkräfte)
Die Berechtigung zum Eintritt in fremde Streitkräfte kann sich zum Beispiel aus einem Abkommen über die Wehrpflicht von Mehrstaatern ergeben.

29 Zu § 29 Erklärung Nicht belegt.

30 Zu § 30 Nicht belegt.

31 Zu § 31 Nicht belegt.

32 Zu § 32 Nicht belegt.

33 Zu § 33 Nicht belegt.

34 Zu § 34 Nicht belegt.

35 Zu § 35 Nicht belegt.

36 Zu § 36 Einbürgerungsstatistik

36.1 Zu Absatz 1 (Erhebungskriterien; Bundesstatistik)
§ 36 Abs. 1 ordnet an, dass über die Einbürgerungen jährliche Erhebungen als Bundesstatistik durchgeführt werden. Die Vorschrift gilt für alle Einbürgerungstatbestände. Neben den §§ 8 bis 16 und 40b ist dies insbesondere § 85 des Ausländergesetzes.

36.2 Zu Absatz 2 (Erhebungsmerkmale)
Die Erhebungsmerkmale sind in Absatz 2 Nr. 1 bis 8 abschließend beschrieben.

36.3 Zu Absatz 3 (Hilfsmerkmale)
Die in den Nummern 1 bis 3 bezeichneten Angaben sind Hilfsmerkmale der Erhebungen und dienen der technischen Durchführung. Die Angaben zu Name und Telekommunikationsnummern der für Rück-

fragen zur Verfügung stehenden Person sind freiwillig (Absatz 4 Satz 4).

36.4 Zu Absatz 4 (Auskunftspflicht)

Absatz 4 sieht vor, dass die für die Einbürgerung zuständigen Behörden nach den Maßgaben der Absätze 1 bis 3 die Auskünfte den zuständigen statistischen Ämtern der Länder jeweils zum 1. März des Folgejahres zu erteilen haben. Das schließt nicht aus, dass Auskünfte bereits vorab sukzessive erteilt werden.

36.5 Zu Absatz 5 (Übermittlung von Tabellen mit statistischen Ergebnissen)

Absatz 5 regelt die Übermittlung von Tabellen mit statistischen Ergebnissen der Einbürgerungsstatistik an die fachlich zuständigen obersten Bundes- und Landesbehörden durch das Statistische Bundesamt und die statistischen Ämter der Länder. Die Tabellen dürfen auch Felder enthalten, die nur mit einem einzigen Fall besetzt sind (so genannte Tabelleneins). Die Übermittlung solcher Tabellen ist auf bestimmte Zwecke beschränkt, und zwar für die Verwendung gegenüber den gesetzgebenden Körperschaften und für Planungszwecke. Eine Verwendung für eine Regelung von Einzelfällen ist nicht zulässig.

37 Zu § 37 Verfahrensvorschriften

Die Verweise auf § 68 Abs. 1 und 3 des Ausländergesetzes betreffen die Handlungsfähigkeit Minderjähriger. Der Verweis auf § 70 Abs. 1 und 2 des Ausländergesetzes betrifft die Mitwirkungspflicht des Betroffenen. Mit dem Verweis auf § 70 Abs. 4 Satz 1 des Ausländergesetzes wird geregelt, dass die Behörde das persönliche Erscheinen des Betroffenen anordnen kann, sofern dies erforderlich ist, zum Beispiel zur Überprüfung der für die Einbürgerung erforderlichen Sprachkenntnisse.

38 Zu § 38 Gebühren

38.1 Zu Absatz 1 (Kostenpflicht)

Absatz 1 regelt den Grundsatz der Kostenpflicht für Amtshandlungen in Staatsangehörigkeitsangelegenheiten.

Die Kostenpflicht wird im Einzelnen in § 38 Abs. 2 und 3, in § 90 des Ausländergesetzes, in § 21 Abs. 1 Satz 3 des Gesetzes über die Rechtsstellung heimatloser Ausländer im Bundesgebiet, in der Staatsangehörigkeits-Gebührenverordnung sowie im Verwaltungskostengesetz geregelt.

38.2 Zu Absatz 2 (Einbürgerungsgebühren)
Die Sätze 1 bis 3 enthalten Sondervorschriften für die Einbürgerungsgebühren nach diesem Gesetz, die als höherrangiges Recht den Bestimmungen zur Gebührenpflicht von Einbürgerungen in der Staatsangehörigkeits-Gebührenverordnung vorgehen.

38.3 Zu Absatz 3 (Verordnungsermächtigung)
Von der Verordnungsermächtigung in Absatz 3 hat das Bundesministerium des Innern mit der Staatsangehörigkeits-Gebührenverordnung Gebrauch gemacht.

39 Zu § 39 Allgemeine Verwaltungsvorschriften
Die Regelungen über die Einbürgerungs-, Entlassungs- und Verzichtsurkunden sowie über die Urkunden, die zur Bescheinigung der Staatsangehörigkeit oder der Deutscheneigenschaft dienen, sind in der Allgemeinen Verwaltungsvorschrift über Urkunden in Staatsangehörigkeitssachen enthalten.

40 Zu § 40 Verfahren Nicht belegt.

40a Zu § 40a Überleitung als Deutscher ohne deutsche Staatsangehörigkeit im Sinne des Artikels 116 Abs. 1 des Grundgesetzes

40a.1 Zu Satz 1 (Überleitung von Statusdeutschen im Allgemeinen)
Wer mit Beginn des 1. August 1999 Statusdeutscher war, hat in diesem Zeitpunkt kraft Gesetzes die deutsche Staatsangehörigkeit erworben, auch wenn er keinen Aufenthalt im Inland hatte.

40a.2 Zu Satz 2 (Spätaussiedler, nichtdeutsche Ehegatten und Abkömmlinge)
Für einen Spätaussiedler, seinen nichtdeutschen Ehegatten und seine Abkömmlinge im Sinne des § 4 des Bundesvertriebenengesetzes wird neben dem Besitz der Deutscheneigenschaft am 1. August 1999 vorausgesetzt, dass ihnen spätestens am 31. Juli 1999 eine Bescheinigung gemäß § 15 Abs. 1 oder Abs. 2 des Bundesvertriebenengesetzes erteilt worden ist. Wird die Bescheinigung gemäß § 15 Abs. 1 oder Abs. 2 des Bundesvertriebenengesetzes später erteilt, kommt ein Erwerb der deutschen Staatsangehörigkeit nach Maßgabe des § 7 in Betracht, vergleiche Nummern 7.0 bis 7.2.

Zu den Voraussetzungen für den Erwerb der Deutscheneigenschaft und der deutschen Staatsangehörigkeit durch Ehegatten von Spätaussiedlern vergleiche Nummer 7.1.

Abkömmlinge im Sinne des § 40a Satz 2 sind nur solche im Sinne des § 7 Abs. 2 des Bundesvertriebenengesetzes, die in einen Aufnahmebescheid einbezogen worden sind. Kinder, die ihre Deutscheneigenschaft von einem Spätaussiedler, seinem nichtdeutschen Ehegatten oder seinem Abkömmling im Sinne des § 4 des Bundesvertriebenengesetzes ableiten (insbesondere durch Geburtserwerb entsprechend § 4) fallen daher nicht unter Satz 2. Sie haben die deutsche Staatsangehörigkeit nach Maßgabe des § 40a Satz 1 erworben.

40b Zu § 40b Übergangsregelung für Kinder bis zum zehnten Lebensjahr

Kinder, die am 1. Januar 2000 das zehnte Lebensjahr noch nicht vollendet hatten und bei ihrer Geburt die Voraussetzungen des § 4 Abs. 3 erfüllt und die deutsche Staatsangehörigkeit durch Geburt im Inland erworben hätten, erhalten einen bis zum 31. Dezember 2000 geltend zu machenden Einbürgerungsanspruch, wenn die Voraussetzungen des § 4 Abs. 3 bei der Einbürgerung immer noch vorliegen. § 40b findet entsprechende Anwendung, wenn der maßgebliche Elternteil vor der Einbürgerung die deutsche Staatsangehörigkeit erworben hat.

Ein am 1. Januar 1990 geborenes Kind hat am 1. Januar 2000 das zehnte Lebensjahr vollendet und den Anspruch nicht erworben. Für ein später geborenes Kind, das im Laufe des Jahres 2000 das zehnte Lebensjahr vollendet hat, gilt die Antragsfrist bis zum 31. Dezember 2000.

Ist die Einbürgerung bereits vor dem 1. Januar 2000 beantragt worden, kann das Einbürgerungsverfahren nach § 40b fortgeführt werden, wenn der Antragsteller dies wünscht. Die Einbürgerungsbehörde soll einen entsprechenden Hinweis erteilen.

Auch die nach § 40b eingebürgerten Kinder, die eine ausländische Staatsangehörigkeit besitzen, unterliegen der Erklärungspflicht nach § 29.
Die Gebühr für die Einbürgerung beträgt 500 Deutsche Mark (§ 38 Abs. 2 Satz 1).

41 Zu § 41 Inkrafttreten Nicht belegt.

II. Ausländergesetz

85 Zu § 85 Einbürgerungsanspruch für Ausländer mit längerem Aufenthalt; Miteinbürgerung ausländischer Ehegatten und minderjähriger Kinder

85.1 Zu Absatz 1 (Einbürgerungsanspruch)

85.1.1 Zu Satz 1 (Rechtmäßiger gewöhnlicher Aufenthalt im Inland)
Ausländer im Sinne des Gesetzes ist jeder, der nicht Deutscher im Sinne des Artikels 116 Abs. 1 des Grundgesetzes ist (§ 1 Abs. 2). Zum Begriff des Antrags vergleiche Nummer 8.1.1. Der rechtmäßige gewöhnliche Aufenthalt im Inland muss in den der Einbürgerung nach § 85 Abs. 1 vorausgehenden acht Jahren grundsätzlich ununterbrochen bestanden haben. Zu Unterbrechungen des rechtmäßigen gewöhnlichen Aufenthalts vergleiche § 89 (Nummern 89.1 bis 89.3). Auch im Zeitpunkt der Einbürgerung muss der Ausländer seinen rechtmäßigen gewöhnlichen Aufenthalt im Inland haben.

Als rechtmäßiger Aufenthalt zählen alle Zeiten, in denen der Einbürgerungsbewerber

a) eine Aufenthaltserlaubnis nach altem und neuem Ausländergesetz,
b) eine Aufenthaltsberechtigung nach altem und neuem Ausländergesetz,
c) eine Aufenthaltsbewilligung,
d) eine Aufenthaltsbefugnis,
e) eine Aufenthaltserlaubnis-EG nach dem Aufenthaltsgesetz/EWG oder der Freizügigkeitsverordnung/EG oder
f) in Fällen der Anerkennung als Asylberechtigter und in Fällen des § 35 Abs. 1 Satz 2 des Ausländergesetzes eine Aufenthaltsgestattung nach dem Asylverfahrensgesetz (§ 55 des Asylverfahrensgesetzes)
besessen hat oder
g) vom Erfordernis der Aufenthaltsgenehmigung befreit oder deutscher Staatsangehöriger oder Statusdeutscher war.

Zu berücksichtigen sind ferner Zeiten, in denen eine Erlaubnisfiktion bestand oder der Aufenthalt kraft Gesetzes erlaubt war oder ein Aufenthaltsrecht nach dem Recht der ehemaligen DDR bestand. Zeiten einer Duldung können nicht angerechnet werden.

85.1.1.1 Zu Nummer 1 (Bekenntnis zur freiheitlichen demokratischen Grundordnung; Loyalitätserklärung)

In der Regel bei der Beantragung der Einbürgerung, spätestens vor der Aushändigung der Einbürgerungsurkunde hat der Einbürgerungsbewerber folgendes Bekenntnis und folgende Erklärung abzugeben:

„1. Ich bekenne mich zur freiheitlichen demokratischen Grundordnung des Grundgesetzes für die Bundesrepublik Deutschland. Insbesondere erkenne ich an:

a) das Recht des Volkes, die Staatsgewalt in Wahlen und Abstimmungen und durch besondere Organe der Gesetzgebung, der vollziehenden Gewalt und der Rechtsprechung auszuüben und die Volksvertretung in allgemeiner, unmittelbarer, freier, gleicher und geheimer Wahl zu wählen,
b) die Bindung der Gesetzgebung an die verfassungsmäßige Ordnung und die Bindung der vollziehenden Gewalt und der Rechtsprechung an Gesetz und Recht,
c) das Recht auf Bildung und Ausübung einer parlamentarischen Opposition,
d) die Ablösbarkeit der Regierung und ihre Verantwortlichkeit gegenüber der Volksvertretung,
e) die Unabhängigkeit der Gerichte,
f) den Ausschluss jeder Gewalt- und Willkürherrschaft und
g) die im Grundgesetz konkretisierten Menschenrechte.

2. Ich erkläre, dass ich keine Bestrebungen verfolge oder unterstütze oder verfolgt oder unterstützt habe, die

a) gegen die freiheitliche demokratische Grundordnung, den Bestand oder die Sicherheit des Bundes oder eines Landes gerichtet sind oder
b) eine ungesetzliche Beeinträchtigung der Amtsführung der Verfassungsorgane des Bundes oder eines Landes oder ihrer Mitglieder zum Ziele haben oder
c) durch Anwendung von Gewalt oder darauf gerichtete Vorbereitungshandlungen auswärtige Belange der Bundesrepublik Deutschland gefährden."

Macht der Einbürgerungsbewerber glaubhaft, dass er sich von der früheren Verfolgung oder Unterstützung derartiger Bestrebungen abgewandt hat, so hat er folgendes Bekenntnis und folgende Erklärung abzugeben:

„1. Ich bekenne mich zur freiheitlichen demokratischen Grundordnung des Grundgesetzes für die Bundesrepublik Deutschland. Insbesondere erkenne ich an:

a) das Recht des Volkes, die Staatsgewalt in Wahlen und Abstimmungen und durch besondere Organe der Gesetzgebung, der vollziehenden Gewalt und der Rechtsprechung auszuüben und die Volksvertretung in allgemeiner, unmittelbarer, freier, gleicher und geheimer Wahl zu wählen,
b) die Bindung der Gesetzgebung an die verfassungsmäßige Ordnung und die Bindung der vollziehenden Gewalt und der Rechtsprechung an Gesetz und Recht,
c) das Recht auf Bildung und Ausübung einer parlamentarischen Opposition,
d) die Ablösbarkeit der Regierung und ihre Verantwortlichkeit gegenüber der Volksvertretung,
e) die Unabhängigkeit der Gerichte,
f) den Ausschluss jeder Gewalt- und Willkürherrschaft und
g) die im Grundgesetz konkretisierten Menschenrechte.

2. Ich erkläre, dass ich keine Bestrebungen verfolge oder unterstütze, die

a) gegen die freiheitliche demokratische Grundordnung, den Bestand oder die Sicherheit des Bundes oder eines Landes gerichtet sind oder
b) eine ungesetzliche Beeinträchtigung der Amtsführung der Verfassungsorgane des Bundes oder eines Landes oder ihrer Mitglieder zum Ziele haben oder
c) durch Anwendung von Gewalt oder darauf gerichtete Vorbereitungshandlungen auswärtige Belange der Bundesrepublik Deutschland gefährden.

Von der früheren Verfolgung oder Unterstützung derartiger Bestrebungen habe ich mich abgewandt."

Der Einbürgerungsbewerber soll bereits bei der Antragstellung über die Bedeutung des Bekenntnisses zur freiheitlichen demokratischen Grundordnung und der Erklärung schriftlich und mündlich belehrt und befragt werden, ob er Handlungen vorgenommen hat, die als der Einbürgerung entgegenstehende Bestrebungen im Sinne der Erklärung anzusehen sind. Bekenntnis und Erklärung sind nicht zu fordern, wenn ein minderjähriges Kind im Zeitpunkt der Einbürgerung das 16. Lebensjahr noch nicht vollendet hat (§ 85 Abs. 2 Satz 2), vergleiche Nummer 85.2.2.

85.1.1.2 Zu Nummer 2 (erforderlicher Aufenthaltstitel bei der Einbürgerung)

Der Ausländer muss im Zeitpunkt der Einbürgerung eine (auch befristete) Aufenthaltserlaubnis oder eine Aufenthaltsberechtigung oder Aufenthaltserlaubnis-EG besitzen. Ein Anspruch auf Erteilung eines solchen Titels reicht für die Einbürgerung nicht aus.

85.1.1.3 Zu Nummer 3 (keine Inanspruchnahme von Sozial- oder Arbeitslosenhilfe)

Zu berücksichtigen ist nur, ob der Einbürgerungsbewerber tatsächlich Sozial- oder Arbeitslosenhilfe in Anspruch genommen hat oder nimmt. Die Inanspruchnahme von Sozial- oder Arbeitslosenhilfe steht der Einbürgerung nicht entgegen, wenn die Bedürftigkeit nicht zu vertreten ist (vergleiche Nummer 85.1.2) oder wenn der Einbürgerungsbewerber das 23. Lebensjahr noch nicht vollendet hat.

85.1.1.4 Zu Nummer 4 (Vermeidung von Mehrstaatigkeit)

Ist der Einbürgerungsbewerber nicht staatenlos (vergleiche Nummer 8.1.3.1), so setzt der Einbürgerungsanspruch voraus, dass er aus seiner bisherigen Staatsangehörigkeit ausscheidet (Vermeidung von Mehrstaatigkeit). Aufgeben umfasst alle Fälle des Ausscheidens aus der bisherigen Staatsangehörigkeit durch einseitige Willenserklärung oder einen Hoheitsakt des Herkunftsstaates (wie Entlassung, Genehmigung des Verzichts auf die Staatsangehörigkeit oder Erlaubnis zum Staatsangehörigkeitswechsel). Verlust ist das kraft Gesetzes eintretende Ausscheiden aus der bisherigen Staatsangehörigkeit.

Zu den Ausnahmen von der Vermeidung von Mehrstaatigkeit vergleiche Nummern 87.0 bis 87.5.

85.1.1.5 Zu Nummer 5 (Straffreiheit)

Straftat im Sinne dieser Vorschrift ist jedes mit Strafe bedrohte Handeln oder Unterlassen. Für Jugendliche und Heranwachsende gilt das Jugendgerichtsgesetz (vergleiche § 1 des Jugendgerichtsgesetzes). Verurteilungen, die getilgt oder zu tilgen sind, werden nicht berücksichtigt (§§ 51 Abs. 1, 52 des Bundeszentralregistergesetzes). Zu Ausnahmen vom Erfordernis der Straffreiheit vergleiche Nummern 88.1 bis 88.3.

Auch ausländische Verurteilungen wegen einer Straftat sind zu berücksichtigen, im Einzelnen vergleiche Nummer 88.1.

Bei strafmündigen Personen ist eine unbeschränkte Auskunft aus dem Bundeszentralregister anzufordern, um festzustellen, ob Verurteilungen des Einbürgerungsbewerbers vorliegen (vergleiche § 41 Abs. 1 Nr. 6 des Bundeszentralregistergesetzes).

85.1.2 Zu Satz 2 (Ausnahmen von der Fähigkeit, den Lebensunterhalt bestreiten zu können)

Der Bezug von Sozial- oder Arbeitslosenhilfe steht einer Einbürgerung nach § 85 nicht entgegen, wenn der Einbürgerungsbewerber die Sozial- oder Arbeitslosenhilfebedürftigkeit nicht zu vertreten hat. Erforderlich, aber auch hinreichend ist, dass der Ausländer durch ihm zurechenbares Handeln oder Unterlassen die Ursache für einen fortdauernden Leistungsbezug gesetzt hat.

Als ein zu vertretender Grund für eine Hilfebedürftigkeit im Sinne des § 85 Abs. 1 Satz 2 ist insbesondere ein Arbeitsplatzverlust wegen Nichterfüllung arbeitsvertraglicher Pflichten beziehungsweise eine Auflösung eines Beschäftigungsverhältnisses wegen arbeitsvertragswidrigen Verhaltens anzusehen. Anhaltspunkte dafür, dass ein Einbürgerungsbewerber das Fehlen der wirtschaftlichen Voraussetzungen zu vertreten hat, ergeben sich zum Beispiel auch daraus, dass er wiederholt die Voraussetzungen für eine Sperrzeit nach § 144 des Dritten Buches Sozialgesetzbuch erfüllt hat oder dass aus anderen Gründen Hinweise auf Arbeitsunwilligkeit bestehen.

Nicht zu vertreten hat es der Einbürgerungsbewerber insbesondere, wenn ein Leistungsbezug wegen Verlustes des Arbeitsplatzes durch gesundheitliche, betriebsbedingte oder konjunkturelle Ursachen begründet ist und er sich hinreichend intensiv um eine Beschäftigung bemüht hat.

85.2 Zu Absatz 2 (Miteinbürgerung von Ehegatten und Kindern)

85.2.1 Zu Satz 1 (Voraussetzungen; Ermessen)

85.2.1.1 Voraussetzungen
Eine Miteinbürgerung nach Absatz 2 Satz 1 ist auch möglich, wenn Ehegatte und minderjährige Kinder sich seit acht Jahren rechtmäßig im Inland aufhalten und selbst nach Absatz 1 einzubürgern wären. Bei minderjährigen Kindern kommt es auf die Fähigkeit, den Lebensunterhalt ohne Inanspruchnahme von Sozial- oder Arbeitslosenhilfe bestreiten zu können (Absatz 1 Satz 1 Nr. 3), nicht an, vergleiche Nummer 85.1.1.3. Die übrigen Voraussetzungen eines Einbürgerungsanspruchs nach Absatz 1 müssen – vorbehaltlich der Regelung in Absatz 2 Satz 2 (vergleiche Nummer 85.2.2) – auch in der Person des jeweiligen Familienangehörigen erfüllt sein.

Die Miteinbürgerung soll gleichzeitig mit dem nach Absatz 1 anspruchsberechtigten Einbürgerungsbewerber erfolgen. Es genügt aber, wenn der Antrag auf Miteinbürgerung rechtzeitig vor der Einbürgerung des nach Absatz 1 Anspruchsberechtigten gestellt worden ist.

85.2.1.2 Grundsätze für das Ermessen

85.2.1.2.1 Miteinbürgerung eines Ehegatten
Bei einem Ehegatten, der miteingebürgert werden soll, genügt ein Aufenthalt im Inland von vier Jahren bei zweijähriger Dauer der ehelichen Lebensgemeinschaft.

85.2.1.2.2 Miteinbürgerung von Kindern
Ein minderjähriges Kind des Einbürgerungsbewerbers, das im Zeitpunkt der Einbürgerung das 16. Lebensjahr noch nicht vollendet hat, soll mit ihm eingebürgert werden, wenn er für das Kind sorgeberechtigt ist und mit ihm eine familiäre Lebensgemeinschaft im Inland besteht.

Das miteinzubürgernde Kind soll sich seit drei Jahren im Inland aufhalten. Bei einem Kind, das im Zeitpunkt der Miteinbürgerung das sechste Lebensjahr noch nicht vollendet hat, genügt es in diesem Fall, wenn es unmittelbar vor der Einbürgerung sein halbes Leben im Inland verbracht hat.

Die Miteinbürgerung eines minderjährigen Kindes, das im Zeitpunkt der Einbürgerung das 16. Lebensjahr vollendet hat, setzt in der Regel voraus, dass es selbstständig eingebürgert werden könnte.

85.2.1.2.3 Ausschlussgründe
Eine Miteinbürgerung von Ehegatten und minderjährigen Kindern erfolgt nicht, wenn ein Ausschlussgrund nach § 86 vorliegt.

Auch bei den miteinzubürgernden Ehegatten werden grundsätzlich ausreichende Kenntnisse der deutschen Sprache vorausgesetzt. Bildungsstand und gewisse Schwierigkeiten, die deutsche Sprache zu erlernen, können berücksichtigt werden, wenn die übrigen Familienangehörigen die für eine Einbürgerung erforderlichen Kenntnisse der deutschen Sprache besitzen und die Miteinbürgerung dazu führt, dass die gesamte Familie die deutsche Staatsangehörigkeit besitzt. Die Fähigkeit, sich auf einfache Art mündlich verständigen zu können, ist beim miteinzubürgernden Ehegatten stets erforderlich.

Abweichend von Nummer 86.1 genügt es, wenn sich das Kind ohne nennenswerte Probleme im Alltagsleben in deutscher Sprache mündlich verständigen kann und die Einordnung in die deutschen Lebensverhältnisse gewährleistet ist.

85.2.2 Zu Satz 2 (minderjährige Kinder, die das 16. Lebensjahr noch nicht vollendet haben)
Ein Bekenntnis und eine Erklärung im Sinne des § 85 Abs. 1 Satz 1 Nr. 1 sind von minderjährigen ausländischen Kindern, die im Zeitpunkt der Einbürgerung oder Miteinbürgerung das 16. Lebensjahr noch nicht vollendet haben, nicht zu fordern.

85.3 Zu Absatz 3 (Inanspruchnahme von Sozial- oder Arbeitslosenhilfe durch Ausländer, die das 23. Lebensjahr noch nicht vollendet haben) Nicht belegt.

86 Zu § 86 Ausschlussgründe

86.1 Zu Nummer 1 (keine ausreichenden Kenntnisse der deutschen Sprache)

86.1.1 Begriffsbestimmung
Ausreichende Kenntnisse der deutschen Sprache liegen vor, wenn sich der Einbürgerungsbewerber im täglichen Leben einschließlich der üblichen Kontakte mit Behörden in seiner deutschen Umgebung sprachlich zurechtzufinden vermag und mit ihm ein seinem Alter und Bildungsstand entsprechendes Gespräch geführt werden kann. Dazu gehört auch, dass der Einbürgerungsbewerber einen deutschsprachi-

gen Text des alltäglichen Lebens lesen, verstehen und die wesentlichen Inhalte mündlich wiedergeben kann. Auf Behinderungen, die dem Einbürgerungsbewerber das Lesen oder Sprechen nachhaltig erschweren, ist Rücksicht zu nehmen.

Die Fähigkeit, sich auf einfache Art mündlich verständigen zu können, reicht nicht aus.

86.1.2 Nachweis der Sprachkenntnisse

Der Ausschlussgrund nicht ausreichender Kenntnisse der deutschen Sprache ist von der Einbürgerungsbehörde zu prüfen. Die erforderlichen Sprachkenntnisse sind in der Regel nachgewiesen, wenn der Einbürgerungsbewerber

a) das Zertifikat Deutsch oder ein gleichwertiges Sprachdiplom erworben hat,
b) vier Jahre eine deutschsprachige Schule mit Erfolg (Versetzung in die nächsthöhere Klasse) besucht hat,
c) einen Hauptschulabschluss oder wenigstens gleichwertigen deutschen Schulabschluss erworben hat,
d) in die zehnte Klasse einer weiterführenden deutschsprachigen Schule (Realschule, Gymnasium oder Gesamtschule) versetzt worden ist oder
e) ein Studium an einer deutschsprachigen Hochschule oder Fachhochschule oder eine deutsche Berufsausbildung erfolgreich abgeschlossen hat.

Sind die erforderlichen Kenntnisse der deutschen Sprache nicht oder nicht hinreichend nachgewiesen, soll das persönliche Erscheinen des Einbürgerungsbewerbers zur Überprüfung der Sprachkenntnisse angeordnet werden, vergleiche Nummer 91.1. Die Anforderungen des Zertifikats Deutsch (ISBN 3-933908-17-5) sind dafür ein geeigneter Maßstab.

86.2 Zu Nummer 2 (verfassungsfeindliche oder extremistische Bestrebungen)

Die Einbürgerung ist ausgeschlossen, wenn zwar die nach § 85 Abs. 1 Satz 1 Nr. 1 geforderte Erklärung abgegeben wird (vergleiche Nummer 85.1.1.1), aber tatsächliche Anhaltspunkte für eine verfassungsfeindliche oder extremistische Betätigung des Einbürgerungsbewerbers (vergleiche §§ 3, 4 des Bundesverfassungsschutzgesetzes) vorliegen.

86.3 Zu Nummer 3 (kein Ausweisungsgrund nach § 46 Nr. 1)
Die Einbürgerung ist ausgeschlossen, wenn der Ausländer die freiheitliche demokratische Grundordnung oder die Sicherheit der Bundesrepublik Deutschland gefährdet oder sich bei der Verfolgung politischer Ziele an Gewalttätigkeiten beteiligt oder öffentlich zur Gewaltanwendung aufruft oder mit Gewaltanwendung droht.

Maßgeblich ist dabei allein die Erfüllung des Tatbestandes des § 46 Nr. 1 des Ausländergesetzes. Auf die konkrete Zulässigkeit einer Ausweisung kommt es nicht an. Im Übrigen vergleiche Nummer 8.1.1.2.

87 Zu § 87 Einbürgerung unter Hinnahme von Mehrstaatigkeit

87.0 Allgemeines
§ 87 regelt Ausnahmen vom Erfordernis der Vermeidung von Mehrstaatigkeit (§ 85 Abs. 1 Satz 1 Nr. 4). Sofern einer der in den Absätzen 1 und 2 bestimmten Fälle vorliegt, erfolgt die Einbürgerung oder Miteinbürgerung, ohne dass die Aufgabe oder der Verlust der bisherigen Staatsangehörigkeit erforderlich ist. Absatz 3 regelt einen Tatbestand, bei dessen Vorliegen Mehrstaatigkeit hingenommen werden kann. Nach Absatz 5 erhält ein Einbürgerungsbewerber, der nach dem Recht seines Heimatstaates noch minderjährig ist, eine Einbürgerungszusicherung, wenn die Entlassung aus der ausländischen Staatsangehörigkeit die Volljährigkeit erfordert und die Voraussetzungen der Absätze 1 bis 4 im Übrigen nicht vorliegen.

87.1 Zu Absatz 1 (Unmöglichkeit oder Unzumutbarkeit der Aufgabe der ausländischen Staatsangehörigkeit)

87.1.1 Zu Satz 1 (Grundsatz)
Satz 1 enthält eine allgemeine Regelung für die Hinnahme von Mehrstaatigkeit, die durch die nachfolgend in Satz 2 genannten Fälle konkretisiert wird. Dieser zählt – neben der in Absatz 2 genannten Ausnahme – abschließend die Fallgruppen auf, in denen eine Einbürgerung oder Miteinbürgerung nach § 85 unter Hinnahme von Mehrstaatigkeit vorzunehmen ist.

87.1.2 Zu Satz 2 (Voraussetzungen für die Hinnahme von Mehrstaatigkeit wegen Unmöglichkeit oder Unzumutbarkeit der Aufgabe der ausländischen Staatsangehörigkeit)

87.1.2.1 Zu Nummer 1 (rechtliche Unmöglichkeit des Ausscheidens aus der ausländischen Staatsangehörigkeit)

Nach Satz 2 Nr. 1 erfolgt die Einbürgerung unter Hinnahme von Mehrstaatigkeit bei Einbürgerungsbewerbern, deren Herkunftsstaat die Aufgabe oder den Verlust rechtlich nicht vorsieht.

87.1.2.2 Zu Nummer 2 (faktische Unmöglichkeit des Ausscheidens aus der ausländischen Staatsangehörigkeit)

Satz 2 Nr. 2 betrifft die faktische Unmöglichkeit des Ausscheidens aus der bisherigen Staatsangehörigkeit. Regelmäßig verweigert wird die Entlassung in diesem Sinn, wenn Entlassungen nie oder fast nie ausgesprochen werden.

Der Entlassungsantrag ist von der Einbürgerungsbehörde an die jeweilige Auslandsvertretung des Herkunftsstaates in Deutschland weiterzuleiten, es sei denn, dass ein konsularischer Direktverkehr nicht möglich ist oder Bedenken gegen die amtliche Weiterleitung bestehen. Bestehen Bedenken gegen die amtliche Weiterleitung, so sind die Entlassungsanträge beim Auswärtigen Amt oder der von ihm beauftragten Stelle zu sammeln.

87.1.2.3 Zu Nummer 3 (Versagung der Entlassung; unzumutbare Entlassungsbedingungen; Nichtbescheidung eines Entlassungsantrags)

87.1.2.3.1 Erste Fallgruppe (Versagung der Entlassung)

Die Versagung der Entlassung setzt grundsätzlich eine einen Entlassungsantrag ablehnende schriftliche Entscheidung voraus. Eine Versagung der Entlassung liegt auch dann vor, wenn eine Antragstellung auf eine Entlassung trotz mehrerer ernsthafter und nachhaltiger Bemühungen des Einbürgerungsbewerbers und trotz amtlicher Begleitung, soweit sie sinnvoll und durchführbar ist, über einen Zeitraum von mindestens sechs Monaten hinweg nicht ermöglicht wird. Dies gilt bei mehrstufigen Entlassungsverfahren auch für die Einleitung der nächsten Stufen.

Zu vertreten hat der Ausländer die Entlassungsverweigerung, wenn er seine Verpflichtungen gegenüber dem Herkunftsstaat verletzt hat und die Entlassungsverweigerung darauf beruht. Dies kommt zum Beispiel in Betracht bei Nichtrückzahlung von zu Ausbildungszwecken gewährten Stipendien, der Verletzung von Unterhaltspflichten, Steuerrückständen oder der Einreichung eines nicht vollständigen oder formgerechten Entlassungsantrags.

87.1.2.3.2 Zweite Fallgruppe (unzumutbare Entlassungsbedingungen)
87.1.2.3.2.1 Eine unzumutbare Bedingung im Sinne des Satzes 2 Nr. 3, 2. Fallgruppe liegt insbesondere vor, wenn die bei der Entlassung zu entrichtenden Gebühren (einschließlich Nebenkosten wie zum Beispiel Beglaubigungskosten) ein durchschnittliches Bruttomonatseinkommen des Einbürgerungsbewerbers übersteigen und mindestens 2 500 Deutsche Mark betragen.

87.1.2.3.2.2 Macht der Herkunftsstaat – ohne dass die Voraussetzungen des Absatzes 3 vorliegen – die Entlassung aus der Staatsangehörigkeit von der Leistung des Wehrdienstes abhängig, so ist dies eine unzumutbare Entlassungsbedingung, wenn der Einbürgerungsbewerber

a) über 40 Jahre alt ist und seit mehr als 15 Jahren seinen gewöhnlichen Aufenthalt nicht mehr im Herkunftsstaat hat, davon mindestens zehn Jahre im Inland,
b) durch die Leistung des Wehrdienstes in eine bewaffnete Auseinandersetzung mit der Bundesrepublik Deutschland oder mit einem mit der Bundesrepublik Deutschland verbündeten Staat verwickelt werden könnte,
c) zur Ableistung des Wehrdienstes für mindestens zwei Jahre seinen Aufenthalt im Ausland nehmen müsste und in einer familiären Gemeinschaft mit seinem Ehegatten und einem minderjährigen Kind lebt oder
d) sich aus Gewissensgründen der Beteiligung an jeder Waffenanwendung zwischen den Staaten widersetzt und die Leistung eines Ersatzdienstes durch den Herkunftsstaat nicht ermöglicht wird.

Kann die nach den Buchstaben a) bis d) unzumutbare Wehrdienstleistung durch Zahlung einer Geldsumme abgewendet werden („Freikauf"), so ist dies in der Regel unzumutbar, wenn das Dreifache eines durchschnittlichen Bruttomonatseinkommens des Einbürgerungsbewerbers überschritten wird. Ein Betrag von 10000 Deutsche Mark ist immer zumutbar.

87.1.2.3.2.3 Zu den unzumutbaren Bedingungen zählt grundsätzlich nicht, dass die Behörden des Herkunftsstaates den Einbürgerungsbewerber aufgefordert haben, zunächst seine pass- oder personenstandsrechtlichen Angelegenheiten zu ordnen.

87.1.2.3.3 Dritte Fallgruppe (Nichtbescheidung eines Entlassungsantrags)

Mehrstaatigkeit ist regelmäßig hinzunehmen, wenn zwei Jahre nach Einreichen eines vollständigen und formgerechten Entlassungsantrags eine Entlassung aus der Staatsangehörigkeit nicht erfolgt und mit einer Entscheidung innerhalb der nächsten sechs Monate nicht zu rechnen ist.

Welche Anforderungen an den Entlassungsantrag zu stellen sind, richtet sich nach dem Recht des Herkunftsstaates.

87.1.2.4 Zu Nummer 4 (ältere Personen)

Nach Satz 2 Nr. 4 werden ältere Personen bei Erfüllung folgender Voraussetzungen unter Hinnahme von Mehrstaatigkeit eingebürgert:

a) Ältere Personen sind Personen, die das 60. Lebensjahr vollendet haben.

b) Die Entlassung muss auf unverhältnismäßige – tatsächliche oder rechtliche – Schwierigkeiten stoßen. Dies ist der Fall, wenn diese einer älteren Person nicht mehr zugemutet werden sollen. Solche Schwierigkeiten können zum Beispiel dann vorliegen, wenn der ältere Einbürgerungsbewerber gesundheitlich so sehr eingeschränkt ist, dass er in der Auslandsvertretung nicht persönlich vorsprechen kann oder wenn die Entlassung eine Reise in den Herkunftsstaat erfordern würde, die altersbedingt nicht mehr zumutbar ist, oder wenn sich nicht oder nicht mit vertretbarem Aufwand aufklären lässt, welche ausländische Staatsangehörigkeit er besitzt.

c) Die Versagung der Einbürgerung muss eine besondere Härte darstellen. Dies ist insbesondere dann der Fall, wenn alle in Deutschland wohnhaften Familienangehörigen bereits deutsche Staatsangehörige sind oder der Einbürgerungsbewerber seit mindestens 15 Jahren rechtmäßig seinen gewöhnlichen Aufenthalt im Inland hat.

87.1.2.5 Zu Nummer 5 (erhebliche Nachteile)

87.1.2.5.1 Wirtschaftliche oder vermögensrechtliche Nachteile können sich aus dem Recht des Herkunftsstaates unter Berücksichtigung der tatsächlichen Verhältnisse oder aus den besonderen Umständen des Einzelfalls ergeben. Zu berücksichtigen ist es danach beispielsweise, wenn

a) mit dem Ausscheiden aus der Staatsangehörigkeit Erbrechtsbeschränkungen verbunden sind,
b) sich der Einbürgerungsbewerber gegenüber seinem Herkunftsstaat verpflichten muss, Rechte an Liegenschaften, die er im Herkunftsstaat besitzt oder durch Erbfolge erwerben könnte, nach dem Ausscheiden aus der Staatsangehörigkeit ohne angemessene Entschädigung auf andere Personen zu übertragen oder deutlich unter Wert zu veräußern,
c) mit dem Ausscheiden aus der ausländischen Staatsangehörigkeit der Verlust von Rentenansprüchen oder -anwartschaften verbunden wäre oder
d) geschäftliche Beziehungen in den ausländischen Staat durch das Ausscheiden aus dessen Staatsangehörigkeit konkret gefährdet wären.

87.1.2.5.2 Erheblich sind nur objektive Nachteile, die deutlich über das normale Maß hinausreichen. Wirtschaftliche oder vermögensrechtliche Nachteile sind in der Regel erheblich, wenn sie ein durchschnittliches Bruttojahreseinkommen des Einbürgerungsbewerbers übersteigen; wirtschaftliche Nachteile unter 20000 Deutsche Mark sind stets unerheblich.

87.1.2.6 Zu Nummer 6 (politisch Verfolgte)
Zu den durch Satz 2 Nr. 6 begünstigten Personengruppen zählen Asylberechtigte nach Artikel 16a des Grundgesetzes, sonstige politisch Verfolgte im Sinne des § 3 des Asylverfahrensgesetzes, Kontingentflüchtlinge nach § 1 des Gesetzes über Maßnahmen für im Rahmen humanitärer Hilfsaktionen aufgenommene Flüchtlinge, die im Ausland als Flüchtlinge im Sinne des Abkommens über die Rechtsstellung der Flüchtlinge anerkannten Ausländer und jüdische Emigranten aus der ehemaligen Sowjetunion und ihren Nachfolge- sowie den baltischen Staaten, die wie Kontingentflüchtlinge behandelt werden.

Als politisch Verfolgter ist in der Regel anzusehen, wer sich durch einen Reiseausweis für Flüchtlinge ausweist.

87.2. Zu Absatz 2 (Einbürgerung von EU-Ausländern)
Gegenseitigkeit besteht, wenn das Staatsangehörigkeitsrecht des Herkunftsstaates, der Mitgliedstaat der Europäischen Union ist, generell oder nur für andere Staatsangehörige von Mitgliedstaaten der

Europäischen Union Mehrstaatigkeit bei der Einbürgerung hinnimmt.

Sofern die Hinnahme von Mehrstaatigkeit auf bestimmte Personengruppen beschränkt ist (zum Beispiel Ehegatten eigener Staatsangehöriger), wird bei der Einbürgerung in den deutschen Staatsverband Mehrstaatigkeit nur hingenommen, wenn der Einbürgerungsbewerber einer vergleichbaren Personengruppe angehört.

87.3 Zu Absatz 3 (Leistung ausländischen Wehrdienstes durch im Inland aufgewachsene Einbürgerungsbewerber)

87.3.1 Voraussetzungen

87.3.1.1 Leistung ausländischen Wehrdienstes
Dem Wehrdienst nicht gleichzustellen sind Leistungen, die ihn nach dem Recht des Herkunftsstaates ersetzen können. Kann die Wehrdienstleistung durch Zahlung einer Geldsumme abgewendet werden („Freikauf"), so ist dies in der Regel unzumutbar, wenn das Dreifache eines durchschnittlichen Bruttomonatseinkommens des Einbürgerungsbewerbers überschritten wird. Die Einbürgerung erfolgt unter Hinnahme von Mehrstaatigkeit, wenn der Freikauf und – nach Maßgabe der folgenden Nummern 87.3.1.2 bis 87.3.2 – die Leistung des Wehrdienstes nicht zumutbar sind.

Zum Nachweis, dass der Herkunftsstaat die Entlassung aus seiner Staatsangehörigkeit von der Leistung des Wehrdienstes abhängig macht, ist die Ablehnung oder zumindest die Zurückstellung des Entlassungsantrags wegen der fehlenden Wehrdienstleistung erforderlich. Sofern amtlich bekannt ist, dass der Herkunftsstaat die Entlassung aus seiner Staatsangehörigkeit von der Leistung des Wehrdienstes abhängig macht, genügt der Nachweis, dass der Einbürgerungsbewerber wehrpflichtig ist.

87.3.1.2 Besuch deutscher Schulen
Der Zeitraum des Schulbesuchs in deutschen Schulen im Inland muss den Zeitraum des Schulbesuchs in ausländischen Schulen überwiegen. Zu berücksichtigen ist der Schulbesuch in öffentlichen Schulen (allgemein bildenden Schulen, Berufs- und Berufsfachschulen) oder genehmigten Ersatzschulen, in denen Deutsch Unterrichtssprache ist.

87.3.1.3 Hineinwachsen in deutsche Lebensverhältnisse und das wehrpflichtige Alter

Mit welchem Alter die Wehrpflicht entstanden ist, richtet sich nach dem Recht des Herkunftsstaates.

87.3.2 Ermessen

Im Rahmen der Ermessensausübung ist zwischen dem Interesse an der Vermeidung von Mehrstaatigkeit und dem staatlichen Interesse an der Einbürgerung von Bewerbern, die die genannten zusätzlichen Integrationsanforderungen erfüllt haben, abzuwägen. Ein deutsches staatliches Interesse an der Erfüllung des Wehrdienstes im Herkunftsstaat ist in der Regel nicht gegeben. Der Einbürgerungsbewerber kann unter den Voraussetzungen der Nummern 87.3.1.1 bis 87.3.1.3 unter Hinnahme von Mehrstaatigkeit eingebürgert werden, wenn

a) noch mit seiner Einberufung in die Bundeswehr gerechnet werden kann oder
b) die Leistung des Wehrdienstes im ausländischen Staat aufgrund der Umstände des Einzelfalls (zum Beispiel fehlende Sprachkenntnisse; fehlende Vertrautheit mit den Sitten und Gebräuchen des Herkunftsstaats; Dauer des Wehrdienstes; längerfristige Trennung von nahen Angehörigen; Gefahr, einen Ausbildungs- oder Arbeitsplatz zu verlieren beziehungsweise eine entsprechende Stelle nicht antreten zu können) mit Nachteilen oder besonderen Belastungen verbunden wäre, die einem deutschen Staatsangehörigen in vergleichbarer Lage nicht zugemutet würden.

Sofern eine Frei- oder Zurückstellung vom Wehrdienst nach dem Heimatrecht des Einbürgerungsbewerbers möglich ist, wird bei der Ermessensausübung berücksichtigt, ob er die dazu erforderlichen Schritte unternommen und die entsprechenden Anträge gestellt hat.

87.4 Zu Absatz 4 (völkerrechtliche Verträge)

Absatz 4 enthält eine allgemeine Öffnungsklausel für völkerrechtliche Verträge, die eine – unter Umständen befristete – Hinnahme von Mehrstaatigkeit vorsehen können. Derartige Verträge sind bisher nicht geschlossen worden.

87.5 Zu Absatz 5 (Nichtentlassung wegen Minderjährigkeit)

Zunächst ist zu prüfen, ob nicht bereits die Voraussetzungen der Absätze 1 bis 4 für die Einbürgerung unter Hinnahme von Mehrstaatigkeit vorliegen.

Für die Frage der Volljährigkeit ist das jeweilige ausländische Recht maßgebend. Liegen die Voraussetzungen vor, erhält der Einbürgerungsbewerber eine Einbürgerungszusicherung (vergleiche Nummer 8.1.2.6.1).

Setzt das Ausscheiden aus der ausländischen Staatsangehörigkeit die Volljährigkeit voraus und wird der Einbürgerungsbewerber nach dem Recht seines Herkunftsstaates nicht innerhalb von zwei Jahren volljährig, kommt eine Einbürgerung unter vorübergehender Hinnahme von Mehrstaatigkeit nach § 8 des Staatsangehörigkeitsgesetzes in Betracht, vergleiche Nummer 8.1.2.6.2.

88 Zu § 88 Entscheidung bei Straffälligkeit

88.1 Zu Absatz 1 (einbürgerungsunschädliche Verurteilungen)
Gemäß § 88 Abs. 1 bleiben bestimmte Verurteilungen wegen Straftaten nach § 85 Abs. 1 Satz 1 Nr. 5 außer Betracht. Liegen mehrere Verurteilungen vor, ist jede Verurteilung gesondert zu betrachten. Eine Zusammenrechnung mehrerer Einzelstrafen ist nicht zulässig. Wird nach den §§ 54 f. des Strafgesetzbuchs eine Gesamtstrafe gebildet, ist die Höhe der Gesamtstrafe maßgebend.

Ausländische Verurteilungen sind nur zu berücksichtigen, soweit die Tat im Inland strafbar und das Strafmaß nach deutschen Maßstäben verhältnismäßig ist.

88.1.1 Zu Satz 1 (Bagatellgrenzen)

88.1.1.1 Zu Nummer 1 (Verfehlungen Jugendlicher, die nicht mit Jugendstrafe geahndet werden)
Nach Satz 1 Nr. 1 stets unberücksichtigt bleiben Erziehungsmaßregeln nach den §§ 9 ff. des Jugendgerichtsgesetzes sowie Zuchtmittel nach den §§ 13 ff. des Jugendgerichtsgesetzes. Die Berücksichtigung von Jugendstrafen richtet sich nach Absatz 2.

88.1.1.2 Zu Nummer 2 (Geldstrafen)
Verurteilungen zu Geldstrafe von nicht mehr als 180 Tagessätzen stehen der Einbürgerung oder Miteinbürgerung nicht entgegen.

88.1.1.3 Zu Nummer 3 (Freiheitsstrafen)
Ist eine Freiheitsstrafe zur Bewährung ausgesetzt und die Bewährungszeit noch nicht abgelaufen, hat die zuständige Behörde zu prüfen, ob sie den Einbürgerungsantrag ablehnt oder das Verfahren

bis zum Erlass der Freiheitsstrafe nach Ablauf der Bewährungszeit aussetzt.

Im Falle einer Verurteilung zu einer Jugendstrafe enthält Absatz 2 eine Sonderregelung, vergleiche Nummer 88.2.

88.1.2 Zu Satz 2 (Entscheidung nach Ermessen)
Ist der Ausländer zu einer Strafe verurteilt worden, die nicht unter Satz 1 Nr. 2, 3 fällt, muss nach Satz 2 im Einzelfall entschieden werden, ob die Verurteilung außer Betracht bleiben kann. Dies kommt nur in begründeten Ausnahmefällen in Frage, z. B., wenn eine Tilgung der Verurteilung in nächster Zeit zu erwarten ist oder wenn eine Freiheitsstrafe bis zu sechs Monaten nicht zur Bewährung ausgesetzt oder nach Ablauf der Bewährungszeit nicht erlassen worden ist.

88.2 Zu Absatz 2 (Berücksichtigung einer Jugendstrafe)
Nicht zur Bewährung ausgesetzte Jugendstrafen sind im Rahmen des § 85 Abs. 1 Satz 1 Nr. 5 in jedem Fall beachtlich. Ist eine Jugendstrafe bis zu einem Jahr nach Ablauf der Bewährungszeit im Zeitpunkt der Entscheidung über den Einbürgerungsantrag bereits erlassen, bleibt die Verurteilung außer Betracht.

88.3 Zu Absatz 3 (Aussetzung der Entscheidung)
Die Pflicht zur Aussetzung der Entscheidung gilt auch für im Ausland geführte Ermittlungsverfahren. Maßgeblich ist, ob der Einbürgerungsbewerber Beschuldigter im Sinne der §§ 160 ff. der Strafprozessordnung ist. Nicht ausreichend ist, dass im Sinne des Gefahrenabwehrrechts die Gefahr besteht, dass der Einbürgerungsbewerber künftig Straftaten begehen kann.

Wird das Verfahren nach § 170 Abs. 2 der Strafprozessordnung, den §§ 153, 153b bis 153e, 154b, 154c der Strafprozessordnung oder den §§ 45, 47 des Jugendgerichtsgesetzes eingestellt, ist damit das Verfahren abgeschlossen. Werden in den Fällen der §§ 153a der Strafprozessordnung, 47 des Jugendgerichtsgesetzes Auflagen, Weisungen oder erzieherische Maßnahmen auferlegt, so erfolgt die Einstellung des Verfahrens beziehungsweise das Absehen von der Verfolgung (§ 45 Abs. 3 Satz 2 des Jugendgerichtsgesetzes) erst nach deren Erfüllung. Nicht abgeschlossen ist das Verfahren bei einer vorläufigen Einstellung nach § 205 der Strafprozessordnung. Wird das Verfahren nach § 153a der Strafprozessordnung vorläufig eingestellt, ist das Verfahren erst nach der Erfüllung der Auflagen und Weisungen abgeschlossen.

89 Zu § 89 Unterbrechungen des rechtmäßigen Aufenthalts

89.1 Zu Absatz 1 (Unterbrechungen des gewöhnlichen Aufenthalts; Anrechnung von Zeiten im Ausland)

89.1.1 Zu Satz 1 (Unterbrechungen des gewöhnlichen Aufenthalts)

Auch mehrere Auslandsaufenthalte bis zu sechs Monaten innerhalb der acht Jahre rechtmäßigen gewöhnlichen Inlandsaufenthalts sind grundsätzlich nicht als Unterbrechungen des rechtmäßigen gewöhnlichen Aufenthalts im Inland zu berücksichtigen.

Von einem gewöhnlichen Aufenthalt des Einbürgerungsbewerbers im Inland kann regelmäßig dann nicht mehr ausgegangen werden, wenn mehr als die Hälfte der geforderten Aufenthaltsdauer im Ausland verbracht worden ist. In diesen Fällen beginnt die Frist für einen Einbürgerungsanspruch mit der erneuten Begründung eines rechtmäßigen gewöhnlichen Aufenthalts im Inland neu zu laufen. Die vorangegangenen Aufenthalte im Inland sind nach Maßgabe des § 89 Abs. 2 zu berücksichtigen (vergleiche Nummer 89.2).

89.1.2 Zu Satz 2 (Anrechnung von Zeiten im Ausland)

Nach Satz 2 kann auch der über sechs Monate hinausgehende Auslandsaufenthalt eines Einbürgerungsbewerbers bis zu einem Jahr auf den Inlandsaufenthalt angerechnet werden, wenn sein Lebensmittelpunkt in dieser Zeit im Inland gelegen und er sich nur vorübergehend im Ausland aufgehalten hat (zum Beispiel zur Ableistung des Wehrdienstes, zur Niederkunft). Auch bei mehreren Auslandsaufenthalten vorübergehender Art ist nicht mehr als insgesamt ein Jahr auf den Inlandsaufenthalt anrechenbar.

Der Inlandsaufenthalt ist vollständig zu berücksichtigen, soweit nicht Absatz 2 eingreift (vergleiche Nummer 89.2).

89.2 Zu Absatz 2 (Anrechnung früherer Aufenthalte im Inland bei Aufenthaltsunterbrechungen)

Bei der Ermessensabwägung, inwieweit ein früherer rechtmäßiger Aufenthalt im Inland nach einer Unterbrechung des Aufenthalts anrechenbar ist, ist zu prüfen, ob dem früheren Inlandsaufenthalt trotz der Unterbrechung integrierende Wirkung zuerkannt werden kann.

Bei Personen, denen nach § 16 des Ausländergesetzes eine Aufenthaltserlaubnis erteilt worden ist, ist der gesamte rechtmäßige frühere Inlandsaufenthalt bis zur gesetzlichen Höchstdauer von fünf Jahren anzurechnen.

89.3 Zu Absatz 3 (Unterbrechungen der Rechtmäßigkeit des Aufenthalts)

Die zweite in § 89 Abs. 3 geregelte Fallgruppe, dass der Ausländer nicht im Besitz eines gültigen Passes war, begründete sich mit der Rechtslage vor Inkrafttreten des Ausländergesetzes 1990 und ist heute nicht mehr relevant: Nach § 9 Abs. 1 Nr. 1 des Ausländergesetzes 1965 führte der Nichtbesitz eines gültigen Passes zum Erlöschen der Aufenthaltsgenehmigung, nach jetzigem Recht ist insoweit nur noch ein Widerrufsgrund vorgesehen (§ 43 Abs. 1 Nr. 1 des Ausländergesetzes).

90 Zu § 90 Einbürgerungsgebühr

Vergleiche Nummern 38.1 und 38.2.

91 Zu § 91 Verfahrensvorschriften

91.1 Zu Satz 1 (Handlungsfähigkeit Minderjähriger; Mitwirkungspflichten des Einbürgerungsbewerbers)

Die Verweise auf § 68 Abs. 1 und 3 betreffen die Handlungsfähigkeit Minderjähriger. Der Verweis auf § 70 Abs. 1 und 2 betrifft die Mitwirkungspflichten des Einbürgerungsbewerbers. Mit dem Verweis auf § 70 Abs. 4 Satz 1 wird geregelt, dass die Behörde in bestimmten Fällen das persönliche Erscheinen des Einbürgerungsbewerbers anordnen kann. Dies kommt insbesondere in Betracht zur Entgegennahme der Erklärung nach § 85 Abs. 1 Satz 1 Nr. 1 (vergleiche Nummer 85.1.1.1) und zur Überprüfung der erforderlichen Kenntnisse der deutschen Sprache nach § 86 Nr. 1 (vergleiche Nummer 86.1.2).

91.2 Zu Satz 2 (Geltung der allgemeinen Vorschriften)

Die Verweisung bezieht sich ausschließlich auf Verfahrensvorschriften, nicht auf materielle Vorschriften. Die örtliche Zuständigkeit ergibt sich aus § 17 in Verbindung mit § 27 des Staatsangehörigkeitsregelungsgesetzes. Die sachliche Zuständigkeit ist landesrechtlich geregelt.

102a Zu § 102a Übergangsregelung für Einbürgerungsbewerber
Für Einbürgerungsbewerber, die vor dem 17. März 1999 ihren Antrag auf Einbürgerung oder Miteinbürgerung nach den §§ 85 ff. in der bis zum 31. Dezember 1999 geltenden Fassung gestellt haben, bleibt es bei den Regelungen des bisherigen Rechts, außer im Hinblick auf die Ausnahmen vom Erfordernis der Vermeidung von Mehrstaatigkeit, die sich nach dem neuen Recht richten. Sofern der Einbürgerungsbewerber statt dessen die Anwendung der §§ 85 ff. in der ab dem 1. Januar 2000 geltenden Fassung wünscht, kann das Verfahren entsprechend umgestellt werden.

Ist auf Grund eines nach dem 16. März 1999 gestellten Antrags auf Einbürgerung oder Miteinbürgerung eine Einbürgerungszusicherung auf der Grundlage der §§ 85 ff. in der vor dem 1. Januar 2000 geltenden Fassung erteilt worden, so ist deren Bindungswirkung ab dem 1. Januar 2000 entfallen, wenn die Behörde bei Kenntnis der nachträglich eingetretenen Änderung der Sach- oder Rechtslage die Zusicherung nicht gegeben hätte oder aus rechtlichen Gründen nicht hätte geben dürfen (vergleiche § 38 Abs. 3 des Verwaltungsverfahrensgesetzes beziehungsweise die entsprechenden Vorschriften der Landesverwaltungsverfahrensgesetze).

Diese Allgemeine Verwaltungsvorschrift tritt am Tage nach der Veröffentlichung in Kraft.

Anhang II
Der US-Treueeid

Sec. 337.1 Oath of allegiance.[1013]

(a) Form of oath. Except as otherwise provided in the Act and after receiving notice from the district director that such applicant is eligible for naturalization pursuant to Sec. 335.3 of this chapter, an applicant for naturalization shall, before being admitted to citizenship, take in a public ceremony held within the United States the following oath of allegiance, to a copy of which the applicant shall affix his or her signature:

I hereby declare, on oath, that I absolutely and entirely renounce and abjure all allegiance and fidelity to any foreign prince, potentate, state, or sovereignty, of whom or which I have heretofore been a subject or citizen; that I will support and defend the Constitution and laws of the United States of America against all enemies, foreign and domestic; that I will bear true faith and allegiance to the same; that I will bear arms on behalf of the United States when required by the law; that I will perform noncombatant service in the Armed Forces of the United States when required by the law; that I will perform work of national importance under civilian direction when required by the law; and that I take this obligation freely, without any mental reservation or purpose of evasion; so help me God.

(b) Alteration of form of oath; affirmation in lieu of oath. In those cases in which a petitioner or applicant for naturalization is exempt from taking the oath prescribed in paragraph (a) of this section in its entirety, the inapplicable clauses shall be deleted and the oath shall be taken in such altered form. When a petitioner or applicant for naturalization, by reason of religious training and belief (or individual interpretation thereof), or for other reasons of good conscience, cannot take the oath prescribed in paragraph (a) of this section with the words "on oath" and "so help me God" included, the words "and solemnly affirm" shall be substituted for the words "on oath," the words "so help me God" shall be deleted, and the oath shall be taken in such modified form. Any reference to 'oath of allegiance' in this

[1013] http://www.usics.gov/propub/ProPubVAP.jsp?dockey=6bba4ebb15a5a077ac8cac2c60779a37.

chapter is understood to mean equally 'affirmation of allegiance' as described in this paragraph.

(c) Obligations of oath. A petitioner or applicant for naturalization shall, before being naturalized, establish that it is his or her intention, in good faith, to assume and discharge the obligations of the oath of allegiance, and that his or her attitude toward the Constitution and laws of the United States renders him or her capable of fulfilling the obligations of such oath.

(d) Renunciation of title or order of nobility. A petitioner or applicant for naturalization who has borne any hereditary title or has been of any of the orders of nobility in any foreign state shall, in addition to taking the oath of allegiance prescribed in paragraph (a) of this section, make under oath or affirmation in public an express renunciation of such title or order of nobility, in the following form:

(1) I further renounce the title of (give title or titles) which I have heretofore held; or

(2) I further renounce the order of nobility (give the order of nobility) to which I have heretofore belonged.

[22 FR 9824, Dec. 6, 1957, as amended at 24 FR 2584, Apr. 3, 1959; 32 FR 13756, Oct. 3, 1967].

Literaturverzeichnis

Adamovich, Ludwig/Funk, Bernd-Christian, Österreichisches Verfassungsrecht, 3. Aufl., Wien 1985

Alexy, Hans, Rechtsfragen des Aussiedlerzuzugs, NJW 1989, 2850 ff.

Anschütz, Gerhard, Die Verfassung des Deutschen Reiches vom 11. August 1919, 14. Aufl., Berlin 1933

Von Arnauld, Andreas, Rechtssicherheit. Perspektivische Annäherungen an eine idée directrice des Rechts, Tübigen 2006

Artz, Markus/Geyer, Florian, Vom „höchsten deutschen Gericht“ und anderer Fährnis auf dem Weg zum (guten) Deutschen hessischen Vorbilds, NJW 2006, 1107 ff.

Augustin, Angela, Das Volk der Europäischen Union. Zu Inhalt und Kritik eines normativen Begriffs, Berlin 2000

Bachmann, Klaus/Kranz, Jerzy (Hrsg.), Verlorene Heimat. Die Vertreibungsdebatte in Polen, Bonn 1998

Bacia, Horst, Abgründe der Entfremdung. Niederländische Politiker sehnen sich nach dem „zubeißenden Rechtsstaat“ FAZ Nr. 267 v. 15.11.2004, S. 3

Badenhop, Peter, „David musste gehen.“ Salina Jimenez hat ihren Mann im Irak verloren, FAZ Nr. 39 v. 15.2.2007, S. 8

Baetge, Dietmar, Der gewöhnliche Aufenthalt im Internationalen Privatrecht, Tübingen 1994

Bahnsen, Uwe/von Stürmer, Kerstin, Die Stadt, die leben wollte, Hamburg, 2004

dies., Hoffnungsträger Max Brauer, HA v. 10.12.2004, S. 20

Bannas, Günter, Ein gut verpackter Kompromiss. Was die „Kinderstaatszugehörigkeit“ wirklich bringt, ist noch unklar, FAZ Nr. 274 v. 25.11.1994, S. 14

Barber, Nick, Citizenship, Nationalism and the European Union, in: Law, Politics, and Morality: European Perspectives I. Globalization, Democracy and Citizenship – Prospects for the European Union. Ed. by Jordi Ferrer/Marisa Eglesias, Berlin 2003, S. 201 ff.

Barley, Katarina, Das Kommunalwahlrecht für Ausländer nach der Neuordnung des Art. 28 Abs. 1 S. 3 GG, Berlin 1999

Basedow, Jürgen/Scherpe, Jens M. (Hrsg.), Transsexualität, Staatsangehörigkeit und internationales Privatrecht, Tübingen 2004

Bauer, Hartmut/Kahl, Wolfgang, Europäische Unionsbürger als Träger von Deutschen-Grundrechten?, JZ 1995, 1077 ff.

Behrend, Otto, Kommunalwahlrecht für Ausländer in der Bundesrepublik, DÖV 1973, 376 ff.

Beisheim, Marianne/Schuppert, Gunnar Folke (Hrsg.), Staatszerfall und Governance, Baden-Baden 2007

Biehler, Gernot, Auswärtige Gewalt. Auswirkungen auswärtiger Interessen im innerstaatlichen Recht, Tübingen 2005

Blau, Bruno, Das Ausnahmerecht für die Juden in Deutschland 1933–1945, 3. Aufl., Düsseldorf 1965

Blechschmid, Hansgeorg, Thomas Mann und Valentin Heins, NJW 2005, 536 ff.

Bleckmann, Albert, Der Vertrag über die Europäische Union, DVBl. 1992, 335 ff.

Blüher, Das neue Reichs- und Staatsangehörigkeitsgesetz, DJZ 1913, 890 ff.

Blumenwitz, Dieter, Die deutsche Staatsangehörigkeit und der deutsche Staat – NJW 1988, S. 1313, JuS 1988, 606 ff.

ders., Abstammungsgrundsatz und Territorialitätsprinzip, ZfP 1994, 247 ff.

Böddeker, Günter, Die Flüchtlinge. Die Vertreibung der Deutschen im Osten, 5. Aufl. München/Berlin 1995

Bökelmann, Frank, Bürgerrechte mit Rabatt. Verleugnete Fremdheit: Blinde Flecken in der Debatte um das neue Staatsbürgerschaftsrecht, FAZ Nr. 271 v. 23.11.1998, S. 49

Bönning, Christina, Staatsangehörigkeit und Einbürgerung nach dem neuen Gesetz zur Reform des Staatsangehörigkeitsrechts, JA 2000, 257 ff.

Bracher, Karl Dietrich/Sauer, Wolfgang/Schulz, Gerhard, Die nationalsozialistische Machtergreifung. Studien zur Errichtung des totalitären Herrschaftssystems in Deutschland 1933/34, Köln/Opladen 1960

Brahms, Bernd-Volker, Xu Huaiwen. Deutsche Flüche, FAZ Nr. 90 v. 18.4.2006, S. 32

Brandt, Rut, Freundesland. Erinnerungen, Hamburg 1992

Bryde, Brun-Otto, Ausländerwahlrecht und grundgesetzliche Demokratie, JZ 1989, 257 ff.

ders., Mehr Demokratie wagen, in Festschr. f. von Arnim, Berlin 2004, S. 679 ff.

Budde, Heidrun, Willkür! Die Schattenseite der DDR, Rostock 2002

Burger, Reiner, Unterm Marx-Kopf. Lafontaines Auftritt in Chemnitz, FAZ Nr. 137 v. 16.6.2005, S. 2

Cahn, Wilhelm, Reichs- und Staatsangehörigkeitsgesetz vom 22. Juli 1913, 4. Aufl., Berlin 1914

Callies, Christian, Der Unionsbürger: Status, Dogmatik und Dynamik, EuR Beih. 1/2007, S. 7 ff.

Chomsky, Noan, Failed States. The Abuse of Power and the Assault on Democracy, New York 2007

Cohen, Roger, The German 'Volk' seems to let Outsiders In, The New York Times v. 16.10.1988

Croitoru, Joseph, Eiserner Felix. Blick in osteuropäische Zeitschriften: Der Stalin-Kult, FAZ Nr. 118 v. 22.5.2004, S. 38

Degen, Manfred, Die Unionsbürgerschaft nach dem Vertrag über die Europäische Union unter besonderer Berücksichtigung des Wahlrechts, DÖV 1993, 749 ff.

Delbrück, Jost, in: *Dahm, Georg/Delbrück, Jost/Wolfrum, Rüdiger,* Völkerrecht, 2. Aufl. Bd. I/2, Berlin 2002, § 89 (Staatsangehörigkeit und Gebietsveränderung)

Dethloff, Nina, Doppelstaatsangehörigkeit und Internationales Privatrecht, JZ, 1995, 64 ff.

Deutsch-Türkische Juristenvereinigung e.V. (Hrsg.), Auswirkungen der Staatsangehörigkeitsreform (Deutsch-Türkische Verhältnisse), Berlin 2002

Dieckmann, Dorothea, Guantánamo. Roman. Stuttgart 2004

Dietrich, Stefan, Schwerhörige Gesetzgeber. Scheinvaterschaften – bis zur Schmerzgrenze geduldet, FAZ Nr. 174 v. 29.7.2006, S. 10

Dietz, Andreas, „Ehrenmord" als Ausweisungsgrund, NJW 2006, 1385 ff.

Di Fabio, Udo, Das Recht offener Staaten, Tübingen 1998

ders., Die Kultur der Freiheit, München 2005

Döbert, Marion/Hubertus, Peter, Ihr Kreuz ist die Schrift. Analphabetismus und Alphabetisierung in Deutschland, Münster/Stuttgart 2000

Doehring, Karl, Die Pflicht des Staates zur Gewährung diplomatischen Schutzes, Köln,1959.

ders., Mehrfache Staatsangehörigkeit im Völkerrecht, Europarecht und Verfassungsrecht, in: Festschr. f. Quaritsch, Berlin 2000, S. 255 ff.

ders., Völkerrecht. Ein Lehrbuch, 2. Aufl., Heidelberg 2004

Domaradzka, Alina, Unionsbürger im Übergang. Die Auswirkungen des EU-Beitritts auf die Freizügigkeit und die soziale Sicherheit der Arbeitnehmer aus den Beitrittsstaaten (am Beispiel Polens), Baden-Baden 2006

Dornis, Christian, Ungelöste Probleme des Staatsangehörigkeitsrechts, ZRP 2001, 547 ff.

Edathy, Sebastian, „Wo immer auch unsere Wiege gestanden hat". Parlamentarische Debatten über die deutsche Staatsbürgerschaft 1870–1999, Frankfurt a.M. 2000

Edinger, Thomas, Porzellan zerschlagen, DRiZ 1999, 166

Eichler, Christian, Nur mit Tunesien kann der Schwarze Kontinent glänzen, FAZ Nr. 24 v. 28.1.2006, S. 29

Eisfeld, Jens, Die Scheinehe in Deutschland im 19. und 20. Jahrhundert, Tübingen 2005

Ekardt, Felix/Radtke, Monique, Einbürgerungstests in der rechtspolitischen Debatte, ZRP 2007, 28 ff.

Farsaie, Fahimeh, Eines Dienstags beschloss meine Mutter Deutsche zu werden, Königstein/Taunus 2006

Fest, Joachim C., Hitler. Eine Biographie, Frankfurt a.M./Berlin/Wien 1973

Fietz, Martina, Bubis: Doppel-Paß nicht als Regel. Präsident des Zentralrats der Juden lehnt Unterschriftenaktion der Union jedoch ab, DIE WELT v. 28.1.1999, S. 4

dies., Doppel-Paß: Schily strebt Kompromiß an, DIE WELT v. 5.3.1999, S. 4

Fisher, Marc, Germans Debate Changing Law To Ease Citizenship for Foreigners, The Washington Post v. 27.2.1993

Fleischhauer, Jan/Hujer, Marc, Staatsbürgerschaft. Wer ist Deutscher? DER SPIEGEL Nr. 12/2006, S. 22

Fortmann, Anke, Mehrfache Staatsangehörigkeit. Eine Untersuchung der Verfassungskonformität des Optionsmodells, Frankfurt a.M./Bern 2005

Freudenreich, Johann, Wenn der Paß zur Staatsaffaire wird. Stelle beim Kreisverwaltungsamt befasst sich mit Konflikten um die deutsche Staatsangehörigkeit, SZ Nr. 42 v. 19.2.1980, S. 15 f.

Fritz, Jürgen, Die erleichterte Einbürgerung von Spitzensportlern nach dem neuen deutschen Staatsangehörigkeitsrecht, SpuRt 2000, 137 ff.

Fritzen, Florentine, Im Schilfkörbchen. Die olympische Idee: Was Adoptivkinder unterscheidet, FAZ Nr. 278 v. 29.11.2005, S. 35

Fromm, Bella, Als Hitler mir die Hand küßte, Berlin 1993

Frowein, Jochen A./Wolf, Joachim (Hrsg.), Ausländerrecht im internationalen Vergleich, Heidelberg 1985

Funke, Manfred, Da geht ein Mensch ... In der Weimarer Republik gab es Hunderttausende Heimat-, Staaten- und Rechtlose, FAZ Nr. 230 v. 4.10.2006, S. L 42

Gaaz, Berthold, Die Einflussnahme des Bundes auf den Vollzug des Staatsangehörigkeitsrechts, StAZ 2001, 97 ff.

ders., Scheinvaterschaften – Zum Entwurf eines Gesetzes zur Ergänzung des Rechts zur Anfechtung der Vaterschaft, StAZ 1007, 75 ff.

Geiger, Rudolf, Deutsche Staatsangehörigkeit und Rechtsstatus Deutschlands. Einige grundsätzliche Überlegungen zum Beschluß des Bundesverwaltungsgerichts vom 30. November 1982, in: Gottfried Zieger/Boris Meissner/Dieter Blumenwitz (Hrsg.), Deutschland als Ganzes. Rechtliche und historische Überlegungen, Köln 1985, S. 125 ff.

Geisler, Stefan, Die engste Verbindung im Internationalen Privatrecht, Berlin 2001

Geiß, Robin, „Failed States". Die normative Erfassung gescheiterter Staaten, Berlin 2005

Gloria, Christian, Die Personalhoheit, in: Knut Ipsen, Völkerrecht, 5. Aufl. München 2004, § 24

Glotz, Peter, Die Vertreibung. Böhmen als Lehrstück, Berlin 2004

Göbel-Zimmermann, Ralph, Die Neuregelung des Staatsangehörigkeitsrechts, DÖV 2000, 95 ff.

ders./Masuch, Thorsten, Die Neuregelung des Staatsangehörigkeitsrechts. Zu den verfassungsrechtlichen Vorgaben der Reform, DÖV 2000, 95 ff.

Gornig, Gilbert, Der völkerrechtliche Status Deutschlands zwischen 1945 und 1990. Auch ein Beitrag zu Problemen der Staatensukzession, München 2007

Gosewinkel, Dieter, Die Staatsangehörigkeit als Institution des Nationalstaates. Zur Entstehung des Reichs- und Staatsangehörigkeitsgesetzes von 1913, in: Festschr. f. Böckenförde, Berlin 1995, S. 359 ff.

ders., Staatsbürgerschaft und Staatsangehörigkeit, Geschichte und Gegenwart Jg. 21 (1995), S. 533 ff.

ders., Einbürgern und Ausschließen, 2. Aufl. Göttingen 2003

Grabitz, Eberhard, Europäisches Bürgerrecht zwischen Marktbürgerschaft und Staatsbürgerschaft, Köln 1970

Grawert, Rolf, Staat und Staatsangehörigkeit. Verfassungsgeschichtliche Untersuchung zur Entstehung der Staatsangehörigkeit, Berlin 1973

ders., Die Staatsangehörigkeit der Berliner, Der Staat Bd. 12 (1973), S. 289 ff.

ders., Staatsvolk und Staatsangehörigkeit, in: Josef Isensee/Paul Kirchhof (Hrsg.), Hdb. des Staatsrechts der Bundesrepublik Deutschland, Bd. I, Heidelberg 1987, § 14

ders., Die nationalsozialistische Herrschaft. Das völkische Prinzip, in: Josef Isensee/Paul Kirchhof (Hrsg.) Hdb. des Staatsrechts der Bundesrepublik Deutschland, Bd. I, 3. Aufl., Heidelberg 2003, § 6

Gritschneder, Otto, Bewährungsfrist für den Terroristen Adolf Hitler. Der Hitler-Putsch und die bayerische Justiz, München 1990

de Groot, Gerard-René, Staatsangehörigkeitsrecht im Wandel, Köln/Berlin/Bonn/München 1989

ders., Zum Verhältnis der Unionsbürgerschaft zu den Staatsangehörigkeiten in der Europäischen Union, in: Peter-Christian Müller-Graff (Hrsg.), Europäisches Integrationsrecht im Querschnitt. Europäische Verfassung, Nizza, Europäischer Wirtschaftsraum, Unionsbürgerschaft, Referenden, Gemeinschaftsprivatrecht, Baden-Baden 2003, S. 67 ff.

ders./Schneider, Hildegard, Die zunehmende Akzeptanz von Fällen mehrfacher Staatsangehörigkeit in West-Europa, in: Festschr. f. Koresuke Yamauchi, Berlin 2006, S. 65 ff.

Goulard, Sylvie, EU – Türkei. Eine Zwangsheirat? Berlin 2006

Hagedorn, Heike, Wer darf Mitglied werden? Einbürgerungen in Deutschland und Frankreich, in: Dietrich Thränhardt (Hrsg.), Einwanderung und Einbürgerung in Deutschland, Jb Migration 1997/98, S. 15 ff.

Hailbronner, Kay, Deutsche Staatsangehörigkeit und DDR-Staatsbürgerschaft, JuS 1981, 712 ff.

ders., Die Reform des deutschen Staatsangehörigkeitsrechts, NVwZ 1999, 1273 ff.

ders., Der Staat und der Einzelne als Völkerrechtssubjekte, in: Wolfgang Graf Vitzthum (Hrsg.), Völkerrecht, 4. Aufl. Berlin 2007, S. 157 ff.

ders., Die Unionsbürgerschaft und das Ende rationaler Jurisprudenz durch den EuGH?, NJW 2004, 2185 ff.

ders., Unionsbürgerschaft und Zugang zu den Sozialsystemen, JZ 2005, 1138 ff.

Hailbronner, Kay/Renner, Günter, Staatsangehörigkeitsrecht, 4. Aufl. München 2005

Hecker, Anno, Der Paß zum Erfolg. Was die mehrfache Staatsangehörigkeit für den deutschen Sport bedeutet, FAZ Nr. 51 v. 2.3.1999, S. 16

Hecker, Hellmuth, Die Regelung von Staatsangehörigkeitsfragen in völkerrechtlichen Verträgen in Vergangenheit und Gegenwart, in: Festschr. f. Menzel, Berlin 1975, S. 177 ff.

ders., Staatsangehörigkeitsbestimmungen in den Verfassungen der Welt, VRÜ 18. Jg. (1985), S. 487 ff.

ders., Erleichterungen für Doppelstaater in Konsularverträgen der USA mit kommunistischen Staaten, WGO 28. Jg. (1986), S. 31 ff.

ders., Die Doppelstaaterverträge des Ostblocks, WGO 28. Jg. (1986), S. 273 ff.

ders., Auslieferungsverträge und Staatsangehörigkeit, AVR Bd. 26 (1988), S. 216 ff.

ders., Die Behandlung von Staatsangehörigkeitsfragen im Deutschen Bundestag seit 1949, Baden-Baden 1990

ders., Friedrich v. Schillers französische Staatsangehörigkeit, NJW 1990, 1955 ff.

ders., Die Staatsangehörigkeit der DDR und der Einigungsvertrag, AVR Bd. 29 (1991), S. 27 ff.

ders., Die Doppelstaater-Konventionen in Osteuropa gestern und heute. Eine Studie zur Staatensukzession in Verträge, Fankfurt a.M./Berlin 2003

Heidersdorf, Christian, Ausländerklauseln im Profisport, Frankfurt a.M./Bern 1998

Heitsch, Christian, Die Ausführung der Bundesgesetze durch die Länder, Tübingen 2001

Helms, Tobias, Die missbräuchliche Anerkennung der Vaterschaft, StAZ 2007, 69 ff.

Herbert, Ulrich, Geschichte der Ausländerpolitik in Deutschland. Saisonarbeiter, Zwangsarbeiter, Gastarbeiter, Flüchtlinge, München 2001

Herdegen, Matthias, Der Wegfall effektiver Staatsgewalt im Völkerrecht: "The Failed State", Berichte DtGVR Bd. 34 (1996), S. 49 ff.

ders., Die Europäische Union als Wertegemeinschaft – aktuelle Herausforderungen, in: Festschr. f. R. Scholz, Berlin 2007, S. 139 ff.

Hieblinger, R., Die internationalen Beziehungen neuen Typs zwischen den sozialistischen Staaten und ihre Auswirkungen auf die Grundrechte und Grundpflichten, in: Grundrechte des Bürgers in der sozialistischen Gesellschaft. Autorenkollektiv unter Leitung von Prof. Eberhard Poppe, Berlin 1980, S. 236 ff.

Hilf, Meinhard/Pache, Eckart, Das Bosman-Urteil des EuGH, NJW 1996, 1169 ff.

Hobe, Stephan, Die Unionsbürgerschaft nach dem Vertrag von Maastricht, Der Staat Bd. 32 (1993), S. 245 ff.

ders., Das Staatsvolk nach dem Grundgesetz, JZ 1994, 191 ff.

ders., Der offene Verfassungsstaat zwischen Souveränität und Interdependenz. Eine Studie zur Wandlung des Staatsbegriffs der deutschsprachigen Staatslehre im Kontext internationaler institutionalisierter Kooperation, Berlin 1998

ders./Tietje, Christian; Europäische Grundrechte auch für Profisportler, NJW 1996, 486 ff.

Hoffmann, Gerhard, Die Staatsangehörigkeit in den deutschen Bundesländern, AöR Bd. 81 (1956), S. 300 ff.

Hoischen, Oliver, Das Jawort zum Grundgesetz. Jeder vierte mag es feierlich. Die Deutschenmacher: In Berlin werden Ausländer dazu ermuntert, die deutsche Staatsbürgerschaft zu erwerben, FAZ Nr. 54 v. 4.3.2006, S. 3

Hokema, Tido Oliver, Mehrfache Staatsangehörigkeit. Eine Betrachtung aus völkerrechtlicher und verfassungsrechtlicher Sicht, Frankfurt a.M./Bern 2002

Horn, Hans-Detlef/Sauerland, Thomas, Die Ermessenseinbürgerung nach dem reformierten Staatsangehörigkeitsrecht – insbesondere von Ehegatten deutscher Staatsangehöriger, StAZ 2000, 317 ff.

Huber, Bertold, Die geplante ausländerrechtliche Pflicht zur Teilnahme an Integrationskursen, ZAR 2004, 86 ff.

ders./Göbel-Zimmermann, Ralph, Ausländer- und Asylrecht, 2. Aufl., München 2007

Huber, Ernst Rudolf, Verfassungsrecht des Großdeutschen Reiches, 2. Aufl. Hamburg 1939

Huber, Peter Michael/Butzke, Kirsten, Das neue Staatsangehörigkeitsrecht und sein verfassungsrechtliches Fundament, NJW 1999, 2769 ff.

Ipsen, Knut, Völkerrecht, 5. Aufl., München 2004

ders., Die Staatsangehörigkeit der Bürger West-Berlins, JIR Bd. 16 (1973), S. 266 ff.

Isay, Ernst, Das Staatsangehörigkeitsrecht der juristischen Personen, Tübingen 1907

Isensee, Josef, Zweckverband oder Wertegemeinschaft, FAZ Nr. 12 v. 15.1.2007, S. 8

ders./Schmidt-Jortzig, Edzard (Hrsg.), Das Ausländerwahlrecht vor dem Bundesverfassungsgericht. Dokumentation der Verfahren, Heidelberg 1993

Jansen, Michael, Sinti und Roma und die deutsche Staatsangehörigkeit, Diss. Bonn 1995

Jarass, Hans-Dieter, Folgerungen aus der neueren Rechtsprechung des BVerfG für die Prüfung von Verstößen gegen Art. 3 I GG, NJW 1997, 2545 ff.

Jellinek, Georg, Allgemeine Staatslehre, 3. Aufl., Berlin 1913

Jochum, Georg, Die Folgen doppelter Staatsangehörigkeit für die Erbschaftsteuer am Beispiel deutsch-türkischer Doppelstaatler. Doppelte Rechte und doppelte Pflichten? UVR 2000, 415 ff.

Kadelbach, Stefan, Autonomie und Bindung der Rechtsetzung in gestuften Rechtsordnungen, VVdStRL Bd. 66 (2007), S. 7 ff.

Kämmerer, Jörn Axel, Hand aufs Grundgesetz, NJW-Editorial H. 8/2005

ders., Art. 16, in: BK, 2005

Kahl, Wolfgang, Sprache als Kultur- und Rechtsgut, in VVdStRL Bd. 65 (2005), S. 386 ff.

Kain, Florian, Deutsche Pässe gibt's nach Aktenlage, HA v. 24.3.2006, S. 11

ders., Deutschtests-Streit um Einbürgerung in Hamburg. Abgeordnete kritisieren: Prüftexte zu banal. SPD fordert verpflichtende Staatsbürgerkurse, HA v. 5.4.2006, S. 1

Kammann, Karin, Probleme mehrfacher Staatsangehörigkeit unter besonderer Berücksichtigung des Völkerrechts, Frankfurt a.M./Bern 1984

Kany, Klaus-Reinhold, Das Goldpaar brilliert mit einer Kür der Superlative, FAZ Nr. 22 v. 26.1.2007, S. 31

Karpen, Ulrich, Kann Hamburg sich eine eigene Legislative „leisten" - oder ist das Parlament nur ein überdimensionaler Stadtrat?, NordÖR 2004, 133 ff.

Keller, Helen, Kulturelle Vielfalt und Staatsvolk: Gilt es, den Begriff des Staatsvolks zu überdenken?, in: Berichte DtGVR Bd. 43 (2008), im Druck

von Keller, Fritz/Trautmann, Paul, Kommentar zum Reichs- und Staatsangehörigkeitsgesetz vom 22. Juli 1913, München 1914

Kemmerer, Alexandra, Der richtige Erbe. Die Konferenz „Altneuland" lotet die Chancen der EU aus, FAZ Nr. 105 v. 6.5.2004, S. 39

Kempen, Bernhard, Die deutsch-polnische Grenze nach der Friedensregelung des Zwei-Plus-Vier-Vertrages, Fankfurt a.M. 1997

Kiliç, Memet, Deutsch-türkische Doppelstaatsangehörigkeit, StAZ 1994, 73 ff.

Kimminich, Otto, Die mehrfache Staatsangehörigkeit, in: Gs. F. Schnur, Berlin 1977, S. 273ff.

ders., Art. 16, in: BK, 1984

ders., Rechtsprobleme der polyethnischen Staatsorganisation, Mainz 1985

ders., The Conventions for the Prevention of Double Citizenship and their Meaning for Germany and Europe in an Era of Migration, GYIL Vol. 38 (1995), S. 224 ff.

Kirchhof, Paul, Deutsche Sprache, in: Josef Isensee/Paul Kirchhof, Hdb. des deutschen Staatsrechts, Bd. I (Grundlagen von Staat und Verfassung), Heidelberg 1987, § 18

Klein, Eckart, DDR-Staatsbürgerschaftserwerb und deutsche Staatsangehörigkeit, NJW 1983, 2289 ff.

Klingst, Martin, Doppelt hält besser. Zwei Pässe erleichtern Einwanderern die Bindung an Deutschland. Und schaffen Probleme. Lösbare, DIE ZEIT Nr. 3 v. 14.1.1999, S. 11 f.

Kock, Gerhard, „Der Führer sorgt für unsere Kinder". Die Kinderlandverschickung im Zweiten Weltkrieg, Paderborn 1997

König, Doris, Die Übertragung von Hoheitsrechten im Rahmen des europäischen Integrationsprozesses – Anwendungsbereich und Schranken des Art. 23 des Grundgesetzes, Berlin 2000

Kohler, Berthold, Wider das Diktat, FAZ Nr. 24 v. 28.1.2006, S. 1

Kreuzer, Christine, Staatsangehörigkeit und Staatensukzession, Berlin 1998

Krogmann, Mario, Grundrechte und Sport, Berlin 1998

Krummacher, F.A./Wucher, Albert (Hrsg.), Die Weimarer Republik. Zur Geschichte in Texten, Bildern und Dokumenten, Wiesbaden 1965

Lang, Markus, Grundkonzeption und Entwicklung des deutschen Staatsangehörigkeitsrechts, Frankfurt a.M. 1990

Van Lengerich, Wolf Börries, Das Staatsbürgerschaftsrecht Südafrikas unter besonderer Berücksichtigung der ehemaligen Homelands VRÜ 34 (2001), S. 361 ff.

ders., Das südafrikanische Ausländerrecht, Baden-Baden 2006

Leonhard, Paul, Staatsfeind Nummer eins. Vor dreißig Jahren wurde Wolf Biermann aus der DDR ausgebürgert. Beginn der Entfremdung zwischen „Kulturschaffenden" und SED, JF Nr. 46 v. 10.11.2006, S. 17

Leoni, Achim, Der Athletenhandel blüht, HA v. 29.8.2003, S. 24

ders., Katar und seine Kenianer, HA v. 11.8.2005, S. 29

Leopold, Anders, Einführung in das Staatsangehörigkeitsrecht, JuS 2006, 126 ff.

Leutheusser-Schnarrenbeger, Sabine, Liberale Rechtspolitik in der 13. Legislaturperiode, ZRP 1995, 81 ff.

Liesner, Ernst/Geißler, Petra/Steinebach, Alice M., Menschenschicksale. Nach Originalakten. Staatsangehörigkeitsgesetze 1933–1945. Machtinstrumente des Dritten Reiches, Borken 1986

Löhlhöffel, Helmut, Koalition schafft „Bisschen-Deutsche". Verbände lehnen befristete Staatsbürgerschaft ab, FR Nr. 266 v. 15.11.1994, S. 4

Luchterhandt, Otto, Das Recht Berg-Karabaghs auf staatliche Unabhängigkeit aus völkerrechtlicher Sicht, AVR 31 (1993), S. 30 ff.

ders., nationale Minderheiten und Loyalität, Köln 1997

Lübbe, Hermann, Wie wird man Deutscher, Rheinischer Merkur Nr. 14 v. 2.4. 1993, S. 5

Lübbe-Wolf, Gertrude, Entziehung und Verlust der deutschen Staatsangehörigkeit – Art. 6 I GG, Jura 1996, 57 ff.

Lumpp, Stephanie, Die Scheineheproblematik in Gegenwart und Vergangenheit. Eine dogmatische Untersuchung des fehlenden Willens zur ehelichen Lebensgemeinschaft, Berlin 2007

Magiera, Siegfried, Die Europäische Gemeinschaft auf dem Wege zu einem Europa der Bürger, DÖV 1987, 221 ff.

ders., Der Rechtsstatus der Unionsbürger, in: Liber amicorum f. Delbrück, Berlin 2005, S. 429 ff.

Makarov, Alexander N., Das Urteil des Internationalen Gerichtshofes im Fall Nottebohm, ZaöRV 16 (1955), S. 407 ff.

ders., Deutsches Staatsangehörigkeitsrecht. Kommentar, 2. Aufl., Frankfurt a.M./ Berlin 1971

ders./von Mangoldt, Hans, Deutsches Staatsangehörigkeitsrecht, 3. Aufl., Frankfurt a.M. 1987

Makolkin, Anna, Blood Icons, Signs of Exclusion and Citizenship Laws, Rechtstheorie Beitr. 17. Rule of Law. Political and Legal Systems in Transition (hrsg. von Werner Krawietz/Enrico Pataro/Alice Erh-Soon Tay), 1997, S. 295 ff.

Mampel, Siegfried, Das Staatsangehörigkeitsrecht der DDR und die deutsche Staatsangehörigkeit, RiO 1983, 233 ff.

von Mangoldt, Hans, Anerkennung der Staatsangehörigkeit und effektive Staatsangehörigkeit natürlicher Personen, in: Berichte DtGVR 29. Bd. (1988), S. 37 ff.

ders., Öffentlich-rechtliche und völkerrechtliche Probleme mehrfacher Staatsangehörigkeit aus deutscher Sicht, JZ 1993, 965 ff.

ders., Ius-sanguinis-Prinzip, Ius-soli-Prinzip und Mehrstaatigkeit: Umbrüche durch das Staatsangehörigkeitsreformgesetz, ZAR 1999, 243 ff.

Mann, Katia, Meine ungeschriebenen Memoiren. Hrsg. von Elisabeth Plessen und Michael Mann, Frankfurt a.M. 1976

Mansel, Heinz-Peter, Verfassungsrechtlicher Gleichheitssatz und die Lehre von der effektiven Staatsangehörigkeit im Internationalen Privatrecht, NJW 1986, 625 ff.

Martiny, Dieter, Probleme der Doppelstaatsangehörigkeit im deutschen internationalen Privatrecht, JZ 1993, 1145 ff.

Maruhn, Siegfried, Staatsdiener im Unrechtsstaat. Die deutschen Standesbeamten und ihr Verband unter dem Nationalsozialismus, Frankfurt a.M. 2002

Meckler, Markus, Der Kleinstaat im Völkerrecht. Das Fürstentum Liechtenstein im Spannungsfeld zwischen Souveränität und kleinstaatenspezifischen Funktionsdefiziten, Frankfurt a.M./Berlin/Bern 2006.

Meesen, Karl Matthias, Verfassungsrechtliche Grenzen einer Neuregelung der Staatsangehörigkeit im geteilten Deutschland, JZ 1972, 637 ff.

Meireis, Rolf W., Aspekte einer Neuregelung des deutschen Staatsangehörigkeitsrechts. Oder ein Versuch, über die Betrachtung von Bäumen den Wald nicht aus den Augen zu verlieren, StAZ 1994, 241 ff.

ders., Das neue deutsche Staatsangehörigkeitsrecht, StAZ 2000, 65 ff.

ders., Ausreichende Kenntnisse der deutschen Sprache als Voraussetzung der Einbürgerung, StAZ 2003, 1 ff.

Meister, Ulrich, Andorra unter Anpassungsdruck. Das Pyrenäen-Fürstentum auf dem Weg zur Normalisierung, NZZ Nr. 300 v. 27.12.1997, S. 5

Minnerop, Petra, Pariastaaten im Völkerrecht, Berlin/Heidelberg/New York 2004

Mörsdorf-Schulte, Juliana, Dänische Eheschließung vor dem OVG, NJW 2007, 1331 ff.

Möstl, Markus, Normative Handlungsformen, in: Hans-Uwe Erichsen/Dirk Ehlers (Hrsg.), Allgemeines Verwaltungsrecht, 13. Aufl. Berlin 2006, §§18 ff.

Möllers, Christoph, Vier zu vier. Vor Gericht wie im Stadion: Ein Unentschieden enttäuscht, FAZ Nr. 134 v. 12.6.2006, S. 43

von Morr, Hubertus, Der Bestand der deutschen Staatsangehörigkeit nach dem Grundvertrag, Berlin 1977

Morsey, Rudolf, Hitler als braunschweigischer Regierungsrat, VfZ 8/1960, S. 419 ff.

Mühl, Melanie, Sibel Kekilli im Gespräch. Sind Sie schnell beleidigt, Frau Kekilli?, FAZ Nr. 263 v. 11.11.2006, S. Z 6

von Münch, Ingo (Hrsg.), Dokumente des geteilten Deutschland, Stuttgart 1968

ders., Diplomaten leben gefährlich. Das Völkerrecht bietet ihnen keinen Schutz, DIE ZEIT Nr. 26 v. 26.6.1970, S. 7

ders., The protection of diplomatic agents, in: Essays in honour of Marion Mushkat, Den Haag/Paris 1973, S. 69 ff.

ders. (Hrsg.), Dokumente des geteilten Deutschland, Bd. II: seit 1968, Stuttgart 1974

ders., Die deutsche Staatsangehörigkeit am Scheideweg?, liberal 17. Jg. (1975), S. 486 ff.

ders., Gegen „Blut" und „Boden". Zu vernünftiger Ausländerpolitik gehören leichtere Einbürgerung und doppelte Staatsangehörigkeit, DIE ZEIT Nr. 2 v. 3.1.1992, S. 49

ders., Etwas, das zu wichtig ist, um daran zu flickschustern. Das „Staatsangehörigkeitsgesetz" wird achtzig Jahre alt. Ein Plädoyer für einen gründlichen Neuentwurf, HA Nr. 304 v. 30.12.1993, S. 3

ders., Wehrgerechtigkeit: mehr Gerechtigkeit, NJW 1993, 3244 f.

ders., Darf es ein bißchen mehr sein? – Gedanken zur Mehrstaatigkeit, NJW 1994, 1199 ff.

ders. (Hrsg.), Gesetze des NS-Staates, 3. Aufl. Paderborn 1994 (Nachdr. Hamburg 2004)

ders., Was bedeutet eigentlich Staatsangehörigkeit? Merkwürdigkeiten einer aktuellen Debatte, FAZ, Nr. 56 v. 8.3.1999, S. 10

ders., Wer ist Deutscher? Daß diese Staatsangehörigkeit dereinst so begehrt sein würde, konnte sich 1949 wohl kaum jemand vorstellen, FR Nr 117 v. Pfingsten 1999, S. B 6

ders., Die Zeit im Recht, NJW 2000, 1ff.

ders., Staatsrecht. Bd. 2, 5. Aufl. Stuttgart 2002

Mußgnug, Reinhard, Die Staatsangehörigkeit des Kulturguts, in: Festschr. f. Ress, Köln 2005, S. 1531 ff.

Narváez Mora, Maribel, European Citizens: Rights and Identities, in: Law, Politics, and Morality: European Perspectives I. Globalization, Democracy, and Citizenship – Prospects for the European Union. Ed. by Jordi Ferrer/Marisa Eglesias, Berlin 2003, S. 227 ff.

Nawratil, Heinz, Schwarzbuch der Vertreibung 1945 bis 1948. Das letzte Kapitel unbewältigter Vergangenheit, 4. Aufl., München 1999

Nemo, Philippe, Was ist der Westen? Die Genese der abendländischen Zivilisation, Tübingen 2005

Nettesheim, Martin, Rücknahme und Widerruf von Einbürgerungen, DVBl. 2004, 1144 ff.

Nomer, Ergin, Türkisches Internationales Privatrecht und doppelte Staatsangehörigkeit, JZ 1993, 1142 ff.

Odendahl, Kerstin, Der allgemeine Gleichheitsgrundsatz und „neue Formel" als Prüfungsmaßstäbe, JA 2000, 170 ff.

Oeter, Stefan, Europäische Integration und Nationalstaatlichkeit. Zum Souveränitätsdiskurs und der Frage nach der Legitimation der Staatsgewalt, Dialektik. Enzyklopädische Zeitschrift für Philosophie und Wissenschaften 1998/3, S. 113 ff.

ders., Ansichten zur Gemeinschaftsverfassung, EuR Beih. 3/2002, S. 43 ff.

Oltmer, Jochen, Migration und Politik in der Weimarer Republik, Göttingen 2006

Oppermann, Thomas, Sinn und Grenzen einer EG-Angehörigkeit, in: Festschr. f. Doehring, Heidelberg 1989, S. 713 ff.

ders., Europarecht, 2. Aufl. München 1999, 3. Aufl. München 2005

ders., Der Europäische Verfassungsvertrag – Legenden und Tatsachen, in: Festschr. f. Jürgen Meyer, Baden-Baden 2006, S. 281 ff.

Ossenbühl, Fritz, Verwaltungsvorschriften und Grundgesetz, Bad Homburg v.d.H. 1968

Osterloh, Lerke, Art. 3, in: Michael Sachs, Grundgesetz. Kommentar, 4. Aufl., München 2007

Overesch, Manfred, Hermann Brill in Thüringen: 1895–1946. Ein Kampf gegen Hitler und Ulbricht, Bonn 1992

ders., Professor Hitler, Mitt. der Technischen Universität Carolo-Wilhelmina in Braunschweig 16/1981, S. 57 f.

Papke, Horst, Die Rechtsnatur der Einbürgerung, Diss. Bonn 1961

Pestalozza, Christian, Verfassungen der deutschen Länder mit dem Grundgesetz. Textausgabe, 8. Aufl., München 2005

Quaritsch, Helmut, Der grundrechtliche Status der Ausländer in: Josef Isensee/ Paul Kirchhof, Hdb. des Staatsrechts der Bundesrepublik Deutschland, Bd. V, Heidelberg 1992, § 10

Randelzhofer, Albrecht, Art. 16, in M/D 1994

ders., Marktbürgerschaft – Unionsbürgerschaft – Staatsbürgerschaft, in: Gs f. Grabitz, München 1995, S. 581 ff.

Rauball, Reinhard, Olympische Statuten, Berlin 1972

Reddig, Melanie, Bürger jenseits des Staates? Unionsbürgerschaft als Mittel europäischer Integration, Baden-Baden 2005

Reinhardt, Jörg, Gewollt oder nicht? Die private Adoption von Kindern aus dem Ausland, ZRP 2006, 244 ff.

Reinsch, Michael, Sprint-Europameister Obikwelu ist nur auf der Bahn ein Vorbild an Stil und Haltung. Das traurige Schauspiel in der Kulisse, FAZ Nr. 184 v. 10.8.2006, S. 30

Renner, Günter, Ausländerrecht in Deutschland, München 1998

ders., Was ist neu am neuen Staatsangehörigkeitsrecht? ZAR 1999, 154 ff.
ders., Erfahrungen mit dem neuen Staatsangehörigkeitsrecht, ZAR 2000, 265 ff.
ders., Prüfung der Deutschkenntnisse von Einbürgerungsbewerbern, ZAR 2000, 426 ff.
ders., Das Staatsangehörigkeitsrecht – nach der Reform reformbedürftig?, ZAR 2004, 176 ff.
Ridder, Helmut K.J., Wandlungen im britischen Staatsangehörigkeitsrecht, ZfgesStaatswiss. Bd. 108 (1952), S. 547 ff.
Riege, Gerhard, Das Staatsbürgerschaftsgesetz der DDR, in: Staat und Recht 16. Jg. (1967), S. 701 ff.
ders., Sozialistische Staatsbürgerschaft und Persönlichkeit in: Autorenkollektiv unter Leitung von Prof. Dr. Eberhard Poppe, Grundrechte des Bürgers in der sozialistischen Gesellschaft, Berlin 1980, S. 51 ff.
ders./Kulke, Hans-Jürgen, Nationalität: deutsch. Staatsbürgerschaft: DDR, Berlin 1980
Rittstieg, Helmut, Doppelte Staatsangehörigkeit im Völkerrecht, NJW 1990, 1401 ff.
Roellecke, Gerd, Staat und Tod, Paderborn 1994
Röper, Erich, Die Grundrechte als Interpretationsmaßstab, ZRP 2006, 187 ff.
Rommel, Manfred, Im deutschen Interesse: Doppelte Staatsangehörigkeit, in: Frieder Birzele/Manfred Rommel/Kay Hailbronner/Hermann Glaser, Vom Mitbürger zum Staatsbürger, Stuttgarter Themen: Begegnungen – Verstehen – Verändern Nr. 2, Stuttgart 1992, S. 14 f.
Ross, Andreas, Die eiserne Rita kämpft ohne Rücksicht, FAZ Nr. 93 v. 21.4.2006, S. 5
ders., Öl ins Feuer. Die niederländische Integrationsministerin Verdonk steht für schnelle Abschiebungen und verlangt von den Muslimen Anpassung, FAZ Nr. 166 v. 20.7.2005, S. 3
Rüb, Matthias, Willkommen in Amerika. Aufstehen für den Treueeid. Einbürgerung in einem Land, das unbändig stolz auf sich ist und dieses Gefühl auch auf seine Neubürger übertragen möchte, FAZ Nr. 152 v. 3.7.2004, S. 3
Rüthers, Bernd, Die unbegrenzte Auslegung. Zum Wandel der Privatrechtsordnung im Nationalsozialismus, 6. Aufl. Tübingen 2005
ders., Entartetes Recht. Rechtslehren im Dritten Reich, 2. Aufl. München 1989
Ruhrmann, Ulrike, Reformen des Aussiedlerzuzugs, Berlin 1994
Sachs, Michael, Das Staatsvolk in den Ländern, AöR Bd. 108 (1983), S. 68 ff.
ders., Ausländergrundrechte im Schutzbereich von Deutschengrundrechten, BayVBl. 1990, 385 ff.
ders., Die Maßstäbe des allgemeinen Gleichheitssatzes – Willkürverbot und sog. neue Formel, JuS 1997, 124 ff.
Sacksofsky, Ute, Mehrfache Staatsangehörigkeit – ein Irregulare?, in: Festschr. f. Böckenförde, Berlin 1995, S. 317 ff.
Sander, Helke/Johr, Barbara (Hrsg.), BeFreier und Befreite. Krieg, Vergewaltigung, Kinder. Frankfurt a.M. 2005
Sauerwald, Christine, Die Unionsbürgerschaft und das Staatsangehörigkeitsrecht in den Mitgliedstaaten der Europäischen Union, Frankfurt a.M. 1996

Scheffler, Wolfgang, Popps Sieg freut deutsche und englische Landsleute, FAZ Nr. 149 v. 30.6.2000, S. 36

Schill, Stephan, Staatsangehörigkeitsvorbehalt für Notare und europäische Niederlassungsfreiheit, NJW 2007, 2014 ff.

Schnapp, Friedrich/Neupert, Michael, Grundfragen des Staatsangehörigkeitsrechts, Jura 2004, 167 ff.

Schliesky, Utz, Souveränität und Legitimität von Herrschaftsgewalt. Die Weiterentwicklung von Begriffen der Staatslehre und des Staatsrechts im europäischen Mehrebenensystem, Tübingen 2004

Schneckener, Ulrich (Hrsg.), Fragile Staatlichkeit. „States at Risk" zwischen Stabilität und Scheitern, Baden-Baden 2006

Schoch, Friedrich, Der Gleichheitssatz, DVBl. 1988, 863 ff.

Schönberger, Christoph, Unionsbürger. Europas föderales Bürgerrecht in vergleichender Sicht, Tübingen 2007

Scholz, Rupert/Uhle, Arnd, Staatsangehörigkeit und Grundgesetz, NJW 1999, 1510 ff.

Schröder, Hinrich, Die völkerrechtliche Verantwortlichkeit im Zusammenhang mit failed und failing states, Baden-Baden 2007

Schumacher, Christoph/Barwig, Klaus, Mehrstaatigkeit – Neuere Entwicklungen im Bereich des Europarats, ZAR 1989, 14 ff.

Schümer, Dirk, Der Mann im Schatten der Diva. Welterfolgsschmied: Zum Tode des bedeutenden italienischen Produzenten Carlo Ponti, FAZ Nr. 9 v. 11.1. 2007, S. 37

Schwarze, Jürgen, Der Europäische Verfassungsvertrag, JZ 2005, 1130 ff.

Schweizer, Rainer J., Sprache als Kultur- und Rechtsgut, in: VVdStRL Bd. 65 (2005), S. 346 ff.

Seils, Christoph, Krämpfe am Tapeziertisch. Für Berliner CDU wird die Kampagne gegen doppelte Staatsbürgerschaft zum Drahtseilakt, DIE WOCHE Nr. 3 v. 15.1.1999, S. 5

Seele, Rainer, Kreisläufer Andrej Klimovets hat sich schnell in die Handball-Nationalmannschaft integriert. Weißrussische Konstante im deutschen Spiel, FAZ Nr. 26 v. 31.1.2006, S. 31

Sick, Bastian, Der Dativ ist dem Genitiv sein Tod, Bd. 1 Köln 2004; Bd. 2 Köln 2005; Bd. 3 Köln 2006

Siehr, Angelika, Die Deutschenrechte des Grundgesetzes. Bürgerrechte im Spannungsfeld von Menschenrechtsidee und Staatsmitgliedschaft, Berlin 2001

Sieveking, Klaus, Unehelich oder nichtehelich – das ist hier die Frage, NJW 2004 NJW-Editorial

ders., Meine Rechte als Ausländer. Aufenthalt. Arbeit. Bildung. Soziale Sicherheit. Einbürgerung. Rechtsschutz, München 2007

Silagi, Michael, Zum Abkömmlingsbegriff in Art. 116 Abs. 2 GG und zum Einbürgerungsanspruch ehelicher Kinder von Ausgebürgerten, StAZ 1987, 144 ff.

ders., Staatsangehörigkeit im geteilten Deutschland – Zum Beschluß des Bundesverfassungsgerichts vom 21.10.1987, StAZ 1988, 64 ff.

ders., Das Einbürgerungsprivileg des § 13 StAG, ZAR 2001, 104 f.

ders., Staatsangehörigkeitsverlust praeter legem in der bundesdeutschen Rechtspraxis, StAZ 2006, 134 ff.

ders., Staatsangehörigkeitsentzug ex tunc durch Aufhebung der Einbürgerung. Zum Urteil des Bundesverfassungsgerichts vom 24.5.2006, StAZ 2006, 200 ff., StAZ 2006, 313 ff.

Soldt, Rüdiger, Der Streit über Baden-Württembergs Einbürgerungspraxis, FAZ Nr. 8 v. 10.1.2006, S. 1

Sonnenberger, Hans-J., Anerkennung der Staatsangehörigkeit und effektive Staatsangehörigkeit natürlicher Personen im Völkerrecht und im internationalen Privatrecht, Berichte DtGVR Bd. 29 (1988), S. 9 ff.

Staadt, Jochen, Fragen unseres nationalen Kampfes. Vor fünfundzwanzig Jahren wurde Wolf Biermann die DDR-Staatsbürgerschaft entzogen, FAZ Nr. 266 v. 15.11.2001, S. 13

Stein, Torsten, Verwaltungsgerichtliche Kontrolle abgelehnter Ermesseneinbürgerungen? DÖV 1987, 177 ff.

Steiner, Arnold, Karlsruhe verwehrt Doppelpaß. Integration: Bundesverfassungsgericht erlaubt Entzug der Staatsbürgerschaft, JF Nr. 4 v. 19.1.2007, S. 5

Stödter, Rolf, Deutschlands Rechtslage, Hamburg 1948

Streinz, Rudolf, Sinn und Zweck des Nationalstaates in der Zeit der Europäisierung und Globalisierung, in: Festschr. f. Ress, Köln 2005, S. 1277 ff.

ders., Der Fall Bosman: Bilanz und neue Fragen, ZEuP 2005, 340 ff.

Stuckart, Wilhelm/Globke, Hans, Kommentar zum Reichsbürgergesetz, Blutschutzgesetz, Ehegesundheitsgesetz, München 1936

Sturm, Fritz, Europa auf dem Weg zur mehrfachen Staatsangehörigkeit, StAZ 1999, 225 ff.

ders./Sturm, Gudrun, Das deutsche Staatsangehörigkeitsrecht, Frankfurt a.M./ Berlin 2001

Talmon, Stefan, Kollektive Nichtanerkennung illegaler Staaten. Grundlagen und Rechtsfragen einer international koordinierten Sanktion dargestellt am Beispiel der Türkischen Republik Nord-Zypern, Tübingen 2006

Terkessidis, Mark, Zurück zum Ausländer, TAZ v. 18.2.2005, S. 11

Thomas, Gina, Wie britisch sind Sie?, FAZ Nr. 255 v. 2.11.2005, S. 39

Thürer, Daniel, Der Wegfall effektiver Staatsgewalt im Völkerrecht: "The Failed State", Berichte DtGVR Bd. 34 (1996), S. 9 ff.

Tietje, Christian, Autonomie und Bindung der Rechtsetzung in gestuften Rechtsordnungen, VVdStRL Bd. 66 (2007), S. 45 ff.

Tomanová, Helena, Setkáni v. Praze/Begegnungen in Prag, Praha 1996

Tomuschat, Christian, Staatsvolk ohne Staat? Zum Teso – Urteil des Bundesverfassungsgerichts, in: Festschr. f. Doehring, Heidelberg 1989, S. 985 ff.

Topçu, Canan, EinBÜRGERung. Lesebuch über das Deutsch-Werden, Portraits, Interviews, Fakten, Frankfurt a.M. 2007

Trevisiol, Oliver, Die Einbürgerungspraxis im Deutschen Reich 1871–1945, Göttingen 2006

Uhlmann, Felix, Die Schweizermacher – Widerruf und Nichtigkeit einer Verwaltungsverfügung, recht 1995, 203 ff.

Vedder, Christoph, in: Ingo von Münch/Philip Kunig (Hrsg.), Grundgesetzkommentar, Bd. 3, 4./5. Aufl., München 2003, Art. 116

Walk, Joseph (Hrsg.), Das Sonderrecht für die Juden im NS-Staat. Eine Sammlung der gesetzlichen Maßnahmen und Richtlinien. Inhalt und Bedeutung, Heidelberg/Karlsruhe 1981

Wallrabenstein, Astrid, Das Verfassungsrecht der Staatsangehörigkeit, Baden-Baden 1999

dies., Integration und Staatsangehörigkeit: Das Optionsmodell im deutschen Staatsangehörigkeitsrecht, in: Konrad Sahlfeld u.a. (Hrsg.), 43. Tagung der Assistenten des Öffentlichen Rechts: Integration und Recht, München 2003, S. 243 ff.

Weber, Albrecht, Das neue Staatsangehörigkeitsrecht, DVBl. 2000, 369 ff.

ders., Menschenrechte. Texte und Fallpraxis, München 2004

Weidelener, Helmut, Neue staatsangehörigkeitsrechtliche Regelungen, StAZ 1991, 131 ff.

Weimer, Wolfram, Zwei Pässe spalten, DIE WELT v. 7.1.1999, S. 1

Weizsäcker, Esther, Jüdische Migranten im geltenden deutschen Staatsangehörigkeits- und Ausländerrecht, ZAR 2004, 93 ff.

Wendt, Rudolf, Der Gleichheitssatz, NVwZ 1988, 778 ff.

Wiessner, Siegfried, Die Funktion der Staatsangehörigkeit, Tübingen 1989

Winkler, Willi, Staatlich anerkannter Staatsfeind. Allein mit seinem Volk: Vor 25 Jahren wurde Wolf Biermann aus der DDR ausgebürgert, SZ v. 13.11. 2001, S. 15

Wittling, Almut, Die Publikation der Rechtsnormen einschließlich der Verwaltungsvorschriften, Baden-Baden 1991

Wolffsohn, Michael, Deutschlands Eigentor, DIE WELT v. 2.12.1998, S. 10

ders., Doppelte Loyalität ist nicht möglich, DIE WELT v. 6.1.1999, S. 10

Wollenschläger, Michael/Schraml, Alexander, Ius soli und Hinnahme von Mehrstaatigkeit, ZRP 1994, 225 ff.

Yilmaz, Mesut, Türkei und EU. Die Suche nach einer ehrlichen Partnerschaft, Berlin 2004

de Zayas, Alfred M., Die deutschen Vertriebenen. Keine Täter – sondern Opfer, 5. Aufl., Graz 2005

Zeitlmann, Wolfgang, Wir bekommen zweierlei Deutsche, DIE WELT v. 13.1. 1999, S. 10

Zieger, Gottfried, Das Staatsbürgerschaftsgesetz der DDR, Frankfurt a.M./Berlin 1969

ders., Das Verhältnis der Staatsangehörigkeitsregelungen in den beiden deutschen Staaten, NJW 1984, 699 ff.

Ziemske, Burkhardt, Verfassungsrechtliche Garantien des Staatsangehörigkeitsrechts, ZRP 1994, 229 ff.

ders., Die deutsche Staatsangehörigkeit nach dem Grundgesetz, Berlin 1995

Zeng, Claus, Die erleichterte Einbürgerung nach §§ 85, 86 AuslG, StAZ 1995, 129 ff.

Zimmermann, Andreas, Staats- und völkerrechtliche Fragen der Reform des deutschen Staatsangehörigkeitsrechts, IPrax 2000, 180 ff.

Zimmermann, Reinhard, Römisches Recht und europäische Kultur, JZ 2007, 1 ff.

Zypries, Brigitte/Claudius, Stefan, Missbräuchliche Vaterschaftsanerkennungen zur Erlangung von Aufenthaltstiteln, ZRP 2007, 1 ff.

Personenregister

Sachregister

Gesetz zur Umsetzung aufenthalts- und asylrechtlicher Richtlinien der Europäischen Union (Auszug: Art. 5)

Artikel 5

Änderung des Staatsangehörigkeitsgesetzes

Das Staatsangehörigkeitsgesetz in der im Bundesgesetzblatt Teil III, Gliederungsnummer 102-1, veröffentlichten bereinigten Fassung, zuletzt geändert durch Artikel 2 Abs. 1 des Gesetzes vom 19. Februar 2007 (BGBl. I S. 122), wird wie folgt geändert:

1. § 2 wird aufgehoben.
2. § 3 wird wie folgt geändert:
   a) Der bisherige Wortlaut wird Absatz 1.
   b) Folgender Absatz 2 wird angefügt:

   „(2) Die Staatsangehörigkeit erwirbt auch, wer seit zwölf Jahren von deutschen Stellen als deutscher Staatsangehöriger behandelt worden ist und dies nicht zu vertreten hat. Als deutscher Staatsangehöriger wird insbesondere behandelt, wem ein Staatsangehörigkeitsausweis, Reisepass oder Personalausweis ausgestellt wurde. Der Erwerb der Staatsangehörigkeit wirkt auf den Zeitpunkt zurück, zu dem bei Behandlung als Staatsangehöriger der Erwerb der Staatsangehörigkeit angenommen wurde. Er erstreckt sich auf Abkömmlinge, die seither ihre Staatsangehörigkeit von dem nach Satz 1 Begünstigten ableiten."

3. § 4 Abs. 3 Satz 1 Nr. 2 wird wie folgt gefasst:

   „2. ein unbefristetes Aufenthaltsrecht oder als Staatsangehöriger der Schweiz oder dessen Familienangehöriger eine Aufenthaltserlaubnis auf Grund des Abkommens vom 21. Juni 1999 zwischen der Europäischen Gemeinschaft und ihren Mitgliedstaaten einerseits und der Schweizerischen Eidgenossenschaft andererseits über die Freizügigkeit (BGBl. 2001 II S. 810) besitzt."

4. § 7 wird wie folgt gefasst:

   „§ 7

   Spätaussiedler und die in den Aufnahmebescheid einbezogenen Familienangehörigen erwerben mit der Ausstellung der Bescheinigung nach § 15 Abs. 1 oder Abs. 2 des Bundesvertriebenengesetzes die deutsche Staatsangehörigkeit."

5. § 8 wird wie folgt geändert:
   a) Absatz 1 wird wie folgt geändert:
      aa) Satz 1 Nr. 2 wird wie folgt gefasst:

      „2. weder wegen einer rechtswidrigen Tat zu einer Strafe verurteilt noch gegen ihn auf Grund seiner Schuldunfähigkeit eine Maßregel der Besserung und Sicherung angeordnet worden ist,".

      bb) Satz 2 wird aufgehoben.
   b) In Absatz 2 wird die Angabe „Nr. 4" durch die Angabe „Nr. 2 und 4" ersetzt.
6. § 9 wird wie folgt geändert:
   a) In Absatz 1 werden die Wörter „der Einbürgerung erhebliche Belange der Bundesrepublik Deutschland, insbesondere solche der äußeren oder inneren Sicherheit sowie der zwischenstaatlichen Beziehungen entgegenstehen" durch die Wörter „sie nicht über ausreichende Kenntnisse der deutschen Sprache verfügen (§ 10 Abs. 1 Satz 1 Nr. 6 und Abs. 4) und keinen Ausnahmegrund nach § 10 Abs. 6 erfüllen" ersetzt.
   b) Absatz 3 wird aufgehoben.
7. § 10 wird wie folgt geändert:
   a) Absatz 1 wird wie folgt gefasst:

   „(1) Ein Ausländer, der seit acht Jahren rechtmäßig seinen gewöhnlichen Aufenthalt im Inland hat und handlungsfähig nach Maßgabe des § 80 des Aufenthaltsgesetzes oder gesetzlich vertreten ist, ist auf Antrag einzubürgern, wenn er

1. sich zur freiheitlichen demokratischen Grundordnung des Grundgesetzes für die Bundesrepublik Deutschland bekennt und erklärt, dass er keine Bestrebungen verfolgt oder unterstützt oder verfolgt oder unterstützt hat, die
   a) gegen die freiheitliche demokratische Grundordnung, den Bestand oder die Sicherheit des Bundes oder eines Landes gerichtet sind oder
   b) eine ungesetzliche Beeinträchtigung der Amtsführung der Verfassungsorgane des Bundes oder eines Landes oder ihrer Mitglieder zum Ziele haben oder
   c) durch Anwendung von Gewalt oder darauf gerichtete Vorbereitungshandlungen auswärtige Belange der Bundesrepublik Deutschland gefährden,

   oder glaubhaft macht, dass er sich von der früheren Verfolgung oder Unterstützung derartiger Bestrebungen abgewandt hat,
2. ein unbefristetes Aufenthaltsrecht oder als Staatsangehöriger der Schweiz oder dessen Familienangehöriger eine Aufenthaltserlaubnis auf Grund des Abkommens vom 21. Juni 1999 zwischen der Europäischen Gemeinschaft und ihren Mitgliedstaaten einerseits und der Schweizerischen Eidgenossenschaft andererseits über die Freizügigkeit oder eine Aufenthaltserlaubnis für andere als die in den §§ 16, 17, 20, 22, 23 Abs. 1, §§ 23a, 24 und 25 Abs. 3 bis 5 des Aufenthaltsgesetzes aufgeführten Aufenthaltszwecke besitzt,
3. den Lebensunterhalt für sich und seine unterhaltsberechtigten Familienangehörigen ohne Inanspruchnahme von Leistungen nach dem Zweiten oder Zwölften Buch Sozialgesetzbuch bestreiten kann oder deren Inanspruchnahme nicht zu vertreten hat,
4. seine bisherige Staatsangehörigkeit aufgibt oder verliert,
5. weder wegen einer rechtswidrigen Tat zu einer Strafe verurteilt noch gegen ihn auf Grund seiner Schuldunfähigkeit eine Maßregel der Besserung und Sicherung angeordnet worden ist,
6. über ausreichende Kenntnisse der deutschen Sprache verfügt und
7. über Kenntnisse der Rechts- und Gesellschaftsordnung und der Lebensverhältnisse in Deutschland verfügt.

Die Voraussetzungen nach Satz 1 Nr. 1 und 7 müssen Ausländer nicht erfüllen, die nicht handlungsfähig nach Maßgabe des § 80 Abs. 1 des Aufenthaltsgesetzes sind."

b) Absatz 3 wird wie folgt gefasst:

„(3) Weist ein Ausländer durch die Bescheinigung des Bundesamtes für Migration und Flüchtlinge die erfolgreiche Teilnahme an einem Integrationskurs nach, wird die Frist nach Absatz 1 auf sieben Jahre verkürzt. Bei Vorliegen besonderer Integrationsleistungen, insbesondere beim Nachweis von Sprachkenntnissen, die die Voraussetzungen des Absatzes 1 Satz 1 Nr. 6 übersteigen, kann sie auf sechs Jahre verkürzt werden."

c) Folgende Absätze 4 bis 7 werden angefügt:

„(4) Die Voraussetzungen des Absatzes 1 Satz 1 Nr. 6 liegen vor, wenn der Ausländer die Anforderungen der Sprachprüfung zum Zertifikat Deutsch (B1 des Gemeinsamen Europäischen Referenzrahmens für Sprachen) in mündlicher und schriftlicher Form erfüllt. Bei einem minderjährigen Kind, das im Zeitpunkt der Einbürgerung das 16. Lebensjahr noch nicht vollendet hat, sind die Voraussetzungen des Absatzes 1 Satz 1 Nr. 6 bei einer altersgemäßen Sprachentwicklung erfüllt.

(5) Die Voraussetzungen des Absatzes 1 Satz 1 Nr. 7 sind in der Regel durch einen erfolgreichen Einbürgerungstest nachgewiesen. Zur Vorbereitung darauf werden Einbürgerungskurse angeboten; die Teilnahme daran ist nicht verpflichtend.

(6) Von den Voraussetzungen des Absatzes 1 Satz 1 Nr. 6 und 7 wird abgesehen, wenn der Ausländer sie wegen einer körperlichen, geistigen oder seelischen Krankheit oder Behinderung oder altersbedingt nicht erfüllen kann.

(7) Das Bundesministerium des Innern wird ermächtigt, die Prüfungs- und Nachweismodalitäten des Einbürgerungstests sowie die Grundstruktur und die Lerninhalte des Einbürgerungskurses nach Absatz 5 auf der Basis der Themen des Orientierungskurses nach § 43 Abs. 3 Satz 1 des Aufenthaltsgesetzes durch Rechtsverordnung, die nicht der Zustimmung des Bundesrates bedarf, zu regeln."

8. § 11 wird wie folgt gefasst:

„§ 11

Die Einbürgerung ist ausgeschlossen, wenn

1. tatsächliche Anhaltspunkte die Annahme rechtfertigen, dass der Ausländer Bestrebungen verfolgt oder unterstützt oder verfolgt oder unterstützt hat, die gegen die freiheitliche demokratische Grundordnung, den Bestand oder die Sicherheit des Bundes oder eines Landes gerichtet sind oder eine ungesetzliche Beeinträchtigung der Amtsführung der Verfassungsorgane des Bundes oder eines Landes oder ihrer Mitglieder zum Ziele haben oder die durch die Anwendung von Gewalt oder darauf gerichtete Vorbereitungshandlungen auswärtige Belange der Bundesrepublik Deutschland gefährden, es sei denn, der Ausländer macht glaubhaft, dass er sich von der früheren Verfolgung oder Unterstützung derartiger Bestrebungen abgewandt hat, oder
2. ein Ausweisungsgrund nach § 54 Nr. 5 und 5a des Aufenthaltsgesetzes vorliegt.

Satz 1 Nr. 2 gilt entsprechend für Ausländer im Sinne des § 1 Abs. 2 des Aufenthaltsgesetzes und auch für Staatsangehörige der Schweiz und deren Familienangehörige, die eine Aufenthaltserlaubnis auf Grund des Abkommens vom 21. Juni 1999 zwischen der Europäischen Gemeinschaft und ihren Mitgliedstaaten einerseits und der Schweizerischen Eidgenossenschaft andererseits über die Freizügigkeit besitzen."

9. § 12 wird wie folgt geändert:

a) Absatz 1 Satz 2 wird wie folgt geändert:

aa) In Nummer 2 werden die Wörter „und der Ausländer der zuständigen Behörde einen Entlassungsantrag zur Weiterleitung an den ausländischen Staat übergeben hat" gestrichen.

bb) In Nummer 6 werden die Wörter „oder eine nach Maßgabe des § 23 Abs. 2 des Aufenthaltsgesetzes erteilte Niederlassungserlaubnis" gestrichen.

b) In Absatz 2 werden nach den Wörtern „Europäischen Union" die Wörter „oder der Schweiz" eingefügt und die Wörter „und Gegenseitigkeit besteht" gestrichen.

c) Absatz 3 wird aufgehoben.

d) Der bisherige Absatz 4 wird Absatz 3.

10. § 12a Abs. 1 wird wie folgt gefasst:

„(1) Bei der Einbürgerung bleiben außer Betracht:

1. die Verhängung von Erziehungsmaßregeln oder Zuchtmitteln nach dem Jugendgerichtsgesetz,
2. Verurteilungen zu Geldstrafe bis zu 90 Tagessätzen und
3. Verurteilungen zu Freiheitsstrafe bis zu drei Monaten, die zur Bewährung ausgesetzt und nach Ablauf der Bewährungszeit erlassen worden ist.

Bei mehreren Verurteilungen zu Geld- oder Freiheitsstrafen im Sinne des Satzes 1 Nr. 2 und 3 sind diese zusammenzuzählen, es sei denn, es wird eine niedrigere Gesamtstrafe gebildet; treffen Geld- und Freiheitsstrafe zusammen, entspricht ein Tagessatz einem Tag Freiheitsstrafe. Übersteigt die Strafe oder die Summe der Strafen geringfügig den Rahmen nach den Sätzen 1 und 2, so wird im Einzelfall entschieden, ob diese außer Betracht bleiben kann. Ist eine Maßregel der Besserung und Sicherung nach § 61 Nr. 5 oder 6 des Strafgesetzbuches angeordnet worden, so wird im Einzelfall entschieden, ob die Maßregel der Besserung und Sicherung außer Betracht bleiben kann."

11. § 13 wird wie folgt gefasst:

„§ 13

Ein ehemaliger Deutscher und seine minderjährigen Kinder, die ihren gewöhnlichen Aufenthalt im Ausland haben, können auf Antrag eingebürgert werden, wenn sie den Erfordernissen des § 8 Abs. 1 Nr. 1 und 2 entsprechen."

12. § 16 wird wie folgt gefasst:

„§ 16

Die Einbürgerung wird wirksam mit der Aushändigung der von der zuständigen Verwaltungsbehörde ausgefertigten Einbürgerungsurkunde. Vor der Aushändigung ist folgendes feierliches Bekenntnis abzugeben: „Ich erkläre feierlich, dass ich das Grundgesetz und die Gesetze der Bundesrepublik Deutschland achten und alles unterlassen werde, was ihr schaden könnte."; § 10 Abs. 1 Satz 2 gilt entsprechend."

13. In § 22 wird die Absatzbezeichnung „(1)" gestrichen.

14. § 23 wird wie folgt gefasst:

„§ 23

Die Entlassung wird wirksam mit der Aushändigung der von der zuständigen Verwaltungsbehörde ausgefertigten Entlassungsurkunde."

15. § 25 Abs. 1 wird wie folgt gefasst:

„(1) Ein Deutscher verliert seine Staatsangehörigkeit mit dem Erwerb einer ausländischen Staatsangehörigkeit, wenn dieser Erwerb auf seinen Antrag oder auf den Antrag des gesetzlichen Vertreters erfolgt, der Vertretene jedoch nur, wenn die Voraussetzungen vorliegen, unter denen nach § 19 die Entlassung beantragt werden könnte. Der Verlust nach Satz 1 tritt nicht ein, wenn ein Deutscher die Staatsangehörigkeit eines anderen Mitgliedstaates der Europäischen Union, der Schweiz oder eines Staates erwirbt, mit dem die Bundesrepublik Deutschland einen völkerrechtlichen Vertrag nach § 12 Abs. 3 abgeschlossen hat."

16. In § 26 Abs. 2 Satz 2 wird jeweils die Angabe „Abs. 1" gestrichen.

17. § 27 wird wie folgt gefasst:

„§ 27

Ein minderjähriger Deutscher verliert mit der nach den deutschen Gesetzen wirksamen Annahme als Kind durch einen Ausländer die Staatsangehörigkeit, wenn er dadurch die Staatsangehörigkeit des Annehmenden erwirbt. Der Verlust erstreckt sich auf seine Abkömmlinge, wenn auch der Erwerb der Staatsangehörigkeit durch den Angenommenen nach Satz 1 sich auf seine Abkömmlinge erstreckt. Der Verlust nach Satz 1 oder Satz 2 tritt nicht ein, wenn der Angenommene oder seine Abkömmlinge mit einem deutschen Elternteil verwandt bleiben."

18. In § 29 Abs. 4 werden nach den Wörtern „hinzunehmen wäre" die Wörter „oder hingenommen werden könnte" gestrichen.

19. Die §§ 30 bis 34 werden wie folgt gefasst:

„§ 30

(1) Das Bestehen oder Nichtbestehen der deutschen Staatsangehörigkeit wird auf Antrag von der Staatsangehörigkeitsbehörde festgestellt. Die Feststellung ist in allen Angelegenheiten verbindlich, für die das Bestehen oder Nichtbestehen der deutschen Staatsangehörigkeit rechtserheblich ist. Bei Vorliegen eines öffentlichen Interesses kann die Feststellung auch von Amts wegen erfolgen.

(2) Für die Feststellung des Bestehens der deutschen Staatsangehörigkeit ist es erforderlich, aber auch ausreichend, wenn durch Urkunden, Auszüge aus den Melderegistern oder andere schriftliche Beweismittel mit hinreichender Wahrscheinlichkeit nachgewiesen ist, dass die deutsche Staatsangehörigkeit erworben worden und danach nicht wieder verloren gegangen ist. § 3 Abs. 2 bleibt unberührt.

2006 Bundesgesetzblatt Jahrgang 2007 Teil I Nr. 42, ausgegeben zu Bonn am 27. August 2007

(3) Wird das Bestehen der deutschen Staatsangehörigkeit auf Antrag festgestellt, stellt die Staatsangehörigkeitsbehörde einen Staatsangehörigkeitsausweis aus. Auf Antrag stellt die Staatsangehörigkeitsbehörde eine Bescheinigung über das Nichtbestehen der deutschen Staatsangehörigkeit aus.

§ 31

Staatsangehörigkeitsbehörden und Auslandsvertretungen dürfen personenbezogene Daten erheben, speichern, verändern und nutzen, soweit dies zur Erfüllung ihrer Aufgaben nach diesem Gesetz oder nach staatsangehörigkeitsrechtlichen Bestimmungen in anderen Gesetzen erforderlich ist. Für die Entscheidung über die Staatsangehörigkeit der in Artikel 116 Abs. 2 des Grundgesetzes genannten Personen dürfen auch Angaben erhoben, gespeichert oder verändert und genutzt werden, die sich auf die politischen, rassischen oder religiösen Gründe beziehen, wegen derer zwischen dem 30. Januar 1933 und dem 8. Mai 1945 die deutsche Staatsangehörigkeit entzogen worden ist.

§ 32

(1) Öffentliche Stellen haben den in § 31 genannten Stellen auf Ersuchen personenbezogene Daten zu übermitteln, soweit die Kenntnis dieser Daten zur Erfüllung der in § 31 genannten Aufgaben erforderlich ist. Öffentliche Stellen haben der zuständigen Staatsangehörigkeitsbehörde diese Daten auch ohne Ersuchen zu übermitteln, soweit die Übermittlung aus Sicht der öffentlichen Stelle für die Entscheidung der Staatsangehörigkeitsbehörde über ein anhängiges Einbürgerungsverfahren oder den Verlust oder Nichterwerb der deutschen Staatsangehörigkeit erforderlich ist. Dies gilt bei Einbürgerungsverfahren insbesondere für die den Ausländerbehörden nach § 87 Abs. 4 des Aufenthaltsgesetzes bekannt gewordenen Daten über Einleitung und Erledigung von Strafverfahren, Bußgeldverfahren und Auslieferungsverfahren. Die Daten nach Satz 3 sind unverzüglich an die zuständige Staatsangehörigkeitsbehörde zu übermitteln.

(2) Die Übermittlung personenbezogener Daten nach Absatz 1 unterbleibt, soweit besondere gesetzliche Verwendungsregelungen entgegenstehen.

§ 33

(1) Das Bundesverwaltungsamt (Registerbehörde) führt ein Register der Entscheidungen in Staatsangehörigkeitsangelegenheiten. In das Register werden eingetragen:

1. Entscheidungen zu Staatsangehörigkeitsurkunden,
2. Entscheidungen zum gesetzlichen Verlust der deutschen Staatsangehörigkeit,
3. Entscheidungen zu Erwerb, Bestand und Verlust der deutschen Staatsangehörigkeit, die nach dem 31. Dezember 1960 und vor dem 28. August 2007 getroffen worden sind.

(2) Im Einzelnen dürfen in dem Register gespeichert werden:

1. die Grundpersonalien des Betroffenen (Familienname, Geburtsname, frühere Namen, Vornamen, Tag und Ort der Geburt, Geschlecht, die Tatsache, dass nach § 29 ein Verlust der deutschen Staatsangehörigkeit eintreten kann sowie die Anschrift im Zeitpunkt der Entscheidung),
2. Art der Wirksamkeit und Tag des Wirksamwerdens der Entscheidung oder Urkunde oder des Verlustes der Staatsangehörigkeit,
3. Bezeichnung, Anschrift und Aktenzeichen der Behörde, die die Entscheidung getroffen hat.

(3) Die Staatsangehörigkeitsbehörden sind verpflichtet, die in Absatz 2 genannten personenbezogenen Daten zu den Entscheidungen nach Absatz 1 Satz 2 Nr. 1 und 2, die sie nach dem 28. August 2007 treffen, unverzüglich an die Registerbehörde zu übermitteln.

(4) Die Registerbehörde übermittelt den Staatsangehörigkeitsbehörden und Auslandsvertretungen auf Ersuchen die in Absatz 2 genannten Daten, soweit die Kenntnis der Daten für die Erfüllung der staatsangehörigkeitsrechtlichen Aufgaben dieser Stellen erforderlich ist. Für die Übermittlung an andere öffentliche Stellen und für Forschungszwecke gelten die Bestimmungen des Bundesdatenschutzgesetzes.

(5) Die Staatsangehörigkeitsbehörde teilt nach ihrer Entscheidung, dass eine Person eingebürgert worden ist oder die deutsche Staatsangehörigkeit weiterhin besitzt, verloren, aufgegeben oder nicht erworben hat, der zuständigen Meldebehörde oder Auslandsvertretung die in Absatz 2 genannten Daten unverzüglich mit.

§ 34

(1) Für die Durchführung des Optionsverfahrens nach § 29 hat die Meldebehörde bis zum zehnten Tag jedes Kalendermonats der zuständigen Staatsangehörigkeitsbehörde für Personen, die im darauf folgenden Monat das 18. Lebensjahr vollenden werden und bei denen nach § 29 ein Verlust der deutschen Staatsangehörigkeit eintreten kann, folgende personenbezogenen Daten zu übermitteln:

1. Geburtsname,
2. Familienname,
3. frühere Namen,
4. Vornamen,
5. Geschlecht,
6. Tag und Ort der Geburt,
7. gegenwärtige Anschriften,
8. die Tatsache, dass nach § 29 ein Verlust der deutschen Staatsangehörigkeit eintreten kann.

(2) Ist eine Person nach Absatz 1 ins Ausland verzogen, hat die zuständige Meldebehörde dem Bundesverwaltungsamt innerhalb der in Absatz 1 genannten Frist die dort genannten Daten, den Tag des Wegzuges ins Ausland und, soweit bekannt, die neue Anschrift im Ausland zu übermitteln. Für den Fall des Zuzuges aus dem Ausland gilt Satz 1 entsprechend."

20. § 35 wird aufgehoben.

21. In § 37 Abs. 2 Satz 1 werden die Wörter „der Einbürgerungsvoraussetzungen nach § 8 Abs. 1 Satz 1 Nr. 2 und Satz 2 sowie § 11 Satz 1 Nr. 2 und 3 und Satz 2" durch die Wörter „von Ausschlussgründen nach § 11" ersetzt.

22. Nach § 38 Abs. 2 Satz 3 wird folgender Satz eingefügt:

„Die Feststellung des Bestehens oder Nichtbestehens der deutschen Staatsangehörigkeit nach § 29 Abs. 6 und nach § 30 Abs. 1 Satz 3 sowie die Erteilung der Beibehaltungsgenehmigung nach § 29 Abs. 4 sind gebührenfrei."

23. § 40c wird wie folgt gefasst:

„§ 40c

Auf Einbürgerungsanträge, die bis zum 30. März 2007 gestellt worden sind, sind die §§ 8 bis 14 und 40c weiter in ihrer vor dem 28. August 2007 (BGBl. I S. 1970) geltenden Fassung anzuwenden, soweit sie günstigere Bestimmungen enthalten."

24. § 41 wird wie folgt gefasst:

„§ 41

Von den in diesem Gesetz in den §§ 30 bis 34 und § 37 Abs. 2 getroffenen Regelungen des Verwaltungsverfahrens der Länder kann nicht durch Landesrecht abgewichen werden."

Artikel 6
Änderung sonstiger Gesetze

(1) In § 18 Abs. 1a Satz 1 des Bundesverfassungsschutzgesetzes vom 20. Dezember 1990 (BGBl. I S. 2954, 2970), das zuletzt durch Artikel 10 Abs. 1 des Gesetzes vom 5. Januar 2007 (BGBl. I S. 2) geändert worden ist, werden die Wörter „die Anerkennung ausländischer Flüchtlinge" durch die Wörter „Migration und Flüchtlinge" ersetzt.

(2) Das Asylbewerberleistungsgesetz in der Fassung der Bekanntmachung vom 5. August 1997 (BGBl. I S. 2022), zuletzt geändert durch Artikel 82 der Verordnung vom 31. Oktober 2006 (BGBl. I S. 2407), wird wie folgt geändert:

1. § 1 Abs. 1 Nr. 3 wird wie folgt gefasst:

„3. wegen des Krieges in ihrem Heimatland eine Aufenthaltserlaubnis nach § 23 Abs. 1 oder § 24 des Aufenthaltsgesetzes oder die eine Aufenthaltserlaubnis nach § 25 Abs. 4 Satz 1, Abs. 4a oder Abs. 5 des Aufenthaltsgesetzes besitzen,".

2. In § 2 Abs. 1 wird die Angabe „36" durch die Angabe „48" ersetzt.

3. Dem § 7 wird folgender Absatz 5 angefügt:

„(5) Eine Entschädigung, die wegen eines Schadens, der nicht Vermögensschaden ist, nach § 253 Abs. 2 des Bürgerlichen Gesetzbuchs geleistet wird, ist nicht als Einkommen zu berücksichtigen."

(3) (weggefallen)

(4) § 8 Abs. 1 des Aufstiegsfortbildungsförderungsgesetzes vom 23. April 1996 (BGBl. I S. 623), das zuletzt durch Artikel 84 der Verordnung vom 31. Oktober 2006 (BGBl. I S. 2407) geändert worden ist, wird wie folgt geändert:

1. In Nummer 5a werden die Wörter „§ 51 Abs. 1 des Ausländergesetzes" durch die Wörter „§ 60 Abs. 1 des Aufenthaltsgesetzes" ersetzt.

2. In Nummer 7 wird der Punkt durch ein Komma ersetzt.

3. Folgende Nummer 8 wird angefügt:

„8. Ausländern oder Ausländerinnen, die die Staatsangehörigkeit eines anderen Mitgliedstaates der Europäischen Union oder eines anderen Vertragsstaates des Abkommens über den Europäischen Wirtschaftsraum haben und ein Recht auf Daueraufenthalt im Sinne des Freizügigkeitsgesetzes/EU besitzen."

(5) In § 41 Abs. 1 Nr. 7 des Bundeszentralregistergesetzes in der Fassung der Bekanntmachung vom 21. September 1984 (BGBl. I S. 1229, 1985 I S. 195), das zuletzt durch Artikel 2 Abs. 3 des Gesetzes vom 17. März 2007 (BGBl. I S. 314) geändert worden ist, werden die Wörter „die Anerkennung ausländischer Flüchtlinge" durch die Wörter „Migration und Flüchtlinge" ersetzt.

(6) § 8 Abs. 2 des Gesetzes über das gerichtliche Verfahren bei Freiheitsentziehungen in der im Bundesgesetzblatt Teil III, Gliederungsnummer 316-1, veröffentlichten bereinigten Fassung, das zuletzt durch Artikel 100 des Gesetzes vom 19. April 2006 (BGBl. I S. 866) geändert worden ist, wird wie folgt gefasst:

„(2) Wird Zurückweisungshaft (§ 15 des Aufenthaltsgesetzes) oder Abschiebungshaft (§ 62 des Aufenthaltsgesetzes) im Wege der Amtshilfe in Justizvollzugsanstalten vollzogen, gelten die §§ 171, 173 bis 175 und 178 Abs. 3 des Strafvollzugsgesetzes entsprechend."

(7) Das Schwarzarbeitsbekämpfungsgesetz vom 23. Juli 2004 (BGBl. I S. 1842), zuletzt geändert durch Artikel 6 des Gesetzes vom 24. Juni 2005 (BGBl. I S. 1841), wird wie folgt geändert:

1. In der Inhaltsübersicht werden in der Angabe zu § 11 die Wörter „Beschäftigung oder" gestrichen.

2. § 2 wird wie folgt geändert:

   a) Absatz 1 Nr. 4 wird wie folgt gefasst:

   „4. Ausländer nicht

      a) entgegen § 284 Abs. 1 des Dritten Buches Sozialgesetzbuch oder § 4 Abs. 3 Satz 1 und 2 des Aufenthaltsgesetzes und nicht zu ungünstigeren Arbeitsbedingungen als vergleichbare deutsche Arbeitnehmer oder Arbeitnehmerinnen beschäftigt werden oder wurden, oder

      b) entgegen § 4 Abs. 3 Satz 1 und 2 des Aufenthaltsgesetzes mit entgeltlichen Dienst- oder Werkleistungen beauftragt werden oder wurden

   und".

   b) In Absatz 2 wird nach der Nummer 8 folgende Nummer 8a eingefügt:

   „8a. dem Bundesamt für Güterverkehr,".

3. In § 6 Abs. 3 wird nach Nummer 7 folgende Nummer 7a eingefügt:

„7a. das Güterkraftverkehrsgesetz,".

4. § 11 wird wie folgt geändert:

Der Autor

Ingo von Münch, geb. 1932 in Berlin; Studium der Rechtswissenschaft, Promotion und Habilitation in Frankfurt a.M.; 1965–1973 Professor für Öffentliches Recht an der Ruhr-Universität Bochum, 1973–1998 an der Universität Hamburg; 1987–1991 Zweiter Bürgermeister, Wissenschaftssenator und Kultursenator der Freien und Hansestadt Hamburg und Mitglied des Bundesrates; zwischen 1995 und 2001 Gastprofessor in Australien, Frankreich, Neuseeland, Südafrika und in den USA. Herausgeber und Autor zahlreicher Veröffentlichungen zum Staatsrecht, Verwaltungsrecht und Völkerrecht; speziell zum Staatsangehörigkeitsrecht in: Staatsrecht Bd. 2 (5. Aufl. 2002), Neue Juristische Wochenschrift, Frankfurter Allgemeine Zeitung, Frankfurter Rundschau, Hamburger Abendblatt, liberal, Die Zeit.